lonely planet

阿姆斯特丹

“只要决定出发，最困难的部分就已结束。

那么，出发吧！”

托尼·惠勒（Tony Wheeler），Lonely Planet联合创始人

本书作者

凯瑟琳·勒·内维兹（Catherine Le Nevez）
卡拉·齐默尔曼（Karla Zimmerman）

中国地图出版社

目录

计划你的行程 4

欢迎来阿姆斯特丹 4
阿姆斯特丹Top10 6
新线报 13
行前参考 14
初次到访 16
最佳行程 18
如果你喜欢 20
每月热门 23
带孩子旅行 26
骑自行车旅行 29
当地生活 31
省钱妙计 33
运河带 34
博物馆和美术馆 39
就餐 42
饮品和夜生活 48
娱乐 56
购物 58

探索阿姆斯特丹 62

区域速览 64
中世纪中心和红灯区 66
新市场区、普兰塔格区和东岛区 95
西运河圈 117
南运河圈 133
乔丹区和西区 156
冯德尔公园和旧南区 176
德派普区 200
东部公园和阿姆斯特丹南区 213
阿姆斯特丹周边一日游 223
住宿 239

了解阿姆斯特丹 255

今日阿姆斯特丹 256
历史 260
荷兰绘画 269
阿姆斯特丹的建筑 276
荷兰设计 284

生存指南 289

交通指南 290
出行指南 296
语言 302
幕后 309
索引 310

阿姆斯特丹地图 320

MARTIN CHILD / GETTY IMAGES ©

MERTEN SNIJDERS / GETTY IMAGES ©

（左图）**鲜花市场**（见135页）这一花卉市场有售木制和新鲜的郁金香。

（上图）**冯德尔公园**（见184页）远离城市喧嚣。

（右图）**南教堂**（见98页）从 Groenburgwal 运河眺望南教堂美景。

JORG GREUEL / GETTY IMAGES ©

欢迎来阿姆斯特丹

17世纪的建筑，抽大麻的外星人雕塑——鲜有城市如阿姆斯特丹这般融历史和现代城市魅力于一体。

艺术欣赏

漫步在这座城市，你随时都有可能邂逅艺术杰作。饱受折磨的荷兰之子凡·高的作品收藏在其同名博物馆中，这里的馆藏为世界之最。而相隔仅几个街区的国立博物馆堪称一流，藏有维米尔、伦勃朗以及其他荷兰黄金时代的珍宝。在伦勃朗博物馆，你可以在这位巨匠布满蚀刻画的工作室内欣赏到他的更多作品，而市立博物馆展出有包括马蒂斯和蒙德里安等现代大师的作品。若渴望欣赏更多气势恢宏的佳作，不妨去冬宫博物馆阿姆斯特丹分馆：作为俄罗斯国立冬宫博物馆的分馆，它从总馆300万件精美的藏品中精心挑选部分进行展示，引人入胜。

骑车游和乘船游

在阿姆斯特丹，两轮出行已成为一种生活方式，当地人骑自行车上班，去商店，赴晚餐约会。自行车租赁店遍布市区，非常便捷。若阿姆斯特丹人没有骑自行车，那很有可能在船上。纵横交错的运河道和诸多的港口使得这座海边开垦出来的城市为人们提供了足够多的水上生活。不妨跳上一艘运河游船（最好是敞篷的）或者在中央车站后面搭乘免费的渡船，感受风吹发梢的浪漫。

放松身心

阿姆斯特丹是出了名的gezellig——一种为荷兰人所津津乐道的生活品质，大意为欢乐轻松或舒适惬意，更适合意会，而非言传。你会感觉时光在此停滞，可以抛却一切烦恼，享受当下，至少在新的一天到来前是如此。这座城市有很多地方给人以温暖舒心之感，不过最常见也最方便的当属传统的棕色咖啡馆。这类咖啡馆因数百年来被烟熏成深色的木镶板和墙壁而得名，无时无刻不散发出舒适休闲的气息，还有好喝的啤酒供应。在任何餐馆就餐完毕后，你都可以继续逗留，在柔和的烛光中尽兴聊天，感受gezellig氛围，不用担心被下逐客令。

回到过去

阿姆斯特丹非常适合漫步，中心区域小巧紧凑，纵横交错的街区巷道，怀旧氛围浓郁。你永远不会知道会发现什么：隐匿的花园，出售天鹅绒缎带的小店，酿制荷兰杜松子酒（jenever）的酒厂，由古老修道院改建成的古典乐表演场馆。无论你在哪里驻足，身边都可能是一条运河，一间咖啡馆，或是一幢带山墙、仿佛出自黄金时代绘画杰作的建筑。

DENNIS VAN DE WATER / SHUTTERSTOCK ©

我为什么喜欢阿姆斯特丹

本书作者 卡拉·齐默尔曼（Karla Zimmerman）

我喜欢在清晨绕王子运河散步，船屋来来往往，自行车铃声此起彼伏，花贩们开始摆摊。古老的商屋倾斜度令人感到不可思议，仿佛回到船只在这些房屋前卸下香料的那个年代。

我喜欢卡布奇诺咖啡的浓香在有着350年历史的酒吧（如Café Pieper）内渐渐弥漫，然后又慢慢消失，喜欢啤酒香气在诸如Café de Dokter这样烛光摇曳、时光驻足的地方充盈又散去的感觉。在这些地方补充能量，振奋精神，当夜幕低垂时，不妨乘船过艾河前往Tolhuistuin，在璀璨闪烁的灯光下欣赏乐队表演。

更多本书作者信息见352页。

上图：阿姆斯特丹运河日出美景

阿姆斯特丹 Top 10

1

凡·高博物馆（见181页）

1 该博物馆拥有世界上规模最大的画家文森特·凡·高（Vincent van Gogh）作品馆藏，在领略原作风采的同时，你也能深入了解这位勤奋努力的画家那饱受折磨的灵魂。从早期在荷兰创作的以马铃薯为主的灰暗色系画作，到后来在阳光灿烂的法国所绘的最为人所熟知的色彩鲜艳之作，博物馆展出了超过200幅的凡·高油画作品。而高更（Gauguin）、图卢兹·罗特列克（Toulouse-Lautrec）、莫奈（Monet）和伯纳德（Bernard）这些与凡·高同时代的画家的作品使得博物馆展出更加完整。

冯德尔公园和旧南区

棕色咖啡馆（见49页）

2 想感受最具阿姆斯特丹特色的氛围，不妨去这座城市著名的棕色咖啡馆（传统的荷兰酒吧）占个座，它们历史悠久，因数百年来被烟熏成深色的墙壁而得名。棕色咖啡馆内有烛光摇曳的桌子，褐色木质地板，有时候还会有猫蹭过来挠痒痒。最重要的是，棕色咖啡馆弥漫着悠然惬意的气息，让来到这里的友伴们忘却时间的存在，边喝边聊上数小时之久——这便是棕色咖啡馆的魅力，持续300余年，依然经久不衰。下图：HOPPE（见82页）

饮品和夜生活

ATLANTIDE S.N.C./AGE / ROBERT HARDING ©

LONELY PLANET / GETTY IMAGES ©

3

4

国立博物馆（见178页）

3 这一荷兰顶级宝库绝不会令你失望。荣誉廊（Gallery of Honour）内展出了伦勃朗的巨幅名作《夜巡》（*Night Watch*）和维米尔的《厨房女仆》（*Kitchen Maid*），两幅佳作前面总是人头攒动。但这也意味着你可以在其余总长达1.5公里的各个展厅内细细参观古老的船舰模型、锋利的剑、水晶高脚杯和幻灯机等各式藏品。不妨留意那些隐藏在不起眼角落里的珍品，它们的美丽和奇特会让你惊叹数天。此外，立满雕塑的免费花园环绕着这一具有标志性的宏伟建筑。

⊙ 冯德尔公园和旧南区

乔丹区（见156页）

4 如果阿姆斯特丹各街区举办一场“最佳气质”竞赛，乔丹区（昔日的工人区）无疑会成为胜者。如棋盘般布局的小巷中，随处可见朴实的老屋，不落俗套的画廊和古董店，氛围温馨惬意，富有感染力。你可以加入酒吧欢快的歌唱会中，也可以去棕色咖啡馆畅饮啤酒。在这个街区，即便你花上一周时间在其狭窄巷道间漫步，也不可能发现所有隐匿的庭院和餐馆。这下你会深入了解荷兰人对欢乐轻松的孜孜追求，乔丹区尤甚。

⊙ 乔丹区和西区

冯德尔公园（见184页）

5 冯德尔公园就如同纽约的中央公园，每当天气晴好时，阿姆斯特丹仿佛全城出动，人们都聚集到这里。情侣在草坪上亲吻，朋友在露天咖啡馆喝啤酒，还有人弹着旧吉他飙歌。街头艺人在川流不息的人群中卖力表演，孩子们迫不及待地冲向游乐场。目光所及之处，无不赏心悦目。冯德尔公园呈英式布局，点缀着池塘、草坪、灌木丛和蜿蜒的人行道，吸引游客拥抱大自然，无拘无束，尽情探索。

⊙ 冯德尔公园和旧南区

露天市场（见59页）

6 阿姆斯特丹有各色令人眼花缭乱的市场，在街头市场，从丝绸、古币到有机奶酪和自行车锁，各种商品应有尽有。艾伯特露天市场是其中最著名的。在这里，来自苏里南和印度尼西亚的移民同当地人一起摆摊，叫卖电饭煲、香料和荷兰小点心，例如夹有糖浆的荷兰松饼。鲜花市场则遍布鲜花，而在滑铁卢广场跳蚤市场则能找到瓷茶壶和其他小摆设。Oudemanhuis书市售卖大部头著作的历史达数百年之久。此外还有古董市场，农产品市场，艺术市场……下图：鲜花市场（见135页）

购物

国王节（见23页）

7 荷兰女王节持续了数十年，不过随着新君主的继位，这一节日现在变成了国王节，于4月27日为国王威廉·亚历山大庆生（若这一天正好为周日，就会改在前一天庆祝）。无论是以谁的名义，无论选择什么日子，这个节日其实只是为狂欢畅饮找个借口，届时人人都会穿上异常鲜艳的橙色服装，这可是荷兰的国色啊。此外，阿姆斯特丹全市会成为一个免费的大市场（人人都可以摆摊，出售任何东西），还有热闹无比的免费音乐会。

每月热门

6

7

8

游运河（见34页）

8 阿姆斯特丹拥有的运河数量超过了威尼斯，因此与运河近距离接触是感受这座城市脉搏的最佳方式之一。你可以坐在运河畔，静看船只来来往往：数不清的咖啡馆似乎是专门为这项运动而开的。你也可以沿着运河漫步，浏览这座城市2500艘船屋中的一部分。更好的还在后头，你可以跳上一艘观光船，沿曲折的河道领略阿姆斯特丹风光。如此一来，你便会知道联合国教科文组织为何将这座城市的运河带列入世界遗产。

运河带

安妮之家（见119页）

9 进入安妮·弗兰克（Anne Frank）那令人悲伤的卧室，见到陈列在玻璃柜内那一本她亲笔写下的日记，这是一种无比震撼的体验，每年都会有上百万游客来此参观。书架后面就是“隐藏的密闭空间”，顺着陡峭的阶梯往上便进入安妮一家曾经生活的地方。在那段可怕的岁月里，正是在这个幽暗且令人窒息的空间里，安妮和其家人在白天不敢发出任何声音，旧衣服变得不再合身，他们将好莱坞明星的照片贴在墙上，阅读狄更斯的作品，但最后却被不知名者出卖。

西运河圈

9

10

自行车游（见29页）

10 在阿姆斯特丹，自行车比汽车多。人人骑车：男女老少，穿高跟鞋去夜总会的人，执勤的警察，还有西装革履的银行职员，他们的领带随风飞舞。无论是上班、购物，还是去咖啡馆，当地人都会选择自行车为交通工具。租自行车出游不仅能让你融入当地人的节奏，还能助你更便捷地前往阿姆斯特丹外围区域及其一流建筑、博物馆，以及风车点缀的乡野和让人感觉时光倒流的村庄。

自行车

新线报

De Hallen

这一百年历史的有轨电车站经过了精心翻修，如今内有不少熟食摊、一家电影院、一家酒店，外加一间自行车回收店和数间时尚孵化器。（见194页）

阿姆斯特丹塔

被废弃的荷兰皇家壳牌公司办公楼摇身一变，成为电子舞曲相关产业中心。与此同时，更多新颖时尚的场所在其周边的阿姆斯特丹北区冒出来。（见87页）

Hoxton Amsterdam

该酒店坐拥五栋运河房屋，风格时尚，性价比高，还收集当地艺术家的作品及其他富有创意的佳作。（见244页）

黄色后座

黄色后座项目允许游客免费搭乘当地人的自行车，即坐在自行车后座上。这其实就是搭便车，只不过换成了自行车，其目的是让游客和阿姆斯特丹市民打成一片。（见33页）

CT Coffee & Coconuts

想品尝美味可口的早午餐，就来这里“朝圣”吧：薄煎饼、法式烤奶油面包和芝士蛋糕。由此可一窥阿姆斯特丹丰盛的早午餐的流行风尚，绝大多数美味都聚集在德派普区。（见206页）

Brouwerij Troost

熟练的酿酒场景在这座城市变得越来越常见，论技艺，没有比Troost更出众的了。嗯，有塞森啤酒、金色艾尔啤酒和烟熏波特啤酒。西部公园开有分厂。（见209页）

微生物博物馆

这家博物馆毗邻阿提斯皇家动物园（Artis Royal Zoo），远比你想象的要有趣得多，馆内有一面展示粪便的墙，还有接吻仪表和其他富有创意的展览。（见103页）

Generator Amsterdam

在阿姆斯特丹，优栈（poshtel，即精品时尚旅舍）如雨后春笋般涌现，位于东部公园的Generator是其中的代表，酒店设计雅致，为住客提供贴心服务，有四人房提供。（见245页）

Jan Pieter Heijestraat街

偏僻的Jan Pieter Heijestraat街始于热闹喧嚣的Kinkerstraat街，往南延伸至繁忙的Overtoom街，让人耳目一新的精品店、餐馆和酒吧云集于此。（见192页）

红灯区秘密性交易博物馆

博物馆位于建筑密集的红灯区，揭露了深红色橱窗背后的秘密以及这一产业的基本状况。还包括女性施虐室的相关点滴。（见76页）

欧洲之星直达线路

无须再到比利时转车。伦敦至阿姆斯特丹的直达线路计划于2016年后期开通，行程将缩短至4小时，但尚未开通。（见290页）

更多推荐和评论请见**lonelyplanet.com/Amsterdam**。

行前参考

更多实用信息，见生存指南章节（见289页）

货币

欧元（€）

语言

荷兰语和英语

签证

中国公民需要持申根签证，有效期90天（见296页）。

现金

到处都有自动柜员机。大多数酒店都接受信用卡，部分餐馆除外。非欧洲发行的信用卡有时候会遭拒。

汇率

人民币	CNY1	€0.14
港币	HKD1	€0.11
新台币	TWD1	€0.03
澳门币	MOP1	€0.11
新加坡元	SGD1	€0.65
美元	USD1	€0.89
英镑	GBP1	€1.29

移动电话

中国的三大手机通信运营商均提供荷兰漫游服务。

时间

欧洲中部时间（格林尼治标准时间/世界协调时间+1小时）。夏令时比北京晚6个小时，冬令时比北京晚7个小时。

每日预算

经济：低于€100

- 宿舍床位€25~50
- 超市以及午间特价餐食€20
- Boom Chicago深夜秀门票€14
- GVB（阿姆斯特丹交通局）交通一日卡€7.50

中档：€100~250

- 双人间€150
- 在氛围轻松的餐馆享用三道菜的正餐€35
- 音乐厅门票€40
- 运河巴士一日通票€23

高档：高于€250

- 四星酒店双人间€250
- 在顶级餐馆享用五道菜的正餐€60
- 租借私人运河游船两小时€90

提前计划

行前六个月 预订酒店，尤其是当你打算在夏季或周末去阿姆斯特丹时。

行前两个月 查看音乐厅（见197页）、艾河音乐厅（见112页）、Melkweg（见150页）和Paradiso（见150页）的演出日程，预订任何看起来极具吸引力的演出门票。

行前两周 提前预订你不想错过的餐馆。

行前一周 网上购买凡·高博物馆（见181页）、安妮之家（见119页）和国立博物馆（见178页）的门票。预订步行或自行车团队游。

网络资源

孤独星球（Lonely Planet；www.lonelyplanet.com/amsterdam）目的地相关信息，酒店预订，旅行者论坛及更多内容。

I Amsterdam（www.iamsterdam.com）阿姆斯特丹市建立的官方门户网站，提供观光、住宿和活动信息。

荷兰消息（Dutch News；www.dutchnews.nl）新闻花絮以及活动列表。

Overdose.am（www.overdose.am）艺术、音乐和时尚相关信息。

完美荷兰旅游指南（http://www.holland.com/cn/tourism.htm）荷兰国家旅游会议促进局官方网站，荷兰旅游咨询大全。

猫途鹰（Trip Advisor；http://www.tripadvisor.cn）欧洲荷兰"阿姆斯特丹"板块提供酒店、景点和餐厅的点评。

走遍欧洲（www.eueueu.com/）城市攻略"阿姆斯特丹"提供景点信息。

蚂蜂窝（www.mafengwo.cn）"阿姆斯特丹"旅游攻略版，人气旺盛，提供最新的出游资讯。

何时去

夏季（6月至8月）是旅游旺季，气候温暖，白昼长，光照足，适合自行车骑行。3月至5月是观赏郁金香的最佳季节。

阿姆斯特丹

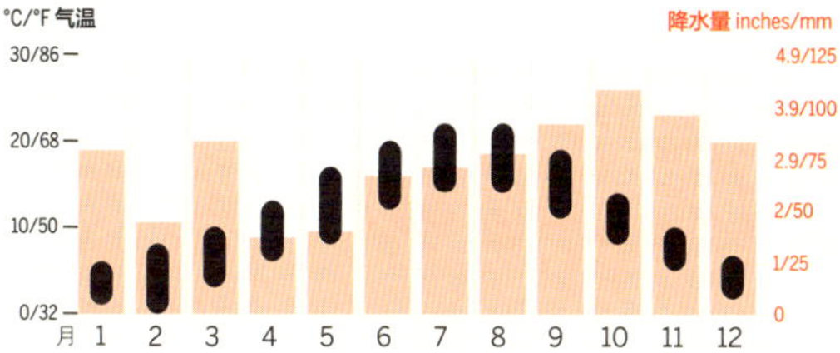

抵达阿姆斯特丹

史基浦机场（Schiphol Airport）从清晨6点到次日凌晨0点30分，每隔10分钟会有一趟列车前往中央车站。行程17分钟，费用为€5.10。出租车需要€47。

中央车站（Centraal Station）位于阿姆斯特丹市中心，大多数有轨电车将这里与全市各处连接起来。车站前面的入口（朝西）设有出租车等候处。

公共汽车站Euroline运营的公共汽车会停靠在市中心以南的德伊芬德雷赫特车站（Duivendrecht station），从那里可以乘坐地铁或火车前往中央车站，非常方便。

更多信息见**到达阿姆斯特丹**章节（290页）

当地交通

若你选择公共交通出行，GVB芯片交通卡是最便捷的选择。可以在游客中心或向有轨电车售票员购买。上下车时要记得在粉色机器上刷卡。

- **步行**阿姆斯特丹中心城区小巧紧凑，非常适合步行游览。
- **自行车**这是当地人出行的主要交通工具。在阿姆斯特丹，自行车租赁公司随处可见，租借费用为每天€11左右。
- **有轨电车**速度快，班次多，无处不在，运营时间为早上6点至次日凌晨0点30分。
- **公共汽车和地铁**主要负责阿姆斯特丹郊区的交通，市中心出行不太用得上。
- **渡船**中央车站后面的码头有前往阿姆斯特丹北部的免费渡船。
- **出租车**价格昂贵，由于阿姆斯特丹街巷纵横交错，如同迷宫一般，因此速度上也不占优势。

更多信息见**当地交通**章节（见292页）

住宿

在阿姆斯特丹休息停留可不便宜。尽可能提早预订（尤其是夏季以及周末），这样才能得到最划算的价格，并确保住进你中意的地方。这里有很多青年旅舍，大多面向年轻气盛的人群。酒店规模往往不大（少于20间客房），都是迷人的老建筑，客房分散在几层楼。运河畔的住宿更贵，而红灯区或水坝大道的住宿——虽然相对便宜——条件却比较糟糕。总之，一切都很昂贵。

网络资源

- **I Amsterdam**（www.iamsterdam.com）市官方网站，提供大量住宿选择。
- **Hotels.nl**（www.hotels.nl）提供更多住宿选择。
- **CityMundo**（www.citymundo.com）想租公寓，该网站值得信赖，大多数选择要求至少住三晚。

更多信息见**住宿**章节（见239页）

初次到访

更多实用信息，见生存指南章节（见289页）

检查清单

- 确保你的护照在抵达日期后至少6个月内有效
- 将你的行程告知借记卡/信用卡发卡行
- 准备合适的旅行保险
- 打电话给你的移动电话运营商，询问漫游费用或订购国际漫游套餐

带什么

- 舒适的鞋——阿姆斯特丹最适合步行游览（或骑自行车）
- 雨伞或防水夹克，因为有时会下雨
- 荷兰电源适配器
- 小背包（越小越好，在参观博物馆时可免安检）

旅行建议

- 安排好时间——一旦博物馆门口排起长龙，可能需要等候1小时左右。
- 在中高档餐馆就餐可提前预约。很多餐馆规模小，且顾客喜欢慢慢品尝，停留较长时间。如果没有预约，你极有可能错过最心仪的餐馆。
- 步行观光。步行是游览这座紧凑城市的最佳方式之一——快速，自由，并且你有机会探索那些用其他方式可能错过的隐匿小巷和店铺。

穿什么

当地人穿着时尚，但同时也很实用。晚上出门时，大多数人都穿牛仔裤和时髦的靴子。

多带些衣服，荷兰的天气素来多变，即使是夏季，也可能遭遇寒流侵袭。春、夏、秋三季，一件轻便的防风保暖风衣或夹克，外加一把小巧的旅行用伞，就足以应对当地天气，同时在人群中也不会显得突兀。冬季，带一件合适得体的厚外套，这样可以抵御严寒（一把伞仍有必要）。

注意事项

阿姆斯特丹是一座安全的、井井有条的城市，只要按照旅行常识行事就不会遇到问题。

- 夏季，部分餐馆和商铺会闭门谢客一段时间，从两周到六周不等，通常是在7月或8月，因为店主会出门度假。
- 在运河边游览时要留神。几乎所有运河都没有设置护栏或障碍。
- 在诸如鲜花市场、红灯区这些游客聚集区，要小心扒手。夜晚在红灯区要避开无人的街道。
- 红灯区不允许拍摄橱窗中的女子，该规定执行严格。
- 有轨电车一直运营到次日0点30分，在那之后你只能等待不太便捷且票价更贵的夜间公共汽车。

礼仪

- **问候**要紧握对方的手，亲吻面颊两次或三次。
- **大麻和酒精**不要在街上抽大麻或喝啤酒。
- **抽烟**不要在酒吧或餐馆抽烟。
- **率直**若当地人对你直言不讳，别介意。在阿姆斯特丹，这并非不礼貌的表现，而是因为他们想表达真实的想法，坦诚对人。
- **自行车道**别走在自行车道（白线标记，有自行车标志）上，横穿自行车道时务必留意左右两边。

游客通票

阿姆斯特丹城市卡（I Amsterdam Card，见293页）非常适合想快速游览这座城市的游客。持该卡可进入30多家博物馆，并且包括一张当地交通通票，一次运河游船，进入特定餐馆和商店还可享受折扣。如果你每天参观3家或更多博物馆，那该卡就是物有所值。

语言

阿姆斯特丹英文非常普及，尤其是在年轻的当地人中。大多数餐馆和咖啡馆提供荷兰语和英语菜单。大多数博物馆有双语的展品信息说明。

团队游

下列团队游项目能让你对阿姆斯特丹有进一步的认识，特别是当你的时间有限时：

DENNISVDW / GETTY IMAGES ©

日落时分，运河游

- **Sandeman's 新阿姆斯特丹团队游**（见294页）"付多少由你（Pay-what-you-can）"的步行团队游带你游览中世纪中心、红灯区和乔丹区。
- **Those Dam Boat Guys**（见36页）低调的运河团队游，你将乘坐小型电动船，需要自带野餐食物。
- **Orangebike**（见30页）轻松的自行车短途游，沿途欣赏城市景观、建筑和风车。

税费和退税

增值税（VAT，荷兰语为"BTW"）是对大部分商品和服务征收的营业税。餐馆、酒店、书店、交通和博物馆门票为6%，其他多数项目为21%。增值税应该包含在明码标价中。

有时候，游客可以申请退增值税。要了解相关详情，见59页。

小费

- **酒吧** 无须支付小费。
- **酒店** 行李员提行李，每件支付€1至€2。保洁人员通常无须付小费。
- **餐馆** 咖啡馆小食留5%至10%的小费（如果账单是€9.50，你可以取整，付€10）；如果是餐馆就餐，支付10%左右的小费。
- **出租车** 5%至10%的小费，或者四舍五入取整。

最佳行程

第一天

冯德尔公园和旧南区(Vondelpark & Old South, 见176页)

从大名鼎鼎的博物馆开启第一天的行程吧:乘坐有轨电车到博物馆区(Museum Quarter),在凡·高博物馆(见181页)和国立博物馆(见178页)为艺术杰作惊叹。博物馆参观者众多,所以务必提前订好票。现代艺术爱好者可能会想去上述两家博物馆中的一家,外加市立博物馆(见183页)。

午餐 提倡慢食主义的Gartine(见76页)在其花园内栽种食材。

中世纪中心(Medieval Centre, 见66页)

下午漫步中世纪中心。探索贝居安会院(见69页)的秘密庭院和花园。沿着通往水坝广场(见71页)的街道而上,王宫(见68页)、新教堂(见74页)和国家纪念碑(见71页)都聚集于此地,你可以一窥荷兰历史。在Wynand Fockink(见85页)像当地人那样俯身饮荷兰杜松子酒。

晚餐 在DwazeZaken(见81页)用餐,品尝牛排或火锅。

红灯区(Red Light District, 见66页)

深入红灯区来一场冒险之旅吧。顺Warmoesstraat街(见76页)或Oudezijds Achterburgwal街(见80页)而下,沿途恋物器具商店、烟雾弥漫的咖啡大麻店林立,现场交欢秀在此上演,当然还有深红色橱窗中身着荧光内衣卖弄风情的女人,一切都会令你瞠目结舌。接下来再去找一家棕色咖啡馆。

第二天

德派普区(De Pijp, 见200页)

逛逛艾伯特露天市场(见203页),这是阿姆斯特丹最大的街头集市,热闹非凡,奶酪、鱼、夹有糖浆的荷兰松饼和特价衣服,应有尽有。然后去喜力体验馆(Heineken Experience, 见202页),像酿酒之旅终点的啤酒那样发生奇妙的化学反应。

午餐 在艾伯特露天市场的Butcher(见203页)拿着汉堡大快朵颐。

南运河圈(Southern Canal Ring, 见133页)

转至南运河圈,沿气派的黄金弯漫步。去范龙博物馆(见136页)一探奢华的运河房屋生活方式,或者在猫博物馆(Kattenkabinet, 见136页)深入了解猫咪。逛鲜花市场(见135页),惊叹于那让人眼花缭乱的植物球茎。

晚餐 在运河畔的Buffet van Odette(见140页)享用有机美味。

南运河圈(见133页)

黄昏时分,是时候去热闹喧嚣、霓虹灯闪烁的莱兹广场(Leidseplein, 见135页)享受派对了。倘若你在工作日晚上7点30分(周末晚上6点)前赶到那里,不妨留意下Uitburo(见151页)的音乐会或演出门票是否还有售。Paradiso(见150页)和Melkweg(见150页)有最酷的节目安排。此外,广场周边不错的俱乐部和咖啡馆也在召唤着你。可以选择能痛饮啤酒的Café de Spuyt(见147页)或历史气息浓郁的Eijlders(见145页)。

第三天

冯德尔公园和旧南区（见176页）

漫步深受喜爱的冯德尔公园（见184页）。这是一片狭长的绿地——长约1.5公里，宽约300米——非常适合在清晨探索。如果你有自行车，那就再好不过了，可以环绕湖泊、花园和雕塑骑行。

午餐 前往位于西运河圈的Bistro BijOns（见125页）品尝荷兰经典菜式。

西运河圈（Western Canal Ring，见117页）

到九街（NegenStraatjes，见131页）好好转转，这里有如棋盘般的布局，个性小店遍布。安妮之家（Anne Frank Huis，见119页）也在这一街区，是必去之处。那里的房间让人觉得幽闭恐怖，窗户依然被遮蔽，不见阳光，参观者能亲身体验安妮当初藏在这里所过的生活。目睹那本朴实无华的日记——她那充满阳光的言辞中夹杂着不易察觉的绝望——任谁都会动容。

晚餐 Balthazar's Keuken（见163页）烹煮手头最棒的食材。

乔丹区（Jordaan，见156页）

前往乔丹区感受夜晚的美好时光吧，据说，来到这个氛围友好的街区，就仿佛回到了往昔的阿姆斯特丹。在文中是o'T Smalle Smalle（见167页）的运河畔露台举杯，加入Café P 96（见168页）的船屋派对，或者去其他舒适惬意的场所畅饮啤酒。

第四天

新市场区、普兰塔格区和东岛区（见95页）

去新市场区的滑铁卢广场跳蚤市场（见113页）溜达一圈。马丁靴？佛像？电锯？都能在这里的货摊上找到，此外还有其他各式物品。伦勃朗的工作室就在附近，如果非得从这一地理位置推理出什么的话，那就应该是他喜欢逛市场。伦勃朗博物馆（见97页）能让你窥见这位大师的居所，包括他那塞满稀奇物品的储藏室和沾满各色颜料的调色板。邻近的迦山钻石厂（见99页）有免费的团队游，能让你了解闪亮钻石背后的真实故事。

午餐 在Tokoman（见104页）尝尝火辣的苏里南三明治。

新市场区、普兰塔格区和东岛区（见95页）

漫步前往普兰塔格区，参观引人入胜的抵抗博物馆（见103页），或者去荷兰国家海事博物馆（见101页）欣赏海洋宝藏。随后就是只有在阿姆斯特丹才有的体验：在Brouwerij 't IJ（见111页）真正的风车脚下喝有机啤酒。在接二连三灌下高度啤酒之前记得先拍照留念。

晚餐 在De Kas（见218页）的玻璃温室内就餐。

东部公园（Oosterpark，见213页）

在过去四天里，你作为观光客，领略了阿姆斯特丹大多数街区的风采。入夜时分，在De Ysbreeker（见218页）的露台找个位置坐下来，欣赏繁忙的、点缀着船屋的阿姆斯特尔河景，这是你理应享受到的待遇。

如果你喜欢

艺术

凡·高博物馆 拥有这位饱受折磨的艺术家在世界上最丰富的作品收藏，涵盖其早期到最后的作品。（见181页）

国立博物馆 荷兰馆藏最多的博物馆，除了伦勃朗、维米尔等大师的杰作外，还收藏有代尔夫特陶器等精美物品，这些珍宝都陈列在一栋令人赞叹的新哥特/荷兰文艺复兴风格建筑内。（见178页）

市立博物馆 大量现代艺术珍宝，包括毕加索、夏加尔、蒙德里安、沃霍尔、利希滕斯坦以及眼镜蛇画派的作品，大部分都陈列于设计新颖的“浴缸形”侧翼内。（见183页）

伦勃朗博物馆 在那老旧、颜料四溅的工作室和精心布置的故居中，你仿佛能看到大师依然忙碌的身影。（见97页）

冬宫博物馆阿姆斯特丹分馆 这一俄罗斯国立冬宫博物馆的分馆，从马蒂斯的画作到拜占庭风格的瑰宝，展出了大量令人难忘的佳作珍品。（见138页）

FOAM（阿姆斯特丹摄影博物馆） 展览内容经常更新，能欣赏塞西尔·比顿爵士（Sir Cecil Beaton）、安妮·莱博维茨（Annie Leibovitz）和亨利·卡蒂埃-布列松（Henri Cartier-Bresson）等著名摄影师的作品。

市场

艾伯特露天市场 阿姆斯特丹最大且最繁忙的市场，已经有超过百年的悠久历史，售卖鲜花、衣服、食物

MASSIMO BORCHI / CORBIS ©

德古依尔风车（见101页）

以及各种日用商品。（见203页）

滑铁卢广场跳蚤市场 这座城市有名的跳蚤市场，能找到各种稀奇古怪的玩意儿、二手鞋、电子设备、新时代礼物和廉价的自行车配件，适合喜欢淘便宜货的人。（见113页）

Oudemanhuis书市 位于一条安静、绿树成荫的古老小巷内，二手书商云集，深受学者的喜爱。（见90页）

北市场 自17世纪初起，北教堂（Noorderkerk）前面的广场就成为了热闹的市场，如今这里的商品以古董和有机食物为主。（见175页）

鲜花市场 想往包里装满含苞待放的美丽球茎，那就去这个"漂浮"的鲜花市场（其实位于运河河桩上）吧。（见135页）

浪漫地点

萨珐蒂公园 在如乡村般秀美的德派普区中心，漫步曲折小径，穿过旖旎的池塘和喷泉。（见202页）

修士运河 夜幕低垂，余晖给"七桥河"上的拱桥镀上淡淡的金色，令人如痴如醉。（见137页）

Groenburgwal运河 吊桥、教堂和运河勾勒成绝佳好景，就连克劳德·莫奈（Claude Monet）也被吸引，将眼前所见留在了画布上。（见112页）

冯德尔公园 在花之力时代（指20世纪60年代及70年代初年轻人信奉爱与和平、反对战争的文化取向），这一大公园是嬉皮士的避风港，至今仍延续了"爱之夏（1967年发起的嬉皮士运动）"精神。（见184页）

泪水塔 黄金时代，女人们会在这里含着泪送别她们那将要出航远征的丈夫们。如今这座塔已经成为一家舒适休闲的咖啡馆。（见72页）

运河游船 与爱人相依相偎，一同沿这座城市如梦如幻的水道缓缓滑行。（见36页）

尽情享乐

Dampkring 这家咖啡大麻店菜单十分丰富，并且附详尽的说明，此外这里供应赢得过大麻杯（Cannabis Cup）的餐品，还曾是好莱坞电影的取景地。（见83页）

Condomerie Het Gulden Vlies 避孕套也可以很"专业"，这家富有情调的店出售各式避孕套。（见93页）

Kokopelli 这一时髦的店所供应的神奇松露会让你的人生变得更加多姿多彩（字面意思）。（见93页）

性交易信息中心 参加市中心徒步游的同时深入了解橱窗女郎的相关信息。（见75页）

Casa Rosso 这里有阿姆斯特丹最受欢迎的性表演（单身派对的热门地），烛光摇曳，各种花招会让你惊讶万分。（见89页）

Webers 若你需要PVC材质的紧身连衣裤和鞭皮套，这家小店能为你找到合适的。（见115页）

风车

德古依尔风车 没有什么能比在建造于18世纪的风车下，喝着新鲜的有机啤酒更美妙的了。（见101页）

利克尔风车 伦勃朗曾在这座位于阿姆斯特丹南部、阿姆斯特尔公园边缘的风车旁画素描。（见217页）

要了解更多阿姆斯特丹顶级去处，可阅读下列章节：

- 就餐（见42页）
- 饮品和夜生活（见48页）
- 娱乐（见56页）
- 购物（见58页）

桑斯安斯 面朝北海，沐浴在微风中的风车村，从阿姆斯特丹出发，火车20分钟可达。（见237页）

荷兰风车日 你有机会领略这个国家950座风车中一部分的风采，其中有8座位于阿姆斯特丹。（见23页）

公园和花园

冯德尔公园 池塘、草坪、灌木丛和蜿蜒小径，这个公园深受野餐者、大麻爱好者、热恋的情侣和调皮嬉戏的孩子们喜爱。（见184页）

博物馆广场 这一绿地为国立博物馆、凡·高博物馆和市立博物馆所环绕，总是熙熙攘攘，冬天是滑冰场，夏天则适合休息。（见185页）

东部公园 这一广阔的公园是一个世纪前为钻石暴发户所建造的，如今为政治纪念碑所点缀，灰鹭随处可见。（见215页）

植物园 17世纪，远航的荷兰船只带回来的热带植物种子就被播撒在这一漂亮的公园内。（见100页）

阿姆斯特丹森林 阿姆斯特丹森林为茂密的林木和开阔的田地所覆盖，自行车道和步行路径纵横交错，有适合划艇的池塘，还有一处山羊农场。（见216页）

西公园 毗邻一座由煤气厂改建成的先锋文化中心，芦苇丛生的

西部公园狂野荒凉，成为时尚人士的聚集地。（见160页）

佛兰肯代尔公园 去这一坐落于路易十四风格宅邸后面的正规庭院一探究竟吧。

动起来

骑行阿姆斯特丹北区 骑车前往乡野，穿过被时光尘封的村庄和奶牛散落的牧场，一切简单得难以置信。（见87页）

徒步团队游 这座城市有大量徒步游选择，系紧鞋带，出发观光吧。（见295页）

运河脚踏船 顺着运河，骑脚踏船转悠，从不同的角度探索这座城市。（见36页）

滑冰 每到冬季，博物馆广场的池塘就变成了阿姆斯特丹最受欢迎的滑冰场，游乐其中的人们就仿佛上紧发条的音乐珠宝盒上的旋转小人。（见185页）

Friday Night Skate 系好冰鞋，和人们一起从冯德尔公园出发，穿过整座城市，尽情滑上20公里。（见199页）

可持续选择

De Ridammerhoeve 这一位于阿姆斯特丹森林的有机山羊农场兼咖啡馆能让孩子和童心未泯的大人乐在其中。（见216页）

De Kas 坐在温室内享用美味佳肴，食材就种在不远处。（见218页）

农贸市场 每周六，北市场和新市场的过磅房设有有机农贸市场。（见115页）

Instock 这家餐馆致力于“拯救”将要过期和将被店铺丢弃的食物，将它们制作成三道菜的美食。（见109页）

Lot Sixty One 陶醉在来自世界各地可持续农场种植的咖啡豆的烘焙香味中。（见193页）

建筑

国立博物馆 皮埃尔·克伊珀斯（Pierre Cuypers）设计的这座恢宏的标志性建筑自1875年起屹立于此，让人感觉仿佛回到过去，正立面的石头上刻有文艺复兴风格的装饰图案。（见178页）

阿姆斯特丹建筑中心 阿姆斯特丹建筑中心是一站式商店，设立建筑展览之余，还出售相关指南和地图。（见102页）

NEMO 伦佐·皮亚诺（Renzo Piano）设计的这一青铜、船形的自然博物馆堪称现代建筑经典。（见102页）

航运大楼 这一建于1916年的气派建筑外表刻着各种关于航海的图案，装饰有彩绘玻璃，是第一座真正意义上的阿姆斯特丹学院派建筑。（见98页）

东岛区 如果你想找个地方欣赏下先锋派的荷兰建筑，东岛区是不错的选择。（见101页）

旧证券交易所 1903年落成的证券交易所是资本主义圣殿，嵌有向劳工致敬的瓷砖壁画以及其他装饰。（见71页）

船博物馆 设计爱好者的朝圣地，这一始于20世纪20年代的建筑项目是阿姆斯特丹学院派风格的巅峰之作。（见160页）

另类博物馆

猫博物馆 破旧的博物馆位于运河畔，充斥着毕加索、斯坦伦和伦勃朗等大师创作的猫咪作品。（见136页）

船屋博物馆 登上这一长23米的驳船，感受密闭的水上生活。（见159页）

手包和钱包博物馆 整座博物馆为各式手提包所填满，从16世纪的随身小包到麦当娜喜爱的时髦的arm candy包。（见137页）

阿姆斯特丹烟枪博物馆 中式烟枪、土耳其式水烟筒、有1500年历史的厄瓜多尔烟枪，陈列柜里还有更多烟枪。（见135页）

自动钢琴博物馆 这个小巧的地方从20世纪初起乐声飘荡，自动钢琴的魅力得以淋漓尽致的展现。（见158页）

Electric Ladyland 这是世界上首家荧光艺术博物馆，炫目的石头、稻米和兔子发着光，做好准备迎接这趟迷幻之旅吧。（见159页）

历史课程

安妮之家 安妮那令人伤感的卧室——隐藏的密室——和她亲笔写下的日记都在这里，提醒后人不要忘记那让人胆寒的“二战”。（见119页）

老教堂 阿姆斯特丹建筑中的老居民，已经有700多年的历史，很多阿姆斯特丹名人都长眠于教堂之下。（见70页）

阿姆斯特丹博物馆 引人入胜的多媒体展览将带你了解阿姆斯特丹错综复杂、迂回曲折的历史。（见73页）

抵抗博物馆 来这里能了解在德军占领期间，荷兰抵抗军英勇的表现，同时也能了解与纳粹站在同一阵线的少数派。（见103页）

城市档案馆 这座城市的档案馆拥有丰富馆藏，展出内容让人印象深刻，包括1942年安妮·弗兰克自行车被窃的报告。（见136页）

每月热门

最佳节庆

国王节，4月

运河音乐节，8月

阿姆斯特丹同性恋游行，8月

阿姆斯特丹舞蹈节，10月

阿姆斯特丹灯光节，12月初至次年1月中旬

1月

没错，1月很冷，昼短夜长。但博物馆门口不会出现长龙，你有更多的时间找一家舒适的咖啡馆，坐在噼啪作响的壁炉前彻底放松。

阿姆斯特丹时装周（Amsterdam Fashion Week）

阿姆斯特丹时装周（www.fashionweek.nl）期间，T台秀、派对、讲座和音乐会接连不断，使得这座城市散发出浓浓的时尚气息。很多活动——有免费的，也有需购票入内的——都对公众开放，在市中心和西部气厂（见172页）进行。7月也有时装周。

3月

初春天气多变，若正巧碰上春色宜人时，可以赶早去库肯霍夫一睹郁金香的芳姿（以及拥挤的人群）。

5天假日（5 Days Off）

月初，电子音乐节5天假日（www.5daysoff.nl）在Melkweg（见150页）和Paradiso（见150页）举办舞会派对。

4月

白昼变长，气温升高，鲜花进入盛放期，随之而来的是让人惊叹的国王节狂欢庆祝，这是阿姆斯特丹一年中最盛大的活动。

国王节（King's Day）

国王节（Koningsdag）通常为4月27日，为国王威廉·亚历山大庆生（如果27日是周日，就改在26日进行），是欧洲规模最大，也可以说是最好的街头派对之一。其间不仅会有热闹喧嚣的狂欢派对、音乐，目光所及之处都是橙色，还会有一个全城范围的跳蚤市场。

世界新闻摄影比赛

4月末，新教堂（见74页）会举办年度最佳新闻摄影展（www.worldpressphoto.org），格外吸引人眼球，该展一直持续到6月底。

5月

阿姆斯特丹将先后迎来死难者纪念日（Remembrance Day，5月4日）和解放日（Liberation Day，5月5日）。鲜花盛开的咖啡馆露台使这温和的5月成为徜徉在阿姆斯特丹的完美季节。

荷兰风车日（National Mill Day）

5月第二个周末，荷兰全国约950座风车和水磨都欢迎公众进入它们那嘎吱作响的内部参观（www.molens.nl）。留意飘有蓝色三角旗的风车。

冯德尔公园露天剧院（Vondelpark Open-Air Theatre）

从5月到9月初，拥有得天独厚公园环境的冯德尔公园露天剧院（见197页）会上演世界级音乐、舞蹈、话剧、卡巴莱歌舞及儿童秀等演出，来这里观看表演成为广受欢迎的阿姆斯特丹传统。

6月

夏季是旅游旺季，游客蜂

拥而至。天气总是晴好，阳光明媚，温暖舒适，最适合自行车骑行，在运河畔的露台畅饮一番。

☆ 荷兰艺术节（Holland Festival）

这是荷兰规模最大的表演艺术盛会（www.hollandfestival.nl），既能欣赏到知名戏剧、舞蹈和歌剧演出，也能看到小众数字电影和实验音乐秀。为期一个月的艺术节在遍布全城的表演场地上演，各具特色，无高雅低俗之分。

花园开放日（Open Tuinen Dagen）

花园开放日（www.opentuinendagen.nl）为6月的第三个周末，是参观运河畔25个私人花园的难得机会。

7月

昼长夜短，阳光灿烂，谁还会介意阿姆斯特丹街头和运河上人头攒动呢？这只会进一步烘托派对的氛围。

☆ 阿姆斯特丹根源音乐节（Amsterdam Roots Festival）

7月初为期四天的根源音乐节（www.amsterdamroots.n）会在阿姆斯特丹市主要的场馆上演世界各地的音乐表演。而在佛兰肯代尔公园（见215页）举行的全天候的露天根源音乐会将节日推向最后的高潮。

☆ 艾河戏剧节（Over het IJ Festival）

艾河戏剧节（www.overhetij.nl）于7月初举行，为期十天，会在位于阿姆斯特丹北区NDSM-Werf艺术区造船厂（见87页）内的小众场馆献上另类的表演艺术作品。

8月

阿姆斯特丹的盛夏时节，各式活动云集。而且相比很多其他欧洲的文化之都，这座城市不会受到酷热炙烤，且夏季闭门谢客的地方也相对少些。

阿姆斯特丹同性恋游行（Amsterdam Gay Pride）

阿姆斯特丹同性恋游行（www.pride.amsterdam）于7月末至8月初进行，届时整座城市彩虹旗飘扬。欢庆持续一周，亮点包括变装奥运会（Drag Queen Olympics）以及在王子运河和阿姆斯特尔河上的骄傲游行（Pride Parade），喧闹的游行将在水上进行。

运河音乐节（Grachtenfestival）

8月中旬举行的运河音乐节（www.grachtenfestival.nl）持续十天，这期间，古典音乐家们会现身运河畔的公园和花园。在王子运河的漂浮舞台上举行的免费音乐会是音乐节的一大亮点。

9月

严格说来，夏季可能已经结束了，但9月是最适宜造访阿姆斯特丹的月份之一。天气舒爽，游客不多，还有一些非常棒的节庆活动。

阿姆斯特丹城市游泳（Amsterdam City Swim）

9月初的城市游泳（www.amsterdamcityswim.nl）能吸引2500多人跳入阿姆斯特丹的运河中，筹集善款。参与者会在艾河、阿姆斯特尔河及其他较长的运河中一展泳姿。

乔丹音乐节（Jordaan Festival）

这一音乐节（www.jordaanfestival.nl）在9月中旬的周末举行，引人怀旧、甚至催人落泪的荷兰民间音乐流派levenslied的歌手们会成为舞台上的主角，此流派起源于规模小巧的乔丹区。

10月

阿姆斯特丹的公园和花园在秋意的渲染之下变得色彩斑斓，天气仍有可能清爽宜人。这个时节开始执行淡季票价，客流变少。

阿姆斯特丹舞蹈节（Amsterdam Dance Event）

10月的这场电子音乐盛会ADE（www.amsterdam-dance-event.nl）持续整整五天五夜，吸引约2200名DJ和艺术家以及超过30万的夜总会爱好者参与，450项活动分布在全城各处。

11月

文化活动和淡季优惠弥补了白昼缩短、寒夜变长的不足。圣诞老人的到来预示着节日季的来临。

博物馆之夜（Museumnacht）

11月第一个周六，阿姆斯特丹约50家博物馆就会迎来博物馆之夜，一直开放到次

(上图)同性恋游行
(下图)阿姆斯特丹灯光节

ANJO KAN / SHUTTERSTOCK ©

ROB VAN ESCH / SHUTTERSTOCK ©

日凌晨2点，其间有现场音乐表演、DJ和艺术派对。博物馆之夜由N8（www.n8.nl）组织，这是一个用艺术将35岁以下的人联系起来的组织。

圣诞老人巡游（Sinterklaas Intocht）

11月中下旬，圣尼古拉斯乘船从西班牙赶来参加圣诞老人巡游（www.sintinamsterdam.nl），他骑着白马一路行至水坝广场和莱兹广场，为这座城市的孩童们带去欢乐。

12月

阿姆斯特丹被笼罩在冬季的魔法中（有几年确实会下雪），包括博物馆广场在内的各个开放空间会建起露天滑冰场，整座城市灯光璀璨，格外迷人。

阿姆斯特丹灯光节（Amsterdam Light Festival）

这一持续6周的节日（www.amsterdamlightfestival.com）有两大亮点，分别是沿着阿姆斯特尔河的灯光大道步行游，沿途经过流光溢彩的恢宏纪念碑，以及12月中旬美妙的圣诞运河游行，用彩灯装饰的游船会沿运河前行。

新年前夜（New Year's Eve）

灿烂烟花点亮整个夜空，美不胜收，全城有数不清的庆祝派对，特色各不相同，所以先去I Amsterdam游客中心了解可以去哪里迎新。

带孩子旅行

放轻松：你来到的是欧洲最适合孩子游玩的城市之一。为世人所津津乐道的荷兰式宽容同样也面向孩子，阿姆斯特丹人也非常乐意去满足孩子们的需求。你会发现这座城市几乎所有的街区——当然了，红灯区除外——都向孩子敞开怀抱。

FRANK WIJN / GETTY IMAGES ©

博物馆广场（见185页）的滑冰场

户外活动

绿地、公园和随处可见的运河为小孩子们（以及大孩子们）提供了足够多在户外嬉戏玩耍的机会。

公园和游乐场

冯德尔公园（见184页）开阔的玩耍空间深受各个年龄段孩子的喜爱。这里有绿荫葱葱的野餐地，不时可以见到鸭子的池塘，西边有极具科幻色彩的很酷的滑梯，中部则有一个游乐场。西公园（见160页）也有一个很棒的游乐场，而萨珐蒂公园（见202页）和东部公园（见215页）同样不容错过，两座公园都有宜人的户外空地，可供孩子尽情奔跑。在茂密无垠的阿姆斯特丹森林（见216页）内，既可以划独木舟、骑脚踏船，也能去爬树公园和山羊农场，活动丰富有趣。

冬季魔法

每到冬季，包括博物馆广场（见185页）在内的不少地方都会变成一场狂欢盛宴，孩子们会爱上滑冰场和户外嬉戏。别错过独一无二的荷兰节日当季特色美食，例如小松饼（poffertjes）和肉桂姜饼（speculaas），依照传统，圣尼古拉斯之夜（Sinterklaas；12月5日），农贸市场会出售这些小点心。

运河带

骑着特别的运河脚踏船（见36页），一览水上美景。

阿提斯皇家动物园（Artis Royal Zoo）

活泼的猴子、大猫，优雅游动的鱼，还有令人叹为观止的天文馆，阿提斯皇家动物园（见103页）能让孩子们兴奋上数小时，而青少年和成人会爱上这里规划漂亮的场地。你也可以去动物园内的微生物博物馆（Micropia）探索一番，这里堪称微生物“动物园”。这个博物馆远比你预想的要有趣得多，内设的展览会告诉你接吻时是如何交换细菌的，以及食蚁动物、狮子和其他动物排出的粪便中含有哪些微生物。

博物馆乐趣

阿姆斯特丹的博物馆数量众多，便于到达，科普性强，最重要的是寓教于乐。

NEMO

NEMO（见102页）是专为孩子打造、可亲自动手实践的科学博物馆，能帮助解决孩子们提出的种种“怎么样”和“为什么”的问题。

荷兰国家海事博物馆（Het Scheepvaartmuseum）

停泊在海事博物馆（见101页）旁的船只是荷兰东印度公司从1749年开始使用的贸易船复制品，与实物等大，为孩子们提供了发射（复制品）大炮、升降货物以及极速撤离的机会。

热带博物馆（Tropenmuseum）

热带博物馆（见215页）中专为孩子营造的区域充满异域风情，无论用什么语言来赞誉，都不为过。

犹太历史博物馆（JoodsHistorisch Museum）

犹太历史博物馆（见99页）内设有一个非常棒的孩童展览，以生活在阿姆斯特丹的犹太人生活为主题。

抵抗博物馆（Verzetsmuseum）

抵抗博物馆（见103页）内划分有青少年抵抗博物馆区，通过四个孩子的经历展现了荷兰抵抗军的英勇，他们分别是伊娃（Eva）、简（Jan）、奈利（Nelly）和汉克（Henk）。

凡·高博物馆（Van Gogh Museum）

凡·高博物馆（见181页）组织孩童参与免费寻宝游戏，从展出的画作和藏品中寻找特定的目标。完成任务的孩子可以获得小小的奖励。

海滩和城堡

城市海滩

每年夏季，阿姆斯特丹市郊就会出现大约10片“城市海滩”。其中大多数适合成人（提供鸡尾酒，还有DJ），部分更适合家庭出游者——向游客中心询问具体地点。你们可以欣赏美丽的河景，但游泳就别指望了。

梅登城堡（Muiden Castle）

去梅登城堡（见106页）的这段路有点累人，这是一座有700年历史的城堡，如童话般，有吊桥、护城河、大尖塔和城垛。在特定的日子里，城堡会组织孩童参与特别活动（例如放隼狩猎）。此外，你也可以带孩子去附近帕姆皮斯岛（Pampus，见106页）极具氛围的堡垒一探究竟。

雨天理想去处

制定雨天计划以防万一是很明智的。事实上，阿姆斯特丹的雨天乐趣多多，孩子们甚至可能希望太阳一整天都不要露面。

TunFun

任孩子们在位于地下、项目繁多的游乐中心TunFun（见116页）嬉闹玩耍。

电影院

在呈装饰派艺术风格的PathéTuschinskitheater（见152页）或幽静、氛围颇佳的Movies（见171页），孩子们可以一边看最新的电影，一边吃爆米花，而大人们能沉醉在复古的舒适环境中。

室内泳池和桑拿

Zuiderbad（见199页）颇具娱乐性，雨天非常适合带孩子来这里游泳。成人则可以尽情欣赏富丽堂皇、主打复古风的内部装潢。

阿姆斯特丹中央图书馆（Centrale Bibliotheek Amsterdam）

这座城市令人赞叹、充满现代化气息的阿姆斯特丹中央图书馆（见102页）专门有一层是面向孩子的，组织各种活动，有舒适的阅读室，还有大量英语书籍。留意为小读者准备的每周故事时间（有些是英语）。青少年可以使用电脑终端和无线网络。

适合孩子的美食

阿姆斯特丹的美食选择变得越来越大胆，富有创意，精致新颖，不过你仍然可以找到很多令孩子们着迷的美味。

KAVALENKAU / SHUTTERSTOCK ©

NEMO博物馆（见102页）外的孩子们

三明治店

带馅料的面包卷（broodje）或烤三明治（tosti）总是能让人心满意足。这座城市有大量店铺专门供应这种美食，可以去Broodje Bert（见78页）。

薄煎饼

阿姆斯特丹随处可见供应这种美食的店铺，无一不让孩子们开怀。头号选择当属Pancakes!（见123页）和Pancake Bakery（见125页）。

至于薄煎饼的狂热爱好者，一定要登上**薄煎饼船**（De Pannenkoekenboot；☎626 88 17；www.pannenkoekenboot.nl；Ms Van Riemsdijkweg；成人/儿童€18.50/12.50起；⏲需预约）。早午餐和夜间乘船游览从阿姆斯特丹北区的NDSM-Werf艺术区出发，可以乘坐免费的渡船前往。

汉堡

阿姆斯特丹开始流行用有机食材制作的美味汉堡。其中最好吃的是德派普区的Butcher（见203页）和Geflipt（见205页），以及乔丹区的Ellis Gourmet Burger（见161页）。

炸薯条

无论长幼，都爱吃抹上厚厚蛋黄酱或其他酱汁的炸薯条。安妮之家旁边的Wil GraanstraFriteshuis（见127页）是当地一家不错的炸薯条店。而德派普区的Frites Uit Zuyd（见203页）也供应香脆的薯条。

咖啡馆和餐馆

Moeders（见165页）、Het Groot Melkhuis（见195页）、Café Toussaint（见191页）和NeL（见148页）都非常适合带孩子前往。

市场

孩子们喜欢逛市场，找寻熟悉和新奇的美食。不妨去艾伯特露天市场（见203页），那里有夹糖浆的荷兰松饼、水果奶昔、巧克力、糖果和新鲜水果。也可以在这里选购食材，然后去附近的萨珐蒂公园享用野餐。

适合孩子逛的商店

阿姆斯特丹有大量商店都能满足孩子的需求，他们会爱上那些精美的玩具和诱人的糖果。

Knuffels（见114页）的特色是填充动物玩偶；Joe's Vliegerwinkel（见114页）有风筝；Mechanisch Speelgoed（见174页）有怀旧的上发条玩具；De Winkel van Nijntje（见220页）能买到荷兰画家迪克·布鲁纳（Dick Bruna）笔下著名卡通形象——可爱的米菲兔（荷兰语为Nijntje）——相关的商品；Tinkerbell（见153页）是一家不只是卖玩具的店，门口立着一个吹泡泡的机器熊。

Het Oud-Hollandsch Snoepwinkeltje（见172页）有让人眼花缭乱的罐装糖果。

行前参考

➡ **门票价格** "孩子"的定义是指18岁以下。但很多旅游景点免费门票或优惠门票的年龄限制为最高12岁。部分景点可能只允许6岁以下儿童免费进入。

➡ **自行车座椅** 大多数自行车租赁店都提供带婴儿或儿童座椅的自行车。

➡ **托管服务** 很多高档酒店免费提供孩童托管服务。

骑自行车旅行

在阿姆斯特丹，自行车比汽车更普及，想像当地人那样自由来去，你需要一辆自行车。你可以在遍布城市各角落的租赁点或下榻的住所租一辆，如此一来，整个阿姆斯特丹便成了你的游乐场。游览阿姆斯特丹期间，骑自行车是经典的特色活动。

FUTURE LIGHT / GETTY IMAGES ©

运河宅邸附近的骑行者

租自行车

很多快要离开阿姆斯特丹才去租自行车的游客往往会懊悔为什么不早这么做。租赁点随处可见：你需要出示护照或欧盟国家身份证明，使用信用卡押卡或支付押金（通常为€50）。普通的带"脚刹"的自行车，平均每24小时的租借费用为€11。带排挡和手刹的自行车价格更高。盗窃保险的费用为每天€3左右。

Ajax Bike（见204页）紧邻德派普区僻静的小道，城市、儿童、双人和货运自行车的租借费用都很便宜。

Bike City（见160页）乔丹区的租赁店，提供的自行车车身上不带广告，所以你和当地人别无二致。

Black Bikes（见322页地图，B6；☎670 85 31；www.black-bikes.com；NieuwezijdsVoorburgwal 146；自行车租赁每3/24小时€6/8.50起；⏲周一至周五8:00~20:00，周六和周日9:00~19:00；🚊1/2/5/13/14/17 Dam/Raadhuisstraat）没有标识的公司，提供城市、儿童、双人和货运自行车出租服务，有10家门店，有一家位于市中心。

Cycleswap（www.cycleswap.nl）类似自行车版的Airbnb网站，可以直接从阿姆斯特丹当地居民那里租车。价格各不相同。

Damstraat Rent-a-Bike（见327页地图，E2；☎625 50 29；www.rentabike.nl；Damstraat 20-22；自行车租赁每3/24小时 €6.75/9.50起；⏲9:00~18:00；🚊4/9/16/24 Dam）水坝广场附近的门店提供各式自行车出租。

MacBike（见322页地图，G3；☎620 09 85；www.macbike.nl；Stationsplein 5；自行车租赁每3/24小时€7.50/9.75起；⏲9:00~17:45；🚊4/9/16/24 Centraal Station）这是最受游客青睐的公司之一（自行车为亮红色，带标志），设在中央车站的门店地理位置颇佳，此外在滑铁卢广场（见113页）和莱兹广场（见135页）也有门店。有多种款式的自行车供出租。

自行车团队游

参加自行车团队游是了解阿姆斯特丹的完美方式。费用包括了自行车租借（组织团队游的公司也提供自行车租赁服务）。务必提前预订。下列选择相当不错，可供参考：

Orangebike（www.orange-bike.nl；Buiksloterweg 5c；团队游€22.50～32.50；⏲办事处周一至周五9:00～17:45，周六和周日10:00～17:00；⛴Buiksloterweg）传统的市区和乡村团队游（包括海滩游），此外还有不同主题的团队游选择，例如点心游，可以品尝炸丸子（bitterballen）和荷兰杜松子酒，还有建筑游。门店位于阿姆斯特丹北区，从中央车站出发，乘坐渡船5分钟可达。

Mike's Bike Tours（见142页）组织各种有趣的团队游，大多面向年轻人，可以前往阿姆斯特丹周边、港口，沿阿姆斯特尔河一路往南，穿过奶牛场和风车。

Yellow Bike（见322页地图，C5；☎620 69 40；www.yellowbike.nl；NieuwezijdsKolk 29；市区/乡村团队游€27.50/32.50；🚊1/2/5/13/17 NieuwezijdsKolk）独创项目。可以选择城市游或者耗时更长、经过漂亮水乡区（Waterland district）往北的乡村游。

道路骑行规则

- 戴头盔并非强制性要求。大多数荷兰骑者不戴头盔。租借自行车时，头盔也不是标准配置。
- 阿姆斯特丹有长达500公里的自行车道。外出骑行时使用位于道路右边的自行车道，有白线和自行车标记。
- 不要逆向骑行，遵守交通信号灯和标牌指示。
- 转弯的时候要打手势。
- 法律规定，天色变暗后，必须配备白色头灯和红色尾灯。
- 只能将车停在火车站、有轨电车站以及部分公共广场附近的自行车架上（否则可能被警察移车）。

骑行建议

- 大多数自行车都配有两把锁：一把锁前轮（同时锁在自行车车架上），另一把锁后轮。两把锁中有一把应该锁在固定的物体（最好是自行车停车架）上。
- 过有轨电车轨道时注意自行车与轨道保持锐角，以免被卡住。
- 留意机动车、其他自行车以及未察觉状况的行人。
- 必要时尽可能多打铃警示旁人。

购买自行车

在ReCycle（见194页）可以买到便宜的翻新自行车。你也可以去滑铁卢广场跳蚤市场（见113页）找找二手自行车。

行前参考

自行车骑行线路 Routecraft（www.routecraft.com）提供最好的市区自行车骑行线路规划。

MacBike地图 有趣的自行车地图，涵盖犹太场所、运河、阿姆斯特丹北区乡村地带等主题。地图售价€1或€2，游客中心以及MacBike门店均有出售。

寻求帮助 若自行车丢了，可以通过☎334 45 22向Fietsdepot（自行车仓库）询问是否被市政府挪走了（可能是因为你将车停放在不安全的地方）。如果不是，就找警方，打☎0900 88 44，或者去当地车站上报车辆失窃。

骑车出城

骑车从阿姆斯特丹出发，不用多久你便能置身于风车点缀的田园风光中。LF线路（landelijkefietsroutes；长距离线路，类似自行车公路）纵横交错，遍布荷兰全国。可以留心Falk/VVVFietskaart met Knooppuntennetwerk（自行车线路网）地图系列，很多地方都可以买到，图例说明为英语。

数字相关

- 阿姆斯特丹自行车总数：881,000
- 汽车总数：263,000
- 自行车停车架总数：250,000
- 中央车站自行车停车场可容纳车辆数：2500
- 每年阿姆斯特丹被盗自行车数量：50,000至80,000

顶级骑行游览地

- 冯德尔公园（见184页）城市绿洲。
- 东岛区（见101页）当代建筑。
- 阿姆斯特丹森林（见216页）迷人的林区。

当地生活

骑上自行车，前往最近的棕色咖啡馆，静静地坐看人来人往，通过观察周围的故事，为自己上一堂免费的荷兰文化课。目睹当地生活是一回事，真正沉浸其中又是另一回事。

PETER PTSCHELINZEW / GETTY IMAGES ©

运河畔的咖啡馆

拥抱Gezellig文化

这种荷兰特有的生活品质是吸引人们前往阿姆斯特丹的主要原因之一，老式的棕色咖啡馆（传统的荷兰小酒吧）普遍将这一特质展现得淋漓尽致。gezelligheid（gezellig的名词形式）被翻译成舒适、友好、惬意、非正式和快乐等多种意思，但相比给其下个确切的定义，去用心感受更为容易。在很多地方，很多场合——往往是在非正式的饮酒聚会（borrel），和朋友们一块畅饮时——你都能体验到这种温暖又难以言表的感受。几乎任何烛光摇曳的舒适场地都有可能满足你融入gezellig文化的需求。

熟悉周边

Holland的范围

“Holland”亦指荷兰，被普遍使用，不过，它仅指北荷兰省和南荷兰省（阿姆斯特丹是北荷兰省最大的城市，哈勒姆为省会）。这个国家余下国土并不包括在Holland范围内，即便是当地人也经常会出错。

市区走街串巷

阿姆斯特丹的同心运河以及相似的街名使得游客很容易迷路。记住：gracht（运河），例如Egelantiersgracht，不同于straat（街），如Egelantiersstraat。与某条街道交叉的dwarsstraat（街口）通常会在前面加上eerste、tweede、derde和vierde（意为第一、第二、第三和第四；地图上则标示为1e、2e、3e和4e）。举个例子，Eerste Egelantiersdwarsstraat是Egelantiersdwarsstraat街上的第一个街口（即最靠近市中心的街口）。前面加有lange（长）和korte（短）的街指的就是长街和短街。注意，看似连续的街道会随着长度增加而改变名字。

自行车的魅力

只要在阿姆斯特丹逗留片刻，你便会发现自行车是当地人出行的主要交通工具，随处都可以见到骑车人的身影。他们骑自行车去看牙医、工作、去歌剧院和吃早午餐。哪怕是刮风下雨，风雪交加，他们也照骑不误。所以租了自行车后，别只是绕冯德尔公园匆匆逛一圈就了事了——深入僻静的街巷，无论去哪里，都骑车吧。穿着盛装骑车去晚宴或看演出，又或者去喝一杯和逛夜店，这是典型的荷兰式消遣娱乐，当地人对此不以为意，游客则惊得目瞪口呆。穿上西装或燕尾服，然后骑车出发吧。不管你穿什么，不管你的目的地是哪，你都会融入进去（并乐在其中）。

融入当地人的另一个好机会是每年5月第二个周六的国家自行车日（National Cycling Day，这一天还是国家磨坊日），节日活动包括一些特别路线的家庭骑行之旅。

沉浸于荷兰历史中

要感受阿姆斯特丹独特的历史——从黄金时代的鼎盛期到被德国占领的那些悲惨岁月——最好的方法之一就是参与到这座城市众多与历史相关的庆祝或纪念活动当中。在解放日（5月5日），阿姆斯特丹人会聚在一起庆祝1945年摆脱德国侵占这一解放时刻，届时会有演讲、音乐会和街头派对，整座城市沉浸在欢腾的氛围中。水坝广场、冯德尔公园和博物馆广场通常都是举行活动的主要场地。

另一种有意思、同时可能更为沉重的当地体验是在死难者纪念日（5月4日）步行前往水坝广场。在水坝广场的国家纪念碑，国王威廉·亚历山大会向第二次世界大战期间的死难者敬献花圈。晚上8点整，阿姆斯特丹将进行两分钟的默哀。

橙色狂热

若你曾看过有荷兰参加的某项体育赛事，就应该很熟悉橙色狂热（oranjegekte，也被称为oranjekoorts）。最初，百姓只能在为君主举办的庆祝活动期间身披荷兰皇室——奥兰治-拿骚家族（House of Orange-Nassau）——的传统颜色，例如女王节，现为国王节。但从1974年的世界杯起（当时荷兰队的每场比赛，都会有数以万计的荷兰球迷穿着橙色衣服为其加油助阵），醒目的橙色装扮——衣服、围巾、假发、人造皮革的高顶礼帽、脸彩、羽毛披肩，一切你能想到的——就成为一种荷兰现象。要像当地人那样真正去狂欢庆祝，你应该知道穿什么颜色。

烧圣诞树

这一奇怪的荷兰传统甚至能让早已见怪不怪的成人瞪大眼睛：烧圣诞树。你可以将它看作是异教版的圣尼古拉斯日——男女老少聚集在街头，用已经过了繁茂期的圣诞树燃起熊熊篝火，告别“枯木”，迎接新年。烧圣诞树通常在迎新结束后约一周进行。博物馆广场是见证这一疯狂活动的理想之地。

加入狂欢盛宴

想探索阿姆斯特丹不同街区风格独具的个性，不妨像当地人那样加入到街区节庆活动中，尽情派对。

以食物和足球为主的**Kwaku节**（www.kwakufestival.nl）于每年7月中至8月初的每个周末在纳尔逊·曼德拉公园（Nelson Mandelapark）进行，你可以融入阿姆斯特丹丰富的苏里南和非洲文化遗产中。

在乔丹音乐节（见24页）期间聆听经典的乔丹区民谣。

或者戴上银灰色的假发，穿上厚底鞋，于8月的第三个周末去参加超级有趣的善德街心之节（Hartjesdagen Zeedijk，见301页）。这个节日的历史可以追溯到中世纪，有街头剧场，易装游行，你还能在善德街及其周边遇到穿着各种服装、活泼开朗的人们。

8月下旬开始的**Uitmarkt节**（www.uitmarkt.nl）开启阿姆斯特丹的文化季，这期间，当地的派对就如同国王节一般热闹。

省钱妙计

尽管阿姆斯特丹的住宿和餐饮费用会很昂贵，但也有令人欣慰的一面。不仅整个运河圈被联合国教科文组织列为世界遗产（换言之：免费、鲜活的博物馆），而且几乎每天你都会发现免费（几乎等同于免费）的项目和景点。

免费景点

阿姆斯特丹城市卡（I Amsterdam Card，见293页）可以帮你省钱，提供商店、景点和餐馆的折扣，甚至可以享受免费优惠。学生和老年人需带身份证，每次有获得门票折扣的机会时，都应出示。

公民卫队画廊（见71页）漫步于从黄金时代到当代的重量级肖像画之间。

国立博物馆花园（见179页）即使是当地人，也有很多不知道这里文艺复兴和巴洛克风格的花园是免费的，并且对公众开放（包括不定期举办的雕塑展）。置身于玫瑰花从、树篱和雕塑之间，任由你的拉斐尔前派艺术精神驰骋。

贝居安会院（见69页）探索这一14世纪的隐匿庭院及其秘密教堂。

城市档案馆（见136页）在这一地下城市档案馆内，你永远想不到会发现怎样的珍宝。

迦山钻石厂（见99页）学会分别马眼形（marquise）、公主方（princess），河水色（river）和顶级开普色（top cape）。

艾伯特露天市场（见203页）阿姆斯特丹最大的市场，这座城市很多其他的集市都可以免费逛。

阿姆斯特丹建筑中心（见102页）一览阿姆斯特丹的建筑——过去、现在和未来。

阿姆斯特丹市立博物馆分馆（见159页）这一阿姆斯特丹现代艺术博物馆的小小分馆展出了先锋派作品。

免费娱乐

想购买当天的折扣票，登录**最后一分钟售票店**（Last Minute Ticket Shop；www.lastminuteticketshop.nl）。

音乐厅（见185页）要抢得周三午时举行的音乐会的门票可不是件容易的事，这通常是当天晚上演出的公开排练。

艾河剧院（见113页）周二午间会有免费的古典音乐会，乐声在空中流淌。

Bimhuis（见112页）周二晚上，这一备受推崇的场馆内就会响起美妙的爵士乐。

露天剧院（见197页）冯德尔公园内的露天剧院在夏季会举办音乐会和儿童演出。

眼睛电影博物馆（见87页）地下室设有观影厅，可以观看免费电影。

北海爵士俱乐部（见171页）免费的"夏日表演季"和周六的深夜演出期间，会有冉冉上升的音乐新星在这里忘我表演。

Mulligans（见148页）这座城市知名度最高、最受欢迎的爱尔兰酒吧内有免费的音乐欣赏和演出。

节日 很多节庆活动，包括最盛大的派对国王节（见23页）在内都是完全免费的。（好吧，你或许该带点零钱买啤酒，再买一顶便宜的橙色假发。）

免费交通

黄色后座（www.yellowbackie.org）这个项目让游客可以免费搭乘当地人的自行车，即坐在自行车后座上。当你看到有人骑着后面带有明黄色座架的自行车时，可以对其喊"Backie"。骑车人理应停车，让你跳上后座，带你前往目的地。

渡船 免费渡船从中央车站后面出发，前往位于阿姆斯特丹北部的NDSM-Werf艺术区，航程为15分钟，渡船还通往河对岸的眼睛电影博物馆，只需5分钟。

皇帝运河

运河带

一直以来，阿姆斯特丹人以他们建于黄金时代的运河圈为傲。2010年，联合国教科文组织给予正式认可，将这一航道列入世界遗产名录。如今这座城市的运河数量已经超过了威尼斯，并且阿姆斯特丹的桥梁数量也是威尼斯的三倍之多——超过世界上其他任何城市。

历史

阿姆斯特丹的运河并不只是为了衬托这座城市的美或让其变得更动人，甚至不仅是打通水道，促进交通那么简单，这些河流对于排水、开垦涝地至关重要。它们解决了阿姆斯特丹的基本问题：将陆地与大海隔开。

运河名及布局

荷兰语中，gracht（发音为"khrakht"）就是运河的意思，几条主运河组成了中心运河圈。这些美丽的运河于17世纪初期建成，当时阿姆斯特丹的人口数量增加，超过其中世纪城墙所能承受的容量，城市规划者决意向外扩张。当初挖掘的同心运河至今仍保持原貌。

中心运河

从中心开始，主要的半圆形运河分别是辛格运河（Singel）、绅士运河（Herengracht）、皇帝运河（Keizersgracht）和王子运河（Prinsengracht）。有个简单的方法可以帮你记住这些运河的英文名，除**辛格运河**（最早是勾勒出阿姆斯特丹外围界线的护城河）外，剩余三条运河都是按首字母顺序排列。

绅士运河 挖成后，阿姆斯特丹最富裕阶层就迁居于此。他们沿河建起华丽的宅邸（尤其是在黄金弯周边），因此得名绅士运河。

皇帝运河 几乎与绅士运河一样高端，以纪念神圣罗马帝国皇帝马克西米利安一世。

王子运河 以奥兰治和第一荷兰王室王子、沉默者威廉的名字命名，被设计成消费水准相对低廉的运河，河畔立着小规模的住所和仓库。这条河作为一条屏障，将此处的居民与乔丹区的工人阶级隔开。

辐射运河

穿过中心运河，如自行车轮辐条一般向外发散的运河被称为辐射运河。从西至东主要的辐射运河有酿酒者运河、莱顿运河和修士运河，也是按照首字母顺序排列。

酿酒者运河 是阿姆斯特丹最美的河流之一，之所以得此名是因为16世纪、17世纪，河两岸有很多酿酒厂。

莱顿运河 以莱顿这座城市命名，这条河是莱顿主要的水道。

修士运河 宁静安详，名字源于附近修道院的修士们。如今它更为人所熟知的名字是"七桥运河"，乘坐运河游船依然能欣赏到其标志性的景观。

桥

阿姆斯特丹的运河上跨着一些着实令人惊叹的桥梁。

塔楼闸桥（Torensluis；见334页地图；Singel 165a）横跨于辛格运河之上，建于1648年，是阿姆斯特丹最古老的桥（同时也是最宽的，达39米）。蓝桥（Blauwbrug，见138页）跨越阿姆斯特尔河，桥上装点着鱼形雕塑和顶着皇冠的街灯。你可能在照片或电影中见过标志性的瘦桥（MagereBrug，见138页），这座桥架在阿姆斯特尔河上，被1200盏小灯印衬得熠熠生辉。在西岛区留意狭窄迷人的三鲱鱼桥（Drieharingenbrug，见161页）。

船屋

阿姆斯特丹的运河上泊有大约2500艘船屋。第二次世界大战后，陆地上住房短缺，而老式货船有多余，正好弥补了不足，于是住在水上开始流行起来。尤其是在王子运河上，你可以看到各式各样的船屋。在船屋博物馆（见159页），你也可以登上一艘，去拥挤，呃，舒适的内部一探究竟。或者预订在船屋住上一晚，感受真正的阿姆斯特丹风情。

行前参考

运河安全须知

阿姆斯特丹的运河几乎都没有护栏或者设置屏障。如果你是带小孩旅行，千万留心，务必不要让他们掉入河中。

早在黄金时代关于冬季的画作上出现戴围巾的人之前，滑冰就已经融入荷兰人的灵魂之中。最早的冰鞋是用牛小腿和肋骨做的，手工打洞，然后系在脚上。当运河和湖泊结冰后，人人都会来到冰面上。不过小心：每年都会发生溺水事故。除非你看到有大群人在冰面上，否则尽量远离，在冰面的边缘和桥下——这些地方冰层较薄——要格外留心。

划船规则和建议

- 靠水道右边（右舷）。
- 商用船只（包括团队游船）享有路权。
- 船只最高时速为每小时7.5公里（这是很多租赁电动船的最快速度）。
- 救生衣/背心并非强制要穿（但强烈建议穿上）。
- 驾船时饮酒是违法的。
- 船上大喊以及大声播放音乐同样是违法的。
- 很多桥都有最低净空（低于2米）。
- 除了桥下、狭窄的水道、交叉口、救生梯附近或有禁停标志的地方外，可以在市区任何地方停泊船只。
- 黄昏时分，打开船灯。

运河治理

当然了，阿姆斯特丹运河并没有达到清澈透明的程度（每年从运河中打捞上来的自行车约有12,000~15,000辆），但眼下这些河流无疑是这座城市建成以来最为干净的。

这在一定程度上得归功于运河水闸，大多数每周关闭三次，以引入艾瑟尔湖的淡水。

所产生的水流将污浊的运河水从位于城市另一端的开放水闸冲出，汇入大海——你可以前往南运河圈一睹阿姆斯特尔河上阿姆斯特尔水闸（见139页）的宏伟风采。此外，专门的清理船会定期在运河上巡航。而且自2005年起，船屋就被要求与城市下水道系统相连。预计到2017年将全部完成。

这些努力都收到了显著的成效，现在的运河吸引到了更多的野生动物，便是证明。眼下有约20种鱼和蟹快乐地生活在水下。它们又吸引了海鸥、苍鹭、野鸭、黑鸦和鸬鹚等大量水鸟。你可能看到——或者更有可能听过——颈环纹呈荧光绿色的长尾小鹦鹉在头顶盘旋。这些小家伙当然不是阿姆斯特丹土生土长的，它们从1976年开始出现在这座城市，当时一宠物店老板由于无法忍受店内一对长尾小鹦鹉的尖叫声，便来到冯德尔公园将它们放飞。鹦鹉很快繁殖，如今全城有大约3700只小鹦鹉在鸣叫。

阿姆斯特丹正努力实现中心运河只允许电动游船进入，这是庞大的可持续计划的一部分。同时，这座城市也在考虑启动单向水路交通体系，以进一步减少排放物和噪音污染，从而尽可能保持水质干净。

乘船游

乘船游运河自然是游客才会做的事，但不失为欣赏这座城市的好方法。数家游船运营商在中央车站、水坝大道（Damrak）、Rokin街和国立博物馆对面的停泊处均设有出发点。费用都一样（每个成人约€16）。游船人多容易使玻璃窗蒙上水汽，因此你可以选择带露天座位区的游船。夜间乘船游可以看到亮灯后的桥梁（不过夜间费用往往更高些）。

Those Dam Boat Guys 见336页地图（☎06 1885 5219；www.thosedamboatguys.com；每人 €20；⏲13:00, 15:00和17:00；🚋13/14/17 Westermarkt）这一运河乘船游选择是人流相对最少的。组织小型团队游（不超过11人），乘坐的是电动船。90分钟的游程，你可以带上美食、啤酒、烟草以及其他任何你想带的东西。从Cafe Wester（NieuweLeliestraat 2）出发。

Canal Bus（☎217 05 00；www.canal.nl；单日通票成人/儿童€23/11.50；⏲10:00~18:00；📶；🚋1/2/5 Leidseplein）提供便捷的随上随下服务。在全市设有16个码头，均靠近大型博物馆和地标建筑。

Blue Boat Company 见346页地图（☎679 13 70；www.blueboat.nl；Stadhouderskade 30；75分钟团队游成人/儿童€16/8.50；⏲3月至10月 10:00~18:00每半小时发船，11月至次年2月每小时发船；🚋1/2/5/7/10 Leidseplein）Blue Boat组织的主要团队游项目长75分钟，沿途会经过阿姆斯特丹的主要景点。3月至10月晚上8点、9点和10点，11月至次年2月的晚上8点有长90分钟的夜间游（成人/儿童€19.50/15.50）。其他项目包括面向儿童、以海盗为主题的团队游，晚餐游船以及使用更小的敞篷船的运河游。码头位于Max Euweplein附近。

Wetlands Safari 见322页地图（☎06 5355 2669；www.wetlandssafari.nl；成人/儿童含交通和野餐€48/29；⏲4月中旬至9月周一至周五9:30，周六和周日10:00）好吧，这算不上运河游，却是不同寻常的乘船游，需要5个半小时。参加者先乘坐巴士前往市中心以北，然后乘坐划艇经过遍布沼泽、雾气迷蒙的湿地，风车和17世纪的村庄。出发地在中央车站后面的“G”公交车站。

租船

Canal Bike（www.canal.nl；每人每小时 €8；⏲4月至10月10:00~18:00）这里提供的脚踏船可以让你按照自己的速度游览运河。国立博物馆、莱兹广场和安妮之家附近均设有上岸点。需要支付€20的押金。隶属于Canal Bus。

Boaty（见204页）位于德派普区Hotel Okura附近，提供小巧的电动船出租。这个出发地相对不那么拥挤，在进入人声喧闹的市中心水道之前可以先熟悉下环境，辨明方位。

Kanoschool（www.kanoschool.nl；Admira-lengracht 60；每小时租赁费 €10；⏲营业时间变化不一）可租借单人和双人皮划艇，沿运河划行（提供水路地图和相关建议；需提供带照片的身份证明做抵押）。也有站立式桨叶冲浪板（SUP）出租。位于市西，靠近伦勃朗公园。

Canal Motorboats 见335页地图（☎422 70 07；www.canalmotorboats.com；Zandhoek 10a；首小时租赁费 €50；⏲10:00~22:00；🚋48 Barentszplein）提供小型的电动铝船（最多可乘7人），操作非常容易（无须驾船执照）。工作人员会给你一张地图，外加大量建议，如果需要可以出手援助你。需要信用卡押卡或支付€150的押金。首小时后费用会有优惠。

独家推荐

王子运河（见128页）阿姆斯特丹最热闹的中心运河，码头处咖啡馆、商店和船屋林立。

修士运河（见137页）从这里启程，你可以细细观察七座桥的拱梁。

酿酒者运河（见158页）经过最严苛的评比，阿姆斯特丹人发誓这是城市里最美丽的运河。

绅士运河（见122页）阿姆斯特丹最雄伟壮丽的运河，黄金弯一带矗立着这座城市最有声望的宅邸。

鲜花运河（见159页）这一美丽的运河旁有众多精美的带山形墙的房屋。

Egelantiersgracht运河（见158页）这是一条优雅宁静的运河，你会觉得这（几乎）是一个属于你自己的世界。

最佳运河相关博物馆

船屋博物馆（见159页）在这一由1914年的驳船改建而成的博物馆中了解舒适惬意的船屋生活。

运河船屋博物馆（见121页）富有创意的多媒体展示告诉你运河圈及其了不起的宅邸是如何修建而成的。

最佳运河节日和重大活动

国王节（见23页）这一欧洲最盛大的街头派对期间，这座城市著名的水道及周边会举行大量活动。

运河音乐节（见24页）每到音乐节，古典音乐家就会在河畔或登上船在河上进行演出。

阿姆斯特丹同性恋游行（见24页）阿姆斯特丹会组织世界上唯一的水上同性恋游行，并深以为傲。

花园开放日（见24页）花园开放日让人有机会欣赏运河河畔不少私人花园。

圣诞老人巡游（见25页）就连圣诞老人（圣尼古拉斯）也是坐着船入城的，他的到来将开启圣诞季。

阿姆斯特丹灯光节（见25页）12月中旬举办壮丽的圣诞运河游行，用彩灯装饰的船只会沿着运河缓缓漂行，是这个节日的一大亮点。

阿姆斯特丹城市游泳（见24页）当地人会跃入运河中，为慈善事业筹集款项。

最佳船屋住宿地

Houseboat Ms Luctor（见243页）这艘建于1913年的独立船只很漂亮，有红木嵌板，停泊处环境清幽，靠近中央车站。

B&B Le Maroxidien（见246页）这曾经是一艘货船，现在客舱分成3间主题各异的客房，能感受到荷兰式的热情与好客。

Frederic Rentabike（见244页）不仅提供自行车租赁服务，还在王子运河、酿酒者运河和鲜花运河都设置有船屋。

最佳运河畔就餐地

De Belhamel（见125页）这间一流的餐馆位于绅士运河源头，河畔的餐桌尤其能让你胃口大开。

Buffet van Odette（见140页）简单而富有创意的美食，能够俯瞰王子运河畔歪斜的房屋。

GebrHartering（见108页）摆盘精致的现代荷兰菜，外加极具浪漫气息的运河畔位置。

De Prins（见166页）这一棕色咖啡馆供应美味的火锅，餐桌沿王子运河摆开。

最佳运河畔饮品选择

O' T Smalle（见167页）在建于18世纪、昔日荷兰杜松子酒厂的石头露台上休息放松。

Café P 96（见168页）深夜时分出售酒类饮品，夏季露台就位于一艘船屋上。

Hannekes Boom（见112页）受当地人的喜爱，有一个郁郁葱葱的水上啤酒园。

Café Papeneiland（见169页）地处王子运河和酿酒者运河的交界处，是1642年传承下来的珍宝。

De Ysbreeker（见218页）热门地，能俯瞰阿姆斯特尔河上的船屋。

Café de Jaren（见83页）坐在阳台上，看着阿姆斯特尔河缓缓流淌，下午时光转瞬即逝。

Waterkant（见168页）位于辛格运河上热闹的大露台，适合喝点杜松子酒和奎宁水，外加苏里南风味的点心。

Café BinnenBuiten（见209页）阿姆斯特丹“拉丁区”德派普区最棒的运河畔露台。

Canals by Neighbourhood 区域运河

区域运河

乔丹区和西区
迷人、狭窄的运河和古色古香的桥梁（见156页）

西运河圈
具有重要意义的运河，两岸宏伟宅邸鳞次栉比（见117页）

南运河圈
中心运河和辐射运河交织（见133页）

冯德尔公园和旧南区
昔日沼泽地，如今河水流淌（见176页）

中世纪中心和红灯区
运河游船大多从水坝大道出发（见66页）

新市场区、普兰塔格区和东岛区
重新焕发活力的造船厂和令人难忘的河滨景点（见95页）

德派普区
由16座桥梁连接起来的岛屿（见200页）

东部公园和阿姆斯特丹南区
壮阔的阿姆斯特尔河横穿其间（见213页）

博物馆和美术馆

阿姆斯特丹世界一流的博物馆每年都吸引数以百万的参观者。艺术收藏是这座城市永恒不变的主题——漫步其间，不出一公里就能撞见一幅艺术杰作。运河宅邸博物馆则是当地的又一特色。当然了，这座自由随性的城市还有诸多设计精良、主题各异的博物馆，从大麻到船屋，无奇不有。

关于艺术

荷兰的艺术巨匠们进一步丰富了这座城市的艺术收藏。你可能听闻过其中一些人的大名：约翰内斯·维米尔、佛兰斯·哈尔斯、伦勃朗·凡·莱因。他们是黄金时代涌现出的佼佼者，当时商人和店主组成的新兴中产阶级乐意花钱购买清新的画作来装点自己的宅邸和工作场所。大师们正好满足这一需求，他们从那个时代开始创作的作品如今遍布阿姆斯特丹的顶级博物馆。

其他珍宝

荷兰在黄金时代确立的海上霸主地位使得当地各机构的保险库塞得满满当当。远航带回来的银器、瓷器和殖民地小装饰构成了国立博物馆（见178页）、阿姆斯特丹博物馆（见73页）、荷兰国家海事博物馆（见101页）和热带博物馆（见215页）的展品根基。

运河宅邸博物馆

此类博物馆分成两种：第一种保持宅邸的生活原貌，内部华丽，展现了昔日富有的当地人是如何生活的，例如范龙博物馆（见136页）。另一种则以雅致的宅院结构为背景，展出独一无二的收藏，例如以猫为主题的猫博物馆（见136页）。

当代美术馆

凡·高及黄金时代的巨匠吸引了足够多的关注度，但阿姆斯特丹的艺术不仅限于他们的创作。这座城市有不少当代美术馆，能让你一睹先锋派和新生代艺术家的作品。很多美术馆，例如红灯区的W139，起初默默无闻，这些年来逐渐跻身主流。美术馆云集的街区包括乔丹区和南运河圈。

避开人流

凡·高博物馆、国立博物馆、安妮之家和其他博物馆前排起的长龙往往会让你等上一小时之久，尤其是在夏季。想避开人流？下列建议可供参考：

利用电子票 大多数景点均有电子票出售，几乎不收附加费。持电子票可以经专属通道进入景点，速度更快。注意，很多时候，你需要将电子票打印出来（不过手机出示电子票变得越来越普遍）。

晚点去 傍晚及晚上排队的人相对少些。不妨在下午3点后去国立博物馆和凡·高博物馆（周五晚上也开放），傍晚6点后去安妮之家（夏季开放时间延长）。

找旅游中心 你也可以在游客中心购买预售票，不过那里往往和景点门口一样会排起长龙。

购买优惠卡 除了节省门票开支外，持优惠卡通常也可以走快速通道。

行前参考

开放时间

- 大多数博物馆从上午10点开放至下午5点，部分周一闭馆。
- 凡·高博物馆周五开放时间延长到晚上10点。
- 安妮之家在夏季每天开放时间都会延长到晚上9点或10点，全年的周六亦是如此。

费用

- 门票通常为€8~18。
- 13岁以下孩童通常可以免费进入或享受门票半价优惠。
- 语音导览费用为€2~5。

首要注意事项

- 大型博物馆建议提前预订门票。
- 傍晚和夜间排队的人较少。
- 周五、周六和周日最为繁忙。
- 很多酒店为住客提供大型博物馆门票出售服务，无需支付额外费用。务必询问前台员工。

推荐提前购票

- **凡·高博物馆和国立博物馆**电子票不需要支付附加费，能走快速通道。
- **安妮之家**指定参观时间的电子票需要额外支付一小笔费用，无须排队。
- **市立博物馆**电子票不需支付附加费，不用排队。
- **喜力体验馆和阿姆斯特丹杜莎夫人蜡像馆**电子票有小折扣，比普通门票优惠，能走快速通道。
- **运河船屋博物馆**电子票有小折扣，比普通门票优惠，不过更重要的是电子票能确保你参加人数有限的团队游。

省钱妙计

只要你根据自己的需求仔细挑选，优惠卡（见297页）便可帮你省下不少钱。主要选择有三：

阿姆斯特丹城市卡（I Amsterdam Card）适合快速游览这座城市。持该卡可进入30多家博物馆（很多都与博物馆卡重合，但不包括国立博物馆），外加一张GVB交通卡（见293页），一次运河乘船游，并能在餐馆和商店享受折扣优惠。要让此卡物有所值，你每天要参观约3家博物馆。

博物馆卡（Museumkaart）若你打算在荷兰待一段时间，此卡是不错的选择。持有此卡，你可以在一年内参观荷兰近400家博物馆。不用排队，不过不包括交通卡或其他优惠。

荷兰通卡（Holland Pass）类似阿姆斯特丹城市卡，不过不用赶时间，你可以在一个月内参观各个景点。不过要搞清楚究竟可以省下多少钱有点麻烦，因为景点分成不同的级别（最受欢迎/贵的景点属于金色级别，其余属于银色级别）。该卡还包括一张从机场到中央车站的火车票。

博物馆和美术馆的区域分布

- **中世纪中心和红灯区**从神圣（数家教堂博物馆）到带亵渎性的（性博物馆，大麻博物馆）。
- **新市场区、普兰塔格区和东岛区**这一地区分布有伦勃朗博物馆、NEMO、荷兰国家海事博物馆和抵抗博物馆。
- **西运河圈**安妮之家吸引了大量访客。同时还有以运河为主题的小规模博物馆。
- **南运河圈**冬宫博物馆阿姆斯特丹分馆以及几家奇特博物馆所在地。
- **乔丹区和西区**非同寻常的收藏，从郁金香到船屋，再到荧光艺术。
- **冯德尔公园和旧南区**博物馆区及阿姆斯特丹三大博物馆——凡·高博物馆、国立博物馆和市立博物馆所在地。
- **德派普区**人们聚集在此地的喜力体验馆，了解酿酒的过程。
- **东部公园和阿姆斯特丹南区**热带博物馆的殖民饰物，眼镜蛇博物馆的先锋艺术。

独家推荐

凡·高博物馆（见181页）拥有这位饱受折磨的艺术家在世界上最大规模的动人作品收藏。

国立博物馆（见178页）这一巨大的荷兰宝库珍藏有伦勃朗、维米尔的作品，水晶高脚杯和奇妙的灯笼。

安妮之家（见119页）隐蔽的空间和安妮那令人感到幽闭恐怖的卧室将让你深入了解第二次世界大战期间的可怕生活。

自动钢琴博物馆（见158页）倾听古老的自动钢琴演奏少见的爵士和古典乐。

最佳艺术博物馆

伦勃朗博物馆（见97页）沉浸在大师那溅满颜料的工作室和精致的故居中。

市立博物馆（见183页）从毕加索到蒙德里安，再到沃霍尔，这一新近修葺过的建筑内收藏有大量知名的现代艺术作品。

冬宫博物馆阿姆斯特丹分馆（见138页）俄罗斯冬宫博物馆的分馆，从总馆大量精美的藏品中精心挑选部分进行展示。

FOAM（见137页）时尚的摄影博物馆，展览内容经常更新，展出著名摄影师的作品。

最佳历史博物馆

阿姆斯特丹博物馆（见73页）一流的展览，带你深入了解这座城市7个世纪来引人入胜的历史。

抵抗博物馆（见103页）了解荷兰抵抗军在第二次世界大战、德军侵占期间的英勇表现。

最佳另类博物馆

猫博物馆（见136页）这一布局略显凌乱的老式运河宅邸收藏了与猫相关的艺术品（包括毕加索和伦勃朗的作品）。

手包和钱包博物馆（见137页）该博物馆展示了手提包和钱包的发展史，有不少耀眼的名人用过的手包。

阿姆斯特丹性博物馆（见71页）颇有挑逗性的艺术品和手工制品，一趟有趣的参观之旅。

Electric Ladyland（见159页）世界上第一家荧光艺术博物馆，来一次黑暗中的荧光体验吧。

酷刑博物馆（见73页）怪异恐怖的展厅内陈列有烙铁、碎头器、断头台和纽伦堡的铁娘子。

最佳运河宅邸博物馆

范龙博物馆（见136页）在这一华丽古老的庄园内，幽暗的房间悄声诉说着这个家族的秘密。

威力霍图森博物馆（见137页）细细品味这里奢华的画作、瓷器以及立有日晷的法式花园。

最被低估博物馆

热带博物馆（见215页）收藏有大量仪式面具、尖利的矛和其他从殖民地收获的战利品。

荷兰国家海事博物馆（见101页）古老的地球仪、令人毛骨悚然的船头人像和可以攀爬的纵帆船复制品是海事博物馆的特色。

阁楼教堂博物馆（见77页）这一看似寻常的运河宅邸内隐藏了一座17世纪的教堂，内有大量文物。

最佳美术馆和艺术中心

墙画廊（见153页）位于昔日车库内的先锋空间，展出前途光明的艺术家的作品。

W139（见76页）在人来人往的红灯区对着以政治、热门话题为主的多媒体作品陷入沉思。

公民卫队画廊（见71页）欣赏从黄金时代到当代的大量肖像作品。

De Appel（见98页）在这一时尚、以当代艺术为主的中心任由思想驰骋。

KochxBos（见158页）奇特的流行超现实主义和地下艺术创作点亮了乔丹区的一隅。

最适合孩子参观

NEMO（见102页）设有专门面向孩子，可亲自动手操作的科学实验室，夏季，顶楼可供孩子戏水玩耍。

犹太历史博物馆（见99页）儿童区还原了犹太人的家，还有可以亲自体验的音乐房和能烘焙的厨房。

阿姆斯特丹杜莎夫人蜡像馆（见71页）能看到喜爱的明星，与心目中的英雄近距离接触，（虽然只是蜡像）孩子们也会兴奋不已。

微生物博物馆（见103页）世界上首家微生物博物馆，展出有粪便、亲吻细菌计量表和其他富有创意的展览。

各式待售奶酪

就餐

阿姆斯特丹的美食被严重低估了。除了薄煎饼和土豆外，荷兰的大厨利用源于当地大海和农场的食材烹制各种地方风味和世界各地的特色美味。无论你走到哪儿，都不能错过在烛光摇曳的餐桌上慢慢品味美食的机会。

FEBO（见45页）

当地特色

传统荷兰菜

传统荷兰菜以肉、土豆和蔬菜为主。特色菜有stamppot：土豆泥搭配另一种蔬菜（通常是羽衣甘蓝或菊苣），同时搭配熏肠和培根。erwtensoep是豌豆浓汤加熏肠和培根，通常在冬天享用。

pannenkoeken就是薄煎饼——在荷兰种类繁多，放在盘子里，上面加上甜或咸味的食材。极简版是撒上糖或淋上糖浆，被称为poffertjes。市场里往往是现做现卖的。

很多小吃店和酒吧都供应苹果派（appeltaart）。早餐最常见的食物是hagelslag，即撒上巧克力的黄油面包。

新派荷兰菜

荷兰传统厨房正掀起一股清新风，有数百年历史的食谱经过改良，焕发新生机。富有创造力的荷兰大厨从世界各地的美食中吸取精华，与当地产的肉类、海鲜和蔬菜融合。阿姆斯特丹是品尝此类“现代荷兰菜”的理想之地。

印度尼西亚菜和苏里南菜

最著名的当属印尼餐（rijsttafel）：白米饭配十几种小菜，例如炖牛肉、沙嗲猪肉和排骨。其他颇受欢迎的菜还有马来炒饭（nasigoreng）——洋葱、猪肉、虾和香料一起炒成的饭，通常饭上会摆一份荷包蛋或切碎的煎蛋卷；炒面（bami goring）和炒饭配料一样，只不过用面代替米饭。这里的印尼美食往往较为清淡，适合西方人的口味。如果你想尝点更辣的（pedis，发音为“p-dis”），可以

行前参考

价格区间

这里列出的是正餐一道主菜的价格：

€ 低于€12

€€ €12~25

€€€ 高于€25

营业时间

大多数餐馆从上午11点至下午2点30分供应午餐，晚餐时间为傍晚6点至晚上10点。

预订

中档和高档餐馆可提前打电话预订。几乎人人都会说英语。很多餐馆提供线上预订。

服务

阿姆斯特丹餐馆的服务可能有些冷淡，令人不快且略显拖拉。别太在意，这并不是针对你的。

小费

就餐者会付小费，但不多。咖啡馆小食留5%到10%的小费（假如账单是€9.50，不妨四舍五入留€10），如果是餐馆正餐，留10%到15%的小费（若服务特别周到，可留多点）。

现金规则

很多餐馆，即便是高端餐馆，也不接受信用卡。如果接受信用卡，往往也要收5%的手续费。先询问清楚。

省钱妙计

dagschotel即当日推荐菜，胃口好的可以选择dagmenu（有三道或更多菜式的套餐）。

最佳网站

- **Amsterdam Foodie**（www.amsterdamfoodie.nl）大量餐馆评论。
- **IENS**（www.iens.nl）日常食客会在上面发表关于餐馆的评论，为荷兰语。
- **Your Little Black Book**（www.yourlittleblackbook.me）阿姆斯特丹的新餐馆和热门选择。

LONELY PLANET / GETTY IMAGES ©

上图：鲱鱼
左图：奶酪店De Kaaskamer
（见129页）

提出要求，不过可得做好足够的心理准备。

苏里南加勒比风味的菜式主要有咖喱（鸡肉、羊肉或牛肉）。煎饼（roti）类似玉米卷饼，裹有咖喱肉或蔬菜，非常美味，能填饱肚子，而且便宜。

小吃

弗兰德炸薯条（Flemish fries, Vlaamse frites/patat）具有地方特色的"弗兰德炸薯条"是用完整的土豆切成，蘸上蛋黄酱或大量其他黏稠的酱汁。

炸丸子（Kroketten）不同馅料的面团裹上碎屑，油炸而成。被称为bitterballen的炸丸子是棕色咖啡馆很受喜爱的小吃，搭配芥末酱食用。

鲱鱼（Haring）鲱鱼是荷兰的特色美食，阿姆斯特丹的摊档上均有出售。鲱鱼用盐腌制过，但不经烹饪，搭配洋葱丁，有时候则是甜泡菜片。

奶酪

当地人对奶酪（kaas）情有独钟。市面上出售的奶酪有2/3是豪达奶酪（Gouda）。最美味的奶酪品种口味浓郁，层次感丰富。试着品尝些"年纪"较大的豪达奶酪，硬度高，口味浓，是一种很受喜爱的酒吧小吃，搭配芥末酱吃。艾丹姆奶酪（Edam）和豪达奶酪相似，但口感略干，奶油味略淡。莱兹（Leidse）或莱顿（Leiden）奶酪是荷兰的又一大出口奶酪，掺有莳萝籽（cumin）或葛缕子籽（caraway seed），口味略淡。

当地美食街

这些街道聚集了热门的当地餐馆，你可以逛一圈，选择中意的餐馆品尝。

Jan Pieter Heijestraat街 在这一介于冯德尔公园和De Hallen文化中心之间的街道上，不断有热闹友好的餐馆冒出来。

Amstelveenseweg街 沿冯德尔公园西边延伸的这条街上云集了世界各地的美食。

Utrechtsestraat街 咖啡馆林立，是酷劲十足的阿姆斯特丹年轻人喜欢待的地方，位于南运河圈。

Haarlemmerstraat街和**Haarlemmerdijk街** 乔丹区北部毗邻的两条街，有众多时尚就餐地。

甜品

最知名的糖果便是甘草糖（drop），或甜或咸，种类繁多，令人眼花缭乱。这种糖也确实容易让人上瘾。荷兰松饼（stroopwafel）是两块饼干似的华夫饼夹馅料——通常是浓稠的焦糖糖浆。

快餐

除了正式的餐厅和类似酒吧、供应价格实惠的餐食的小餐馆（eetcafé）外，阿姆斯特丹有不少填饱肚子的快餐选择。三明治店（broodjeszaken）随处可见。你可以到柜台选择肉以及/或奶酪配松软的白面包或小麦面包，只需付几欧元。小吃店也很常见。FEBO是其中最具知名度的，设有长排的黄色窗口，投币操作后可从窗口拿到油炸食物。门店一直营业到凌晨。痛饮一夜后，顺道来这里买一份油腻的点心已成为荷兰人的传统。

区域特色

- **中世纪中心和红灯区**（见66页）从高雅的荷兰餐馆到善德街的亚洲餐馆，再到小巷里的三明治店，肯定有符合你心理价位的。
- **新市场区、普兰塔格区和东岛区**（见95页）新市场区热闹的主广场四周，当地人在户外露台尽情享用美味，而更远处的餐馆拥有无与伦比的河滨景观。
- **西运河圈**（见117页）九街（NegenStraatjes）周边云集了可爱的咖啡馆和小巧的餐馆。
- **南运河圈**（见133页）莱兹广场周围有价廉物美的就餐选择，而Utrechtsestraat街有更多高端的选择。
- **乔丹区和西区**（见156页）氛围友好欢快的小餐馆是乔丹区的特色，西部公园有不少流行的美食选择。
- **冯德尔公园和旧南区**（见176页）该地区非常棒，可以与当地人一起就餐，既有供应有机美味的小馆，也有走国际风的餐厅，还有宽敞、通风的美食大厅。
- **德派普区**（见200页）艾伯特露天市场有各式零食点心；市场以西和Ferdinand Bolstraat街可找到充满异国情调的美食；早午餐选择随处可见。
- **东部公园和阿姆斯特丹南区**（见213页）印度尼西亚、摩洛哥、土耳其和苏里南风味的美食佳肴应有尽有。

独家推荐

Ron Gastrobar（见190页）Ron Blaauw将它那华丽的米其林星级餐厅变成了如今这一平民化的小馆，供应荷兰式小吃。

Greetje（见109页）让荷兰经典菜式重新焕发活力，令人垂涎。

Gartine（见76页）隐匿于中世纪中心，供应慢食三明治和让人目不暇接的丰富茶点。

De Kas（见218页）在温室内就餐，食材就采摘自温室。

Restaurant Fyra（见144页）环境高雅，蔬菜和香草都出自大厨自己的花园。

按价位推荐

€

Fat Dog（见203页）明星大厨Ron Blaauw制作的超级美味的热狗。

Butcher（见203页）很可能是你吃过的最大、最新鲜的汉堡，在你面前现做。

Braai BBQ Bar（见186页）热门就餐地，街头食物风格，有味道浓烈的烤肉。

SterkStaaltje（见104页）类似蔬菜水果零售店，供应方便美食。

De Laatste Kruimel（见77页）在再利用的托盘装饰的环境中，大快朵颐可口的三明治和乳蛋饼（quiche）。

€€

Dikke Graaf（见190页）如此美味的菜式散发出香味，吸引着街上的你迈进这家餐馆。

La Cacerola（见140页）质朴、浪漫，供应一流的巴西风味慢食。

Restaurant Bloem（见105页）由热情的意大利主厨烹制的一流餐食。

Balthazar's Keuken（见163页）这一经过翻新的铁匠铺供应地中海特色佳肴，菜式不断更新。

Buffet van Odette（见140页）清风拂面的露台靠近运河，供应创意意大利面和三明治。

€€€

Marius（见167页）主厨用当日市场上找到的新鲜食材烹制的拥有四道菜的套餐。

Ciel Bleu（见209页）令人兴奋的米其林二星级高档菜式，位于23层，可以俯瞰整个阿姆斯特丹。

Blauw aan de Wal（见82页）17世纪的香草仓库改造成一家富有浪漫情调的餐馆，位于红灯区。

按菜系推荐

传统荷兰菜

Bistro BijOns（见125页）道地的荷兰菜，包括土豆泥配菜stamppot。

Letting（见123页）别去下榻酒店的餐厅了，从正宗的荷兰早餐开始美好的一天吧。

La Falote（见190页）炖鱼、菊苣肉丸（meatballs with endives）以及其他家常特色菜。

Pantry（见142页）氛围欢乐惬意，供应经典荷兰菜。

Van Dobben（见139页）美味菜式，以肉食为主。

新派荷兰菜

Restaurant Elmar（见205页）荷兰有机食材，配上各式调味料，味道棒极了。

Wilde Zwijnen（见218页）位于东部的质朴餐厅，凭借创意大胆、兼收并蓄的应季美食收获好评无数。

GebrHartering（见108页）位于运河畔，位置颇佳，菜单每日更换，但始终保持美味可口的高水准。

Hemelse Modder（见106页）享用过北海的鱼后，来一份无比美好的慕斯甜点。

Moes（见105页）位于De Appel艺术中心的好餐厅，能品尝到"从农场到餐桌"的放心美食。

印度尼西亚菜

Dèsa（见207页）这里供应的印尼餐极受欢迎。

Restaurant Blauw（见193页）装修现代化，丰盛的印尼美食。

Tempo Doeloe（见144页）公认的高端印尼餐，对香料的运用炉火纯青。

苏里南菜

Tokoman（见104页）人们排起长龙只为一尝热辣的苏里南三明治。

SpangMakandra（见204页）环境舒适，菜式丰富，价格之便宜，让人意外。

Roopram Roti（见218页）简朴的地方，薄薄的煎饼外加超辣的酱汁。

最佳面包店和甜品店

Patisserie Holtkamp（见143页）你来对地方了，外面镀金的王室盾形纹章就是最好的证明。

Lanskroon（见78页）一句话：荷兰松饼。

Petit Gâteau（见125页）为了品尝美味的小馅饼，人们不惜排长队等候。

Arti Choc（见188页）原创、订制的巧克力美食。

Van Stapele（见78页）让人欲罢不能的黑巧克力饼干。

最佳素食

Alchemist Garden（见189页）严格素食主义者的天堂，供应可口的不含麸质和乳糖的菜肴。

De Waaghals（见208页）菜单

每个月更换，模拟不同国家的风味，不过始终坚持素食。

Lavinia Good Food（见140页）用斯佩耳特小麦粉制成的迷你比萨、大褐菇汉堡（portabello mushroom burgers）和沙拉，味道超好。

SLA（见204页）环境极为雅致，可以自己搭配你喜欢的有机沙拉。

最佳街区美食瑰宝

Volt（见205页）热闹非凡，当地人聚集地，供应美味的小吃和地中海特色主菜，位于德派普区。

Lunchcafé Nielsen（见125页）就在九街，阿姆斯特丹人来这里享用早餐、三明治和蛋糕。

Éénvistwéévis（见108页）当地人聚集于此品尝从附近水域打捞上来的新鲜海鲜，位于普兰塔格区。

最佳观景选择

REM Eiland（见164页）这一22米高的昔日非法广播塔能俯瞰西部港区的美景，无与伦比。

Pont 13（见164页）这一旧式汽车渡轮停泊在西部港区，菜单富有地中海特色，非常可口。

Hotel de Goudfazant（见81页）在阿姆斯特丹北区一边品尝朋克风的法式菜肴，一边看着河上来往的船只。

最佳早午餐

Bakers & Roasters（见206页）这一阿姆斯特丹早午餐上佳之选供应香蕉坚果面包（banana nutbread）、法式吐司和“血腥玛丽”鸡尾酒。

Worst Wijncafe（见166页）当地人拥至西岛区的这一隅，只为了享用一顿丰盛的以肉食为主的周日早午餐。

Scandinavian Embassy（见206页）羊奶做成的酸奶，搭配三文鱼的丹麦黑麦面包（salmon on Danish rye bread）以及更多来自北地的菜式。

CT Coffee & Coconuts（见206页）装饰派艺术风格，越来越受欢迎，椰汁荞麦煎饼（coconut-buckwheat pancakes）、鸡蛋和鳄梨吐司（eggs and avocado toast）。

Little Collins（见206页）地方小巧，却不失时尚，早午餐非常棒，包含多种风味美食。

最佳薯条

Vleminckx（见77页）将金黄色的薯条抹上厚厚的蛋黄酱、咖喱，或者从其他多种酱汁中选一种？

Wil Graanstra Friteshuis（见127页）这一家族经营的摊档在安妮之家旁边供应锥形纸筒盛装的薯条，已有60年之久。

Frites uit Zuyd（见203页）坐在前面的露天长凳上大吃松脆的薯条。

最佳冰激凌

IJsmolen（见107页）在德古依尔风车旁品尝荷兰松饼、姜味甜饼（speculaas）以及其他独特的荷兰风味冰激凌。

Banketbakkerij Van der Linde（见78页）你所品尝过的奶油味最浓的香草冰激凌。

Monte Pelmo（见161页）创意口味，吸引了大量当地人。

最佳三明治

Vinnies Deli（见123页）创意搭配，例如在面包中夹熏鱼和大黄酸辣酱（smoked fish and rhubarb chutney between bread slices）。

Rob Wigboldus Vishandel（见77页）品尝鲱鱼的绝佳地方。

Loekie（见140页）菜单品种繁多，食材让你停不下嘴。

Broodje Bert（见78页）很难找到比羊肉丸更好吃的招牌特色美食了。

Maoz（见78页）满足你深夜想吃沙拉三明治（falafel sandwich）的需求。

最佳比萨

Pazzi（见161页）完美的炭烤比萨，搭配新鲜的意式干酪（mozzarella）。

Yam Yam（见164页）很多阿姆斯特丹人发誓说这家现代化的餐馆做的比萨是全城最好的。

Deegrollers（见188页）热情的街区小馆，木火烤制的比萨。

Lo Stivaled' Oro（见144页）意大利老板制作的分量十足的美味比萨。

饮品和夜生活

阿姆斯特丹是欧洲乃至世界范围内夜生活最疯狂的城市之一，红灯区街头聚集在一起的年轻小伙清楚自己在做什么，他们精力充沛，尽情宣泄。当然，你也可以轻松避开喧嚣的派对：阿姆斯特丹依然是一个建立在咖啡馆（酒吧）之上的社会，当地人对舒适惬意的生活情有独钟。

Café Papeneiland（见169页）

咖啡馆

咖啡馆 当荷兰人提及咖啡馆，其实是指酒吧，阿姆斯特丹有1000余家酒吧。在这座重视社交和沟通胜于饮酒艺术本身的城市中，咖啡馆不再仅仅是喝酒之地，而是可以逗留数小时，独自沉思或与友人畅谈的场所。很多咖啡馆都设有位于露台的室外座位，这样的环境在夏天令人身心愉悦，到了冬天，有些咖啡馆会给这些座位加上顶篷并供暖。多数咖啡馆也供应从小吃到三明治，再到美味正餐在内的各种食物。

棕色咖啡馆 阿姆斯特丹以历史悠久的棕色咖啡馆闻名。此类咖啡馆因数百年被烟熏成的深色污渍而得名（不过新近出现的棕色咖啡馆都是将棕色油漆涂抹在墙上以达到沧桑的效果）。偶尔你会发现木地板上有沙子，这是为了吸收泼溅出来的啤酒的。最重要的是，这座城市的棕色咖啡馆营造出一种适合交谈、将欢乐舒适（gezelligheid）推到极致的美妙氛围。

大咖啡馆 这些咖啡馆更宽敞，有舒服的家居摆设，更为大气。它们都提供餐食菜单，有些格外详尽。尽管顶着大咖啡馆的名头，但入内不需要穿正装。

剧院咖啡馆 隶属或毗邻剧院，往往与大咖啡馆相似，在演出前供应餐食，演出结束后则供应饮料酒水。通常，演出结束后，你很容易在这些咖啡馆遇到演员。不过一天中的任何时候，来这些咖啡馆都是美妙的体验。

阿姆斯特丹的同性恋

荷兰是首个通过同性恋婚姻合法化法案的国家（2001年），因此阿姆斯特丹成为世界上同性恋活动最丰富的地方之一，也就不令人惊讶了。当地的男女同性恋组织（见301页）能帮你进一步了解这座城市的相关事宜。阿姆斯特丹有五大派对中心：

Warmoesstraat街 位于红灯区（介于水坝广场和中央车站之间），艳俗、怪诞的皮革恋物癖酒吧云集。

行前参考

咖啡大麻店（COFFEESHOP）VS咖啡馆（CAFÉ）

首先要明确：咖啡馆文化并不等同于咖啡大麻店文化，咖啡馆（酒吧）或浓缩咖啡吧（koffiehuis）和咖啡大麻店截然不同。咖啡大麻店可能会供应咖啡（永远不会供应酒精饮料），但其主要业务是大麻和大麻制剂。

当地法律禁止在咖啡馆吸食大麻（或任何药物）。

营业时间

- 提供早餐的咖啡馆往往在上午8点至10点间开门营业，而其他咖啡馆——尤其是很多舒适的棕色咖啡馆——开门时间较晚，正午左右开始营业。
- 酒吧通常在下午5点至6点间开门营业。
- 咖啡大麻店通常在上午10点左右开门。
- 所有饮酒和吸食大麻的地方关门时间往往较晚——在午夜和次日2点之间（周末延长至次日3点）。
- 大多数夜店周日至周四在次日2点或3点打烊，周五至周六则延长到次日4点或5点。工作日夜晚，多数夜店直到午夜才会变得热闹起来，周末则要到次日1点或2点。想参加余兴派对？找家夜间咖啡馆（nachtcafé）吧。

无线网络

阿姆斯特丹大多数酒吧和咖啡馆，以及部分咖啡大麻店都提供免费无线网络，你可能需要询问密码。

上图：红灯区（见75页）
左图：O't Smalle，运河畔的饮酒地（见167页）

Drinking & Nightlife by Neighbourhood 区域饮品和夜生活

善德街 靠近Warmoesstraat街，人们聚集在悠闲的酒吧露台上。

伦勃朗广场 位于南运河圈（见149页），这一地区拥有传统的酒吧和棕色咖啡馆，有些面向同性恋，部分是热门的女同性恋聚集地。

莱兹广场 教堂街（Kerkstraat）沿街有些时髦的派对场所。

Reguliersdwarsstraat街 吸引了美丽的人们。

饮品

啤酒

比利时人、德国人、爱尔兰人和捷克人——面对这些欧洲同行的激烈竞争，荷兰人用心生产自己的啤酒（尽管他们的人均啤酒消费量不及这些对手）。

荷兰生产的啤酒主要是拉格啤酒，要冰镇后喝，并且保留两手指厚的泡沫，以便留住香味。Een bier、eenpils或者eenvaasje是指一标准杯的啤酒，eenkleintjepils意为一小杯，而eenfluitje是用科隆式薄杯装的小杯啤酒。很多地方也供应eengrotepils（半升装啤酒）取悦游客，不过如果不能一饮而尽，就会觉得淡而无味。

当地啤酒品牌包括喜力（Heineken）、阿姆斯特尔（Amstel）、高仕（Grolsch）、橙色炸弹（Oranjeboom）、Dommelsch和巴伐利亚（Bavaria，并非德国产，而是荷兰酿制）。口味更厚重的比利时啤酒，例如督威（Duvel）和西麦尔三料（Westmalle Triple），也很受欢迎。白啤酒（Witbier）酒体浓厚，呈金色，适合在夏天搭配柠檬片饮用。

味甜的黑啤Bokbier则适合在秋天享用。

近两年来，阿姆斯特丹的微酿啤酒蓬勃发展。除了艾河酿酒厂（Brouwerij 't IJ）和Brouwerij de Prael这样历史悠久的微酿酒厂（在阿姆斯特丹随处可见其酿制的啤酒）外，也出现了诸如Brouwerij Troost和Butcher's Tears这样的新兴酿酒厂。你也可以找到专门供应精酿啤酒的酒吧和/或Craft & Draft、Beer Tree之类的商店。

葡萄酒和烈性酒

荷兰不只生产啤酒，还有烈性酒。荷兰杜松子酒（Jenever，发音为ye-nay-ver，也作genever）是用杜松莓酿制成的，冰镇后喝。往郁金香形小酒杯内倒满——传统的喝法是身体往吧台方向前倾，手放在背后，然后深酌一口。大多数人喜欢年份短的杜松子酒（jongejenever），口感更顺滑，相对容易喝下去。年份久的杜松子酒（oudejenever）有浓郁的杜松子味，容易上瘾。

"头脑碰撞（kopstoot）"是一种常见的饮酒方式，就是一杯杜松子酒加一杯啤酒——很少有人能扛过两组到三组。当地有不少烈性甜酒，包括荷兰蛋奶酒（advocaat）和用药草酿制的Beerenburg，一种弗里斯兰的烈酒。

现在有越来越多的荷兰人开始喝葡萄酒，阿姆斯特丹随处可见葡萄酒酒吧，不过这里所有的葡萄酒都是从欧洲及世界其他地方进口的。

咖啡

阿姆斯特丹的商人将咖啡带到欧洲，时至今日，咖啡依然是最受欢迎的饮品选择。根据当地传统，如果你只是点koffie，得到的是一大杯咖啡外加一小份koffiemelk，即一小份装在一次性包装里的淡奶。拿铁咖啡（koffieverkeerd，意为"错误的咖啡"）则用更大的杯子或马克杯倒上足够多的鲜奶。

诸如Sweet Cup和Lot Sixty One这样的咖啡烘焙工坊和小型烘焙室如雨后春笋般在城市的街头巷尾冒出来。越来越多的咖啡师开始制作更专业的滴漏咖啡。

BORREL聚会

borrel在荷兰语中的意思很简单，就是"酒"——一杯烈性酒，传统上即为杜松子酒。不过社交场合，当你被邀请参加borrel，意味着你将参加非正式的聚会，大家聚在一起喝酒，聊天，享受乐趣。此类聚会往往也提供吃的，尤其是有脆皮多味花生（borrelnootjes，花生包在又脆又辣的外壳里）之类的酒吧小吃（borrelhapjes），以及炸肉丸（bitterballen，小而圆的肉丸）类的炸丸子（kroketten），之所以名字带有bitter，是因为在荷兰传统中，这些肉丸是搭配杜松子酒等苦味的饮品一起食用的。

荷兰杜松子酒和奶酪

任何事都可以成为举办borrel聚会的理由：生日，邀请朋友来露台一起欣赏日落美景或忙碌的工作日结束后（vrijdagmiddagborrel，通常简称vrijmibo或vrimibo，就是周五下午和同事一起的聚会）。当你看到一群当地人占据棕色咖啡馆的露天位置，人手一杯啤酒时，记住，他们就是在享受borrel聚会。举起一杯啤酒（或给别人买一杯），加入他们的行列吧。以包容开放闻名的荷兰人从不介意派对上多一个人。

吸食大麻

大麻和大麻制剂

无论你听过什么，严格说来，大麻在荷兰并不是合法的——但当地普遍对大麻采取容忍态度。总体情况是这样的：允许持有以及购买少量（5克）“软性毒品”（例如大麻、大麻制剂、大麻蛋糕和迷幻蘑菇），当事人不会因为吸食或携带这一剂量（不过荷兰当局有权将大麻没收，尽管这种情况很少见）而遭到起诉。这意味着大麻咖啡店其实是在经营非法业务——还是那句话，法律在一定程度上采取了容忍态度。

过去，荷兰在售的大多数大麻产品都是进口的，现如今，当地有自产的优质大麻，被称为nederwiet。这是一种药性非常强烈的大麻制品——其中药性最强的品种包含15%的

咖啡大麻店和迷幻商店（SMART SHOP）注意事项

- 关于买什么以及怎么吸食，记得征求咖啡大麻店员工的意见，并听从他们的嘱咐，即便一个小时后你完全没有任何问题。
- 不要询问是否有硬性（非法）毒品出售。
- 向员工要一份关于在售产品的单子。大多数商店都提供吸食大麻所需的卷烟纸、玻璃管或水烟斗，你也可以购买现成的大麻烟卷。
- 不要喝酒——这是违法行为。
- 不要抽烟，无论是混有大麻，还是纯粹的烟草，根据荷兰法律，这也是被禁止的。
- “狂喜草（Herbal ecstasy）”——通常是一种药草、维生素和咖啡因的混合物——在迷幻商店有售。务必征求员工的意见，一些品种可能会产生不舒服的副作用。
- 如今，出售迷幻蘑菇在荷兰被认定是非法的，不过很多迷幻商店出售蘑菇菌块，能产生和迷幻蘑菇相同的效果。

从伦勃朗广场（见138页）看铸币塔（Munttoren，见141页）

四氢大麻酚（简称THC），正是这种活性成分让人产生快感（自2011年起，但凡THC含量超过15%就被认定为是硬性毒品，是违法的）。简言之，荷兰大麻会让你产生幻觉——可能到达一种令你并不享受的程度，所以当地很多吸食大麻的人坚决不碰本土制品。初次吸食大麻和大麻制剂者需谨慎，即便是很多经常吸食的人也无法忍受本土制品的强烈药性。

大麻蛋糕和饼干（用大麻或大麻制剂做成的烘焙食物）都是极为低调地售卖，主要是因为游客在食用后往往会出现问题。不习惯大麻药性的人会出现情绪激动等症状，甚至持续很长时间。

阿姆斯特丹咖啡大麻店的前景

自软性毒品于1976年起合法化以来，在阿姆斯特丹，“吸食大麻”的权利一直没有受到过威胁，但近两年情况有所转变。

2011年，政府提议禁止外国人进入出售大麻的咖啡店，同时荷兰居民需持有有效期为一年的“大麻许可证”（wietpas）才能在咖啡大麻店购买“软性毒品”。尽管荷兰最高法庭表态这一立法不符合法律规定，但限制游客和外国人进入咖啡大麻店未必会被认为是违法的。这一新法于2012年正式通过，不过阿姆斯特丹的议员们明确表示反对——理由是这样会导致犯罪、街头毒品交易和反社会行为的增加——而咖啡大麻店对此视若无睹。如果你计划走得更远些，注意在荷兰的其他地区，不少地方议会仍试图推行“大麻许可证”制度，不过这些地区的部分咖啡大麻店将地方议会告上法庭，所以具体结果还不明朗——在前往这些地区时，向当地人了解情况究竟如何。

虽然从2014年起，荷兰法律规定在阿姆斯特丹，小学周边250米以及中学周边350米范围内不得开设咖啡大麻店，但官方不赞成强制执行，称未成年人已经被禁止入内，且咖啡大麻店受到监督，还有更有效的方法来应对青少年吸食毒品，例如教育等。

就目前而言，这意味着阿姆斯特丹的咖啡大麻店依然对任何年满18周岁或以上人士（无论是外国人，还是当地人）开放。但“咖啡大麻店之争”仍待观望。

上图：夜店Escape（见147页）
中图：阿姆斯特丹老式咖啡大麻店
下图：Grey Area咖啡大麻店（见128页）待售的大麻

独家推荐

O' t Smalle（见167页）阿姆斯特丹最温馨的运河河畔小酌场所，内部装饰华美，富有历史气息。

Café Belgique（见82页）这里铮亮的黄铜龙头里流出的是比利时最好的啤酒。

Amsterdam Roest（见111页）这一废弃的船厂如今是艺术家云集之地/酒吧/城市海滩。

WynandFockink（见85页）这一始于1679年的品酒屋酿制绝佳的荷兰杜松子酒。

Pllek（见87页）用旧集装箱改造成的时尚酒吧，还有一片诱人的人工海滩。

Skylounge（见111页）这一位于11层的酒吧有宽敞的露台，可以欣赏令人叹为观止的360度城市全景。

最佳棕色咖啡馆

Hoppe（见82页）标志性的饮酒地，历史悠久，受到记者、流浪汉和擅讲故事者的喜爱。

De Sluyswacht（见109页）在伦勃朗故居对面的运河水闸管理员聚集地大口喝酒。

In ' t Aepjen（见85页）在这一如同时间静止般、有着500年历史的老宅内，整天烛光摇曳。

Café Pieper（见168页）这间酒吧的地板上铺着沙子，还挂着古老的代尔夫特（delft）啤酒马克杯。

Café de Dokter（见82页）阿姆斯特丹最小的酒吧，复古爵士乐飘扬，威士忌喝不完。

Eijlders（见145页）艺术家钟情的彩绘玻璃，散发着浓郁的文艺复兴风。

最佳啤酒

Brouwerij ' t IJ（见111页）妙不可言的独立酿酒厂，位于德古依尔风车脚下。

Brouwerij Troost（见209页）透过玻璃窗，观看啤酒酿制过程。

Brouwerij Troost Westergas（见171页）在这一位于西部公园的新品酒屋品尝各种爽口、泡沫细腻的自酿啤酒。

Brouwerij De Prael（见86页）这一酿酒厂注重社会责任，酿造口味较浓的有机啤酒。

Craft & Draft（见193页）从黑板上列出的每日40种现成（打开龙头即可）精酿啤酒中选择。

最佳咖啡大麻店

Dampkring（见83页）好莱坞大片中霍比特人风格的装修，以赢得过大麻杯的产品闻名。

Abraxas（见83页）三层建筑内飘着柔和的音乐，还有令人舒心的沙发和奶昔，是安歇的好去处。

Greenhouse（见86页）迷幻的马赛克和彩绘玻璃，外加品种丰富的大麻制品。

La Tertulia（见170页）很酷的凡·高壁画是这间位于王子运河边上宁静大麻店的标志。

最佳鸡尾酒酒吧

Canvas（见218页）散发艺术气息的先锋派酒吧，位于人民报报业大楼（Volkskrant，如今是一家时尚酒店）顶层，景色极佳。

Twenty Third Bar（见210页）23层才能欣赏到的美景，令人赞叹的香槟鸡尾酒，外加米其林两星级的酒吧小吃。

Door 74（见146页）让人感觉仿佛置身一个地下酒吧，这里有全阿姆斯特丹最烈的鸡尾酒。

Franklin（见193页）创意鸡尾酒，包括一款名为"冯德尔公园野餐（Picnic at Vondel）"的酒。

Lion Noir（见147页）设计非凡的鸡尾酒酒吧。

最佳同性恋聚集地

' t Mandje（见86页）阿姆斯特丹最老的同性恋酒吧，用廉价饰物装饰的内部呈现独特的美。

Café de Barderij（见86页）同性恋常客和游客聚集于此欣赏运河美景和善德街的热闹景象。

Getto（见86页）年轻同性恋会来此享用价廉的美食，看着红灯区的人们来来往往。

Montmartre（见149页）富有传奇色彩的酒吧，荷兰情歌和怀旧热门金曲几乎要将房顶掀翻。

Vivelavie（见149页）暧昧的女同性恋酒吧，露台和舞池热闹喧嚣。

最佳咖啡

Lot Sixty One（见193页）阿姆斯特丹最受追捧的咖啡烘焙坊。

Scandinavian Embassy（见206页）醇厚香浓的咖啡源自斯堪的纳维亚的小咖啡烘焙室。

Sweet Cup（见145页）小型烘焙室，有五种浓缩咖啡和五种慢煮咖啡。

Koffiehuis De Hoek（见128页）迷人的老式咖啡馆体验。

Screaming Beans（见127页）拥有自己的咖啡师培训学院。

最佳葡萄酒酒吧

Worst Wijncafe（见166页）装饰风格如棋盘一般，这一葡萄酒吧还供应超级好吃的香肠小吃。

Glouglou（见209页）纯天然的葡萄酒，用玻璃杯品尝。

Vyne（见128页）用金黄色木料装修的精致葡萄酒吧。

Pata Negra（见146页）质朴而动人的西班牙风格酒吧。

娱乐

阿姆斯特丹的艺术文化活动丰富精彩，且得到当地政府的鼎力支持，大量音乐厅、剧院、电影院以及其他表演场所会定期举办活动。音乐迷会兴奋不已，因为这里正掀起狂热的音乐亚文化，几乎每一种体裁都受到追捧，尤其是爵士乐、古典乐和先锋节奏乐。

音乐

爵士乐

爵士乐格外受欢迎，从标新立异的即兴发挥到更为传统的曲调。华丽的Bimhuis（见112页）在阿姆斯特丹享有盛名，吸引了来自世界各地的访问音乐家，尽管这里的氛围更像是一间小小的乡村爵士酒吧。更小的爵士咖啡馆在阿姆斯特丹街头随处可见。周中的任何一夜，你都可以欣赏到一场现场音乐秀。

古典乐

阿姆斯特丹的古典乐盛景让很多欧洲城市羡慕不已，国际顶级管弦乐队、指挥家和独唱家将演出日程排得满满当当。你可以选择在完美的音乐厅（见197页）或令人叹为观止的艾河音乐厅（见112页）欣赏主要演出。

摇滚乐和舞曲

舞曲在阿姆斯特丹十分流行，DJ能兼顾各种音乐口味。很多夜店也会邀请摇滚乐队进行现场表演。进行巡回演出的著名乐队往往会在诸如Melkweg（见150页）和Paradiso（见150页）这样的小地方演出。在这里追寻你的偶像可谓难得的乐事。

喜剧和话剧

鉴于荷兰人通晓多国语言，有很强的幽默感，因此在阿姆斯特丹，英语话剧自然很是繁荣，尤其是乔丹区周边。当地剧院更偏爱先锋派和实验作品。

电影

假期去看场电影？事实上，阿姆斯特丹的天气变幻莫测，坦白说，即便是艺术迷也会厌倦无止尽地参观博物馆。幸运的是，这座城市同时也是电影爱好者心目中的麦加圣地，有大量艺术电影院。

区域特色娱乐

- **中世纪中心和红灯区**（见66页）这一街区分布有数家主打年轻摇滚乐队/DJ的夜店，沿Nes街则有先锋剧场。
- **新市场区、普兰塔格区和东岛区**（见95页）欣赏古典乐的好地方，尤其是在艾河音乐厅、Bimhuis和音乐学院。
- **西运河圈**（见117页）除了老而弥坚的Felix Meritis，没有太多娱乐场所。
- **南运河圈**（见133页）阿姆斯特丹夜店、现场音乐表演以及爵士咖啡馆的聚集地，以莱兹广场为中心。
- **乔丹区和西区**（见156页）这里有观看喜剧、欣赏蓝调和邪典电影的场所，此外还有改为文化场馆的西部气厂。
- **冯德尔公园和旧南区**（见176页）举世闻名的音乐厅引人注目，公园内设有免费剧场，还有不少昔日非法定居点改建的文化中心。
- **德派普区**（见200页）充满活力生机，热闹喧嚣的小巧音乐咖啡馆在此云集。

➡ **东部公园和阿姆斯特丹南区**（见213页）在南部有大型场馆，能看到阿姆斯特丹深受民众热爱的足球队的比赛。

独家推荐

Melkweg（见150页）位于昔日的奶厂内，有各式音乐表演、电影和话剧，十分精彩。

艾河音乐厅（见112页）位于艾河上的艺术表演场馆将音效和视觉效果完美结合。

西部气厂（见172页）在这一后工业化风格、由昔日气厂改建成的文化中心内，你有充足的选择。

Felix Meritis（见129页）这一艺术中心已经有超过225年的历史了，但你能欣赏到现代化的实验话剧和音乐演出。

Paradiso（见150页）曾经的教堂如今是摇滚圣地。

最佳古典乐和歌剧

音乐厅（见197页）世界闻名的音乐厅，音效无与伦比。

阿姆斯特丹音乐学院（见113页）在阿姆斯特丹充满时尚气息的音乐摇篮欣赏学生们的表演。

管风琴演奏厅（见197页）这一迷人的经过修葺的教堂位于冯德尔公园边缘，来这里倾听管风琴乐曲。

最佳爵士乐和蓝调乐

北海爵士俱乐部（见171页）由颇具声望的音乐家带来的音乐会，也有即兴演奏。

Bimhuis（见112页）荷兰爵士乐的心脏地带，位于艾河音乐厅内。

Jazz Café Alto（见151页）小巧而一流的俱乐部，你甚至可以上台和音乐家一起表演。

最佳摇滚乐

CC Muziekcafé（见210页）每周一次及每月一次的主题音乐之夜——从雷鬼乐到灵魂乐，再到摇滚乐，丰富多彩。

De Nieuwe Anita（见171页）在用书架掩盖的门后是振奋人心的摇滚演出。

Cave（见151页）地下场馆，举办现场硬核摇滚和金属乐演出。

最佳电影院

眼睛电影博物馆（见87页）新、老、外国以及荷兰国内影片；荷兰最时髦的电影中心播放各种高质量的影片。

Pathé Tuschinskitheater（见152页）阿姆斯特丹最有名的电影院，内饰华美无比，呈现装饰艺术/阿姆斯特丹学院风格。

最佳话剧和喜剧演出

Boom Chicago（见171页）在乔丹区被即兴喜剧逗得乐不可支。

城市剧院（见150页）宏大的演出，轻歌剧以及艺术节，就在莱兹广场。

最佳免费或低价演出场所

露天剧院（见197页）位于冯德尔公园内，夏季会有户外演出。

艾河剧院（见113页）周二午间会有免费的古典乐表演。

音乐厅（见197页）周三午间有免费音乐会，通常是为夜间的重要表演进行彩排。

最适合孩子的演出

阿姆斯特丹木偶剧院（见113页）如童话般的舞台布景，提线木偶让歌剧变得更加活灵活现。

Kriterion（见113页）该电影院的儿童俱乐部播放大量儿童影片，还组织相应的活动。

行前参考

售票处

➡ 喜剧、舞蹈表演和音乐会，任何演出的门票都可以通过Uitburo（见151页）购买，需要支付一小笔附加费。Uitburo是一家售票店，位于莱兹广场的城市剧院（Stadsschouwburg）。

➡ 此外，Uitburo的最后一分钟售票店（Last Minute Ticket Shop；www.lastminuteticketshop.nl）出售当天演出的半价票。每天10点会公布可购票的演出。你可以用信用卡（通常只有芯片卡可以成功支付）在网上购买，或者亲自到门店购买。

➡ 阿姆斯特丹中央图书馆（见102页）以及中央车站的VVV I Amsterdam游客中心（见298页）也设有最后一分钟售票店，10点公布可购票务信息。

网络资源

➡ **I Amsterdam**（www.iamsterdam.com）演出活动列表。

➡ **Film Ladder**（www.filmladder.nl/amsterdam）电影排片表。

➡ **A-Mag**涵盖当地演出信息的双月刊杂志，可以在游客中心、当地报刊店和诸多酒店获取。

购物

黄金时代的阿姆斯特丹堪称世界上最重要的宝库，装满了来自各个偏远角落的珍宝。作为荷兰首都，这座城市至今仍散发着异国风情（看看红灯区的各式装备），但其真正的魅力在于发现一些特色小店，它们出售的东西独一无二。

特产

阿姆斯特丹有大量别具一格的物品，从cool-cat的时尚装备，到郁金香球茎，令人目不暇接。无论你的预算是多少，都可以带些回家。纪念品商店主要集中在市中心的水坝广场周边以及南运河圈的鲜花市场（见135页）。

荷兰时尚 当地人精通休闲的搭配风格，这源于荷兰民族性格中直率、不拖泥带水的特点。由此而来的设计兼具时尚和实用性——例如轻飘、层次分明、可搭配穿着的女服，量身定做的工装裤（不会卷进自行车辐条中）。

荷兰设计风格的家居用品 荷兰设计师天赋出众，将创意、时尚与日常用品相结合。起初只是少数革新者崭露头角——例如Droog和Moooi——后来渐渐发展为世界知名的产业。荷兰设计的家居用品色彩斑斓，引人注目，并融合了经典元素和妙趣横生的设计细节。它们能解决你尚未察觉到的问题。一旦你拥有一条角上带铆钉、可以挂在任何地方的毛巾，就会情不自禁感叹生活中怎么可以少了这样贴心的东西！

古董和艺术 阿姆斯特丹随处可见出售精美古董的商店。古董售价可不便宜，但通常质量佳。Spiegel区的Spiegelgracht街和NieuweSpiegelstraat街沿街有很多商店，吸引不少财力雄厚的人。阿姆斯特丹古玩中心（Antiekcentrum Amsterdam，见172页）是位于乔丹区的小型购物中心，以小摆设为主，喜欢珍藏独特古玩的人热衷逛这里。夏季每逢周日，新市场广场有户外古玩市场（见115页）。

代尔夫特陶器 自17世纪起，荷兰人就对标志性的蓝白陶器情有独钟。只有皇家代尔夫特（Royal Delft）出产的陶器才是正宗的代尔夫特陶器，很多游客会选择一日游去那里参观，非常方便。阿姆斯特丹有少数商店出售正宗陶器，但更普遍的选择是在纪念品商店购买仿制陶器（价格更为低廉）。

鲜花球茎 带有异国风情的郁金香球茎以及其他花种是极受欢迎的伴手礼。位于南运河圈的鲜花市场是购买绚丽花卉的好地方。向摊贩询问相关海关规定，因为你的国家可能禁止携带球茎入关。

奶酪 荷兰奶酪之所以享受盛名可不是没来由的，这可算是非常棒且很划算的纪念品。豪达奶酪和艾丹姆奶酪是最为常见的品种。只要是硬奶酪（如前面提及的），并且包装完好（真空包装最佳），游客应该能将奶酪带回国内（美国）。

酒精 荷兰杜松子酒是极具特色的纪念品。波士（Bols）是当地主要的杜松子酒品牌，设在旧南区波士之家博物馆（见186页）内的商店不仅出售瓶装酒，还售卖很酷的调酒装备。红灯区的商店出售更多色彩斑斓的瓶装酒，例如绘有凡·高画的瓶装苦艾酒和瓶子形似精子的龙舌兰酒。

水烟斗、带大麻叶标记的T恤和性玩具 这里可是阿姆斯特丹，所以在红灯区的商店里看到大量此类物品，可别惊讶。

琳琅满目的特色精品店

无意中发现一家别具一格的小巧精品店是在阿姆斯特丹购物最愉快的体验之一。只卖古董眼镜框架或杂耍玩意或玩偶零件的迷你店铺？在这里都能找到。此类精品店主要集中在乔丹区北部，Haarlemmerstraat街和Haarlemmerdijk街两旁，时尚精品店和食品店林立。南边的九街也分布有独一无二的小店，游逛其间，乐趣无穷。新市场区的Staalstraat街也是一条逛特色精品店的主线。

地标性购物场所

De Bijenkorf（见90页）是阿姆斯特丹最有名的百货商店，位置醒目，就在水坝广场的王宫附近。商店共有五层，摆满了精美的服饰、玩具、家居用品和书。服务热情周到，顶层有咖啡馆，不容错过。Hema（见90页）就相当于英国的Marks & Spencer或美国的Target。这一价廉物美的连锁店出售几乎所有的东西——葡萄酒、家居用品、衣服——同时也是淘高性价比荷兰设计商品的好地方。

购物街

最繁忙的购物街当属水坝广场的卡尔弗尔街（Kalverstraat）以及直通莱兹广场的莱兹街（Leidsestraat）。街道两旁，服装店和百货商店鳞次栉比，包括本土零售商Hema和De Bijenkorf。

冯德尔公园附近，沿CornelisSchuytstraat街和Willemsparkweg街云集了不少时尚精品店。邻近的PC Hooftstraat街则林立着Chanel、Diesel、Gucci和其他奢华品牌门店。

行前参考

营业时间

- 百货商店以及大商店：周一至周六上午9点或10点至傍晚6点，周日中午12点至傍晚6点。
- 小规模商店：周二至周五上午10点或中午12点至傍晚6点；周六（若周日全亦营业）上午10点至下午5点；周一（营业的前提下）从中午12点或下午1点至傍晚5点或6点。
- 很多商店在周四会延长营业时间（至晚上9点）。

税费

- 荷兰增值税（VAT）为21%，日用品和书籍则降至6%。
- 非欧盟公民可以享受购物退税，只要商店提供相应的文件，并且你购物花费达到€50或更多。在付款的时候索取退税支票。
- 在机场向海关出示你所购买的商品、收据和护照，将退税支票盖章。随后将支票带到3号航站楼的Global Refund办事处，取现金或要求退回信用卡。这一过程可能需要一定时间，所以务必留出足够的时间。

现金和银行卡

让人意外的是，不少商店都不接受信用卡。还有部分商店则相反，只接受荷兰的带密码借记卡，不接受信用卡或现金（窗或门上会有标示）。

讲价

作为一个以培养商人著称的国家，荷兰人不会过多地讨价还价，大多数零售商都拒绝讲价。跳蚤市场、艺术画廊和古董店是少数可以尝试讲价的地方。

市场

若不去感受下热闹的露天市场，你的阿姆斯特丹之行就是不完整的。

每日市场

阿姆斯特丹的每日市场除周日外天天营业。德派普区的艾伯特露天市场（见203页）是其中规模最大、最繁忙的市场，出售食物、衣服及其他一切东西。售卖多种产品的Dappermarkt市场（见215页）位于东部公园附近，和艾伯特露天市场类似，不过规模小些。

在新市场的滑铁卢广场跳蚤市场（见113页）可以找到大量小古玩。Ten Katemarkt市场（见101页）毗邻新建的文化设计中心De Hallen，有新鲜美食、鲜花等多种物品出售。鲜花市场（见135页）最多见的莫过于球茎（以及俗气的纪念品），该市场位于南运河圈，每天营业。市中心的Oudemanhuis书市（见90

页）则能找到旧版巨著、地图和活页乐谱。

每周市场

每周一前往乔丹区的西市场（见175页）寻觅喜欢的衣服。同样位于乔丹区的北市场（见175页）也在每周一设有跳蚤市场，可挑选多种物品。每周三和周六，会有一小群摊贩聚集在市中心的邮票市场（Postzegelmarkt，见92页）出售邮票和钱币。每周六，可以去乔丹区的Lindengracht市场（见175页）品尝美食，挑选小饰物，或者去新市场和乔丹区的农贸市场（见115页）。若逢周日，新市场广场有古玩市场（见115页），也可以去**艺术市场**——市中心的水闸广场以及南运河圈托尔贝克广场（Thorbeckeplein）均有。

区域特色购物

➡ **中世纪中心和红灯区**（见90页）红灯区的按摩震颤器商店，水闸广场周边的书店：每个人都能在这里找到心仪的选择！

➡ **新市场区、普兰塔格区和东岛区**（见113页）滑铁卢广场跳蚤市场是主要的吸引所在，外加Staalstraat街上众多可爱又古怪的本土商店。

➡ **西运河圈**（见129页）九街拥有大量小巧、别具一格的特色商店。

➡ **南运河圈**（见152页）在Spiegel区淘艺术品和古玩，在周边巷道寻觅时尚物品、音乐和家居用品。

➡ **乔丹区和西区**（见172页）乔丹区的商店充满艺术气息，给人一种兼收并蓄、自家作坊的感觉。Haarlemmerdijk街有最新最酷的精品店。

➡ **冯德尔公园和旧南区**（见197页）Cornelis-Schuytstraat街和Willemsparkweg街有户外用品店和时髦的精品店，PC Hooftstraat则是奢侈名牌云集。

➡ **德派普区**（见211页）除了艾伯特露天市场外，这里还有另类商店、美术馆以及散发复古气息的设计时尚精品店。

➡ **东部公园和阿姆斯特丹南区**（见220页）Dappermarkt市场出售的物品令人目不暇接，好好逛逛。

购物常用词汇

事实上，你在阿姆斯特丹遇到的每一位售货员都会说英语，不过为了确保你能更迅速地购物，不妨了解下列你可能在购物中遇到的词汇：

kleedkamer——更衣室

kassa——收银员

kassakorting——收银时的优惠折扣

korting——折扣，例如“25%korting”

laatstedagen——最后期限

opruiming, uitverkoop——清仓甩卖

soldes, sale——减价出售

tot, t/m——最高折扣至，例如“tot 50% korting”

vanaf, va——相当于“起”，例如“€20 va”（€20起）。注意，这可能是巧妙的促销策略，举个例子，衣服货架上标有“€10 va”，只含有少量€10的商品——其余商品价格都很贵。

独家推荐

Moooi Gallery（见172页）荷兰设计师Marcel Wanders在这里展示本人及其他设计师的非凡作品。

Pied à Terre（见197页）世界上最大的旅行书店，每个来到这里的人都会心动不已。

Condomerie Het Gulden Vlies（见93页）环境有趣，出售各式各样的避孕套。

De Kaaskamer（见129页）这一"奶酪屋"堆满了好东西，都快到天花板了。

PGC Hajenius（见90页）华丽的装饰艺术风格烟草商场，这里有专门为荷兰王室定制的雪茄盒。

最佳市场

艾伯特露天市场（见203页）欧洲最大的每日营业（周日除外）的街头市场，有各种美食、时尚物品和廉价小玩意儿。

滑铁卢广场跳蚤市场（见113页）令人眼花缭乱的新奇物品，二手鞋和便宜的自行车零部件，适合想淘宝的人。

西市场（见175页）共设有163个摊位，售卖价格低廉的衣服和织物。

Lindengracht市场（见175页）正宗的当地特产，还有很多新鲜的货品，值得一逛。

IJ Hallen跳蚤市场（见87页）这一每月举办一次的跳蚤市场是欧洲规模最大的市场，就在NDSM-Werf艺术区。

最佳淘书地

Mendo（见132页）漂亮的书店，以艺术、设计、建筑、时尚和摄影书籍为主。

Oudemanhuis书市（见90页）带顶棚的小巷，二手书商云集。

美国图书中心（见90页）这一三层书店可以找到各种英语书籍。

最佳时装店

SPRMRKT（见173页）阿姆斯特丹时装界的中流砥柱。

Young Designers United（见152页）货架上摆满了明日之星的作品。

By AMFI（见91页）阿姆斯特丹时装学院（Amsterdam Fashion Institute）的学生和校友在此出售他们设计的作品。

Tenue de Nîmes（见129页）超酷的牛仔装和当地设计师的时装作品。

VLVT（见198页）位于时尚的CornelisSchuytstraat街，出售新生代荷兰设计师设计的女性时装。

最佳纪念品

鲜花市场（见135页）阿姆斯特丹的"水上"鲜花市场有球茎、球茎和更多更多的球茎。

Galleria d'ArteRinascimento（见173页）皇家代尔夫特陶器（有古董，也有新产品）。

Mark Raven Grafiek（见91页）雅致、独具特色的T恤以及这座城市相关的印刷品。

博物馆广场的博物馆商店（见198页）在这个一站式商店，你可以买到伦勃朗、维米尔和凡·高相关的各种物品。

最佳荷兰风格家居店

Droog（见113页）以巧妙、有趣、再利用以及重新改造过的家居用品出名。

Frozen Fountain（见129页）阿姆斯特丹最有名的荷兰设计家具和家居用品展示地。

本土特产商店（Local Goods Store，见194页）位于De Hallen文化中心内，有荷兰设计师设计的时装和家居用品。

Hutspot（见211页）时髦的商店，让崭露头角的设计师有机会售卖自己的作品。

Mobilia（见152页）这一三层的"生活方式工作室"内展出了大量惊艳的荷兰设计风格作品。

最佳饮食

Hart's Wijnhandel（见154页）历史悠久的店，出售包括杜松子酒在内的酒水。

Het Oud-Hollandsch Snoepwinkeltje（见172页）各种荷兰糖果，包括甜味和咸味的荷兰甘草糖。

Papabubble（见173页）艺术馆风格的棒棒糖商店，你可以亲眼见证这种甜美生命的诞生。

Beer Tree（见198页）来自25个不同国家的精酿啤酒。

最佳古玩店

阿姆斯特丹古玩中心（见172页）独一无二的室内商场，摊贩们售卖从1940年代的服装到1970年代的瑞典色情作品的各式物品。

Marbles Vintage（见114页）挑选经典裙装、礼服和外套的好地方。

Gastronomie Nostalgie（见91页）精美的古董瓷器、高脚杯、烛台以及其他从各地拍卖会上得来的餐具。

RACHEL LEWIS / GETTY IMAGES ©

探索阿姆斯特丹

中世纪中心和红灯区 66
重要景点 68
景点 71
就餐 76
饮品和夜生活 82
娱乐 89
购物 90

新市场区、普兰塔格区和东岛区 95
重要景点 97
景点 98
就餐 104
饮品和夜生活 109
娱乐 112
购物 113
运动和活动 116

西运河圈 117
重要景点 119
景点和活动 121
就餐 123
饮品和夜生活 126
娱乐 129
购物 129
运动和活动 132

南运河圈 133
景点 135
就餐 139
饮品和夜生活 145
娱乐 150
购物 152

乔丹区和西区 156
景点 158
就餐 160
饮品和夜生活 167
娱乐 171
购物 171

冯德尔公园和旧南区 176
重要景点 178
景点和活动 185
就餐 186
饮品和夜生活 193
娱乐 196
购物 197
运动和活动 199

德派普区 200
景点 202
就餐 203
饮品和夜生活 209
娱乐 210
购物 211

东部公园和阿姆斯特丹南区....213
景点 215
就餐 218
饮品和夜生活 218
娱乐 219
购物 220

阿姆斯特丹周边一日游 223
哈勒姆 224
莱顿 227
代尔夫特 232
阿尔克马尔 235
桑斯安斯 237

住宿 239

阿姆斯特丹
重要景点

王宫 68
贝居安会院 69
老教堂 70
伦勃朗博物馆 97
安妮之家 119
国立博物馆 178
凡·高博物馆 181
市立博物馆 183
冯德尔公园 184

区域速览

❶ 中世纪中心和红灯区（见66页）

阿姆斯特丹最古老的街区完好地保存了原貌，与其黄金时代的鼎盛期别无二致，让人印象深刻。这是全城游客最集中的区域，有些人来此一睹王宫和老教堂的风采，另一些人则是刚出火车站就迫不及待往咖啡大麻店和红灯区奔去。

❷ 新市场区、普兰塔格区和东岛区（见95页）

新市场区有不少重要景点，伦勃朗博物馆——这位绘画大师曾经使用过的工作室——以及有数百年历史的犹太教堂、钻石加工厂和位于昔日犹太人聚集区、每日开放的滑铁卢广场跳蚤市场。毗邻新市场区的是郁郁葱葱的普

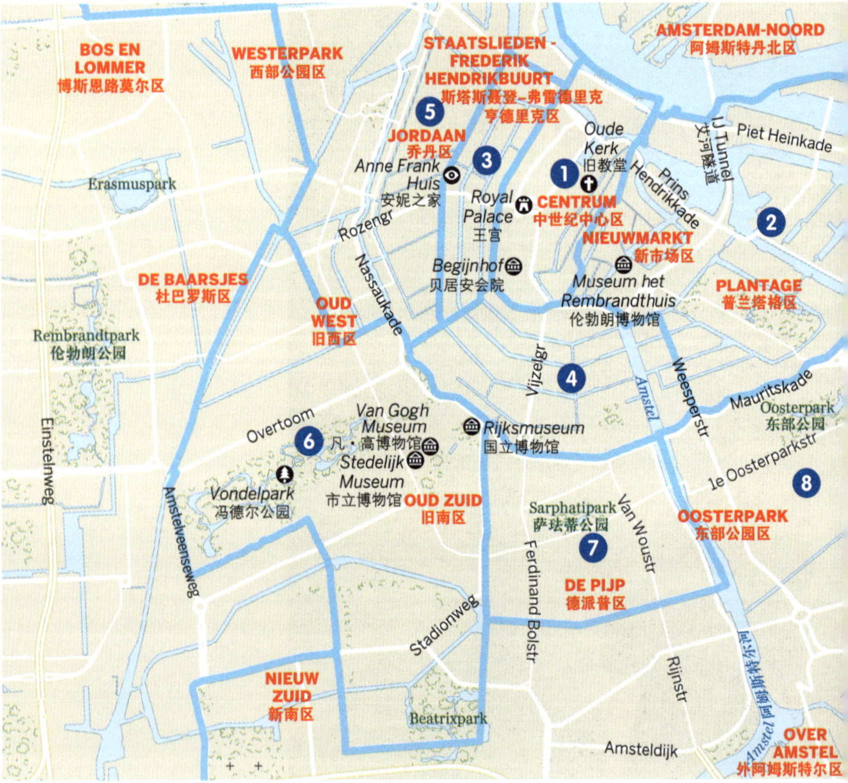

兰塔格区，这里有动物园和带酿酒厂的风车。该地区一直延伸至东岛区，旧仓库集中地如今被改建成最先锋时尚的荷兰建筑。

③ 西运河圈（见117页）

阿姆斯特丹最迷人的区域之一。波光粼粼的运河两旁是宏伟的古老宅邸和别具一格的特色小店。漫步其间，时间会不知不觉地流逝。不过大多数人来这里只有一个目的，那就是参观安妮之家，亲眼看看那本著名的日记。

④ 南运河圈（见133页）

拥有丰富夜生活的两片区域支撑起了南运河圈，分别是莱兹广场和伦勃朗广场。两个广场都是霓虹灯闪烁，有很多适合派对动物的一站式体验店。而两个广场之间矗立着不少引人入胜的博物馆——包括珍藏有大量艺术品的冬宫博物馆阿姆斯特丹分馆——以及鲜花市场，一流餐厅，时尚咖啡馆和颇具浪漫色彩、让你情不自禁按下照相机快门的运河美景。

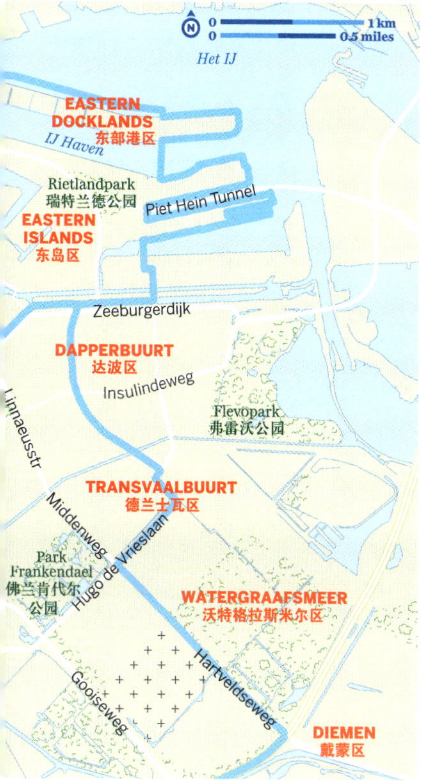

⑤ 乔丹区和西区（见156页）

乔丹区是昔日的工人聚集区，如今在其纵横交错的小巷中，隐藏着不少舒适的酒吧、美术馆和市场。虽然这里缺少常规景点，但午后散步放松，没有比这里更好的选择了。乔丹区毗邻西区，这里一度是贫瘠的工业区，现在已经成为前卫的文化中心。

⑥ 冯德尔公园和旧南区（见176页）

充满田园风光的冯德尔公园是阿姆斯特丹的游乐场，慢跑者、野餐者、吸食大麻的人、手风琴演奏者和孩童和谐共处，一片欢乐景象。这里是体验随心所欲的当地生活（以及练习自行车技）的好地方。公园周围的街巷有丰富的就餐选择。相邻的旧南区则拥有最具吸引力的凡·高博物馆、市立博物馆和国立博物馆。这是阿姆斯特丹最富裕的街区之一，高端奢华的店铺就是明证。

⑦ 德派普区（见200页）

在德派普区，各民族特色与时尚相融合，这片优雅的区域聚集了工人、知识分子、新移民、妓女和都市年轻人。你将为艾伯特露天市场的色彩斑斓及其周边的餐馆、随性的咖啡馆（酒吧）所惊叹。这一创意无限的街区也是新餐厅和新生业务的温床。

⑧ 东部公园和阿姆斯特丹南区（见213页）

东部公园是一片拥有多姿多彩文化的街区，这里散落有摩洛哥和土耳其聚集区。随着一些雅致、高性价比的新兴酒店逐渐出现，东部公园开始受到关注。阿姆斯特丹南区进一步向外延伸，这里有野外艺术和茂盛的绿色，还能在森林里看到山羊出没。

中世纪中心和红灯区

区域亮点

❶ 漫步**红灯区**（见75页），你会被眼前所见惊得目瞪口呆，虽然几近裸体的女子在亮灯的橱窗里搔首弄姿在阿姆斯特丹人看来早已经是见怪不怪了。

❷ 沉醉于**王宫**（见68页）的富丽堂皇，深入了解荷兰历史。

❸ 推开**贝居安会院**（见69页）的大门，欣赏隐匿其中的花园和教堂。

❹ 在**Vleminckx**（见77页）狼吞虎咽炸得松脆的金黄色薯条——蘸蛋黄酱、咖喱酱或花生酱。

❺ 造访诸如**Wynand Fockink**（见85页）这样始于17世纪的品酒屋，痛饮荷兰杜松子酒。

更多区域细节见322页和326页地图 ➡

探索中世纪中心和红灯区

在中世纪中心和有数世纪历史的红灯区，阿姆斯特丹表现出勃勃的生机。无论行程安排是怎样的，来到阿姆斯特丹的游客都会前往这一区域。中央车站（Centraal Station）是主要的地标建筑——确实如此，大多数从机场或欧洲其他地方乘坐火车抵达市中心的游客最先看到的便是这一车站。水坝大道（Damrak）从车站往南延伸至水坝广场（Dam）——阿姆斯特丹的中心广场和王宫所在地。

无论白天还是黑夜，这一地区都能看到熙熙攘攘的游客。虽然这里有不少吸引人的景点，但举世闻名的博物馆都位于其他区域，因此漫步游览是游客在中世纪中心的主要任务。这里布局紧凑，颇有氛围的小巷纵横交错，17世纪的品酒屋、棕色咖啡馆、如世外桃源般的庭院以及特色小店是对那些乐意避开主要街道进行深入探索的人的最好回报。

对于红灯区，可绝不能选择绕道而行，相反这里有一些历史悠久的酒吧，还有令人惊叹的老教堂（Oude Kerk），它是阿姆斯特丹最古老的教堂。当你进入红灯区，可能会发现自己不知不觉来到了Warmoesstraat街和善德街（Zeedijk），这是两条商业大道，商店和餐馆云集。

阿姆斯特丹核心区域的魅力在于其完好保持了历史原貌。自17世纪起，这片区域的布局就几乎没有改变过。这里仿佛一座鲜活的博物馆，某些街景看上去和昔日黄金时代一样。你完全可以将整个行程都安排在这里，尤其是考虑到从这里搭乘渡船前往北部地区非常便捷，不过记住：除了核心区外，阿姆斯特丹还有不少街区。

当地生活

- **咖啡馆聚集地** 水闸广场（见71页）为咖啡馆和书店所环绕，深受学者和记者的喜爱。
- **水坝广场的自行车** 热闹的集市，抗议游行，国王发表演讲——阿姆斯特丹主要的广场（见71页）总有活动吸引人们蜂拥而至，锁在广场中央成排成排的自行车就是最好的证明。
- **去北部** 阿姆斯特丹北区（见85页）热闹非凡，时髦的咖啡馆、文化中心和酒店比肩而立。

到达和离开

- **有轨电车** 阿姆斯特丹15条有轨电车线路，多数会穿过这一街区，到达中央车站。有用的线路包括有轨电车1、2、5、13和17号线——通往车站西边；4、9、16和24号线——通往车站东边。
- **船** 前往NDSM-Werf艺术区以及阿姆斯特丹北区其他目的地的免费渡船从位于中央车站后面的码头出发。

独家贴士

进入当地的品酒屋，点一杯荷兰杜松子酒（jenever）。端上来的将是满满的一杯。若你拿起酒杯，不可避免地会将酒洒出来。怎么办？身体往吧台方向前倾，手放在背后，然后大喝一口。这是荷兰的传统。

最佳就餐

- Gartine（见76页）
- De Laatste Kruimel（见77页）
- Vleminckx（见77页）
- Thais Snackbar Bird（见81页）
- Blauw aan de Wal（见82页）

详细介绍见76页。

最佳饮品

- Wynand Fockink（见85页）
- Hoppe（见82页）
- In 't Aepjen（见85页）
- Café Belgique（见82页）
- Café de Dokter（见82页）

详细介绍见82页。

最佳购物地

- Condomerie Het Gulden Vlies（见93页）
- 美国图书中心（见90页）
- PGC Hajenius（见90页）
- Oudemanhuis书市（见90页）
- Kokopelli（见93页）

详细介绍见90页。

重要景点

王宫（Koninklijk Paleis）

欢迎来到国王的府邸。如果他出门了，你可以入内参观。这一王宫最初是恢宏的市政厅，于1665年完工。建筑师雅各布·范·坎彭（Jacob van Campen）不遗余力地展现阿姆斯特丹的富庶，以期能媲美当时欧洲最宏伟的建筑。最终他建造了一座华丽考究的宫殿。

进入王宫后，前往服务台获取免费的语音导览，它将生动详细地介绍你所见到的一切。王宫的大多数房间都分布在一层，枝形吊灯（共有51盏华丽的灯）、锦缎、镀金钟表和费迪南德·波尔（Ferdinand Bol）及雅各布·德·威特（Jacob de Wit）的缤纷画作随处可见。位于王宫中央的公民大厅（burgerzaal）无比宽敞，当时被设想成整个世界的缩略版图，中心便是阿姆斯特丹。留意嵌在地板上的地图，分别呈现了东西半球，中间则是一张1654年的天体图。

1808年，这座宫殿成为拿破仑·波拿巴（Napoleon Bonaparte）的弟弟路易王（King Louis）的行宫。路易出生于法国，面对不熟悉的荷兰语，他犯了个典型的错误。他对荷兰的臣民说自己是“荷兰的兔子”，其实他真正想说的是“荷兰之王”（将荷兰语中的“国王”一词konink错说成“兔子”konijn）。两年后，拿破仑废黜了路易，后者留下了大约1000件帝政风格的家具和装饰艺术品。因此，这些珍品被王宫收藏至今，其规模是世界上最大的之一。

官方宣称现任荷兰国王威廉·亚历山大住在王宫内，支付象征性的租金。不过他其实住在海牙。王宫至今仍被用于国事方面，经常会因为此类事件而关闭，尤其是在4月、5月、11月和12月期间。官网会公布具体的日程安排。

不要错过

- 枝形吊灯（全部51盏）
- 公民大厅
- 费迪南德·波尔及雅各布·德·威特的画作
- 帝政风格的装饰

实用信息

- Koninklijk Paleis
- 见328页地图
- ☎620 40 60
- www.paleisamsterdam.nl
- The Dam
- 成人/儿童 €10/免费
- ⏲10:00~17:00
- 🚊4/9/16/24 Dam

重要景点

贝居安会院（BEGIJNHOF）

贝居安会院仿佛出自童话书般。慢步走向那不甚起眼的门，轻推而入，哇——一个拥有小巧屋舍和精美花园的隐匿庭院呈现在你眼前。如今，建于14世纪的贝居安会院已不再是不为人知的世外桃源，但它依然是阿姆斯特丹中心一片如梦似幻的绿洲。

贝居安会是天主教组织，未婚或丧偶的女子在这里过着宗教生活，但不用发禁欲誓言。贝居安会院可以算作她们的女修道院。最后一位真正的贝居安会信徒于1971年离世。

庭院内有两座小型教堂。**贝居安会礼拜堂**（Begijnhof Kapel；见328页地图；1671年）是一座“隐秘”的礼拜堂，在加尔文教徒侵占哥特式教堂后，贝居安会信徒被迫来这里祈祷。穿过弯曲的入口，你会发现大理石柱、彩绘玻璃窗和纪念“阿姆斯特丹奇迹”的壁画（简言之：1345年，一位濒死之人领到最后的圣餐，可他无法吞下圣饼——对此可没法委婉地形容——还将饼吐了出来。接着奇迹发生了：当呕吐物被扔进火里时，圣饼并没有燃烧起来。墙上的壁画描绘了这些情景）。

另一座教堂被称为**英国教堂**（Engelse Kerk；见328页地图），建于1392年左右。它被租借给当地的英格兰和苏格兰长老会的难民——包括清教徒长辈——至今仍然是阿姆斯特丹的长老会教堂。可以留意彼埃·蒙德里安创作的具有比喻意义的布道坛嵌板。注意，这座教堂现在仍经常被使用，因此有时候不对游客开放。

另一个值得看的景点是**34号木屋**（Houten Huis；见328页地图），其历史可以追溯到1465年左右，是荷兰现存最古老的木屋。

不要错过

- 在花园里找个安静的座位休息一会
- 贝居安会礼拜堂
- 英国教堂
- 34号木屋
- “阿姆斯特丹奇迹”壁画

实用信息

- 见328页地图
- ☎622 19 18
- www.begijnhofamsterdam.nl
- 紧邻Gedempte Begijnensloot
- 门票免费
- 🕘9:00~17:00
- 🚋1/2/5 Spui

重要景点

老教堂(Oude Kerk)

老教堂是阿姆斯特丹最古老的建筑，约建于1306年。这个哥特风格的教堂拥有这座城市历史最悠久的教堂钟(自1450年起)，一架Müller管风琴(1724年)，以及15世纪的唱诗班席位，上面所雕刻的图案颇具挑逗性，与教堂这样神圣的场合不相符，会让你大感吃惊。

这座教堂是为了纪念阿姆斯特丹的守护圣徒圣尼古拉斯(穿红衣的圣诞老人的灵感来源)而建造的。很多阿姆斯特丹知名人士都长眠于此，地板上的墓碑都已磨损，略显破旧，这其中包括伦勃朗的妻子莎斯姬亚·凡·优伦堡(Saskia van Uylenburgh)。教堂共安葬了大约10,000名当地居民。进入教堂后，可以索取一份地图。周日上午11点，教堂会进行主日崇拜，不过大多数时候这里会举办引人入胜的艺术展。钟琴音乐会通常在周二和周四下午举行，也会吸引不少当地人。不介意爬楼梯的人可以参加带导览的团队游，登上**塔楼**(见322页地图；www.westertorenamsterdam.nl；每人 €7.50；⏲4月至9月周一至周六13:00~17:30；🚊4/9/16/24 Dam)。

老教堂同时陷入巨大的道德冲突中，从这里能看到红灯区全景，神圣之地与那些在橱窗中与过往路人调情的女子不过一箭之遥。外面的老教堂广场(Oudekerksplein)上立着**Belle像**(statue of Belle；见322页地图)，该雕像从2007年起设立，旨在致敬全世界的性工作者。附近的鹅卵石地面(教堂主入口旁边)上有一件更为大胆的作品：一只带锁的手正在抚摸一位裸体女子的**金色躯干**。这件带神秘色彩的作品在某一天突然出现，后来被警方移走，不过由于其受到大多数人的喜爱，又被放回原位。

近几年，教堂正在进行大范围的翻新，所以如果某些区域禁止游客入内，请不要感到意外。

不要错过

- 地板上的墓碑，包括伦勃朗的妻子莎斯姬亚
- 唱诗班席位雕刻图案
- 金色躯干
- 周围红灯区的氛围
- 塔楼团队游

实用信息

- 老教堂
- 见322页地图
- ☎625 82 84
- www.oudekerk.nl
- Oudekerksplein
- 成人/儿童 €7.50/免费
- ⏲周一至周六10:00~18:00，周日13:00~17:30
- 🚊4/9/16/24 Dam

景点

中世纪中心

王宫 宫殿

见68页。

贝居安会院 广场

见69页。

公民卫队画廊 美术馆

见326页地图（Civic Guard Gallery；Kalverstraat 92；⏲10:00～17:00；🚊1/2/5 Spui）**免费**这家很酷的画廊是阿姆斯特丹博物馆的一部分——你可以把画廊的参观之旅当作进博物馆前的免费“热身”。画廊就位于博物馆入口旁的小巷内，展出了大量人物群像作品，包括绘于黄金时代的《中世纪民兵队》（即伦勃朗的《夜巡》）和《当代公民卫士》（*Modern Civic Guards*），此外还有安妮·弗兰克（Anne Frank）、阿尔弗雷德·海尼根（Alfred Heineken）的肖像画，以及抽大麻烟卷的阿姆斯特丹人画像。

水坝广场 广场

见326页地图（🚊4/9/16/24 Dam）约1270年，阿姆斯特丹这座城市正是在这一广场所在地建立起来的。如今广场上游人如织，群鸽飞舞，街头艺人一展身手，偶尔还会有带摩天轮的嘉年华。这里仍然是荷兰国民聚集地，重要的演讲或示威游行都会在这里举行。

早在广场变成如今欢乐嬉戏的场所之前，它被划分成两个区域，分别是Vissersdam和Vijgendam。前者为鱼市，就在今天De Bijenkorf百货商店所在的地方；后者可能是以无花果及其他从船上卸下来的异国水果命名。数个时代以来，广场上举办过各种集市和活动，包括死刑处决——至今你依然可以在王宫前看到昔日用来固定木头绞刑架的洞。

国家纪念碑 纪念碑

见326页地图（Nationaal Monument；Dam；🚊4/9/16/24 Dam）位于水坝广场东边的这一方尖碑建于1956年，以纪念第二次世界大战期间的牺牲者。纪念碑前立有两只狮子，底座刻有具有重要象征意义的雕像：四位男子（战争），一位带孩子的女子（和平）和牵狗的人（抵抗）。后面的12个瓮里装有从11个省和荷属东印度群岛的战争墓地取来的泥土。每年5月4日，这里依然会举行纪念仪式，以缅怀在战争中离世的人们。

阿姆斯特丹性博物馆 博物馆

见322页地图（Sexmuseum Amsterdam；www.sexmuseumamsterdam.nl；Damrak 18；门票 €4；⏲9:30～23:30；🚊1/2/5/13/17 Centraal Station）参观性博物馆是一次有趣的体验。你会发现庞贝色情壁画的复制品，14世纪的维也纳性爱铜像，一些世界上最早的裸体照片，装在风衣里的自动露阴装置，音乐盒一边播放“雪绒花”，一边展示正在交欢的一对儿。相比红灯区其他与性相关的博物馆，这家要有意思得多。

年满16岁才能进入该博物馆。

阿姆斯特丹杜莎夫人蜡像馆 博物馆

见326页地图（Madame Tussauds Amsterdam；www.madametussauds.nl；Dam 20；成人/儿童 €22.50/18.50；⏲7月和8月9:00～21:00，9月至次年6月10:00～19:00；👪；🚊4/9/16/24 Dam）是的，杜莎夫人蜡像馆门票价格过高，水准差强人意，但它注重展示当地文化，不失乐趣：“见见”荷兰王室成员、政治家、画家和明星，还有在世界范围内的名人（比伯）。孩子们会爱上这里。网上购票可以帮你省下一小笔费用，而且你可以走快速通道。下午3点后进去也能获得优惠折扣。

水闸广场 广场

见326页地图（Spui；🚊1/2/5 Spui）诱人的咖啡馆和使人更睿智的书店环绕着水闸广场，这里深受学者、学生和记者的喜爱。每周五，广场上会举办书市，每周日则是艺术市场。水闸广场的荷兰语发音为“spow”（与英语单词“now”押韵）。

旧证券交易所 历史建筑

见322页地图（Beurs van Berlage；☎530 41 41；www.beursvanberlage.nl；Damrak 243；🚊1/2/5/13/17 Centraal Station）建筑大师、热情的社会主义者贝尔拉格（HP Berlage；1856～1934年）于1903年建造了阿姆斯特丹的证券交易所。在他的设计下，这一资本主义

圣殿的装饰突显了对劳动力的敬重——咖啡馆内部可以看到绘有健壮工人阶级（从过去到现在，再到未来）的瓷砖壁画。不过20年时间，强势增长的交易量超过了这一建筑的承载能力，因此交易所迁至别处。如今这里承办会议和艺术展。

中央车站 地标建筑

见322页地图（Centraal Station；Stationsplein；🚊4/9/16/24 Centraal Station）中央车站不仅是交通枢纽，自身也成为一个景点。这一带塔楼的建筑始于1889年。负责该项工程的建筑师之一克伊珀斯（PJ Cuypers）也是国立博物馆的设计者，通过哥特风格的塔楼、精美的红砖和大量的浮雕（航海、贸易和工业主题）可以发现这两座建筑的相似之处。

车站建于人工岛上，被设计成一道新文艺复兴风格的"门帘"，这一具有争议性的规划将阿姆斯特丹与艾河（IJ River）隔开。车站右翼的车库最初的建造目的是停放荷兰王室的马车，但其实马车鲜少（从不）停放于此。车站周边总是在兴建大量建筑。

水坝大道 水滨

见322页地图（Damrak；🚊1/2/5/13/17 Centraal Station）水坝大道所在地曾是阿姆斯特尔河（Amstel river）的河口——荷兰语rak的意思就是河段或水域。曾经，阿姆斯特尔河经水坝广场的水闸汇入艾河。在19世纪，这条河除了西边运河游船停泊的码头外都被填塞。河岸边的山形墙房屋是阿姆斯特丹最美的一道风景线。

水坝大道同时也是相邻街道的名字，它就如同一张巨大的捕蝇纸，面向游客的廉价酒店、快餐连锁店和纪念品商店已经做好准备，要"捕获"抵达中央车站的游客。

Rokin街 街道

见326页地图（🚊4/9/16/24 Rokin）这条街位于水坝广场南边，大多数从中央车站出发的游客会选择经此进入市中心，Rokin街的本名应该是rak-in，内陆水域的意思，后来将错就错，沿用现在这个名字。16世纪早期，Rokin街北曾建造了阿姆斯特丹第一家证券交易所，在荷兰经济飞速增长的黄金时代扮演了重要角色。

如今的Rokin街正在兴建新的地铁线路，这期间，工作人员从昔日阿姆斯特尔河的河床中挖掘出大量古迹。

圣尼古拉斯教堂 教堂

见322页地图（St Nicolaaskerk；www.nicolaas-parochie.nl；Prins Hendrikkade 73；⏲周一和周六正午至15:00，周二至周五11:00~16:00；🚊4/9/16/24 Centraal Station）从中央车站望过去，这座城市最主要的天主教堂那恢宏的穹顶和新文艺复兴风格的塔楼一览无余，19世纪天主教崇拜再次被认定为合法后，这是当地建造的第一座天主教堂。圣尼古拉斯是水手的守护圣徒，因此教堂也成为了阿姆斯特丹重要的象征。

教堂内部高高的祭坛，皇帝马克西米里安一世耀眼的王冠以及对耶稣受难的描绘都给人留下深刻的印象，这是画家杨·杜塞尔曼（Jan Dunselman）耗费了40年心血完成的。主日崇拜于每天中午的12点半进行，周日除外（为上午10点半和下午1点）。

泪水塔 历史建筑

见322页地图（Schreierstoren；www.schreierstoren.nl；Prins Hendrikkade 94-95；🚊4/9/16/24 Centraal Station）这座塔楼建于约1480年，最初是作为城墙防御工事的一部分。1609年，亨利·哈德逊（Henry Hudson）就是从这里启航前往新世界的，塔楼外有块匾牌标出了当时的位置。根据传说，这里被称为"泪水塔"，因为当年女人们在此挥泪送别载满水手的船只，不过塔楼的荷兰名其实源于"锐利"一词（以形容探入海湾的角度）。

不妨进入舒适惬意的VOC Café，可以一睹塔楼内部风采。运河畔的露台是喝上一杯的好地方。

路德会圆形教堂 教堂

见322页地图（Ronde Lutherse Kerk，Round Lutheran Church；Singel 11；⏲开放时间不一；🚊1/2/5/13/17 Nieuwezijds Kolk）这一穹顶教堂建于1668~1671年，是荷兰唯一一座新教教堂，显得独一无二，引人好奇。由于信徒逐渐减少，教堂被迫于1936年关闭。讽刺的是，位于水闸广场、原本打算用来取代该教堂的老教堂至今仍在使用中。

最窄房屋
建筑

见322页地图（Narrow House；Singel 7；🚋1/2/5/13/17 Nieuwezijds Kolk）人们普遍认为这座房屋——看似还没门宽——是阿姆斯特丹最狭窄的房屋。可别上当了。面朝运河的那一面其实是一处正常比例的宅邸的后门。

卡尔弗尔街
街道

见326页地图（Kalverstraat；🚋4/9/16/24 Dam）你肯定会在某个时候来到这条熙熙攘攘、热闹非凡的街道，我们好像也提到过。卡尔弗尔街是以17世纪位于此地的牲畜市场命名的，现在则吸引成群结队的购物者来进行疯狂大采购（荷兰大富翁游戏中将卡尔弗尔街列为最昂贵的街道）。

鹦鹉教堂
教堂

见326页地图（Papagaai；Kalverstraat 58；⏲10:00~16:00；🚋4/9/16/24 Dam）奇特的彼得和保罗教堂（Petrus en Pauluskerk），又名鹦鹉教堂，堪称消费主义至上的卡尔弗尔街上一方出人意料的绿洲。这是一座天主教堂，从17世纪开始就是秘密的做弥撒之地。留意门上的鹦鹉，鹦鹉教堂这一滑稽的名字就源于此。进入教堂后你会看到一句话："留出15分钟献给上帝"（15 minutes for God）。

酷刑博物馆
博物馆

见326页地图（Torture Museum；www.torturemuseum.nl；Singel 449；成人/儿童€7.50/4；⏲10:00~23:00；🚋1/2/5 Koningsplein）博物馆很破旧，里面灯光昏暗，让你几乎看不清标语牌，不过对奇谈怪事感兴趣的人会被这里的展品所吸引，例如为水平糟糕的音乐家准备的"羞耻之笛（Flute of Shame，夹紧手指）"、为争吵不休的女人准备的"脖子小提琴（Neck Violin，将两人面对面锁起来的

重要景点
阿姆斯特丹博物馆（AMSTERDAM MUSEUM）

阿姆斯特丹的历史博物馆漂亮气派，能让你深入了解这座城市的发展历史。从DNA多媒体展开始参观，这个展览将阿姆斯特丹的千年历史划分成七个不同的时期，很容易记。在以反抗国王和宗教为主题的展览中，你甚至可以"装扮"成民兵（皱巴巴的衣领），拍一张照，照片将传至博物馆的Flickr页面。

接着你可以下到如迷宫般的低层欣赏宗教制品、瓷器和画作，这里就如同宝库一般。若找到伦勃朗所画的令人毛骨悚然的《德吉曼医生的解剖课》（*Anatomy Lesson of Dr Deijman*），那么这次参观可算更为圆满，这幅画展现了一位优秀医生正在解剖一具尸体的脑袋的场景。此外，博物馆还有世界大战、自行车被广泛使用等主题展，并且重现了最初的Café 't Mandje，这家咖啡馆在同性恋维权运动中扮演了重要角色。

博物馆所在的建筑曾是阿姆斯特丹的孤儿院。当你来到庭院时，不妨留意昔日孤儿们存放物品的橱柜（现在放艺术品）。别忘了去参观隔壁拱廊的**公民卫队画廊**（见71页），参观是免费的，那里陈列有大量黄金时代的画作。

雨天来阿姆斯特丹博物馆是不错的选择，你无须再在外面排长队进入，其他多数场馆也是如此。

不要错过
- 《德吉曼医生的解剖课》
- Café 't Mandje
- 民兵画作
- 孤儿用过的橱柜

实用信息
- 见326页地图
- ☎523 18 22
- www.amsterdammuseum.nl
- Kalverstraat 92
- 成人/儿童 €12/6
- ⏲10:00~17:00
- 🚋1/2/5 Spui

镣铐）”、烙铁、碎头器、断头台和纽伦堡的铁娘子（Iron Maiden of Nuremberg，你自己想象吧）。

博物馆展出的每一件酷刑用具都附带如何使用的说明（多语言）。版画展示了正在使用的刑具。从鲜花市场出发，穿过运河就能到达该博物馆。

Heiligeweg街

街道

见326页地图（🚊1/2/5 Koningsplein）Heiligeweg街（神圣之路）曾经是朝圣者前往“阿姆斯特丹奇迹”发生地的必经之地。沿街走一半路，正对着Voetboogstraat街的便是**惩教所之门**（Rasphuis Gate；见328页地图），在中世纪，这道门通往一处惩教机构。门的底部刻有一名女子，两名戴镣铐的罪犯在她身边，雕像上方有拉丁语castigatio（意为“惩罚”）。

阿拉德皮尔逊博物馆

博物馆

见326页地图（Allard Pierson Museum；www.allardpiersonmuseum.nl；Oude Turfmarkt 127；成人/儿童 €10/5；⏲周二至周五10:00~17:00，周六和周日13:00~17:00；🚊4/9/14/16/24 Spui/Rokin）这一博物馆隶属阿姆斯特丹大学，其考古收藏之丰富可跻身世界前列。你会发现一具真正的木乃伊，古希腊和美索不达米亚的花瓶，一辆来自萨拉米斯（Salamis，塞浦路斯）皇陵的精致马车，还有大量能一睹古人日常生活的各式物品。

每个展区都有英语版的详细概述，不过大多数单件展品只有荷兰语说明。或许这一博物馆无法与大英博物馆或卢浮宫相媲美，但规模适中，更适合游客参观。

大学图书馆

建筑

见326页地图（University Library；www.uba.uva.nl；Singel 421-425；🚊1/2/5 Koningsplein）如今的图书馆是由混凝土筑成的庞然大物，与你所期待的美丽历史建筑相去甚远，不过它仍拥有迷人的历史背景。民兵组织曾在这里碰头：“手弓（handboog）”民兵队在第421

重要景点

新教堂（NIEUWE KERK）

别被“新教堂”这个名字骗了——这一建筑的历史可以追溯到1408年（不过相比邻居老教堂，它确实要年轻100岁）。这一长方形廊柱大厅式的基督教堂恰好位于水坝广场上，是荷兰王室举行加冕典礼和婚礼的地方，有悠久的历史。主入口上方的彩绘玻璃窗让人想到威廉明娜女王（Queen Wilhelmina）：1898年，18岁的她正式继承王位。除了加冕和婚礼等王室重要活动外，新教堂已经不再被作为教堂使用，更像是个多媒体展览大厅，还会举办管风琴音乐会。

教堂内部装饰简朴，不过部分主要的陈设值得一看，包括精美的橡木祭坛，铜质的唱诗班席隔屏和巨大的镀金管风琴（1645年）等。航海英雄、海军上将米歇尔·德·鲁伊特（Michiel de Ruyter）以及诗人约斯特·凡·德·冯德尔（Joost van den Vondel）和彼得·孔奈路思·霍夫特（Pieter Corneliszoon Hooft）等杰出人士都安葬于此。

你可以免费进入教堂，大致看一下，不过若想近距离参观，还是得购买门票。入口处可以取欢迎小册子，上面的地图列出了教堂的亮点。开放时间和门票价格经常变化，取决于具体情况。

不要错过

- 绘有威廉明娜女王加冕礼的玻璃窗
- 主管风琴
- 德·鲁伊特、德·冯德尔和霍夫特的纪念碑
- 橡木祭坛

实用信息

- 新教堂
- 见322页地图
- ☎638 69 09
- www.nieuwekerk.nl
- The Dam
- 门票 €8~16
- ⏲10:00~17:00
- 🚊1/2/4/5/9/16/24 Dam

号，“足弓（voetboog）”民兵队在第425号，这里也曾是荷兰西印度公司的总部所在地。

这下你知道附近的Handboogstraat街和Voetboogstraat街的名字由来了吧！两条街往后一直延伸到卡尔弗尔街。

红灯区

老教堂（OUDE KERK） 教堂

见70页。

性交易信息中心 图书馆

见322页地图（Prostitution Information Centre，简称PIC；420 73 28；www.pic-amsterdam.com；Enge Kerksteeg 3；周三至周五10:00～17:00，周六 至19:00；4/9/16/24 Dam）免费PIC是由一位曾经的性工作者创建的，向性工作者及其客户，还有游客大方分享了这一行业的秘闻。附属的小店出售能消除人们偏见的阅读资料和纪念品。中心组织时长1小时的**步行游览**（每周六下午5点，每人€15，无须预约），非常不错，可以带你游览周边地区，并进入性工作者工作的房间。

夏季，该组织还会在每周三傍晚6点半增加一次步行游览。你也可以先在PIC小小的图书馆（又称“性工作学习中心”）内仔细阅读，在餐厅享用点心（蛋糕，咖啡），然后进入中心参观。

Trompettersteeg小巷 街道

见322页地图（4/9/16/24 Dam）Trompettersteeg小巷是深入了解红灯区活动的好地方，这是一条极窄的巷子，橱窗中的女子收费是当地最昂贵的。有油布恐惧症的人注意了：巷子只有1米宽，但人群川流不息。入口就在老教堂南边的街区。

MILK 美术馆

见322页地图（www.milkamsterdam.com；Dollebegijnensteeg 5；开放时间不一；4/9/16/24 Dam）免费这一酷劲十足的展览场所致力于培养实验艺术和雕塑艺术，与周边红灯区的环境相得益彰。这里也会举办非主流表演。MILK在这一地区经历过数次迁址——在空的红灯区橱窗之间搬来搬去——很可能再次搬迁，所以去之前先登录网站查询。

善德街 街道

见322页地图（Zeedijk；4/9/16/24 Centraal Station）这是阿姆斯特丹最古老的街道之一。最初这里是一片航运区，直到17世纪才变得体面起来。后来，富人们迁到绅士运河河畔，善德街成为水手们娱乐消遣的地方。过去约十年时间里，这条街经过重新整治，如今是阿姆斯特丹唐人街的核心区域，有不少热闹的直播体育赛事的咖啡馆、酒吧和餐馆。

你会发现这条铺满故事的鹅卵石街道吸引了世界各地的游客。

观音庙 佛教寺庙

见322页地图（Guan Yin Shrine，Fo Guang Shan He Hua Temple；www.ibps.nl；Zeedijk 106-118；周二至周六正午至17:00，周日10:00～17:00；4/9/16/24 Dam）欧洲第一座中式帝王风格的佛教寺庙（2000年）是献给大慈大悲的观世音菩萨的。进入寺庙，不妨捐些善款，点一炷香，恭敬地拜拜这位千眼千手的菩萨像。

华丽的“山门”是效仿佛教寺庙的传统格局，这在善德街如此狭窄的范围内算是一个相当有趣的概念。距离善德街有一段距离的庙宇中间部分是依据风水设计的。

大麻学院 文化中心

见326页地图（Cannabis College；423 44 20；www.cannabiscollege.com；Oudezijds Achterburgwal 124；11:00～19:00；4/9/16/24 Dam）这一非营利中心能为游客提供正确吸食大麻的相关贴士和技巧，并告知当地大麻相关法律的具体情况。参观展览，尝试使用蒸馏器（vaporiser，€3；自己带吸食用的大麻）或者去地下花园一睹长得超高的大麻作物（€3；允许拍照）。

工作人员可以提供地图，并就哪里有出售有机大麻的咖啡大麻店以及适合新手去的店给出建议。此外，这里还出售T恤、贴纸、明信片和其他带标志的小饰物。

大麻博物馆 博物馆

见326页地图（Hash，Marijuana & Hemp Museum；624 89 26；www.hashmuseum.com；Oudezijds Achterburgwal 148；门票 €9；10:00～22:00；4/9/16/24 Dam）关于毒品植

物学以及大麻和宗教之间关系的展览，简洁明了。亮点包括让人印象深刻的烟斗收藏、互动式蒸馏器展以及一台有趣的售货亭——能让参观者制作自己身处大麻田的电子明信片。持门票可进入位于博物馆以北不远处一栋独立建筑内的**大麻画廊**（Hemp Gallery；见326页地图；Oudezijds Achterburgwal 130），里面收藏了大麻艺术品以及古老的相关物品。

Sensi Seeds公司（就在博物馆内）拥有藏品的所有权，所以如果你看到一间种满大麻作物的房间，可别惊讶，那可是正经生意。

红灯区秘密性交易博物馆 博物馆

见322页地图（Red Light Secrets Museum of Prostitution；☎662 53 00；www.redlightsecrets.com；Oudezijds Achterburgwal 60h；门票€10；⏲11:00至午夜；🚋4/9/16/24 Dam）这一新建的性交易博物馆显得有些不太实在，属于那种会有人在门外招揽生意，如果马上进去参观就能享受优惠折扣的地方。不过这家博物馆也填补了一个空白，让游客得以一窥红灯区房间的真实面貌，也能回答关于这一行业的基本问题。这里有足够多供你拍照的机会（比如女性施虐狂的房间）。不用一个小时就能全部看完。

情色博物馆 博物馆

见322页地图（Erotic Museum；www.erotisch-museum.nl；Oudezijds Achterburgwal 54；门票€7；⏲周日至周四11:00至次日1:00，周五和周六至次日2:00；🚋4/9/16/24 Dam）嗯，乏味。就是常见的各式性虐展、挑逗的照片和淫秽的卡通形象。虽然这家博物馆地理位置绝佳，但趣味性欠佳，相比阿姆斯特丹其他性博物馆，这里的展览陈列不甚理想，且门票偏贵。

Warmoesstraat街 街道

见322页地图（🚋4/9/16/24 Centraal Station）阿姆斯特丹最早的运河源于艾河，就如同树根一般往外延伸，而Warmoesstraat街是最早沿河铺设的街道之一。不过比起如今街道上令人眼花缭乱的皮革酒吧、咖啡大麻店和夹杂在画廊及时尚咖啡馆之间的精品小店，其悠久的历史反倒要逊色不少。

W139 美术馆

见322页地图（www.w139.nl；Warmoesstraat 139；⏲正午至18:00；🚋4/9/16/24 Dam）**免费** 钻进这一当代艺术中心，欣赏多媒体展览——往往具有尖锐的政治角度。登录网站查询经常举办的艺术家演讲活动。

红灯区相关事实和数据

- 性交易在荷兰正式合法化：2000年
- 阿姆斯特丹从事性交易行业的人口数量：5000至8000之间（超过75%的性工作者来自东欧）
- 荷兰法定性交易最低年龄：21岁
- 橱窗平均租金：平均每8小时轮班为€75~150（性工作者支付），具体视位置而定
- 光顾性工作者的平均花费：30分钟约€50

老人宅门 建筑

见326页地图（Oudemanhuispoort；介于Oudezijds Achterburgwal和Kloveniersburgwal之间；🚋4/9/14/16/24 Spui/Rokin）Oudezijds Achterburgwal街上有一道与众不同的门，上方刻有一副眼镜，这里就是老人宅门的入口——一座建于17世纪的建筑，曾经是老人救济院。你无法进入内部，因为现在这里是阿姆斯特丹大学的一部分，不过你可以漫步绿荫葱葱的庭院，逛逛过道上的二手书市（见90页）。

NES街 街道

见326页地图（🚋4/9/14/16/24 Spui/Rokin）灯红酒绿的红灯区之外有这样一条幽暗、狭窄的巷子，沿路有不少历史超过150年的剧院。1614年，阿姆斯特丹的第一家银行就在这条街57号的当铺开张。

就餐

中世纪中心

★Gartine 咖啡馆 €

见326页地图（☎320 41 32；www.gartine.nl；Taksteeg 7；主菜€6~12，午茶€16~25；⏲周三至周日10:00~18:00；✎；🚋4/9/14/16/24 Spui/

Rokin）Gartine实在美妙，隐藏于喧嚣的卡尔弗尔街边上的一条小巷内，环境清幽，古董餐具别具一格，有味道绝好的早餐糕点、三明治和沙拉（用花园自种的食材制作）。香甜可口的午茶更是大大加分。

★Vleminckx 快餐 €

见326页地图（http://vleminckxdesausmeester.nl; Voetboogstraat 31; 薯条€2.10~4.10，酱汁 €0.60; 周日和周一正午至19:00，周二、周三、周五和周六11:00~19:00，周四 至20:00; 1/2/5 Koningsplein）Vleminckx从1887年起就开始炸薯条，在水闸广场旁这一狭小的快餐屋里驻扎了50余年。标准的吃法是裹上厚厚的蛋黄酱，不过你也可以要求番茄酱、花生酱或各种辣味酱料。

★De Laatste Kruimel 咖啡馆 €

见326页地图（423 04 99; www.delaatstekruimel.nl; Langebrugsteeg 4; 主菜 €2~9; 周一至周六8:00~20:00，周日9:00~20:00，4/9/14/16/24 Spui/Rokin）嗯，从哪里看起呢——超级可爱的内部装潢，装点着从北市场淘来的小古玩，还是用回收的托盘制成的家具？又或是摆满了馅饼、乳蛋饼、面包、蛋糕和柠檬罂粟籽烤饼（lemon-poppy seed scones）的玻璃柜？老人、孩童、约会的爱侣以及其他所有人都是冲着美味的有机三明治和其他美食来到"最后的碎屑（Last Crumb）"的。

Rob Wigboldus Vishandel 三明治 €

见322页地图（626 33 88; Zoutsteeg 6; 三明治 €2.50~4.50; 周二至周六9:00~17:00; 4/9/16/24 Dam）这家鱼店位于一条小巷内，有三张餐桌，对比周围游人如织的喧嚣环境，这里堪称绿洲。小店供应非常好吃的鲱鱼三明治，可以选择白色或褐色硬皮面包。不喜欢吃鱼？Van den Berg's Broodjesbar就在隔壁，也拥有很不错的三明治选择。

Van den Berg's Broodjesbar 三明治 €

见322页地图（622 83 56; www.vandenbergsbroodjesbar.nl; Zoutsteeg 4; 三明治 €2~5; 周一至周六9:00~18:00; 4/9/16/24 Dam）这家店在三明治行业立足已经超过30年，

重要景点
阁楼教堂博物馆（MUSEUM ONS' LIEVE HEER OP SOLDER）

这是阿姆斯特丹又一个"秘密"之地。看似普通的红灯区运河宅邸其实隐匿着一整座天主教堂，有可以容纳150名信徒的房间。阁楼教堂博物馆建于17世纪中期，当地商人杨·哈特曼（Jan Hartman）决定在自己家中建造一座隐蔽的教堂，如此一来，他的儿子就可以学习成为一名神父。当时，荷兰的加尔文教派统治者宣布公开进行天主教崇拜活动是违法的。

所以当你参观教堂时，不仅能够见到阿姆斯特丹最丰富的天主教艺术收藏，还能欣赏到17世纪留下来的运河宅邸生活使用的古式器物。这里有令人赞叹的如迷宫般的阶梯、秘密储藏区、厚重的橡木家具和陶瓷铺设的厨房。走上楼后——到达阁楼——你会意外教堂竟如此大气华丽，有大理石柱支撑的祭坛和一幅雅各布·德·威特的画作、顶层画廊，外加一架让人惊叹的管风琴。

博物馆在2015年底完成了持续数年的翻修工程，使得其内部焕然一新（并增加了设施以便更好地接待参观者）。

不要错过

- 免费语音导览
- 祭坛
- 厨房及其他经过修葺的17世纪房间

实用信息

- 见322页地图
- 624 66 04
- www.opsolder.nl
- Oudezijds Voorburgwal 40
- 成人/儿童€9/4.50
- 周一至周六10:00~17:00，周日13:00~17:00
- 4/9/16/24 Centraal Station

从简单的奶酪卷到肉丸薄片搭配超辣芥末酱（gehakt），品种繁多。

Pannenkoekenhuis Upstairs 荷兰菜 €

见326页地图（☎626 56 03；www.upstairspannenkoeken.nl；Grimburgwal 2；主菜 €7~12；⏰周三至周六正午至18:00，周日至17:00；👪；🚋4/9/14/16/24 Spui/Rokin）你得爬一段陡峭的阶梯才能到达这家超级袖珍的餐馆。它的魅力究竟何在？香浓的薄饼，价廉物美，能填饱肚子。可以尝尝搭配培根、奶酪和姜的。这家店只有两个人负责打理，所以服务也得根据他们的节奏进行。等待的时候，你可以欣赏挂在天花板上的各种茶壶。只接受现金。营业时间有时不固定。

Gebr Niemeijer 咖啡馆 €

见322页地图（☎707 67 52；www.gebroedersniemeijer.nl；Nieuwendijk 35；主菜 €4~9；⏰周二至周五8:30~18:30，周六 至17:00，周日9:00~17:00；📶；🚋1/2/5/13/17 Centraal Station）在Nieuwendijk街所有的优质店铺中，这个法式面包店是首屈一指的。你可以拿一份报纸，找一张结实的木桌坐下，慢慢享用松脆的早餐羊角面包，或者在中午时分点上一份用核桃面包和羊肉肠［或格吕耶尔（gruyère）奶酪，或无花果酱］做成的美味三明治。

Lanskroon 面包房 €

见326页地图（☎623 74 43；www.lanskroon.nl；Singel 385；餐点 €2.25起；⏰周一至周五8:00~17:30，周六9:00~17:30，周日10:00~17:30；👪；🚋1/2/5 Spui）其他历史悠久的面包店都有更为漂亮的设备，供应更为精致小巧的蛋糕，但只有Lanskroon的荷兰松饼（stroopwafel）让人难忘——松脆，分量足，如盛装甜点的盘子一般大，淋上焦糖、蜂蜜或具有迷惑性实则很健康的无花果酱。冬季，当地人会来这里享用辣的姜味甜饼干以及其他节日甜点，夏季则换成撒有足够多坚果或水果味的冰激凌。

Banketbakkerij Van der Linde 冰激凌 €

见322页地图（☎624 82 13；Nieuwendijk 183；冰激凌球 €1.10起；⏰周一13:00~17:00，周二至周四11:00~17:45，周五9:00~17:45，周六9:00~17:00，周日正午至17:00；🚋4/9/16/24 Dam）这家小店门口总是排起蜿蜒的长龙，人人都是冲着这家的香草冰激凌来的。只有这一种口味！这里的香草和其他地方不一样。想象一下，你正在舔美味的糖云，软软的，口感就如同搅打过的奶油一样。阿姆斯特丹好几代人都是吃着Van der Linde香甜可口的冰激凌长大的。

Villa Zeezicht 咖啡馆 €

见322页地图（☎626 74 33；Torensteeg 7；主菜 €5~12；⏰9:00~22:00；🚋1/2/5/13/14/17 Dam/Raadhuisstraat）虽然这里也供应上佳的意大利面和三明治，不过这些都只是开胃菜，这里真正的拿手菜是自制的苹果派，无愧为阿姆斯特丹美食界的传奇。拿好叉子，来一块撒有肉桂粉、为热糕点和鲜奶油所裹着的苹果。暖和的日子里，这里的餐桌会摆到横跨辛格运河的桥上。

Van Stapele 面包房 €

见326页地图（www.vanstapele.com；Heisteeg 4；饼干 €2；⏰周一正午至18:00，周二至周五10:00~18:00，周六和周日 11:00~18:00；🚋1/2/5 Spui）规模极小的Van Stapele是真正的行家，这里只烘焙一样东西，味道极佳，那就是巧克力饼干。具体地说，就是法芙娜（Valrhona）黑巧克力饼干，内有融化的白巧克力馅。如此美味的甜点都是烤箱中新鲜出炉的，香软诱人。

Broodje Bert 三明治 €

见326页地图（Singel 321；三明治 €4~7；⏰8:00~17:00；🚋1/2/5 Spui）这家一流的三明治小店位置绝佳，就在运河畔，你可以像当地人那样坐在木椅上，享受明媚的阳光。除了分量十足的三明治外，这里还有精心腌制过的烤鸡，与店名一致的特色“Broodje Bert”（土耳其面包搭配羊肉丸），定制汉堡和煎蛋卷。只接受现金。

Maoz 中东菜 €

见322页地图（www.maozusa.com；Damrak 40；主菜 €4~7；⏰11:00至次日2:00；🥬；🚋1/2/5/13/17 Centraal Station）这是当地以中

东小食炸豆丸子为主的连锁店的一家分店，在水坝大道众多松饼店、薯条（frites）摊和其他面向游客的店铺中显得独树一帜，供应价廉、健康的素食。你可以选择将鹰嘴豆丸子装在皮塔饼或沙拉盒中，然后从沙拉吧中选择要添加的酱料。这家店总是营业到凌晨。

Van Kerkwijk 各国风味 €€

见326页地图（www.caferestaurantvankerkwijk.nl; Nes 41; 主菜 €16~24; ⏲11:00至次日1:00; 🚋4/9/16/24 Dam）Van Kerkwijk是如此低调，你甚至可能不会留意到它，但当地人清楚得很，小小的木桌旁总是挤满了人。这家店不接受预订，也没有菜单，所以你得耐心等待服务生告诉你当天供应哪些菜肴：可能是印尼咖喱，北非塔吉锅（North African tagine）或者各种法式和意式经典肉类菜式。

餐馆氛围舒适惬意，即使是白天，也点着蜡烛——在阿姆斯特丹看似寻常不过的区域，这无疑是一处温馨怡人的选择。

Haesje Claes 荷兰菜 €€

见326页地图（☎624 99 98; www.haesjeclaes.nl; Spuistraat 273-275; 主菜 €16~26, 套餐 €32.50起; ⏲正午至22:00; 🚋1/2/5 Spui）舒心的环境——虽然游客偏多，但有大量深色木质家具摆设和古玩摆设——适合品尝美味窝心的豌豆汤和stamppot（土豆泥搭配另一种蔬菜）。点鱼的头盘可以品味不同做法的荷兰鱼菜。

Tomaz 法国菜，荷兰菜 €€

见326页地图（☎320 64 89; www.tomaz.nl; Begijnensteeg 6-8; 主菜 €15~20; ⏲正午至22:00; ✍; 🚋1/2/5 Spui）小巧迷人的Tomaz隐藏于贝居安会院附近，是轻午餐或便餐的不错选择，当然，得来上一瓶葡萄酒。这里也有素食供应。你可以在这里慢慢品尝美味，甚至下一盘棋。

Seafood Bar 海鲜 €€

见326页地图（☎233 74 52; www.theseafoodbar.nl; Spui 15; 主菜 €14.50~36.50; ⏲正午至22:00; 🚋1/2/5 Spui）这里的餐桌上总是觥筹交错，时尚人士们不时碰杯，啜着鲜美的牡蛎。很多游客都拥到这里，热闹的环境，肥美的海鲜，谁不想来呢？如果其他地方都满座，这家餐馆是不错的选择，因为它会刻意留出1/3的位置给没有预订的客人。冯德尔公园附近有一家分店。

D' Vijff Vlieghen 新派荷兰菜 €€€

见326页地图（☎530 40 60; www.vijffvlieghen.nl; Spuistraat 294-302; 主菜 €26~37, 套餐 €47起; ⏲18:00~22:00; 🚋1/2/5 Spui）如果每个到访阿姆斯特丹的游客和商务旅客都来这里就餐会怎样？有时候这里确实会显得人满为患。"Five Flies"这家传统餐馆占据了5栋17世纪运河宅邸。老式的木结构餐厅特色鲜明，有代尔夫特蓝陶砖，伦勃朗和布雷特奈的作品。有些椅子带有铜匾牌，注明了曾经坐过的名人。

Lucius 海鲜 €€€

见326页地图（☎624 18 31; www.lucius.nl; Spuistraat 247; 主菜 €22~30, 套餐 €39.50; ⏲17:00至午夜; 🚋1/2/5 Spui）装饰简洁，海鲜味道好，总是挤满了人。Lucius以新鲜食材和保持原汁原味、不加过多酱汁和香料闻名。内部环境、所有装鱼的容器和瓷砖都尽显专业化，一如其服务。

红灯区

De Bakkerswinkel 咖啡馆 €

见322页地图（☎489 80 00; www.

红灯区注意事项

- 严禁对橱窗拍照。你可能只是想快速抓拍一张，但别这么做——出于最基本的尊重，而且避免让照相机落得被橱窗女郎的监管者扔进运河的下场。
- 出于自身安全考虑，性工作者聚集区都装有按钮，一旦按下，就会启动外面的灯。警察或其他保护者会迅速赶来。
- 红灯区的红灯历史悠久，最早甚至可以追溯到14世纪，女人拿着红灯笼到港口附近见水手。红灯很讨喜，尤其是与黑光灯搭配，会让牙齿闪闪发光。

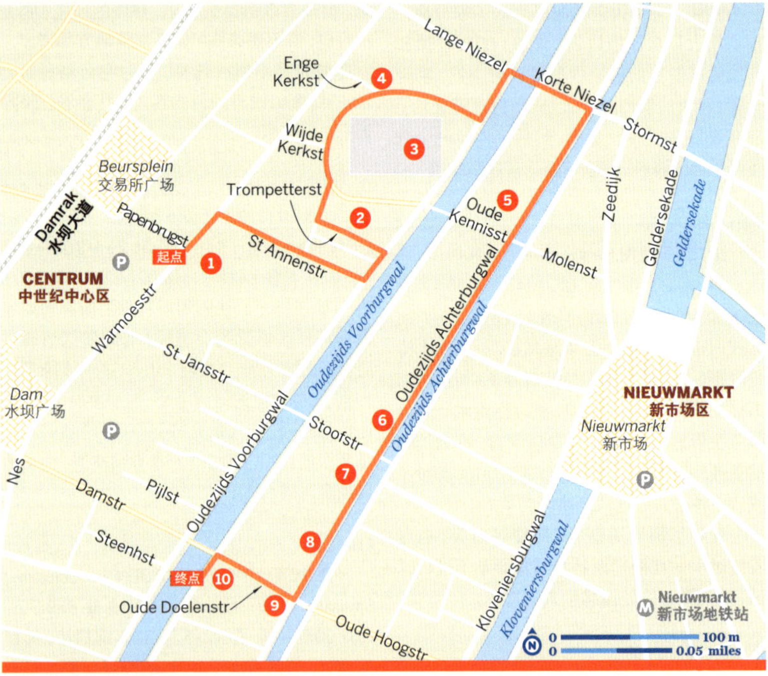

街区漫步
快游红灯区

起点 Condomerie Het Gulden Vlies

终点 Greenhouse

距离 1.25公里；25分钟

根据红灯区工作者的说法，典型的“快游”为15分钟，而我们推荐的这条步行线路不会让你花太长时间。

还有比❶**Condomerie Het Gulden Vlies**（见93页）更能酝酿情绪的起点吗？樱桃红、低过敏性、卡通人物造型——这家店堪称安全套艺术的圣殿，出售各种尺寸和颜色的安全套。

从这里步行到狭窄小巷❷**Trompettersteeg**（见75页）非常方便，先顺着St Annenstraat街走，然后转到Oudezijds Voorburgwal街，第二条小巷就是Trompettersteeg，从这里可以前往教堂。注意：这条中世纪小巷只有1米宽，红灯区橱窗使得这里总是人头攒动。

建于14世纪的❸**老教堂**（见70页）自身就是个矛盾结合体，一方面，它是阿姆斯特丹最古老的建筑，是神圣的象征，可另一方面，其周边广场一直是性交易活动的主场所。你可以在入口附近的路面上寻找“金色躯干”这幅作品——一只手正抚摸着女性胸部。

❹**性交易信息中心**（见75页）分享了性工作者和游客的信息，大胆直白。继续往前，可以留意非洲、亚洲和欧洲女子各自的聚集区。

❺**情色博物馆**（见76页）的各种性虐展和人造阳具自行车会让游客“大开眼界”。周边很多商店都提供“不停歇的色情片”和诸如鞭子、面具、带尖刺的脖圈等辅助用具。

继续沿着Oudezijds Achterburgwal街走，会看到一连串有伤风化的场所：❻**Casa Rosso**（见89页）的现场性表演，❼**大麻学院**（见75页）的蒸馏器，❽**大麻博物馆**（见75页）的课程，❾**Sensi Seeds**店内巨大的大麻作物。

在❿**Greenhouse**（见86页）歇歇脚，这家赢得过大麻杯的咖啡大麻店有美食和音乐，漂亮时尚，让人意外。也可以在这一地区其他众多的咖啡大麻店中选择一家。

debakkerswinkel.nl; Warmoesstraat 69; 主菜 €8~17; ⏲周一至周三8:00~17:30, 周四和周五至21:00, 周六9:00~21:00, 周日 至18:00; 👪; 🚋4/9/16/24 Centraal Station) De Bakkerswinkel非常适合家庭出游的顾客，供应香浓的烘焙美食（尤其是烤饼）、三明治和汤。在工业风与农场风相融的可爱环境中，你也可以享用乳蛋饼、法式吐司和鸡蛋卷等早餐美味。

Kam Yin
苏里南菜 €

见322页地图（☎625 31 15; www.kamyin.nl; Warmoesstraat 8; 主菜 €7~13; ⏲正午至午夜; 🚋4/9/16/24 Centraal Station）这一装饰华而不实、带荧光的店似乎没有太多值得看的，却能烹制出正宗的苏里南美食，例如煎饼和加有各种肉类配菜的粗面（tjauw min）。鸡肉炖菜三明治（broodje pom）是阿姆斯特丹最好吃的三明治之一。

De Bakkerswinkel
咖啡馆 €

见322页地图（Warmoesstraat 133; 三明治 €6~10; ⏲周一至周五8:00~17:30, 周六和周日至18:00）这家地方连锁店的分店供应用极好的硬皮面包制作的三明治，还有鲜榨果汁，可以外带。

★Thais Snackbar Bird
泰国菜 €€

见322页地图（☎420 62 89; www.thai-bird.nl; Zeedijk 77; 主菜 €9~16; ⏲14:00~22:00; 🚋4/9/16/24 Centraal Station）别告诉周边的中国餐馆，不过这里确实是善德街上最好的亚洲餐馆之一——躲在小厨房里的厨子们毫不吝啬使用柠檬草、鱼露或辣椒，他们烹制出来的咖喱和加有大量罗勒的肉菜及海鲜都会让你赞不绝口。

餐馆在街对面（72号）也有个小餐厅（价格略贵）。

'Skek
咖啡馆 €€

见322页地图（☎427 05 51; www.skek.nl; Zeedijk 4-8; 三明治 €4~7, 主菜 €12~14; ⏲周一16:00~22:00, 周二至周日正午至22:00; 📶; 🚋4/9/16/24 Centraal Station）这家氛围友好的咖啡馆兼酒吧是学生为学生党开的（出示学生证就能享受25%的折扣），三明治分量足，有厚厚的杂粮面包切片，此外还供应健康的主菜，有鸡肉、鱼或意大利面。晚上有时会有乐队表演（工作日酒吧一直营业到次日凌晨1点，周末则到次日凌晨3点）。

Dwaze Zaken
咖啡馆 €€

见322页地图（☎612 41 75; www.dwazezaken.nl; Prins Hendrikkade 50; 三明治€7~8, 主菜 €17~20; ⏲周一至周六9:00至午夜, 周日至17:30; 🚋4/9/16/24 Centraal Station）这一马赛克装饰的街角咖啡馆能让你远离疯狂的红灯区，窗明几净，供应辣味三明治、蔬菜丰富的汤和创意火锅。咖啡馆还有一流啤酒（尤其是比利时啤酒）可供选择。每周一的现场爵士乐表演让咖啡馆变得更具活力，同时还有€7的正餐。

另辟蹊径

HOTEL DE GOUDFAZANT

这家**餐馆**（☎636 51 70; www.hoteldegoudfazant.nl; Aambeeldstraat 10h; 3道菜套餐 €30; ⏲周二至周日18:00至次日1:00; 🚌32, 33 Johan van Hasseltweg）位于北区一片僻静之地，交通不太便捷，所以要吸引食客，食物必须美味才行。事实确实如此。餐馆是由昔日的车库改建的，十分宽敞，但保持了质朴的工业化原貌，并延续了汽车这一主题，里面停着一辆保时捷，还有其他车辆。朋克风的大厨在开放式厨房精心准备鞑靼牛排（steak tartare）、羊腿肉和其他法式菜肴。

天气暖和的时候，员工会将车库的门卷起，你可以一边用餐，一边看着来往的驳船。

从中央车站出发，乘坐32或33路公共汽车，两站后到达Johan van Hasseltweg，然后沿着这条街一直走到河边，大约15分钟。得说一下，虽然餐馆名字中有hotel，但这里没有酒店。

Hofje van Wijs

咖啡馆 €€

见322页地图（☎624 04 36; www.hofjevanwijs.nl; Zeedijk 43; 主菜 €9~16; ⏲周二至周日正午至22:00; 🚊4/9/16/24 Centraal Station）拥有200年历史的咖啡和茶叶巨头Wijs & Zonen（荷兰王室供应商）保留了这一漂亮的庭院咖啡馆，供应荷兰炖菜、火锅（fondue）和一些鱼类菜肴，外加本土啤酒和烈性甜酒。不过真正吸引你来这里的是那些极好吃的蛋糕。

Nam Kee

中国菜 €€

见322页地图（☎624 34 70; www.namkee.net; Zeedijk 111-113; 主菜 €11~20; ⏲正午至23:00; 🚊4/9/16/24 Dam）Nam Kee肯定拿不了设计奖，但年复一年，它始终是阿姆斯特丹最受欢迎的中餐馆。蒸牡蛎和黑豆酱汁美味无比。如果你不喜欢荧光闪烁的氛围，可以去Nam Kee位于新市场的分店（见107页），那里装修更上档次。

Blauw aan de Wal

各国风味 €€€

见326页地图（☎330 22 57; www.blauwaandewal.com; Oudezijds Achterburgwal 99; 3/4道菜套餐€55/67.50; ⏲周二至周六18:00~23:30; 🚊4/9/16/24 Dam）用荆棘丛中的一朵玫瑰来形容这家餐馆绝不为过：经过红灯区一条狭长、总是遍布涂鸦的走道便能来到这一伊甸园。经过粉刷、砖头裸露的多层空间最初是17世纪的药草仓库，如今依然保留了老式的钢质称重工具，氛围友好，服务周到，供应精美的法式和意式菜肴。夏季，你可以坐在充满浪漫气息的花园里享用美食。

Anna

新派荷兰菜 €€€

见322页地图（☎428 11 11; www.restaurantanna.nl; Warmoesstraat 111; 主菜 €19~26, 4道菜套餐€47.50; ⏲周一至周六18:00~22:30; 🚊4/9/16/24 Dam）在Anna就餐是一种奇特的体验，白色桌布覆盖的餐桌上摆着盛有咖喱鮟鱇鱼（monkfish）和松露小牛肉烩饭（truffle-andveal risotto）的餐盘，而咫尺之遥，这个世界上最古老的职业依然无比活跃。餐馆就在老教堂旁边，为香艳的红灯区橱窗所环绕。有机以及来自世界各地的葡萄酒单与美味佳肴相得益彰。

饮品和夜生活

中世纪中心

★Hoppe

棕色咖啡馆

见326页地图（www.cafehoppe.com; Spui 18-20; ⏲8:00至次日1:00; 🚊1/2/5 Spui）质朴的Hoppe作为酒吧的历史超过340年，有着古老的木质嵌板。记者、酒吧常客、社交名流和擅长讲故事的人在这里觥筹交错。一年中大多数时候，热闹的人流从幽暗的酒吧内部一直延伸到水闸广场。注意，Hoppe分成两个区域：棕色咖啡馆和带露台的现代酒吧，就在隔壁（左边）。

★Café Belgique

啤酒咖啡馆

见322页地图（www.cafe-belgique.nl; Gravenstraat 2; ⏲15:00至次日1:00; 🚊4/9/16/24 Dam）在这一木刻酒吧挑张凳子，从锃亮的铜质龙头里来上一杯。这里的特色就是比利时啤酒，你可能也猜到了。龙头有8种啤酒可选，此外还有约30种瓶装啤酒。整间酒吧沉浸在舒适惬意的氛围之中，吸引了众多来放松的当地人。某些夜晚，会举办现场音乐演出和DJ秀。

★Café de Dokter

棕色咖啡馆

见326页地图（☎626 44 27; www.cafe-de-dokter.nl; Rozenboomsteeg 4; ⏲周二至周六4:00至次日1:00; 🚊1/2/5 Spui）氛围很好，环境略显阴森，Café de Dokter据说是阿姆斯特丹最小的酒吧。餐桌上烛光闪烁，复古爵士乐缓缓流淌，两百多年来，悬在天花板上的枝形吊灯和鸟笼积满了灰尘。威士忌和烟熏牛肉香肠是这里的特色，龙头里的啤酒也很不错。

1798年，一位外科医生开了这间酒吧，因此得名。他的后人仍在打理这一祖业。

In de Wildeman

啤酒咖啡馆

见322页地图（www.indewildeman.nl; Kolksteeg 3; ⏲周一至周四正午至次日1:00，周五和周六 至次日2:00; 🚊1/2/5/13/17 Centraal Station）这家低调的啤酒咖啡馆是由酿酒厂改建成的，有250种瓶装和18种龙头直饮啤酒供选择。多种特拉普浓啤酒（Trappist ales）以及大量来自荷兰和比利时的啤酒种类吸引了很多当地人。酒吧不播放音乐，所以是边喝酒边聊天的第一选择。

Dampkring 咖啡大麻店

见326页地图（www.dampkring-coffeeshop-amsterdam.nl；Handboogstraat 29；⏲10:00至次日1:00；📶；🚊1/2/5 Koningsplein）Dampkring的内部仿佛一盏巨大的熔岩灯，多次赢得过大麻杯，以提供阿姆斯特丹最详尽的菜单（包括气味、味道和效力等具体介绍）闻名。店名是指小物体在穿过地球大气层发生燃烧时产生的光环。

Café de Jaren 大咖啡馆

见326页地图（www.cafedejaren.nl；Nieuwe Doelenstraat 20；⏲周日至周四9:30至次日1:00，周五和周六 至次日2:00；🚊4/9/14/16/24 Muntplein）这一醒目、明亮宽敞的大咖啡馆有阳台和河滨露台，可以在此看阿姆斯特尔河静静流淌。书桌上有大量外国刊物，你可以一边喝啤酒，一边看书消磨时间。如果肚子饿了，可以去自助沙拉吧（这在阿姆斯特丹可不多见），食物味道不错。

Pilsener Club 棕色咖啡馆

见326页地图（☎623 17 77；Begijnensteeg 4；⏲周一至周四正午至次日1:00，周五和周六 至次日2:00；🚊1/2/5 Spui）这家略显破败的迷你咖啡馆又被称为Engelse Reet（你可以要求酒吧侍者翻译）。在这里，除了喝酒聊天外，不能做其他事，正宗的棕色咖啡馆就是如此。小馆自1893年开张以来几乎没有改变过。小小的名牌标出了多年来酒吧常客所坐的位置。

De Zwart 棕色咖啡馆

见326页地图（☎624 65 11；Spuistraat 334；⏲周一至周六 9:00至次日1:00，周日11:00至次日1:00；🚊1/2/5 Spui）这是一家氛围浓郁的酒吧，保留了最初瓷砖铺就的地板，历史可追溯到1921年。酒吧有一块标语牌，标语意为："不是每个人都懂啤酒，但懂啤酒的人都会来此地。"De Zwart就在古老的Hoppe对面的巷子里，所吸引的客流与Hoppe截然不同（但很友好），是左翼记者和作家以及当地政要的聚集地。

Biercafé Gollem 啤酒咖啡馆

见326页地图（www.cafegollem.nl；Raamsteeg 4；⏲周一至周四16:00至次日1:00，周五和周六正午至次日3:00，周日 至次日1:00；🚊1/2/5 Spui）阿姆斯特丹啤酒咖啡馆的先锋，空间很小，摆满了各种啤酒相关的物品。龙头里供应14种啤酒，瓶装啤酒品种达到200种（大多数来自比利时），因此吸引了很多啤酒爱好者。酒吧侍者非常乐意当顾问。

De Drie Fleschjes 品酒屋

见322页地图（☎624 84 43；www.dedriefleschjes.nl；Gravenstraat 18；⏲周一至周六 14:00~20:30，周日15:00~19:00；🚊4/9/16/24 Dam）位于新教堂后面，这一Bootz酿酒厂的品酒屋历史可以追溯到1650年，烈性甜酒是其特色（不过你也可以品尝到一等的荷兰杜松子酒）——马卡龙（macaroon）种类繁多。不妨欣赏下kalkoentjes收藏——这是带有前任市长手工绘制肖像的小瓶子。在品酒的时候点一份著名的肉丸。

Luxembourg 大咖啡馆

见326页地图（www.luxembourg.nl；Spui 24；⏲周一至周五8:00至午夜，周六和周日9:00至午夜；🚊1/2/5 Spui）这家咖啡馆永远都是人潮如织，衣着靓丽的当地人和游客拥挤在一起，加入他们的行列吧。从书桌上拿一份刊物，设法在露台找一个能晒到太阳的好位置，点一份"荷兰"小食拼盘［面包、熏肉、荷兰奶酪和炸丸子（croquettes）］，静看人来人往。咖啡馆内部铺着镶木地板，有大理石吧台，还有一扇装饰艺术风格的彩绘天窗。

Abraxas 咖啡大麻店

见326页地图（www.abraxas.tv；Jonge Roelensteeg 12；⏲10:00至次日1:00；🚊1/2/5/14 Dam/Paleisstraat）这里是年轻瘾君子的天堂：柔和的音乐，舒适的沙发，浓稠的奶昔，针对不同级别的人安排不同的房间，共有三层。考虑周到的员工使得这里非常适合初次光临咖啡大麻店的人（不过如梦如幻的艺术作品可能会让吸食者略感紧张）。

Grand Cafe-Restaurant 1e Klas 大咖啡馆

见322页地图（www.restaurant1eklas.nl；Stationsplein 15，platform 2b；⏲8:30~22:00；🚊4/9/16/24 Centraal Station）这一地处中央车站（2b站台楼上）的咖啡馆十分醒目，曾经是

头等舱旅客的候车室，因此得名。如果你正在候车，或者只是想在午后找个地方看看报，喝喝比利时啤酒，来点炸丸子（bitterballen），这是个不错的地方。吧台有一只白色的鹦鹉，名叫Elvis，会陪着你。

隔壁还有家同名的小酒吧，不过咖啡馆更具个性。考虑到这个位置，价格不算太贵。

Café Het Schuim 酒吧

见326页地图（☎638 93 57；Spuistraat 189；⏰周一至周四正午至次日1:00，周五和周六 至次日3:00，周日13:00至次日1:00；🚊1/2/5/14 Dam/Paleisstraat）Schuim意为“啤酒泡沫”，这家略显邋遢、附庸风雅的酒吧尤其受爱喝啤酒的当地人的喜爱——一天中无论什么时候，都是顾客盈门。这里是看人来人往的好地方，壁画很吸引人眼球，颇有意思。

Beurs van Berlage Café 大咖啡馆

见322页地图（☎638 39 14；Beursplein 1；⏰周一至周六10:00~18:00，周日11:00~18:00；🚊1/2/5/13/17 Nieuwezijds Kolk）位于这一地标性建筑内的咖啡馆适合喝上一杯啤酒或咖啡，同时静心欣赏扬·托罗普（Jan Toorop）在1903年绘制的恢宏壁画，呈现了过去、现在和未来。天气明媚时，咖啡馆会将餐桌摆到毗邻的广场上，届时会坐满当地人。

Tara 小酒馆

见326页地图（www.thetara.com；Rokin 85-89；⏰10:00至次日1:00）这是阿姆斯特丹当地侨民聚集地，将爱尔兰民谣和阿姆斯特丹的雅致融为一体。在如迷宫般的房间［曾经是德国表现主义大师马克斯·贝克曼（Max Beckmann）的住宅］里，你会发现温暖的壁炉、酷炫的吧台、精美的墙刻，以及从一座古老爱尔兰教堂抢救出来的椅子。这里经常会有音乐表演，还可以看电视直播的体育赛事。餐食包括全套英式早餐，以及汉堡。

Café the Minds 酒吧

见322页地图（www.theminds.nl；Spuistraat 245；⏰周日至周四21:00至次日3:00，周五和周六至次日4:00；🚊1/2/5 Spui）别被“café”（咖啡馆）这个词给骗了——这是一家硬核朋克酒吧（不过氛围非常友善），啤酒很便宜，音乐很大声，派对动感十足。酒吧位于水闸广场一狭长区域的中央，这里有一些不甚起眼的聚集场所，还能看到大量涂鸦。

Oporto 棕色咖啡馆

见322页地图（☎638 07 02；Zoutsteeg 1；⏰11:00至次日1:00；🚊4/9/16/24 Dam）这家迷你棕色咖啡馆会让你觉得不虚此行，哪怕只是去看一眼吧台后面镶嵌的木工作品（注意看一下十二星座的标志）。这里的锻铁及羊皮纸制成的灯具据说已经使用了60年之久。

Café van Zuylen 棕色咖啡馆

见322页地图（☎639 10 55；Torensteeg 4；⏰周日至周四10:00至次日1:00，周五和周六 至次日3:00；🚊1/2/5/13/14/17 Dam/Raadhuisstraat）虽然这里的露台是辛格运河上最美丽的饮酒地之一，但在较为寒冷的那几个月里，咖啡馆的内部——舒适的房间以木质摆设为主，还有惹人怀旧的皮质长椅——同样具有极大的吸引力。

Tweede Kamer 咖啡大麻店

见326页地图（☎422 22 36；Heisteeg 6；⏰10:00至次日1:00；🚊1/2/5 Spui）这里是Dampkring连锁咖啡大麻店的旧址所在，空间不大，有木质嵌板，给人感觉更像是棕色咖啡馆，而非咖啡大麻店。不过这里供应大麻，品种繁多（该连锁店以详尽的菜单著称）。Sativa因为能让吸食者感到极度的快感而受到强烈推荐。来这里吞云吐雾的大多都是当地人，门外也能看到缭绕的烟雾。

Dutch Flowers 咖啡大麻店

见326页地图（☎624 76 24；Singel 387；⏰周日至周四10:00~23:00，周五和周六 至次日1:00；🚊1/2/5 Spui）若不是这里主要供应大麻，你很难将其与棕色咖啡馆区分开来，电视上播放着体育赛事，还能欣赏到辛格运河的美景。这意味着你无须和大学生挤在一起就能享受大麻带来的快感。

Café Dante 大咖啡馆

见326页地图（☎638 88 39；www.amsterdamdante.com；Spuistraat 320；⏰周一至周四11:00至次日1:00，周五 至次日3:00，周六10:00至次日3:00，周日至次日1:00；📶；🚊1/2/5 Spui）这

里地方宽敞，呈现装饰艺术风格，白天就如同姨妈的后花园一般安静，不过工作日下午5点后，这里就会变成热闹的酒吧，聚满了市中心的上班族。此外，你也可以选择欣赏外面的风景：熙攘的水闸广场就在前面，而旖旎的辛格运河在后面。

Prik
男同性恋酒吧

见322页地图（www.prikamsterdam.nl；Spuistraat 109；⏲周日至周四16:00次日1:00，周五和周六 至次日3:00；🚊1/2/5/13/14/17 Dam/Raadhuisstraat）这家充满活力的复古酒吧以“迷人的酒水和绕梁不绝的曲调”至上，吸引了20岁至30岁的“出柜”顾客。现场DJ会编排各种流行乐、house乐和舞曲。

Coffeeshop Rusland
咖啡大麻店

见326页地图（www.coffeeshop-rusland-amsterdam.com；Rusland 16；⏲8:00至次日0:30；🚊4/9/14/16/24 Spui/Rokin）Rusland在荷兰语中是指“俄罗斯”，所以对这家咖啡大麻店弥漫的不同氛围可别感到意外。摩登的年轻人——包括很多俄罗斯侨民——聚集在这里吞云吐雾，小口饮茶（40余种可选），偶尔下一盘棋。这里远离游客爱逛的街道。

Cuckoo's Nest
男同性恋酒吧

见322页地图（www.cuckoosnest.nl；Nieuwezijds Kolk 6；⏲周日至周四13:00至次日1:00，周五和周六 至次日2:00；🚊1/2/5/13/17 Centraal Station）这家热闹的酒吧聚集了很多有恋物癖好的人，它拥有欧洲最大的“娱乐室”之一。你可以在这里待上一整夜，探索如迷宫般的隔间和寻欢洞。

Web
男同性恋酒吧

见322页地图（www.thewebamsterdam.com；St Jacobsstraat 6；⏲周日至周四13:00至次日1:00，周五和周六 至次日2:00；🚊1/2/5/13/17 Centraal Station）Web是一家名声在外的皮革酒吧，有暗室和一间更刺激的吊索房。周日光顾者很多，还有DJ助兴。

🍷 红灯区

★Wynand Fockink
品酒屋

见326页地图（www.wynand-fockink.nl；Pijlsteeg 31；⏲15:00~21:00；🚊4/9/16/24 Dam）这一规模不大的品酒屋（可追溯到1679年）就在Grand Hotel Krasnapolsky后面的拱廊里，供应大量荷兰杜松子酒和烈性酒。虽然没有椅凳，但非常适合品上一两杯。周末下午3点、4点半、6点和7点半有带导览的英语团队游（€17.50，无须预订），参观酿酒厂，还能品酒（6种）。

如果你难以抉择品尝哪一种口味，不妨试试这里的特色“森林秘密（boswandeling）”，用年份短的杜松子酒、苦草药和橙酒混合而成，口感饱满，味道类似丁香。

★In 't Aepjen
棕色咖啡馆

见322页地图（Zeedijk 1；⏲周一至周四正午至次日1:00，周五和周六 至次日3:00；🚊4/9/16/24 Centraal Station）这家酒吧位于一栋16世纪中期的房屋内，是阿姆斯特丹仅存的两座木结构建筑之一，即便是白天也点着蜡烛。在16世纪和17世纪，这里是从远东来的水手的临时借宿处，他们经常会带着猴子（aapje），酒吧也因此得名。

复古爵士乐为酒吧更添怀旧气息。这里随处可见广告标记，且当地人云集。

★In de Olofspoort
品酒屋

见322页地图（☎624 39 18；www.olofspoort.com；Nieuwebrugsteeg 13；⏲周二至周四16:00至次日0:30，周五和周六15:00至次日1:30，周日

当地知识

品尝当地小吃的首选

市中心是个非常适合品尝阿姆斯特丹当地著名特色小吃的街区。

Vleminckx（见77页）蘸蛋黄酱的薯条。

Rob Wigboldus Vishandel（见77页）鲱鱼三明治。

Lanskroon（见78页）黏黏的荷兰松饼（焦糖华夫饼）。

Pannenkoekenhuis Upstairs（见78页）薄煎饼，有甜味的，也有咸味的。

Banketbakkerij Van der Linde（见78页）令人难以置信的美味香草冰激凌。

15:00~22:00；4/9/16/24 Centraal Station）这家棕色咖啡馆兼品酒屋的门曾是阿姆斯特丹的城门。不少常客还有专门的杜松子酒瓶存放于此。后屋的吧台后面珍藏的酒品种之多，会让你叹为观止。不时举行的歌唱会使得氛围更浓郁。

'T Mandje 男同性恋酒吧

见322页地图（www.cafetmandje.nl；Zeedijk 63；周二至周四17:00至次日1:00，周五16:00至次日1:00，周六和周日15:00至次日1:00；4/9/16/24 Centraal Station）阿姆斯特丹最古老的同性恋酒吧，于1927年开始营业，1982年由于善德街过于破旧不堪而关门。不过每周都有人打扫小饰物遍布的内部陈设，直到酒吧于2008年重新开张。酒吧侍者会告诉你关于酒吧那位打扮花哨的女同性恋创始人的故事。这是市中心最惬意的地方之一，无论是同性恋还是异性恋，都会爱上这里。

Brouwerij De Prael 啤酒咖啡馆

见322页地图（408 44 69；www.deprael.nl；Oudezijds Armsteeg 26；周一至周三正午至午夜，周四至周六至次日1:00，周日 至23:00；4/9/16/24 Centraal Station）De Prael啤酒厂富有社会责任感，因聘请有精神病史的人出名，在其多层的品酒屋可以品尝有机啤酒（苏格兰爱尔啤酒、印度淡色爱尔啤酒（IPA）、麦芽啤酒等很多品种）。多数年轻人会坐在舒适的沙发和大木桌旁边喝啤酒，边品尝高性价比的牛排以及其他荷兰特色菜。这里经常会有现场音乐演出。

想参观啤酒厂，可前往角落处的Oudezijds Voorburgwal街30号。周二至周六下午1点至5点（周日下午2点起），每隔1小时会组织团队游（€7.50），包括一杯啤酒。De Prael也酿制烈性酒，你也可以在啤酒厂的门店品尝。

TonTon Club 酒吧

见322页地图（www.tontonclub.nl；St Annendwarsstraat 6；周一和周二16:00至午夜，周三至周日正午至午夜；4/9/16/24 Centraal Station）意图很简单：在红灯区一间霓虹闪烁的房间里，享受精酿啤酒加街机游戏。玩会儿辛普森弹球、吃豆人或真人快打，然后对房间里其他玩游戏的人吹嘘自己得到的高分。这里还有热狗供应。

Café de Barderij 酒吧

见322页地图（Zeedijk 14；16:00至次日1:00；4/9/16/24 Centraal Station）这家酒吧氛围十分友善，烛光摇曳，吸引了当地的同性恋常客和游客。后面可以欣赏到无与伦比的运河风光，前面正对善德街。这里的客人略显年长，音乐偏向有趣的流行乐。

Kapitein Zeppo's 酒吧

见326页地图（624 20 57；www.zeppos.nl；Gebed Zonder End 5；周日至周四正午至次日1:00，周五和周六至次日3:00；4/9/14/16/24 Spui/Rokin）这家酒吧藏在Grimburgwal街边上的一条小巷里，数百年来几经变换，15世纪是修道院回廊，17世纪是马车仓库，19世纪则是烟厂。无论你是在瓷砖铺设的顶层，还是烛光晃动的餐桌旁，或者灯光闪烁的花园，都能感受到这里浓浓的波希米亚风情。这家小店有自己的风格，适合慢斟浅酌。

10月至次年4月间，每周日下午4点起有现场音乐表演（包括知名乐队和团体）。

Winston Kingdom 夜店

见322页地图（www.winston.nl；Warmoesstraat 127, Hotel Winston；周日至周四9:00至次日4:00，周五和周六 至次日5:00；4/9/16/24 Dam）就连对夜店不感冒的人也会爱上这里——非主流的独立音乐，节奏动感，微笑的DJ，还有口感火辣的烈酒。无论是什么主题——从"电音狂欢"到"泰式满月派对"——这个诱人的小地方总是一派劲爆狂野的景象。

Greenhouse 咖啡大麻店

见322页地图（www.greenhouse.org；Oudezijds Voorburgwal 191；9:00至次日1:00；；4/9/16/24 Dam）这是阿姆斯特丹最热门的咖啡大麻店之一。大麻爱好者中意这里节奏感十足的音乐，五彩缤纷的马赛克，炫目的彩绘玻璃窗和高质量的大麻。这里也为各种程度的大麻吸食者供应早餐、午餐和晚餐。基本上来这里享用三餐的都是年轻的背包客。

Getto 同性恋酒吧

见322页地图（www.getto.nl；Warmoesstraat 51；周二至周四16:30至次日1:00，周五和周六

另辟蹊径

阿姆斯特丹北区

先锋艺术在北区得以繁荣发展，这一大型社区位于阿姆斯特丹市区对面，中间隔了一条艾河。近年来，北区迅速发展成阿姆斯特丹最时尚的区域之一。中央车站后面有免费的渡船前往北区，途经一些热门地点。

眼睛电影博物馆及周边

一些最令人难忘的地方不过相距5分钟船程。可以乘坐每天24小时运营的渡船"Buiksloterweg"抵达下列地点：

眼睛电影博物馆（EYE Film Institute；☎589 14 00；www.eyefilm.nl；IJpromenade 1；⏲周六至周四10:00~19:00，周五至21:00）在摩登的建筑内，四间影院播放着从藏有40,000部影片的档案馆中挑选出来的影片，有时候会举行现场音乐表演。戏服、数字艺术和其他影迷喜欢的展览（门票€9至€15）与正在放映的影片相映成趣。景观绝佳的酒吧兼餐馆让博物馆显得更加时尚。地下室有引人入胜的免费展览，你可以坐在这儿的小厅里观看经典的荷兰语及英语电影，此外还有一块能让你变成卡通人物的绿幕。

Tolhuistuin（www.tolhuistuin.nl；IJpromenade 2）这一漂亮的文化中心会组织非洲歌舞团、擅长编排Grime音乐的DJ等各种形式的演出，在闪烁的灯光下，表演就在花园搭建的舞台上进行。阳光灿烂的日子里，当地人会聚集到色彩鲜亮的野餐桌旁，或去中心的咖啡馆（每天上午10点开始营业至深夜）占据一个舒适的小靠枕，消磨一整天。

阿姆斯特丹塔（A' DAM Tower；www.adamtoren.nl；Overhoeksplein 1）这一毗邻眼睛电影博物馆的22层高楼曾经是荷兰皇家壳牌公司（Royal Dutch Shell oil company）办公地。到2016年春，这里成为时尚的电子舞曲相关产业中心。大楼顶层是观景台。楼内还有两家舞蹈俱乐部（一家位于高层，一家位于地下室），19层有一家旋转餐厅。

骑自行车游 阿姆斯特丹北区非常适合骑车游览。离开渡船上岸后，沿着Noordhollands Kanaal街往北骑，几公里后你就将置身于乡村地带，城市风光为风车、牛群和小片的农耕区所取代。你可以在中央车站的游客中心购买自行车骑行地图。很多自行车租赁公司也出售地图，并提供专门针对这片区域的带导游团队游项目。

NDSM-WERF艺术区

NDSM-Werf艺术区是由废弃船厂改建成的先锋艺术社区，往上游方向搭船15分钟可达。这里充满一种后启示录的氛围：一艘老式潜水艇停泊在港口，被丢弃的有轨电车被河水冲刷得锈迹斑斑，涂鸦几乎无处不在。乘坐NDSM-Werf艺术区渡船可以到达。上午7点（周末为上午9点）至午夜期间从中央车站出发，逢15分和45分发船，约需15分钟。

Pllek（www.pllek.nl；TT Neveritaweg 59；⏲周日至周四9:30至次日1:00，周五和周六至次日3:00；⛴NDSM-werf）这家咖啡馆是用旧集装箱改建而成的，前面有一片人工沙滩，是在河畔享用啤酒或葡萄酒的绝妙地方。当地人聚集到这里参加各种活动：夏季每周二晚上会播放露天电影，周末有瑜伽班，以及在巨大迪斯科球下进行的舞会派对。

Café Noorderlicht（www.noorderlichtcafe.nl；NDSM-plein 102；主菜 €17~19；⏲11:00~22:00，冬季周一关闭；⛴NDSM-werf）位于挂有旗帜的温室内，供应美食饮品。

Faralda Crane Hotel（见243页）这家酒店非常棒，三间客房就在经过改造的工业起重机内，高度令人晕眩，如果你订不到房间，还可以体验一次从最顶端蹦极的刺激（€85）。

IJ Hallen（www.ij-hallen.nl；Tt Neveritaweg 15；门票 €5；⏲每月周六和周日9:00~16:30；⛴NDSM-werf）这一规模宏大的跳蚤市场——据说是欧洲最大的——分布在两个无比宽敞的仓库内。每月举办，登录网站查询具体日期安排。

至次日2:00，周日至午夜；🚋4/9/16/24 Centraal Station）这家令人愉悦的长条形餐馆兼酒吧秉承包容、开放的原则，服务热情，前面能欣赏人来人往，风景一流，后面有个休息厅，可以让你放松身心。这是年轻男、女同性恋的天堂，任何想在红灯区感受波希米亚亚文化的人都能在这里如愿以偿。食物［汉堡、印度三角炸饺（vegetarian samosas）、蘑菇炖鹿肉等］价廉物美。

Proeflokaal de Ooievaar 品酒屋

见322页地图（www.proeflokaaldeooievaar.nl；St Olofspoort 1；⏲正午至次日1:00；📶；🚋4/9/16/24 Centraal Station）这间迷你品酒屋比盛装杜松子酒的酒桶大不了多少，但会让你感到无比惊艳，其历史可以追溯到1782年。这里的酒都出自至今仍位于乔丹区的De Ooievaar酿酒厂。品酒屋建造的时候就有点倾斜，可很多人（饮酒以前的清醒状态下）误以为那是地基下沉导致的。

Quartier Putain 咖啡

见322页地图（☎895 01 62；www.quartierputain.nl；Oudekerksplein 4；⏲周一至周五8:00~18:00，周六和周日10:00~18:00；🚋4/9/16/24 Dam）咖啡馆位于老教堂旁的红灯区橱窗之间，是喝一杯浓缩咖啡，倾听舒缓音乐，静看周围疯狂景象的好地方。

Molly Malone's 爱尔兰酒吧

见322页地图（☎624 11 50；Oudezijds Kolk 9；⏲周一至周四正午至次日1:00，周五 至次日3:00，周六11:00至次日3:00，周日 至次日1:00）爱尔兰人常常聚集在这家阴暗的木质酒馆。这里总是回荡着淳朴的民谣。带上你的吉他，和其他爱尔兰民谣爱好者一起放松身心。主打的爱尔兰酒吧食物非常不错，工作日晚上还会有各种特色套餐（例如汉堡加一品脱啤酒，咖喱加一品脱啤酒等）供应。

Bubbles & Wines Champagne Bar 葡萄酒吧

见326页地图（☎422 33 18；www.bubblesandwines.com；Nes 37；⏲周一至周六15:30至次日1:00，周日14:00~21:00；🚋4/9/16/24 Dam）别计较那略显傻气的名字，这家时尚的葡萄酒吧堪称瑰宝，有50余种葡萄酒佳酿，可以单杯品尝，也可以选择套酒品尝（品尝一组不同的葡萄酒）。并且这里还供应阿姆斯特丹最可口的酒吧美食：鱼子酱煎饼（caviar blinis）、奶酪拼盘，以及我们的最爱“蜂刺”（bee stings，白松露蜂蜜撒帕尔马干酪）。

Queen's Head 男同性恋酒吧

见322页地图（www.queenshead.nl；Zeedijk 20；⏲周日至周四16:00至次日1:00，周五和周六至次日3:00；🚋4/9/16/24 Centraal Station）这家装饰精美、复古风格的咖啡馆一度由具有传奇色彩的变装女皇Dusty经营。如今，咖啡馆变得柔和了些，顾客群更加多元化，同性恋和异性恋在暖和、带红色天鹅绒和深木家具摆设的内部喝着啤酒。咖啡馆后面能看到绝美的运河风景。每周主题活动包括宾果之夜和夜店DJ之夜。

取缔红灯区？

自2007年起，阿姆斯特丹市政官员就致力于减少红灯区橱窗数量，从而进一步整顿这片区域。他们声称这并不是基于道德原因，而是出于减少犯罪的考虑：皮条客、违法买卖者和洗钱者在红灯区聚集，使得这里陷入了恶性循环。反对者则认为保守主义在抬头，指责政府拿犯罪当借口，只因为不喜欢阿姆斯特丹亵渎神明的名声。

随着橱窗总数的减少，受益于一个包含低廉租金和其他商业优惠措施的项目的开展，时装工作室、艺术画廊和时尚咖啡馆逐渐占据空置的橱窗位置。该项目被称为“1012号项目（Project 1012）”，以这一地区的邮政编码命名。

到目前为止，有超过1/5，共计482个橱窗被关闭。2015年众多性工作者及其支持者上街游行，抗议政府关闭橱窗。据说阿姆斯特丹市政府正在重新考虑购回更多橱窗的计划。对于红灯区的未来，我们只能拭目以待……

Eagle

男同性恋酒吧

见322页地图（www.theeagleamsterdam.com；Warmoesstraat 90；⏲周日至周四22:00至次日4:00，周五和周六 至次日5:00；🚊4/9/16/24 Centraal Station）Eagle是那种传统的皮革-牛仔酒吧，只允许男客人内，营业超过35年，组织三种不同强度的活动，包括地下室的暗室，还有house电音喧嚣、灯光炫目的舞厅。周末这里会排起长龙。

Brasserie Harkema

酒吧

见326页地图（☎428 22 22；www.brasserieharkema.nl；Nes 67；⏲正午至次日1:00；🚊4/9/16/24 Spui/Rokin）为艳丽色彩所包围的Brasserie Harkema就在Frascati剧院后面，年轻人云集，他们或在剧院演出前来这里吃一顿，或在演出结束后来此，在众多欧洲葡萄酒中选择一种，慢慢品尝。

De Buurvrouw

酒吧

见326页地图（www.debuurvrouw.nl，St Pieterspoortsteeg 29；⏲周一至周四22:00至次日3:00，周五和周六 至次日4:00）当你无处可去时，这一嘈杂的深夜酒吧是必然的选择。放轻松，因为有人正注视着你：入口上方是一幅名为《邻家女子》（*De Buurvrouw*）的画作。没错，里面所有人可能都和你一样，已经酩酊大醉。

Durty Nelly's

爱尔兰酒吧

见322页地图（www.durtynellys.nl；Warmoesstraat 117；⏲周日至周四9:00至次日1:00，周五和周六至次日3:00；📶；🚊4/9/16/24 Centraal Station）这里空间足够大，灯光昏暗，总是人头攒动。有趣的氛围，酒水、飞镖游戏和舞池吸引着住在周边地区经济酒店（包括附属的Durty Nelly的旅舍）的外国游客。这里全天供应味道不错的爱尔兰早餐。

Warehouse Amsterdam

男同性恋酒吧

见322页地图（www.warehouse-amsterdam.com；Warmoesstraat 96；⏲周四和周日23:00至次日4:00，周五和周六 至次日5:00；🚊4/9/16/24 Centraal Station）围绕硬核风格的国际化DJ起舞的大多为男性，不过这里也欢迎女性。

当地知识

酒吧蛋

不少棕色咖啡馆和小酒馆的吧台后面值得留意，你可能会看到一排煮鸡蛋。这是一个古老的传统——为饮酒者准备的补充能量的小食。如果你有需要，可以向酒吧侍者索取。鸡蛋通常是免费的。**Brouwerij De Prael**（见86页）和**Proeflokaal de Ooievaar**（见88页）这两家就提供这种服务。

☆ 娱乐

Bitterzoet

现场音乐

见322页地图（www.bitterzoet.com；Spuistraat 2；⏲20:00至深夜；🚊1/2/5/13/17 Nieuwezijds Kolk）这是阿姆斯特丹最友好的娱乐场所之一，总是宾客盈门，举办不同的演出。前一夜，这里可能聚满了滑板爱好者；后一夜可能就是30岁左右、来放松的人。音乐（有时候是现场演出，有时候则是DJ编排）类型包括放克、roots、鼓和贝斯为主的电子舞曲、拉丁乐、非洲打击乐、老派爵士乐或饶舌。

Casa Rosso

现场表演

见326页地图（www.casarosso.nl；Oudezijds Achterburgwal 106-108；门票含/不含饮料€50/40；⏲19:00至次日2:00；🚊4/9/16/24 Dam）用"一流"来形容现场性表演可能有些牵强附会，但这家剧院干净舒适，往往聚满了情侣和举办单身派对的人们。表演有男子、女子、男女或女女（抱歉，没有男男）。表演者会展示各种姿势，从印度《爱经》中的体位到钢管舞和不可思议的蜡烛绝技。

Frascati

剧院

见326页地图（☎626 68 66；www.frascatitheater.nl；Nes 63；⏲8月关闭；🚊4/9/14/16/24 Spui/Rokin）这一实验剧院是荷兰年轻导演、舞蹈编剧和制片人的钟情之地。除了多元化的舞蹈和音乐表演外，这里也有嘻哈乐、饶舌和霹雳舞演出。登录网站了解将要举行的演出。

Frascati还承办集话剧、舞蹈、艺术和音乐于一体的综合节日Breakin' Walls，分别是11月（主节日）和4月（小节日）。

De Brakke Grond 剧院

见326页地图（☎626 68 66；www.brakkegrond.nl；Nes 45，Flemish Cultural Centre；🚊4/9/14/16/24 Spui/Rokin）De Brakke Grond的表演大厅十分漂亮，举办各种一流的演出，包括音乐、实验影片、现代舞和令人叫好的青年话剧。登录官网了解将要举行的演出活动。

购物

中世纪中心

★美国图书中心 书籍

见326页地图（American Book，ABC；www.abc.nl；Spui 12；⏲周一正午至20:00，周二至周六10:00~20:00，周日11:00~18:30；🚊1/2/5 Spui）这家非常吸引人的三层书店拥有阿姆斯特丹规模最大的英语书籍。这里最大的亮点莫过于散发艺术气息的底层，不过在上层有小说以及大量小众化书籍，外加精心挑选的旅游相关书籍。这里也有国外的期刊，例如《纽约时报》等。明信片也很精美！

PGC Hajenius 礼品

见326页地图（www.hajenius.com；Rokin 96；⏲周一正午至18:00，周二至周六9:30~18:00，周日正午至17:00；🚊4/9/14/16/24 Spui/Rokin）即便你不是雪茄鉴赏家，这一烟草商场也很值得一逛。内部可以看到装饰艺术风格的彩绘玻璃、镀金装饰和高高的天花板。包括荷兰王室成员在内的常客都有专门定制的雪茄盒。你可以在华美的吸烟室品尝古巴细雪茄和其他充满异国情调的商品。

Oudemanhuis书市 书籍

见326页地图（Oudemanhuispoort；⏲周一至周六11:00~16:00；🚊4/9/14/16/24 Spui/Rokin）介于Oudezijds Achterburgwal街和Kloveniersburgwal街之间的这条带顶棚的巷道散发着浓郁的书香，桌上摆满了二手书籍。在这里，你会与衣服肘部打着粗花呢补丁的阿姆斯特丹大学教授一道挑选马克思、亚里士多德的著作以及其他经典书籍。这里还出售旧海报、地图和活页乐谱。大多数巨著都是荷兰语版本的，不过也能在其中找到些英语版本的。

De Bijenkorf 百货店

见326页地图（www.debijenkorf.nl；Dam 1；⏲周日和周一11:00~20:00，周二和周三10:00~20:00，周四和周五 至21:00，周六9:30~20:00；🚊4/9/16/24 Dam）阿姆斯特丹最时尚的百货商店地理位置绝佳，面朝王宫。看重设计的购物者会喜欢这里精心挑选的衣服、玩具、家居用品和书籍。你也可以来这里使用免费的洗手间。5层的咖啡馆装修十分精致时髦，有一个可以欣赏美景的露台。

Hema 百货店

见322页地图（www.hema.nl；Nieuwendijk 174；⏲周一至周五9:00~19:00，周六 至18:00，周

当地知识

迷幻商店，迷幻蘑菇和迷幻松露

长期以来，迷幻商店——出售有机兴奋剂和天然致幻剂的店——因出售"迷幻蘑菇"出名。不过在2008年，由于一起受到广泛关注的导致游客死亡的事件，政府对迷幻商店下了禁令。将近200种真菌被列入违禁清单——却让人意外地漏了迷幻松露。现在的迷幻商店都出售迷幻松露。

迷幻蘑菇和迷幻松露的区别 迷幻松露是作物的不同部分，但它和迷幻蘑菇含有相同的活性成分——裸头草碱（psilocybin）。知情人称服用迷幻松露后，更多是感觉身体轻飘飘的，而非眼前出现幻觉，不过每个人的体验可能不同。

安全体验迷幻松露的小贴士 进入迷幻商店后，向员工询问剂量和效力。如果对回答不满意，就换家店。买到迷幻松露后，在室外体验，不要去酒吧以及其他封闭区域。在整个体验过程中不要饮酒，也不要将松露和其他兴奋剂混在一起服用。效力通常持续4到6小时。

日正午至18:00；🚋4/9/16/24 Dam）这家百货店曾被认为是英国Marks & Spencer、澳大利亚Woolworths或美国Target的翻版，如今既吸引了喜欢淘价廉物美商品的人，也受到设计爱好者的追捧。这里的商品价格低廉，质量可靠，品种繁多，包括高性价比的葡萄酒和熟食。

Gastronomie Nostalgie 家庭用品

见326页地图（www.gastronomienostalgie.nl；304 Nieuwezijds Voorburgwal；⏲11:00~17:00；🚋1/2/5 Spui）这家店摆满了老板在巴黎以及其他城市的拍卖会上觅得的精美瓷盘、水晶高脚杯、银烛台以及其他古董家居用品。摇铜铃进店，做好逛上好一阵子的准备。

By Popular Demand 礼品

见326页地图（☎624 52 31；Raadhuisstraat 2；⏲周一至周六 10:00~19:00，周日11:00~19:00；🚋4/9/16/24 Dam）在这家宽敞且阳光明媚的店里寻找精美的礼品。货架上摆着漂亮的卡片、小玩意和时尚的灯具以及其他家居饰物。很多商品都很袖珍，所以游客可以找到便于携带的新颖纪念品。种类之繁多，令人眼花缭乱。

Magic Mushroom Gallery 迷幻商店

见326页地图（www.magicmushroom.com；Spuistraat 249；⏲10:00~22:00；🚋1/2/5 Spui）这一当地连锁店的分店有多种迷幻松露、烟斗和水烟斗可选。可以在花园的秋千上晃晃悠悠地品尝迷幻饮料，或者在等待药草兴奋剂起作用的时候去欣赏迷幻的灯光。就连不尝试兴奋剂的人也会欣赏这里的3D鲨鱼扑克牌、蘑菇银行以及其他售卖的新奇玩具。

Mark Raven Grafiek 纪念品

见322页地图（www.markraven.nl；Nieuwezijds Voorburgwal 174；⏲10:30~18:00；🚋1/2/5/13/14/17 Dam/Raadhuisstraat）艺术家Raven创作的独特的阿姆斯特丹形象被印在海报和T恤上——是非常有品位的纪念品。

By AMFI 时装

见322页地图（www.byamfi.nl；Spui 23；⏲周二、周三和周五13:00~18:00，周四 至21:00，周六正午至18:00；🚋1/2/5 Spui）阿姆斯特丹时装学院的学生、老师和学者在这家小店展示并售卖自己的作品。这里的商品极富创意，以衣服和饰物为主，独一无二。

Andries de Jong BV 礼品

见326页地图（www.andriesdejong.nl；Muntplein 8；⏲周一至周六 10:00~18:00；🚋4/9/14/16/24 Muntplein）当水手们需要航运设备、绳索或铜灯时，就会来找Andries de Jong。这里除了专门的航海用具外，拥挤的货架上还摆着传统的钟表、铃铛、瓶中船以及其他古色古香的航海礼品。这里最出名的可能要属五颜六色的旗帜。

Vrolijk 书籍

见326页地图（www.vrolijk.nu；Paleisstraat 135；⏲周一至周六 11:00~18:00，周日正午至18:00；🚋1/2/5/14 Dam/Paleisstraat）荷兰最大的同性恋书店，出售重要杂志以及小说、指南和明信片。在楼上你可以找到艺术类书籍、诗作和DVD。

Female & Partners 饰品

见322页地图（www.femaleandpartners.nl；Spuistraat 100；⏲周日和周一13:00~18:30，周二至周六11:00~18:30；🚋4/9/16/24 Dam）这里有为你内心的施虐女王或等着你回家的那一位准备的一切。出售适合女性以及其爱人的衣服、内衣、皮革和玩具。

De Bierkoning 饮品

见326页地图（www.bierkoning.nl；Paleisstraat 125；⏲周一至周六 11:00~19:00，周日13:00~18:00；🚋1/2/5/14 Dam/Paleisstraat）来这里的目的只有一个，就是啤酒——这家店储存了约1500种啤酒（尤其是比利时、德国、英国，当然还有荷兰啤酒），还有最多的啤酒杯种类，带啤酒标志的T恤和关于这一地区的啤酒指南。此外，这里还有少量葡萄酒可选。

Rush Hour Records 音乐

见322页地图（www.rushhour.nl；Spuistraat 98；⏲周一13:00~19:00，周二、周三、周五和周六11:00~19:00，周四 至21:00，周日13:00~18:00；🚋4/9/16/24 Dam）house乐和高科技舞曲是这里主要的音乐种类，不过同时也有放克、爵

士、dubstep、电子和迪斯科可选。艺术家和DJ也会来这里淘喜欢的音乐。这里是了解时下流行的地下舞曲的好地方。

Laundry Industry 服装

见326页地图(www.laundryindustry.com; St Luciensteeg 18; ⏲周一至周六 10:00~18:00，周日正午至18:00; 🚊4/9/14/16/24 Spui/Rokin)时尚的都市青年喜欢到这家荷兰设计风格的商店购买剪裁得体、精心设计的女装和男装。这里同时还出售鞋、珠宝和设计独特的小玩意。你也可以在咖啡吧台就餐。

Athenaeum 书籍

见326页地图(www.athenaeum.nl; Spui 14-16; ⏲周一11:00~19:00，周二至周六9:30~19:00，周日正午至17:30; 🚊1/2/5 Spui)阿姆斯特丹经营最为得当的书店，既是时尚中心，又散发着睿智气息。毗邻的通讯社有大量引领潮流的国际杂志、报纸和指南书籍。

Tibetwinkel 礼品

见326页地图(www.tibetwinkel.nl; Spuistraat 185a; ⏲周一至周五13:00~18:00，周六和周日 至17:00; 🚊1/2/5/14 Dam/Paleisstraat)这家小店的员工都是志愿者，出售来自西藏的公平贸易商品，包括香、经幡、牦牛骨制成的首饰以及转经筒。所得收入将归非营利机构。

Concrete 艺术，服装

见326页地图(www.concrete.nl; Spuistraat 250; ⏲周一至周六正午至19:00，周日13:00~18:00; 🚊1/2/5 Spui)Concrete是阿姆斯特丹知名度极高的本土设计室。有一部分空间用于展览，展出冒险摄影、平面设计和插画等不同主题的作品，剩余空间是时尚的服装店，可以看到极具特色的T恤、牛仔裤和流行的运动鞋(价格都不菲)。

Chills & Thrills 迷幻商店

见322页地图(www.chillsandthrills.com; Nieuwendijk 17; ⏲周日至周四10:00~20:00，周五和周六 至22:00; 🚊1/2/5/13/17 Centraal Station)动感十足的高科技舞曲在这家店里永不停歇，总是挤满了竖起耳朵听彼此说话的游客。这里提供迷幻松露、药草迷幻体验、电子检测盒、迷幻仙人掌、氨基酸和维生素饮料、新奇的水烟斗和真人大小的外星人雕像。

Vroom & Dreesmann 百货店

见326页地图(V&D; www.vd.nl; Kalverstraat 201; ⏲周一11:00~18:30，周二至周六10:00~18:30，周日正午至18:00; 🚊4/9/14/16/24 Muntplein)这一中档全国连锁店的服装和化妆品很受欢迎。自助餐厅La Place供应价格合理、新鲜食材制作的沙拉、热菜和糕点，非常棒。

Innerspace 迷幻商店

见322页地图(www.innerspace.nl; Spuistraat 108; ⏲周一至周六 11:00~22:00，周日正午至22:00; 🚊1/2/5/13/14/17 Dam/Raadhuisstraat)这家店规模颇大，以周到的服务和详尽的信息闻名，以大型派对的供货商起家。如今这里出售迷幻松露、药草兴奋剂、迷幻作物和卡痛(类似于鸦片)。与此同时，Innerspace秉承创店初衷，是获取派对相关信息和门票的好地方。

3-D Hologrammen/Printed in Space 珠宝

见326页地图(www.3-dhologrammen.com; Grimburgwal 2; ⏲周日和周一13:00~18:00，周二至周五正午至18:00; 🚊4/9/14/16/24 Spui/Rokin)全息图、珠宝和贴纸，引人入胜(令人目不暇接)的收藏会让各个年龄层的人开心不已。你甚至可以得到一张属于自己的全息图。这家店还提供3D打印的手镯、花瓶、灯具以及其他物品。

Hans Appenzeller 珠宝

见326页地图(www.appenzeller.nl; Grimburgwal 1; ⏲周二至周六11:00~17:30; 🚊4/9/14/16/24 Spui/Rokin)Appenzeller是阿姆斯特丹最优秀的金石设计师之一，以简洁刚毅的设计著称。如果他朴素的作品不合你的口味，在同一条街上还有很多售卖各种珠宝首饰的商店。

邮票市场 市场

见326页地图(Postzegelmarkt, Stamp & Coin Market; Nieuwezijds Voorburgwal 280; ⏲周三和周六10:00~16:00; 🚊1/2/5 Spui)这一小规模的

街头市场售卖邮票、钱币和勋章。

Marks & Spencer 食品

见326页地图(www.marksandspencer.com; Kalverstraat 226; ⏲周一至周六 10:00~20:30, 周日11:00~20:30; 🚊4/9/14/16/24 Muntplein)英国代表性的零售店在卡尔弗尔街开有一家小超市，是购买纯正凝结奶油、巧克力包裹的消化饼干、香肠、牛排和腰子派、正宗车达奶酪的绝佳地方。这家店还开有一个小小的线上精品店，有少量服装品牌。

Magna Plaza 购物中心

见322页地图(www.magnaplaza.nl; Nieuwezijds Voorburgwal 182; ⏲周一11:00~19:00, 周二至周六10:00~19:00, 周日正午至19:00; 🚊1/2/5/13/14/17 Dam/Raadhuisstraat)这座气派的19世纪地标建筑曾是邮政总局所在地，如今改建成高端购物中心，有40余家店铺，出售时装、礼品和珠宝——从Mango和Sissy Boy，再到羊绒店，应有尽有。

Kalvertoren购物中心 购物中心

见326页地图(www.kalvertoren.nl; Kalverstraat 212-220; ⏲周一11:00~18:30, 周二至周六10:00~18:30, 周日正午至18:30; 🚊4/9/14/16/24 Muntplein)这一热门的现代化购物中心有一家Vroom & Dreesmann，一家小规模Hema，以及诸如Replay、Quiksilver、Levi's、Timberland和DKNY等知名时尚品牌门店。

红灯区

★Condomerie Het Gulden Vlies 礼品

见322页地图(www.condomerie.com; Warmoesstraat 141; ⏲周一至周六 11:00~18:00, 周日13:00~17:00; 🚊4/9/14/16/24 Dam)位于红灯区，地理位置堪称完美。精品店出售各种你能想象到的尺寸、颜色、味道和设计(有角恶魔、大麻叶片、代尔夫特陶器……)的安全套，还有润滑剂和具有挑逗性的礼品。

Kokopelli 迷幻商店

见322页地图(www.kokopelli.nl; Warmoesstraat 12; ⏲11:00~22:00; 🚊4/9/16/24 Centraal Station)如果不是售卖“迷幻松露”(与现在已经被禁止出售的含裸头草碱的蘑菇类似，也就是“迷幻蘑菇”)，你或许会认为这一宽敞美丽的空间是时装店或家居用品店。店里有咖啡和果汁吧台，还有可以放松的休息室，能俯瞰水坝大道。

Nana 饰品

见322页地图(www.happy-shops.com; Warmoesstraat 62; ⏲11:00至午夜; 🚊4/9/16/24 Centraal Station)“阿姆斯特丹最具震颤感的商店”其实非常时尚。可以从各种各样的电动振动器中选择你心仪的。

Mr B 饰品

见322页地图(www.misterb.com; Warmoesstraat 89; ⏲周一至周三和周五10:30~19:00, 周四 至21:00, 周六11:00~18:00, 周日13:00~18:00; 🚊4/9/16/24 Dam)怪异至极！这家名声在外的红灯区商店出售的驯服器具包括皮革和橡胶套服，羽冠和捆绑设备，只要你想，这些都可以为你量身订制。撩人的玩具能让氛围变得更有趣(在某种程度上有些骇人)。

RoB 饰品

见322页地图(www.rob.eu; Warmoesstraat 71; ⏲周一至周六 11:00~19:00, 周日13:00~18:00; 🚊4/9/16/24 Centraal Station)Rob出售任何以及一切能满足喜欢捆绑式性爱和粗暴性爱的人需求的东西：军用装备、皮革和橡胶只是开始。从“阿多尼斯小袋”(Adonis pouch)到“黑色弹性环”(black stretchy ring)，货架上摆满了各种物品。

Red Light Records 音乐

见322页地图(Oudekerksplein 26; ⏲周一和周六正午至18:00, 周二至周五 至19:00; 🚊4/9/16/24 Dam)这家店位于曾经的红灯区橱窗内。摁门铃进入这块音乐之地(隐于街边的一座庭院内)，接下去你就可以和DJ们一同在摆满迷幻欧洲迪斯科、house和放克乐的架子上细心挑选。耳机站可以让你先听后买。地下红灯区电台站就在对面的橱窗内运营。

WonderWood 家庭用品

见326页地图（www.wonderwood.nl; Rusland 3; ⏲周三至周六正午至18:00需预约）集博物馆与商店于一体，你可以尽情欣赏由乔治·尼尔森（George Nelson）、马塞尔·布劳耶（Marcel Breuer）以及其他名家设计的迷人、精致的胶合板模具——部分经典家具可以出售，部分可以重新打造（例如做旧设计）。如果觉得家具不适合携带，这里也可以挑选到更小的艺术品（当然是木头制品）。

McCarthy's 饮品

见322页地图（Zeedijk 27a; ⏲周三至周一正午至22:00）这家出售酒水的商店很普通，但用具有装饰性的瓶子盛装的苦艾酒性价比非常高。

新市场区、普兰塔格区和东岛区

新市场区|普兰塔格区|东岛区

区域亮点

❶ 在**伦勃朗博物馆**（见97页）参观伦勃朗的工作室，你可以看到他用过的画笔、画的素描以及装满海贝壳和罗马半身雕像的储物柜。

❷ 在**De Sluyswacht**（见109页）这一昔日水闸管理员聚集地畅饮Dommelsch啤酒。

❸ 通过**荷兰国家海事博物馆**（见101页）丰富的海运收藏进一步了解荷兰航海史。

❹ 在声效和视觉效果都无与伦比的**艾河音乐厅**（见112页）欣赏现场古典乐或爵士乐演出。

❺ 逛逛**滑铁卢广场跳蚤市场**（见113页），从瓷茶壶到佛像，这里有各式各样的小玩意儿。

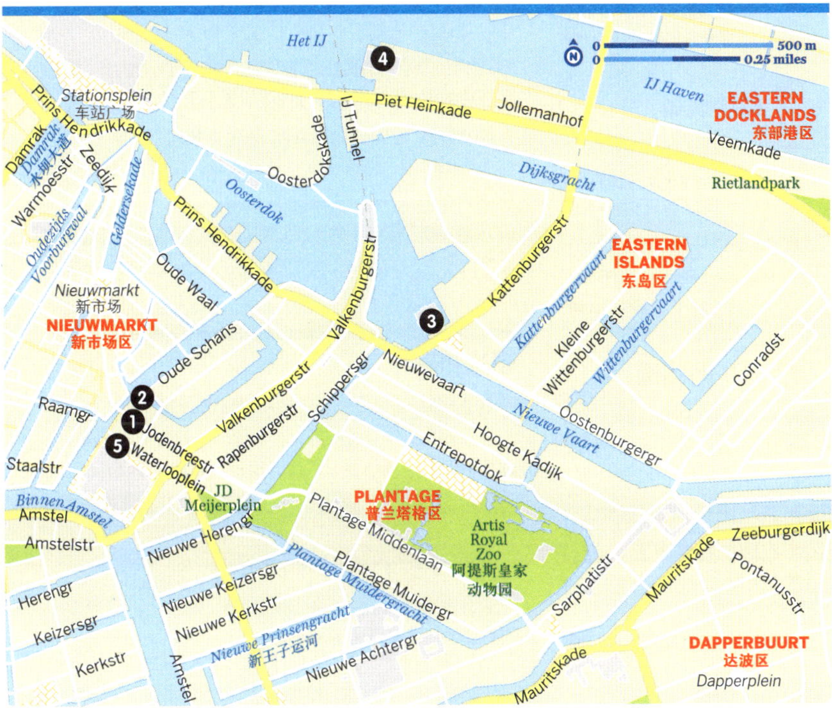

更多区域细节见328页和330页地图

独家贴士

新市场有很多迷人的建筑，既有恢宏的荷兰国家海事博物馆（阿姆斯特丹学院派风格的典范），也有走混搭风的市立歌剧院。Kloveniersburgwal街和Oude Hoogstraat街交界处聚集了不少个性鲜明的建筑，包括阿姆斯特丹最狭窄的房屋，以及17世纪在全世界都享有盛名的荷兰东印度公司的办事处——东印度屋。游览这片街区需要睁大眼睛。

最佳就餐

- Greetje（见109页）
- Gebr Hartering（见108页）
- Sterk Staaltje（见104页）
- Tokoman（见104页）
- Moes（见105页）

详细介绍见104页。

最佳饮品

- De Sluyswacht（见109页）
- Amsterdam Roest（见111页）
- Brouwerij 't IJ（见111页）
- SkyLounge（见111页）
- Hannekes Boom（见112页）

详细介绍见109页。

最佳购物地

- Droog（见113页）
- 滑铁卢广场跳蚤市场（见113页）
- Pols Potten（见116页）
- Knuffels（见114页）
- Frank's Smokehouse（见115页）

详细介绍见113页。

探索新市场区、普兰塔格区和东岛区

新市场区以与其同名的广场为中心，其浓郁的历史气息和阿姆斯特丹任何一处别无二致。伦勃朗曾在新市场描绘运河风光，犹太商人通过钻石和其他生意为这座城市积累起了大量财富。

新市场区的首选景点自然是伦勃朗博物馆，这位艺术巨匠的故居/工作室令人印象深刻。在老犹太区有一流的博物馆和一座犹太教堂。著名的迦山钻石厂也在这里，组织免费的团队游。

新市场东边绿树成荫的街区是普兰塔格区（荷兰语Plantage意为“种植园”），漂亮迷人，非常适合漫步和欣赏19世纪的建筑。

继续往东便来到了昔日船厂和仓库云集的东岛区（Oostelijke Eilanden）以及东部港区（Oostelijk Havengebied），想欣赏前卫的荷兰建筑，就绝对不能错过这里。你可以探索诸如荷兰国家海事博物馆这样的传统景点，也可以去领略艾河音乐厅耀眼的表演大厅等时尚设计的风采，并为NEMO顶层绝美的景色倾倒。

当地生活

- **广场生活** 每到下午和晚上，新市场周围的咖啡馆（小酒吧，酒吧）就会热闹起来。天气宜人的时候，人人都会坐在带塔楼的过磅房（见98页）投下的影子里。
- **购物体验** 逛Staalstraat街，往包里装满杂耍球、辣味巧克力或旧海报。然后一头钻进新市场广场的农贸市场（见115页）。
- **小吃人生** 跟随人流去Tokoman（见104页）品尝香辣的苏里南小吃，这家店以鸡肉土豆泥三明治（broodje pom）闻名。

到达和离开

- **有轨电车** 有轨电车9号和14号线经过滑铁卢广场和犹太景点，以及普兰塔格区。新市场广场没有有轨电车，不过从滑铁卢广场前往只需步行很短的路程。有轨电车10号线通往东岛区和东部港区。有轨电车26号线沿艾河滨水区行驶。
- **地铁** 滑铁卢广场和新市场均有站点。
- **公共汽车** 22路和48路公共汽车通往有轨电车无法到达的东岛区和东部港区区域。

重要景点

伦勃朗博物馆（MUSEUM HET REM-BRANDTHUIS）

伦勃朗博物馆是一栋位于运河畔的三层建筑，1639~1658年间，伦勃朗·凡·莱因（Rembrandt van Rijn）曾在这里生活工作，其绘画工作室的规模在当时为荷兰之最。进入博物馆，你甚至期待仍能见到大师本人。伦勃朗在个人绘画生涯达到巅峰时，凭借名声在外的《夜巡》获得丰厚的酬金买下了这处宅邸。博物馆内部随处可见各种小饰物，极具氛围，让人真切感受到当年伦勃朗在此孜孜不倦进行创作的情景。经过楼下入口处的办公桌后，你可以索取免费的语音导览。

这座宅邸的历史可以追溯到1606年，伦勃朗的妻子莎斯姬亚·凡·优伦堡家境殷实，因此伦勃朗于1639年买下这处房产。在底层，你可以看到伦勃朗的起居室/卧室和款待客户的前厅。

沿狭窄的楼梯往上，你会来到伦勃朗光照充足的工作室，这里的陈设仿佛大师只是溜到楼下厨房去拿点吃的而已。艺术家在这里展示了伦勃朗是如何制作和调配颜料的。穿过大厅便来到伦勃朗的“储藏室”，这个房间里塞满了他收藏的各种奇珍异宝：贝壳、玻璃器皿、古罗马半身像和填充短吻鳄。

顶层专门用于展示伦勃朗著名的蚀刻画。博物馆拥有几乎全套收藏（约250幅作品），不过并没有一次性全部展出。每天会有专人启动橡木印刷机展示蚀刻技巧，一天数次。

这座宅邸最终让伦勃朗落入破产的窘境。他无法再支付贷款，到1656年，宅邸里的家具、艺术创作和奇珍异宝都被拍卖，用于偿还债务。多亏收债人列出的清单，博物馆才得以如此真实地重现伦勃朗在此居住时的内部场景。大师余生都住在乔丹区更为廉价的寓所里。

不要错过

- 免费语音导览
- 溅满颜料的工作室
- 装满奇珍异宝的储藏室
- 蚀刻画收藏
- 蚀刻技巧展示

实用信息

- 伦勃朗博物馆
- 见328页地图
- ☎520 04 00
- Jodenbreestraat 4
- 成人/儿童€12.50/4
- ⏲10:00~18:00
- 🚊9/14 Waterlooplein

景点

新市场

航运大楼

建筑

见328页地图(Scheepvaarthuis, Shipping House; Prins Hendrikkade 108; 🚊4/9/16/24 Centraal Station)宏伟的航运大楼建于1916年,是第一座真正的阿姆斯特丹学院派建筑,如今是奢华的Grand Hotel Amrath。建筑外观形似船艏,为精美的航海细节图所覆盖,可以留意海神涅普顿和妻子以及代表罗经点的四位女性。进入大楼内,你将欣赏到彩绘玻璃、华美的灯具以及装饰艺术风格的中央楼梯井。

DE APPEL

艺术中心

见328页地图(☎625 56 51; www.deappel.nl; Prins Hendrikkade 142; 成人/儿童 €7/4.50; ⏲周二至周日 11:00~18:00; 🚊4/9/16/24 Centraal Station)留意这一漂亮的当代艺术中心正在举办的活动。策划者擅长发掘来自世界各地有天赋的年轻人,除了展览外,还会组织讲座、影片放映和演出活动。门票包括时长45分钟的团队游,每小时出发。位于中心地下室的酒吧兼餐馆Moes(见105页)吸引了当地的年轻嬉皮士们。

蒙特班塔

历史建筑

见328页地图(Montelbaanstoren, Montelbaan Tower; Oude Schans 2; 🚊4/9/16/24 Centraal Station)这座引人注目的塔楼建于1512年,最初的目的是增强阿姆斯特丹东部的防御工事。蒙特班塔位于旧城墙间,守卫在此的哨兵能一眼发现Oude Schans运河沿岸码头的可疑人物。八边形的底座和敞开式的木质尖塔是1606年加建的,因为塔楼周边街区抱怨钟声太响。没过几年,塔楼就因为重量太大开始出现倾斜,不过住在这里的人用缆绳将其拉正。

这座优雅的塔楼拥有两套敲钟装置,四个钟面,外加一副航运叶片,与老教堂顶部的类似。

过磅房

历史建筑

见328页地图(Waag; www.indewaag.nl; Nieuwmarkt 4; Ⓜ Nieuwmarkt)过磅房带有数个塔楼,始建于1488年,当时是城市防御工事的一部分。从17世纪开始,这里成为阿姆斯特丹主要的过磅处,后来又变成公开的刑场。如今这里开了一家酒吧兼餐馆(营业时间为9:00至次日1:00)。过磅房正对的新市场广场会举办各式活动,包括每周六的农贸市场和每周日的古玩市场。

早期的过磅房更像一座城堡,面对如护城河般的运河,嵌于旧城墙内。到17世纪,这里是各种同业公会的办公所在地。占据上层的外科医生协会委托伦勃朗创作了那幅著名的《杜普医生的解剖课》[*The Anatomy Lesson of Dr Tulp*;现藏于海牙的莫瑞泰斯皇家美术馆(Mauritshuis museum)]。石匠协会位于正对善德街的塔楼内,注意观察那极为细致的砖砌活。

东印度屋

建筑

见328页地图(Oostindisch Huis, East Indies House; Oude Hoogstraat 24; Ⓜ Nieuwmarkt)这里曾是辉煌一时的荷兰东印度公司(简称VOC)——全球第一家国际化公司——的办公所在地。气派的建筑群建于1551至1643年,这在一定程度上得归功于阿姆斯特丹忙碌的建筑师亨德里克·德·凯泽(Hendrick de Keyser)。由于陷入危机,东印度公司于1798年解体。由于东印度屋没有任何标志或牌匾注明(现为阿姆斯特丹大学所有),因此你很容易错过。

特里普房

建筑

见328页地图(Trippenhuis; Kloveniersburgwal 29; Ⓜ Nieuwmarkt)特里普兄弟靠武器交易致富,1660年,他们委托年轻的荷兰建筑师朱斯图斯·芬布恩(Justus Vingboons)建造了特里普房。这是一栋玄武石建造的府邸,两间屋子里共有8根科林斯式柱子,兄弟两人各住一间。烟囱形似迫击炮,代表了特里普兄弟那不太光彩的生意。特里普房并不对公众开放,不过在街头看一眼也是值得的。

南教堂

教堂

见328页地图(Zuiderkerk; http://zuiderkerkamsterdam.nl; Zuiderkerkhof 72; Ⓜ Nieuwmarkt)著名的荷兰文艺复兴建筑师亨德里克·德·凯泽于1611年建造了南教堂。这是阿姆斯特丹第一座定制的新教教堂——虽然设计类似

重要景点

犹太历史博物馆(JOODS HISTORISCH MUSEUM)

无论是规模，还是涵盖的范围，犹太历史博物馆都给人留下了深刻的印象。博物馆位于一处经过修缮的美丽建筑群，包括四座建于17和18世纪的德裔犹太教堂。宏伟的大犹太教堂(Great Synagogue)设有两个展览："荷兰犹太人历史，1600—1890"(History of the Jews in the Netherlands，1600—1890)以及"宗教"(Religion)，关于犹太教和犹太传统。展览从介绍犹太身份的核心内容开始，逐渐转到对这座城市里犹太人生活的形象刻画，还有主要人物的介绍，以及宗教物品。

更具启迪性的是新犹太教堂(New Synagogue)及其"荷兰犹太人历史，1900至现在"(History of Jews in the Netherlands，1900-Present Day)的展览。第二次世界大战为主题的展览展现了25,000荷兰犹太人是如何躲藏的(18,000人得以幸存)以及在战后的生活。

这里还设有专门的儿童博物馆，还原了犹太人的家。孩子们可以在厨房烤犹太面包(challah bread)，在音乐室玩乐器，学习犹太传统。

免费的英语语音导览能让你的参观之旅更加圆满，非常棒。此外明亮的咖啡馆供应犹太食物。持博物馆门票可进入**葡萄牙-以色列会堂**(见99页)。

不要错过

- 第二次世界大战相关展览
- 儿童博物馆
- 免费语音导览
- 犹太洁食咖啡馆
- 不时更新的艺术和摄影展

实用信息

- 犹太历史博物馆
- 见328页地图
- ☎531 03 80
- www.jhm.nl
- Nieuwe Amstelstraat 1
- 成人/儿童€15/7.50
- ⊙11:00~17:00
- 🚊9/14 Mr Visserplein

天主教堂，但里面没有唱诗班席位。教堂最后一次举行礼拜是在1929年。第二次世界大战的"冬日饥荒"期间，南教堂被作为太平间使用。

如今教堂内部用于举办私人活动，不过等到2017年，经过修缮的教堂重新开放后，你可以登上塔楼，俯瞰全程美景。

品托屋图书馆 建筑

见328页地图(Pintohuis; Openbare Bibliotheek; www.huisdepinto.nl; St Antoniesbreestraat 69; ⊙周二至周五 12:30~17:30，周六正午至16:30; Ⓜ Nieuwmarkt) St Antoniesbreestraat街曾是一条繁忙的街道，但在建造地铁期间，这里失去了很多老式建筑。品托屋图书馆是仍然矗立的老式建筑之一，这里一度为富有的西班牙犹太教徒伊萨克·德·品托(Isaac de Pinto)所有，在1680年代，他用意大利风格的壁柱对这里进行了改造。如今这里是一座图书馆(bibliotheek)——你可以入内欣赏美丽的天顶壁画。

伦勃朗博物馆(MUSEUM HET REMBRANDTHUIS) 博物馆

见97页。

迦山钻石厂 工厂

见328页地图(Gassan Diamonds; www.gassan.com; Nieuwe Uilenburgerstraat 173-175; ⊙9:00~17:00; 🚊9/14 Waterlooplein) **免费** 在这一超大的工作室，你可以快速学会评估钻石的好坏，亲眼目睹钻石切割和抛光过程。时长1小时的团队游是阿姆斯特丹此类项目中最好的。

工厂坐落于Uilenburg，这是1580年大量从西班牙和葡萄牙涌入的西裔犹太人开垦出的长方形岛屿之一。1880年，迦山成为首家使用蒸汽动力的钻石加工厂。

葡萄牙-以色列会堂 犹太教堂

见328页地图(Portuguese-Israelite Synagogue; www.portugesesynagoge.nl; Mr

Visserplein 3；成人/儿童 €15/7.50；⏲周日至周四10:00~17:00，周五 至16:00，3月至10月周六关闭，11月至次年2月开放时间缩短；🚊9/14 Mr Visserplein）教堂于1675年建成时，是当时欧洲最大的犹太教堂，至今仍在使用。内部特色包括巨大的壁柱和约24个枝形铜质大烛台。属于Ets Haim神学院的大型图书馆是欧洲最古老且最重要的犹太书籍收藏地之一。从外面（入口附近）顺着台阶到地下的珍宝库，里面藏有16世纪的手稿和金线织成的壁毯。

持门票也可以进入犹太历史博物馆（见99页）。

这一犹太教堂的建筑师埃利亚斯·鲍曼（Elias Bouman）从所罗门圣殿汲取灵感，但建筑所呈现的古典线条在阿姆斯特丹非常典型。第二次世界大战后，教堂经历了修复重建。

市立歌剧院 建筑

见328页地图（Stopera；☎625 54 55；www.operaballet.nl；Waterlooplein 22；🚊9/14 Waterlooplein）这一奇特摩登的建筑于1986年开业，既是市政厅（stadhuis）所在地，也拥有一个歌剧厅，即艾河剧院（见113页），所以得名"市立歌剧院"。想入内参观，可以参加每周六中午12点15分进行的带导览团队游（成人/儿童 €6/5）。市政厅与剧院之间的拱廊设有关于NAP（见102页）即阿姆斯特丹标准海平面测量的展览，颇具吸引力。

免费的午餐时间音乐会通常在9月至次年5月的每周二中午12点半至下午1点举行，中午12点15分开门。

普兰塔格区

17世纪，普兰塔格区成为郁郁葱葱的消遣娱乐区。城市规划者开垦阿姆斯特尔河东边的这块土地，旨在进一步利用本市繁荣发展的海外贸易。然而，这一"城市第四次扩张"并未成功，1682年，这里被改建成花园绿地。到19世纪，越来越多的建筑开始出现，此地逐渐成为娱乐区。第二次世界大战期间，这一带最大的犹太社区居民被扣押和驱逐出境，普兰塔格区也陷入了最黑暗的时期。

植物园 花园

见330页地图（Hortus Botanicus，Botanical Garden；www.dehortus.nl；Plantage Middenlaan 2a；成人/儿童 €8.50/4.50；⏲每天10:00~17:00，7月和8月周日 至19:00；🚊9/14 Mr Visserplein）这一古老的植物园建于1638年，一度是荷兰贸易商船带回来的热带植物和种子（换言之，从其他国家走私而来）的存放地。从这里，咖啡、菠萝、肉桂和棕榈树被运往世界各地。如今，超过4000种物种被保存在漂亮的建筑内，包括殖民时期的种子屋和一间可以营造三种气候条件的玻璃暖房。

蝴蝶屋尤其受孩子们喜爱。免费的带导览团队游时长1小时，每周日下午2点开始，全年都有——你可以在入口处取一张票，然后交给导游。7月和8月每周日下午从4点开始，你可以在美丽的热带环境中聆听拉丁乐、爵士乐、探戈、流行乐或蓝调。

韦特海姆公园 公园

见330页地图（Wertheimpark；Plantage Parklaan；⏲7:00~21:00；🚊9/14 Mr Visserplein）这座公园就在植物园对面，景色秀美，垂柳飘飘，你可以慵懒地在树下欣赏新绅士运河（Nieuwe Herengracht.）美景。这里最大的亮点就是**奥斯维辛纪念碑**（Auschwitz Memorial），由荷兰作家扬·沃尔克斯（Jan Wolkers）设计：地上嵌着大片破碎的镜子，映照着天空。

荷兰剧院 纪念碑

见330页地图（Hollandsche Schouwburg，Holland Theatre；☎531 03 10；www.hollandscheschouwburg.nl；Plantage Middenlaan 24；建议捐赠€3；⏲11:00~17:00；🚊9/14 Plantage Kerklaan）这一历史悠久的剧院最初是阿提斯剧院（Artis Theatre），1892年建成后迅速成为阿姆斯特丹的文化中心，大型戏剧和轻歌剧在这里上演。第二次世界大战期间，入侵的德军将剧院改成犹太剧院，后来，这里又悲剧性地成为拘留中心，被扣押在此的犹太人都遭到驱逐出境的悲惨命运。

80,000多犹太人从这里踏上前往死亡集中营之路。玻璃板上刻着所有被驱逐的犹太家庭的名字，楼上是朴素的展厅，有战前和战时的犹太人照片和生活用品。

MUIDERPOORT 大门

见330页地图（Alexanderplein；🚊9

当地知识

码头工人像(DOCKWORKER STATUE)

码头工人像(见328页地图)在**葡萄牙-以色列会堂**(见99页)边上,三角形的JD Meijerplein广场上,立着马里·安德里森(Mari Andriessen)创作的码头工人像(1952年),以纪念1941年2月25日开始的码头工人大罢工——抗议犹太人遭受的不公对待。在罢工发生几天前,第一批犹太人被驱逐。

如今,每逢罢工纪念日,人们依然会献上花圈表达敬意,不过随着荷兰共产党的解散,活动变得十分低调。

Alexanderplein)这一宏伟的古典拱门建于1770年,最初是阿姆斯特丹的城门。在门的南边,你能看到阿姆斯特丹的徽章,三个圣安德烈亚斯十字架,另一边则是一艘柯克帆船的标志,中世纪这个图案出现在阿姆斯特丹的盾形纹章上。

1811年,获胜的拿破仑带着他的王室随从从这座城门进入阿姆斯特丹,及时为衣衫褴褛的军队掠来食物。

德古依尔风车 风车

见330页地图(De Gooyer Windmill; Funenkade 5; 🚊10 Hoogte Kadijk)该地区曾经有五座风车,这一18世纪的谷物磨坊是目前仅存的一座,1814年迁到现址。磨坊在1925年经过全面翻新,如今是私宅。风车旁边的公共浴室在1985年改建成艾河酿酒厂(见111页)。

克罗姆特码头博物馆 博物馆

见330页地图(WerfMuseum 't Kromhout; ☎627 67 77; www.machinekamer.nl; Hoogte Kadijk 147; 成人/儿童 €5/免费; ⌚周二 10:00~15:00; 🚊10 Hoogte Kadijk)时至今日,这一位于堤坝外面的18世纪码头仍有船只在进行整修。东厅是博物馆,以造船业和这里设计制造的坚不可摧的船用发动机为主题。任何对船用发动机感兴趣的人都会爱上这里,其他人可能会选择跳过。标牌介绍只有荷兰语。

ENTREPOTDOK 建筑

见330页地图(🚊9/14 Plantage Kerklaan)普兰塔格区东北部曾是荷兰东印度公司钟情的地方,17世纪,该公司通过海上贸易致富。VOC拥有这一位于海关免税区的长500米的仓库聚集地,在当时是欧洲规模最大的仓储地。

部分原来的仓库立面得以保存下来,如今这里被改建成得体的办公室、公寓和诱人的码头咖啡馆,下午时分,在河边的餐桌放松身心,堪称完美。

KADIJKSPLEIN广场 广场

见330页地图(Kadijksplein; 🚊22/48 Kadijksplein)这一宁静的广场为咖啡馆(小酒吧,酒吧)露台所环绕,能同时欣赏到17世纪的运河风光与码头区停泊的游船。

⊙东岛区

游客经常会忽略东岛区,觉得这里远离市中心,其实骑自行车或乘坐有轨电车不用10分钟就可以到东岛区。如果你对船、航运历史或当代建筑感兴趣,会很乐意来这里逛逛。

荷兰国家海事博物馆 博物馆

见330页地图(Het Scheepvaartmuseum, Maritime Museum; ☎523 22 22; www.scheep

探索建筑之旅

想深入了解这片多元化的地区,建筑历史学家亚历克斯·亨德里克森(Alex Hendriksen)强烈推荐一系列围绕新市场和艾河展开的步行、自行车骑行和乘船游线路,你可以参加**建筑团队游**(Architectuur Tours; 见328页地图; ☎06 3014 0945; www.architectuurtoursamsterdam.nl; Dijkstraat 55; 团队游€12.50~25; Ⓜ Nieuwmarkt),通过建筑发展史了解一个地方是如何发展成为你眼前所见的这番景象的。网站上会公布英语团队游时间和出发地点。

NAP：阿姆斯特丹标准海平面测量

众所周知，阿姆斯特丹（事实上是大半个荷兰）都比海平面低几米，但你最近一次听到有人问“哪个海平面”是什么时候呢？其实，世界各地，就连荷兰各地区对海平面的定义都不一样。弗里斯兰省（Friesland）的背风处、昔日须德海（Zuiderzee）的平均高度略低于北海位于荷兰裸露西海岸的部分。

NAP游客中心（NAP Visitors Centre；见330页地图；www.normaalamsterdamspeil.nl；Amstel 1；门票 €1；⌚周一至周五9:00~18:00；🚋9/14 Waterlooplein）的展览引人入胜，展示了阿姆斯特丹标准海平面（Normaal Amsterdams Peil；简称NAP）的来龙去脉。17世纪，须德海的平均海面高度被认定为阿标准海平面，至今仍然是衡量荷兰各地海平面的零基准，同时作为欧洲垂直参考系统（European Vertical Reference System；简称EVRS），在欧盟广泛使用。

这里的水柱代表不同的海平面，还有1953年灾难性的洪灾高度（超过NAP4.55米）。信息资料和触摸屏有详尽的阐述。

vaartmuseum.nl；Kattenburgerplein 1；成人/儿童 €15/7.50；⌚9:00~17:00；🚋22/48 Kattenburgerplein）建于17世纪、恢宏气派的海军大楼如今拥有世界上最丰富的航运纪念品收藏之一。早期的航海线路、海战、捕鱼和捕鲸都有详细介绍，还有约500艘船只战舰模型。博物馆外面停有真实大小的荷兰东印度公司战舰阿姆斯特丹号的复制品，这在当时是最大的战舰之一，重达700吨。

阿姆斯特丹建筑中心　　建筑

见330页地图（ARCAM；Stichting Architectuurcentrum Amsterdam；☎620 48 78；www.arcam.nl；Prins Hendrikkade 600；⌚周二至周六13:00~17:00；🚋22/48 Kadijksplein）**免费**这一属于阿姆斯特丹建筑基金会（Amsterdam Architecture Foundation）的展示大楼属于那种能满足你所有建筑需求的一站式服务点。专业的员工随时可以为你讲解引人入胜的展览，主题总是不断更新。你可以找到与步行、骑车和乘坐公共交通工具游览相关的书籍、地图和建议。

NEMO　　博物馆

见330页地图（☎531 32 33；www.e-nemo.nl；Oosterdok 2；门票 €15，顶层露台免费；⌚10:00~17:30，9月至次年3月周一关闭；🚋22/48 IJ-Tunnel）科技博物馆NEMO就位于艾河隧道（IJ Tunnel）入口上方。这一绿铜色的个性建筑坐落于河畔，好似一艘即将起航的船只。这里的展览可以亲自动手实践（带英语说明），无论是成人，还是儿童，都会被深深吸引：用激光画图，“反重力”镜和能够回答类似“为什么黑色是黑色”“怎么做奶酪”之类问题的“实验室”。

NEMO呈阶梯状、如甲板一般的顶层是阿姆斯特丹最大的夏季露台，能欣赏到无与伦比的全景。

意大利建筑师伦佐·皮亚诺（Renzo Piano）特意将博物馆的外观设计得与下方艾河隧道相呼应。而在内部，皮亚诺的设计用裸露的电线和管道营造出“雅致工厂”的氛围。

艾河音乐厅　　建筑

见330页地图（Muziekgebouw aan 't IJ；www.muziekgebouw.nl；Piet Heinkade 1；🚋26 Muziekgebouw）即便你没能在这里欣赏到一场演出（见112页），华丽的“艾河边上的音乐厅”仍不愧为视觉享受。该建筑群由丹麦公司3xNielsen设计，主厅举办各种演出，规模较小的Bimhuis（见112页）以爵士乐为主。经过20年左右的设计建造，音乐厅于2005年开放。

在上层你会发现电脑化的“音效花园”，是转移孩子注意力的完美选择。在售票处营业期间（周一至周六正午至18:00）或演出期间，你可以参观音乐会大厅。

音乐厅的餐馆Zouthaven（见108页）擅长烹制海鲜，有巨大的窗户能俯瞰艾河美景。

阿姆斯特丹中央图书馆　　图书馆

见328页地图（Centrale Bibliotheek Amsterdam，Amsterdam Central Library；☎523

重要景点

抵抗博物馆（VERZETS MUSEUM）

抵抗博物馆将面对无情的敌人时所需要的勇气——不能相信邻居、朋友，甚至是家人——展现得淋漓尽致。

先沿着螺旋式楼梯往上来到夹层，观看介绍影片（多语言版本可选），然后逆时针来到主层。从1930年代的第二次世界大战开始，按年代顺序陈列的展品会让你对那些从内部反抗无所不在的德军入侵宣传的人所面临的困难——以及与纳粹站在统一战线的少数派——有深刻的认识。主题包括积极和消极反抗的概念，地下抵抗出版社是如何运作的，30万人是如何躲藏起来的，以及一切抵抗运动的资金来源。夹层楼下面的展览是关于荷兰在太平洋战争中所扮演的角色，尤其是与印尼脱离荷兰独立这一事件的关系。标注有荷兰语和英语。

持门票可以进入新开设的**青少年抵抗博物馆**（Verzetsmuseum Junior），这里讲述了四个荷兰孩子的故事，以孩子的视角展现抵抗运动。参观完博物馆后去毗邻的博物馆咖啡馆边喝咖啡，边讨论抵抗政治。

不要错过

- 介绍影片
- 抵抗运动相关出版物展览
- 太平洋战争相关展览

实用信息

- 荷兰抵抗博物馆
- 见330页地图
- ☎620 25 35
- www.verzetsmuseum.org
- Plantage Kerklaan 61
- 成人/儿童€10/5
- ⏲周二至周五 10:00~17:00，周六至周一11:00~17:00
- 🚋9/14 Plantage Kerklaan

重要景点

阿提斯皇家动物园（ARTIS ROYAL ZOO）

湖光潋滟，雕像林立，葱郁、蜿蜒的小径交织，阿提斯皇家动物园是欧洲大陆历史最悠久的动物园。置身其中，你可以近距离感受并思索动物王国的狂野和壮观。

除了常规的动物园吸引力——大型猫科动物、猿和大象——之外，非洲稀树草原是这里的一大亮点。水族馆同样不容错过，这一专门建造的大厅十分美丽，有雨林、热带珊瑚礁和阿姆斯特丹运河的横截面。动物园共有900种不同的动物种类和200种树木。

微生物博物馆（Micropia；见330页地图；www.micropia.nl；Artisplein, Plantage Kerklaan 38-40；成人/儿童 €14/12，含阿提斯皇家动物园 €27/23；⏲周日至周三9:00~18:00，周四至周六至20:00；🚋9/14 Artis）是动物园最新的亮点。这是世界上第一家以微生物为主的博物馆，你可以了解到人体内有多少这种眼睛看不见（世界上最小）的生物，并对它们有深入的认识（植物可以被分解成不同的物质，例如食物和能源）。

沿着昔日普兰塔格花园的小路漫步，有大量被列入文化遗产的19世纪建筑和纪念碑。花园里还有几家咖啡馆。

不要错过

- 微生物博物馆
- 水族馆
- 狮子栖息地
- 非洲稀树草原

实用信息

- 见330页地图
- ☎523 34 00
- www.artis.nl
- Plantage Kerklaan 38-40
- 成人/儿童€19.95/16.50，含微生物博物馆 €27/23
- ⏲3月至10月9:00~18:00，11月至次年2月至17:00
- 🚋9/14 Plantage Kerklaan

09 00; www.oba.nl; Oosterdokskade 143; ⏲10:00~22:00; 🚊4/9/16/24/26 Centraal) 免费 这座对称的九层"知识塔"(自封的绰号)是荷兰最大的图书馆,于2007年揭幕,位于阿姆斯特丹这一日渐时尚区域的醒目位置。图书馆的每一层都散落有诱人的椅子和沙发,还有免费的网络终端(也有免费的无线网络)。令人惊叹的城市美景在顶层咖啡馆一览无余。

媒体博物馆 博物馆

(Persmuseum; ☎692 88 10; www.persmuseum.nl; Zeeburgerkade 10; 成人/儿童 €4.50/3.25; ⏲周二至周五 10:00~17:00, 周日正午起; 🚌22 Veelaan)媒体博物馆保存了与荷兰新闻业发展史相关的物品,对于不会说荷兰语的人来说其实远比感觉上要有趣。博物馆所在的建筑颇为时髦,收藏了大量历史悠久的报纸(最早可追溯到1600年)、政治社论卡通形象和媒体照片,此外还有很多有趣的老式宣传海报。

鲸鱼集合住宅 建筑

见330页地图(Whale; Ertskade; 🚊10 JF Van Hengelstraat)这一节能的锌合金公寓群建于1998至2000年间,由荷兰建筑师弗里茨·凡·东恩(Frits van Dongen)设计。角落两处凸起使得内部有更多自然光,也因此形成独一无二的鲸鱼形状[KNSM岛(KNSM Eiland)的Levantkade是最佳欣赏点]。

就餐

新市场

★STERK STAALTJE 熟食 €

见328页地图(http://sterkstaaltje.com; Staalstraat 12; 菜肴 €4~7.60; ⏲周二至周五 8:00~19:00, 周六8:00~18:00, 周日11:00~17:00; 🚊4/9/14/16/24 Muntplein)摆在人行道上的一箱箱水果会让你以为Sterk Staaltje是一家普通的蔬果店,但进入里面,你会发现这是一个熟食宝库:红烧肉丸(teriyaki)、羊奶干酪和晒干的西红柿乳蛋饼,南瓜墨西哥卷,当日特色汤,好吃的三明治(烤牛肉、辣根和芝麻菜、腌鸡肉配鳄梨酱和酸奶油),还有沙拉和意大利面。

★TOKOMAN 苏里南菜 €

见328页地图(Waterlooplein 327; 三明治 €3~4.50, 菜肴 €6.50~12.50; ⏲周一至周六 11:00~20:00; 🚊9/14 Waterlooplein)Tokoman门前总是排起长龙,加入到那些等待品尝香辣苏里南菜的食客行列吧。这里供应美味的苏里南块茎鸡肉三明治(broodje pom)。你会想加泡菜和辣酱,再来罐冰镇椰汁,大快朵颐。

第二家新开的分店(见330页地图; Zeedijk 136; 三明治 €3~4.50, 菜肴 €6.50~12.50; ⏲周一至周六 11:00~21:30; 🚊9/14 Waterlooplein)也在这一街区,同样很受欢迎。

TOKO JOYCE 印度尼西亚菜 €

见328页地图(www.tokojoyce.nl; Nieuwmarkt 38; 菜肴 €6.50~10.50; ⏲周一16:00~20:00, 周二至周六11:00起,周日13:00起; Ⓜ Nieuwmarkt)从玻璃柜中选择喜欢的菜式,来一份印尼和苏里南菜大拼盘。"午餐便当"(你可以选择面条或米饭,外加两种辣味、椰汁浇头)性价比颇高。最后,再来块松软的千层姜饼(spekkoek)。你可以将美食端到有几张餐桌的楼上,或者去外面,门外不远处就有一些运河畔的长椅。

TISFRIS 咖啡馆 €

见328页地图(www.tisfris.nl; St Antoniebreestraat 142; 菜肴 €5~14; ⏲9:00~19:00 🚊9/14 Waterlooplein)为马赛克装饰的TisFris内部以及运河畔都摆满了餐桌,几乎排到了伦勃朗博物馆门口。找个位置,点一份当日特色三明治,或者点一份主食,例如烟熏鲭鱼配辣根和甜菜萨尔萨酱(smoked mackerel with horseradish and beetroot

骑车游新市场区、普兰塔格区和东岛区

想骑自行车探索这片街区,可以去MacBike(见328页地图; ☎428 70 05; www.macbike.nl; Waterlooplein 199; 自行车租赁每3/24小时€7.50/9.75起; ⏲9:00~17:45; Ⓜ Waterlooplein)的滑铁卢广场中心店,借车很方便。

另辟蹊径

艾瑟尔堡区（IJBURG）

从东岛区出发，乘坐有轨电车26号线不出10分钟就能到达阿姆斯特丹最新的街区艾瑟尔堡区。1996年，为了缓解阿姆斯特丹的住房短缺，市政府先从IJmeer湖上的三座人工岛——Steigereiland、Haveneiland和Rieteilanden——开始大兴土木。2002年，艾瑟尔堡区的第一批居民入住，而住宅建设仍在继续，终极目标是建造18,000处居所，容纳45,000名居民。不过现在，这里已经成为旅游目的地之一。

除了欣赏漂亮的当代建筑外，艾瑟尔堡区还是帆板冲浪运动的热门地。在艾瑟尔堡Blijburg Aan Zee海滩的东端，位于集装箱内的**艾瑟尔堡冲浪中心**（Surfcenter IJburg；www.surfcenterijburg.nl；Berthaanstrakade；帆板冲浪设备/潜水服租赁每小时 €17/5；⏲4月至10月周三和周五15:00~21:00，周六和周日11:00~18:30；🚊26 IJburg）提供帆板冲浪运动设备的租赁服务。

这一街区还有些一流的餐馆和酒吧。**Restaurant Bloem**（☎416 06 77；www.bloemopijburg.nl；IJburglaan 1289；主菜 €16~24；⏲17:30~22:00；🚊26 IJburg）的海滩风格装饰轻松随意，热情的意大利主厨首选有机食材烹制美味佳肴。菜单每日更换，但可能会有自制意大利扁面条配蛤蜊、辣椒、欧芹（house-made linguine with clams, chilli and parsley），或者是新鲜金枪鱼与白芦笋一起烤制，搭配青豆萨尔萨辣酱（fresh tuna grilled with white asparagus and served with green-bean salsa），还有正宗的木窑烤比萨。只接受现金。

以**阿姆斯特丹标准海平面**（见102页）命名、位于港畔的餐馆**NAP**（www.napamsterdam.nl；Krijn Taconiskade 124；主菜 €15.50~31.50，西班牙小吃 €6.50~10；⏲11:00~22:00；👪；🚊26 IJburg）能俯瞰艾瑟尔堡停满游艇的船坞，内部装修呈时髦的半工业化风格。这里供应各种西班牙小吃，面包片搭配鱼生片（crostini with carpaccio），香醋拌辣虾和牡蛎（spicy head-on prawns and oysters with vinaigrette），主菜则包括菌菇烩饭（chanterelle risotto）和煎鲈鱼配番茄萨尔萨酱（seared sea bass with tomato salsa）。

Dok 48（www.dok48.nl；Krijn Taconiskade 328-330；⏲周二至周日11:00至午夜；📶；🚊26 IJburg）内摆着铺有时尚红垫子的木头长凳，此外还有个摆满了餐桌和椅子的夏日露台，就对着游艇停靠区，是欣赏游艇起航和回港的理想之地。这里还有不少优质的啤酒、葡萄酒和起泡酒可以选择，食物口味也堪称顶级。周末，经常会有DJ会来此助兴。

艾瑟尔堡也可以作为前往**梅登**（见106页）及其中世纪城堡梅登城堡和要塞岛帕姆皮斯岛的起点。

salsa），或者荷兰肉丸配芥末蛋黄酱，有全麦面包、白面包和谷物面包可选。

★MOES　新派荷兰菜 €€

见328页地图（☎623 54 77；www.totmoes.nl；Prins Hendrikkade 142；主菜 €11.50~19.50；⏲周二至周五 17:00~23:00，周六11:00~23:00，周日11:00~18:00；✍；🚊4/9/16/24 Centraal Station）🌿这一酒吧兼餐馆位于De Appel艺术中心（见98页）的地下层，坚持从农场到餐桌的经营理念。这里每天都有一道特色鱼类菜肴和用当地食材制作的素食。餐馆供应多种主菜，可能有甘蓝小方饺配豌豆和薄荷（kohlrabi ravioli with peas and mint），或者慢煮猪颈肉配波罗蒂豆（slow-cooked pork neck with borlotti beans）。此外还有精选的有机葡萄酒和苹果酒，搭配美食一起享用更佳。

每月的第一个周一是"无肉周一"，菜单上全都是素食选择。你可以询问阿姆斯特丹周边可亲自动手准备午餐和晚餐的农场事宜，有时候，Moes可以进行安排，让你参与烹制过程。

值得一游

梅登(MUIDEN)

梅登是一座悠闲的历史城镇，因红砖的梅登城堡(Muiderslot)闻名。繁忙场景主要集中在中心水闸处，大量漂亮的游船从这里进入宽广的IJsselmeer湖。

梅登城堡(Muiden Castle; www.muiderslot.nl; Herengracht 1; 成人/儿童 €13.50/9; ⏲4月至10月周一至周五10:00~17:00，周六和周日正午起，11月至次年3月周六和周日正午至17:00)由威廉二世(Willem II)之子佛罗斯伯爵五世(Count Floris V)于1280年建造，为护城河所环绕，有圆形塔楼(法式革新设计)，保存之完好令人惊叹。伯爵是穷人权益的积极捍卫者，同时也是亲法派，这两点注定会给其招来麻烦。1296年，佛罗斯被囚禁，尝试逃狱时被杀害。今天，梅登城堡是荷兰最受欢迎的城堡之一，要游览内部，只能参加30分钟的带导览团队游。这里可以使用**阿姆斯特丹城市卡**(见293页)。

帕姆皮斯岛(Pampus; www.pampus.nl; 成人/儿童渡船和团队游 €20/11; ⏲4月至10月周二至周日9:00~17:00)海岸沿线遗留了一座残缺的要塞。这一建于19世纪的巨大堡垒是守护阿姆斯特丹的42座要塞中的一座，探索其中颇有意思。如今要塞被联合国教科文组织列入世界遗产名录，避免了消失的厄运。旺季期间，梅登城堡港口有渡船前往帕姆皮斯岛，具体时间不定。通常上午至少有一班船出发，你可以在岛上停留几个小时，然后搭乘下午的船返回。

小巧的酒吧**Café Ome Ko**(www.cafeomekomuiden.nl; Herengracht和Naardenstraat交叉路口; ⏲周日至周四8:00至次日2:00，周五和周六 至次日3:00)有宽大的绿纹凉篷，天气暖和的时候，顾客会聚集到街头参加大派对。没有派对的时候，这个地方非常适合静静欣赏水闸处船只来来往往的繁忙景象。酒吧供应午餐三明治和经典的荷兰酒吧小吃(炸丸子等)。

从**艾瑟尔堡**(见105页)出发前往梅登很便捷，或沿带路标的7公里自行车道(你也可以步行，约1.5小时)，或乘船。**Veerdienst**(www.veerdienstamsterdam.nl; Krijn Taconiskade 124; 成人/儿童渡船和帕姆皮斯岛或梅登城堡团队游 €20/15; ⏲4月至10月周二至周五11:00，周六和周日11:00和13:30)运营的渡船从艾瑟尔堡出发，包含一次帕姆皮斯岛或梅登城堡的团队游。可免费携带自行车。

此外，320、322和327路公共汽车连接阿姆斯特丹的阿姆斯特尔车站(20分钟，每小时2班)和梅登。下车后，步行1公里可达城堡。

HEMELSE MODDER

新派荷兰菜 €€

见328页地图(☎624 32 03; www.hemelsemodder.nl; Oude Waal 11; 主菜 €20，3道菜套餐 €35; ⏲18:00~23:00; Ⓜ Nieuwmarkt)芹菜绿色的墙，亚麻色木桌，清淡朴素的美食以北海捕捞的鱼和农场新鲜食材为主，有烤珍珠鸡配牛肝菌和龙葵酱(roast guinea fowl with porcini and morel sauce)，餐后可以享用美味的浆果布丁(berry pudding)和与店名相同的hemelse modder(天堂抹泥)黑白巧克力慕斯这样的甜点。后面的露台是露天就餐的不错选择。

FRENZI

地中海菜 €€

见328页地图(☎423 51 12; www.frenzi-restaurant.nl; Zwanenburgwal 232; 午餐主菜 €7~14，晚餐€14.50~18.50，西班牙小吃 €4.50~6; ⏲11:00~22:00; 🚋4/9/14/16/24 Muntplein)这家轻松随意的餐馆供应美味的西班牙小吃，足以让你吃饱——曼彻格奶酪和糖渍无花果(Manchego cheese and fig compote)；腌沙丁鱼(marinated sardines)；褐蘑菇配戈贡佐拉奶酪(portobello mushrooms with melted gorgonzola)——不过可以留点肚子品尝主菜，例如煎鳕鱼配茴香泥(pan-fried cod with fennel mash)，南瓜团子配枯菠菜(pumpkin gnocchi with wilted spinach)，羊腿烤芦笋(leg of lamb with roast asparagus)。这里藏有110种意大利格拉巴酒。周六下午3点有现场爵士乐表演。

LATEI

咖啡馆 €€

见328页地图(www.latei.net; Zeedijk 143; 午餐菜肴 €3.75~6.50, 晚餐主菜 €6~16; ⏲周一至周三8:00~18:00, 周四和周五 至22:00, 周六9:00~22:00, 周日11:00~18:00; 🖉; Ⓜ Nieuwmarkt)阿姆斯特丹的年轻人聚集在一流的Latei, 你可以买下墙上的灯(或任何充满复古风情的饰物)。这一错层式的咖啡馆在周四至周六供应非同寻常的晚餐, 通常是经过改良更适合当地口味的埃塞俄比亚、印度或印度尼西亚菜肴。此外, 这里还有三明治、苹果派和拿铁咖啡(koffieverkeerd)。咖啡馆里还有一只名叫Elvis的猫咪出没。

CAFÉ BERN

瑞士菜 €€

见328页地图(☎622 00 34; www.cafebern.com; Nieuwmarkt 9; 主菜 €12~18; ⏲厨房 9月至次年6月18:00~23:00; Ⓜ Nieuwmarkt)这家能俯瞰过磅房的咖啡馆略显老旧, 但给人以舒心愉悦感, 可尽情享用火锅美食。30多年来, 食客拥到这里只为品尝格吕耶尔奶酪火锅和牛排(entrecôte)。注意: 咖啡馆在夏季绝大多数时间关门, 因为炎夏人们对热腾腾的奶酪火锅的需求降低。建议提前预订。

NYONYA

亚洲菜 €€

见328页地图(www.nyonya-malaysia-restaurant.com; Kloveniersburgwal 38; 主菜 €9.50~19; ⏲13:00~21:00; Ⓜ Nieuwmarkt)这一低调的小馆供应辣味米粉汤面(laksa, 叻沙), 口感丰富的仁当咖喱(rendangcurry, 辣味, 加椰汁)配牛肉、鸡肉或对虾, 以及其他马来西亚特色菜, 包括马来炒饭(nasi goreng)。这里没有酒水, 但你可以喝奶茶或沙士饮料(中式根汁汽水)。

POCO LOCO

咖啡馆 €€

见328页地图(Nieuwmarkt 24; 午餐主菜 €4.50~12, 晚餐 €12~17; ⏲厨房 9:00~22:30; 📶🖉; Ⓜ Nieuwmarkt)这里供应的午餐三明治不一般, 有腌鸡肉配墨西哥辣椒、酸奶油和鳄梨酱(marinated chicken with jalapeños, sour cream and guacamole)、碎牛肉丸配沙嗲酱(ground-beef meatballs with satay)。晚餐则有经过改良更适合荷兰人口味的西班牙小吃, 例如虾串。如果能俯瞰新市场的露台满座, 可以选择装饰复古的内部, 环境也相当不错。

NAM KEE

中国菜 €€

见328页地图(☎638 28 48; www.namkee.net; Geldersekade 117; 主菜 €12~22; ⏲周二至周五 16:00至午夜, 周六14:30至午夜, 周日14:30~23:00; 🖉; Ⓜ Nieuwmarkt)这是阿姆斯特丹位于中世纪中心的著名中餐馆Nam Kee(见82页)的分店, 它比总店显得更为时尚。

LASTAGE

法国菜 €€€

见328页地图(☎737 08 11; www.restaurantlastage.nl; Geldersekade 29; 3/4/5/6道菜套餐 €43/53/63/73; ⏲周二至周日 18:30~22:00; 🚊4/9/16/24 Centraal Station)Lastage规模不大, 位于与红灯区接壤处, 虽然周边环境脏乱, 但这里舒适惬意, 犹如荆棘丛中的一朵玫瑰。菜单经常更新, 有龙虾冻(aspic of lobster)和熏鲱鱼(smoked herring), 还有小牛腰子(sweetbread)和陶锅炖鹌鹑(quail terrine)、鳕鱼配熏鳗和土豆团子(cod with smoked eel and potato gnocchi)、黑巧克力和蓝莓熔岩蛋糕(dark-chocolate and blueberry lava cake)。所有的菜式摆盘都很精致, 搭配精选的葡萄酒享用。

普兰塔格区

IJSMOLEN

冰激凌 €

见330页地图(Zeeburgerstraat 2; 1/2/4球 €1.50/2.75/4.75; ⏲正午至21:00; 🚊10 Hoogte Kadijk)这家店就在德古依尔风车旁边, 自制冰激凌有各种荷兰特色口味, 例如经典的荷兰松饼(stroopwafel, 焦糖华夫饼), 辣味圣诞饼干(speculaas), 还有芒果和薄荷, 香草碎巧克力(stracciatella), 西瓜, 柠檬奶酪蛋糕。天气炎热的时候, 小店一直营业到晚上10点。

CAFÉ KADIJK

印度尼西亚菜 €€

见330页地图(☎06 1774 4441; www.cafekadijk.nl; Kadijksplein 5; 主菜 €14.50~19.50; ⏲17:00~22:00; 🚊22/48 Kadijksplein)这一光照充足的错层式咖啡馆有间迷你厨房, 给人感觉只供应咖啡, 但事实上这里还烹制味道绝

好的印度尼西亚菜，包括迷你版的印尼餐（通常分量很大，米饭配多种菜肴）。不接受信用卡。

CAFÉ SMITH EN VOOGT 咖啡馆 €€

见330页地图（www.cafesmitenvoogt.nl；Plantage Parklaan 10；午餐主菜 €4~7.50，晚餐 €10~18.50；厨房 10:00~21:30；；9/14 Plantage Kerklaan）这一拥有高天花板的咖啡馆精致休闲，让人身心愉悦，在游览邻近的韦特海姆公园（见100页）时，不妨顺道来这里享用午餐或喝杯咖啡。除了诱人的沙拉和三明治外，这里还有不少餐食选择，例如烤芦笋配山羊奶酪（baked aubergine with goat's cheese），豆豉酱鸭胸肉（duck breast with black-bean sauce）。

KOFFIEHUIS VAN DEN VOLKSBOND 各国风味 €€

见330页地图（www.koffiehuisvandenvolksbond.nl；Kadijksplein 4；主菜 €16~20；18:00~22:00；；22/48 Kadijksplein）这里的氛围给人悠闲放松的感觉，最初是面向码头工人的慈善咖啡屋，至今仍散发着时尚的蓝领气息——木地板，失去光泽的枝形吊灯，巨大的红玫瑰壁画，还有古董浴盆。菜肴富有创意，有戈贡佐拉奶酪（gorgonzola）和西兰花乳蛋饼（broccoli quiche），烤珍珠鸡配柠檬酱（roast guinea fowl with lemon sauce），甜点可以选择冷芒果汤配椰汁冰激凌（cold mango soup with coconut ice cream）。不接受信用卡。

东岛区

★GEBR HARTERING 新派荷兰菜 €€

见328页地图（421 06 99；www.gebr-hartering.nl；Peperstraat 10；周二、周三和周日 4/7道菜套餐 €40/65，周四至周六6/9道菜套餐 €50/75；周二至周日 18:00~22:30；32/33 Prins Hendrikkade）兄弟俩联手打造的这家餐馆堪称业界典范，菜单每日更换，你永远不知道自己将会品尝到什么，但菜肴绝对美味，摆盘也十分精致。葡萄酒菜单很精练，木结构的餐厅和运河畔的位置使得这里沉浸在无与伦比的浪漫氛围中。

DE PLANTAGE 新派欧洲菜 €€

见330页地图（760 68 00；http://caferestaurantdeplantage.nl；Plantage Kerklaan 36；午餐主菜 €7.50~21.50，晚餐 €17.50~21.50；9:00~22:00；9/14 Plantage Kerklaan）这家餐馆位于一栋建于1870年并在1900年进行扩张的昔日暖房内，就在阿提斯皇家动物园旁边，由锻铁支柱和玻璃窗构成。创意菜肴包括狼鱼配烤胡萝卜、薰衣草和白扁豆（sea wolf with roasted carrots, lavender and Beluga lentils），羊舌炖芜菁和洋蓟（lamb's tongue stew with turnip and artichokes），杏仁蛋糕配糖渍山莓（almond cake with raspberry compote），杏仁冰激凌（almond ice cream）。夏季，餐桌会摆在带有梦幻灯光的树下。

ZOUTHAVEN 海鲜 €€

见330页地图（788 20 90；www.zouthaven.nl；Piet Heinkade 1, Muziekgebouw aan 't IJ；午餐主菜 €7.50~14.50，晚餐 €20~26.50；11:30~22:00；26 Muziekgebouw）艾河音乐厅内的餐厅时尚气派，无论是位置，还是景观，都无与伦比。每层都有巨大的玻璃窗和一览无遗的露台，能让你将艾河全景收入眼底。这里的食物，例如黑线鳕鱼和泽兰蚌冻（haddock and Zeeland mussels terrine），或者香草裹鲑鱼（herb-crusted salmon），味道都相当不错。海鲜都是以可持续标准捕捞或养殖的。

ÉÉNVISTWÉÉVIS 海鲜 €€

见330页地图（623 28 94；www.eenvistweevis.nl；Schippersgracht 6；主菜 €17.50~24.50；周二至周六18:00~22:00；22/48 Kadijksplein）这家低调的店是当地人的最爱，内部装饰有贝壳和枝形吊灯，手写菜单上菜式不多，都是用时下最新鲜的海鲜烹制，例如西班牙凉菜汤配炸对虾（gazpacho with fried prawns），黄油鳎鱼（sole in butter）或多宝鱼加海蓬子和荷兰辣酱油（turbot with samphire and hollandaise sauce），还有美味的牡蛎。

GARE DE L'EST 各国风味 €€

见330页地图（463 06 20；www.garedelest.nl；Cruquiusweg 9；4道菜套餐 €33；

18:00~22:00；22 Het Funen）在四道菜套餐上来之前，你永远不会知道究竟有哪些美味，但可以根据你的日常饮食习惯提出要求（包括素食）。这一1901年的迷人建筑内装饰有葡萄牙瓷砖以及中东风格的灯具，不过天气暖和时，最好的位置在庭院里。

DE WERELDBOL
各国风味 €€

见330页地图（362 87 25；www.dewereldbol.nl；Piraeusplein 59；午餐主菜 €7.50~16，晚餐 €17.50~20.50，3道菜套餐 €35；周二至周日正午至21:00；10 Azartplein）老板兼主厨热情且有个性，菜单总是不断更新，还能欣赏到美丽的船来船往风光——这一小巧的黑木结构餐馆是驻足享用午间汤品、沙拉和三明治的理想之地，也可以在一天的观光结束后来这里品尝海鲈鱼配墨鱼汁面（sea bass with squid-ink spaghetti），香蕉面包配自制香蕉冰激凌。

SEA PALACE
中国菜 €€

见328页地图（626 47 77；www.seapalace.nl；Oosterdokskade 8；主菜 €17~38，点心 €4~8.50；正午至23:00；4/9/16/24/26 Centraal）水上中餐馆的有趣之处在于：看似旅游陷阱，实则往往供应美味佳肴。Sea Palace共有三层，挤满了当地人和游客，他们来这里的目的可不仅仅是在艾河对面欣赏城市美景。不妨尝尝各种可口的点心或者辣味火锅。建议提前预订。

KOMPASZAAL
咖啡馆 €€

见330页地图（419 95 96；www.kompaszaal.nl；KNSM-laan 311；主菜午餐€6~13.50，晚餐€15~21，午茶 €17.50；厨房周三10:00~17:00，周四和周五10:00~22:00，周六和周日11:00~22:00；；10 Azartplein）这家通风舒适的咖啡馆位于有百年历史的荷兰皇家汽船公司（Royal Dutch Steamboat Company，荷兰语简称KNSM）的进港大厅，菜单令人愉悦，有柠檬鳎鱼配洋蓟和薰衣草脂（lemon sole with artichokes and lavender butter），烤嫩鸡配蒜泥蛋黄酱（roast poussin with aioli）和土耳其pilav（应季高汤煮黄油米饭）。雅致的绿色瓷砖和能欣赏河畔风光的阳台同样具有吸引力。

每周五晚上会举行20世纪50年代的摇摆乐、爵士乐、探戈和萨尔萨舞曲活动。

INSTOCK
各国风味 €€

见330页地图（www.instock.nl；Czaar Peterstraat 21；菜肴 €4~10，3道菜晚餐套餐 €26；周日至周三9:00~22:00，周四至周六至23:00；；10 Eerste Coehoornstraat）Instock的经营理念是减少食物浪费。其电动“食物拯救车”会前往Albert Heijn、Hilton Meats这样的杂货连锁店，鱼商Jan van As和喜力公司回收仍在保质期却要被处理掉的食材，然后烹制成美味的三道菜套餐（包括当日素食选择）。根据不同食材，餐食价格会有些许变动。

★GREETJE
新派荷兰菜 €€€

见330页地图（779 74 50；www.restaurantgreetje.nl；Peperstraat 23-25；主菜 €23~27；周日至周五18:00~22:00，周六 至23:00；22/34/35/48 Prins Hendrikkade）Greetje使用从市场上采购的新鲜有机食材，让传统荷兰食谱重新焕发活力，例如腌牛肉（pickled beef）、煨小牛肉配杏仁（braised veal with apricots）、韭葱土豆泥配蔬菜（leek stamppot）和五花肉配荷兰芥末酱（pork belly with Dutch mustard sauce）。从两人份的Big Beginning（每人€15）开始，可以品尝到一系列热的和冷的前菜。

如果你没法决定吃什么甜点［有柠檬脱脂奶布丁配黑莓酱（lemon buttermilk pudding with blackberry sauce），法式焦糖布丁配月桂（crème brûlée with sweet wood extract）和甘草甜味冰激凌（liquorice ice cream）］，可以选择Grand Finale（两人；每人€14），共同品尝全部6种口味。

饮品和夜生活

别错过毗邻德古依尔风车的艾河酿酒厂（见111页）的团队游，或者至少要来这里喝一杯啤酒。

新市场

★DE SLUYSWACHT
棕色咖啡馆

见328页地图（www.sluyswacht.nl；

Jodenbreestraat 1；⏲周一至周四12:30至次日1:00，周五和周六 至次日3:00，周日 至19:00；🚊9/14 Waterlooplein）这座小巧的黑色建筑建于1695年，倾斜的样子就如同一艘在狂风中航行的船，曾经是Oude Schans运河河畔的水闸管理员聚集地。如今这里能看到蒙特班塔的河畔露台是阿姆斯特丹最理想的放松地之一，不妨喝上一杯荷兰啤酒（Dommelsch是这里的特色）。

CAFÉ DE DOELEN 棕色咖啡馆

见328页地图（Kloveniersburgwal 125；⏲周一至周四9:00至次日1:00，周五和周六9:00至次日3:00，周日10:00至次日1:00；🚊4/9/14/16/24 Muntplein）De Doelen坐落于阿姆斯特尔河和红灯区的交叉口，周围一派繁忙的河畔景象，其历史可以追溯到1895年。仔细留意，你会发现一个木刻山羊头，彩绘玻璃灯，地板上还撒有沙子。天气晴好的时候，街头也会摆上餐桌，能欣赏到如画般完美的运河景色。

CAFÉ DE ENGELBEWAARDER 棕色咖啡馆

见328页地图（www.cafe-de-engelbewaarder.nl；Kloveniersburgwal 59；⏲周一至周五10:00至次日1:00，周五和周六10:00至次日3:00，周日正午至次日1:00；Ⓜ Nieuwmarkt）爵士乐迷会很乐意在9月至次年6月的每周日下午4点半来到这家小小的咖啡馆，欣赏公开演出，这期间总是聚集了有相同爱好的人。其他时候，这里很宁静，阳光透过窗户射进来，不妨来杯啤酒（龙头里共有15种可选）。

CAFÉ CUBA 鸡尾酒吧

见328页地图（www.cafecuba.nl；Nieuwmarkt 3；⏲周一至周四13:00至次日1:00，周五和周六11:00至次日3:00，周日11:00至次日1:00；Ⓜ Nieuwmarkt）如果将棕色咖啡馆搬到加勒比地区，可能就会如Cafe Cuba这般散发着逝去岁月的优雅气息。在这里，你可以慵懒地坐在刻有名字的桌子旁，畅饮鸡尾酒，例如mai tais、planter's punch以及著名的mojito。这里的墙上挂有海明威的照片，还有老式的朗姆酒宣传海报。

DE BEKEERDE SUSTER 自酿酒吧

见328页地图（www.debekeerdesuster.nl；Kloveniersburgwal 6-8；⏲周一至周四正午至次日1:00，周五和周六 至次日2:00，周日至午夜；Ⓜ Nieuwmarkt）这里有酿酒罐，美丽的硬木内饰，甚至还有悠久的历史——由修女经营的16世纪酿酒厂兼修道院。来这里品尝自酿啤酒，搭配酒吧小食，或者举杯迎接新市场美妙的夜晚。品尝四种啤酒的费用为€9。

BLUEBIRD 咖啡大麻店

见328页地图（Sint Antoniesbreestraat 71；⏲9:30至次日1:00；Ⓜ Nieuwmarkt）Bluebird远离咖啡大麻店聚集地新市场，游客较少，更本土化。店里有数个房间，都绘有漂亮的壁画和当地艺术家的作品，休息厅有皮椅子，不提供含酒精饮料的吧台和厨房供应非常好吃的小食，例如现做的薄煎饼。这里的大麻制剂尤其出名，包含在阿姆斯特丹其他地方买不到的品种。

GOA 咖啡大麻店

见328页地图（Kloveniersburgwal 42；⏲10:00至次日1:00；📶；Ⓜ Nieuwmarkt）舒适惬意的Goa对街的大门完全敞开，不仅通风极好，你还可以一边听上好的嘻哈乐，一边欣赏Kloveniersburgwal街上人来人往的景象。

LOKAAL 'T LOOSJE 棕色咖啡馆

见328页地图（www.loosje.nl；Nieuwmarkt 32-34；⏲周日至周四8:30至次日1:00，周五和周六 至次日3:00；Ⓜ Nieuwmarkt）这是新市场区最古老且最漂亮的咖啡馆之一，拥有精美的蚀刻玻璃窗，墙上还有细致的瓷砖画，吸引了学生、当地人和游客。风和日丽的时候，柳条椅会摆到铺设有人字形图案的露台上。

AMSTELHOECK 大咖啡馆

见328页地图（www.amstelhoeck.nl；Amstel 1；⏲周一至周四9:00至次日1:00，周五9:00至次日3:00，周六10:00至次日3:00，周日10:00至次日1:00；🚊9/14 Waterlooplein）Amstelhoeck位于市立歌剧院内，虽然历史不如阿姆斯特丹城里其他一些咖啡馆悠久，但魅力丝毫不逊色。靠阿姆斯特尔河的露台景色迷人，夏季总是人满为患。

GREEN PLACE 咖啡大麻店

见328页地图（www.thegreenplace.nl；

艾河酿酒厂（BROUWERIJ 'T IJ）

艾河酿酒厂（见330页地图；www.brouwerijhetij.nl；Funenkade 7；⏲酿酒厂14:00～20:00，英语团队游周五至周日15:30；🚋10 Hoogte Kadijk）就在建于1725年的德古依尔风车那嘎吱作响的翼片下面，是阿姆斯特丹首屈一指的有机微酿啤酒厂，出产爽口（往往很浓烈）的标准、应季和限量啤酒。你可以在铺满瓷砖的品酒屋喝啤酒，这里的酒瓶收藏规模令人叹为观止，也可以去法国梧桐遮蔽的露台。30分钟的酿酒厂团队游（€4.50）包含一杯啤酒。

想参加团队游得当天去吧台报名，不可以提前预约。

Kloveniersburgwal 4；⏲10:00至次日1:00；Ⓜ Nieuwmarkt）大麻学院（Cannabis College）的员工推荐这家店，理由是选择丰富，味道一流，价格公道。只接受现金。

普兰塔格区

★SKYLOUNGE 鸡尾酒吧

见330页地图（http://doubletree3.hilton.com；Oosterdoksstraat 4；⏲周日至周四11:00至次日1:00，周五和周六 至次日3:00；🚋1/2/4/5/9/14/16/24 Centraal Station）SkyLounge位于DoubleTree Amsterdam Centraal Station酒店的第11层，玻璃幕墙的设计使得这里能欣赏到无可匹敌的360度城市全景。摆有沙发的天空露台十分宽敞，设有户外吧台，能让你有更美妙的体验。这里的鸡尾酒种类超过500种，有DJ定期表演助兴。

DE GROENE OLIFANT 棕色咖啡馆

见330页地图（www.degroeneolifant.nl；Sarphatistraat 510；周日至周四11:00至次日1:00，周五和周六 至次日2:00；🚋9 Alexanderplein）精美复杂的木工，散发着浓浓的维多利亚奢华风，置身于此，你会感觉仿佛时光倒流。和当地人一样坐在大约1880年搭建的吧台，欣赏装饰艺术风格的玻璃，或者像昔日普兰塔格区优雅的居民那样，去楼上的餐厅享用美食。

CAFÉ SCHARREBIER 棕色咖啡馆

见330页地图（http://scharrebier.nl；Rapenburgerplein 1；⏲周日至周四11:00至次日1:00，周五和周六 至次日3:00；🚋22 Kadijksplein）这家温暖舒适的小小棕色咖啡馆有一个可以俯瞰水闸的露台，是品尝啤酒或荷兰杜松子酒的好地方，颇具吸引力（顺带说一下，scharrebier是兑水的啤酒，不那么刺激）。

CAFÉ ORLOFF 酒吧

见330页地图（www.orloff.nl；Kadijksplein 11；⏲周一至周四8:00至次日1:00，周五8:00至次日2:00，周六10:00至次日2:00，周日10:00至次日1:00；📶；🚋22/48 Kadijksplein）在风景如画的Kadijksplein广场，Orloff宽敞的露台有红色凉篷遮阴，是阿姆斯特丹最安宁的地方之一。内部有一张摆满杂志的共享桌。

CAFÉ KOOSJE 棕色咖啡馆

见330页地图（http://koosjeamsterdam.nl；Plantage Middenlaan 37；⏲周日至周四9:00至次日1:00，周五和周六至次日3:00；🚋9/14 Plantage Kerklaan）如果说宣传房地产的三个流行口号分别是地段、地段和地段，那么Koosje——介于阿提斯皇家动物园和荷兰剧院之间——就肯定是市场上最抢手的。在窗边或露台找个位置，感受这一街角咖啡馆的无限活力。

东岛区

★AMSTERDAM ROEST 啤酒园

见330页地图（www.amsterdamroest.nl；Jacob Bontiusplaats 1；⏲周日至周四11:00至次日1:00，周五和周六 至次日3:00；🚋22 Wittenburgergracht）这家超酷的艺术展馆/酒吧/餐馆是由废弃的船厂改造成的，荷兰语Roest即"生锈"的意思。它有一个正对运河的露台，宽敞的后院上空时不时有蓝鹤飞过，内部仍保留了工业化仓库的风貌。这里定期举行的活动有电影放映、现场音乐演出、节日、时装秀和集市。夏季有城市沙滩，冬季则有温暖篝火。

这里不太好找，最直接的办法就是沿Oostenburgervoorstraat街走，在北面的尽头过桥，继续走150米，餐馆就在你的左手边（留意红色的双层伦敦巴士）。

★HANNEKES BOOM 啤酒园

见330页地图（www.hannekesboom.nl; Dijksgracht 4; ⏲周日至周四10:00至次日1:00，周五和周六至次日3:00; 🚊26 Muziekgebouw）这一随性的河畔咖啡馆与NEMO隔河相对，用回收材料打造，是当地人放松的秘密地。咖啡馆有一个啤酒花园，木头长凳，野餐桌，还有夏日烧烤，与真正的花园没有差别。每周日下午3点半有柔和的现场音乐演出，例如爵士乐、创作歌手等。

咖啡馆所在地的历史可以追溯到1662年，当时是监视海运交通的哨所。

HPS 鸡尾酒吧

见330页地图（☎06 2528 3620; www.hpsamsterdam.com; Rapenburg 18; ⏲周日至周四18:00至次日1:00，周五和周六 至次日3:00; 🚊32/33 Prins Hendrikkade）枝形吊灯，长靠椅沙发，HPS（全称Hiding in Plain Sight，意为藏在最显眼的地方）给人地下鸡尾酒吧的感觉，地方很迷你，所以周末最好提前预订。菜单随季节变换更新，不过供应诸如La Vie en Rose（龙舌兰酒、柠檬和玫瑰花瓣）、Beetlejuice（龙舌兰酒、撒有辣椒末的君度酒、鲜榨甜菜根汁和意大利香醋）之类的调制鸡尾酒。每周四晚上8点会有吉普赛摇摆乐队进行表演。

KHL 酒吧

见330页地图（http://khl.nl; Oostelijke Handelskade 44; ⏲周二至周日正午至午夜; 🚊26 Rietlandpark）KHL位于一栋散发历史气息、建于1917年的砖石仓库内，里面铺设有精美的瓷砖，露台是品尝小型葡萄园酿制葡萄酒的理想地方。常规现场音乐演出既有拉丁乐，也有流行乐和传统犹太乐克莱兹默（Klezmer）。

当地知识

GROENBURGWAL运河

站上横跨Groenburgwal运河的白色吊桥，往北朝南教堂方向看过去，你能欣赏到阿姆斯特丹最漂亮的运河风景之一。印象派大师克劳德·莫奈显然对这里情有独钟，1874年，他将眼前美景画了下来，即作品《阿姆斯特丹南教堂：欣赏Groenburgwal运河》（*The Zuiderkerk at Amsterdam: Looking up the Groenburgwal*）。

KANIS & MEILAND 酒吧

见330页地图（www.kanisenmeiland.nl; Levantkade 127; ⏲周二至周五 8:30至次日1:00，周六和周日10:00至次日1:00; 📶; 🚊10 Azartplein）这家大而深的酒吧受到“岛民”的喜爱，供阅读的木头桌，面对“大陆”的高窗以及河上安静的露台都吸引着人们进去。

MEZRAB 夜店

见330页地图（☎419 33 68; www.mezrab.nl; Veemkade 576; ⏲周日至周四20:00至次日1:00，周五和周六 至次日3:00; 🚊26 Kattenburgerstraat）夜店就在港口边上，前身是Café Pakhuis Wilhelmina，以极为有趣的硬摇滚卡拉OK和不断变换主题的舞蹈之夜，常规的独立摇滚、爵士、世界音乐以及其他现场音乐演出闻名，低调且不张扬。每个月的最后一个周四，还会举办英语和荷兰语的讲故事活动。营业时间会有变动。只接受现金。

☆ 娱乐

艾河音乐厅 演出场所

见330页地图（☎售票处788 20 00; www.muziekgebouw.nl; Piet Heinkade 1; 门票免费至€37; ⏲售票处周一至周六正午至18:00和演出前90分钟; 🚊26 Muziekgebouw）这一多元化表演艺术场馆高科技的外表后面隐藏着灯光效果绝佳的主厅，拥有活动舞台和极佳的音效。音乐厅的爵士表演舞台Bimhuis离观众更近。30岁以下的客人可以在演出开始前30分钟买到€10的票。其他人可以尝试通过最后一分钟售票店（www.lastminuteticketshop.nl）购买优惠票。

BIMHUIS 爵士乐

见330页地图（☎788 21 88; http://bimhuis.nl; Piet Heinkade 3; 门票免费至€28; ⏲8月关闭; 🚊26 Muziekgebouw）Bimhuis是荷兰跳动的爵士乐心脏，这个位于艾河音乐厅的时尚场所吸引了世界各地的爵士乐大师。

艾河剧院

古典音乐

见328页地图（Muziek Theater；☎625 54 55；www.operaballet.nl；Waterlooplein 22；⊙售票处9月至次年7月周一至周五正午至18:00，周六和周日至15:00，或表演结束；🚊9/14 Waterlooplein）艾河剧院是荷兰歌剧团（Netherlands Opera）和国家芭蕾舞团（National Ballet）的驻地。大名鼎鼎的表演者以及国际歌舞团也会在这里演出。30岁以下者可以在演出前90分钟买到€10至€15的演出票。9月至次年5月的大多数周二，Boekmanzaal会有免费的古典音乐会（12:30至13:00）。

阿姆斯特丹木偶剧院

剧院

见328页地图（Amesterdams Marionetten Theater；☎620 80 27；www.marionettentheater.nl；Nieuwe Jonkerstraat 8；成人/儿童 €15/7.50；Ⓜ Nieuwmarkt）木偶剧院所在地曾是铁匠铺，常规节目数量有限［主要是莫扎特的歌剧，例如《魔笛》（*The Magic Flute*）］，但孩子和大人都会被赋予小木偶生命的梦幻的舞台布置、古装以及动人的歌喉所吸引。从6月到8月，剧院演出只对团队开放。登录网站查询具体日程安排。

阿姆斯特丹音乐学院

古典音乐

见328页地图（Conservatorium Van Amsterdam；☎527 78 37；www.ahk.nl/conservatorium；Oosterdokskade 151；🚊4/9/16/24 Centraal Station）在荷兰最大的音乐学院欣赏学生们带来的古典表演。这是一所时髦的学院，拥有顶级音效、不计其数的玻璃幕墙和流光溢彩的内饰。

BETHANIËNKLOOSTER

古典音乐

见328页地图（☎625 00 78；www.bethanienklooster.nl；Barndesteeg 6b；⊙9月至次年7月；Ⓜ Nieuwmarkt）这一昔日的修道院靠近新市场，拥有漂亮的舞厅，是倾听室内乐的绝佳地方。爵士乐弥漫在带拱顶的地窖。网上会公布音乐会日程安排。

KRITERION

电影院

见330页地图（☎623 17 08；www.kriterion.nl；Roetersstraat 170；电影票 €5起；⊙周一至周四10:30至次日1:00，周五10:30至次日3:00，周六12:30至次日3:00，周日12:30至次日1:00；🚊7/10 Weesperplein）从1945年起，这家电影院兼咖啡馆就由学生经营，会举行电影首映、主题派对、经典影片、儿童选择等多种活动。此外，这里一年还会承办数次电影节。

苗条的房屋

阿姆斯特丹随处可见极为苗条的房屋，这是因为政府一度依照房门大小征税，面积越小，需要缴纳的税就越少。

Oude Hoogstraat街22号（见328页地图；Ⓜ Nieuwmarkt）就是此类窄屋之一。这所房子宽2.02米，深6米，有好几层，每层面积只有12平方米。这应该是欧洲最窄（居住设施齐全）的房子。

附近的**小特里普房**（Kleine Trippenhuis；见328页地图；Kloveniersburgwal 26；Ⓜ Nieuwmarkt）宽2.44米。这所房子的对面就是富有的特里普兄弟居住过的**豪宅**（见98页）。据传，兄弟俩的马车夫曾感叹："要是我能拥有一所与主人家的正门一样宽的房子该多好呀！"如今这一窄屋是Webers恋物癖商店所在地。

购物

新市场

★DROOG

设计，家庭用品

见328页地图（www.droog.com；Staalstraat 7；⊙周二至周日 11:00~18:00；🚊4/9/14/16/24 Muntplein）在荷兰语中，Droog有"干燥"之意。而这家精明的本土设计商店出售的产品着实让人眼前一亮。你会发现各种巧妙的玩意，而在这之前你甚至没有意识到自己有这方面的需要，例如超强力吸盘。这里还有一个画廊、一个奇特的蓝白色装饰的咖啡馆，以及一个从童话中汲取灵感的庭院花园，梦游仙境的爱丽丝一定会爱上这里，顶层还有一间公寓（双人间€275）。

★滑铁卢广场跳蚤市场

市场

见328页地图（Waterlooplein Flea Market；www.waterloopleinmarkt.nl；Waterlooplein；⊙周

一至周六9:00~18:00；🚊9/14 Waterlooplein）滑铁卢广场跳蚤市场覆盖整个广场，一度被称为跳蚤镇（Vlooienburg），吸引着淘宝者来这里寻觅从古玩到山寨设计等各种宝贝。这一街头市场始于1880年，生活在这一街区的犹太商人开始售卖自己的各种物品。

在市场外围是食物摊贩，炸丸子三明治、薯条以及其他小吃，香气四溢。

KNUFFELS 玩具，鞋

见328页地图（www.knuffels.com；St Antoniesbreestraat 39-51；⏲周一至周六10:00~18:00，周日11:00起；👪；Ⓜ Nieuwmarkt）孩子们会被这一热闹的街角商店中天花板上挂着的风铃和毛绒玩具、木偶、泰迪熊和拼图所吸引。值得一提的是，楼下还开有木屐店，有各式木鞋出售。

JOE'S VLIEGERWINKEL 风筝

见328页地图（www.joesvliegerwinkel.nl；Nieuwe Hoogstraat 19；⏲周二至周五正午至18:00，周六 至17:00；👪；Ⓜ Nieuwmarkt）无论你是为孩子买风筝，还是想买点有异国情调的东西，又或者只是想去公园尽兴玩一下，来这家专卖风筝的店吧。你也可以买个风筝套装然后自己亲手制作。

HET FORT VAN SJAKOO 书籍

见328页地图（☎625 89 79；www.sjakoo.nl；Jodenbreestraat 24；⏲周一至周五 11:00~18:00，周六至17:00；🚊9/14 Waterlooplein）这家左派书店从1977年开始营业，来这里可以了解非法占地的真相，翻阅本土的独立杂志和托洛茨基的译本。

HENXS 服装

见328页地图（www.henxs.com；St Antonies breestraat 136-138；⏲周一至周五 11:00~18:00，周六 至17:00；Ⓜ Nieuwmarkt）这是一家有两层空间的独立服装小店，云集了滑冰爱好者和涂鸦艺术家喜爱的品牌，例如Hardcore、Bombers Best、Evisu和G-Star。隔壁的Henxs' space也可以买到涂鸦用品和前卫的饰物。

JUGGLE 杂耍物品

见328页地图（www.juggle-store.com；Staalstraat 3；⏲周二至周六正午至17:30；🚊4/9/14/16/24 Muntplein）这里出售的可不只是气球，还有从独轮车到火圈，再到魔术戏法等各种杂耍用品。

MARBLES VINTAGE 服装

见328页地图（Staalstraat 30；⏲11:00~19:00；🚊4/9/14/16/24 Muntplein）漂亮，以女装为主，价格合理，Marbles有精心挑选的复古裙装、礼服、外套、鞋、靴子和首饰。商品按照颜色和风格分类。想添置服装的人会从这里开始逛，这个街区还有不少时髦的全新和二手服装店。乔丹区和德派普区都设有分店。

FILMANTIQUARIAAT CINE QUA NON 艺术，书籍

见328页地图（http://cinequanonline.com；Staalstraat 14；⏲13:00~19:00；🚊4/9/14/16/24 Muntplein）大量各式电影海报、艺术影片DVD和电影书籍装满了这一为灰尘覆盖的拥挤地方。令人不解的是，每当你询问某件具体的物品时，店员总是能从看似杂乱无章的商品里找到你想要的。

PUCCINI BOMBONI 巧克力

见328页地图（www.puccinibomboni.com；Staalstraat 17；⏲周日和周一正午至18:00，周二至周六9:00起；🚊4/9/14/16/24 Muntplein）经过这家店而不入几乎是不可能的，你没法抗拒从里面散发出的香味。Puccini手工制作的大巧克力糖果有各种口味，其中不乏独特的味道，例如茴香、罗望子或苹果白兰地。辛格街184号开有另一家分店。注意，天气暖和的时候，这些店会关闭——当然是出于巧克力保存的缘故。

HET HANZE HUIS AMSTERDAM 食品

见328页地图（www.hethanzehuis.nl；Staalstraat 20；⏲周一13:00~18:00，周二、周三和周五10:00~18:00，周四10:00~20:00，周六9:30~17:00；🚊4/9/14/16/24 Muntplein）这家店保存的各种器皿来自阿姆斯特丹在12至16世纪搭档过的贸易伙伴，包括哥本哈根、布鲁日、汉堡、里加和塔林（曾经强盛的汉萨同盟成员）。这里对供货商也有严格要求，必须是从19世纪开始根据传统食谱量产的商家。也正因为如此，你会在架子上发现独一无二的

咖啡、茶、杏仁蛋白糊（marzipan）、葡萄酒和蜂蜜。

'T KLOMPENHUISJE 鞋

见328页地图（www.klompenhuisje.nl；Nieuwe Hoogstraat 9a；⏲周一至周六10:00~18:00；Ⓜ Nieuwmarkt）这一儿童木屐店有色彩缤纷的荷兰传统木鞋。此外，这里还出售可爱的橡胶套鞋（以及对应的雨衣）和其他儿童鞋。

JACOB HOOY & CO 替代医疗

见328页地图（www.jacobhooy.nl；Kloveniersburgwal 12；⏲周一13:00~18:00，周二至周五 10:00~18:00，周六10:00~17:00；Ⓜ Nieuwmarkt）这家迷人的药店——墙上都是木抽屉——从1743年开始售卖药草、顺势疗法的药物和天然化妆品。

BOOK EXCHANGE 书籍

见328页地图（www.bookexchange.nl；Kloveniersburgwal 58；⏲周一至周六10:00~18:00，周日11:30~16:00；Ⓜ Nieuwmarkt）拥挤的空间摆满了二手英文书、价格诱人的文学类书籍和社科卷宗等。靠近大学。

WEBERS 色情

见328页地图（www.webersholland.nl；Kloveniersburgwal 26；⏲13:00~19:00；Ⓜ Nieuwmarkt）各种你能想象（以及难以想象）的高端版恋物癖装束。

农贸市场 市场

见328页地图（Boerenmarkt，Farmers Market；Nieuwmarkt；⏲周六9:00~16:00；Ⓜ Nieuwmarkt）每周六就有摊贩聚集于此，售卖有机食物和产品，吸引很多买家。

古玩市场 市场

见328页地图（Antiques Market；Nieuwmarkt；⏲5月至9月周日9:00~17:00；Ⓜ Nieuwmarkt）淘宝者能在这里发现很多值得细细品味的旧书和小玩意儿。

HEAD SHOP 迷幻商店

见328页地图（www.headshop.nl；Kloveniersburgwal 39；⏲周二至周五 11:00~18:00，周六11:00~19:00，周日正午至19:00；Ⓜ Nieuwmarkt）这栋位于街角的建筑是阿姆斯特丹历史最悠久的迷幻商店所在地，于1968年花之力时代开始营业。这里出售的商品令人眼花缭乱，有各种迷幻松露、药草、大麻、蒸馏器、水烟斗，还有嬉皮风格的物品，例如香、水晶、纸灯笼和扎染服装。

普兰塔格区

FRANK'S SMOKEHOUSE 饮食

见330页地图（www.smokehouse.nl；Wittenburgergracht 303；⏲周一9:00~16:00，周二至周五至18:00，周六至17:00；🚌22 Wittenburgergracht）弗兰克是阿姆斯特丹各大餐馆的首选供货商，他店里顶级的阿拉斯加鲑鱼（Alaskan salmon）、大比目鱼（halibut）和黄鳍金枪鱼（yellowfin tuna）都可以真空包装，适合游客携带（符合海关规定）。他这里同时还出售美味的三明治［烟熏大比目鱼配南瓜（smoked halibut with pumpkin relish）；帝王蟹（king crab）；野猪肉和越橘酸辣酱（wild boar and cranberry chutney）］。

DATEMA AMSTERDAM 书籍，地图

见330页地图（☎427 77 27；www.datema-amsterdam.nl；Prins Hendrikkade 176/50；⏲周二至周五 10:00~18:00，周六 至17:00；🚌22 Kadijksplein）任何对船只感兴趣的人都会喜欢在这家专门的航海书店浏览导航图和航海相关书籍。如果你打算在荷兰尽兴帆船航行，就肯定需要这家店专门为你提出的建议。

东岛区

★LOODS 6 购物中心

见330页地图（www.loods6.nl；KNSM-laan 143；🚌10 Azartplein）这其实不是那种包罗万象的购物中心，而是一系列门店，它们位于1900年建成的前荷兰皇家汽船公司（Royal Dutch Steam Company，简称KNSM）的海关仓库和乘客等候厅内。著名的门店包括儿童服装设计品牌Imps & Elfs，以及出售荷兰设计风格的陶器和家居用品的Pols Potten，此外还有画廊和时装店。

当地知识

钻石那点事儿

阿姆斯特丹有两家钻石加工厂组织免费的带导览团队游。**迦山钻石厂**(见99页)的团队游更出彩。**考斯特钻石厂**(Coster Diamonds,见185页)所处位置较为便捷,就在博物馆广场。在两家厂,你都可以看到很多宝石,以及工人抛光的过程。

如果你想在市面上购买钻石,需要注意,阿姆斯特丹的钻石并不比其他地方便宜,不过通过团队游和详尽的介绍以及厂方的推荐,你会对购买钻石有更清晰的了解。

再说点与当地钻石相关的小事:自1580年代,西裔犹太人将钻石切割业引入阿姆斯特丹后,这座城市就成为钻石中心。1908年,迄今为止发现的最大钻石Cullinan(3106克拉)就是在这里被分割成100余颗小钻石的,负责切割的师傅由于承受太大压力,在之后休息了三个月之久。

★POLS POTTEN 家庭用品

见330页地图(☎419 35 41; www.polspotten.nl; KNSM-laan 39, Loods 6; ⏰周二至周六10:00~18:00,周日正午至17:00; 🚋10 Azartplein)这一街区的新居民颇有时尚意识,想看看他们如何装饰新公寓的?可以直接来这一大规模的室内装饰设计商店,其中一些陶器作品尤其出彩。

IMPS & ELFS 儿童

见330页地图(www.imps-elfs.com; KNSM-Laan 297, Loods 6; ⏰周二至周六10:00~18:00,周日正午至17:00; 🚋10 Azartplein)🍃荷兰设计公司Imps & Elfs的服装以舒适、适合儿童为主,并且这家公司富有社会责任感(坚持公平交易原则),有环保意识(使用全有机织物)。这一大规模的门店除了旗下产品外,还有秉承同样经营理念的公司的商品,例如Parisian Finger in the Nose的服装,Janod wooden的玩具。

DE ODE 特色店

见330页地图(☎419 08 82; www.ode-uitvaartbegeleiding.nl; Levantkade 51; ⏰预约; 🚋10 Azartplein)在这家独特的棺材店,荷兰设计得以进一步延伸,体现在具有创意的棺木上。这家店只接受预约,不过橱窗里总是会展出一些设计。

运动和活动

TUNFUN 游乐场

见328页地图(www.tunfun.nl; Mr Visserplein 7; 成人/儿童 免费/€8.50; ⏰10:00~18:00,停止进入17:00; 👪; 🚋9/14 Mr Visserplein)这一很酷的室内游乐场在曾经的地下通道内。孩子们可以在蹦床上攀爬、打滚、画画和跳跃,也可以在足球场小试身手。这里甚至还有儿童迪斯科舞会(这是阿姆斯特丹),和一家供应小煎饼的咖啡馆。孩子必须由一名大人陪同。天气不佳的时候,这里人较多。

入口在葡萄牙-以色列会堂对面,留意两道绿色拱门以及往下的阶梯。

GLOWGOLF 迷你高尔夫

见330页地图(☎737 18 09; glowgolf.nl; Prins Hendrikkade 194, Noah's Arq; 成人/儿童 €8.50/7.50, 3D眼镜 €1.25; ⏰周日至周三正午至20:00,周四至22:00,周五和周六 至次日3:00; 🚋22 Kadijksplein)从街上看,Noah's Arq就是一家寻常的小酒吧,但在其地下室却有这样一个充满迷幻色彩的迷你高尔夫场地。这里有15个五颜六色、容易让人产生幻觉的球洞,昏暗的灯光使得这些球洞在黑暗中发着令人毛骨悚然的光芒(让你觉得仿佛置身于巨大的弹球游戏机中)。一定要戴上3D眼镜,将这种超现实体验放大到极致。

西运河圈

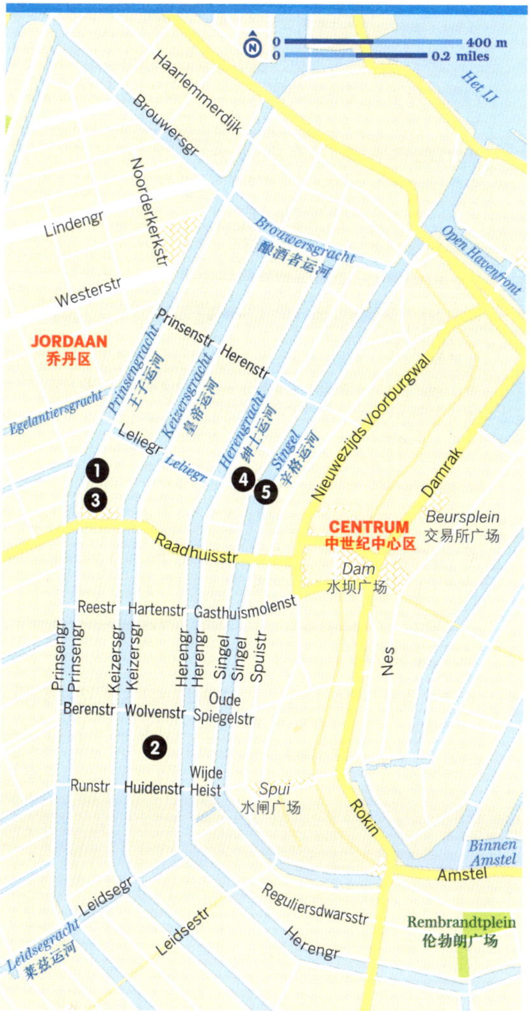

更多区域细节见332页和334页地图

区域亮点

❶ 在令人伤感的**安妮之家**（见119页）——安妮及其家人就是在这里躲避纳粹——思索历史上最著名的荷兰女孩传奇的人生和悲惨的死亡。

❷ 沿布局紧凑却迷人的**九街**（见131页）逛特色店铺。

❸ 登上宏伟的**西教堂**（见121页）的钟塔，参观荷兰最大的教堂正厅。

❹ 在**Reypenaer奶酪品尝屋**（见132页）学会区分年份长的豪达奶酪（Gouda）和年份短的农家奶酪（boorenkaas）。

❺ 参加西运河圈步行游（见124页），探索这一街区的美丽**运河**。

独家贴士

春夏两季，安妮之家的开放时间会延长几小时，可以好好利用。附近有很多不错的餐馆，选择其中一家早点享用晚餐，然后将余下时间用于参观阿姆斯特丹最动人的景点——此时客流较少，你有足够多的时间沉思这位荷兰女孩值得纪念的一生。

最佳就餐

- De Belhamel（见125页）
- Bistro Bij ons（见125页）
- Letting（见123页）
- Vinnies Deli（见123页）
- Singel 404（见123页）

详细介绍见123页。

最佳饮品

- 't Arendsnest（见127页）
- Café Tabac（见127页）
- Café de Vergulde Gaper（见127页）
- Café Het Molenpad（见127页）
- De Doffer（见127页）

详细介绍见127页。

最佳购物

- Frozen Fountain（见129页）
- Tenue de Nîmes（见129页）
- I Love Vintage（见129页）
- De Kaaskamer（见129页）
- Denham the Jeanmaker（见130页）

详细介绍见129页。

探索西运河圈

西运河圈整个街区都被联合国教科文组织列为世界文化遗产，你可以花上一整天，沿着其中一条运河欣赏美丽的建筑。虽然著名景点云集，但哪怕只是沉浸在浓郁的氛围中——街头巷尾，悠闲游船，后院庭院，屋顶阳台，运河畔咖啡馆的露台——也足以感受西运河圈的魅力。

第一天，不妨从西运河圈北边时尚的Haarlemmerbuurt购物区开始，然后往南，穿梭于大街小巷与蜿蜒运河间，参观穆尔塔图里博物馆，欣赏六人像头房的建筑风格，去同性恋纪念碑和西教堂表达敬意，最终于黄昏时分抵达安妮之家，此时参观客流最少。

第二天可以先去街区南边的九街，这里会给你带来阿姆斯特丹最愉悦的购物体验。如井字布局的小街道随处可见出售古玩、复古时装、家居用品的小巧精品店，还有售卖从牙刷到复古眼镜等各种小玩意的个性小店。这里还有不少休闲酒吧和餐馆，天气暖和时，连街头也会坐满食客。

依依不舍地离开九街，下一站前往圣经博物馆、运河畔的运河船屋博物馆以及马赛屋摄影博物馆，最后在王子运河河畔的酒吧、咖啡馆和餐馆结束美好的一天。

当地生活

- **广告生活** 辛格运河和绅士运河两旁广告和设计公司云集，透过窗户看进去——充满艺术感的内部装饰可能会让你羡慕不已。
- **美食和时装** Haarlemmerbuurt街，包括Haarlemmerstraat街在内，餐馆、美味食材及厨具店云集，时装店也点缀其间。
- **小吃时间** 和当地人一起在Wil Graanstra Friteshuis（见127页）前排队等候现炸薯条，抹上厚厚的蛋黄酱或辣酱。

到达和离开

- **有轨电车** 有轨电车13、14、17号线在主要景点附近均设有停靠站，乘坐任意在水坝广场附近停靠的有轨电车或公共汽车，到西运河圈都只有很短的步程。

CRIS TOALA OLIVARES / ANNE FRANK HOUSE ©

重要景点

安妮之家（ANNE FRANK HUIS）

这是20世纪最动人的故事之一，由其主人公为你讲述：一个年轻犹太女孩和她的家人以及朋友被迫躲起来，以免被纳粹驱逐。但凡造访阿姆斯特丹，都绝不能错过他们曾经藏身的房屋。安妮之家每年能吸引超过一百万名参观者。

背景

穿过可转动的书架，就来到“密室”（Secret Annexe），有一段陡峭的楼梯通往安妮一家人曾经生活的地方——他们在这里居住了两年多——置身于此，你仿佛回到了那段逝去的悲惨岁月，显得如此遥远又如此真实。

现在看来这一切似乎不可能，却是真实存在的：德军只用了5天时间就占领了整个荷兰，外加比利时和法国大部分区域。当希特勒的军队开始扫荡这个国家时，很多犹太人——如安妮·弗兰克及其家人——最终不得不躲起来。安妮的日记中描述了各种限制是如何逐步强加于荷兰犹太人的：先是不能乘坐有轨电车，接着被迫上交自行车，再是禁止探访基督教的友人。

弗兰克一家和另一对夫妻凡·佩尔斯（Van Pels，安妮在日记中称他们为Van Daans）及他们的儿子皮特后来搬到了这栋房屋特意腾出的后屋的上层。4个月后，弗里茨·菲弗（Fritz Pfeffer，安妮在日记中称其为Mr Dussel）也住了进来。他们在这里一直住到1944年8月，直到一行人被出卖给了盖世太保。

不要错过

- 安妮的红格日记本
- 安妮的卧室
- 第二次世界大战的新闻短片
- 皮特·凡·佩尔斯的房间
- 安妮校友汉内利·戈斯勒的视频

实用信息

- 见332页地图
- ☎556 71 00
- www.annefrank.org
- Prinsengracht 267
- 成人/儿童 €9/4.50
- ⌚9:00~19:00/22:00，开放时间随季节变化
- 🚊13/14/17 Westermarkt

避免排队

提前购买指定时间门票，可以避免排队。通过博物馆网站预订（附加费€0.50）。你也可以在主入口购买门票，但很可能要排一小时的长队。

弗兰克一家属于最后一批被驱逐的犹太人，1945年3月，就在战争结束前几个月，安妮死在贝尔根·贝尔森集中营。奥托是弗兰克家中唯一的幸存者。战后，他将安妮的日记整理出版，日记是在密室的垃圾堆中找到的（家具物品被纳粹掠走）。

底层

安妮之家经过几次修复后，如今外观齐整现代化，但保留了建筑原来的氛围（第二次世界大战期间，这里曾作为办事处和仓库使用）。

在底层一定要看的是多语言的关于第二次世界大战的新闻短片，其叙述以安妮日记中的片段为线索，将希特勒的崛起和安妮一家的经历紧密相联。

办事处

参观奥托·弗兰克（Otto Frank）的生意伙伴维克托·库格勒（Victor Kugler）曾经使用过的办公室，这里展出了库格勒的身份证以及他为安妮买的电影杂志。其他办公区域分别属于两位女子梅普·吉斯（Miep Gies）、贝普·沃斯库尔（Bep Voskuijl），以及一位男子约翰内斯·克莱曼（Johannes Kleiman），他们白天在这里工作，为住在密室的8个人提供食物、衣服、学习用品和其他物品——通常都是在黑市上或用配给卡购买。你可以在这里看到他们的部分个人档案。

密室

安妮之家的楼下空间通过现代化的互动科技方式细致还原历史，而位于后屋（Achterhuis）、弗兰克一家曾经生活过的地方则保留了封闭、阴暗、令人揪心的原貌。参观者仿佛回到了1942年。留意密室被封起来的窗户，这么做是避免周围居民可能注意到密室的存在（夜晚为了让轰炸机找不到目标，熄灯是常见的方式）。

在参观密室的时候可以驻足细细观察这里巧妙的布置。接着你会来到两层幽暗、让人窒息的狭小空间，白天，弗兰克一家和他们的朋友们就在这里悄无声息地观察周围情况，随着孩子渐渐长大，衣服变得不再合身。他们还会在这里阅读狄更斯的作品，直到最后遭出卖，悲惨死亡。

安妮的卧室

进入安妮那简单的小卧室——她和弗里茨·菲弗一同睡在这里——你依然可以依稀感受到一个小女孩曾经拥有的梦想。从贴在墙上的好莱坞明星的照片以及荷兰王室的明信片可以了解她的兴趣和渴望。

日记

等你回到前屋，更令人难忘的展览和视频等着你——包括安妮那本红格日记本，就躺在玻璃陈列柜中。你还可以观看视频，聆听安妮的校友汉内利·戈斯勒讲述在贝尔根·贝尔森集中营（Bergen-Belsen）遇到安妮的情景。

景点和活动

安妮之家
博物馆

见119页。

西教堂
教堂

见334页地图(Westerkerk, Western Church; ☎624 77 66; www.westerkerk.nl; Prinsengracht 281; ⊙周一至周六10:00~15:00; 🚊13/14/17 Westermarkt)作为阿姆斯特丹荷兰归正会的主要聚集地，西教堂建于1620年，由亨德里克·德·凯泽为富有的新教徒设计。教堂正厅规模是荷兰最大的，为木质桶形穹隆所遮蔽。硕大的主管风琴历史可以追溯到1686年，装饰有各种乐器和《圣经》中的场景。破产后的伦勃朗(1606~1669年)最终于附近的玫瑰运河(Rozengracht)辞世，随后被安葬在教堂某个穷人墓穴中。

每周五下午1点有钟琴演奏会(不过还是先查看入口处的日程安排，因为时间会有变动)，聆听音乐的最佳地点是附近的鲜花运河。每隔15分钟教堂会敲钟。

西教堂钟塔
塔

见332页地图(Westerkerk Bell Tower; www.westertorenamsterdam.nl; Prinsengracht 281; 团队游每人 €7.50; ⊙4月至10月周一至周六10:00~19:30)西教堂钟塔以塔顶蓝色皇冠闻名，1489年，哈布斯堡王朝君主马克西米利安一世允许阿姆斯特丹在盾形纹章上使用他的这顶皇冠。攀登这一85米高的尖塔可不是件容易的事，会让人觉得幽闭恐怖，但导游会在平台上让大家休息几次，并讲解钟的历史由来。团队游每隔半小时出发。6岁以下的孩子不能参加。

同性恋纪念碑
纪念碑

见332页地图(Homomonument; Keizersgracht和Raadhuisstraat交叉口; 🚊13/14/17 Westermarkt)这一由三个10米长等边花岗岩三角形组成的纪念碑就在西教堂后面，建于1987年，让人想到当初纳粹对同性恋的迫害——迫使男同性恋者佩戴粉色三角标志。其中一个三角形伸入皇帝运河，据说代表了男同性恋被送往集中营时出发的码头。

关于三角形伸入运河的另一种解读是代表了升起的希望。注意，纪念碑平铺在地面上，不留心很容易错过。

运河船屋博物馆
博物馆

见334页地图(Het Grachtenhuis, Canal House; ☎421 16 56; www.hetgrachtenhuis.nl; Herengracht 386; 成人/儿童 €12/6; ⊙周二至周日10:00~17:00; 🚊1/2/5 Koningsplein)如果你是那种漫步运河圈，为眼前所见的非凡工程所啧啧惊叹的人，就肯定不想错过运河船屋博物馆，这里展示了运河以及沿岸房屋建造的过程。博物馆通过全息图、视频、模型、卡通和其他创新方式将历史娓娓道来。

不同于阿姆斯特丹大多数博物馆，这家博物馆不能随意参观，而是要组成小团队一起进入体验多媒体展览。整个过程大约1小时，出来后你就知道阿姆斯特丹的房屋为什么会倾斜了。网上买票更便宜。

马赛屋
博物馆

见334页地图(Huis Marseille; ☎531 89 89; www.huismarseille.nl; Keizersgracht 401; 成人/儿童 €8/免费; ⊙周二至周日11:00~18:00; 🚊1/2/5 Keizersgracht)这一精心布置的摄影博物馆会举办大规模的临时展览，从博物馆自己的收藏中选择，或者承办巡展。主题包括肖像、自然或宗教摄影，展品分布在拥有几层空间的主楼以及后面的“夏日别墅”内。

马赛屋所在建筑也颇为有名。这个名字源自这栋房屋最初(1665年)的主人，他是一名法国商人，房屋的结构基本保持了原貌。置身其中，依然能感受到古色古香的怀旧气息，如藏书室里的18世纪喷泉，以及一幅位于花房内的阿波罗、密涅瓦和缪斯女神的画作。

圣经博物馆
博物馆

见334页地图(Bijbels Museum, Bible Museum; www.bijbelsmuseum.nl; Herengracht 366-368; 成人/儿童 €8/4; ⊙周二至周日11:00~17:00; 🚊1/2/5 Spui)这个地方第一次名声鹊起是因为一位名叫Leendert Schouten的虔诚牧师，他搭建了一个《出埃及记》中描述过的犹太帐篷比例模型。据说在模型于1851年完成之前，就已经吸引了数千名参观者。现在模型位于博物馆三楼。

这里收藏的《荷兰圣经》包括一本1477

绅士运河(HERENGRACHT)

绅士运河于17世纪黄金时代挖掘而成，因在此地建造府邸的富有地主而得名。留意部分房屋明显倾斜，并且山形墙都装有滑轮连吊钩的提升装置。由于房屋内部楼梯十分狭窄，因此人们利用这种装置将大型家具用品搬到楼上。

绅士运河以北，与酿酒者运河(Brouwersgracht)的相交口为绅士市场(Herenmarkt)所在地，这是个小广场，17世纪的**西印度屋**(见122页)就建在这里，曾是荷兰西印度公司的总部所在。

绅士运河沿南运河圈的**黄金弯**(见135页)这一段是最为宏伟的。

年印刷的《代尔夫特圣经》。在底层你可以闻到《圣经》中提及的味道，还能漫步穿过栽满圣经树的花园。低层的展览还展出了在1622年建造这一运河房屋并在其中生活近两个世纪的富商家族收藏的画作、家具以及其他物品。

猫船 猫收容所

见332页地图(Poezenboot, Cat Boat; ☎625 87 94; www.depoezenboot.nl; Singel 38; 捐赠入内; ⏲周一、周二和周四至周六13:00~15:00; 🚋1/2/5/13/17 Nieuwezijds Kolk)这艘停泊于辛格运河上的船是猫咪爱好者的必去之地。1966年，一位古怪的女子建造了这艘船，一度收留了数百只流浪猫，为人所津津乐道。在那之后，船只为某基金会接管，有大约50只猫生活在舒适的围栏中。其中15只是永久居民，其余猫咪都做好了被爱心人士收养的准备(已经绝育，并且根据荷兰法律规定，植入可辨别身份的电脑芯片)。

穆尔塔图里博物馆 博物馆

见332页地图(Multatuli Museum; www.multatuli-museum.nl; Korsjespoortsteeg 20; ⏲7月和8月周二10:00~17:00，周四和周五14:00~17:00，周六和周日正午至17:00，9月至次年6月周二10:00~17:00，周六和周日正午至17:00; 🚋1/2/5/13/17 Nieuwezijds Kolk) 免费 小说家爱德华·陶威斯·德克尔(Eduard Douwes Dekker)有个更为人所熟知的笔名穆尔塔图里——拉丁语意思为“我受够了”。《马克斯·哈弗拉尔》(*Max Havelaar*)为其代表作(1860年)，这是一部讲述荷属东印度腐败殖民主义者的小说。这家博物馆兼故居规模虽小，却引人入胜，按照年代顺序展出了作家的生平和作品，还陈列有他那个时代从印尼运来的家具和手工制品。

德克尔本人在巴达维亚(今天的雅加达)的殖民机构中工作过，这本小说让他成为荷兰社会复苏的代表。

西印度屋 历史建筑

见332页地图(West-Indisch Huis, West Indies House; Herenmarkt 97; 🚋1/2/5/13/17 Centraal Station)这一历史建筑建于1617年，最初是肉市和民兵营房所在地。1623年，荷兰西印度公司(Geoctroyeerde Westindische Compagnie; 简称GWC)租下这里作为总部。1625年，正是在这里，GWC主管签字同意在曼哈顿岛上建造堡垒，确立新阿姆斯特丹所在(今天的纽约城)。

1628年，伟大的航海英雄、海军上将派特·海恩(Piet Heyn)率领的军队在古巴海岸线附近俘获西班牙的银色舰队，所缴获的战利品就收藏在这里。

今天，这一位于绅士市场广场的地标建筑是会议场地，有不少办事处，包括在美国和荷兰之间搭建文化桥梁的约翰·亚当斯学院(John Adams Institute)。你可以进入庭院一睹**彼德·史蒂文森像**(statue of Peter Stuyvesant; 约1612~1672年)的风采，他是新荷兰殖民地被英国获取之前最后一任荷兰总督-将军。

荷兰东印度公司(Vereenigde Oostindische Compagnie; 简称VOC)的总部东印度屋(Oost-Indisch Huis; 见98页)位于新市场区。

红帽剧场 文化中心

见332页地图(De Rode Hoed, The Red

Hat; www.rodehoed.nl; Keizersgracht 102; 8.:30~17:30, 特殊活动期间除外; 13/14/17 Westermarkt) 免费 这一文化中心占据三座华美的17世纪运河宅邸, 邀请世界著名的作家做讲座, 还会围绕时下热点组织辩论会, 有时候是英语辩论。即使没有活动, 其三层大礼堂也很值得参观, 它曾是荷兰最大的秘密教堂。

中心是以曾经在此经营的帽店命名(可以通过立面的瓷砖辨认)。

六人像头房 历史建筑

见332页地图(Huis Met de Hoofden, House with the Heads; www.huismetdehoofden.nl; Keizersgracht 123; 周二至周五10:00~17:00; 13/14/17 Westermarkt) 免费 这栋建于1662年的运河房屋拥有漂亮的阶梯山形墙, 是荷兰文艺复兴风格的怪异典范, 它有6个人像, 代表了6位神, 高度与门齐平。六人像头房最近刚刚经过修葺, 现在作为"自由和逆向思维中心"对公众开放, 内有图书馆, 以西方精神和哲学书籍为主, 此外还有展览、音乐会和辩论会。

顺带提一下, 正立面著名的头像分别是阿波罗、狄安娜、塞瑞斯、巴克斯、密涅瓦和墨丘利。著名建筑师亨德里克·德·凯泽及其儿子皮艾特设计了这一建筑。

VAN BRIENENHOFJE 广场

见332页地图(Prinsengracht 85-133; 周一至周五6:00~18:00, 周六 至14:00; 1/2/5/13/17 Nieuwezijds Kolk) 免费 18世纪后期, 为了纪念Jan van Brienen——他买下了位于此地的星星酿酒厂(Star Brewery), 当时阿姆斯特丹13家酿酒厂之一——这个迷人的庭院(又称hofje)因此得名(时至今日, 很多人依旧称这里为De Star Hofje)。

后来这里改建成面向年长居民的救济院, 分工明确: 女子为单身男子打扫房屋, 后者则负责用外面的水泵(顶部有个造型奇特的灯笼)取水。开放时间会有变动。

就餐

西运河圈可能没有其他街区那样的多元丰富的就餐选择, 但记住你只需走几步路就能进入乔丹区。九街(见131页)遍布可爱的咖啡馆和小餐馆, 并不逊色于那些迷人的精品店。

LETTING 荷兰菜 €

见332页地图(www.letting.nl; Prinsenstraat 3; 主菜 €7~13; 周一和周四至周六8:30~17:00, 周三 至15:00, 周日9:00~17:00; ; 13/14/17 Westermarkt) 从正宗的传统荷兰风味早餐开始你的一天, 例如甜面包蘸蛋和肉桂(wentelteefjes), 单面煎的荷包蛋加奶酪和烤牛肉(uitsmijter rosbief), 烟熏比目鱼炒蛋(scrambled eggs with smoked halibut)。午餐可以选择汤和三明治。也可以预订王室午茶(€25), 配香槟。

VINNIES DELI 咖啡馆 €

见332页地图(www.vinniesdeli.nl; Haarlemmerstraat 46; 主菜 €7.50~12.50; 周一至周五7:30~18:00, 周六9:00~18:00, 周日9:30~18:00; ; 1/2/5/13/17 Centraal Station) 这家时尚咖啡馆供应有机美食, 有各式三明治可选, 例如黑豆鹰嘴豆泥和甜椒(black bean hummus and sweet peppers)、茄子配脱脂奶酱和石榴(eggplant with buttermilk sauce and pomegranate)、烟熏鲭鱼配大黄酸辣酱(smoked mackerel with rhubarb chutney)。包括甜菜根奶酪蛋糕(beetroot-topped cheesecake)在内的蛋糕同样富有创意。如果打算自己下厨, 可以从熟食处购买食材。

如果你正在想象这里的原创家具出现在自家休息厅的样子, 那么你走运了: 这里的一切都可出售。

SINGEL 404 咖啡馆 €

见334页地图(428 01 54; Singel 404; 菜肴 €5~9; 10:30~19:00; ; 1/2/5 Spui) 虽然靠近热闹的水闸广场, 但你很容易就错过这家隐蔽的小馆(留意钴蓝色的凉篷)。当然了, 这里的菜单简单至极——熏鲑鱼三明治(smoked salmon sandwiches)、南瓜汤(pumpkin soup)、蜂蜜薄荷柠檬汽水(pumpkin soup, honey-mint lemonade)——但价格极便宜, 分量十足, 味道一流。

PANCAKES! 荷兰菜 €

见334页地图(528 97 97; www.pancakesamsterdam.com; Berenstraat 38; 薄煎饼 €9.50~

街区漫步
西运河圈

起点 辛格运河塔楼闸桥

终点 九街

距离 3公里；1.25小时

沿着这条步行线路，细细感受西运河圈17世纪的美。

❶**辛格运河**曾经是守护阿姆斯特丹外缘的护城河，是市中心以西第一条运河。阿姆斯特丹最古老的桥塔楼闸桥（建于17世纪中期）横跨辛格运河。在过桥之前，在穆尔塔图里像前停留片刻，这位荷兰文学巨匠的博物馆就在北边，只隔了几个街区。

下一站是❷**绅士运河**，这条河因在此大兴土木建造豪华庄园的富商权贵得名。近400年之后，这里依然是阿姆斯特丹最高端的房产区之一。

继续前进，很快绅士运河就和漂亮的❸**酿酒者运河**交汇，后者的名字源于16和17世纪在这里出现了很多酿酒厂。继续往北是绅士市场，这里矗立着17世纪的❹**西印度屋**（见122页），荷兰西印度公司的主管曾在这里授权建立新阿姆斯特丹（现今的纽约城）。

往南转，穿过酿酒者运河便来到❺**皇帝运河**。很快你就会看到宏伟的、带红色卷帘门的格陵兰仓库（Greenland Warehouse），这里曾用来储存鲸油。继续走就到了六人像头房，这里刻有阿波罗、塞瑞斯和狄安娜等神的头像。在宁静的莱礼运河（Leliegracht），往西转入❻**王子运河**，你将经过安妮之家和尖塔高耸的西教堂。再回到皇帝运河，你肯定会被奇特的❼**Felix Meritis**（见129页）吸引，这一曾经的启蒙运动的聚集场地如今成为一个特立独行的剧院。到这里，考虑到你可能会饿了，渴了，或者两者皆有，那就去附近的❽**九街**（见131页）找一家迷人的小咖啡馆歇歇脚吧。

12.50；⏲9:00~19:00；📶✍👪；🚋13/14/17 Westermarkt）好吧，舒服的Pancakes!小馆那蓝色磁砖铺就的餐桌旁围坐的大多是游客，可谁能怪他们呢？这里的招牌菜，无论是甜的（苹果、坚果和肉桂），还是咸的（火腿、菊苣和Camembert奶酪），都十分好吃。面糊是用当地磨坊磨出的面粉制成的。餐厅也供应无麸质薄煎饼。

PETIT GÂTEAU 面包房 €

见332页地图（☎737 15 85；www.petitgateau.nl；Haarlemmerstraat 80；馅饼 €2.50起；🚋18/21/22 Buiten Brouwersstraat）主厨在巴黎接受过培训，能制作大约100种迷你馅饼：从榛子巧克力（hazelnut chocolate）到焦糖太妃（caramel toffee）和草莓杏仁（strawberry almond），全都摆在玻璃柜里，仿佛希腊神话中女海妖吟唱的魅惑歌声，让人难以抗拒。员工经常会将宽敞的工业风格的厨房作为烘焙教学室，你也可以学做馅饼。Petit Gâteau在De Hallen开有一家分店（见194页）。

STROOPWAFEL HEAVEN 面包房 €

见332页地图（www.stroopwafelheaven.com；Westermarkt 7h；荷兰松饼 €2；⏲10:00~18:00；🚋13/14/17 Westermarkt）是的，这里总是挤满了游客，当地人可能会说阿姆斯特丹其他地方的荷兰松饼（stroopwafel）比这里更好吃（例如艾伯特露天市场），但这家小店是犒赏自己的完美选择。楼上免费的"博物馆"在墙上贴满了照片和纸片，介绍了荷兰松饼的发展史，还有视频呈现制作松饼的过程。

STUBBE'S HARING 三明治 €

见332页地图（Singel Haarlingersluis；三明治 $4~7；⏲11:00~19:00；🚋1/2/5/13/17 Centraal Station）一个世纪以来，Stubbe's的露天鱼摊一直为阿姆斯特丹人供应腌鲱鱼。你可以直接吃，或者卷成三明治。一定要先撒点洋葱丁。这里离中央车站很近。

LUNCHCAFÉ NIELSEN 咖啡馆 €

见334页地图（☎330 60 06；Berenstraat 19；主菜 €5~11；⏲周二至周五8:00~16:00，周六 至18:00，周日9:00~17:00；✍；🚋13/14/17 Westermarkt）想在九街找一处受当地人热捧的就餐地？这家明亮通风的咖啡馆就符合你的要求，性价比高，服务快速友好，Illy咖啡以及可口的食物，包括分量十足的早餐、乳蛋饼、沙拉、三明治和新鲜的柠檬，还有每次端出来就会被一抢而空的苹果蛋糕。

PANCAKE BAKERY 荷兰菜 €

见332页地图（☎625 13 33；www.pancake.nl；Prinsengracht 191；主菜 €9~15；⏲9:00~21:30；👪；🚋13/14/17 Westermarkt）这家地下餐馆位于经过翻新的仓库内，有令人眼花缭乱的79种薄煎饼，有甜的（巧克力、香蕉或桃子），也有咸的［"加拿大式（Canadian）"是加培根、奶酪和烤肉酱，"挪威式（Norwegian）"是熏鲑鱼、奶油芝士和酸奶油］。

★DE BELHAMEL 法国菜 €€

见332页地图（☎622 10 95；www.belhamel.nl；Brouwersgracht 60；午餐主菜 €15~24.50，晚餐 €22.50~26.50；⏲正午至16:00和18:00~23:00；🚋1/2/5/13/17 Centraal Station）天气暖和宜人时，位于绅士运河一端的河畔餐桌会让人食欲大增，华丽的新艺术风格内饰成为享用法式和意式美味佳肴的完美背景，菜式有塞松露和欧芹的珍珠鸡配玉米粥（truffle-parsley-stuffed guinea fowl with polenta）、烤羊肉配芦笋饼干和胡椒水果酱（lamb with aubergine biscuit and pepper coulis），和蜂蜜芥末腌制小牛肉（honey-and mustard-marinated veal）。

BISTRO BIJ ONS 荷兰菜 €€

见332页地图（☎627 90 16；www.bistrobijons.nl；Prinsengracht 287；主菜 €13.50~19；⏲周二至周日10:00~22:00；👪；🚋13/14/17 Westermarkt）如果你来这里不是为了看望你的荷兰祖母，那就来这家迷人的怀旧小馆品尝味道正宗的美食吧。经典菜包括土豆泥配蔬菜（stamppot）和酱汁，碎豌豆配培根、洋葱和泡菜（raasdonders）以及小煎饼配黄油和糖粉（poffertjes）。

CAFÉ RESTAURANT VAN PUFFELEN 咖啡馆 €€

见334页地图（☎624 62 70；www.restaur

antvanpuffelen.com; Prinsengracht 377; 主菜 €15~20.50; 周一至周四16:00至次日1:00, 周五至周日正午至次日1:00; ; 13/14/17 Westermarkt)这家规模较大的咖啡馆兼餐馆供应的菜肴经常更新,包括扇贝配柠檬奶油和罗勒(scallops with lemon cream and basil)、鹰嘴豆豆腐咖喱(chickpea tofu curry)、芦笋和鼠尾草黄油馅的意式小方饺(ravioli filled with asparagus and sage butter)。咖啡馆内的隐蔽角落是舒服惬意喝上一杯的好地方。

VAN HARTE

各国风味 €€

见332页地图(625 85 00; www.vanharte.com; Hartenstraat 24; 3道菜晚餐套餐 €25; 周日和周一10:00~18:00, 周二至周四 至23:00, 周五和周六 至午夜; 13/14/17 Westermarkt)落地玻璃窗后是一家由夺目的马赛克拼贴成的吧台,巨幅壁画使得Van Harte看上去像是酷到极致的酒吧。但其实这里更适合用餐,晚市套餐有布里奶酪(brie)和松露点心(truffle dim sum),配甜菜根沙拉(beetroot salad),烤鸭胸配小扁豆和鸭肝酱(roasted duck breast on lentils with duck-liver sauce),或者香焗鳕鱼皮配茴香和白黄油酱(skin-baked cod with fennel and beurre blanc)。

STOUT

各国风味 €€

见332页地图(616 36 64; www.restaurantstout.nl; Haarlemmerstraat 73; 主菜 €19~24, 分享拼盘每人 €29.50; 周日至周四10:00至次日1:00, 周五和周六 至次日3:00; ; 1/2/5/13/17 Centraal Station)天气暖和时,坐在这家通风现代化的咖啡馆外面的沙滩上,静看人来人往。在室内,你可以与别人分享大拼盘,或者单独点菜,例如玉米粥配南瓜奶油酱(polenta with pumpkin cream sauce)、姜饼野鸭(wild duck with gingerbread)。如你在深夜时分寻觅吃饭的地方,这是个便捷的选择。

CASA PERÚ

秘鲁菜 €€

见334页地图(620 37 49; www.casaperu.nl; Leidsegracht 68; 主菜 €18~22; 4月至9月正午至23:00, 10月至次年3月17:30~23:00; ; 1/2/5 Prinsengracht)明亮热闹,这是荷兰唯一一家专门做秘鲁菜的餐馆。没有比一边享用渔民汤(chupe de camarones)或牛肉配洋葱、西红柿和炸薯条(lomo saltado),一边欣赏莱兹运河(Leidsegracht)和王子运河风光更好的选择了。

DE STRUISVOGEL

法国菜 €€

见334页地图(423 38 17; www.restaurantdestruisvogel.nl; Keizersgracht 312; 3道菜套餐 €26.50; 周一至周五18:00至午夜, 周六和周日17:00至午夜; 13/14/17 Westermarkt)这家餐馆曾经是一些豪华运河宅邸的厨房,位于地下室,性价比很高。这里吃不到鸟(struisvogel意为"鸵鸟"),但晚餐套餐经常更新,口味受法国菜影响,有白酒炖小牛舌(veal tongue stewed in white wine)、红鲻鱼对虾浓汤(red mullet in prawn bisque),甜点则有焦糖蛋奶(crème caramel)。建议提前预订。

SPANJER EN VAN TWIST

咖啡馆 €€

见332页地图(639 01 09; www.spanjerenvantwist.nl; Leliegracht 60; 主菜 €15~20; 10:00~22:00; 13/14/17 Westermarkt)位于莱礼运河(Leliegracht)上的餐桌是欣赏船来船往景象的好地方。午餐和晚餐菜单兼收并蓄,时常更新,菜肴味道很不错,例如南瓜面包配炸虾丸(shrimp croquettes on pumpkin bread)、摩洛哥炖蔬菜(Moroccan tajinewith vegetables)、传统的荷兰熏肠汤(Dutch soup with smoked sausage)。不过可口的苹果馅饼是这里的最大特色。

KOH-I-NOOR

印度菜 €€

见332页地图(623 31 33; www.koh-i-noor-restaurant.nl; Westermarkt 29; 主菜 €14~20; 正午至23:30; ; 13/14/17 Westermarkt)这家经营已久的印度餐馆供应印度泥炉炭火烤肉(tandoori meat)、椰汁咖喱、超辣咖喱以及其他南亚次大陆的经典美食。小扁豆、豌豆、茄子和芝麻菜,丰富的蔬菜选择会让素食主义者很满意。

饮品和夜生活

这一优雅街区的咖啡馆内部往往装修得时尚精致,菜单尽显用心。毗邻的乔丹区有更多

接地气的棕色咖啡馆。

★ 'T ARENDSNEST 啤酒咖啡馆

见332页地图（www.arendsnest.nl；Herengracht 90；周日至周四正午至午夜，周五和周六 至次日2:00；1/2/5/13/17 Nieuwezijds Kolk）这家风格多变的棕色咖啡馆非常不错，虽然吧台后面有锃亮的铜质荷兰杜松子酒温热器，但只供应荷兰啤酒——不过有近200种（很多都来自小型酿酒厂），包括30种龙头供应，要全部品尝，恐怕你得住在这里才行。

CAFÉ TABAC 酒吧

见332页地图（www.cafetabac.eu；Brouwersgracht 101；周一至周四16:00至次日1:00，周五 至次日3:00，周六10:00至次日3:00，周日 至次日1:00；；18/21/22 Buiten Brouwersstraat）这究竟是一家棕色咖啡馆，还是一家设计独特的酒吧，又或者只因它恰好位于阿姆斯特丹最迷人的两条运河的交汇处，来这里享受几小时的美好时光是最顺理成章的选择？这里的常客可不在乎，在带横梁的天花板下欣赏美景，彻底放松身心，就够了。

CAFÉ DE VERGULDE GAPER 棕色咖啡馆

见332页地图（www.deverguldegaper.nl；Prinsenstraat 30；周日至周四11:00至次日1:00，周五和周六 至次日3:00；；13/14/17 Westermarkt）这里曾经是药店，如今装饰有老式化学瓶和复古海报，员工态度亲切友好，露台可以欣赏日落。咖啡馆很受当地人喜爱，他们尤其喜欢在下班后来喝一杯。咖啡馆的名字翻译过来就是"金色的打哈欠的人"，指的是通常摆在荷兰药店的张开嘴巴的摩尔人半身像。

CAFÉ HET MOLENPAD 酒吧

见334页地图（625 96 80；www.cafehetmolenpad.nl；Prinsengracht 653；周日至周四正午至次日1:00，周五和周六 至次日3:00；；1/2/5 Prinsengracht）白天，这家运河畔的一流咖啡馆的露台上坐满了看报的人。到夜晚，镀锡薄钢板铺设的天花板上有灯低垂，小餐桌上烛光摇曳，变得极具浪漫气息。

DE DOFFER 棕色咖啡馆

见334页地图（www.doffer.com；Runstraat 12-14；周日至周四11:00至次日3:00，周五和周六至次日4:00；1/2/5 Spui）作家、学生和艺术家经常出入这一热门咖啡馆（以及毗邻的酒吧），餐食性价比高，还能轻松尽兴地聊天。餐厅贴有旧的喜力海报，宽敞的木桌，时不时还会摆上鲜花，夜晚尤其有格调。

DE ADMIRAAL 品酒屋

见334页地图（www.proeflokaaldeadmiraal.nl；Herengracht 319；周一至周六17:00至午夜；1/2/5 Spui）De Admiraal是阿姆斯特丹最华美、最大的品酒屋，同时也是餐馆和派对举办地。虽然只供应自家品牌的酒（16种荷兰杜松子酒，60种烈性甜酒），但你很难对雅致的环境和亲切的员工吹毛求疵。

SCREAMING BEANS 咖啡

见332页地图（www.screamingbeans.nl；Hartenstraat 12；周一至周五8:00~17:00，周六9:00~17:00，周日10:00~17:00；13/14/17 Westermarkt）在九街疯狂购物后，精疲力尽的你可以来这里休息一下，恢复精力，受过专业训练的咖啡师能调制口味一流的咖啡。Haarlemmerstraat街68号开有另一家分店。

WOLVENSTRAAT 23 酒吧

见334页地图（320 08 43；Wolvenstraat 23；周日至周四9:00至次日1:00，周五和周六至次日3:00；1/2/5 Spui）这家没有名字也没有标牌的时尚酒吧——尤其受到当地人的热捧，他们聚集在这里用玻璃杯品尝醇香的葡萄酒，聆听动人音乐，享用亚洲小吃。如果你

当地知识

最爱的炸薯条

无数阿姆斯特丹人对**Wil Graanstra Friteshuis**（见332页地图；624 40 71；Westermarkt 11；炸薯条 €2.50~4.50；周一至周六正午至19:00；13/14/17 Westermarkt）松脆的炸薯条情有独钟。这一家族生意从1956年开始，一直坚持在西教堂边上的广场炸薯条。大多数当地人会往装满薯条的纸筒淋上蛋黄酱，当然你也可以选择花生酱和蛋黄酱的组合（oorlog）或咖喱酱和进一步刺激味蕾的酸辣泡菜。

当地知识

王子运河

绅士运河和皇帝运河可能更壮观，但当地人喜欢聚集在王子运河河畔，这是阿姆斯特丹最具活力的城中运河。夏季，船只来来往往，码头边的船屋在微风中轻轻晃动，你可以整个周末都耗在这里，逛逛商店，在咖啡馆露台放松，感受暖阳魅力。寒冷的那几个月里，这里会变成冬日仙境，你可能会见到结冰的运河上，滑冰爱好者矫健的身姿。

喜欢这种酒吧，也可以去其开在乔丹区的另一家分店Finch（见168页）。

VYNE 葡萄酒吧

见334页地图（www.vyne.nl; Prinsengracht 411; ⏲周一至周四18:00至午夜，周五 至次日1:00，周六17:00至次日1:00，周日 16:00~23:00; 🚊13/14/17 Westermarkt）这是阿姆斯特丹最时尚的葡萄酒吧，亚麻色的木地板、墙和天花板，仿佛高雅的桑拿浴室（只不过摆满了葡萄酒瓶）。无论你的心理价位如何，专业的员工都会引导你找到最合适的选择。

BARNEY'S 咖啡大麻店

见332页地图（☎427 94 69; www.barneys.biz; Haarlemmerstraat 102; ⏲7:00至次日1:00; 🚊18/21/22 Buiten Brouwersstraat）数十年前，Barney's以全天候供应价廉物美的早餐和大麻出名。近些年来，这里的大麻制品丰富许多，不过早餐改在街对面的Barney's Uptown供应，这里适合吸食兴奋剂者，在一定程度上散发着时尚气息。咖啡大麻店里每张桌子上都摆有雾化器，供应的奶昔可以降低饥饿感，直到你准备好去Uptown大吃一顿为止。

JAY'S JUICES 果汁吧

见332页地图（www.jaysjuices.nl; Haarlemmerstraat 14; ⏲周一至周五9:00~18:00，周六和周日10:00~18:00; 🚊1/2/5/13/17 Centraal Station）来Jay's补充能量，开启一天的观光之旅（以及/或者缓解前一晚的疲惫）。这里有丰富的果蔬汁可以选择，也可以混搭，还有小麦草和新鲜的椰汁。

CAFÉ DE PELS 棕色咖啡馆

见334页地图（www.cafedepels.nl; Huidenstraat 25; ⏲周日至周四10:00至次日1:00，周五和周六 至次日3:00; 🚊1/2/5 Spui）这家极富感染力的破旧棕色咖啡馆也是周日早餐的佳选，有很多国际报纸，供你在品尝牛奶咖啡（koffie verkeerd）的同时慢慢翻阅。

IL TRAMEZZINO 咖啡

见332页地图（www.iltramezzinoamsterdam.nl; Haarlemmerstraat 79; ⏲周一至周六9:00~18:00，周日9:30~17:00; 📶; 🚊18/21/22 Buiten Brouwersstraat）在Haarlemmerstraat街大采购后来这里略做休息，堪称完美。阿姆斯特丹的这一米兰风情之隅内部刷了白漆，铺了红色垫子，热气腾腾的浓缩咖啡是用意大利进口的铬黄色新奇装置制作的。

GREENHOUSE 咖啡大麻店

见332页地图（www.greenhouse.org; Haarlemmerstraat 64; ⏲9:00至次日1:00; 📶; 🚊18/21/22 Buiten Brouwersstraat）是的，这家咖啡大麻店的休息厅铺了玻璃地板，你能看到锦鲤在脚下游来游去。如果厌倦了赏鱼，可以通过显微镜察看四氢大麻酚的晶体，或者盯着展柜里旋转的烟斗看。

GREY AREA 咖啡大麻店

见332页地图（www.greyarea.nl; Oude Leliestraat 2; ⏲正午至20:00; 🚊1/2/5/13/14/17 Dam/Raadhuisstraat）这家小店为一对随性的美国人所开，为阿姆斯特丹的大麻爱好者带来了极具吸引力、味道浓郁的"特强泡泡糖（Double Bubble Gum）"大麻。有机咖啡可免费续杯。

PÂTISSERIE POMPADOUR 茶室

见334页地图（☎623 95 54; www.patisseriepompadour.com; Huidenstraat 12; ⏲周一至周五10:00~18:00，周六9:00~17:00，周日正午至18:00; 🚊1/2/5 Spui）来这家位于九街的时髦小茶室，加入社交名媛的行列，品尝顶级茶，轻咬自制的比利时巧克力和糕点。

KOFFIEHUIS DE HOEK 咖啡

见334页地图（☎625 38 72; Prinsengracht 341; ⏲周一至周五8:00~16:30，周六和周日9:00~

17:00；🚌13/14/17 Westermarkt）想体验阿姆斯特丹老式咖啡屋，这家koffiehuis（浓缩咖啡吧；不要和咖啡大麻店混淆）是最好的选择之一。在铺有方格桌布的餐桌旁，沉浸在温馨美好的氛围内，品尝美味蛋糕、薄煎饼和三明治。

SIBERIË 咖啡大麻店

见332页地图（www.coffeeshopsiberie.nl；Brouwersgracht 11；⏲周日至周四11:00~23:00，周五和周六至午夜；📶；🚌1/2/5/13/17 Nieuwenzidjs Kolk）Siberië颇受当地人欢迎，除了大麻外，还定期组织文化活动，例如艺术展、诗歌大赛、原声音乐会、DJ之夜，甚至还有星象观测。

BRIX FOOD 'N' DRINX 酒吧

见334页地图（☎639 03 51；www.cafebrix.nl；Wolvenstraat 16；⏲周日至周四11:00至次日1:00，周五和周六至次日3:00；🚌1/2/5 Spui）舒适惬意的环境，在这里喝一杯鸡尾酒，从只有前菜的菜单中挑选喜欢的美味，例如原味牡蛎、生牛肉片和小份北京烤鸭，放松身心。每周日和每周一晚上大约9点起，会有现场爵士乐演出，周日邀请知名乐手，周一则是在露天舞台上演出。

DULAC 大咖啡馆

见332页地图（☎624 42 65；www.restaurantdulac.nl；Haarlemmerstraat 118；⏲周日至周四7:30至次日1:00，周五和周六 至次日3:00；🚌18/21/22 Buiten Brouwersstraat）这栋昔日的银行建筑经过装修后，变得有些怪诞，集各种风格（新艺术风格、阿姆斯特丹学院派和土耳其式，再加点哥特风）于一体。咖啡馆内有一张台球桌，吸引了各式客流。

☆ 娱乐

FELIX MERITIS 剧院

见334页地图（☎626 23 21；www.felix.meritis.nl；Keizersgracht 324；⏲售票处9:00~19:00；📶；🚌1/2/5 Spui）这是阿姆斯特丹的艺术、文化和科学中心，各种具有革新性的现代戏剧、音乐和舞蹈表演在此上演，同时还举办关于政治、多样性、艺术、科技和文化的各式讲座。在毗邻的咖啡馆，你可以在大窗旁品尝香浓的咖啡或鸡尾酒，也可以去室外俯瞰运河美景。

这栋建筑是雅各布·奥顿·哈斯利（Jacob Otten Husly）在1787年为Felix Meritis（拉丁语"从成功中收获快乐"）社团设计建造的，此社团由富有的居民组成，他们致力于通过科学、艺术和商业学习推广启蒙运动。阿姆斯特丹音乐厅借鉴了该建筑带列柱的立面。

购物

你当然可以将所有血拼时间都花在九街（见131页），但千万别忘了去Haarlemmerbuurt街。

★FROZEN FOUNTAIN 家庭用品

见334页地图（www.frozenfountain.nl；Prinsengracht 645；⏲周一13:00~18:00，周二至周六10:00~18:00，周日正午至17:00；🚌1/2/5 Prinsengracht）这是阿姆斯特丹最著名的家具及室内设计展示店。价格不便宜，但大胆的设计不落俗套，让人过目难忘（设计师铅笔刀，厨房杂件和为挑剔的朋友准备的生日礼物）。最棒的是，这家店很朴实接地气，你可以尽兴逛而不会感到不自在。

TENUE DE NÎMES 服装

见332页地图（www.tenuedenimes.com；Haarlemmerstraat 92-94；⏲周日和周一正午至18:00，周二至周六10:00~18:00；🚌18/21/22 Buiten Brouwersstraat）这家时装店以著名品牌Levi's、Rogue Territory、Pure Blue Japan、Edwin、Naked & Famous、Acne和Rag & Bone超级有型的牛仔装为主。你也可以找到阿姆斯特丹本土品牌Amatør最新设计的T恤、剪裁时尚的夹克和礼服等。

I LOVE VINTAGE 二手店

见332页地图（☎330 19 50；www.ilovevintage.com；Prinsengracht 201；⏲周一至周六9:30~18:00，周日正午至17:00；🚌13/14/17 Westermarkt）相比阿姆斯特丹大多数二手店，这家店规模要大许多，以精心挑选的1920至1950年的礼服和珠宝首饰出名。如果不喜欢二手服装，这里也有复古风的新装供你挑选。价格€20左右起。

DE KAASKAMER 食品

见334页地图（www.kaaskamer.nl；Runstraat

当地知识

HAARLEMMERBUURT街

Haarlemmerbuurt街(www.haarlemmerbuurt-amsterdam.nl)是阿姆斯特丹最酷的区中区(或者说是横跨区——横跨西运河圈和乔丹区),餐馆、食品店、原创设计工作室和时尚精品店云集。其官网(荷兰语,但很容易辨识)有一张Haarlemmerstraat街及其西部延伸区、Haarlemmerdijk街的交互式地图,还有各种精彩活动的相关细节。

7; ⌚周一正午至18:00,周二至周五9:00~18:00,周六 至17:00,周日正午至17:00; 🚊1/2/5 Spui)店名意为"奶酪屋",果然名副其实,各种荷兰和有机奶酪,以及橄榄、橄榄酱、沙拉和其他野餐食材一直堆到房顶的椽子。在购买前你可以先试吃,如果整块豪达奶酪太大不方便带回去,你至少可以点一份奶酪以及/或夹肉法式长棍外带。

DENHAM THE JEANMAKER MEN' S STORE

服装

见334页地图(www.denhamthejeanmaker.com; Prinsengracht 495; ⌚周日和周一正午至18:00,周二、周三、周五和周六10:00~18:00,周四 至20:00; 🚊1/2/5 Spui)这家牛仔旗舰店就在Denham位于九街的工作室旁,是专卖男装的精品店。除了牛仔裤之外,你还可以找到夹克、针织衫和饰物。店内复古气息浓郁,有古式缝纫用品展示柜,还展出了不少古老的剪刀。

DENHAM THE JEANMAKER WOMEN' S STORE

服装

见334页地图(www.denhamthejeanmaker.com; Runstraat 17; ⌚周日和周一正午至18:00,周二、周三、周五和周六10:00~18:00,周四 至20:00; 🚊1/2/5 Spui)这一高端牛仔品牌在距离高级男装店和工作室不远的街角处开有一家女装店。

BOEKIE WOEKIE

书籍

见334页地图(www.boewoe.home.xs4all.nl; Berenstraat 16; ⌚正午至18:00; 🚊13/14/17 Westermarkt)这家由艺术家经营的书店以艺术家的作品为主。有些是配有精美插画的故事书,还有些摄影主题的书籍。这里的商品都是独一无二的。

GAMEKEEPER

玩具

见332页地图(www.gamekeeper.nl; Hartenstraat 14; ⌚周一至周三、周五和周六10:00~18:00,周四 至20:30,周日11:00~18:00; 🚊13/14/17 Westermarkt)这里桌游种类之多,令人眼花缭乱,想象力之丰富让人惊叹。既有跳棋、围棋和麻将,也有"大教堂"(Cathedral,搭建一座拥有长城或马拉喀什集市的城市)、"尖峰时刻"(Rush Hour,帮助汽车摆脱交通拥挤的困境)。

"合作"游戏鼓励参与者相互合作,而不是彼此竞争。

MARLIES DEKKERS

服装

见334页地图(www.marliesdekkers.com; Berenstraat 18; ⌚周一13:00~18:00,周二至周六11:00~18:00,周日正午至17:00; 🚊13/14/17 Westermarkt)优秀的荷兰女士内衣设计师Marlies Dekkers以性感暗示、追求极致细节的设计闻名。夏季这里能看到同样具有吸引力的泳装。这家店本身就极具挑逗性,贴有手绘墙纸,还有个气氛撩人、带壁炉的休息区。

BRILMUSEUM

饰品

见332页地图(☎421 24 14; www.brilmuseumamsterdam.nl; Gasthuismolensteeg 7; ⌚周三至周五11:30~17:30,周六 至17:00; 🚊13/14/17 Westermarkt)这家眼镜店颇为有名,除了眼镜可靠外,环境非常棒。你可以沉浸在700年的眼镜历史当中,同时欣赏21世纪的个性眼镜,有些非常抢眼。

DARLING

服装

见334页地图(www.thedarling.nl; Runstraat 4; ⌚周一13:00~18:00,周二至周六11:00~18:00,周日正午至18:00; 📶; 🚊1/2/5 Spui)时髦、价格公道、本土设计的服装。稀奇古怪的饰物。还有纸杯蛋糕!正是因为有了Darling这样的店,九街才能一直带给人惊喜。

EPISODE
二手店

见334页地图（www.episode.eu; Berenstraat 1; ⌚周一至周三11:00~18:00，周四 至20:00，周五 至19:00，周六10:00~19:00，周日正午至18:00; 🚊13/14/17 Westermarkt）留出足够的时间来浏览架子上看似不计其数的20世纪70年代羊皮外套、民族风的乡村上衣，80年代的首饰和超大、亮闪闪的塑料太阳镜。Episode共有两层，摆有各式极好的二手服装和设备用具。

ZIPPER
服装

见334页地图（www.zipperstore.nl; Huidenstraat 7; ⌚周一正午至18:30，周二、周三、周五和周六11:00~18:30，周四 至20:00，周日13:00~18:30; 🚊1/2/5 Spui）阿姆斯特丹的嬉皮士来这里淘极其复古的二手装备——印有古怪图案的衬衫、瘦腿牛仔裤、20世纪40年代的灯笼裤、馅饼式便帽等类似商品。

DE WITTE TANDEN WINKEL
饰品

见334页地图（☎623 34 43; www.dewittetandenwinkel.nl; Runstraat 5; ⌚周二至周五10:00~17:30，周六 至17:00; 🚊1/2/5 Spui）你肯定会爱上那些极度重视口腔卫生的商店，这家"皓齿小店"自然不会例外。这里有大量来自全球、各式各样的牙刷和牙膏，还有些你此前从未意识到自己会需要的刷牙用品，员工很亲和，会给你建议。

BEBOB DESIGN
家庭用品

见332页地图（☎624 57 63; www.bebob.eu; Herenstraat 8; ⌚周日和周一13:00~17:00，周五和预约至18:00; 🚊1/2/5/13/17 Nieuwezijds Kolk）除了诸如烤面包炉和香水瓶这些小体积用品外，这里大多数本土和国际设计的商品都是大件（沙发、椅子、桌子、灯具），不过很值得一看，了解复古风对荷兰设计的影响。

阿姆斯特丹钟表公司
饰品

见332页地图（AMSTERDAM WATCH COMPANY; www.awco.nl; Reestraat 3; ⌚周二至周五11:00~18:00，周六 至17:00; 🚊13/14/17 Westermarkt）一个由充满热情、技术精湛的钟表匠组成的小团队在此修复旧钟表（战后至70年代中期）。该公司也是德国D Dornblüth以及荷兰Christiaan van der Klaauw（一年生产的表不超过200只）等品牌在阿姆斯特丹的唯一经销商。

SCOTCH & SODA
服装

见334页地图（www.scotch-soda.com; Huidenstraat 3-5; ⌚周日和周一正午至18:00，周二和周三10:00~18:00，周四 至21:00，周五和周六至19:00; 🚊1/2/5 Spui）Scotch & Soda这一阿姆斯特丹本土时装品牌已走向世界，而其位于九街的门店是一睹该品牌设计风采的好地方。这个品牌包括男装和女装，有很多牛仔裤。时尚的外套会让你看上去酷劲十足，即便是在荷兰最恶劣的天气里也不失潇洒。

ARCHITECTURA & NATURA
书籍

见332页地图（www.architectura.nl; Leliegracht 22; ⌚周一正午至18:00，周二至周五10:30~18:30，周六 至17:00，周日13:00~17:00;

九街购物

在一座随时随地可以购物的城市，每家店似乎都比下一家更具有吸引力，九街（Negen Straatjes; 见334页地图; www.de9straatjes.nl; j1/2/5 Spui）是阿姆斯特丹消费者满足感最为集中的区域。这里的九条街道确实非常小，每条都不长。街边的店也都很迷你，很多都相当有特色。眼镜？奶酪？牙刷？独版艺术书？它们都有专门的精品店。

九条街道从西至东，从北至南分别是Reestraat、Hartenstraat、Gasthuismolensteeg; Berenstraat、Wolvenstraat、Oude Spiegelstraat; Runstraat、Huidenstraat、Wijde Heisteeg——组成一个九宫格，西临王子运河，东靠辛格运河。

辗转于各式小店间，不想晕头转向，可以取一份《九街购物指南》（*The Nine Streets shopping guide*），很多游客中心和店内都可取阅，还可以从网上下载。九街很多商店周一全天关闭，有时候周二也休息。

(🚇13/14/17 Westermarkt) 这一运河畔书店主要贩卖艺术、建筑、设计、风景以及各种适合边喝咖啡边看的书籍。

ANTONIA BY YVETTE

鞋

见332页地图 (www.antoniabyyvette.nl; Gasthuismolensteeg 18; ⏰周二至周五10:00~18:00, 周六11:00~18:00; 🚇13/14/17 Westermarkt) Yvette Riemersma设计打造鞋子, 并且与荷兰设计师合作。鞋、靴子、凉鞋和帆布鞋样式繁多, 有极为时尚的, 也有可爱有趣的。这里也有少量男鞋可选。

EXOTA

服装

见332页地图 (www.exota.com; Hartenstraat 13; ⏰周日和周一正午至18:00, 周二至周六11:00~19:00; 🚇13/14/17 Westermarkt) Exota出售自有时尚品牌King Louie, 还有Kookai和French Connection等国际品牌。在这里, 你能找到时尚的男装和女装, 街对面的Hartenstraat街10号是其姐妹店, 出售更为运动风的女装和童装。

MENDO

书籍

见334页地图 (www.mendo.nl; Berenstraat 11; ⏰周一至周六11:00~18:00, 周日正午至17:00; 🚇13/14/17 Westermarkt) Mendo平面设计公司经营这家透着睿智、被黑色墙面包围的书店。这里出售的书籍以创意为主: 艺术、设计、建筑、时尚和摄影。

NUKUHIVA

服装

见332页地图 (www.nukuhiva.nl; Haarlemmerstraat 36; ⏰周一正午至19:00, 周二至周五10:30~19:00, 周六10:00~18:00, 周日正午至18:00; 🚇1/2/5/13/17 Centraal Station) 🍃这一注重生态保护的时装店只出售合乎道德和公平交易生产原则的服装和饰物, 品牌包括Veja (素食鞋), 荷兰设计品牌Kuyishi (有机牛仔)。

LAURA DOLS

二手店

见334页地图 (www.lauradols.nl; Wolvenstraat 7; ⏰周一至周六11:00~18:00, 周日正午至18:00; 🚇1/2/5 Spui) 有强迫症的时尚追随者会来这家二手服装店淘皮草、20世纪20年代的串珠礼服、蕾丝衬衫和20世纪40年代影星用过的饰品, 例如手工缝制的皮手套。

BEADIES

珠宝

见334页地图 (www.beadies.com; Huidenstraat 6; ⏰周一至周六10:30~18:00, 周日正午至18:00; 🚇1/2/5 Spui) 当你被橱窗里时尚的珠宝吸引后, 就会发现自己已经不知不觉在店里待了好几个小时, 挑选精美的珠子、宝石、小挂件和小饰物以设计属于自己的项链和手链。如果你不打算自己做, 可以从店家的多种设计中选择心仪的款式。

HESTER VAN EEGHEN

鞋

见332页地图 (www.hestervaneeghen.com; Hartenstraat 1; ⏰周三至周六正午至18:00, 周日至17:00; 🚇13/14/17 Westermarkt) 世界知名的Hester van Eeghen的鞋款都是独一无二的, 在阿姆斯特丹设计, 用上等的皮革在意大利手工制作完成, 只为那些有勇气往脚上套上各种鲜亮色彩、皮革、绒皮、几何图案和花纹的人准备。她设计的手包 (可以在Hartenstraat街37号购买) 同样吸引眼球。

VAN RAVENSTEIN

服装

见334页地图 (www.van-ravenstein.nl; Keizersgracht 359; ⏰周一13:00~18:00, 周二至周五11:00~18:00, 周六10:30~17:30; 🚇1/2/5 Spui) 潮男潮女来这里选购高端设计服装, 包括Dries van Noten、Ann Demeulemeester、Véronique Leroy, 以及阿姆斯特丹本土前卫设计组合Viktor & Rolf设计的服装。

运动和活动

REYPENAER奶酪品尝屋

课程

见332页地图 (Reypenaer Cheese Tasting; ☎320 63 33; www.reypenaercheese.com; Singel 182; 品尝 €15起; ⏰预约品尝; 🚇1/2/5/13/14/17 Dam/Raadhuisstraat) 在这里, 你有机会成为奶酪鉴赏家。荷兰奶酪生产商Reypenaer有着百余年历史, 在门店下方专门开设有一间朴素的教室, 提供奶酪品尝。整个环节时长1小时, 可以品尝6种奶酪——两种山羊奶酪, 四种牛奶酪——奶酪的年份有长有短, 配有葡萄酒和波尔图甜葡萄酒。员工会教你如何品尝, 通过奶酪的外观、气味和味道来鉴定其质量。

南运河圈

区域亮点

❶在**冬宫博物馆阿姆斯特丹分馆**（见138页）欣赏久负盛名的展览，这里的藏品都是从位于圣彼得堡的冬宫宝库中挑选出来的。

❷在**修士运河**（见137页），又称七桥运河，欣赏绝美的日落或繁星闪烁的夜空。

❸去阿姆斯特丹唯一保留后屋马车房的运河房屋**范龙博物馆**（见136页）一探究竟。

❹在收藏有大量珍宝的**威力霍图森博物馆**（见137页），从昔日仆人的角度感受运河房屋内的贵族生活。

❺在派对中心**莱兹广场**（见135页）及其周边的咖啡馆、酒吧、剧院和夜店选择歇脚点。

更多区域细节见340页地图

独家贴士

可别想当然地认为莱兹广场或伦勃朗广场周边地区尽是针对乘坐旅游大巴走马观花游客设下的旅游陷阱，或随处可见从酒吧里出来忘乎所以的醉鬼（虽然这两种情况确实存在），这两个广场也可以让你获得趣味十足的体验，大量最正宗的酒吧和咖啡馆等着你去发现。想避开喧嚣的人流，那就和当地人一样，去随性轻松的Utrechtsestraat街吧。

最佳就餐

- Restaurant Fyra（见144页）
- La Cacerola（见140页）
- Buffet van Odette（见140页）
- Pantry（见142页）
- Tempo Doeloe（见144页）

详细介绍见139页。

最佳饮品

- Bar Moustache（见145页）
- Eijlders（见145页）
- De Kroon（见145页）
- Sweet Cup（见145页）
- Pata Negra（见146页）

详细介绍见145页。

最佳娱乐

- 城市剧院（见150页）
- Melkweg（见150页）
- Paradiso（见150页）
- 糖果工厂（见151页）
- 卡雷皇家剧院（见151页）

详细介绍见150页。

探索南运河圈

多彩多姿的南运河圈西至呈辐射状的莱兹运河，东接阿姆斯特尔河，总是一派热闹非凡的景象。这个街区云集了大量博物馆、餐馆、咖啡馆和商店，更别提绵延数英里位于运河畔的绝佳拍照取景地，总之你肯定不想错过这里。南运河圈以两大夜生活聚集区为标志：莱兹广场和伦勃朗广场，所以结束一天的游览之后，这两地是理想的歇脚处。

第一天不妨从鲜花市场开始，接着蜿蜒穿过气派的黄金弯府邸，然后去Nieuwe Spiegelstraat街逛古董店和艺术店，以及范龙博物馆，最终来到莱兹广场。

第二天，起早去冬宫博物馆阿姆斯特丹分馆，这样能避开人流高峰。从博物馆出来后，沿着阿姆斯特尔河漫步，为阿姆斯特尔水闸和Gijsbert Dommer大楼（“血迹之屋”）所惊叹。威力霍图森博物馆就在街角处。

参观完各个景点，你肯定饿了，那就去Utrechtsestraat街吧，那里有很多非常棒的美食选择。欣赏横跨修士运河的七座桥梁，夜晚在活力无限的伦勃朗广场结束美妙的一天。

当地生活

- **小吃生活** 像荷兰王室那样，在正面有王室盾形纹章的Patisserie Holtkamp（见143页）购买精美的烘焙美味。
- **咖啡生活** 紧邻王子运河的小街Weteringstraat看似一条秘密通道，留意当地的棕色咖啡馆（小酒吧）Café de Wetering（见146页）。
- **鸡尾酒生活** 尽管门上没有标志，而且想进去你得先发条短信，但好似地下酒吧的Door 74（见146页）调制的鸡尾酒绝对超值。
- **爵士生活** 每天晚上，当地人都会聚集在迷人的Jazz Café Alto（见151页），欣赏由本土以及国际音乐家带来的悠扬爵士乐，一周七天都是如此。

到达和离开

- **有轨电车** 这一街区为有轨电车线路所覆盖。莱兹广场及周边，可以乘坐有轨电车1、2、5、7号线或10号线。前往伦勃朗广场，可以乘坐沿Utrechtsestraat街行驶的有轨电车4号线或9号线。16、24号线经过这一街区的中心区域，并通往繁忙的Vijzelstraat街。

景点

莱兹广场
广场

见340页地图（Leidseplein；1/2/5/7/10 Leidseplein）历史建筑、霓虹灯、啤酒，还有随处可见的游客——欢迎来到莱兹广场。对派对动物来说，只要来这里就够了，这个活力无限的广场是主要的有轨电车线路交会处，也是夜生活的试金石。酒吧和夜店不计其数，餐馆同样也是选择多多。北面的临街咖啡馆是欣赏街头艺术家、静看各色路人的绝佳地方。

广场东边，曾经农民们在进城之前会将马和推车留在莱顿门（Leidsepoort），这座城门于1870年拆除。靠辛格运河的另一边栽满了挺拔的栗树，郁郁葱葱，这条道路被称为莱顿木街（Leidsebosje）。

娱乐场所从广场中心向四周扩散，附近的教堂街（Kerkstraat）是时尚的同性恋聚集地。想体验氛围更亲密（但不一定更安宁）的酒吧和餐馆，可以去洋溢着欢乐气息的Lange Leliedwarsstraat街和Korte Leliedwarsstraat街，还可去城市剧院（见150页）后面的街道寻觅。

马克斯·尤伟中心
建筑

见340页地图（Max Euwe Centrum；625 70 17；www.maxeuwe.nl；Max Euweplein 30a-1；周二至周五正午至16:00，7月和8月开放时间有限；1/2/5/7/10 Leidseplein）**免费** 马克斯·尤伟（1901~1981年）是荷兰唯一一位国际象棋冠军（1930年），在这个中心，你能看到关于国际象棋历史的永久性展览，也可以与别人或电脑下棋，一较高下。中心门外的广场上总是聚满了棋手和旁观者，人们都全神贯注地盯着正在超大棋盘上进行的对决。

阿姆斯特丹烟枪博物馆
博物馆

见340页地图（Amsterdam Pipe Museum；www.pipemuseum.nl；Prinsengracht 488；成人/儿童 €8/4；博物馆周三至周六正午至18:00，商店周一至周六11:00~18:00；1/2/5 Prinsengracht）你可知道人类第一次使用烟斗是在约公元前500年，发明这一创举的是北美原住居民？这一引人入胜的博物馆就是从这开始为你讲述烟斗的历史的，展出了历经40余年努力，来自60个不同国家的私人收藏。专业知识丰富的讲解员会带你一一欣赏中国的烟枪、土耳其的水烟斗、刻有图案的毛利烟斗、非洲仪式烟斗等。单是能参观美丽的17世纪运河房屋就已经值回票价了。

粉笔丘教堂
教堂

见340页地图（Krijtberg；623 19 23；www.krijtberg.nl；Singel 446；周二至周四，周六和周日13:00~17:00；1/2/5 Koningsplein）在这一排相对平淡的辛格运河畔府邸中，新哥特风格的粉笔丘教堂高耸的塔楼显得格外醒目。其正式名称应该是圣方济各·沙勿略教堂（St Franciscus Xaveriuskerk），取代了曾在现有位置上的秘密耶稣会礼拜堂，如今这里依然属于耶稣会。华丽的画作和雕塑使得这座教堂成为阿姆斯特丹内部最优美的教堂之一。

鲜花市场
市场

见340页地图（Bloemenmarkt，Flower Market；Singel，介于Muntplein和Koningsplein之间；4月至10月周一至周六8:30~19:00，周日至19:30，11月至次年3月周一至周六9:00~17:30，周日11:00~17:30；1/2/5 Koningsplein）自1860年以来，花圃工人和女人从耕种的小块农田出发，沿阿姆斯特尔河航行，然后将船停在这里，直接将栽种的鲜花卖给客人，就这样形成了这一著名的鲜花市场。如今市场不再漂浮于水面（位于打好桩基的承台上），应季出售郁金香，全年都能买到球茎，此外还有木屐、冰箱贴和其他通俗的纪念品。

如果你想买点鲜花装点你的房间，大部分酒店里总是能找到花瓶。

黄金弯
建筑

见340页地图（Golden Bend，Gouden Bocht；Herengracht，介于Leidsestraat和Vijzelstraat之间；1/2/5 Koningsplein）黄金弯属于那种会让你情不自禁嘟哝"要是我家当年买下这里的房产就好了"的地方之一，这是阿姆斯特丹最高端的房地产区，黄金时代的明证，在那个年代，豪华府邸塞满各种贵重物品，就连地下室也不例外。阿姆斯特丹最富有的人住在这里，并处理他们的各种事务。

除了猫博物馆（见136页）外，这里的宅院只在开放纪念日（Open Monumentendag；9月第二个周末）对外开放。

重要景点

范龙博物馆(MUSEUM VAN LOON)

想在瞬间回到19世纪的阿姆斯特丹，没有比在这家一流的宅院博物馆内流连1到2个小时更好的方法了。这是唯一完整的带后屋马车房——马车抵达后就停放于此——的运河房屋，有一个令人赏心悦目的庭院式花园，奢华的家具和无数家族肖像画，当你穿梭于各个漂亮的房间之间时，它们仿佛在悄声说着秘密。

这处宅院于1672年落成，最初是著名画家费迪南德·波尔(Ferdinand Bol)的家。到19世纪后期，声名显赫的贵族范龙家族搬到这里，自那之后就一直生活在这里(至今他们仍然住在房屋的上层)。

一定要花时间静心感受每个房间那种安宁的氛围，所有的房间都散发着浓郁的历史气息，显得极为华美优雅。在大约150幅范龙家族的肖像画中，你会欣赏到一些重要的作品，例如让·米恩斯·莫勒奈尔(Jan Miense Molenaer)的《婚礼肖像》(*Wedding Portrait*)。不过这里主要的展品莫过于房屋本身。别错过天花板上精美复杂的婚礼蛋糕石膏作品，还有最迷人的房间：老式的地下厨房，厨子Leida在这里掌勺近40年。最受范龙家族喜爱的部分食谱也在这里展示。

不要错过

- 马车房
- 户外楼梯上精美的洛可可式黄铜栏杆
- 19世纪的地下厨房
- 令人难忘的红色卧室

实用信息

- 见340页地图
- ☎624 52 55
- www.museumvanloon.nl
- Keizersgracht 672
- 成人/儿童 €9/5
- ⏲10:00~17:00
- 🚊16/24 Keizersgracht

最早的豪宅历史可以追溯到17世纪60年代，当时运河圈开始往南扩建。凭借在市政厅进行的极力游说，这里的山形墙比标准阿姆斯特丹房屋宽一倍，后院也更加深邃。

猫博物馆　　博物馆

(见340页地图；Kattenkabinet, Cats Cabinet；☎626 90 40；www.kattenkabinet.nl；Herengracht 497；成人/儿童 €7/免费；⏲周一至周五10:00~17:00，周六和周日正午起；🚊1/2/5 Koningsplein)作为黄金弯对公众开放的房屋，这家不落俗套的博物馆致力于展出所有与猫科动物相关的艺术佳作。博物馆是由富有的金融家鲍勃·梅耶尔(Bob Meijer)为纪念他那只红色的雄猫约翰·皮尔庞特·摩根三世(John Pierpont Morgan Ⅲ)而建造的。在所有艺术家中，在瑞士出生的泰奥菲勒·亚历山大·斯泰因勒(Théophile-Alexandre Steinlen，1859~1923年)尤为著名。这里还收藏有伦勃朗的一幅小型蚀刻画《圣母子与猫和蛇》以及毕加索的《猫》(*Le Chat*)。

你可能还有机会与生活在博物馆的猫咪一起看展。

城市档案馆　　历史档案

(见340页地图；Stadsarchief, Municipal Archives；☎251 15 11，团队游预约 251 15 10；www.stadsarchief.amsterdam.nl；Vijzelstraat 32；⏲周二至周五10:00~17:00，周六和周日正午起；🚊16/24 Keizersgracht) 免费 阿姆斯特丹的档案都集中在一栋历史可以追溯到1923年的宏伟银行建筑内。进入档案馆，往左前往由瓷砖铺设的巨大地下库，这里展出了不少珍贵的档案，例如1942年关于安妮·弗兰克自行车被窃的警方报告。后面有个小影院，播放关于这座城市的旧影片。

周六和周日下午2点会组织团队游(成人€6，儿童免费)，必须提前预约。

档案馆的上层用于承办临时展览(收取小笔入场费用)。档案馆的书店Stadsboekwinkel(见154页)出售以这座城市为主题的大部头著作。

重要景点

威力霍图森博物馆（MUSEUM WIL-LET-HOLTHUYSEN）

这一华丽的居所——如今归阿姆斯特丹博物馆管理——建于约1685年，最初是为阿姆斯特丹市长雅各布·霍普（Jacob Hop）所建，于1739年经过重新设计，以19世纪末将这处房产遗赠给阿姆斯特丹市的遗孀命名。现在这里是阿姆斯特丹诸多建筑瑰宝中的耀眼之星。

漫步在这一贵族府邸中，你将被前任主人亚伯拉罕·威力（Abraham Willet）那极具启发性的艺术、设计和家具收藏所环绕，包括雅各布·德·威特（Jacob de Wit）的画作。还可以留意餐桌中央的装饰品（placede milieu），这是威力家族275件餐桌用品中的一部分；通过阿姆斯特尔街（Amstelstraat）尽头的铁围栏，你可以一窥带日晷、气氛温馨的法式花园。

想从仆人的角度进一步了解这一贵族居所，一定要在前台借笔记本，上面事无巨细的描述能让这里（是整个宅院）变得鲜活起来，例如仆人所要承受的乏味又繁重的家务，烤肉和擦窗等。

不要错过

- 雅各布·德·威特的画作
- 法式花园
- 笔记本
- 路易十六风格的底层

实用信息

- 见340页地图
- ☎523 18 22
- www.willetholthuysen.nl
- Herengracht 605
- 成人/儿童 €8.50/4.25
- ⏲周一至周五10:00～17:00，周六和周日11:00起
- Ⓜ Waterlooplein，🚊4/9/14 Rembrandtplein

FOAM 美术馆

见340页地图（Fotografiemuseum Amsterdam；www.foam.org；Keizersgracht 609；成人/儿童€10/免费；⏲周六至周三10:00～18:00，周四和周五至21:00；🚊16/24 Keizersgracht）简洁宽敞的画廊，部分地方开有天窗，自然光也可以从巨大的窗户中照进来，营造出无与伦比的观展空间。这里举办来自著名摄影师的各种题材的摄影展，不断更新，例如塞西尔·比顿爵士（Sir Cecil Beaton）、安妮·莱博维茨（Annie Leibovitz）和亨利·卡蒂埃-布列松（Henri Cartier-Bresson）。

希尔芬克·欣洛彭住宅博物馆 博物馆

见340页地图（Geelvinck Hinlopen Huis；☎639 07 47；www.geelvinck.nl；Keizersgracht 633；成人/儿童 €9/4.50；⏲周三至周一11:00～17:00；🚊16/24 Keizersgracht）想了解17世纪有钱人是如何生活的，就来这一富丽堂皇、建于1687年的私人豪宅参观吧，这里还有漂亮的古典花园，将曾经位于皇帝运河的马车房和绅士运河的主屋连在一起，药草园、英式花园和法式花园，还有阿姆斯特丹最大的私人池塘，组成无比美丽的风景。英语导游随时可以带你参观宅院内的房间。

每周日下午4点45分，这里会举行音乐会，很多都使用宅院内古老的乐器（门票成人/儿童€18/12起）。

修士运河 运河

见340页地图（Reguliersgracht；🚊4/9/14 Rembrandtplein）阿姆斯特丹最秀美的运河于1658年挖掘，将绅士运河与更南边的运河连在一起。运河因附近修道院的修士得名。从这里你可以看到至少七座桥拱。很多运河游船经过此地。

运河沿岸有不少房屋带有漂亮的山形墙、牌匾和精美的装饰。

手包和钱包博物馆 博物馆

见340页地图（Tassenmuseum Hendrikje，Museum of Bags & Purses；☎524 64 52；www.tassenmuseum.nl；Herengracht 573；成人/儿童 €12.50/7.50；⏲10:00～17:00；🚊4/9/14 Rembrandtplein）在手包博物馆，你会发现有着500年历史的手包。这里收藏的手包和钱

包规模为西方之最（超过5000个包），从皱巴巴的16世纪小袋子到Chanel、Gucci和Versace等品牌设计的经典、小巧玲珑的新装饰艺术风格包，再到麦当娜在电影首映礼上展示过的布满常春藤的"艾薇塔"包，还有20世纪80年代的按键电话袋。17世纪风格的内饰也非常惊艳。

伦勃朗广场

广场

见340页地图（Rembrandtplein；🚊4/9/14 Rembrandtplein）这个广场最初被称为惯常广场（Reguliersplein），接着又因在这里举办的黄油市场得名为Botermarkt，这一名称一直用到19世纪中期。如今的名字源自1876年树立在广场上的画家**雕像**。伦勃朗像下方是真人大小的**铜雕**，再现了他那幅名作《夜巡》的场景（你可以在国立博物馆看到原来的2D版）。

伦勃朗广场很快就成为夜生活聚集地，各式咖啡馆、餐馆和夜店在此营业，时至今日，这里仍然是阿姆斯特丹夜生活不可或缺的基石。

广场北边的De Kroon（见145页）于1898年开始营业，是这座城市最气派的咖啡馆之一。对面的Café Schiller（见146页），历史可以追溯到1892年，以夸张的人流和精美的装饰艺术风格内饰——包括花饰铅条玻璃窗——闻名。

蓝桥

桥梁

见340页地图（Blauwbrug，Blue Bridge；介于Waterlooplein和Amstelstraat之间；Ⓜ Waterlooplein）蓝桥是阿姆斯特丹最漂亮的桥梁之一，建于1884年，取代了自17世纪起连接阿姆斯特尔河两岸的旧木桥。受巴黎亚历山大三世桥（Alexander Ⅲ bridge）的启发，蓝桥立有高大华美的街灯，灯柱顶部装饰有阿姆斯特丹的皇冠、鱼形雕塑，灯的基座形似中世纪船只的船艏。

瘦桥

桥梁

见340页地图（Magere Brug，Skinny Bridge；介于Kerkstraat和Nieuwe Kerkstraat之间；🚊4 Prinsengracht）这座标志性的九拱"瘦桥"的历史可以追溯到17世纪70年代，经过数次对其混凝土和木制结构的重建。时至今日，这座

重要景点

冬宫博物馆阿姆斯特丹分馆（HERMITAGE AMSTERDAM）

早在1697年，沙皇彼得大帝（Tsar Peter the Great）便在荷兰学习造船技术和荷兰诅咒——两国长期以来的联系促使圣彼得堡的冬宫博物馆在阿姆斯特丹成立了分馆。在这里，你可以欣赏到从圣彼得堡冬宫借调过来的超过300万件享有盛誉的艺术藏品，例如俄国皇宫的珍宝，以及马蒂斯和毕加索的大作。这些轰动的临时展览每年更新两次左右，如你所期待的那样高雅壮观（且受欢迎）。

分馆位于宏伟的Amstelhof，这是一座17世纪的救济院，为开阔的庭院所环绕，面朝阿姆斯特尔河。在分馆西侧的画廊能欣赏到无与伦比的美景。

馆内不允许拍照（不过有一家礼品店）。同时要记住，该博物馆是阿姆斯特丹最受欢迎的景点之一，在高峰期间，你可能需要等候1小时才能进入。为了避开人流，可以在上午11点前到达。入口大厅可以获取多语言的语音导览，价格为€4。

不要错过

- 永久展览
- 漂亮的庭院
- 从西侧画廊欣赏美景
- 从圣彼得堡借调的临时展览

实用信息

- 见340页地图
- ☎530 74 88
- www.hermitage.nl
- Amstel 51
- 成人/儿童 €15/免费
- ⏲10:00～17:00
- Ⓜ Waterlooplein，🚊9/14 Waterlooplein

桥梁依然是手动打开，即便夜幕降临也极为上镜，1200盏小灯就如同圣诞装饰般让桥变得更加迷人。你可以在很多电影中看到瘦桥，包括1971年詹姆斯·邦德系列之一《金刚钻》（*Diamonds are Forever*）。站在桥中间，体验过往交通带来的晃动感。

阿姆斯特尔水闸　建筑

见340页地图（Amstelsluizen，Amstel Locks；阿姆斯特尔河，靠近卡雷皇家剧院；🚊4 Prinsengracht）这些令人印象深刻的水闸始建于1674年，让运河水与来自城北湖泊的淡水而非艾河的咸水混合，这一创举让阿姆斯特丹变得更加宜居。当淡水流入时，水闸定期关闭，而城西的水闸会打开，将停滞的水排入大海。

阿姆斯特尔教堂　教堂

见340页地图（Amstelkerk；☎520 00 70；www.amstelkerk.net；Amstelveld 10；⏲周一至周五9:00~17:00；🚊4 Prinsengracht）独特的松木教堂阿姆斯特尔教堂建于1668年，最初只是一座临时教堂，由阿姆斯特丹建筑师丹尼尔·斯塔尔帕特（Daniël Stalpaert）设计。当时的设想是在附近建造一座永久的教堂，而在完工之前所有教徒可以在临时教堂集会，但到了19世纪40年代，建造永久石质教堂的计划无疾而终。如今，教堂正方形的内厅添加了新哥特风格的装饰，有一架管风琴。

鸽舍教堂　教堂

见340页地图（De Duif，The Dove；☎520 00 90；www.deduif.net；Prinsengracht 756；🚊4 Prinsengracht）1796年，就在法国掌控的政府宣布宗教自由不久后，鸽舍教堂成为第一座建造起来的天主教堂，此后200多年里，一直对公众开放。不稳固的结构意味着最初的教堂只能被拆除，今天你看到的教堂建于1857年。现在的鸽舍教堂不再是单一的天主教堂，而是基督教各派联合，也是举办音乐会、歌剧和私人活动的场所。

如果能进去一看，务必留意右手墙面上的陶土雕带装饰的苦路14站（Stations of the Cross）。布道坛的雕刻是关于乌得勒支的圣威利巴（St Willebrordus of Utrecht）的，管风琴也是一大亮点，一直触到拱顶天花板。

当地知识

血迹之屋

仔细留意素雅的**Gijsbert Dommer大楼**（Gijsbert Dommer Huis；见340页地图；Amstel 216；🚊4 Keizersgracht）的立面，当地人称之为“血迹之屋”。六届市长兼外交官Coenraad van Beuningen在破产后发了疯，用自己的血在房屋立面涂写。他写下的那些令人难以理解的文字——包括希伯来语字母和晦涩的卡巴拉教符号——从17世纪保留至今，仍依稀可见。

富商Gijsbert Dommer于1671年委托他人建造了这栋大楼，但如今，那位疯狂的市长更为人所熟知。

就餐

在阿姆斯特丹，几乎每条路都通往莱兹广场，但还有更好的选择——不妨去毗邻的小街或附近的运河河畔寻觅美食。伦勃朗广场也是如此，你可以多走几步去附近的Utrechtsestraat街，这可是阿姆斯特丹最棒的美食街之一。

VAN DOBBEN　荷兰菜 €

见340页地图（☎624 42 00；www.eetsalonvandobben.nl；Korte Reguliersdwarsstraat 5-9；菜肴 €2.75~8；⏲周一至周三10:00~21:00，周四10:00至次日1:00，周五和周六10:00至次日2:00，周日10:30~20:00；🚊4/9/14 Rembrandtplein）自20世纪40年代开业以来，Van Dobben白色瓷砖铺设的墙面和穿白衣、风趣幽默的员工就始终没有变过。传统的荷兰肉类菜肴是这里的特色：可以品尝类似咸牛肉的pekelvlees，或者做成halfom（如果你想和肝脏混合吃）。

这家的炸肉丸味道是全城最好的，是深夜伦勃朗广场畅饮一番后必须吃的小吃。德派普区开有一家分店。

BAR HUF　美国菜 €

见340页地图（http://barhuf.nl；Reguliersdwarsstraat 43；主菜 €8.50~14.50；⏲厨房周日至周四16:00至午夜，周五和周六至次

日1:00；📶；🚊1/2/5 Koningsplein）你可以顺道来这里喝杯啤酒/鸡尾酒，不过Bar Huf的特色是夜宵。这里供应五种不同的汉堡（例如Mango Jerry：蟹肉、卷心菜凉拌沙拉和日式芥末蛋黄酱；Rocky Balboa：鸡肉、辣椒末和车达奶酪），还有朗姆和苹果酱肋排（rum-and apple-glazed ribs）、奶酪通心粉（用五种奶酪制成）、柠檬蛋白派，附近餐馆都关门后，你仍然可以来这里享用这些美食。

LAVINIA GOOD FOOD

素食 €

见340页地图（www.laviniagoodfood.nl；Kerkstraat 176；菜肴 €4.50～8.50；⏲周一至周五8:30～16:00，周六和周日9:30～17:00；📝；🚊16/24 Keizersgracht）斯佩耳特小麦迷你比萨、褐菇汉堡（portabello mushroom burgers）、意面或鹰嘴豆沙拉、加有芒果萨尔萨辣酱（mango salsa）、鹰嘴豆泥（hummus）和鳄梨酱（guacamole）的三明治，这些都使得Lavinia变得无比吸引人，即便你不是素食者，也会想要停下来享用一番。

SOUP EN ZO

汤吧 €

见340页地图（www.soupenzo.nl；Niewe Spiegelstraat 54；汤 €5.40～7；⏲周一至周五11:00～20:00，周六和周日正午至19:00；📝；🚊7/10 Spiegelgracht）天气寒冷的时候，你无法拒绝这家小小的外卖汤吧送上的热气腾腾的汤。这里汤的口味每个小时都不同，但可能会有土豆配羊乳奶酪汤（potato with roquefort）、小扁豆牛肉末汤（lentil and minced beef）、梅子和南瓜汤（prunes and pumpkin）或辣味菠菜和椰汁汤（spicy spinach and coconut）。汤吧现在开了两家分店，分别位于新市场和博物馆广场，靠近冯德尔公园。只接受现金。

STACH

咖啡馆 €

见340页地图（www.stach-food.nl；Nieuwe Spiegelstraat 52；菜肴 €7.50～14.50；⏲周一至周六8:00～22:00，周日9:00～21:00；📝；🚊7/10 Spiegelgracht）Stach位于南运河圈的分店，规模比其在德派普区的旗舰店要小。可即使找不到空位，你也可以来这里购买意大利面食（例如菠菜馅的意式小方饺）和用有机面包做成的可口三明治［例如生牛肉片、松露蛋黄酱和芝麻菜（carpaccio，truffle mayonnaise and rocket），或者水牛芝士、罗勒蛋黄酱和西红柿（buffalo mozzarella，basil mayonnaise and tomato）］，带到运河畔的长椅上去享用。

LOEKIE

三明治 €

见340页地图（www.loekie.net；Utrechtsestraat 57；三明治 €5～7.30；⏲周一至周六9:30～17:30；🚊4 Keizersgracht）这家熟食店用新鲜美味的食材制作可外带的三明治，例如熏牛肉加蛋和盐（smoked beef with egg and salt），或者是山羊奶酪加松仁和蜂蜜（goat's cheese with pine nuts and honey）。如果柜台上没有做好的三明治，可以要一份英语菜单。

LITE/DARK

咖啡馆 €

见340页地图（www.litedark.nl；Utrechtsestraat 22；菜肴 €4～6；⏲周一至周五9:00～19:00，周六和周日 10:00起；🚊4 Keizersgracht）这家时髦、工业风的咖啡馆不知怎的，让人相信多吃巧克力（或者至少是黑巧克力）有益健康。这里供应巧克力饮品和巧克力火锅，外加多种"口味清淡"的冰沙，能量奶昔和小麦草（wheatgrass）饮料。菜单不长，但有沙拉、百吉饼、三明治和蘸巧克力的水果可选。

★LA CACEROLA

巴西菜 €€

见340页地图（☎627 93 97；www.restaurantlacacerola.nl；Weteringstraat 41；主菜 €21.50～24.50；⏲周二至周六 18:00～22:30；🚊7/10 Spiegelgracht）🌿在这家质朴、浪漫的餐馆，菜肴都是依据传统方式以及慢食原则烹饪而成，包括酸橙汁浸野生海鲈鱼（wild sea bass marinated in lime juice）、辣味牛乳羊肉（spiced rack of milk-fed lamb）、特色菜木炭烤牛肉配辣味南瓜泥（churrasco de picanha）。如果决定不了选择哪个菜，那就点主厨的惊喜四道菜套餐（€34.50）。服务一流。

★BUFFET VAN ODETTE

咖啡馆 €€

见340页地图（☎423 60 34；www.buffetvanodette.nl；Prinsengracht 598；午餐

南运河圈 就餐

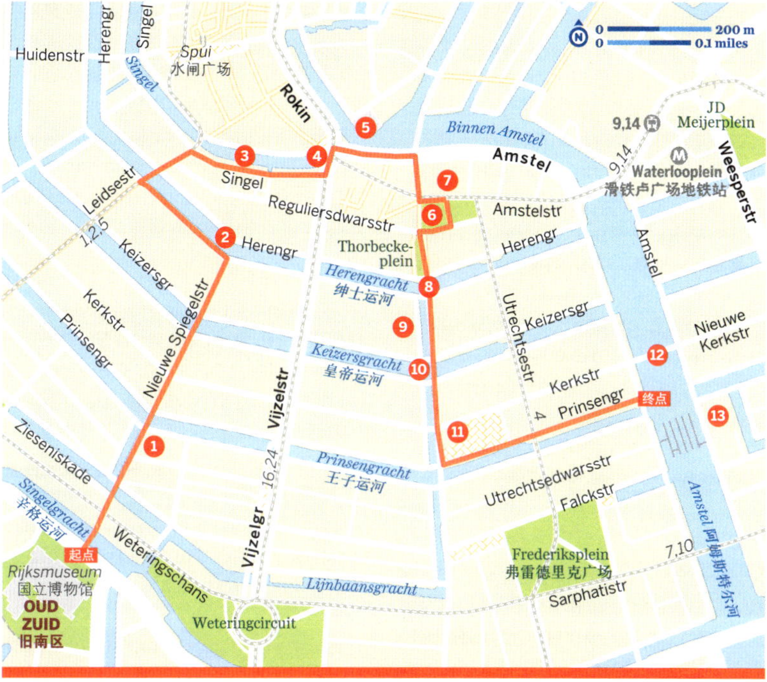

街区漫步
南运河圈

起点 辛格运河
终点 阿姆斯特尔河
距离 4公里；2小时

从辛格运河出发，往北进入艺术和古玩店聚集的❶**Spiegel区**，它们沿Nieuwe Spiegelstraat街展开。作为阿姆斯特丹最奢华的地产区，位于绅士运河河畔的❷黄金弯（见135页）名副其实，古典法式装饰元素无处不在。

逛逛热闹的❸**鲜花市场**（见135页），在市场东边你能看到阿姆斯特丹历史最悠久的标志之一，醒目的❹**铸币塔**（Munttoren）。从塔楼出发，沿阿姆斯特尔河往东走，将经过宏伟的❺**Hotel de l' Europe**，漂亮的小艇就停泊在露台餐馆旁。走到桥的位置后往南进入小小的半月巷（Halvemaansteeg），从这里你便进入了❻**伦勃朗广场**（见138页）周边娱乐区活跃的心脏地带。穿过广场时，可以在绘画大师伦勃朗的雕像前停留，然后前往阿姆斯特丹最有品位的大咖啡馆（酒吧）之一❼**De Kroon**（见145页）。

走过绿树掩映的Thorbeckeplein广场，来到绅士运河，用相机留下一张如明信片般完美的❽**修士运河**风景照，这条运河又被称为七桥运河。修士运河34号的❾**房屋**建有非同寻常的双入口，山形墙顶端还立着一尊老鹰像，是专门为最初的主人Arent van den Bergh而设（荷兰语arend意为老鹰）。

在皇帝运河和绅士运河交汇处，能欣赏到比此前七桥更美的景观：从东往西，从北往南，你能看到惊人的❿**15座桥梁**。往南走几步，你将遇见⓫**阿姆斯特尔教堂**（见139页），这座奇特的木教堂有一座至今看上去依然简陋的钟塔。

往东进入王子运河的僻静区，一直走到阿姆斯特尔河河岸。在这里你可以欣赏玲珑的⓬**瘦桥**（见138页）以及更远处的水闸，还能望到⓭**卡雷皇家剧院**（见151页）霓虹闪烁的屋顶。

骑车游南运河圈

MacBike（见340页地图；528 76 88；www.macbike.nl；Weteringschans 2；自行车租赁每3/24小时 €7.50/9.25起；9:00~17:45；1/2/5/7/10 Leidseplein）在莱兹广场附近出租自行车。

Mike's Bike Tours（见340页地图；622 79 70；www.mikesbiketoursamsterdam.com；Kerkstraat 134；城市游成人/儿童€22/19起，乡村游€25/18起；办事处 3月至10月9:00~18:00，11月至次年2月 10:00起；16/24 Keizersgracht）团队游从教堂街123号的办事处对面出发。你也可以租借自行车（每4/24小时€5/10起）。

主菜 €8~15.50，晚餐 €15.50~19；厨房10:00~22:00；；7/10 Spiegelgracht）这家通畅、白色瓷砖铺设、适合小坐的咖啡馆可不供应自助餐，而是用上等食材和非凡创意证明简单却高明的烹饪技术可以做出怎样的美味。汤、三明治、意大利面食和乳蛋饼大都是有机食材制作的，还加有松仁（pine nuts）或松露奶酪（truffle cheese）这样的精心点缀。

PANTRY
荷兰菜 €€

见340页地图（620 09 22；http://thepantry.nl；Leidsekruisstraat 21；主菜 €13~18，3道菜套餐 €20~28；11:00~22:30；；1/2/5 Leidseplein）木板墙和发黄的灯光使得这家充满欢乐惬意氛围的小餐馆成为品尝经典荷兰菜的好地方：腌鲱鱼配洋葱和泡菜（haring met uitjes en zuur），泡菜土豆泥配熏肠或肉丸（zuurkool stamppot），"大杂烩"，牛肉、胡萝卜和洋葱一起炖煮（hutspot）以及荷兰松饼（填充焦糖糖浆的圆片华夫饼）。

RON GASTROBAR ORIENTAL
亚洲菜 €€

见340页地图（223 53 52；www.rongastrobaroriental.nl；Kerkstraat 23；菜肴 €15；5.:30~23:00；；1/2/5 Prinsengracht）Ron Blaauw重塑了其位于冯德尔公园附近的Ron Gastrobar（见190页）的餐饮理念，将米其林一星换成统一价格、云集西班牙小吃风格菜肴的菜单。在这家餐馆，他则对热菜理念进行了革新，目标就是亚洲菜。小盘菜肴包括鹅肝点心（dim sum with foie gras）、清蒸鸡配花生酱（poached chicken with peanut sauce）、鞑靼和牛（Wagyu steak tartare）、日式排骨（Oriental spare ribs）、松脆对虾（crispy prawns）和北京烤鸭。

IN DE BUURT
各国风味 €€

见340页地图（www.inderbuurt-amsterdam.nl；Lijnbaansgracht 246；主菜 €14.50~20.50；厨房周一至周四 17:00~22:00，周五 15:00起，周六和周日14:00起；1/2/5 Leidseplein）运河畔的夏日露台，内部裸露的砖墙，不锈钢筒灯，在如此放松的环境中品尝美味的松露蛋黄酱、烤樱桃小番茄迷你汉堡（miniburgers with truffle mayo and roasted cherry tomatoes），塞有荷兰山羊奶酪和菠菜的意式肉卷（cannelloni stuffed with Dutch goats cheese and spinach），龙蒿油烤整条海鲷（grilled whole sea bream with tarragon oil），不过这场美食秀的明星当属这家自制的淋有白巧克力酱的巧克力和美洲山核桃布朗尼（chocolate- and pecan-brownie with white-chocolate sauce）。

ROSE'S CANTINA
墨西哥菜 €€

见340页地图（625 97 97；http://rosescantina.com；Reguliersdwarsstraat 38-48；主菜 €16.50~24；17:30~22:30；；1/2/5 Koningsplein）庄严的黑色立面后隐藏着这家餐馆醒目的石灰绿色内饰以及庭院，你可以在充满活力的环境下品尝刺激的墨西哥菜。前菜有酸橘汁腌鱼（ceviche），然后是改良版的墨西哥特色菜，例如手撕猪肉（pulled pork）或蟹肉玉米卷（crab tacos）、黑豆酸奶油辣椒卷饼（black bean-filled enchiladas with sour cream）、甜辣土豆肉馅卷饼加辣椒蛋黄酱和萨尔萨酱（spicy sweet potato empanadas with chipotle mayo and salsa）。

DE BLAUWE HOLLANDER
荷兰菜 €€

见340页地图（627 05 21；www.deblauwehollander.nl；Leidsekruisstraat 28；午餐主菜

€4~7.50，晚餐 €14.50~19.50；⊙正午至23:00；🚊1/2/5 Leidseplein）在这家亮着红灯的餐馆，薄煎饼和煎蛋加面包是典型的荷兰式午餐选择之一。不过这里的晚餐要丰盛许多：自制奶酪炸丸子（cheese croquettes）、猪肉香肠配蔬菜土豆泥（stamppot with pork sausage）、培根肉丸配红甘蓝（bacon-wrapped meatball with red cabbage）、苹果土豆泥配小牛肝（calf's liver with apple- and potato-mash）。留意门前飘扬的荷兰国旗。

CAFÉ VAN LEEUWEN
新派欧洲菜 €€

见340页地图（www.cafevanleeuwen.nl；Keizersgracht 711；主菜 €7.50~19.50；⊙厨房周一至周五9:00~22:00，周六10:00~22:00，周日11:00~21:00；🚊4 Keizersgracht）在这家运河畔咖啡馆你可以点杯酒，搭配小吃，不过如此高的性价比，来这里享用一顿正餐绝对值得。首选包括炭烤金枪鱼排配热的小扁豆沙拉（char-grilled tuna steak on warm lentil salad）、荷兰熏肠配薯条（smoked Dutch sausage with frites）和自制蛋黄酱凉拌菜，还有这家的特色奶酪和松脆的培根莱文汉堡（bacon Leeuwen burger）。

EVERYTHING ON A STICK
各国风味 €€

见340页地图（☎626 18 74；www.eoas.nl；Prinsengracht 478；午餐主菜 €8.50~15，晚餐周四至周六成人/儿童 €27/13.50，周二和周三€25.50/13.50；⊙周二至周日 18:00~23:00；👪；🚊1/2/5 Prinsengracht）这家时尚现代化的餐馆供应的所有美味都是用串扦串起来的。这种品尝方式旨在与大家分享美食（一次你可以点两份主菜，外加一道佐菜，两小时内可以无限点），选择包括海藻裹对虾（seaweed-wrapped prawns），蜂蜜柠檬牛肉（honey and lemon beef），迷迭香油煎扇贝培根卷（bacon-wrapped scallops in rosemary oil），以及荷兰辣鸡（Dutch spiced chicken）。如果有菜没吃完，每种要支付€1的"罚金"。独特的美味。

BOUCHON DU CENTRE
法国菜，里昂菜 €€

见340页地图（☎330 11 28；www.bouchondu centreamsterdam.com；Falckstraat 3；主菜 €15~20；⊙周三至周六正午至15:00和17:00~20:00；🚊4/7/10 Frederiksplein）真实再现了里昂小馆风情，餐桌上铺着经典的红白桌布。这里的菜单每日更换，菜式不多，以里昂菜为主，例如内脏灌制的香肠（andouillette）和梭鱼饺子（quenelles de brochet）。别错过绵软的圣马塞兰奶酪（St Marcellin cheese）和罗讷河谷葡萄酒，例如Beaujolais。

> **当地知识**
>
> **王室御用糕点屋**
>
> **Patisserie Holtkamp**（见340页地图；www.patisserieholtkamp.nl；Vijzelgracht 15；菜肴 €2.45~6.50；⊙周一至周五8:30~18:00，周六 至17:00，7月下旬至8月中旬关闭；🚊4/7/10/16/24 Weteringcircuit）自1886年起，这家烘焙坊就一直在这个地方，华丽的装饰艺术风格内饰是在1928年由建筑师皮特·克莱默（Piet Kramer）设计添加的。抬头留意砖砌立面上镀金的王室盾形纹章，上面有一顶王冠。烘焙坊为荷兰王室供应精致的甜点和咸味点心，包括以对虾、龙虾和小牛肉为馅料的炸丸子。
>
> 阿姆斯特丹部分顶级餐馆的菜单上也有这家糕点屋制作的佳肴。

PIET DE LEEUW
牛排 €€

见340页地图（☎623 71 81；www.pietdeleeuw.nl；Noorderstraat 11；主菜 €12.50~21.50；⊙周一至周五正午至22:30，周六和周日17:00起；🚊16/24 Keizersgracht）这栋建筑始建于1900年，自20世纪40年代起就一直是牛排屋和人们聚餐的场所，深色的内饰和舒适的氛围几乎没有改变过。如果找不到独享的餐桌，没准能在与他人拼桌的时候结识新朋友。牛排性价比很高，搭配有洋葱、蘑菇或培根，与沙拉和刚出炉的薯条一起上。

STACEY'S PENNYWELL
咖啡馆 €€

见340页地图（www.staceys.nl；Herengracht 558；主菜 €9~21.50；⊙周一9:00~17:00，周二至周六9:00~22:30，周日9:30~22:30；🚊4 Keizersgracht）这个地方堪称完美。迷人的天花板，锻铁枝形吊灯，无不吸引着食客来到二层，缩在舒适的白色皮椅上，享用绿咖喱烟熏鲭鱼或青柠黄油煎大比目鱼配百里香烤土豆(smoked mackerel in green curry or halibut with lime butter and thyme-roasted potatoes)这样令人难忘的美食。低层则可以品尝鸡尾酒,摆有靠枕的沙发能眺望绅士运河美景。

TASTE OF CULTURE 中国菜 €€

见340页地图(☎427 11 36; www.tasteofculture.net; Korte Leliedwarsstraat 139-141; 点心€3.50~10, 主菜 €13.50~32.50; ⊙周日至周四17:00至次日1:00, 周五和周六至次日3:00; 🚊1/2/5/7/10 Leidseplein)中国人会聚集在这里享用新鲜烹饪的家乡特色菜。推荐的佳肴有蛏子、北京烤鸭和薄煎饼,此外还有旺火煸炒的绿色蔬菜。厨房一直工作到深夜,这点值得加分。

PASTINI 意大利菜 €€

见340页地图(☎622 17 01; www.pastini.nl; Leidsegracht 29; 主菜 €13.50~23; ⊙周一至周六 18:00~22:00; 🚊1/2/5 Keizersgracht)除了舒适质朴的文艺复兴风格内饰以及面向两条运河的绝佳位置,令Pastini受热捧的还有意大利面食——包括有荷兰对虾、甜椒、辣椒、凤尾鱼和大蒜的招牌菜(tagliatelle gamberi)——价格十分公道。有三种可选择的开胃前菜是特色之一,不过留点肚子吃甜点:黑巧克力馅饼(pastina di cioccolata)。

BOJO 印度尼西亚菜 €€

见340页地图(☎622 74 34; www.bojo.nl; Lange Leliedwarsstraat 49-51; 主菜 €11.50~17.50; ⊙16:00至午夜; 🚊1/2/5 Prinsengracht)深夜玩尽兴后,没有比来一顿印尼美餐更好的选择了。Bojo主打夜宵,以其所在的位置,就餐环境算是出人意料的宁静。夜店爱好者会来这里大快朵颐吱吱作响的沙嗲烤肉、分量够大的炒饭和热气腾腾的面汤。

LO STIVALE D'ORO 意大利菜 €€

见340页地图(☎638 73 07; www.lostivaledoro.nl; Amstelstraat 49; 比萨 €7.50~12.50, 主菜 €8~22.50; ⊙周三至周一 17:00~22:30; 🚊4/9/14 Rembrandtplein)来这家氛围友好的餐馆找个位置,品尝美味的比萨和意大利面。爱结交朋友的意大利老板Mario时不时会拿出他的吉他,为客人们弹奏一曲。

★RESTAURANT FYRA 新派欧洲菜 €€€

见340页地图(☎428 36 32; www.restaurantfyra.nl; Noorderstraat 19-23; 3/4/5/6道菜套餐 €36/42.50/47.50/52.50; ⊙18:00~23:00; 🚊16/24 Weteringcircuit)这家广受当地食客喜爱的餐馆使用的很多蔬菜和香草都是老板/主厨在自家花园种的,用此搭配出创意美味,例如豌豆薄荷汤配本土对虾(pea and mint soup with local prawns),烤里脊肉配土豆泥(barbecued tenderloin with potato mousseline),腌渍桃子配荷兰酸奶、蛋白酥和石榴汤(marinated peaches with Dutch yoghurt, meringue and pomegranate syrup)。此外,这里还有不少上等的手工奶酪和精心挑选的葡萄酒。

餐馆位于一栋带法式门廊的传统砖砌建筑内,内饰现代而雅致。

TEMPO DOELOE 印度尼西亚菜 €€€

见340页地图(☎625 67 18; www.tempodoeloerestaurant.nl; Utrechtsestraat 75; 主菜 €23.50~38.50, 印尼餐和套餐 €29~49; ⊙周一至周六 18:00~23:30; 🖉; 🚊4 Prinsengracht) Tempo Doeloe始终位于阿姆斯特丹最好印尼餐馆行列,环境和服务都很优雅,不会显得过于夸张。这里供应的印尼餐亦是如此:不像很多地方将自己吹得天花乱坠,在这里你可以从容地品尝各种美味。警告:标注有"超辣"的菜肴是真辣。葡萄酒很不错。

SUPPERCLUB 新派荷兰菜 €€€

见340页地图(☎638 05 13; www.supperclub.com; Singel 460; 5道菜套餐 €69; ⊙20:00起; 🚊1/2/5 Koningsplein)如果你想要戏剧化的效果,那来对地方了。进入戏剧性的房间,舒服地坐在床垫(在这里床取代了餐桌和椅子)上,伴着DJ编的house乐,享用真实的美味。在就餐的同时,你还能欣赏撩人、具有娱乐性的表演艺术。如果五道菜套餐分量太多,你可以按菜单单点。

HERENGRACHT RESTAURANT & BAR 新派欧洲菜 €€€

见340页地图(☎616 24 82; www.deheren

gracht.com; Herengracht 435; 午餐主菜€9.50~26, 晚餐 €22~26; ⏲厨房11:00~22:30; 🚊1/2/5 Koningsplein) 如果靠运河的露台满座，这里不仅有装修时髦的内厅，还有美丽葱郁的后院，可以在户外享用荞麦薄饼配豌豆泥 (buckwheat blinis with pea purée)、烤甜菜根和Messenklever奶酪等开胃前菜，小牛腰、肝和胰脏配洋葱培根酱 (veal loin, liver and sweetbread with onion and bacon sauce) 等主菜，甜点则有大黄焦糖布丁 (rhubarb crème brûlée) 和绿苹果冰糕 (green-apple sorbet)。

VAN VLAANDEREN
法国菜 €€€

见340页地图 (☎622 82 92; www.restaurant-vanvlaanderen.nl; Weteringschans 175; 主菜 €24.50~29.50; ⏲周二至周五正午至15:00和18:00~22:00, 周六 18:00~22:00; 🚊4/7/10/16/24 Weteringcircuit) 作为阿姆斯特丹最好的法式餐馆之一，Van Vlaanderen有升高的甲板，能欣赏到迷人的运河风光。烟熏鸭胸配煎鹅肝 (smoked duck breast with pan-fried foie gras) 及烤牛外脊配胰脏、菊苣和松露汁 (roast beef striploin with sweetbread, chicory and truffle jus)，还有山莓和接骨木花奶酥 (raspberry and elderflower soufflé) 等精致菜式使餐厅显得卓尔不群。餐馆还供应味道很赞的多道菜套餐。

饮品和夜生活

剧院咖啡馆 (酒吧)，棕色咖啡馆 (小酒吧)，同性恋酒吧，咖啡大麻店和夜店云集，来这个街区玩可得好好动动脑筋。想和其他游客一起参加派对？那就去莱兹广场的酒吧。想跳舞？去伦勃朗广场就对了。Utrechtsestraat街是体验当地生活的好地方。Reguliersdwarsstraat街及周边是同性恋聚集地。

★BAR MOUSTACHE
酒吧

见340页地图 (www.barmoustache.nl; Utrechtsestraat 141; ⏲周一至周四8:00至次日1:00, 周五8:00至次日3:00, 周六9:00至次日3:00, 周日9:00至次日1:00; 🚊4 Prinsengracht) 这一仓库风格的咖啡馆兼酒吧内部有裸露的砖墙，其极简主义风格由Stella Willing设计。酒吧内既有共享餐桌，也有隐蔽的餐桌，聚满了当地人。此外，两条沿窗的板凳能欣赏Utrechtsestraat街车来人往的景象。走简洁风的意式菜单很不错，还有包括意大利葡萄酒在内的杯装佳酿可选择。

★EIJLDERS
棕色咖啡馆

见340页地图 (www.cafeeijlders.nl; Korte Leliedwars-straat 47; ⏲周一至周三 16:30至次日1:00, 周四和周日正午至次日1:00, 周五和周六正午至次日2:00; 🚊1/2/5/7/10 Leidseplein) 第二次世界大战期间，这家有彩绘玻璃的漂亮棕色咖啡馆是拒绝听从纳粹文化指令的艺术家的聚集点，他们的精神延续至今。这里依然艺术家云集，会定期举办诗歌阅读 (有时候是英语——打电话确认)、即兴演奏会和展览。

★AIR
夜店

见340页地图 (www.air.nl; Amstelstraat 16; ⏲周四至周日; 🚊4/9/14 Rembrandtplein) 阿姆斯特丹最好的夜店之一，荷兰设计师马塞尔·万德斯 (Marcel Wanders) 设计的环境极具亲和力，包括独特的层叠舞池。储物柜和可以在五个吧台使用的充值卡大大加分。一流的音效吸引了前卫的DJ们卖力演出，从迪斯科到house，再到高科技舞曲，还有嘻哈乐。营业时间时有变动；穿得抢眼点。

DE KROON
大咖啡馆

见340页地图 (www.dekroon.nl; Rembrandtplein 17; ⏲周一至周四16:00至次日1:00, 周五16:00至次日4:00, 周六11:00至次日4:00, 周日11:00至次日1:00; 🚊4/9/14 Rembrandtplein) De Kroon经过修葺后，重现1898年最初的辉煌——高高的天花板，天鹅绒椅和美丽的装饰艺术风格的楼梯，二层能俯瞰伦勃朗广场 (也有电梯)。坐在氛围浓郁的以英语图书馆为主题的吧台，细细观看独特的19世纪医学和科学仪器展品。

SWEET CUP
咖啡

见340页地图 (www.sweetcupcafe.com; Lange Leliedwarsstraat 101; ⏲周一和周三至周五8:00~18:00, 周六9:00~18:00, 周日11:00~18:00; 🚊1/2/5 Leidseplein) 这家香气四溢的迷你咖啡烘焙坊由一对风趣的年轻荷兰

阿姆斯特丹美国酒店(AMSTERDAM AMERICAN HOTEL)

华丽的**阿姆斯特丹美国酒店**(见340页地图;☎556 30 00;www.edenamsterdamamericanhotel.com;Leidsekade 97;🚊1/2/5/7/10 Leidseplein)之所以得此名是因为最初酒店的建造者CAA(Cornelis Alidus Anne)Steinigeweg在美国待了很多年,他在荷兰于纽约州格兰德岛上建立殖民地一事上出过力。Steinigeweg要求建筑师Ed Cuypers用大量美国文物装饰这一维也纳文艺复兴风格的建筑,包括真人大小的美国原住民首领及其女人,还有入口上方4米高的鹰纹章。

酒店于20世纪80年代初完成,不到20年就因为过小被拆除,取而代之的是你今天看到的壮观大楼。20世纪之交开业的新**酒店**(见249页)延续了早期的维也纳文艺复兴风格,顶部建有一座钟塔,新艺术风格的设计出自建筑师Willem Kromhout之手。

隶属酒店的**Café Americain**拥有漂亮的经过翻新的新艺术风格内饰,彩绘玻璃,精美的灯具和壁画,堪称文化遗产典范,一直以来被亲切地称为"阿姆斯特丹的起居室"。

伴侣经营,为很多当地咖啡馆供应咖啡原料,但你也可以直接在这里享用咖啡,或者买一杯外带,有五种浓缩咖啡和五种慢煮咖啡。这里也出售烘焙好的咖啡豆。

PATA NEGRA 葡萄酒吧

见340页地图(www.pata-negra.nl;Utrechtsestraat 124;⏲周日至周四正午至次日1:00,周五和周六 至次日3:00;🚊4 Prinsengracht)鲜榨现调的玛格丽塔酒是这家西班牙小吃吧最一流的。质朴的瓷砖外观与内部热闹的人群相得益彰,尤其是周末。一边畅饮西班牙水果酒sangria,一边吃蒜炸大虾和烤沙丁鱼(西班牙小吃€4.50至€10)。这里总是挤满了人,乐趣也恰恰在于此。

DOOR 74 鸡尾酒吧

见340页地图(☎06 3404 5122;www.door-74.nl;Reguliersdwarsstraat 74;⏲周日至周四20:00至次日3:00,周五和周六 至次日4:00;🚊9/14 Rembrandtplein)这个鸡尾酒吧位于没有任何标记的门后面,你需要留口信,或者最好是发短信预约才能进入。华美、深色木头、锡板天花板的环境散发着地下酒吧的氛围,这里供应阿姆斯特丹最好的鸡尾酒。主题鸡尾酒单定期更新。非常酷。

CAFÉ SCHILLER 剧院咖啡馆

见340页地图(http://cafeschiller.nl;Rembrandtplein 26;⏲周一至周四16:00至次日1:00,周五16:00至次日2:00,周六 14:00至次日2:00,周日 14:00至次日1:00;🚊4/9/14 Rembrandtplein)大多数咖啡馆会乐意花钱效仿Schiller令人赞叹不已的艺术装饰风格内饰,但只有这里才是原创。墙上挂有1920和1930年代荷兰演员和卡巴莱歌舞艺术家的肖像。酒吧凳子和隔间常常为观演前后的人们所占据。

CAFÉ DE WETERING 棕色咖啡馆

见340页地图(Weteringstraat 37;⏲周一至周四16:00至次日1:00,周五16:00至次日3:00,周六 15:00至次日3:00,周日 15:00至次日1:00;🚊7/10 Spiegelgracht)一直受到人们喜爱的Café de Wetering隐藏于阿姆斯特丹中心区一条不起眼的街上,距离古玩店云集的Nieuwe Spiegelstraat街不远,总是挤满了各个年龄段的当地人。你可以选择去有壁炉的上层,或者在吧台与风趣的侍者交谈。天气寒冷时,这是个不错的安身之地。

BACK TO BLACK 咖啡馆

见340页地图(www.backtoblackcoffee.nl;Weteringstraat 48;⏲周一至周五8:00~18:00,周六和周日10:00起;🚊7/10 Spiegelgracht)这是家很酷的街角咖啡馆,倘若你喜欢这里由当地艺术家设计的家具和艺术作品,可以买下来——它们都对外出售。Back to Black从本土迷你咖啡烘焙坊Sweet Cup(见138页)引进墨西哥、埃塞俄比亚、巴西和危地马拉的咖啡,还供应少数味道不错的蛋糕和其他糕点。

CAFÉ AMERICAIN

大咖啡馆

见340页地图(☎556 30 10; www.cafeamericain.nl; Leidsekade 97, Amsterdam American Hotel; ⏰6:30~22:30; 🚋1/2/5/7/10 Leidseplein)这一新艺术风格的典范就在阿姆斯特丹美国酒店(见146页)内,于1902年营业,早在大咖啡馆(酒吧)这一概念出来之前就已经存在了。巨大的彩绘玻璃窗俯瞰着莱兹广场,有个迷人的露台。下午茶(周一至周六14:00~17:00; €29.50)以及不时举行的周日爵士早午餐氛围尤其浓郁(提前预订)。

这里还供应“冰镇火锅”(ice fondue; 每人€16; 最少两人),你可以将水果或巧克力浸在液氮中。

VAN DYCK BAR

夜店

见340页地图(www.vandyckbar.com; Korte Leliedwarsstraat 28-32; ⏰周三、周四和周日22:00至次日4:00,周五和周六 至次日5:00; 🚋1/2/5/7/10 Leidseplein)Van Dyck将伊维萨式的夜店风格带到了阿姆斯特丹,炫目的灯光,一流的音效,还有知道如何让舞池水泄不通的DJ。午夜之前通常不收取入场费,但入场有着装要求。

ESCAPE

夜店

见340页地图(www.escape.nl; Rembrandtplein 11; ⏰周四和周日23:00至次日4:00,周五和周六 至次日5:00; 🚋4/9/14 Rembrandtplein)20多年来,这一大型夜店始终是阿姆斯特丹夜生活版图中不可或缺的一份子,也是这座城市最时尚的夜店之一。内部划分有多个空间,包括数个由当地以及国际DJ点燃激情的舞池、一间满是屏幕的工作室以及一间相邻的咖啡馆。盛装出席,否则你可能无法入内,使用洗手间记得带上零钱(€0.50)。

CAFÉ BRECHT

咖啡馆

见340页地图(www.cafebrecht.nl; Weteringschans 157; 周日至周四正午至次日1:00,周五和周六至次日3:00; 🚋4/7/10/16/24 Weteringcircuit)咖啡馆以德国著名剧作家和诗人贝尔托·布莱希特(Bertolt Brecht)的名字命名,可能是阿姆斯特丹唯一将德国诗篇刻在墙上的地方。错搭风格的天鹅绒椅、复古灯具,以及大量书籍和桌游——年轻的时尚人士对这里优雅休闲的氛围总是情有独钟。

LION NOIR

鸡尾酒吧

见340页地图(www.lionnoir.nl; Reguliersdwarsstraat 28; ⏰周一至周四正午至次日1:00,周五正午至次日3:00,周六18:00至次日3:00,周日18:00至次日1:00; 🚋1/2/5 Koningsplein)Lion Noir的内部是由Thijs Murré设计的,可以见到鸟笼、鸟类标本和植物,餐食精美,露台迷人,还有各种创意鸡尾酒,例如Dutch Garden(荔枝、酸甜苏打水、黄瓜和荷兰杜松子酒),Lionjito(朗姆酒、君度橙酒、薄荷、酸橙、香草和有机苹果汁),Flatliner(龙舌兰酒、意大利茴香酒和塔巴斯哥辣酱),吸引了众多名流。

CAFÉ DE SPUYT

啤酒咖啡馆

见340页地图(www.cafedespuyt.nl; Korte Leliedwarsstraat 86; ⏰周一至周四16:00至次日3:00,周五和周六15:00至次日4:00,周日15:00至次日3:00; 🚋1/2/5/7/10 Leidseplein)这家柔和友善的咖啡馆(酒吧/小酒吧)距离热闹的莱兹广场不远,员工很乐意帮你从黑板上列出的超过100种啤酒中选择适合的,从比利时的特拉普(Trappist)啤酒到美国内华达山脉(Sierra Nevada)啤酒,应有尽有。

CHICAGO SOCIAL CLUB

酒吧

见340页地图(☎760 11 71; www.chicagosocialclub.nl; Leidseplein 12; ⏰酒吧周日至周四20:00至次日4:00,周五和周六 至次日5:00,夜店周四至周六23:00起; 🚋1/2/5/7/10 Leidseplein)虽然喜剧俱乐部Boom Chicago(见171页)迁址乔丹区,不过这一位于莱兹广场、1923年起营业的酒吧兼夜店依然闻名遐迩,house乐和高科技舞曲极具动感,氛围既酷又质朴。最低年龄限制为21岁。

CAFÉ LANGEREIS

咖啡馆

见340页地图(http://cafelangereis.nl; Amstel 202; ⏰周日至周四11:00至次日3:00,周五和周六至次日4:00; 📶; 🚋4/9/14 Rembrandtplein)位于阿姆斯特尔河畔的Café Langereis似乎一直都在这儿,这在很大程度上是因为亲和的年轻老板用古玩摆设和家具营造出了复古的家居风。现磨咖啡粉,餐桌上的鲜花，线条感十足的钢琴和经典的摇滚乐，让这里的一切显得生机勃勃。

MULLIGANS 爱尔兰酒吧

见340页地图（www.mulligans.nl; Amstel 100; 周一至周四16:00至次日1:00，周五16:00至次日3:00，周六 14:00至次日3:00，周日14:00至次日1:00; ; 4/9/14 Rembrandtplein）阿姆斯特丹最“正宗”的爱尔兰酒吧，Mulligans的吧台龙头供应Guinness啤酒和Magners苹果酒，大多数夜晚，从9点开始会有现场爱尔兰传统音乐表演（无须入场费），非常有意思。你可以亲身参与周日的环节：BYOI（乐器）和T（天赋）。每周三，也可以在后屋伴随爱尔兰曲调吟唱。

UP 夜店

见340页地图（623 69 85; www.clubup.nl; Korte Leliedwarsstraat 26; 周四23:00至次日4:00，周五和周六 至次日5:00; 1/2/5/7/10 Leidseplein）在这家小巧、个性独具的夜店，你会发现DJ多才多艺，从迪斯科、放克、灵魂乐、嘻哈和house乐到现场乐队或艺术表演，都能娴熟掌控。入口偶尔改在Kleine Gartmanplantsoen7到9号的De Kring，登录网站查询。

A BAR 鸡尾酒吧

见340页地图（520 32 45; www.a-bar.nl; Professor Tulpplein 1, InterContinental Amstel Amsterdam; 周一至周四16:00至次日1:00，周五和周六正午至次日1:00; M Weesperplein）位于InterContinental Amstel Amsterdam的这家酒吧充分利用了河畔的绝佳位置，有一个摆满沙发的露台。诸如Lavender Gin Flip的鸡尾酒使用自制糖浆，还供应斯堪的纳维亚风格的酒吧小食。定期进行的DJ表演很酷，还有现场音乐表演。

WHISKEY CAFÉ L&B 威士忌酒吧

见340页地图（Korte Leliedwarsstraat 92; 周日至周四20:00至次日3:00，周五和周六 至次日4:00; 1/2/5/7/10 Leidseplein）若喜欢威士忌，那就跳过啤酒咖啡馆，直接来到这一欢乐（通常挤满了人）的酒吧，储藏有1350种（是的，1350种）不同种类的威士忌。

NEL 酒吧

见340页地图（www.nelamstelveld.nl; Amstelveld 12; 周日至周四10:00至次日1:00，周五和周六 至次日3:00; ; 4 Prinsengracht）走进去，你会发现一边有个风格柔和的啤酒屋，另一边则是更为时尚的吧台。不过在阳光灿烂的午后，没有比坐在葱郁树下更好的选择了。

NJOY 鸡尾酒吧

见340页地图（www.njoycocktails.com; Korte Leidsedwarsstraat 93; 周日至周四17:00至次日3:00，周五和周六至次日4:00; 1/2/5/7/10 Leidseplein）这家特立独行的小酒吧供应的创意鸡尾酒是按气质区分的，如果你是“引领潮流的人”，会想要来一杯Blazing Mule（加鲜姜和辣粉的伏特加），如果是“梦想家”，可以考虑来一份Pandora's Potion（黑莓、薄荷和香草伏特加），“耀眼的明星”则可以尝试Absolutely Flawless（草莓、香草烈性酒，当然还有香槟）。

其他气质还有“纯洁”“鉴赏家”和“炼金术士”等。疯狂的街头狂欢之后来这里是不错的选择，氛围轻松，可以让你的精神为之一振。23岁以下不得入内。有兴趣可以询问鸡尾酒调制相关课程。

OOSTERLING 棕色咖啡馆

见340页地图（Utrechtsestraat 140; 周一至周三 15:00至午夜，周四至周六正午至次日1:00，周日13:00～20:00; 4 Prinsengracht）Oosterling于18世纪营业，最初是面向荷兰东印度公司的茶室和咖啡屋，从1877年起就一直由同一个家族经营，是极少数拥有卖酒执照的咖啡馆之一。

TWO FOR JOY 咖啡馆

见340页地图（www.twoforjoy.nl; Frederiksplein 29; 周一至周五7:30～19:00，周六和周日8:00～18:00; 4 Prinsengracht）这家开有天窗的咖啡馆位于郁郁葱葱的弗雷德里克广场（Frederiksplein）上，煮制咖啡非常用心。你可以选择法亚壶冲泡咖啡、拿铁，此外还有好几种专业的滴漏咖啡（可以品尝高科技的日式虹吸咖啡壶煮的咖啡）。

南运河圈 饮品和夜生活

BULLDOG 咖啡大麻店，酒吧

见340页地图(www.thebulldog.com; Leidseplein 13-17; ⌚咖啡大麻店9:00至次日1:00，酒吧周一至周四10:00至次日1:00，周五和周六10:00至次日3:00，周日10:00至次日2:00; 📶; 🚋1/2/5/7/10 Leidseplein)这家阿姆斯特丹最著名咖啡大麻连锁店的分店规模颇大，以古铜色为主调，于1985年愚人节开始营业，所在地曾经是警察局。它的业务分成两部分：大麻和酒精。两处的客流组成基本无差：单身派对、背包客和想发泄的游客。这家连锁店有若干分店，一家酒店，提供自行车出租，甚至还生产能量饮品。

DOLPHINS COFFEESHOP 咖啡大麻店

见340页地图(Kerkstraat 39; ⌚10:00至次日1:00; 📶; 🚋1/2/5 Prinsengracht)在巨大玻璃鱼缸风格的壁画的映衬下，这家超现实的咖啡大麻店让人感觉仿佛置身《海底总动员》的情境中。楼上有桌上足球和台球桌，你可以点吐司、糕点、茶和果汁。

南运河圈同性恋聚集地

Reguliersdwarsstraat街及周边是这一街区的同性恋聚集地，想参加最精彩的活动，就来这里看看有什么令你着迷的吧。记住Reguliersdwarsstraat街上的酒吧夜店总是开了又关，不断更新。留意新酒吧和夜店的开业活动。

阿姆斯特丹其他主要的同性恋聚集中心(见49页)包括善德街和红灯区的Warmoesstraat街。

Montmartre(见340页地图; www.cafemontmartre.nl; Halvemaansteeg 17; ⌚周日至周四17:00至次日1:00，周五和周六 至次日4:00; 🚋4/9/14 Rembrandtplein)这家店被很多人认为是比荷卢(Benelux)地区最好的男同性恋酒吧，通过其周末喧嚣热闹的场景就可见一斑。客人们随着荷兰民谣和昔日热门金曲一起哼唱(或是尖叫)。

Taboo Bar(见340页地图; www.taboobar.nl; Reguliersdwarsstraat 45; ⌚周一至周四17:00至次日3:00，周五17:00至次日4:00，周六16:00至次日4:00，周日16:00至次日3:00; 📶; 🚋1/2/5 Koningsplein)欢乐时光(下午6点至7点，午夜至次日凌晨1点，外加周日晚上6点至8点)的买一送一棒极了。周三是鸡尾酒之夜，鸡尾酒只需€6，还有变装秀和蒙眼游戏等比赛。

Vivelavie(见340页地图; www.vivelavie.net; Amstelstraat 7; ⌚周日至周四16:00至次日3:00，周五15:00至次日4:00，周六13:00至次日4:00; 📶; 🚋4/9/14 Rembrandtplein)卖弄风情的女孩、友善的员工、嘈杂的音乐、大窗户，还有舞蹈，一切都使得这里成为阿姆斯特丹最受欢迎的女同性恋咖啡馆。夏季，户外露台分外热闹。

The Otherside(见340页地图; www.theotherside.nl; Reguliersdwarsstraat 6; ⌚11:00至次日1:00; 🚋1/2/5 Koningsplein)house和lounge音乐让这家名字特别的咖啡大麻店成为时尚人士的聚集地。地处南运河圈主要的同性恋街，同时欢迎男女同性恋和异性恋。

Lellebel(见340页地图; www.lellebel.nl; Utrechtsestraat 4; ⌚周一至周三21:00至次日3:00，周四 13:00至次日3:00，周五和周六13:00至次日4:00，周日15:00至次日3:00; 📶; 🚋4/9/14 Rembrandtplein)这家小店就在伦勃朗广场旁边，有卡拉OK、歌唱会和令女孩们倾尽全力的喜剧变装秀。活动虽然有时候挺犯贱的，但总是尽量以有趣的方式进行。

Church(见340页地图; www.clubchurch.nl; Kerkstraat 52; ⌚周二和周三20:00至次日1:00，周四22:00至次日4:00，周五和周六22:00至次日5:00，周日16:00~20:00; 🚋1/2/5 Keizersgracht)这一硬核风的男同性恋夜店赋予“我要去教堂”以全新的意义。除非你穿着适合当晚主题的装扮(S&M、皮革、生日装……登录网站了解各种活动)或者是带着超级性感的男生(你自己符合这个标准也行)，否则你可能没法进入这个热闹的地方，不过他们的态度非常和善。

JIMMY WOO
夜店

见340页地图(☎626 31 50; www.jimmywoo.com; Korte Leidsedwarsstraat 18; ⏲周四至周日23:00至次日4:00; 🚋1/2/5/7/10 Leidseplein)受到推崇的Jimmy Woo依然是年轻靓丽人士的聚集地，这里有灯光音效绝佳的表演，还举办各种主题之夜，能满足每个人的品位喜好。排长龙是常态：要耐心，或者提前预约。

SUZY WONG
时尚酒吧

见340页地图(www.suzy-wong.nl; Korte Leidsedwarsstraat 45; ⏲周三、周四和周日18:00至次日1:00，周五和周六 至次日3:00; 🚋1/2/5/7/10 Leidseplein)红棉绒墙纸，竹园，Suzy Wong维多利亚客厅风格的装修风格给人以强烈的视觉冲击。像当地名流那样点新鲜水果调制的莫吉托鸡尾酒。每周三的莫吉托之夜，莫吉托鸡尾酒只需€5。

COFFEESHOP FREE
咖啡大麻店

见340页地图(Reguliersdwarsstraat 70; ⏲10:00至次日1:00; 🚋4/9/16/24 Muntplein)规模小巧的Coffeeshop Free散发着慵懒的tiki酒吧气息(回归自然)，在伦勃朗广场营业已经有数十年之久。无论外面天气如何，南太平洋风情壁画让人感觉如同置身天堂。

☆ 娱乐

夜幕降临后，南运河圈的活动主要集中在阿姆斯特丹两大热闹的享乐中心莱兹广场和伦勃朗广场。两个广场都为大量现场音乐演出场馆和打前卫DJ招牌的夜店所环绕。矗立在莱兹广场上的宏伟的城市剧院是重要演出和节日的举办地，而更小规模的剧院和电影院则散落在南运河圈各处。

> **当地知识**
>
> **拍摄七桥诀窍**
>
> 在这个街区，你很容易就沉浸在喧闹的夜生活中，从而忘记阿姆斯特丹最具浪漫色彩的运河之一也流经此处。**修士运河**(见137页)，又名七桥运河，在夜晚时分桥拱为淡淡金光所笼罩，尤为迷人。
>
> 最佳欣赏点是在船上。想在陆地上拍到完美的照片，可以背对Thorbeckeplein广场，绅士运河在你正面由左至右缓缓流淌。斜靠在桥上，径直看向修士运河。啊，现在可以亲吻你心爱的人了。

城市剧院
剧院

见340页地图(Stadsschouwburg; ☎624 23 11; www.stadsschouwburgamsterdam.nl; Leidseplein 26; ⏲售票处周一至周六正午至18:00; 🚋1/2/5/7/10 Leidseplein)当这一拥有壮观楼厅拱廊的剧院于1894年完工时，公众批评声是如此强烈以至于外部装饰的资金始终没有到位。建筑师Jan Springer无法解决此难题，随即退出。如今剧院用于承办大型演出、轻歌剧和节日活动。别错过装饰华丽、有枝形吊灯的**斯坦尼斯拉夫斯基**(Stanislavski; 见340页地图; Leidseplein 26, Stadsschouwburg; ⏲周日至周四10:00至次日1:00，周五和周六至次日3:00; 📶; 🚋1/2/5/7/10 Leidseplein)剧院咖啡馆，以及**国际剧院和电影书店**(International Theatre & Film Books; 见340页地图; www.theatreandfilmbooks.com; Leidseplein 26, Stadsschouwburg; ⏲周一正午至18:00，周二至周六 11:00起; 🚋1/2/5/7/10 Leidseplein)。

MELKWEG
现场音乐

见340页地图(www.melkweg.nl; Lijnbaansgracht 234a; ⏲18:00至次日1:00; 🚋1/2/5/7/10 Leidseplein)非营利性质的“银河”所在地曾是家乳品店，能欣赏到各式音乐。电子乐、雷鬼乐或朋克，还有重金属轮番上阵。美国根音乐、摇滚以及柔和的创作歌手也都会在此登台表演。登录网站查询前卫电影、剧场和多媒体表演相关信息。

PARADISO
现场音乐

见340页地图(☎622 45 21; www.paradiso.nl; Weteringschans 6; ⏲营业时间不一; 🚋1/2/5/7/10 Leidseplein)这家充满历史气息的夜店位于一个漂亮的老教堂内，于1968年以“宇宙娱乐中心Paradiso”之姿开始营业。周中的主题之夜入场费较低。楼上的小厅更为幽静，是新兴乐队表演的地方。真正吸引人之处当然是在主厅听到White Stripes和Lady

Gaga这些大牌的歌声，真好奇彩绘玻璃窗是否会被震碎。

糖果工厂

现场音乐

见340页地图（Sugar Factory; www.sugarfactory.nl; Lijnbaansgracht 238; ⊙18:00至次日5:00; 🚋1/2/5/7/10 Leidseplein）这里自诩为“先锋多元之夜剧场”，热情且富有创意。这绝对不是你出入的那种普通夜店——大多数夜晚都会先从音乐、电影、舞蹈或口头语表演开始，接着是深夜DJ助兴和尽情起舞。周日的Wicked Jazz Sounds派对非常棒，DJ、音乐家、歌手和演员齐聚一堂，进行即兴表演。

卡雷皇家剧院

表演艺术

见340页地图（Koninklijk Theater Carré; ☎524 94 52; http://carre.nl; Amstel 115-125; 团队游成人/儿童 €9.50/6.50; ⊙售票处周一至周五9:00~21:00，周六和周日10:00~20:00，1小时团队游周六11:00; Ⓜ Weesperplein）这一声誉极高的剧院由卡雷家族——以在年会上进行马术表演起家——于1887年建造，古典立面装饰有弄臣、舞者和剧场表演者的脸。这里会举办高质量的音乐剧、戏剧和舞蹈等各种活动。圣诞马戏表演是当季精华。周六早上的团队游有英语和荷兰语讲解。

最初的剧院是木质的，后来由于火灾隐患（早期面向2000名观众的表演是由煤气灯照明），用混凝土进行了重建。

JAZZ CAFÉ ALTO

爵士乐

见340页地图（www.jazz-cafe-alto.nl; Korte Leidsedwarsstraat 115; ⊙21:00起; 🚋1/2/5/7/10 Leidseplein）这一位于莱兹广场附近的咖啡馆会有精彩的爵士乐和蓝调表演。晚上9点开始营业，但音乐表演从10点左右开始——如果想占个位置，那就早点来。

波本街爵士和蓝调俱乐部

爵士乐，蓝调

见340页地图（Bourbon Street Jazz & Blues Club; www.bourbonstreet.nl; Leidsekruisstraat 6-8; ⊙周日至周四22:00至次日4:00，周五和周六 至次日5:00; 🚋1/2/5 Prinsengracht）来这个极具氛围的地方欣赏蓝调、放克乐、灵魂乐和摇滚乐吧，周一会有即兴演奏，人都可以参与。周二是灵魂乐和雷鬼乐，周三则是蓝调和摇滚，周四为灵魂乐和放克乐，周五是摇滚、流行和拉丁乐，周六是前摇滚，周日是世界乐、民谣和桑巴。大多数音乐表演在晚上11点开始，在此之前入场免费。

> **ℹ 最后一分钟票**
>
> 想不好晚上干什么？**Uitburo**（见340页地图；☎624 23 11; www.lastminuteticketshop.nl; Leidseplein 26; ⊙门店正午至18:00，网上售票10:00起；🚋1/2/5/7/10 Leidseplein）出售各种演出活动的票（收取附加费），并设有**最后一分钟售票店**，出售当天的半价票。它们位于**城市剧院**（Stadsschouwburg; 见150页）靠露台一侧。喜剧、舞蹈、音乐会，甚至是夜店主题夜通常都可以买到很大折扣的票，如果不需要懂荷兰语，都会标注“LNP”（没有语言问题）。

DE HEEREN VAN AEMSTEL

现场音乐

见340页地图（www.deheerenvanaemstel.nl; Thorbeckeplein 5; ⊙周一至周四正午至次日3:00，周五和周六 至次日4:00; 🚋4/9/14 Rembrandtplein）这家大咖啡馆风格的夜店尤其受到学生族的喜爱，他们聚集于此只为尽情享受知名乐队和流行摇滚乐队的现场表演。

CAVE

现场音乐

见340页地图（☎626 89 39; www.thecave.nl; Prinsengracht 472; 现场音乐门票 €5起; ⊙周日至周四20:00至次日3:00，周五和周六 至次日4:00; 🚋1/2/5 Prinsengracht）这一地下场所（从任何意义上说都是如此，它位于地下室，因此得名）从周四到周六举办现场硬核摇滚和金属演出，一周余下时间则是DJ编排这些音乐。

CINECENTER

电影院

见340页地图（www.cinecenter.nl; Lijnbaansgracht 236; ⊙周一至周六12:30至午夜，周日10:30起; 🚋1/2/5/7/10 Leidseplein）四个小放映厅会播放欧洲和美国独立及艺术电影。

DE UITKIJK 电影院

见340页地图（www.uitkijk.nl；Prinsengracht 452；1/2/5 Prinsengracht）这一有趣的艺术电影忠实拥趸位于一栋1913年的运河房屋内，是阿姆斯特丹历史第二悠久的影院。适合钟情费里尼、富勒等大导演的资深电影爱好者。

PATHÉ TUSCHINSKITHEATER 电影院

见340页地图（www.pathe.nl；Reguliersbreestraat 26-34；11:30至次日0:30；4/9/14 Rembrandtplein）单是冲着奢华的装饰艺术/阿姆斯特丹学院派风格的内饰，阿姆斯特丹最知名的电影院就很值得一去。主观众席（grote zaal）是最令人叹为观止的，通常放映大片。小厅放映艺术和独立电影。

DE KLEINE KOMEDIE 剧院

见340页地图（www.dekleinekomedie.nl；Amstel 56-58；营业时间不一；4/9/14 Rembrandtplein）这一著名的小剧院建于1786年，举办音乐会、舞蹈、喜剧和卡巴莱歌舞表演，有时候是英语演出。

购物

从时髦的荷兰时装和设计到缤纷艳丽的花朵和非同寻常的荷兰杜松子酒，南运河圈有各种商品，多到令人眼花缭乱。Nieuwe Spiegelstraat街（又被称为Spiegel区）以古玩店、值得收藏的小摆设、部落和东方艺术，以及商业艺术画廊闻名。

YOUNG DESIGNERS UNITED 服装

见340页地图（简称YDU；www.ydu.nl；Keizersgracht 447；周一13:00~18:00，周二、周三、周五和周六10:00~18:00，周四10:00~20:00；1/2/5 Keizersgracht）这家能负担得起的女装精品店展出了荷兰年轻设计师的作品，货架上的商品定期更新。你可能会发现Agna K的耐用基本款，Leg-Inc的手工打底裤，Fenny Faber的几何礼服，Jutka en Riska的"朋克垃圾摇滚遇上浪漫童话"时装。YDU的饰物包括首饰珠宝和包包。

MAISONNL 家庭用品，服装

见340页地图（www.maisonnl.com；Utrechtsestraat 118；周一13:00~18:00，周二至周六10:30~18:00，周日13:00~17:00；4 Prinsengracht）这一小巧玲珑的概念店看似一个十字架，它的气质介于艺术画廊和时尚公寓之间。从茶具到婴儿鞋，邮票到披巾，首饰到皮包，商品陈列十分雅致。后面还有个服装货架。

MOBILIA 家庭用品

见340页地图（www.mobilia.nl；Utrechtsestraat 62；周一至周六9:30~18:00；4 Prinsengracht）这是个三层的"生活方式工作坊"，荷兰及国际设计作品得以完美呈现：沙发、工作台、书架、灯具、垫子、地毯等，都出自新生代和著名设计师之手。

CENTRE NEUF 服装

见340页地图（http://centreneuf.com；Utrechtsestraat 120；周一13:00~18:00，周二至周六10:00~18:00，周日13:00~17:00；4 Prinsengracht）Centre Neuf受到当地时尚人士的喜爱，他们来这里选购IRO、Pomandére、YMC、Marc by Marc Jacobs、Athé by Vanessa Bruno、Aaiko、Dante 6和Avril Gau的一流设计。还有精美的手包和鞋子可选。

SKATEBOARDS AMSTERDAM 体育用品

见340页地图（http://skateboardsamsterdam.nl；Vijzelstraat 77；周日和周一13:00~18:00，周二、周三、周五和周六11:00~18:00，周四11:00~20:00；16/24 Keizersgracht）当地滑冰爱好者，无论男女，都会来到这家独立的精品店选购滑板、长板、鞋、系带，服装品牌有Spitfire和Skate Mental的T恤、帽子、无檐小便帽、袋子和背包，此外还有书籍和音乐。

MARAÑON HANGMATTEN 户外用品

见340页地图（www.maranon.net；Singel 488；周一至周五10:30~17:15，周六10:00~17:30，周日10:30~17:00；1/2/5 Koningsplein）任何喜欢闲逛的人都应该来这家店，这里的吊床样式是欧洲最丰富的。各式吊床色彩斑斓，质地从棉到菠萝纤维应有尽有，生产商也是各不相同，既有本土编织工，也有大型制造商。这里的吊床出口到世界各地。

在南运河圈选购艺术品

Walls Gallery（见340页地图；☎616 95 97；http://walls.nl；Prinsengracht 737；⊙周三至周日正午至18:00；🚊1/2/5 Prinsengracht）昔日的车库如今是前卫的艺术画廊，每年举办6至8次展览，是年轻、新生代艺术学生展示技能的地方（意味着价格合理）。

Mark Raven Amsterdam Art（见340页地图；www.markraven.nl；Leidsestraat 42；⊙10:30~18:00；🚊1/2/5 Keizersgracht）想购买与众不同的纪念品，可以去荷兰艺术家马克·拉文的画廊，他那些关于阿姆斯特丹城市风光的漂亮油画、素描在这里展出，并且可售，此外，这些美丽风景也被印在T恤、连帽衫、明信片和咖啡马克杯上。

Lieve Hemel（见340页地图；www.lievehemel.nl；Nieuwe Spiegelstraat 3；⊙周二至周六正午至18:00；🚊16/24 Keizersgracht）在这家精致的画廊，你能找到杰出的当代荷兰现实主义画家的画作和雕塑。这里展出了荷兰画家Ben Snijders和Theo Voorzaat的作品，还有意大利艺术家Livio de Marchi用木头凿成的栩栩如生的概念服装，令人震撼。

Jaski（见340页地图；www.jaski.nl；Nieuwe Spiegelstraat 27-29；⊙正午至18:00；🚊16/24 Keizersgracht）这一大型商业画廊出售油画、印刷品、陶瓷艺术品和雕塑，都是出自"眼镜蛇（CoBrA，哥本哈根、布鲁塞尔、阿姆斯特丹）"运动部分最著名成员之手。

Reflex Modern Art Gallery（见340页地图；http://reflexamsterdam.com；Weteringschans 79a；⊙周二至周日11:00~18:00；🚊7/10 Spiegelgracht）这一位于国立博物馆对面的著名画廊以当代艺术和摄影为主，包括CoBrA以及新现实主义运动成员的作品。

CORA KEMPERMAN 服装

见340页地图（☎625 12 84；www.corakemperman.nl；Leidsestraat 72；⊙周日和周一正午至18:00，周二、周三、周五和周六10:00~18:00，周四10:00~21:00；🚊1/2/5 Prinsengracht）Kemperman曾经是荷兰大型时装店的设计师，不过从1995年起，她开始打造自己的时装王国——如今拥有9家门店，其中3家在比利时。她的设计以纯色、轻便、多层的单衣和礼服为主，材质多为亚麻、棉及羊毛，价格合理。

TINKERBELL 儿童用品

见340页地图（www.tinkerbelltoys.nl；Spiegelgracht 10；⊙周一13:00~18:00，周二至周六10:00~18:00，周日正午至17:00；🚊7/10 Spiegelgracht）立在这家店门外的会吹泡泡的机器熊让孩子们着迷，而店内售卖的有趣的机械和科学玩具同样魅力无穷。你还能找到古代戏服、绒毛玩具和专门的婴儿玩具区。

EDUARD KRAMER 古玩

见340页地图（www.antique-tileshop.nl；Prinsengracht 807；⊙周一11:00~18:00，周二至周六10:00~18:00，周日13:00~18:00；🚊7/10 Spiegelgracht）这家小店的特色是荷兰古董瓷砖，此外也塞满了很多其他有趣的东西——银烛台、水晶酒瓶、珠宝首饰以及怀表。

VLIEGER 文具

见340页地图（www.vliegerpapier.nl；Amstel 34；⊙周一正午至18:00，周二至周五9:00~18:00，周六11:00~17:30；🚊4/9/14 Rembrandtplein）从1869年起，这家两层商店就为阿姆斯特丹供应高端纸张：埃及纸莎草，亚洲和中美的精美手工纸，嵌有花瓣或竹叶的纸，还有质地似蛇皮的纸。这里也出售坚固耐用、可循环再利用的Freitag邮差包（便于骑车的时候携带纸张？）。

CITYBOEK 艺术，书籍

见340页地图（☎627 03 49；www.cityboek.nl；Kerkstraat 211；⊙需预约；🚊16/24 Keizersgracht）跳过商业气息浓郁的纪念品商店，去这家规模不大的出版公司吧，这里有珍贵的精美彩色印刷品、书籍、明信片、海报和餐具垫，都以阿姆斯特丹运河风光为主，例如绅士运河或辛格运河的美景。

STADSBOEKWINKEL 书籍

见340页地图（www.stadsboekwinkel.nl；Vijzelstraat 32；⏲周二至周五10:00~17:00，周六和周日正午起；🚊16/24 Keizersgracht）这家由城市印刷商经营的书店是选购阿姆斯特丹历史、城市发展、生态和政治相关书籍的最理想之地。大多数书都是荷兰语（即使看不懂，你也可以欣赏图片），不过你也能找到一些英语书籍。书店就在城市档案馆（见136页）内。

GONE WITH THE WIND 儿童用品

见340页地图（www.gonewiththewind.nl；Vijzelstraat 22；⏲周一正午至18:00，周二至周六10:00~18:00，周日正午至17:00；🚊16/24 Keizersgracht）这里出售的大多数玩具、火车玩具和游戏都是用高质量的木头制作。这家店的特色，来自世界各地的床铃也是木质的。此外还有可爱的手指布偶、古怪的礼品和首饰。

HART'S WIJNHANDEL 饮食

见340页地图（www.hartswijn.nl；Vijzelgracht 27；⏲周一10:00~18:00，周二至周五9:30~18:00，周六10:00~17:00；🚊4/7/10/16/24 Weteringcircuit）这家高雅的商店有大量荷兰杜松子酒和法国、意大利葡萄酒，在选购的同时可以倾听古典乐。该店自1880年左右就开始营业，为当地很多餐馆供应上等佳酿。

当地知识

LOUNGING LIZARDS

沿莱兹广场附近的Kleine Gartmanplantsoen公园漫步，你会留意到草丛中的40只蜥蜴，正舒服地在砖上晒太阳。这些怪异的、真实大小的爬行动物铜像是由荷兰艺术家Hans van Houwelingen于1994年创作的，被统称为**Blauw Jan**（见340页地图；Kleine Gartmanplantsoen；🚊1/2/5/7/10 Leidseplein）。这个名字源自阿姆斯特丹17和18世纪的一个同名旅店，该旅店专门设有外来动物展，展出这座港口城市从遥远地方引进的奇异动物。

LOOK OUT 服装

见340页地图（http://lookoutmode.nl；Utrechtsestraat 91 & 93；⏲周一正午至18:00，周二至周六10:00起；🚊4 Prinsengracht）在这一毗邻的男装和女装门店仔细挑选，实在是件乐事。不妨留意Soho De Luxe、Zenggi、Christian Peau、Fogal和Missoni这些超级时尚的品牌。

CONCERTO 音乐

见340页地图（http://concerto.amsterdam；Utrechtsestraat 52-60；⏲周一、周三和周六10:00~18:00，周四和周五10:00~19:00，周日正午至18:00；🚊4 Prinsengracht）这是家占据数栋建筑的大型商店，堪称荷兰最全最好的音乐商店，有各种全新和二手CD及唱片，包括各种你能想到的音乐体裁，从流行到古典，从舞曲到世界乐，等等。售价往往不贵，挑选过程很有意思，还有音效颇佳的试听设备。

CARL DENIG 户外用品

见340页地图（www.carldenig.nl；Weteringschans 113-115；⏲周一正午至18:00，周二、周三和周五10:00~18:00，周四10:00~19:00，周六10:00~17:30；🚊7/10 Spiegelgracht）这是阿姆斯特丹历史最悠久且最好的户外用品零售店，于1912年开始营业，你能买到高质量的商品。共有五层，有帐篷、徒步和露营装备、滑雪板和雪橇（虽然在荷兰用到后面两种装备的机会不多，但仍可能需要）等。

SHIRT SHOP 服装

见340页地图（www.shirtshopamsterdam.com；Reguliersdwarsstraat 64；⏲13:00~19:00；🚊4/9/16/24 Muntplein）位于阿姆斯特丹男同性恋聚集的主要街道，这家时髦的两层商店出售一流的紧身男子T恤，拒绝大众、批量化生产的商品。

喜力品牌商店 纪念品

见340页地图（Heineken Brand Store；www.heinekenthecity.nl；Amstelstraat 31；⏲周一正午至18:00，周二至周日 10:00起；🚊4/9/14 Rembrandtplein）喜力的多层概念店以绿色为主色调，非常酷，好似一瓶冰镇啤酒。一些带喜力标志的商品略显夸张，不过装饰用的啤酒瓶是很不错的纪念品。从这里出发、长15分钟的乘船游包括在喜力体验馆（见202页）的门票内。

EICHHOLTZ DELICATESSEN 饮食

见340页地图（http://eichholtzdeli.nl; Leidsestraat 48; ⏲周一10:00~18:30，周二、周三、周五和周六9:00~18:30，周四9:30~21:00，周日正午至18:30; 🚊1/2/5 Keizersgracht）美国人想念好时巧克力，英国人想吃Hobnobs饼干，澳大利亚人惦记维吉麦酱（Vegemite），除此以外的其他更多选择都能在这家历史超过百年的进口特色食品店找到。

乔丹区和西区

乔丹区 | 西区

区域亮点

❶走过**乔丹区**(Jordaan；见158页)的同时，别忘了在狭窄、纵横交错的街道和迷人的运河边徜徉，然后再去附近氛围极佳的棕色咖啡馆(酒吧)度过夜晚——没有什么比这更接近阿姆斯特丹本质的了。

❷在**阿姆斯特丹郁金香博物馆**(Amsterdam Tulip Museum；见159页)了解荷兰最受喜爱的花——郁金香的历史和种植知识。

❸在**自动钢琴博物馆**(Pianola Museum；见158页)聆听少见的老式自动钢琴弹奏爵士乐和古典乐。

❹在原汁原味的**船屋博物馆**(Houseboat Museum；见159页))探索阿姆斯特丹水上生活到底是怎样一番情景。

❺开车绕过**西公园**(Westerpark；见160页)里独特的芦苇沼泽地和及旧煤气厂改造成的咖啡馆和剧院。

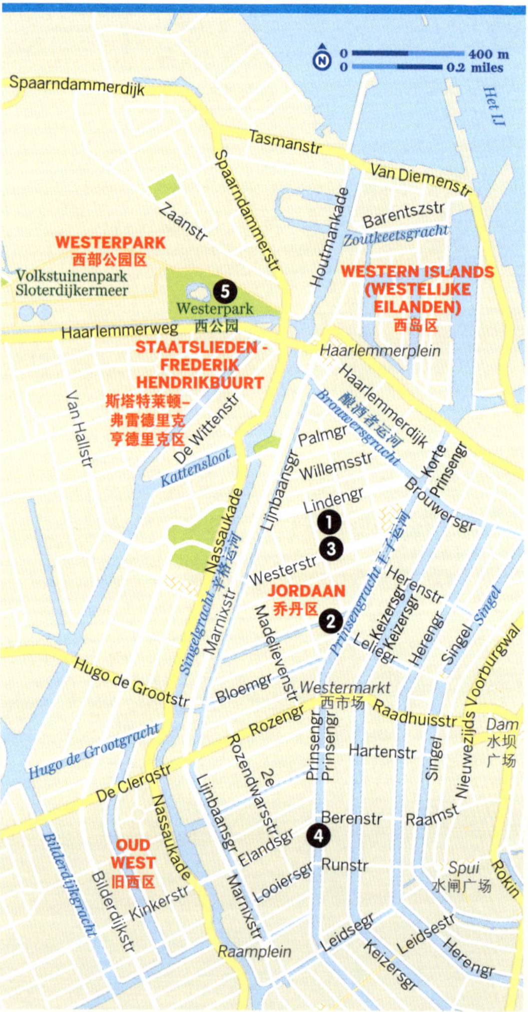

更多区域细节见335页、336页和338页地图

探索乔丹区和西部

尽管今天的乔丹区已经是中产阶级集中的区域，但是20世纪中期以前，它一直都是普通人民居住的地方，质朴，人口密集。你会发现这片地奇怪地混居着不同类型的居民，有传统质朴的人、酒鬼、左翼人士，还有追逐复苏和潮流的人，着实令人着迷。

这片地区没有很多传统景点，但这并不重要。这里迷人的是那些小东西——狭窄的小巷、古老的外墙、有趣的小店。在乔丹区你可以随便闲逛而不用担心迷路。

从乔丹区北段开始一天的日子，沿着曲曲折折的路走向南边，沿途看看这片地区的博物馆、建筑，如果时间把握得好，还能看到集市。沿王子运河（Prinsengracht）有很多咖啡厅，随便找一家喝杯咖啡休息一下。

第二天向西走。骑自行车穿过西岛区，然后绕到绿树成荫的西公园。夜晚在西部气厂（Westergasfabriek）娱乐的方式有很多，比如可以去艺术坊看电影，或者去听爵士和摇滚乐。

当地生活

- **集市生活** 在乔丹区，要享受清晨的快乐，就去每周一次的户外市场——北市场（Noordemarkt；见175页）、Lindengracht市场（见175页）和西市场（Westermarkt；见175页）——这些市场有让人垂涎欲滴的美食、便宜的衣服和藏匿在跳蚤市场里的尖货。
- **文化生活** 西部气厂（Westergasfabriek；见172页）在当地很有人气，这个尖端的文化场所是由煤气厂改造而来的。
- **港区生活** 两个阿姆斯特丹最佳的酒吧兼咖啡厅就在位于西部港区（Western Docklands；见164页）的西岛区以北。那里原来是一个离岸的海盗电台和电视台，位于一艘1927年建造、停泊靠岸的渡船上。

到达和离开

- **有轨电车** 3路和10路有轨电车沿Marnixstraat绕过这片地区的西端；13路、14路和17路沿Rozengracht穿过这片地区的中心地段。
- **巴士** 18路、21路、22路和48路巴士是从中央车站到街区的北边、西边和西岛区最快的方式。
- **开车** 无论如何，不要试图开车穿过乔丹区狭窄的街道。切记。

独家贴士

注意3路和10路有轨电车不经过中央车站，它们绕中心沿环状路线行驶。如果你要从中央车站前往西公园（Westerpark）、西部气厂（Westergasfabriek），目前来说乘坐巴士是最佳选择。

最佳餐饮

- Balthazar's Keuken（见163页）
- Marius（见167页）
- Restaurant Fraîche（见163页）
- Brasserie Blazer（见163页）
- Boca's（见160页）

详细介绍见160页。

最佳饮品

- O'T Smalle（见167页）
- De Kat in de Wijngaert（见167页）
- Cafe Soundgarden（见167页）
- Tripel（见168页）
- Westergasterras（见170页）

详细介绍见167页。

最佳商店

- Moooi Gallery（见172页）
- Het Oud-Hollandsch Snoepwinkeltje（见172页）
- 北市场（Noordermarkt，见175页）
- 阿姆斯特丹古玩中心（Antiekcentrum Amsterdam，见172页）
- Back Beat Records（见172页）

详细介绍见171页。

景点

乔丹区

哈勒姆大门

大门

见336页地图（Haarlemmerpoort；Haarlemmerplein；🚊3 Haarlemmerplein）哈勒姆大门曾是阿姆斯特丹的捍卫者，是繁忙的哈勒姆之路的起点，这条路线是非常重要的贸易路线。大门的结构在国王威廉二世（King William Ⅱ）1840年举行登基仪式前才恰好完工，所以它的官方名字威廉大门（Willemspoort）不怎么为世人所知（见门里的牌匾）。

自从跨越西运河（Westerkanaal）的一条支路建好后，这个大门就不通车了。如今这个宏伟的拱门里有一些公寓，可以欣赏运河和远处西公园的美景。

酿酒者运河

运河

见336页地图（Brouwersgracht；🚊3 Haarlemmerplein）酿酒者运河犹如黄金时代的油画一样动人，它之所以叫这个名字是因为16世纪和17世纪，这里有很多酿酒厂。大型库房里储存和处理着诸如皮革、咖啡、鲸鱼油和香料等货物，运河畔188到194号的一排喷嘴山形墙内仍然矗立着一些大型库房。

《誓言报》（*Het Parool*）称酿酒者运河是阿姆斯特丹最美丽的运河。这里是散步的好去处，在国王节（见23页）也可以到这里欣赏一些水上活动。

北教堂

教堂

见336页地图（Noorderkerk，Northern Church；www.noorderkerk.org；Noor dermarkt 48；⏲周一 10:30～12:30，周六 11:00～13:00；🚊3/10 Marnixplein）这个令人震撼的加尔文主义教堂靠近王子运河（Prinsengracht）的北段，于1623年完工，是为乔丹区的“普通”民众建造的。（上流社会喜欢去更南边的西教堂。）它的形状像一个很宽的希腊十字架（四壁等长），讲道坛被围绕在中间，这让全部会众都可以畅通无阻地接近上帝的指示。

这种设计在当时很不寻常，后来在荷兰全国的新教教堂里都能找到它的影子。周日的教会活动开始于10:00和18:30。北教堂还在周六下午举行颇受好评的**北教堂音乐会**（Nooderkerkconcerten；见336页地图；☎620 44 15；www.nooderkerkconcerten.nl；门票从€16起；⏲9月中到6月中 周六 14:00）音乐会系列活动。

自动钢琴博物馆

博物馆

见336页地图（Pianola Museum；☎627 96 24；www.pianola.nl；Westerstraat 106；成人/儿童€5/3；⏲7月和8月 周四至周日14:00～17:00，9月至次年6月 仅周日；🚊3/10 Marnixplein）这座博物馆很特别，里面收藏着自20世纪初起的约50架自动钢琴，不过同一时间只有十几架进行展览，此外还有约30,000多个乐谱卷纸和一个管风琴。热情的馆长会带领游客进行一个小时左右的导览游和音乐展示。

除了7月和8月以外，每个月都有钢琴演奏会，主题各异，莫扎特（Mozart）、胖子华勒（Fats Waller）的作品等都会有所涉及，还有少见的专门为自动钢琴谱曲的古典或爵士音乐演奏会。此外还有其他各种丰富的音乐演出，比如流行探戈。

KOCHXBOS

艺术馆

见336页地图（☎681 45 67；1e Anjeliersd warsstraat 36；⏲周三至周六13:00～18:00；🚊3/10 Marnixplein）**免费** 这家艺术馆的作品风格各异：北欧通俗艺术、流行超现实主义艺术、当代地下艺术。无论属于哪个派别，绘画、摄影作品和数码版画作品都非常明快、奇特、多彩。接待区是由公寓的起居室改造而成的。

阿姆斯特丹奶酪博物馆

博物馆

见336页地图（Amsterdam Cheese Museum；☎331 66 05；www.cheesemuseumam sterdam.com；Prinsengracht 112；⏲9:00～19:00；🚊13/14/17 Westermarkt）**免费** 这是一个骗游客的地方，但是充满幽默感。主要楼层是一个奶酪商店，放着大量的试吃样品。地下室过去是一个很小的“博物馆”，有一些展品、服装，你可以打扮成荷兰的奶酪制作者，拍照留念，这里还有世界上最贵的奶酪切片器（上面镶有钻石）。

EGELANTIERSGRACHT

运河

见336页地图（🚊13/14/17 Westermarkt）乔丹区很多地方都是以树木、花卉命名的，这条运河畔盖着可爱的小房子，居住着工匠和经验丰富的贸易商，运河的名字源自一种美丽的野蔷薇。

重要景点

阿姆斯特丹郁金香博物馆（AMSTERDAM TULIP MUSEUM）

阿姆斯特丹郁金香博物馆不大，门前的礼品商店有各种郁金香纪念品，不要就在这里止步不前或分了神。是的，这个博物馆很小，但这里全面介绍了郁金香这种荷兰最爱的花卉，在这里花半个小时左右逛一逛，然后再去南运河圈“漂浮”的**鲜花市场**（Bloemenmarkt，见135页）。

通过展品、时间线和两部短片（语言为英语），你就能了解奥斯曼（Ottoman）的商人是如何在喜马拉雅大草原（Himalayan Steppes）上邂逅郁金香，然后到土耳其开始进行商业种植[郁金香这个词源于“穆斯林头巾”（turban），因为郁金香的花朵很像那种头巾]。你还会了解到17世纪“**郁金香狂**”（Tulipmania）期间财富的得失，郁金香的球茎是如何在战争年代被用作食物的，以及现代种植和收获郁金香的各种方法。17世纪的画家朱迪斯·莱斯特（Judith Leijster，或者称Judith Leyster）的郁金香绘画作品是馆藏的亮点，他是弗兰斯·哈尔斯（Frans Hals）的学生；博物馆还有一个郁金香花瓶收藏展，其设计考虑到郁金香分开的花茎。

不要错过

- 短片
- 朱迪斯·莱斯特绘画作品
- 花瓶收藏展

实用信息

- 见336页地图，C6
- ☎421 00 95
- www.amsterdamtulipmuseum.com
- 王子运河 112
- 成人/儿童 €5/3
- ⏲10:00～18:00
- 🚋13/14/17 Westermarkt

ELECTRIC LADYLAND　博物馆

见336页地图（www.electric-lady-land.com；2e Lelie-dwarsstraat 5；成人/儿童 €5/免费；⏲周二至周六13:00～18:00；🚋13/14/17 Westermarkt）它是世界上第一家荧光艺术博物馆，既有博物馆主任尼克·帕达利诺（Nick Padalino）的迷幻雕塑作品（他的艺术馆兼商店在楼上），还有天然发出荧光的岩石和人工制作的发光物品（比如钱、政府身份证卡片等）。当吉米·亨德里克斯（Jimi Hendrix）、披头士和其他迷幻艺术家的作品通过立体声设备播放时，尼克正在展品里活灵活现地描绘着它们。

Bloemgracht街　运河

见338页地图（Bloemgracht，Flower Canal；🚋13/14/17 Westermarkt）Bloemgracht街曾被称为“乔丹区的Herengracht”，17世纪时这里是颜料和制糖工厂，有很多带山形墙的房子。**De Drie Hendricken**（见340页地图；Bloemgracht 87-91；🚋3/14/17）就是其中之一，它是沉静的文艺复兴风格。一层上面的山墙岩石画着了一个市民、一个农民和一个船员。

很多艺术家都住在Bloemgracht街上，比如约瑞安·安德烈森（Jurriaen Andriessen），他的作品在国立博物馆展出（Rijksmuseum）。

阿姆斯特丹市立博物馆分馆　博物馆

见338页地图（Stedelijk Museum Bureau Amsterdam；☎422 04 71；www.smba.nl；Rozenstraat 59；⏲周三至周日11:00～17:00；🚋13/14/17 Westermarkt）**免费** 别眨眼，不然你会径直走过这个不起眼的地方，它是市立博物馆（Stedelijk Museum）的一个“项目空间”。博物馆位于一个安静的街区，过去是一间裁缝店。这里的展品是当代艺术家的作品，反映了阿姆斯特丹文化，包括绘画、雕塑和新媒体、装置艺术。值得一看。

展品每隔大约两周更换一次；去之前提前查询，以免碰上展品布置、暂时休业的情况。

船屋博物馆　博物馆

见338页地图（Houseboat Museum；☎427 07 50；www.houseboatmuseum.nl；Prinsengracht 296k；成人/儿童 €4.50/3.50；⏲7月和8月 10:00～17:00，3月至10月 仅周二至周日，11月至次年2月 仅周五至周日，1月闭馆；🚋13/14/17

Westermarkt）这家奇特的博物馆有一个长达23米的平底帆船，让你充分感受海上生活是多么惬意（gezellig）。真正的展品都很微小，不过你可以在船屋里观看介绍（有些船屋很漂亮，有些很可怕），了解所有带现代设备的就寝、起居、做饭和用餐区域。

约翰尼·乔丹广场

广场

见338页地图（Johnny Jordaanplein；cnr Prinsengracht & Elandsgracht；🚊13/14/17 Westermarkt）这个简陋的小广场以约翰尼·乔丹（Johannes Hendricus van Musscher的化名）命名，他是20世纪中期有名的音乐家，演唱过浪漫歌曲，被称为“喝着啤酒流眼泪的抒情歌曲”（levenslied）。被粉刷得五颜六色的小木屋——一个市立变电站——骄傲地展示了其中一首歌“Amsterdam, wat bent je mooi”（阿姆斯特丹你是那么美丽）的歌词。

在小木屋后面你可以找到约翰尼和乔丹音乐名人堂成员的青铜雕像。国王节当天，很多乔丹区的居民会随着现场音乐一起摇滚。

西区

阿姆斯特丹的西区也许不是游客的热门去处，但是这里距中央车站只有20分钟的步行距离。不要错过西边曾经的煤气厂，它们被改造成了西部气厂（Westergasfabriek；见172页）文化建筑群。

西公园

公园

见335页地图（Wester park；Spaarndammerstraat & Zeeheldenbuurt；🚊3 Haarlemmerplein）西公园是当地人轻松放松休闲的热门去处，它的名字表示了其所在位置。在宽阔的草坪上，一家人推着婴儿车、情侣手牵手、还有人组队打板球。当人们不想再在草地和芦苇丛生的沼泽地徜徉，就会到公园后工业风格的建筑里，那里有咖啡厅、剧院、酿酒厂和其他创意空间。这里设计精巧，和城市生态相融合，值得一游。

自行车游乔丹区（ON YOUR BIKE IN THE JORDAAN）

Bike City（☎626 37 21；www.bikecity.nl；Bloemgracht 68-70；自行车出租每天€14起；⏰9:00~17:30；🚊13/14/17 Westermarkt）这些黑色自行车车身上没贴广告，所以你可以像当地人一样自由自在地骑着自行车逛乔丹区。

船博物馆

博物馆

见335页地图（Museum Het Schip；☎418 28 85；www.hetschip.nl；Spaarndammerplantsoen 140；门票 €7.50；⏰周二至周日11:00~17:00；🚊22 Zaanstraat）这个令人瞩目的建筑于1921年落成，就在西公园以北过了火车轨道的地方，是阿姆斯特丹学派建筑的旗舰标志。这个三角形的建筑是德克勒克为铁道工人设计的，看起来像是一艘轮船，它的塔楼像火箭一样，连接起整个建筑群两翼的附楼。门票包括导览游（有英语解说）。

就餐

乔丹区

乔丹区餐厅的特点是散发着欢乐的气息。很多人都到Westerstraat沿途的小吃店就餐，而哈勒姆周边的餐厅则更加时尚。或者就去那些狭窄的后街转转，也许下一个热门餐厅就在那里开业。自己做饭的游客推荐去市场采购食材（见175页）。

BOCA'S

咖啡馆 €

见336页地图（☎820 37 27；www.bar-bocas.nl；Westerstraat 30；酒吧 小吃 €5~8，拼盘 €16起；⏰周一至周四10:00至次日1:00，周五10:00至次日3:00，周六 9:00至次日3:00，周日11:00至次日1:00；🚊3/10 Marnixplein）这个时尚的小吧前面有红白条相间的雨篷和白色木制外墙，是就着吧台小吃喝一杯的好去处。品尝一下迷你意式宽面、汉堡、蒜末烤面包和鞑靼牛肉牛排，还有放在木板上、更大的拼盘：奶酪拼盘、素菜拼盘、海鲜拼盘、肉类拼盘、甜品拼盘等。如果你不知道应该选哪个，就点一份Boca的组合拼盘。

WINKEL CAFE€ WINKEL

咖啡馆 €

见336页地图（www.winkel43.nl；Noordermarkt 43；主菜 €4.50~15.50；⏰厨房 周一和

西岛区(WESTERN ISLANDS)

17世纪初，位于乔丹区北边的**西岛区**(Western Islands，Weste-lijke Eilanden；见335页地图；🚌48 Barentszplein)的纺织飞轮和厂房异常繁忙。黄金时代过去了，但是荷兰人仍然主导着海上贸易，金钱流进这个古老的海港，就像桶里不绝流淌的啤酒。富有的比克尔兄弟(Bicker brothers)都曾经担任阿姆斯特丹市长，他们甚至在这里建立了自己的比克尔码头(Bickerseiland)以满足轮船的需求。

今天很少有游客会造访这里，部分原因是铁路线阻碍了这片地区的视线。但是这里离中央车站步行只需10分钟(骑自行车只需5分钟)，有很多值得探索的地方，比如可爱的吊桥和隐藏在安静小巷里的老库房。很多地方都被改造成了漂亮的房屋和艺术家的工作坊。王子岛(Prinseneiland，名字是为了纪念荷兰第一代的3位王子)与绅士岛(Realeneiland，名字取自17世纪的商人Reynier Reael)是最美的两个小岛。连接它们的是狭窄的**三鲱鱼桥**(Drieharingenbrug；见335页地图；Realengracht；🚌48 Barentszplein)，这座古色古香的桥取代了原先可以让轮船经过的浮船码头。

一定要去绅士岛东岸的**Zandhoek**(见335页地图；Realen-eiland；🚌48 Barentszplein)，这片风景如画的水滨地带如今是一个现代游艇港口，但17世纪时，这里是一个“沙市”，轮船在这里购入成袋的沙子用来压舱。Zandhoek南边的街道是Galgenstraat(Gallows St)，晴天的时候可以看到阿姆斯特丹北区。过去这也算是一种娱乐活动。

周六7:00~22:00，周二至周五8:00起，周日10:00起；👪；🚋3/10 Marnixplein)这个咖啡馆占地面积很大，既有户外也有室内空间，可以看看来来往往的人潮，这里有名的是咖啡和小餐，还有厚厚的像蛋糕一样的苹果派，非常美味。在周一和周六的集市日，门外总是排着长队。

PAZZI

比萨 €

见338页地图(☎320 28 00；www.pazzislowfood.nl；1e Looiersdwarsstraat 4；比萨 €8~15；⏲17:00~22:00；🚋7/10/17 Elandsgracht)座位有高高的单人条凳，还有一个烧木头的烤炉。每一张比萨都是精心制作而成，烤得火候恰到好处的比萨皮外面滴着新鲜的水牛奶酪(buffalo mozzarella)。所以你有足够的时间喝杯啤酒并和邻座聊聊天。

ELLIS GOURMET BURGER

汉堡 €

见338页地图(www.ellisgourmetburger.com；Prin-sengracht 422；汉堡 €9~13；⏲周日至周四11:30~22:00，周五和周六 至23:00；🚋1/2/5 Prinsengracht/Leidsestraat)饥饿的年轻人成群结队涌到Ellis来，在伸出的露台上猛吞大汉堡。菜单上有加牛肉的宝莱坞汉堡(Bollywood Burger，卤鸡、酸奶沙司和芒果酸辣酱)和几种不加肉的汉堡(双孢蘑菇portabello mushroom、大豆汉堡soy burger)。不知道该点哪个？那就试试迷你汉堡三合一。还有奶昔、啤酒和起泡酒锦上添花。

PIQNIQ

咖啡馆 €

见336页地图(☎320 36 69；www.lunchcafepiqniq.nl；Lindengracht 59HS；野餐 €8.50~10.50；⏲9:00~17:30，周三休业；🚋3/10 Marnixplein)是的，你可以在这里购买野餐食材。这里的菜单会不断变化，比如有各式三明治(百吉饼烟熏三文鱼和奶油奶酪，意式面包加鹰嘴豆)、热食(乳蛋饼、汤)和沙拉。野餐一般要准备两到4四种食物和一种饮料。你也可以在店里吃；可爱的店里洒满阳光，座位充足。

大多数食物都可以要求不添加麸质。

MONTE PELMO

冰激凌 €

见336页地图(www.montepelmo.nl；2e Anjeliersdwars-straat 17；冰激凌 €1.50起；⏲13:00~22:00；🚋3/10 Marnixplein)这家冰激凌店建立于1957年，有很多创意口味，比如焦糖奶酪蛋糕、蓝精灵果汁冰沙(Smurf sorbet)、红牛(Red Bull)和八点以后(After

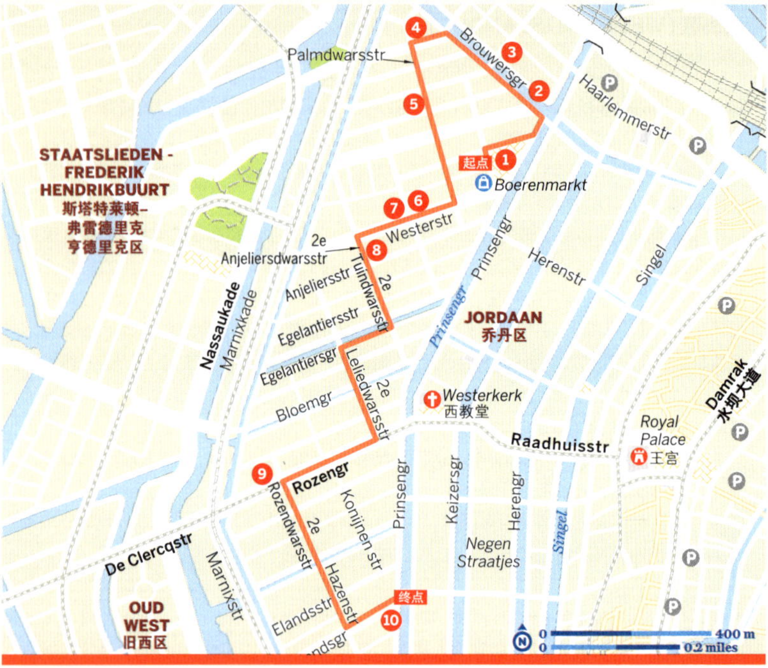

步行游览
乔丹区街区

起点 北教堂
终点 约翰尼·乔丹广场
距离 2.7公里；1小时

起点❶**北教堂**（见158页）。前方是北市场，阿姆斯特丹最具吸引力的农贸市场（boerenmarkt）和跳蚤市场就位于此。

向北走到❷**酿酒者运河**（见158页）。然后沿运河向西走，会看到老仓库❸**Groene & Grauwe Valk**。在第二个吊桥处向北走到Palmgracht，找到通往❹**Rapenhofje**（28号~38号）的红门。这个小院子里曾经有阿姆斯特丹一间最古老的救济院（1648年投入使用）。

沿Palmdwarsstraat向南会经过小食品店和餐厅，都是当地人常去的地方。注意在2e Goudsbloemdwarsstraat 26的熟食店里❺**白胖猪**（white fat pig）的石碑。不久便来到乔丹区的一条主路Westerstraat，这里有❻**自动钢琴博物馆**（见158页），每周服装市场以及吃喝场所，比如❼**Café' t Monumentje**（见169页）。在2e Anjeliersdwarsstraat左转，走进当地人称为❽**花园区**的地方，这里有常青藤覆盖的小巷和小广场。

曲曲折折走上Leliedwarsstraat，直到繁忙的Rozengracht。特产店出售丝绸枕头和五颜六色的厨房用具，还有其他各种物品。❾死囚房间（Rembrandt' s sterfhuis）位于184号，油画大师伦勃朗于1669年在这里去世（抬头看可以看到一块匾标示着具体位置）。乔丹区位于2e Rozen-dwarsstraat及其周围的区域是杂乱无章风格的混合，尽管可能看到用于装饰的绞车梁，但也有许多实用主义装置。这条路上开了很多二手店、精品店和艺术商店。

穿过Lauriergracht，左转进入Elandsgracht就来到❿**约翰尼·乔丹广场**（见160页）。这个广场是为了纪念本土英雄和伤感主义歌手约翰尼·乔丹而建，他的代表作包括“和我们一起在乔丹区”（Bij ons in de Jordaan）。

Eight）的巧克力薄荷味。

夜晚客人很多，门口大排长龙。

FESTINA LENTE

咖啡馆 €

见338页地图（☎638 14 12；www.cafefestinalente.nl；Looiersgracht 40b；三明治 €6~8，小餐盘 €4~8；⏲周一和周日 正午至22:30，周二至周六10:30~22:30；📶；🚋7/10/17 Elandsgracht）这家咖啡馆在运河边上，有着乔丹区典型的惬意（gezelligheid），里面挤满了常客玩棋类游戏、阅读诗歌、品尝小份的中东菜和大大的三明治。

RIAZ

苏里南菜、印度菜 €

见338页地图（☎683 64 53；www.riaz.nl；Bilderdijkstraat 193；主菜mains €8~15；⏲周一至周五13:00~21:00，周日14:00~21:00；📶 👪；🚋7/17 Bilderdijkstraat）简洁的Riaz烹制美味的烤肉和让人上瘾的辣花生汤，还有几种印度素菜（saag，也就是菠菜，非常好吃）。注意这里不提供酒精饮料，周六休业。

DE PIZZA BAKKERS

印度菜 €

见336页地图（☎427 41 44；www.depizzabakkers.nl；Haarlemmerdijk 128；主菜 €9~13；⏲周日至周四17:00~22:00，周五和周六 到23:00；🚋18/21/22 Buiten Oranjestraat）这家颇具艺术气息的小吃店的主打是比萨和普罗塞克起泡酒（Pizza and Prosecco），在这里你可以一边喝着意大利起泡酒，一边等待美味的木烤食物，比如意大利烟肉（pancetta）和马斯卡邦尼奶酪（mascarpone）、火腿和松露，素食者可以点塔雷吉欧乳酪（taleggio）、茄子（aubergine）和小胡瓜（courgette）。普兰塔格区（Plantage）和冯德尔公园附近还有分店。只能刷卡，不接受现金。

BROODJE MOKUM

三明治 €

见338页地图（☎623 19 66；www.broodjemokum.nl；Rozengracht 26；三明治 €3起；⏲周一至周五6:30~18:00，周六 8:00~17:00；🚋13/14/17 Westermarkt）这家低调精致的午餐餐厅供应美味的三明治——指给店员看你要哪种，他们会告诉你价格。比大多数的面包圈（broodje）店更好的是这里还有地方坐，挑张靠靠窗的座位舒展下四肢吧。

JORDINO

甜点 €

见336页地图（☎420 32 25；www.jordino.nl；Haarlemmerdijk 25；冰激凌 €1.50起；⏲周日和周一13:00~18:30，周二至周六10:00起；🚋18/21/22 Buiten Oranjestraat）Jordino制作美味的巧克力和天鹅绒般丝滑的冰激凌，还把巧克力和冰激凌结合起来，冰激凌筒里的冰激凌蘸着独家制作的巧克力或焦糖。这家店的甜点一共有80种口味，其中24种（包括水果冰沙）是常年供应的。

DUENDE

西班牙小吃 €

见336页地图（☎420 66 92；www.cafe-duende.nl；Lindengracht 62；西班牙小吃 €4~9；⏲厨房 周一至周五17:00~23:00，周六和周日16:00起；📶；🚋3/10 Marnixplein）这家营业历史悠久的小吃咖啡馆非常热闹，供应的食物包括辣番茄酱贻贝（picantes meji-llones）和甜椒鳕鱼（pimientos de piquillo con bacalao）。夜晚气氛休闲，周六晚上常常有狂野的弗拉明戈将小店点燃，周中还会有一些课程。

★BALTHAZAR'S KEUKEN

地中海菜 €€

见338页地图（☎420 21 14；www.balthazarskeuken.nl；Elandsgracht 108；3道菜 菜单 €32.50；⏲周三至周六18:00~22:30；🚋7/10/17 Elandsgracht）这家店曾经是一个铁匠铺，看上去现代且粗犷，它一直是阿姆斯特丹顶级餐厅之一。别想着这里会有一份很多选择的菜单：这里崇尚的是"用我们手上有的食材来做菜"，可能是野生的黑鲈鱼加蘑菇意大利烩饭或油封兔腿，不管是哪种都很美味。建议提前预订。

RESTAURANT FRAÎCHE

法国菜 €€

见336页地图（☎627 99 32；www.restaurantfraiche.nl；Westerstraat 264；主菜 €17-22；⏲周三至周六18:30~23:30，周日 正午至16:00；🚋3/10 Marnixplein）这家带玻璃门的美食店供应顶尖的法国菜，根据季节变化，会有烤大比目鱼和鱿鱼，加腌茴香和烟熏胡萝卜泥，或烤鸭胸肉配奶油糖和鹅肝酱。此外，各种拼盘也很好吃，还有早午餐优惠。

BRASSERIE BLAZER

法国菜 €€

见338页地图（☎620 96 90；www.brasserieblazer.nl；Lijnbaansgracht 190；主菜 €14.50~23.50；⏲厨房 正午至23:00；🚋7/10/17

值得一游

西部港区（WESTERN DOCKLANDS）

阿姆斯特丹的西部港区就在西岛区的北边，这里有两家独一无二的餐厅，REM Eiland和Pont 13。它们离Oostzaanstraat巴士站只有10分钟的步行距离：从Spaarndammerdijk出发，向北走到Archangelweg，然后向东走到Haparandaweg。然后再向东走到Haparandadam并一直走到底。也可从中央车站搭乘出租车（车费€10~15），或骑15分钟自行车。

类似石油钻塔结构的**海盗电台特色餐厅**（REM Eiland，☎688 55 01；www.remeiland.com；Haparandadam 45；午餐 主菜 €8~14，晚餐 主菜 €18~20，3道菜 菜单€31；⏲厨房 正午至16:00 和18:00~22:00；🚌48 Oostzaanstraat）位于艾河上方22米处，外观为亮红色，建于20世纪60年代，当时是海盗电台和电视转播塔，现在里面有一个上佳的餐厅，可以360度观赏这片工业港区的全景和来往水上的船只。从陡峭的金属楼梯走上去（或者乘升降梯/电梯）就来到一个开放的平台，四周有围栏保护；这里以前是一个屋顶直升机停机坪，现在则是户外酒吧。

简单的午餐（好吃的三明治）之后是酒吧小吃，晚餐的主菜有羊肉配腌洋蓟和港口红酒酱汁，或玉米粥配烤南瓜。建议提前预订，特别是靠窗和全景餐厅的位置。

Pont 13（☎770 27 22；www.pont13.nl；Haparandadam 50；午餐 主菜 €7.50~12.50，晚餐 主菜€16~22.50；⏲正午至22:00；📶；🚌48 Oostzaanstraat）的两端都有阳光灿烂的露台，内部则像洞穴一样。早在1927年，这曾是一条渡船，用以运送来往于艾河的汽车和乘客。现在这里的开放式厨房供应地中海美食，比如海鲜开胃菜拼盘和意大利香肠加山羊奶酪或马苏里拉汉堡等主菜。

从海盗电台特色餐厅可以看到的美景一直延伸到对面码头的Pont 13露台上。

Elandsgracht）这家店位于阿姆斯特丹古玩中心（Antiekcentrum Amsterdam；见172页）内，朝向一条狭窄的运河，是阿姆斯特丹最简约的法式啤酒屋，将不经意的性感展现得淋漓尽致，经典菜价格适中，如法式油封鸭腿（confit de canard）、肋眼鸡蛋黄油调味汁等。用餐时顺便尝尝店里的啤酒。

MANTOE
阿富汗菜 €€

见336页地图（☎421 63 74；www.restaurantmantoe.nl；2e Leliedwarsstraat 13；4道主菜 菜单 €32；⏲周三至周日17:00~23:00；🚋13/14/17 Westermarkt）在Mantoe吃一顿特别的饭。这家小餐厅是一户阿富汗人家经营的，氛围温馨舒适，感觉更像是在别人家里做客。这里没有菜单：今天他们做什么，客人就吃什么，可能是蒸饺子，饺子馅是肉糜和草药，也可能是辣羊肉和米饭。酒单额外加分。

上菜需要一会儿时间，别着急。

YAM YAM
意大利菜 €€

见338页地图（☎681 50 97；www.yamyam.nl；Frederik Hendrikstraat 88-90；主菜 €13~16；⏲周二至周日17:30~22:00；🚋3 Hugo de Grootplein）问问阿姆斯特丹人这座城市哪里的比萨最好吃，他们十有八九会说出这家当代风格的时尚餐厅。薄壳比萨由木柴烤制而成，如香肠和茴香种子比萨，还有招牌比萨Yam Yam[有机的烟熏火腿、马斯卡彭奶酪（mascarpone）和松露沙司]等。意大利面、以鱼或肉为主要食材的主菜令人垂涎三尺。甜点很有创意，包括橘子焦糖意式奶酪（panna cotta）配香油和草莓。

建议提前预订座位。

SEMHAR
埃塞俄比亚菜 €€

见336页地图（☎638 16 34；www.semhar.nl；Marnixstraat 259-261；主菜 €15.50~20；⏲周二至周日16:00~22:00；🖉；🚋10 Bloemgracht）店主Yohannes热情地欢迎客人的到来（从厨房飘出的浓浓的香味也在欢迎你），店主会强烈推荐他的美食，比如微酸蓬松的煎饼（injera），盛上有丰富香料的炖菜和蔬菜套餐。最浪漫的几张餐桌在后面，可以俯瞰运河。

MOEDERS 荷兰菜 €€

见338页地图(☎626 79 57; www.moeders.com; Rozengracht 251; 主菜 €15~19, 3道菜 菜单从€26.50起; ⏲周一至周五17:00至午夜, 周六和周日 正午起; 👪; 🚋13/14/17 Marnixstraat)在"妈妈"的店里听妈妈的话。这家温馨的店在1990年开业的时候, 客人到店需携带自己的盘子和自己母亲的照片捐给餐厅, 这种令人愉快的杂烩装饰风格保持至今。其食物也是杂烩风格, 比如南瓜土豆泥搭配另一种蔬菜(stamppot), 有海鲜, 还有摩洛哥菜。请提前预订。

LA OLIVA 巴斯克菜 €€

见336页地图(☎520 43 16; www.laoliva.nl; Egelantiersstraat 122-124; 西班牙小吃 €10~16, 主菜 €22.50~26.50; ⏲周日至周三 正午至22:00, 周四至周六至23:00; 🚋3/10 Marnixplein)是的, 这里有非常可口的肉和鱼的主菜, 但是人们为之疯狂的还是来自法国西南或是西班牙巴斯克西北的西班牙小吃。这种小吃用木棍串起来, 叠在亮晶晶的吧台上。点一种西班牙的起泡酒(cava)和故意塞得很满的无花果、蘑菇曼彻格奶酪小果馅饼(mushroom Manchego tartlet)和帕塔尼洛(Pata Negra)火腿加梨。

夏天, 派对热闹地开到了大街上。

DE REIGER 新派荷兰菜 €€

见336页地图(☎624 74 26; www.dereigeramsterdam.nl; Nieuwe Leliestraat 34; 主菜 €18.50~23; ⏲周二至周日17:00~22:00; 🚋13/14/17 Westermarkt)这家位于街角的咖啡馆一直是本土风格, 很有氛围, 前面的吧台比较安静, 热闹的就餐区位于后面, 更加宽敞, 菜单上的菜式不多但是都很美味(比如有鹿肉、炖梨加蜂蜜肉桂沙司)。不接受预订和信用卡支付。

JAPANESE PANCAKE WORLD 日本菜 €€

见336页地图(☎320 44 47; www.japanesepancakeworld.com; 2e Egelantiersdwarsstraat 24a; 主菜 €10~20; ⏲正午至22:00; 🚋3/10 Marnixplein)在这家欧洲唯一专门经营御好烧(okonomiyaki)的餐厅, 煎饼是和热菜一起上的, 里面可以根据你的选择填进食材(肉、海鲜、素菜、奶酪), 上面撒了干鱼片。座位连20个都不到: 请提前预订后面柜台上的座位, 那里可以欣赏主厨大展身手。

RAZMATAZ 各国风味 €€

见338页地图(☎486 84 08; www.razmataz.nl; Hugo de Grootplein 7~15; 主菜 €18~23, 3道菜菜单 €34; ⏲周一至周四8:30~1:00, 周五 8:30至次日3:00, 周六 9:00至次日3:00, 周日 11:00至次日1:00; 🚋3 Hugo de Grootplein)这家店有很多周围街区的居民光顾。白天他们就在露台上开心地喝起来, 吃着创意十足的法国主厨制作的菜肴。菜单不断变化, 有红烧兔子腿配白葡萄或甜菜根卤制三文鱼。甜品(随你能想到的, 比如热巧克力蛋糕等)令人难以抗拒。

HOSTARIA 意大利菜 €€

见336页地图(☎626 00 28; 2e Egelantiersdwars-straat 9; 主菜 €14~22; ⏲周二至周日18:00~22:00; 🖉; 🚋3/10 Marnixplein) Hostaria在一个满是优质的意大利美食的街区, 供应自制的新鲜意大利面、丰盛的主菜和好吃但简单的甜品, 还有价格适中的红酒。桌子摆得比较紧凑, 不好挪动, 但是平添了舒适、温馨的气氛。

TOSCANINI 意大利菜 €€

见336页地图(☎623 28 13; www.restauranttoscanini.nl; Lindengracht 75; 主菜 €15~23; ⏲周一至周六18:00~22:30; 👪; 🚋3/10 Marnixplein)高级餐厅Toscanini烘烤自己的面包,、制作自己的意大利面, 还供应意大利红酒。菜单每周都有变化, 出现在雪白的桌布上的可能有烤牛肉加龙蒿(seared beef with tarragon), 或者白葡萄酒和迷迭香炖羊肩肉。甜品有加盐的焦糖意式奶酪(panna cotta), 最坚定的节食者都会为之动摇。即使是平时的夜晚也要提前预订。

BURGER'S PATIO 地中海菜 €€

见336页地图(☎623 68 54; www.burgerspatio.nl; 2e Tuindwarsstraat 12; 主菜 €15.50~24.50; ⏲ 18:00~23:00; 🚋3/10 Marnixplein)它并不是汉堡店, 而是一家亲民的地中海餐厅, 内部装饰现代, 还有一个同名的露台。菜单会根据季节变化, 有各种肉类、禽类菜式, 还有创新的素菜, 比如甜土豆饼加沙拉三明治和

当地知识

甘草糖（DROP THE LIQUORICE）

荷兰人喜欢棒棒糖，其中最有名的drop指的是各种甘草糖。它可能像树胶那么柔软，也可能像皮革一般坚硬，有硬币形状或迷你汽车形状的，最主要的区别是甜的（zoete）和咸的（zoute，也叫salmiak）。后者一般会让人吓一跳，即使最喜欢这种东西的人也会吃惊。好在还有各种口感和各种其他口味——薄荷、蜂蜜、月桂——即便是最坚定的甘草糖怀疑论者也可能转变态度。**Het Oud-Hollandsch Snoepwinkeltje**（见172页）是试吃的好去处。

甜菜根，还有椰枣和榛子末。配菜有蔬菜沙拉（crudités）、蒜蓉蛋黄酱和橄榄酱，这让本来就不贵的价格显得更为实惠。

DE PRINS 咖啡馆 €€

见336页地图（☎624 93 82；www.deprins.nl；Prinsengracht 124；主菜 €13~17；⏲厨房10:00~22:00；🚊13/14/17 Westerkerk）在这家棕色咖啡馆在Prinsengrach一个风景如画的地方，在运河畔的露台或舒适的吧台里喝一杯，轻松惬意。但是如今这里最有名的是它的美食。午餐特惠包括虾肉或油炸肉丸子（bitterballen），而晚餐菜单上的头牌菜则是加了4种奶酪的奶酪锅。

KOEVOET 意大利菜 €€

见336页地图（☎624 08 46；Lindenstraat 17；主菜 €14~26；⏲周二至周六18:00~22:00；🖉；🚊3/10 Marnixplein）Koevoet位于一个安静的小巷里，原来是一家咖啡馆，热情的意大利店主接手以后并没有改变原来轻松的装修风格，但是开始烹制自己故乡的主食，比如手工制意大利水饺。不要错过这里的招牌，也就是可以喝的甜点sgroppino limone：果汁冰糕、伏特加和普罗赛特起泡酒在你桌前搅拌好倒进香槟杯。

CINEMA PARADISO 意大利菜 €€

见336页地图（☎623 73 44；www.cinemaparadiso.info；Westerstraat 184-186；主菜 €15.50~25.50；⏲周三至周日18:00~23:00；🚊3/10 Marnixplein）行动起来！这家热情的意大利餐厅以前是一个电影院，为了表达对这种渊源的尊重，餐厅装饰了黑白电影剧照，墙壁上是著名导演们以及某位名流的留影。预订一个靠近开放厨房的座位或餐桌，欣赏意大利面、比萨、开胃菜的制作，并陶醉在鸡尾酒的韵味里。

BORDEWIJK 法国菜，意大利菜 €€€

见336页地图（☎624 38 99；www.bordewijk.nl；Noordermarkt 7；主菜 €24~30，3/4/5道菜菜单 €39/49/59；⏲周二至周六18:30~22:30；🚊18/21/22 Buiten Oranjestraat）Bordewijk内部很小，除了欣赏法国或意大利厨艺以外几乎没什么别的可做。主厨不怕冒险，所以会出现一些奇奇怪怪的菜，比如松饼卷乳猪和香肠、鹌鹑鹅肝酱或海盐烤肋骨。周末需提前预订。

西区

那些寻找新颖和流行美食的食客会发现西区有很多这样的地方。如果想要更上档次的食物和就餐环境，就去西部港区（见164页）。

WORST WIJNCAFE 西班牙小吃 €

见335页地图（☎625 61 67；www.deworst.nl；Barentszstraat 171；西班牙小吃 €8~15，早午餐主菜 €10；⏲周二至周六 正午至午夜，周日10:00~22:00；🚊48 Barentszplein）这家红酒吧的瓷砖是棋盘形状的，因其主打香肠的西班牙小吃而出名（小牛舌白香肠、西班牙辣香肠、龙虾香肠加菠菜和芦笋），它比隔壁那家备受推崇的姐妹店Marius（见167页）更加休闲。其他菜包括猪蹄。有很多种红酒可选，可以按杯点，主要是法国红酒。周日的早午餐时间挤满了当地食客。

DE BAKKERSWINKEL 咖啡馆 €

见335页地图（☎688 06 32；www.debakkerswinkel.nl；Polonceaukade 1，Westergasfabriek；菜 €7~14；⏲周一至周五8:30~18:00，周六和周日10:00起；🚊10 Van Limburg Stirumstraat）这家"Bakery"在阿姆斯特丹乃至荷兰境内共有8家分店，这家的位置很特别，它在旧煤气厂管理人员的房子里，旁边就是吊桥，有夹层座位舒适的沙发座，还有一个很好的露台。蛋饼、鱼砂锅、汤和酵母三明治都是很好的选择，胡萝卜蛋糕不容错过。

RESTAURANT PS
各国风味 €€

见335页地图(☎421 52 18; www.restaurantps.nl; Planciusstraat 49; 主菜 €18~22, 3道菜菜单 €31.50; ⊙周二至周日18:00至午夜; 🚋3 Zoutkeetsgracht) 这家店的主厨是英国人，店主是哥伦比亚人，听上去不太搭，但两人都经验丰富——餐厅位于西岛区，有很多铁杆粉丝。价格适中，酒单丰富，服务周到，内部装修很有艺术风格，例如威尼斯玻璃的马赛克。套餐每周都变化，主打时令食材。

BOCCONI SANI
意大利菜 €€

见335页地图(☎233 64 07; www.bocconisani.nl; Spaarndammerstraat 17; 主菜 €11~17.50; ⊙正午至午夜; 🚋22 Assendelftstraat) 容易过敏的食客会到Bocconi来，因为这里供应很多无谷蛋白的意大利面，餐厅内部是时尚的白色。结实的木桌子上会出现意大利水饺、意式宽面和番茄酸豆酱螺纹短意大利面加贝类。蒜末烤面包(bruschetta)会有斯佩尔特面包（无麦但是含麸质）。能吃麸质的人可以点常规的意大利面，可选种类齐全。所以不管是谁，总有一款食物适合你！

RAÏNARAÏ
阿尔及利亚菜 €€

见335页地图(☎486 71 09; www.rainarai.nl; Polonceaukade 40, Westergasfabriek; 主菜 €16.50~23, 3道菜 主菜 €38.50; ⊙周二至周日18:00~23:00, 午餐需预订; ✍; 🚋21 Van Hallstraat) 这家阿尔及利亚餐厅位于西区气厂一个旧的工业建筑里，有阿拉伯风格的靠垫和铜制餐具。菜单经常变，但是常见的包括烤三文鱼配鹰嘴豆南瓜香料调味的蒸粗麦粉，或者烤沙丁鱼配芦笋、宽豆子和番茄。一般每天都会有一道素菜。

★MARIUS
各国风味 €€€

见335页地图(☎422 78 80; www.deworst.nl; Barentszstraat 173; 4道菜 菜单 €47.50; ⊙周二至周六18:30~22:00; 🚋48 Barentszplein) Marius这家餐厅位于西岛区艺术家的工作室里面，面积很小，但是吸引了蜂拥而至的食客们。主厨Kees Elfring在当地市场购买食材，每天制作4道菜，所以你不能决定吃什么。于是就有了蚕豆酱烤明虾，或是牛肋骨配玉米粥和蔬菜什锦。Marius还在隔壁经营着一家上等的红酒/西班牙小吃吧Worst Wijncafe（见166页）。

🍷 饮品和夜生活

🍷 乔丹区

如果你想找间地道的咖啡馆，体验"和当地人在一起"的感觉，那你一定会爱上乔丹区。

o' T SMALLE
棕色咖啡馆

见336页地图(www.t-smalle.nl; Egelantiersgracht 12; ⊙周日至周四10:00至次日1:00, 周五和周六至次日2:00; 🚋13/14/17 Westermarkt) Smalle深受当地人的喜爱，它是阿姆斯特丹最迷人的棕色咖啡馆之一，它的历史可追溯到1786年，当时是一个荷兰琴酒(jenever)蒸馏室和品酒的地方，20世纪70年代的时候重建，有了旧瓷器啤酒泵和铅制窗框的窗口。将你的船泊在咖啡馆美丽的石头露台旁，这里的白天非常舒适温馨，夜晚则异常浪漫。

这家店美妙正宗，完美体现荷兰的惬意，甚至在日本还有一家拷贝店。

DE KAT IN DE WIJNGAERT
棕色咖啡馆

见336页地图(☎620 45 54; www.dekatindewijngaert.nl; Lindengracht 160; ⊙周日至周四10:00至次日1:00, 周五10:00至次日3:00, 周六9:00至次日3:00; 🚋3/10 Marnixplein) 这家酒吧和Smalle一样弥漫着荷兰式的惬意舒适，到这里来，本来只点了一杯啤酒，可能很快就变成半打——也许是被常来这里的老派艺术人士影响了吧。至少你可以在畅饮的同时品尝被很多人投票选为城里最好吃的烤三明治(tosti)。

CAFE SOUNDGARDEN
酒吧

见338页地图(www.cafesoundgarden.nl; Marnixstraat 164-166; ⊙周一至周四13:00至凌晨1:00, 周五13:00至次日3:00, 周六 15:00至次日3:00, 周日15:00至次日1:00; 🚋13/14/17 Marnixstraat) 这家潜水酒吧很破旧，各种年龄的人都会光顾，这里的"老派大师"是雷蒙斯乐团(Ramones)和黑色安息日(Black

Sabbath)。不知为何，这里有几张台球桌、20世纪80年代的弹球游戏机、邋遢的DJ和可爱又粗鲁的酒吧侍者，都为酒吧增添了难以形容的魔力。偶尔会有乐队演出，水边露台景色就好比是谁家后院的即兴聚会。

这里聚集着各式各样的人群：庞克、在荷兰的外国居民、缠绵的银发情侣。人们的共同点不是时尚、年龄或政治，而是对摇滚（和豪饮）的一腔钟爱。

TRIPEL

啤酒咖啡馆

见338页地图（☎370 64 21; Lijnbaansgracht 161; ⏲周一至周五16:00至次日3:00，周六和周日正午起; 📶; 🚊7/10/17 Elandsgracht）Tripel酒吧的侍者热情友好，环境舒适，就像真正的街头小酒吧。事实上也的确如此，它在乔丹区一段紧邻旅游路线的地方。这里主打比利时啤酒：龙头内有13种啤酒，还有200多种瓶装啤酒。提前预订，品尝烤鸡和其他美味的比利时菜（€9.50~15.50）。

CAFÉ PIEPER

棕色咖啡馆

见338页地图（Prinsengracht 424; ⏲周一至周四 正午至次日1:00，周五和周六 正午至凌晨2:00，周日14:00~20:00; 🚊1/2/5 Prinsengracht/Leidsestraat）小、低调、年头够久（建于1665年），是对Café Pieper的最好概括，这里装饰着彩绘玻璃窗、地板上铺着新鲜的沙子，吧台上悬挂着古董啤酒杯，还有一个仍然可以使用的比利时啤酒泵（最早用于1875年）。啜一口Wieckse Witt啤酒，或者喝一杯特别香醇的卡布其诺。一抬头，酒吧的天花板低得简直要让幽闭恐惧症患者犯病了（毕竟17世纪的人身高比较低——荷兰也是如此）。

TWO FOR JOY

咖啡

见336页地图（☎221 95 52; www.twoforjoy.nl; Haarlemmerdijk 182; ⏲周一至周五7:30~19:00，周六和周日8:00~18:00; 🚊3 Haarlemmerplein）咖啡因爱好者，欢迎来到你们的新家。Two for Joy自己烘焙咖啡豆，然后做出阿姆斯特丹最好的意式浓缩咖啡。在复古沙发和长椅上放松，欣赏砖墙上的艺术品，沉浸在制作咖啡的声响中（可能还要加上鸡蛋三明治）。Two For Joy在南运河圈（Southern Canal Ring; 见148页）还有一家分店。

WATERKANT

酒吧

见338页地图（☎737 11 26; www.waterkantamsterdam.nl; Marnixstraat 246; ⏲周日至周四11:00至次日1:00，周五和周六至次日3:00; 📶; 🚊7/10/17 Elandsgracht）这家运河旁的热闹小酒馆位于乔丹区外围一个奇怪的球状停车场下，这里有好喝的啤酒（很多都是当地牌子），还有南瓜烤肉和其他苏里南特色菜式。如果想尝试点不同的，就点西瓜金汤力。露天露台上都是当地年轻人在欢闹。

FINCH

酒吧

见336页地图（☎626 24 61; Noordermarkt 5; ⏲周日至周四9:00至次日1:00，周五和周六至次日3:00; 🚊3/10 Marnixplein）这家时髦的酒吧装修复古（故意做得不那么协调但又透着幽默），逛完集市后正好来这里放松一下，喝几杯啤酒。这里有很多从事艺术、设计工作的顾客，周末总是挤满了人。

PROUST

酒吧

见336页地图（☎623 91 45; www.proust.nl; Noordermarkt 4; ⏲周一 9:00至次日1:00，周二至周四 正午至次日1:00，周五 正午至次日3:00，周六 9:00至次日3:00，周日 9:00至次日1:00; 🚊3/10 Marnixplein）时髦的Proust有一个让人惊叹的枝形吊灯，这是荷兰设计师汉斯·凡·本藤（Hans van Bentum）设计的，形状像一支巨大的左轮手枪。这里供应经典菜式，还有好吃的热巧克力。它的隔壁是Finch酒吧，适合高收入和创意人群；两家酒吧的阳台实际上是连在一起的。

CAFÉ P 96

棕色咖啡馆

见336页地图（www.p96.nl; Prinsengracht 96; ⏲周一至周五10:00至次日3:00，周六和周日11:00起; 📶; 🚊13/14/17 Westermarkt）如果你不想回家睡觉，就去P 96。当乔丹区大多数的咖啡馆都在深夜关门时，人们会来到这里续摊，和陌生人谈天说地。夏天可以到露台上，或登上街对面的一个船屋。

DE TWEE ZWAANTJES

棕色咖啡馆

见336页地图（☎625 27 29; www.detweezwaantjes.nl; Prinsengracht 114; ⏲周日至周四15:00至次日1:00，周五和周六至次日3:00；🚊13/14/17

Westermarkt）“两只天鹅”是家正宗的小店，周末夜晚异常欢闹，你可以加入当地人和游客的队伍里，欣赏古典和荷兰传统歌曲，在卡巴莱表演和卡拉OK的陪伴中度过令人难忘的夜晚。歌手常常会喝酒助兴，使现场情绪更加高涨。尽情加入其中吧。

CAFÉ DE KOE 酒吧

见338页地图（www.cafedekoe.nl；Marnixstraat 381；⊙周日至周四16:00至次日1:00，周五和周六至次日3:00；🚊1/2/5 Leidseplein）人们热爱“The Cow”里像家一样温馨惬意的气氛，你可以玩棋盘游戏、看电影、、或是免费观赏当地DJ和摇滚乐队演出。周围的居民会成群结队到楼上喝啤酒，楼下的就餐者则聚在破旧的木头餐桌前，点一些物美价廉的食物。

STRUIK 酒吧

见338页地图（☎625 48 63；Rozengracht 160；⊙周一至周五17:00至次日1:00，周六 15:00至次日3:00，周日 15:00至次日1:00；🚊13/14/17 Marnixstraat）如果你想一边听着嘻哈乐、碎拍音乐或是灵魂乐一边喝啤酒，就到街角的这个错层且装饰着涂鸦的咖啡馆来，和周围的嘻哈人士混在一起，在摇曳的烛光下喝酒聊天。客席厨师在夜晚经常会烹饪好吃又便宜的大餐。只接受现金。

CAFÉ PAPENEILAND 棕色咖啡馆

见338页地图（www.papeneiland.nl；Prinsengracht 2；⊙周日至周四10:00至次日1:00，周五和周六至次日3:00；🚊3/10 Marnixplein）这家咖啡馆有不少游客，但这丝毫不会令它失色。咖啡馆的历史始于1642年，代夫特蓝色瓷砖和中央壁炉是其装饰亮点。咖啡馆的名字是“天主教徒之岛”的意思，这个命名可追溯到宗教改革运动的时候，那时在运河北端有一个秘密的天主教教堂。

到Papeneiland要从楼梯最上面穿过一个隐藏的隧道——让酒吧工作人员告诉你入口在哪儿。

CAFÉ ’T MONUMENTJE 棕色咖啡馆

见336页地图（☎624 35 41；Westerstraat 120；⊙周一至周四8:30至次日1:00，周五和周六8:30至次日3:00，周日11:00至次日1:00；🚊3/10 Marnixplein）这家有点凌乱但又很可爱的咖啡馆永远都挤满了当地的酒鬼，咖啡馆地板上有新铺的沙子。在西市场（Westermarkt，见175页）逛街后，来这里喝杯啤酒、吃点小吃是个不错的选择。

DE TUIN 棕色咖啡馆

见336页地图（☎624 45 59；2e Tuindwarsstraat 13；⊙周一至周四10:00至次日1:00，周五和周六10:00至次日3:00，周日 11:00至次日1:00；📶；🚊3/10 Marnixplein）这里永远都是开始夜晚的好去处——加入年轻人的行列，品尝种类丰富的比利时啤酒（龙头内的啤酒种类繁多）、美食和风格独特的灵魂乐。小露台上有几张桌子，是用阿姆斯特丹经典的红棕色路界护柱（amsterdammertje）做成的。

DE ZOTTE 啤酒咖啡馆

见338页地图（☎626 86 94；Raamstraat 29；⊙周日至周四16:00至次日1:00，周五和周六至次日3:00；🚊1/2/5 Leidseplein）在这个比利时啤酒馆，如果你不知道应该点什么，就从每周特选开始。那些修道院僧侣（Trappist）酿出来的啤酒可能劲儿特别大，所以你最好点一个量大的奶酪拼盘或牛排填填肚子——厨房工作时间是18:30~21:00。

VESPER BAR 鸡尾酒酒吧

见336页地图（☎420 45 92；www.vesperbar.nl；Vinkenstraat 57；⊙周二至周四和周日20:00至次日1:00，周五和周六17:00至次日3:00；🚊18/21/22 Buiten Oranjestraat）这家奢华的鸡尾酒酒吧地处乔丹区商店和商务区一个低调的位置，颇有几分神秘。这里的马提尼会唤起你内心的詹姆斯·邦德（James Bond）——或是维斯珀·林德（Vesper Lynd，《皇家赌场》里的邦德女郎）。

如果你喜欢冒险，就点一杯维多利亚的秘密：姜酒、梨子白兰地和接骨木，配上新鲜的柠檬汁和一点红辣椒。

CAFÉ THIJSSEN 酒吧

见336页地图（☎623 89 94；www.cafethijssen.nl；Brouwersgracht 107；⊙周一至周四8:00至次日1:00，周五 8:00至次日3:00，周六 7:30至次日3:00，周日 9:00至次日1:00；🚊3/10 Marnixplein）

亮亮的黑木装饰、艺术感十足的室内装修，还有彩绘玻璃窗和大餐桌，这些都足够吸引络绎不绝的客人。周末这里很忙碌，有一批批乔丹区的年轻新贵来这里见面，吃个迟到的早午餐，然后待到晚餐前才离开。

LA TERTULIA 咖啡商店

见338页地图（☎623 85 03; www.coffeeshoptertulia.com; Prinsengracht 312; ⏰周二至周六11:00~19:00; 🚊7/10/17 Elandsgracht）这家母女俩经营的咖啡商店是背包客的最爱，仿佛置身于花房。你可以坐在外面以凡·高为灵感的壁画旁，玩些棋类游戏或者在柜台前看着特大号水晶发呆。额外福利：Tertulia的咖啡很好喝，咖啡豆是从荷兰一个专门的烘焙师那里买的。

CAFÉ DE JORDAAN 酒吧

见338页地图（☎627 58 63; Elandsgracht 45; ⏰周一至周四10:00至次日1:00，周五 10:00至次日3:00，周六 正午至3:00，周日 13:00至次日1:00; 🚊7/10/17 Elandsgracht）乔丹区老式咖啡馆的典型代表。午夜过后，低吟歌手手挽着手，随着荷兰经典乐曲唱起来；电视屏幕播放的歌词基本没什么用。晚上稍早一点，这里还不太吵，可以点杯啤酒（biertje）放松一下。

DIVINO WIJNBAR 红酒吧

见336页地图（www.wijnbardivino.nl; Boomstraat 41a; ⏰周一至周四17:00至午夜，周五 17:00至次日2:00，周六 16:00至次日2:00，周日16:00至午夜; 🚊3/10 Marnixplein）这家红酒吧只供应按杯或按瓶卖的优质意大利红酒，也提供熟食和奶酪拼盘。磨光木料酒吧、摇曳的烛光和舒适的角落窗台唤你入店，而搭着毯子的户外桌椅也很有吸引力。

SAAREIN 同性恋酒吧

见338页地图（www.saarein.info; Elandsstraat 119; ⏰周二至周四16:00至次日1:00，周五 16:00至次日2:00，周六 正午至次日2:00，周日 14:00至次日1:00; 🚊7/10/17 Elandsgracht）这家店最早于17世纪开始营业，曾是女权主义者的阵地，如今仍然是女同性恋者见面的地方，当然也欢迎男同性恋者。菜式不多，有西班牙小吃、汤和特餐。

DE TRUT 同性恋酒吧

见338页地图（☎612 35 24; www.trutfonds.nl; Bilderdijkstraat 165e; ⏰周日 22:00至次日4:00; 🚊7/17 Bilderdijkstraat）这家周日夜晚营业的同性恋夜店在之前一个空房的地下室里。它的名字意为"the tart"（"妓女"），代表了某种态度；最好在23:00前进场（里面空间很小）。酒吧里禁止使用相机和手机。

SPIRIT 咖啡店

见336页地图（Westerstraat 121; ⏰正午至次日1:00; 🚊3/10 Marnixplein）这家咖啡商店的特别之处是它有6个很厉害的弹球游戏机，包括行尸走肉（Walking Dead）、金属乐队（Metallica）和AC/DA。你还可以在这里玩撞球。只接受现金。

CAFÉ DE LAURIERBOOM 小酒馆

见338页地图（www.laurierboom.nl; Laurierstraat 76; ⏰周一至周四14:30至次日1:00，周五 14:30至次日3:00，周六 13:00至次日3:00，周日 13:00至次日1:00; 📶; 🚊13/14/17 Marnixstraat）乔丹区的国际象棋爱好者总是聚集在是这家小酒馆，它是本地历史最悠久的酒馆之一，有一块写着tapperij en slijterij（问问酒吧服务生是什么意思）的石板。当地人会在这里喝着酒开动脑筋；你还可以在这里下网络象棋、打牌或者玩桌面游戏。

西区

这片刚刚有点名气的地方游客不常来，但是却吸引了很多爱好艺术的人。

WESTERGASTERRAS 酒吧

见335页地图（www.westergasterras.nl; Klönneplein 4, Westergasfabriek; ⏰周日至周四11:00至次日1:00，周五11:00至次日3:00，周六10:00至次日3:00，周日 10:00至次日1:00; 🚊10 Van Limburg Stirumstraat）这个很酷的后工业风格咖啡馆内外都有空间，每天都很热闹。西班牙小吃丰富；户外的大露台可以俯瞰长满芦苇的池塘和堤坝，阳光明媚的下午这里的座位很抢手。咖啡馆所在大楼还有一个热门的热舞夜店，周四到周六人们在里面尽情摇摆。

BROUWERIJ TROOST WESTERGAS
酿酒厂

见335页地图（737 10 28；www.brouwerijtroostwestergas.nl；Pazzanistraat 27, Westergasfabriek；周一至周四16:00至次日1:00，周五16:00至次日3:00，周六 正午至次日3:00，周日 正午至午夜；；10 Van Limburg Stirumstraat）德派普热门的酿酒厂（见209页）最近在西公园开了一个分厂。在洞穴般的工厂里找个座位，引人注目的巨大银色容器内正在酝酿属于你的塞森啤酒（saison）、金发艾尔啤酒和烟熏波特啤酒。厂里还有个商店供应外卖啤酒。不接受现金，只接受信用卡。

☆ 娱乐

☆ 乔丹区

BOOM CHICAGO
喜剧

见338页地图（www.boomchicago.nl；Rozengracht 117；；13/14/17 Marnixstraat）Boom Chicago上演非常滑稽的即兴英语喜剧。他们打趣荷兰文化、美国文化以及所有可以打趣的东西。演出时间是每周的周三到周日，地点是主剧院。楼上小一点的剧院会演出更边缘的一些剧。周六深夜秀票价便宜，是打发时间的好去处。

剧院的酒吧有冰块和啤酒可以助兴。

DE NIEUWE ANITA
现场音乐

见338页地图（www.denieuweanita.nl；Frederik Hendrikstraat 111；3 Hugo de Grootplein）这个类似起居室的空间因为要容纳喧闹的摇滚演出而被扩建，它有一个高品质的咖啡馆。在以书柜隐藏的门背后、位于后台的主房间设有一个舞台，每周一播放邪典电影。内容丰富的演出日程上也有DJ和歌舞杂耍性质的演出。入场费从€3到€7不等。

MOVIES
电影院

见336页地图（638 60 16；www.themovies.nl；Haarlemmerdijk 161；3 Haarlemmerplein）这家荷兰式惬意艺术风格的电影院（1912年开业，是阿姆斯特丹最古老的）放映独立电影，并穿插主流影片。周日至周四，你可以在餐厅吃饭（营业时间是17:30~22:00），或者在电影开始前在它温馨的咖啡馆兼酒吧里吃点东西。

MALOE MELO
蓝调

见338页地图（420 45 92；www.maloemelo.com；Lijnbaansgracht 163；周日至周四21:00至次日3:00，周五和周六至次日4:00；7/10/17 Elandsgracht）在这里可以感受到阿姆斯特丹自由自在、崇尚欢快蓝调的情景。音乐涵盖车库、爱尔兰庞克、德克萨斯蓝调和山村摇滚。服务费一般是€5左右。

☆ 西区

北海爵士俱乐部
爵士

见335页地图（North Sea Jazz Club；722 09 81；www.northseajazzclub.com；Pazzanistraat 1, Westergasfabriek；10 Van Limburg Stirumstraat）一些备受尊敬的爵士音乐家（其中有几个大人物）在这个热情的场所演出。很多演出都是免费的："夏季演出季"的每周三和周四，从18:30至21:30崭露头角的演出者都会尽情演出；现代和电子音乐家会在周六（23:30左右）献上"深夜演出"秀。

这里还有一个热情的比萨餐厅。大牌演出之际，餐厅会供应含三道菜的餐食（€37.50），最便宜的票只能站着观看演出。

PACIFIC PARC
现场音乐

见335页地图（488 77 78；www.pacificparc.nl；Polonceaukade 23, Westergasfabriek；10 Van Limburg Stirumstraat）Pacific Parc营造出一种热带气氛，这里有现场音乐、DJ打碟，还有很多摇滚音乐，你可以在摇滚精神中畅饮烈酒和享用佳肴。露天阳台和咖啡馆很大，有几张野餐用的桌子，每天11:00开始营业。

HET KETELHUIS
电影院

见335页地图（684 00 90；www.ketelhuis.nl；Pazzanistraat 4, Westergasfabriek；10 Van Limburg Stirumstraat）这家艺术电影院有3间放映室，环境时髦，呈现后工业风格，座椅舒适。影院还有一个休闲咖啡馆，看电影前后都可以进去喝点或吃点东西。

购物

这里的商店洋溢着兼收并蓄的艺术气息，并且很有家庭作坊的感觉。伊朗兹哈特

西部气厂（WESTERGASFABRIEK）

19世纪荷兰文艺复兴的**西部气厂**（Westergasfabriek；见335页地图；☎586 07 10；www.westergasfabriek.nl；Haarlemmerweg 8-10；🚋3 Haarlemmerplein）建筑群距乔丹区西北不远，紧邻**西公园**（Westerpark；见160页）。它曾经为阿姆斯特丹西部地区提供煤气，直到1967年停产。这里被严重污染过，经过大规模清洁后才重新作为文化和娱乐公园投入使用，园内有如茵的草坪、一个狭长的浅水池、若干自行车道和运动设施。

几座后工业风格大楼成了创意空间，广告公司和电视制作单位入驻其中，节事活动也定期在这里举办，包括每月一次的**周日市场**（Sunday Market；见335页地图；www.sundaymarket.nl；Westergasfabriek；🕒每月第一个周日 正午至18:00；🚋10 Van Limburg Stirumstraat）——一场高品质的手工艺和美食盛会。

西部气厂附近餐饮娱乐有以下去处：

De Bakkerswinkel（见166页）这个错层式的咖啡厅在气厂以前监管者的房子里。

Raïnaraï（见167页）在异域风情装饰的餐厅里享用阿尔及利亚美食。

Westergasterras（见170页）这是阿姆斯特丹最热门的露台之一。

Brouwerij Troost Westergas（见171页）嘻哈乐迷和爵士乐迷喝一杯的好地方。

North Sea Jazz Club 充满节奏感的现场爵士表演。

Het Ketelhuis 艺术电影院。

Pacific Parc 有独立演出和DJ表演。

（Elandsgracht）周边地区有古董和艺术商店，还有特产店，从帽子到猫咪，应有尽有。哈勒姆周边（Haarlemmerbuurt）横跨乔丹区和西运河圈，有很多时髦的精品店，这一片也包括乔丹区北边时尚的哈勒姆街（Haarlemmerdijk）。乔丹区还有一些美味的食物和跳蚤市场（见175页）。

★MOOOI GALLERY 家居用品

见336页地图（☎528 77 60；www.moooi.com；Westerstraat 187；🕒周二至周六10:00～18:00；🚋3/10 Marnixplein）这家荷兰设计店是Marcel Wanders创立的，极尽夸张之创意，有和实物一样大的黑马灯，有"吹走花瓶"（在古典的代夫特花瓶上做出古怪的弯曲），还有"杀死小猪储钱罐"瓷猪（带一把金色的斧头）。

HET OUD-HOLLANDSCH SNOEPWINKELTJE 食物

见336页地图（☎420 73 90；www.snoepwinkeltje.com；Egelantiersdwarsstraat 2；🕒周二至周六11:00～18:30；🚋3/10 Marnixplein）这个街角的商店有很多装着荷兰糖的罐子，口味包括巧克力、咖啡、各种水果和被称为drop的荷兰咸甘草。这里还有糖尿病人可以吃的甜食。

阿姆斯特丹古玩中心 古玩

见338页地图（Antiekcentrum Amsterdam；www.antiekcentrumamsterdam.nl；Elandsgracht 109；🕒周一和周三至周五11:00～18:00，周六和周日至17:00 🚋7/10/17 Elandsgracht）只要你喜欢古怪的古玩和小摆设，就来这个出售小古玩的迷你商城泡着。古玩中心占地面积为1750平方米，有72个摊位，还有些大一点的店铺，周三、周六和周日有展览和私人交易者的公开交易。你没准能找到20世纪40年代的丝绸裙子，就好像你是70年代瑞典的联谊女孩。

BACK BEAT RECORDS 音乐

见336页地图（☎627 16 57；www.backbeat.nl；Egelantiersstraat 19；🕒周一至周六11:00～18:00；🚋13/14/17 Westermarkt）Back Beat出售爵士、灵魂乐和放克音乐已经快30年了。无论你是找斯莱和斯通一家（Sly and the Family Stone）的唱片，查特·贝克（Chet Baker）的一套作品或是查尔斯·厄兰·哈蒙德（Charles Earland Hammond）的管弦乐CD，这里都能买到。店主非常了解当地爵士演出的各种信息。

GALLERIA D'ARTE RINASCIMENTO
艺术，古玩

见336页地图（☎622 75 09；www.delft-art-gallery.com；Prinsengracht 170；⏰9:00~18:00；🚊13/14/17 Westermarkt）这个可爱的商店出售皇家代尔夫特（Royal Delftware）的陶瓷器皿（有古玩也有新货）、各式花瓶、盘子、胸针、圣诞节装饰品和迷人的19世纪的墙砖和纹章。

SPRMRKT
服装

见338页地图（☎330 56 01；www.sprmrkt.nl；Rozengracht 191-193；⏰周一 正午至18:00，周二、周三和周六10:00~18:00，周四和周五，10:00~19:00，周日 13:00~18:00；🚊13/14/17 Marnixstraat）无论你是想要一条超级紧的艾克尼牛仔裤、一把Thor Larson Pod的复古椅子或者是最新的Butt杂志，在这个高档的工业概念店里都能找到，它是阿姆斯特丹时尚圈的重要一员。

PAPABUBBLE
食物

见336页地图（☎626 26 62；www.papabubble.nl；Haarlemmerdijk 70；⏰周一和周三至周五13:00~18:00，周六从10:00起；🚊3 Haarlemmerplein）这家时尚的棒棒糖店看起来更像一个艺术馆。抓一个靠垫坐在楼梯上，观察糖如何被做成宝石般的甜品，还可以加上如柚子或薰衣草等味道。

RAW MATERIALS
家居用品

见338页地图（www.rawmaterials.nl；Rozengracht 229-233；⏰周一正午至18:00，周二至周六10:00~18:00，周日正午至17:00；🚊13/14/17 Marnixstraat）Raw Materials就像它的名字一样，有很酷的旧家具、钢制柜子和用再生木材制造的物品，还有各种各样的纤维织物、柔软的家居用品、瓷器和玻璃制品，饱含荷兰设计的精髓。

KAASHUIS TROMP
食物

见338页地图（☎623 00 10；www.kaashuistromp.nl；Elandsgracht 27；⏰周一至周五8:00~20:00，周六 至19:00，周日 至18:00；🚊7/10/17 Elandsgracht）很多美食爱好者认为Kaashuis Tromp是阿姆斯特丹最好吃的奶酪店。店内货架上堆满了高高的高达奶酪、球形伊顿奶酪（Edam）和欧洲奶酪。要想快点确定吃什么，就加入当地人在后面柜台排队的行列，点一份外带三明治（€3~6），比如山羊奶酪和无花果果酱美丽 。这家店属于荷兰一个小的连锁品牌。

TENUE DE NÎMES
服装

见338页地图（www.tenuedenimes.com；Elandsgracht 60；⏰周日和周一 正午至18:00，周二至周六10:00起；🚊7/10/17 Elandsgracht）这家店是西运河圈（见129页）丹宁专卖店在乔丹区的分店，两层楼里既有时髦的新品也有旧款。

ROCK ARCHIVE
艺术

见336页地图（☎423 04 89；www.rockarchive.com；Prinsengracht 110；⏰周三至周五14:00~18:00，周六正午至18:00，同时需预约；🚊13/14/17 Westermarkt）这里出售很多限量版摇滚明星的版画，比如罗伯特·普兰特（Robert Plant）、黛比·哈利（Debbie Harry）、斯汀（Sting）等，人物相貌改变相对较少，模板由你选择。

A SPACE ODDITY
玩具，书

见338页地图（www.spaceoddity.nl；Prinsengracht 204；⏰周二至周五 11:00~17:30，周六 10:15~17:00；🚊13/14/17 Westermarkt）

密室逃脱（PUZZLE ROOMS）

密室逃脱狂风骤雨般席卷了阿姆斯特丹全城。你还不太了解这是什么？就是你和几个朋友被锁在一间屋子里，你们必须一起解谜和破译密码才能出来。有些密室配有高科技设备。**Boom Chicago**（见171页）有一个密室叫**时间逃脱**（Escape Through Time；http://escapethroughtime.nl），游戏里有真人演员加入，让你仿佛回到“二战”时期的荷兰。游戏可以选择英语或荷兰语。另一个很有人气的密室是**Sherlocked**（www.sherlocked.nl），它位于城市中心的**旧证券交易所**（Beurs van Berlage；见71页）里。

即使是最忠实的星球大战狂热粉丝，DC漫画的收藏者或是斯坦利·库布里克（Stanley Kubrick）的痴迷者都可以在这个极客风十足的商店得到满足。在纪念品、动作玩偶、漫画、书籍和其他流行文化产品里尽情享受吧。

UKE BOUTIQUE 音乐

见338页地图（☎753 12 18；www.ukeboutique.nl；Lijn-baansgracht 191；⏰周一、周四和周五14:00~18:00，周三和周六正午至17:00；🚊7/10/17 Elandsgracht）这家商店只出售一种乐器：尤克里里。所有存货都经过质检和调音，随时可以弹奏；价格从€35起。在这里询问尤克里里演奏会和课程信息。

CATS & THINGS 礼物

见338页地图（☎428 30 28；www.catsandthings.nl；Hazenstraat 26；⏰周二至周五11:30~18:00，周六 至17:00；🚊7/10/17 Elandsgracht）如果你喜欢猫，或者想为其他喜欢猫的人购物，那么一定要光顾这个奇怪的商店，这里本来就居住着猫咪。这里有你能想象到的各种猫咪主题的礼物（雕塑、艺术品、有猫咪装饰的家居品用品），还有给猫咪的礼物（篮子、食物、项圈和攀爬物）。

LENA 服装

见336页地图（☎789 17 81；www.lena-library.com；Westerstraat 174H；⏰周一10:00~19:00，周三和周五11:00~19:00，周四11:00~20:00，周六11:00~17:00；🚊3/10 Marnixplein）这家店是一个创新的概念：它是一家出租服装的图书馆。会员可以从众多新款和老式服装里借衣服。会员费用每月€20起。

MECHANISCH SPEELGOED 玩具

见336页地图（☎638 16 80；Westerstraat 67；⏰周一至周五10:00~18:00，周六 至17:00；🚊3/10 Marnixplein）这个可爱的商店里堆满了怀旧玩具，包括雪景球、辉光灯、面具、手指玩偶和发条玩具。谁不会偶尔想要有个可爱的橡皮小鸡呢？营业时间不固定。

KITSCH KITCHEN 家居用品

见338页地图（☎622 82 61；www.kitschkitchen.nl；Rozengracht 8-12；⏰周一至周六10:00~18:00，周日正午至17:00；🚊13/14/17 Westermarkt）你想要带花的、带褶边的、五颜六色的、夸张的还是只想要塑料的家居用品？无论你的要求是什么，Kitsch Kitchen几乎都可以满足你。这里有各种家居用品，包括墨西哥桌布、印度的粉色塑料枝形吊灯，还有手袋、玩具、玩偶的裙子，当然少不了塑料花束。

LAB 13 服装

见336页地图（Haarlemmerplein 13；⏰周日至周三和周五11:00~19:00，周四11:00~21:00，周六 10:00~19:00；🚊3 Haarlemmerplein）柔软的T恤衬衫、手工包袋和珠宝、休闲棉质女式衬衫、沐浴用品、花裙子、好看的复古物品、危地马拉解忧娃娃，想不想在同一个商店可以买到所有这些东西？如果你想要这样一个商店，那么Lab 13就是你的去处。

NOU MOE STRIPWINKEL 礼物

见336页地图（☎693 63 45；stripwinkelnoumoe.nl；Lindenstraat 1；⏰周一至周六正午至18:00，周四 至20:00；🚌18/21/22 Buiten Oranjestraat）这个角落里的小漫画店有很多漫画书，从阿斯泰利克斯（Asterix）到加菲猫（Garfied）和丁丁（Tintin）。更重要的是这里还出售授权的周边产品：软软的玩具、笔记本、便签、游戏、咖啡杯和卧室拖鞋。

ARNOLD CORNELIS 食物

见338页地图（☎625 85 85；www.cornelis.nl；Elandsgracht 78；⏰周一至周五8:30~18:00，周六 至17:00；🚊7/10/17 Elandsgracht）如果你从这个历史悠久的商店里购买苹果蛋糕、奶酪蛋糕、巧克力甜点或用马拉加葡萄酒制作的蓝色球状饼干去赴宴，那么宴会主人一定会很高兴。午餐可以买一个塞满奶酪、肉和蔬菜的千层酥饼。

’T ZONNETJE 饮品

见336页地图（☎623 00 58；www.koffiethee enkruiden.nl；Haarlemmerdijk 45；⏰周一正午至18:00，周二至周六9:00~18:00；🚌18/21/22 Buiten Oranjestraat）这家迷人的店铺坐落在一栋1642年建成的大楼里，在这里你可以找到全世界各地的茶叶，还有咖啡、香料和工具。

当地知识

乔丹区市场（JORDAAN MARKETS）

北市场（Noordermarkt；见336页地图；www.jordaanmarkten.nl；Noordermarkt；⏲跳蚤市场周一9:00~13:00，农贸市场 周六9:00~16:00 🚊3/10 Marnixplein）北市场早在17世纪就有了，地点在北教堂前面的一个广场上，每周都会举办几个集市。周一早上的**跳蚤市场**可以淘到很好的便宜货；周六早上当地居民会蜂拥至绿意盎然的**农贸市场**（boerenmarkt），这里有种类丰富的有机农产品。

广场附近有很多咖啡馆，其中一家在西南角，叫**Winkel**（见160页），有阿姆斯特丹最好吃的苹果派。

Lindengracht市场（见336页地图；www.jordaanmarkten.nl；Lindengracht；⏲周六9:00~16:00；🚊3 Nieuwe Willemsstraat）在每周六举行的Lindengracht市场能感受到正宗的本地生活气息，新鲜的农产品种类丰富，比如鲜鱼、各种奶酪摊位还有美食、服装和家居用品。尽可能早点过来，这样才能在人不多的时候挑到最好的东西。

西市场（Westermarkt；见336页地图；www.jordaanmarkten.nl；Westerstraat；⏲周一9:00~13:00；🚊3/10 Marnixplein）西市场的163个摊位出售便宜的服装和织物（叫西市场不太确切，这个市场其实在Westerstraat，离北市场很近）。

DISCOSTARS 音乐

见336页地图（☎626 17 77；www.discostars-recordstore.nl；Haarlemmerdijk 86；⏲周日和周一13:00~18:00，周二至周六10:00起，🚊18/21/22 Buiten Oranjestraat）迪斯科一代会喜欢这个怀旧的音乐库。如果你知道奥莉维亚·纽顿-约翰（Olivia Newton-John）、英格伯·汉普汀克（Engelbert Humperdinck）、保罗·杨（Paul Young）、塞丽娅·克鲁兹（Celia Cruz）、坎迪·杜尔费（Candy Dulfer）、巴迪·霍利（Buddy Holly）、伊夫·蒙当（Yves Montand）、桃乐丝·黛（Doris Day）或罗伊·罗杰斯（Roy Rogers）这些名字，那你会更热爱这里。

CALLAS 43 旧货店

见336页地图（☎427 37 90；Haarlemmerdijk 43；⏲周一至周六正午至18:00；🚊18/21/22 Buiten Oranjestraat）设计师设计的老式服装、创意二手货、完好如新的样品和各种皮包（有的新，有的旧）紧紧摞在一起，从里面淘一身新欢的行头。

CHOCOLÁTL 食物和饮品

见338页地图（☎755 50 47；www.chocolatl.nl；Hazenstraat 25a；⏲周二至周六11:00~18:00，周日13:00~17:00；🚊7/10/17 Elandsgracht）这里专门为挑剔的巧克力爱好者或鉴赏家提供高档巧克力礼物，包括巧克力饮品。你可以参加带向导的"巧克力实验室"品尝活动。

JEFFERSON HOTEL 服装

见338页地图（www.jeffersonhotel.nl；Elandsgracht 57；⏲周一正午至18:00，周二至周六10:00~18:00，周日13:00~17:00；🚊7/10/17 Elandsgracht）虽然这家店看起来像一个高档的大厅，但它并不是酒店，这家男装店有如Vintage 66和Girls love DJs等顶尖设计师的作品，品味独到。无法决定是买优质衬衫还是少见的牛仔裤？那就在店里的咖啡吧里喝杯卡布其诺再认真纠结一下吧。

CELLARRICH 装饰品

见336页地图（www.cellarrich.nl；Haarlemmerdijk 98；⏲周二13:00~18:00，周三和周六11:00~17:00，周四和周五11:00~18:00；🚊3 Haarlemmerplein）这家店出售五颜六色有创意的皮质钱包、包袋、手套，还有珠宝和围巾等装饰品以及好看的皮质笔记本。

冯德尔公园和旧南区

冯德尔公园 | 旧南区

区域亮点

❶在**国立博物馆**(见178页)里沉醉在由荷兰艺术大师(Dutch Masters)的画作、代尔夫特(Delft)瓷器和镀金玩偶之家组成的黄金时代(Golden Age)艺术宝库之中。

❷在**凡·高博物馆**(Van Gogh Museum, 见181页)里惊叹于备受折磨的艺术巨匠在黄色向日葵与蓝紫色鸢尾花上那些灵动的笔触。

❸在**市立博物馆**(Stedelijk Museum, 见183页)里欣赏蒙德里安(Mondrian)、马蒂斯(Matisse)及其现代后继者们创作的抽象画作。

❹在**音乐厅**(Concertgebouw, 见197页)纯净的乐声中聆听音乐的曼妙。

❺在**冯德尔公园**(见184页)里喝杯咖啡消磨时光,寻找雕塑,享受野餐,欣赏露天剧院表演。

更多区域细节见344页地图

探索冯德尔公园和旧南区

阿姆斯特丹的三大顶尖艺术博物馆——国立博物馆、凡·高博物馆和市立博物馆坐落在宽阔葱郁的博物馆广场（Museumplein）附近，连成一排，步行便可在其间往来，你可以轻松地独自在此待上一整天。晚间，阿姆斯特丹的活动阵地将会转向音乐厅，这座高大的音乐殿堂与国立博物馆毗邻，而周围优雅的咖啡厅则会焕发无尽的活力。

冯德尔公园本身更为令人印象深刻的并非其实际的占地面积，而是其近乎田园风光的美景，游客们可以轻易地在数小时之内遍游该公园。

公园北部Overtoom周围的街道上满是小餐馆和商店，而南面的Cornelis Schuytstraat枝叶茂盛，沿街开设的商店则更为独特。到了晚餐时分，公园西端的Amstelveenseweg及其附近有许多就餐场所。此外，阿姆斯特丹新的美食圣地Foodhallen就坐落在哈勒姆的De Hallen文化中心里，同时Foodhallen周边也有不少美食可选。

当地生活

➡ **骑车** 如果你想在荷兰的艺术之都，骑车远离那些交通拥堵的道路，那么冯德尔公园是你像当地人一般进行速成练习的完美场所。

➡ **溜冰** 每周五的晚上，不妨参加当地的直排轮溜冰活动，你将会从冯德尔公园出发，体验长达2小时的大型滑冰盛况（见199页）。冬天，博物馆广场上的池塘将会成为颇受欢迎的滑冰场，看上去好似缠绕着花纹的珠宝盒的盖子。

➡ **街头生活** 在欣欣向荣的Jan Pieter Heijestraat（见192页）街边寻找新开张的店面。

➡ **地堡生活** Vondelbunker（见196页）隐藏在1e Constantjin Huygensstraat的桥下，那里会举办各类地下娱乐和积极分子的活动。

到达和离开

➡ **有轨电车** 2路和5路有轨电车从中央车站（Centraal Station）出发，经停博物馆广场和冯德尔公园的主入口处；2路有轨电车沿着Willemsparkweg，公园的南侧行驶。1e Constantjin Huygensstraat桥距离公园的主入口并不远，而3路和12路有轨电车则会穿过那里，以及De Hallen附近的Kinkerstraat。1路有轨电车从中央车站驶出后，沿着靠近公园西侧的Overtoom行驶。

➡ **公共汽车** 197路公共汽车会在大约30分钟的时间里带你从机场抵达博物馆广场，如果你就住在附近的街道，那么这条线路将非常便捷。

独家贴士

如果你漫步或骑车穿过公园后感到饥肠辘辘，那么你会被Amstelveenseweg一带的就餐选择所吸引而犹豫不决。这条街道位于公园西侧，沿途遍布着不错的餐馆，从素食餐厅到中国菜、日本料理、印尼菜、印度菜、泰国菜、泛亚地区菜肴、荷兰菜、意大利菜、巴西菜和美式牛排，可谓应有尽有，其中还点缀着时尚的红酒吧与温馨的咖啡馆（酒吧、小酒馆）。不妨徜徉其间，看看你能找到什么。

最佳就餐

➡ Ron Gastrobar（见190页）
➡ Dikke Graaf（见190页）
➡ Foodhallen（见194页）
➡ Adam（见190页）
➡ Braai BBQ Bar（见186页）

详细介绍见186页。➡

最佳饮品

➡ Franklin（见193页）
➡ Craft & Draft（见193页）
➡ Lot Sixty One（见193页）
➡ Café Bédier（见193页）
➡ BarBrå（见193页）

详细介绍见193页。➡

最佳购物

➡ 本土特产商店（Local Goods Store，见194页）
➡ Pied à Terre（见197页）
➡ Edha Interieur（见197页）
➡ Van Avezaath Beune（见198页）
➡ VLVT（见198页）

详细介绍见197页。➡

重要景点

国立博物馆

国立博物馆是荷兰首屈一指的艺术宝库，前往阿姆斯特丹游玩的旅客通常都不会轻易错过这里。博物馆中存放着不少国家级的藏品，包括皇室家族所拥有的艺术品。如今，这片艺术品空间中包含了80个单独的展厅，伦勃朗和维米尔的画作、瓷器以及其他数不尽的艺术珍品就摆放在那里。

布局

博物馆分布在4个楼面上，从1楼（Floor 0，那里也是主中庭的所在之处）至4楼。这里的藏品数量丰富，你可以在2个小时内看完其中的精品，但艺术爱好者们则会希望花更长的时间在此逗留。

不妨在入口处的服务台拿一份博物馆的平面图。这里的标识完备，每个房间都有画廊的号码与主题，很容易找到。

3楼（Floor 2）：1600~1700年

大多数来此参观的游客都会排队欣赏黄金时代的杰作，它们都展示在3楼的荣誉画廊（Gallery of Honour）中。前往该画廊的路线有些复杂，在你进入检票口后，径直走过语音导览台并走上楼梯，就在标有“藏品”（The Collection）的标牌旁。随后，往回走到第二段楼梯并拾级而上，循着“1600~1700”的标识前进（虽然这些标识有些难以发现）。最后，你会来到大厅（Great Hall）。推开玻璃门，便可进入荣誉画廊了。

弗兰斯·哈尔斯

第一个房间里展示着弗兰斯·哈尔斯的数幅油画作品，其使用的大笔触技法和流质颜料在当时堪称独一无二，而《快乐的酒徒》（1628~1630年）则生动地展现了他的风格。没有人知道那个拿着酒杯的男子是谁，但很显然，在结束了一天忙碌的劳作后，他显得那么自得其乐。

约翰内斯·维米尔

接下来的展厅则将众人的目光吸引到了几幅维米尔的著名画作上。不妨去看看《厨房女仆》（1660年），该作品体现了维米尔那闻名遐迩的细节表现力。看到墙上的洞了吗？还有钉子的阴影？而在《读信的蓝衣女子》（*Woman in Blue Reading a Letter*，1663年）中，维米尔则运用了不同的风格。其仅仅展现了物品的一部分，例如桌子和椅子，而让观众想象出剩余的部分。

扬·斯特恩

维米尔作品对面的大厅中挂着的杰作来自另一位名叫扬的画家。扬·斯特恩以其展现喧闹的家庭生活而名扬于世，例如《快乐的家庭》（*The Merry Family*，1668年）。画作中，每个人都享受着美好的时光，没有人注意到小男孩儿正在偷偷品尝着红酒的滋味。斯特恩的作品令人印象极为深刻：18世纪之时，短语“扬·斯特恩式的家庭生活”（a Jan Steen household）还成了当地语言的一部分，意为失控的事态。

不要错过

- 伦勃朗的《夜巡》（*Night Watch*）
- 弗兰斯·哈尔斯（Frans Hals）的《快乐的酒徒》（*The Merry Drinker*）
- 维米尔的《倒牛奶的女仆》（*Kitchen Maid*）
- 代尔夫特陶器
- 特别展览（Special Collections）

实用信息

- 国立博物馆（Rijksmuseum）
- 见344页地图
- ☎674 70 00
- www.rijksmuseum.nl
- Museumstraat 1
- 成人/儿童 €17.50/免费
- ⏲9:00~17:00
- 🚊2/5 Rijksmuseum站 7/10 Spiegelgracht站 12 Museumplein站

伦勃朗

经过一座挂着山水画的展厅后，你就来到展示着伦勃朗作品的画廊了。《犹太新娘》（*The Jewish Bride*，1665年）描绘了一对夫妻亲密地爱抚着彼此的画面，给凡·高留下了深刻的印象，他宣称愿意放弃10年的生命，就坐在这幅作品前，咬着一小块面包度过两个星期。

下一个房间中摆放着伦勃朗的巨作《夜巡》（1642年），这也是国立博物馆引以为傲的作品，描绘了由弗兰斯·班宁·科克所领导的民兵队，因此该作品实际上叫作《弗兰斯·班宁·科克上尉指挥下的民兵连》（*Archers under the Command of Captain Frans Banning Cocq*）。《夜巡》这个名字是多年之后才取的，这得归功于作品上的那层尘垢，让人感觉像是夜晚一般。如今，作品已经复原至其原有的色彩。其他几幅表现民兵队的恢宏油画就在一旁。

代尔夫特瓷器与玩偶之家

荣誉画廊两侧的房间里摆满了黄金时代的有趣物品。代尔夫特瓷器是17世纪初，荷兰企图仿造中国瓷器的产物，而2.22号画廊则展示着许多精致的青花瓷。2.20号画廊里放着令人兴奋的玩偶之家，商人之妻彼得罗妮拉·奥尔特曼聘请了木匠、玻璃吹制工以及银器匠，使用与真人世界相同的材料，在她的玩偶之家中制作了700件物品。

4楼（Floor 3）：1900~2000年

最顶楼收藏的作品较为有限，其中包括了先锋派艺术家卡尔·阿佩尔、康斯坦特·纽文华及其眼镜蛇画派（CoBrA，一场“二战”后的艺术运动）的艺术同僚所创作的如儿童般的画作，还有荷兰设计师，诸如格里特·里特维尔德与米海尔·德·克勒克创作的时尚家具。

2楼（Floor 1）：1700~1900年

1楼的亮点包括《滑铁卢之战》（*Battle of Waterloo*），它是国立博物馆中最大的画作（位于1.12号画廊）。3幅凡·高的作品挂在1.18号画廊中，而1.16号画廊则将展厅重构成镀金的18世纪运河住宅。

1楼（Floor 0）：1100~1600年

对于喜欢古玩与少人问津艺术品的游客而言，这里是绝好的地方。特别展览将会把诸如锁、钥匙、幻灯、古典服饰、高脚杯和船模等独特的珍品呈现在你的面前。亚洲展厅是一座独立的建筑，那里摆放着来自中国、印度尼西亚、日本、印度、泰国和越南的一流艺术品，但通常鲜有游客来访。

排队与门票

门口买票的队伍可能会很长，周五、周六和周日是最为忙碌的日子，而15点之后则是人最少的时候。不妨在线购买并打印门票，以便节省时间（不收取额外费用）。虽然在博物馆外你仍旧需要排队，然而一旦进门之后，你便能够直接走进博物馆（不然你还得排另一条付费购票的队伍）。持有博物馆卡（Museumkaart）的游客可以享受同等待遇，而阿姆斯特丹卡（I Amsterdam Card）的持有者则没有（该卡提供小幅折扣，但不能免费进入博物馆）。

不妨下载该博物馆的免费应用（现场提供Wi-Fi），其中包括7段导览游，带你穿过各种藏品，从2楼亮点到黄金时代的大师杰作。每段导览游将持续45~90分钟。

机场艺术

国立博物馆在史基浦机场（Schiphol airport）设有免费的小型分馆，其中挂着10~15幅黄金时代的主要画作。过了进出境检验处后，你就能发现该分馆坐落在E和F候机走廊之间，每天的开放时间为7点至20点。

RIJKSMUSEUM 国立博物馆

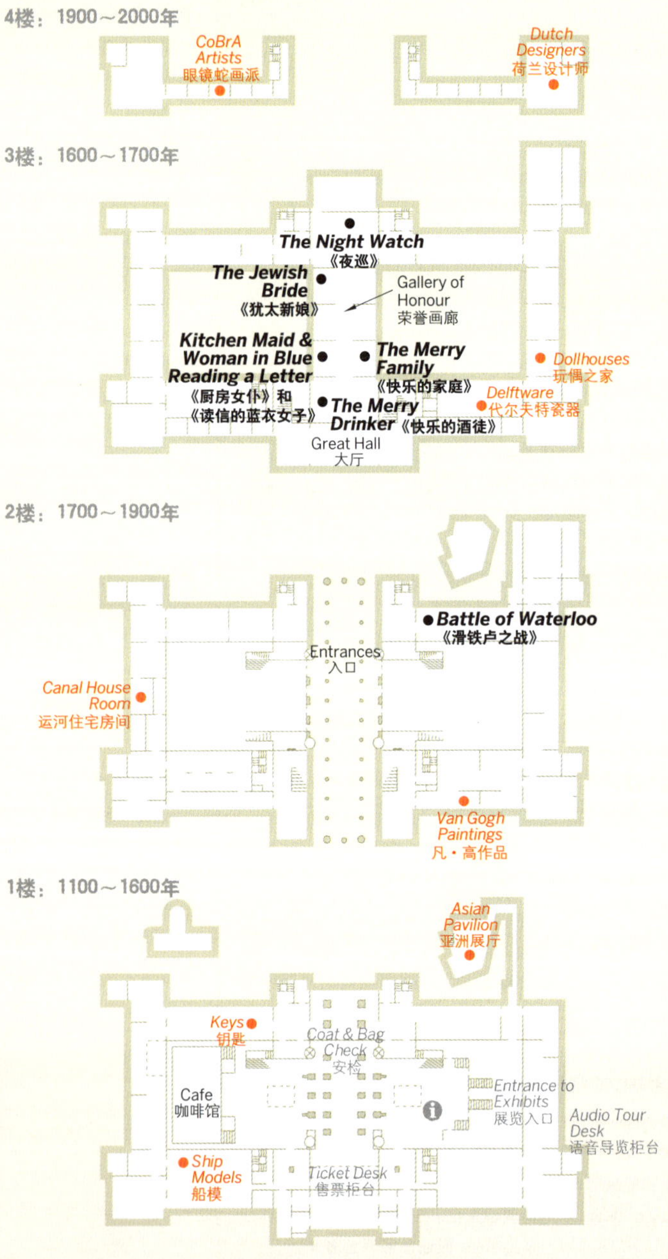

GER BOSMA / ALAMY STOCK PHOTO ©

重要景点

凡·高博物馆

这里收藏了世界上最多的凡·高画作，是一系列绝妙杰作的宝库。该博物馆自1973年起对外开放，还收藏有文森特·凡·高的弟弟——提奥（Theo）的作品。这里的藏品还包括大约200幅油画和500幅画作，均出自文森特及其当代同僚，如高更（Gauguin）和莫奈（Monet）之手。从描绘荷兰阴郁的乡民，到令人眼花缭乱、展现法国风景的多彩画作，你可以在这里追寻凡·高画风的演变历程。

博物馆的布局与亮点

崭新的入口大厅已于2015年对外开放，玻璃结构的设计十分炫目，而该大厅也为这里额外增添了800平方米的空间。该博物馆分布在4个楼面，从底楼（又称为0层，Floor 0）至3楼。展馆面积适中，可以让你在2小时左右的时间内浏览完整个画廊中的作品。馆内的画作经常移动，这主要取决于当前展览的主题（例如凡·高画笔下的自然风光）。值得欣赏的重要作品包括：

《食土豆者》和《吸烟头骨》

凡·高最早的作品展现了阴暗和残忍的一面，这主要源自于1883年至1885年其在荷兰乡村与安特卫普（Antwerp）的生活。尤其值得一提的是，他对农民情有独钟——《食土豆者》（1885年）便是该时期他最出名的画作。《静物：打开的圣经》（*Still Life with Bible*，1885年）则展现了他的宗教倾向。据说，燃尽的蜡烛代表了他刚过世的父亲，一位新教牧师。《吸烟头骨》（1886年）的图片是所有瘾君子在纪念品商店里都会购买的物品，创作时凡·高还是安特卫普皇家艺术学院的学生。

不要错过

- 《食土豆者》（*The Potato Eaters*）
- 《乌鸦群飞的麦田》（*Wheatfield with Crows*）
- 《向日葵》（*Sunflowers*）
- 《吸烟头骨》（*Skeleton with Burning Cigarette*）

实用信息

- 见344页地图
- ☎570 52 00
- www.vangoghmuseum.nl
- Paulus Potterstraat 7
- 成人/儿童 €17/免费，语音导览游 €5
- ⏲7月至10月 周日至周四 9:00~18:00，周五和周六 至22:00，11月至次年6月 周六至周四 9:00~17:00，周五至22:00
- 🚊2/3/5/12 Van Baerlestraat站

排队与门票

门口购票的队伍可能会很长，因为馆内同时可容纳的游客数量有限。不妨等到15点之后再入馆。阿姆斯特丹卡与荷兰通票（Holland Pass）的持有者拥有一条独立的快速入馆通道，其入馆速度较为平稳，而其中持有电子票（E-ticket）和博物馆卡的游客进馆速度最快。你可以在线或从旅游信息中心购买电子票，且不额外收取费用，但你必须自行打印门票。

虽然凡·高在众多艺术家中被视为巨匠，然而终其一生，他只卖出过一幅画——《在阿尔勒红色葡萄园》（Red Vineyard at Arles），该作品现展示于莫斯科的普希金博物馆（Pushkin Museum）。

周五夜晚

每周五，博物馆都会开放至22点，届时馆内将会举办特别文化活动，且楼下还设有酒吧，那里通常会有现场音乐或DJ助阵。

博物馆的图书馆（见344页地图；Museum-plein 4；⏲周一至周五 10:00~12:30和13:30~17:00）免费 拥有大量可供学术研究的参考资料，包括大约35,000本图书与论文。

自画像

1886年，凡·高迁居巴黎，当时他的弟弟提奥就是那里的一位艺术品商人。凡·高想要掌握肖像画艺术的精髓，但却苦于没钱聘请模特。因此，我们才看到了几幅他的自画像。你可以留意到，在他逐渐受到巴黎印象派画家（Impressionists）的影响后，其画面的色彩开始趋于明亮。

《向日葵》和《黄楼》

1888年，凡·高出发前往普罗旺斯（Provence）的阿尔勒（Arles），开始沉浸在色彩缤纷的自然风光之中。《向日葵》（1889年）以及其他闪耀着强烈地中海色彩的花卉作品就出自这个时期，《黄楼》（1888年）也是如此。这幅作品的画面上描绘了凡·高在阿尔勒租借的住所，意在开始一段与高更共同谱写的艺术之旅，而《卧室》（*Bedroom*，1888年）则展现凡·高在该住所内的休憩之处。1888年，凡·高割下了自己的耳朵。

《乌鸦群飞的麦田》

1889年，凡·高自己住进了位于圣雷米（St Remy）的精神病院。在那里，他以柏树和橄榄树为主题绘制了几幅作品，并痴迷于他创作的《鸢尾花》。1890年，他北上来到了瓦兹河畔欧韦（Auvers-sur-Oise）。凡·高人生中最后的几幅画作之一，《乌鸦群飞的麦田》（1890年）就是他在自杀前不久所完成的不祥之作。

额外收获

除了大师画作，博物馆内有趣的展品也增加了展览的魅力。例如，你可能在一座互动的展厅内看到凡·高用过的写生簿，而且你可以翻阅它们的复刻品。此外，博物馆还将凡·高所有的书信分门别类地呈现在网上，你可以使用自己的智能手机，利用博物馆免费的Wi-Fi登录www.vangoghletters.org进行查看。

其他艺术家

多亏了提奥·凡·高以及博物馆历代馆长们颇具先见之明的收集工作，你还可以在这里欣赏到凡·高同时期艺术家的作品，包括高更、莫奈以及亨利·德·图卢兹-罗特列克（Henri de Toulouse-Lautrec）。此外，这里藏品中还有的来自凡·高的前辈，例如让·弗朗索瓦·米勒（Jean-François Millet）和居斯塔夫·库尔贝（Gustave Courbet），以及受凡·高影响的其他艺术家。

重要景点

市立博物馆

这座阿姆斯特丹重要的现代艺术博物馆堪称世界上最好的展馆之一，其永久性的藏品包括克劳德·莫奈（Claude Monet）、巴勃罗·毕加索（Pablo Picasso）以及19世纪和20世纪艺术领域的知名人士所创作的作品。此外，这里还展示有织品、玻璃艺术品、海报和时尚的工业设计作品，它们让这里显得更为引人入胜，而在其新近增加的大型展厅里则有极为现代的装置展览。

主楼：从马蒂斯到《神奇女侠》

博物馆的主楼于1895年由A.M.韦斯曼设计。该博物馆拥有90,000件藏品，你可以在其底楼发现其中各式各样的大师杰作：亨利·马蒂斯的剪纸画，毕加索的抽象画，奥古斯特·罗丹（Auguste Rodin）的雕塑，出自荷兰老乡皮特·蒙德里安、威廉·德·库宁（Willem de Kooning）、查理·托罗普（Charlie Toorop）和卡雷尔·阿佩尔（Karel Appel）之手的生动画作，以及地下摄影（Underground Camera）艺术家埃米·安德里森（Emmy Andriesse）的“二战”影像。设计精品展区尤为精彩，半个楼面展示着富有创意的珠宝、陶器、家居用品和家具，它们全都来自诸如赫里特·里特维尔和密斯·范德罗（Ludwig Mies van der Rohe）等大师。

上楼之后，你会发现展示的藏品更为现代，包含20世纪50年代至今的作品。在这里，你可以欣赏到各类展品，从亲密夫妻的霓虹灯招牌到《神奇女侠》（*Wonder Woman*）录像装置，或者一串熔岩灯。该楼经常会更换展品，所以你永远不会知道即将展览的内容，但可以肯定的是，它们绝对标新立异、令人兴奋。

不要错过

- 设计精品收藏
- 通向浴缸（Bathtub）型建筑的电梯
- 皮特·蒙德里安（Piet Mondrian）的格子画
- 亨利·马蒂斯（Henri Matisse）的剪纸画
- 博物馆亮点团队游

实用信息

- 见344页地图
- ☎573 29 11
- www.stedelijk.nl
- Museumplein 10
- 成人/儿童 €15/免费，语音导览游 €5
- ⏲周五至周三 10:00～18:00，周四 至22:00
- 🚊2/3/5/12 Van Baerlestraat

浴缸：宏大的现代建筑

这幢新建的展馆又名“浴缸”（当你亲眼目睹之后便会明白其含义），你可以乘坐白灯点缀、美轮美奂的电梯进入其中，而该电梯又可视为一件声音艺术作品。知名的当代艺术家会在该艺术馆内展示其创作的现代展品。

顺便提一句，那种光滑的白色浴缸材料名为芳纶（Twaron），这是一种合成纤维，其强度5倍于钢铁，常用于游艇船体。

免费品、家庭与设施

与其相邻博物馆所不同的是，市立博物馆没有购票的长龙，持有博物馆卡、阿姆斯特丹卡和荷兰通票的游客可以免费入场。不妨在进馆时去前台咨询一下免费的导览游（周日，荷兰语14点15分，英语15点45分开始）或策展人访谈活动（通常周四、周五和周日）。这里还可租借语音导览（€5）设备。

市立博物馆的图书馆（周二至周六 正午至17点开放）是绝好的资料来源，其中拥有目录、书籍、档案材料、艺术杂志、艺术与设计文件以及Wi-Fi。可以免费进入（无须博物馆门票）。

MERTEN SNIJDERS / GETTY IMAGES ©

重要景点

冯德尔公园

冯德尔公园营造出的城市田园是阿姆斯特丹最神奇的地方之一。阳光明媚之时，游客、恋人、自行车选手、直排轮溜冰客、推着婴儿车的父母、蹒跚学步的孩子、踢足球的年轻人、一起抽烟的朋友们和品尝香槟酒的野餐游客们纷纷露面，浓郁的露天聚会氛围油然而生。虽然公园每年接待的游客超过1 000万，但从不显得拥挤，以至于让人无法享受自然。

冯德尔公园原来被称为新公园（Nieuwe Park），这座英式风格的花园最初坐落在沼泽地上，由建筑师扬·大卫·措赫尔设计，于1865年对外开放，其占地面积较大，拥有池塘、草坪、人行桥和蜿蜒的小径。1875年至1877年间，措赫尔的儿子，路易斯·保罗·措赫尔将该公园扩大至现在的47公顷。

1867年，诗人和剧作家约斯特·凡·德·冯德尔（Joost van den Vondel，1587~1679年）的**雕像**（见346页地图）由雕塑家路易斯·罗耶（Louis Royer）创作完成。自此之后，阿姆斯特丹人开始将这座公园称为冯德尔公园（意为冯德尔的公园），这也导致了该公园随后的易名。1936年，公园新增了**玫瑰花园**（见346页地图），园内盛开着约70种不同的品种。

在对外开放约1个世纪后，这片沼泽地使得公园实际上下沉了2米至3米。公园于20世纪90年代中期被列为国家级历史遗迹之后，这里开始了重要的翻新工程，其中包含了大规模的排水系统和翻修后的步道与自行车道，同时还保留了它的历史风貌。

19世纪意大利文艺复兴风格的**冯德尔公园亭阁**（Vondelparkpaviljoen，Vondelpark Pavilion；见346页地图）坐落在靠近公园东侧的地方，这里如今是一家名为Vondelpark3的咖啡馆酒吧。此外，该公园内还有几家咖啡馆、操场和一座完美的露天剧院（见197页）。

艺术的身影在公园里随处可见，包括69座雕塑作品。毕加索的抽象派杰作《鸟》（Figure découpée l' Oiseau，*The Bird*）是其中代表，当地人更喜欢将其称为**《鱼》**（见344页地图）（1965年），该作品是他在公园百年纪念日之时赠送的。

不要错过

- 玫瑰花园
- 毕加索的《鱼》（*The Fish*）
- 露天剧院（The Openluchttheater）

实用信息

- 见344页地图
- www.vondelpark.nl
- 🚊2/5 Hobbemastraat

景点和活动

国立博物馆 博物馆

见178页。

凡·高博物馆 博物馆

见181页。

市立博物馆 博物馆

见183页。

博物馆广场 广场

见346页地图（2/3/5/12 Van Baerlestraat）这座游人如织、草木丰茂的广场位于博物馆后，拥有可供滑板的坡道、游乐场地、（冬季）滑冰的池塘以及高达2米的《我是阿姆斯特丹人》（*I Amsterdam*）雕塑（这个可供攀爬的作品颇受欢迎，也是游客拍照的景点）。当天气转暖时，当地人会在广场上投掷飞盘，夫妻牵手散步，众多游客还会来此野餐。此外，这里还会被用作公共音乐会和特别活动的场地。

博物馆广场曾被用来举办1883年世界博览会（World Exhibition），但其流传至今的名称却来源于两年之后方才对外开放的国立博物馆。

在众多翻新工程中，有一项在广场的南端隆起了一块三角形的草坪，因其形状而被人戏称为“驴耳朵”；如今，喜爱阳光的游客们对那里情有独钟。此外，在其下方还隐藏着一家大型超市。

音乐厅 建筑物

见344页地图（www.concertgebouw.nl；Concertgebouwplein 10；团队游 €10；英语导览游 7月和8月 周一17:00，周五18:00和周日12:30，9月至次年6月 周一 17:00，周三 13:30和周日12:30；3/5/12/16/24 Museumplein）“音乐厅”（Concert Hall）这样直白的名称并不能将这座建筑的惊艳之处充分展现。建筑师A.L.范根特的设计具有新文艺复兴的风格。你会在时长75分钟的导览游中了解到，尽管音乐知识有限，但他赋予这栋2层主厅（Grote Zaal，Main Hall）的音响效果足以让世上的音响设计师艳羡不已。同时，这里还有巴洛克式的装饰、刻有古典作曲家名字的嵌板、大型管风琴和宏伟的楼梯，指挥家和独奏者可以经此来到舞台之上。

钻石博物馆 博物馆

见344页地图（Diamond Museum；www.diamantmuseumamsterdam.nl；Paulus Potterstraat 8；成人/儿童 €8.50/6；9:00~17:00；2/5 Hobbemastraat）这家小型的钻石博物馆技术含量不高，其中绝大多数的展品都是精致的复刻品。想要省钱的经济型游客可以前往隔壁的**Coster Diamonds**（见346页地图；305 55 55；www.costerdiamonds.com；Paulus Potterstraat 2；9:00~17:00；2/5 Hobbemastraat）公司，参加免费的作坊团队游活动，你可以在此看到工匠们切割和打磨宝石的场景。该公司与博物馆相连，是博物馆的所有者。

在博物馆内参观的游客们可以了解钻石交易的历史以及光彩夺目的藏品，它们曾让世界上有权有势的家族熠熠生辉。你会了解到，

值得一游

伦勃朗公园（REMBRANDTPARK）

伦勃朗公园（Orteliuskade 57；1/17 Surinameplein）冯德尔公园并非阿姆斯特丹唯一的大型公园，在其西北方环绕着居民住宅之处还有一座田园牧歌式的伦勃朗公园，占地逾45公顷，园内草木葱郁、溪水潺潺，步道与自行车道纵横交错。和与其同名的、位于南运河圈（Southern Canal Ring）的伦勃朗广场（Rembrandtplein）所不同的是，伦勃朗公园少有游客光临。

该公园堪称众多野生动物和鸟类的家园，也是颇受家庭游客喜爱的场所，这里有亲水区域、滑梯、探险乐园和阿姆斯特丹最古老的爱畜乐园**Kinderboerderij de Uylenburg**（618 52 35；www.kinderboerderij-uylenburg.nl；Staalmeesterslaan 420；动物喂食每杯 €0.50；10:00~17:00；13 Admiraal Helfrichstraat）。动物园位于公园西北角，距今已有近40年历史，孩子们可以在那里与驴、山羊、猪、小马驹和其他友好的小动物互动嬉戏。

当地知识

LEIDSEBOSJE的小伐木工

小伐木工(Little Woodcutter; 见344页地图; Leidsebosje; 🚊1/2/5 Leidseplein)这尊50厘米高的黄铜雕塑描绘了一个小伐木工弯下身子，用双手锯木的场景，它隐藏在位于Leidsebosje的开阔草坪上，那棵最靠近人行道的树后，这条道路通向Stadhouderskade，并与Leidseplein相交。该雕塑于1989年被安放在此处，但没人知道它背后的艺术家是谁。有传言称，这是受当时主政的贝娅特丽克丝女王(Queen Beatrix)委托而创作的，但没人能够肯定。随后，这棵树便在小伐木工的雕像周围茁壮成长，如今已隐没了他的鞋子和锯子。

在长达几个世纪的历程中，由于当地犹太人主导着钻石切割与抛光产业，阿姆斯特丹始终是全球钻石交易的中心。“二战”结束后，阿姆斯特丹失去了犹太人，钻石交易便转战安特卫普。此外，这里仿制的皇冠和镶嵌着珠宝的宝剑在展示盒内闪烁着耀眼的光芒。

波士之家 博物馆

见344页地图(House of bols; www.houseofbols.com; Paulus Potterstraat 14; 门票含1杯鸡尾酒 €14.50; ⏲周日至周四 正午至17:30，周五至21:00，周六 至19:00; 🚊2/5 Hobbemastraat)时长1小时的自助导览游会带你遍览这家荷兰杜松子酒(Jenever)博物馆，其中包括一场难度颇高的气味测试、一段关于波士公司的浓缩历史介绍以及一杯由技术娴熟的酒保调制的鸡尾酒，酒保们也会在楼上开设培训课程。虽然谈不上高雅(特别是资质鉴定房，你可以在那里尝试手抛酒瓶的技艺)，但很有趣。周五17点之后门票为€9.50。

冯德尔公园 公园

见184页。

荷兰骑术学校 骑术学校

见344页地图(Hollandsche Manege; ☎618 09 42; www.dehollandschemanege.nl; Vondelstraat 140; 成人/儿童 €8/4，私人骑术课程每30分钟/1小时 €37/61; ⏲10:00~17:00; 🚊1 1e Constantijn Huygensstraat)这家新古典风格的室内骑术学校——荷兰骑术学校就坐落在冯德尔公园外，其灵感源自位于维也纳(Vienna)的著名西班牙骑术学校(Spanish Riding School)。该学校建于1882年，由A.L. 范根特设计，至今仍保留着它迷人的马头造型外墙。不妨参加一堂马术课程，或者在高雅的咖啡馆中，一边享用傍晚的茶点(€24.50)，一边欣赏教练员骑马信步的场景。

冯德尔教堂 历史建筑

见344页地图(Vondelkerk; www.vondelkerk.nl; Vondelstraat 120d; 🚊1 1e Constantijn Huygensstraat)这里是建筑师皮埃尔·克伊珀斯最喜欢的教堂，他本人于1870~1880年期间设计并建造了该建筑。施工期间，该教堂遭遇了资金短缺，并曾于1904年惨遭大火。1978年，阿姆斯特丹曾计划拆除教堂，但它在一群建筑狂热爱好者的帮助下留存了下来。这是一座极富魅力的尖塔教堂建筑，拥有众多迷人的形状，其底部呈八边形。教堂的内部是颇受欢迎的结婚场地，但如今并不对公众开放。

就餐

在Amstelveenseweg周围和De Hallen的Foodhallen(见194页)内拥有众多国际口味餐饮，你也可以来到冯德尔公园“占地行动”的餐馆(见196页)寻找有机素食，一些小吃摊位则摆放在国立博物馆和凡·高博物馆之间的人行道旁，为路人提供汉堡、三明治、冰激凌和饮品。

★BRAAI BBQ BAR 烧烤 €

(www.braaiamsterdam.nl; Schinkelhavenkade 1; 菜肴 €5~11; ⏲11:00~22:00; 🚊1 Overtoomsesluis)这家位于运河河畔的鲱鱼(haringhuis)摊位如今已经颇为明智地改为街头美食风格的烧烤吧，小吃包括诸如含有鹰嘴豆和烤蔬菜的三明治，或是一种起源于阿姆斯特丹的烟熏生牛肉香肠(ossenworst)、奶酪培根汉堡以及该店的特色菜——烤腌排骨(可以选择整架或是半架)。最好刷卡消费，但也收现金。烧烤店的餐桌分布在树荫下。

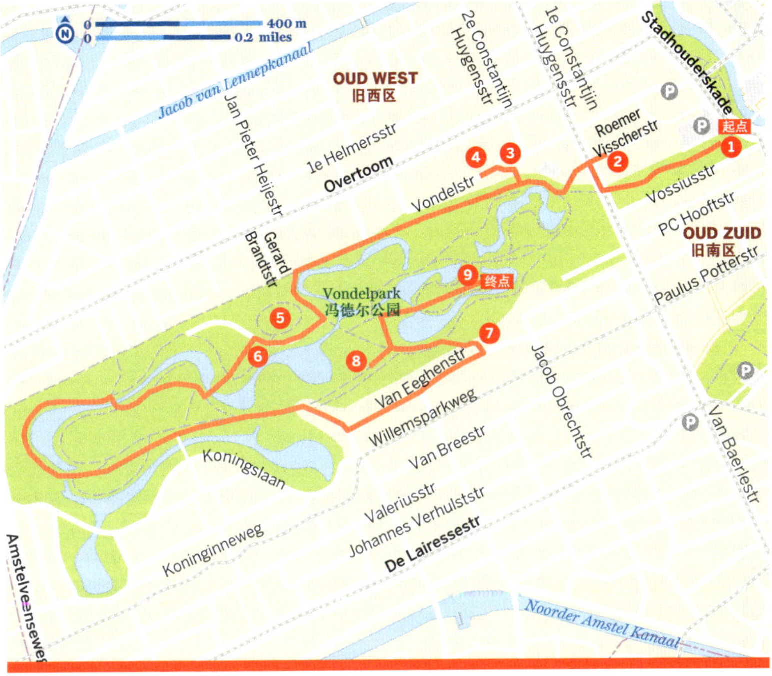

步行游览
冯德尔公园区域

起点 冯德尔公园主入口
终点 ' T BLAUWE THEEHUIS
距离 4.5公里；2.5小时

虽然漫无目的地步行走过冯德尔公园也很不错，但这里介绍的步行游览会保证你欣赏到公园内部及周边的主要亮点，包括芳香四溢的玫瑰花园、摩尔庄园和新艺术的瑰宝之作。

穿过❶**主入口**进入公园并直走，登上桥梁北侧的台阶并沿着迷人的❷**Roemer Visscherstraat**走出公园，迎面而来的就是一排始于1894年的建筑，它们风格各异，包括英式别墅、荷兰文艺复兴式建筑、俄罗斯洋葱顶式的大教堂、意式宫殿房屋、摩尔风格的西班牙寓所、卢瓦河谷（Loire Valley）式的法国别墅以及德国浪漫主义时期的建筑。

然后走回公园，选择西北面的环形步道并经过冯德尔公园亭阁，随后再次走出公园，来到Vondelstraat欣赏迷人的❸**冯德尔教堂**（见186页）。沿着Vondelstraat继续向西前行，来到富有魅力的骑术学校：❹**荷兰骑术学校**（见186页）。接着返回公园，信步向西前往❺**约斯特·凡·德·冯德尔雕像**（见184页），它也是该公园命名的由来。而后经过雕塑继续步行，直到美丽的❻**玫瑰花园**（见184页），即便是在旺季，这里也很少人满为患。

越过步行桥，沿着小道来到下一座步行桥，再次过桥后，沿着环绕着池塘的小径步行，随后向东。从第二个出口处绕行至Van Eeghenstraat，欣赏阿姆斯特丹市内最精美的一些新艺术建筑，其中的亮点莫过于华丽的❼**Hotel Atlas**（位于64号）。之后再从酒店西面不远处的入口走进公园，并取道西边的小径。当来到小径的岔口时，选择左手边的步道，毕加索雕塑杰作❽**《鱼》**（见184页）就在你的右手边。回到岔路口，向北走并选择右手边的步道，它将带你向东前行。过一座人行桥和露天剧院后，一直走到太空时代模样的咖啡馆❾**'t Blauwe Theehuis**（见195页）。

CARTER

法式小馆€

见344页地图（☎752 68 55；www.barcarter.nl；Valeriusstraat 85；主菜€10~12，3道菜晚餐套餐€32.50；⏰周一至周五 16:00~23:00，周六和周日 11:00~23:00；🚸；🚋16 Emmastraat）这家法式小馆是那种每个人都希望在自己的街区里见到的当地餐馆，它拥有错层的就餐空间、黑色长凳、挂在墙上的艺术品和摄影作品，还有一个绝好的厨房，将各式美餐送到你的面前，包括配有芥末和蛋黄酱的油炸银鱼、配柠檬龙蒿酱的油炸虾肉丸（bitterballen）、松露牛肉汉堡、蘸有玫瑰辣椒酱的肋眼牛排以及柠檬草焦糖布丁（crème brûlée）。

此外，这里还提供3道菜的儿童套餐（€16），包括蘸有番茄蛋黄酱的蔬菜薯条、你自己制作的热狗以及一份作为甜点的奥利奥（Oreo）奶昔。

BREAKFAST CLUB

咖啡馆€

见344页地图（www.thebreakfastclub.nl；Bellamystraat 2；菜肴€4.50~16；⏰周一至周五 8:00~16:00，周六和周日 至17:00；🚋17 Ten Katestraat）这家咖啡馆的氛围闲适，全天供应的早餐是这里的特色：配有蜂巢状黄油的意大利乳清干酪饼（ricotta flapjacks），此外还有全英式早餐，搭配自制焗豆、培根、鸡蛋、蘑菇和香肠，裹有蜂蜜的荞麦薄饼，或是亲自烘焙的羊角面包和时令果酱。该咖啡馆还提供令人备感活力的冰沙，例如甜菜根、苹果和草莓冰沙，或是香蕉、椰奶和可可粉冰沙。

ARTI CHOC

甜点€

（www.artichoc.nl；Koninginneweg 141；巧克力 €1.25~4.50，冰激凌每勺€1.75；⏰周二至周五 9:30~18:00，周六 至17:00；🚋2 Valeriusplein）在这家甜品店，你会沉醉在其自制的果仁糖和松露之中：这里拥有超过50种甜点，包括无麸质、无可可粉和无乳糖的品种。此外，该店还可以为顾客设计定制的巧克力，其形状包括木底鞋、郁金香或代尔夫特蓝瓷等。夏天这里还会供应Monte Pelmo（见161页）冰激凌。

HOLY RAVIOLI

意大利菜€

见344页地图（www.holyravioli.nl；Jan Pieter Heije-straat 88；主菜€6.50~12；⏰周日至周二 13:00~21:00，周三至周六 11:00~21:00；🚋7/17 Jan Pieter Heijestraat）这家餐馆堪称意大利面烹调专家，它为阿姆斯特丹的各大餐厅提供美食，但你可以在这里购买现成的外卖餐点（或者如果你运气够好的话，不妨在其仅有的两张桌子边找个位置慢慢品尝）。美味的意大利水饺品种包括小牛肉和鼠尾草馅，配上凤尾鱼黄油和野菠菜色拉，以及配有柑橘、芝麻菜和帕尔马干酪色拉的山羊奶酪。你也可以试试这里的鸭腿、黑松露和香菇千层面。

MECH MAKE & TAKE

三明治€

见344页地图（www.mech.nl；Willemsparkweg 152；菜肴€4.50~7；⏰周一至周五 8:00~17:00，周六 9:00~17:00；🚋2 Cornelis Schuytstraat）这家红砖外墙的咖啡馆颇为时尚，不妨在此以法式特浓咖啡、羊角面包和鲜榨橙汁快速开启你一天的生活，或者品尝一下色拉和法式长棍面包，其中的馅料包括烟熏生牛肉香肠和芥末蛋黄酱，门前的长椅则是观察Willemsparkweg和Cornelis Schuytstraat沿街风景的绝好之处。

DEEGROLLERS

比萨€

见344页地图（☎221 20 98；Jan Pieter Heijestraat 10；比萨€9~15；⏰17:00~22:00；🚋1 Jan Pieter Heijestraat）这家氛围轻松的比萨店散发着工业时代的淳朴魅力，一张公用的长桌与面朝窗户的长凳让这里显得非常适合社交，顾客们可以一边享用着新鲜出炉的柴烤比萨，一边高谈阔论。比萨的配料包括"5 formaggi"（意为5种奶酪：马苏里拉奶酪、水牛芝士、波萝伏洛干酪、佩科里诺干酪和戈尔根朱勒干酪）、"Tartufo"（黑松露、芝麻菜、樱桃蕃茄和新鲜的罗勒）、"Diavola"（意大利蒜味腊肠、橄榄、辣椒粉和罗勒）以及"Carloforte"（金枪鱼、樱桃蕃茄和自制的香蒜沙司）。

IJSBOUTIQUE

冰激凌€

见344页地图（www.ijsboutique.nl；Johannes Verhulststraat 105；冰激凌1/2/3/4勺 €1.50/3/4/5；⏰正午至22:00；🚋2 Cornelis Schuytstraat）这家冰激凌店坐落在Cornelis Schuytstraat和Willemsparkweg街角的时尚购物区内，与其地理位置相得益彰的是这里冰激凌的口味，例如香槟果汁冰糕味、咸焦糖

味、草莓芝士蛋糕味、柠檬蛋白馅饼味和餐后的薄荷味。如果现在不是吃冰激凌的季节，不妨在相邻的Frietboutique，点一份热气腾腾的香脆薯条（fries，€2.25~2.75），两者的营业时间相同。

SCALA DELLA PASTA
熟食、咖啡馆 €

（www.scaladellapasta.nl; Valeriusstraat 90; 菜肴€4.50~15.50; ⏲周一至周六 9:00~20:00，周日 11:00~20:00; 🚊Emmastraat）这家兼营熟食的咖啡馆门前是条纹状的遮雨棚，颇有一些蔬菜水果店的风格，是附近街区居民小聚的好去处。这里供应无与伦比的三明治和野餐食材，例如西班牙的火腿、熏牛肉、番茄干、腌洋蓟和Spinata Romana千层面，还有比萨和意大利面，上面的配料包括马斯卡泊尼乳酪和松露、蘑菇和橄榄，或戈尔根朱勒干酪。此外，这里还提供犹如天物的提拉米苏和世家兰迪咖啡（Segafredo coffee），你也可以在这里购买瓶装红酒。

ALCHEMIST GARDEN
严格素食 €

见344页地图（☎334 33 35; www.alchemistgarden.nl; Overtoom 409; 菜肴€4~12.50; ⏲周二至周六 8:00~22:00; ✍; 🚊1 Rhijnvis Feithstraat）这家现代风格的明亮餐馆证明了无麸质、无乳糖和无葡萄糖的食物也可以非常美味，主要提供富含维生素的有机菜肴（生蔬菜馅饼、向日葵汉堡、牛油果饺子和蘸有香蒜酱的波多贝罗蘑菇），以及冰沙、果汁和生巧克力蛋糕，让你享用甜点之余毫无负罪感。这里的许多食材均来自于店主自己的花园，不妨向其打听一下在冯德尔公园里寻觅野生食材的徒步之旅。

此外，这里还提供塔罗牌占卜以及手部穴位按摩。

SAFFRAAN
熟食、法式小馆 €

见344页地图（www.saffraantraiteur.nl; Jan Pieter Heijestraat 128; 菜肴€3~12.50; ⏲周日至周五 16:00~21:30，周六 正午至21:30; 🚊1 Jan Pieter Heijestraat）想要在冯德尔公园享受日落野餐，你可以在这里找到你想要的一切食材。这里既是一家熟食店，又是一家法式小馆，里面有枝形吊灯，货架上的美食常常被顾客一扫而光：令人称道的三明治（熏牛肉和德国泡菜搭配着咸菜和芥末蛋黄酱），汉堡（鱼配海藻色拉），意大利面（配上小龙虾的墨鱼汁意面，或是菠菜和胡桃馅的意大利水饺配乳酪），满是芝士、大蒜和菠菜的蘑菇菜肴，色拉（荞麦和南瓜），当日汤点以及有机葡萄酿造的红酒。

LUNCHROOM WILHELMINA
咖啡馆 €

见344页地图（☎618 97 78; www.lunchroomwilhelmina.nl; 1e Helmersstraat 83a; 主菜€5~9; ⏲9:00~17:00; 🚊1 1e Constantijn Huygensstraat）这家街角咖啡馆的枝形吊灯下挂着一排荷兰皇室成员的镶框图片，是你享用简易午餐（乳蛋饼、浓汤）、早午餐以及饮品（borrel）的理想场所。

RENZO' S
意大利菜、熟食 €

见344页地图（☎673 16 73; www.renzosdelicatessen.nl; Van Baerlestraat 67; 菜肴每100克 €1.50~3.50，三明治€5~6; ⏲周一至周五 9:00~19:00，周六和周日10:00~21:00; 🚊3/5/12/16/24 Museumplein）这里绝大多数外带的意大利面、厚实的三明治和煎蛋都限量供应，但你也不必怯于在其狭小的夹楼或迷你露台上找一张桌子慢慢享用美味佳肴。

TOASTY
咖啡馆 €

见344页地图（www.toasty.nl; Overtoom 437; 烤面包€3.50~6; ⏲周一至周五 8:00~17:00，周六和周日 9:00~17:00; 📶; 🚊1 Rhijnvis Feithstraat）该咖啡馆将平凡的烤三明治做得品种繁多、美味可口，其内馅包括芥末烟熏牛肉(pastrami)、蜂蜜香梨、布里干酪、番茄干、芝麻菜、蔓越橘以及无与伦比的金枪鱼泥，这里还有白面包、黑面包、多谷物混合面包或玉米面包可供选择。

DE BAKKERSWINKEL
面包房 €

见344页地图（www.debakkerswinkel.com; Roelof Hartstraat 68; 菜肴€4~11; ⏲周二至周六 7:30~17:00，周日 10:00~16:00; 👪; 🚊3/5/12/24 Roelof Hartplein）这家当地小型连锁面包房最初的营业场所就位于此。不妨点一份声名远扬的司康饼或三明治，配上其无与伦比的香脆面包，你可以将它带到阳光明媚的午餐室里，坐在公用大桌旁，或是去迷人的小后花园里享用。

★RON GASTROBAR 新派荷兰菜 €€

见344页地图（☎496 19 43; www.rongastrobar.nl; Sophialaan 55; 菜肴€15，甜点€9; ⏰周一至周五 正午至14:30和17:30~22:30，周六和周日 正午至22:30; 📶; 🚊2 Amstelveenseweg）罗恩·布洛乌（Ron Blaauw）经营的这家米其林二星餐馆有着令人惊艳的设计装饰，后来他将这家餐厅改成了平易近人的"美食酒吧"（gastrobar），供应大约25种统一价格的意面菜肴，例如含有酥脆牛脑的鞑靼牛肉（steak tartare）、带有甘薯沫的意式蘑菇水饺（mushroom ravioli）、烟熏骨髓、搭配着龙虾与香槟沙司的荷兰芦笋和牛肉汉堡，而且这里没有最低消费的限制。

该餐厅精致的烹饪手法和菜肴风味还是保持了一贯的高水准（其新风格也因此凭实力在近期获得了米其林一星的称号），而且价格适中。

★DIKKE GRAAF 地中海菜 €€

见344页地图（☎223 77 56; www.dikkegraaf.nl; Wilhelminastraat 153; 酒吧小食€3.50~15，主菜€12.50~22.50; ⏰厨房 周三至周日 15:00~22:00; 🚊1 Rhijnvis Feithstraat）诱人的烹饪香味将你引至这家隐秘的当地餐馆，店内装饰着黄铜灯具和黑色瓷砖，并且拥有一个露台，是你享用饮品（borrel）的绝好场所。你可以选择杜松子鸡尾酒、按杯供应的红酒，还有酒吧小食，例如牡蛎、蒜末烤面包、猪肉熟食和曼切格山羊芝士以及每晚更新的丰盛肉类、鱼类和意面菜肴。

★ADAM 美食餐厅 €€

见344页地图（☎233 98 52; www.restaurantadam.nl; Overtoom 515; 主菜€21~24.50，3/4/5/6道菜套餐 €35/42.50/50/57.50; ⏰周二至周六 18:00~22:30; 🚊1 Overtoomsesluis）这家广为人知的米其林一星餐厅颇为时尚，它提供呈现效果精致的美食菜肴，例如配有鹌鹑蛋的鞑靼牛肉、配有芹菜的香脆五花肉、配有白芦笋的黑鲈鱼以及可供两人享用的牛肋骨（côte de bœuf）。这里的甜点或是芝士拼盘，或是主厨为你带来的惊喜点心。此外，餐厅还提供红酒搭配，每杯€7.50。

NARBONNE 法式小馆 €€

见344页地图（☎618 32 63; www.narbonne.nl; Bosboom Toussaintstraat 28; 餐前小吃 €4.50~14，主菜 €16~23; ⏰周二至周日 17:30~23:00; 🚊1 le Constantijn Huygensstraat）这家讲求实际的法式小馆堪称街区居民的至宝，其供应的主菜包括配有蒜香烤土豆的羊腿，但它备受当地人喜爱的原因还是其餐前小吃，例如烟熏马苏里拉奶酪饺子、油炸的曼切格山羊芝士、腌洋蓟、对虾馅的油酥点心、撒有香橙汁和细香葱的新鲜牡蛎、蘸有绿橄榄油的香脆面包以及烤牛肉。用餐请提前预约。

L' ENTRECÔTE ET LES DAMES 法国菜 €€

见344页地图（☎679 88 88; www.entrecote-et-les-dames.nl; Van Baerlestraat 47-49; 午餐主菜€12.50，2道菜晚餐套餐€24; ⏰正午至15:00和17:30~22:00; 🚊16/24 Museumplein）由木抽屉组成的两倍高墙面、一片带有锻铁扶手的夹层座位区——这里的内部装饰堪称惊艳，然而与餐馆的美食相比，这些都微不足道。2道菜的晚餐套餐可选鱼或肉类菜肴，但每位顾客都是冲着这里的上等牛排（entrecôte）而来。此外，你还得留点胃口给美味的甜点：巧克力慕斯、柠檬馅饼（tarte au citron）或者金万利法式薄饼（crêpes au Grand Marnier）。

LA FALOTE 荷兰菜 €€

见344页地图（☎662 54 54; www.lafalote.nl; Roelof Hartstraat 26; 主菜€15~23; ⏰周一至周六 14:00~21:00; 🚊3/5/12/24 Roelof Hartplein）这家小餐厅有着格子花纹的桌布，专注于每天变化的荷兰家常菜肴，例如牛肝、菊苣肉丸或配有甜菜和芥末酱的炖鱼。相较于奢华的街区，这里的价格很是便宜；别错过店主的手风琴表演。只接受现金消费。

VAN ' T SPIT 烤肉店 €€

见344页地图（www.vantspit.nl; De Clercqstraat 95; 半/整只鸡 €10/19.50，配菜€3.50~5; ⏰厨房 17:00至午夜; 🚊12/13/14 Willem de Zwijgerlaan）这家砖墙裸露的烤肉店颇为新潮，切割后的木材整齐地靠墙堆放，但它们不仅仅是作展示之用，而是这里用来柴烤美味鸡肉的原料。餐馆的菜肴仅限于选择半只或整鸡（没有其他主菜）和是否需要配菜（玉米棒、薯条、色拉和自制的凉拌卷心菜)。

酒吧持续营业至次日凌晨1点。

BRASSERIE DE JOFFERS 法式啤酒馆 €€

见344页地图(☎673 03 60; www.brasseriedejoffers.nl; Willemsparkweg 163; 主菜€15.50~21.50, 3道菜套餐€27.50; ⊙周一至周六8:00~22:00, 周日9:00~20:00; ; 2 Cornelis Schuytstraat)镶嵌着弧形玻璃的木质门面、餐桌整齐排列的露台、一张条状花纹的天鹅绒长凳与精美的内部装饰,这些都吸引着你来到这家装饰艺术风格的法式啤酒馆。然而,让你反复光顾的还是餐馆的食物,包括香脆的羊角面包,塞满番茄干和乳清干酪、搭配胡桃和番茄酱的意大利水饺,以及葡萄牙海鲜炖饭(Portuguese cataplana)。

CAFÉ TOUSSAINT 法式小馆 €€

见344页地图(☎685 07 37; www.bosboom-toussaint.nl; Bosboom Toussaintstraat 26; 小盘€5~9, 主菜€15~22; ⊙厨房 10:00~23:00; ; 1 1e Constantijn Huygensstraat)这家悠闲的法式小馆位于阿姆斯特丹最漂亮的街道之一,堪称街区居民的至宝,让人感觉它就是艾迪特·皮雅芙的一首歌(Edith Piaf)中所描绘的样子。不妨在树荫下品尝卡布奇诺,或者在烛光摇曳的夜晚,享用餐馆对传统经典菜肴的创新诠释——散发着茴香和柑橘风味的油煎胭脂鱼,塞满豌豆、薄荷和杏仁薄片的羊乳酪水饺以及撒有无花果的香草冰激凌。

GEORGE BISTRO BISTRO 法式小馆 €€

(www.cafegeorge.nl; Valeriusplein 2; 主菜€11~20; ⊙周一至周五 11:30~23:00, 周六和周日10:00~23:00; 2 Valeriusplein)不,你没有看错,名字里的确有两个"Bistro"。这家餐馆热闹非凡,其招牌菜包括炭烤整只龙虾,并撒上蒜香黄油和柠檬汁,烤半鸡或整鸡以及8种不同的汉堡(包括哈罗米芝士、蘸有芥末蛋黄酱的金枪鱼和烟熏培根与芝士),它们用的都是烤制的奶油面包。每周末上午10点至12点30分,这里还会提供早餐。

ZUS & ZUS 法式小馆 €€

见344页地图(☎616 58 25; www.restaurantzusenzus.nl; Overtoom 548; 主菜€14.50~17; ⊙周一至周六 18:00~23:00; 1 Overtoomsesluis)Zus & Zus(意为姐妹)会让你享用到绝好的法式小馆菜肴,其烹饪的新式菜肴让人备感活力,例如剑鱼牛肉片、裹有凤尾鱼和迷迭香酱料的烤鲶鱼、茄子碎肉卷以及配有烤萝卜、橄榄和番茄酱的阿根廷牛排,就餐地点在一个红、橙、黄色相间的时尚区域内。考虑到菜肴的品质,这里的价格绝对物有所值,而其服务也极为友好。

DE ITALIAAN 意大利菜 €€

见344页地图(☎683 68 54; www.deitaliaan.com; Bosboom Toussaintstraat 29; 主菜€9.50~21.50; ⊙17:30~22:00; 1 1e Constantijn Huygensstraat)这家现代的餐厅位于枝繁叶茂的Bosboom Toussaintstraat,那里堪称餐馆的聚集地。本餐厅占据了两个楼面,空间宽敞,供应原汁原味的意大利菜肴,令人叫绝,例如乳清干酪炖西西里茄子,配有通心粉、蚕豆和黑椒的腌猪颊肉以及无与伦比的柴烤比萨,其中包括餐馆的特色菜"De Italiaan"(戈尔根朱勒干酪、蘑菇、黑松露和芝麻菜)。

这里所有的红酒都产自意大利全国各地的葡萄酒庄园。

LALIBELA 埃塞俄比亚菜 €€

见344页地图(☎683 83 32; www.lalibela.nl; 1e Helmersstraat 249; 主菜€10~15; ⊙17:00~23:00; ; 1 Jan Pieter Heijestraat)这家色彩缤纷的餐馆以古老的非洲城市命名,就位于Overtoom的北面,是荷兰第一家埃塞俄比亚餐馆,其品质始终出色。你可以在这里聆听非洲音乐,从半个葫芦中畅饮埃塞俄比亚啤酒,并享用炖菜、鸡蛋和蔬菜菜肴,它们都会用injera(一种略酸的海绵状烤饼)而不是餐具盛放。

SEAFOOD BAR 海鲜 €€

见344页地图(www.theseafoodbar.nl; Van Baerlestraat 5; 主菜€14.50~36.50; ⊙正午至22:00; ; 2/5 Van Baerlestraat)白色的瓷砖和裸露的砖墙让这家海鲜特色餐馆有一种微风拂面的滨海餐厅之感。牡蛎、海蟹、龙虾和檬鲽(lemon sole)就摆放在玻璃柜后,而其厨房则会端出新鲜烹制的鱼和薯条。无须提前预订。

当地知识

JAN PIETER HEIJESTRAAT

该区域中最时尚的街道之一莫过于小街主干道Jan Pieter Heijestraat，它从Kinkerstraat向南通往Overtoom。时尚的酒吧、当地的优秀餐厅和独具匠心的商店不断在此涌现，这在很大程度上得感谢不远处的**De Hallen**（见194页），那是设计和文化的中心。

值得一探究竟的热点区域包括：

BarBrå（见193页）家庭聚会风格的酒吧拥有独树一帜的古旧家具。

Golden Brown Bar（见195页）这条街上的潮流引领者。

Beer Tree（见198页）冰箱里冷藏着精酿啤酒，还有可供装瓶的龙头啤酒。

Holy Ravioli（见188页）为餐馆提供美食，也制作可供外带的美味意面。

Deegrollers（见188页）能够享用柴烤比萨的社交场所。

Saffraan（见189页）兼营熟食的老式法式小馆。

Johnny at the Spot（见198页）从全球采购前卫的时装与家庭用品。

FONDUE & FONDUE　瑞士菜 €€

见344页地图（☎612 91 04；www.restaurantfondue.nl；Overtoom 415；芝士火锅€16~18.50；⏰厨房18:00~23:00；🚋1 Rhijnvis Feithstraat）这家改装过的餐厅非常时尚，拥有鱼骨般的条纹地板和裸露的砖墙，价格实惠，供应来自阿尔卑斯山（Alps）最可口的美食，让人身心愉悦。你可以选择海鲜（金枪鱼、三文鱼和对虾）、肉类（小牛肉、牛排、鸡肉和猪肉）或经典芝士火锅（fondue,提供6种不同的蔬菜），每样都是2人共享的分量。这里的甜点则包括一种让人备感奢靡的巧克力芝士火锅。

RESTAURANT ELEMENTS　各国风味 €€

见344页地图（☎579 17 17；www.heerlijkamsterdam.nl；Roelof Hartstraat 6-8；4道菜套餐€24.50；⏰座席 周一至周五 17:30和19:00；🚋3/5/12/24 Roelof Hartplein）在附近经营College Hotel（236页）的同一批学生在这家时尚的餐馆烹饪各国风味的当代菜肴，因此服务质量上乘、价格公道也便不足为奇。请提前预订。不接受信用卡消费。

RESTAURANT DE KNIJP　法国菜 €€

见344页地图（☎671 42 48；http://deknijp.jubels.nl；Van Baerlestraat 134；主菜€18~26；⏰17:30~12:30；🚋3/5/12/16/24 Museumplein）裹着浓稠蒜香酱料的蜗牛、蘸有黄油状蛋黄酱的牛肉、焦糖布丁，这些堪称法餐经典之作的菜肴全都可以在这家温馨迷人的错层法式小馆中品尝到。此外，该餐馆的闭门时间也比该街区的其他餐厅要晚，其紧凑的菜单上还有各种鱼类和肉类菜肴。音乐厅就位于餐馆附近，如有演出之时，这里舒适的木质餐桌会被挤得满满当当。

SAMA SEBO　印度尼西亚菜 €€

见344页地图（☎662 81 46；www.samasebo.nl；PC Hooftstraat 27；主菜€8，印度尼西亚抓饭每人 午餐/晚餐€18/31.50；⏰周一至周六 正午至15:00和17:00~22:00；🚋2/5 Hobbemastraat）这里看上去更像是一家棕色咖啡馆，而不是带你领略南海（South Seas）风情的餐厅，但这无伤大雅。餐馆的印度尼西亚抓饭（rijsttafel）包括17道菜（午餐时为4道至7道菜），但如果你觉得太多，也可以单独拿几盘。

PASTIS　法国菜、欧洲菜 €€

见344页地图（☎616 61 66；www.pastisamsterdam.nl；1e Constantijn Huygensstraat 15；主菜€12.50~23.50；⏰厨房 周一至周五 16:00~22:30，周六和周日15:00~22:30；🚋1 1e Constantijn Huygensstraat）红色顶棚、摆放在人行道上的餐桌、淳朴的内部装饰和年代久远的法国广告招贴画，包括自制的油酥面团、鞑靼牛排、配有帕尔马干酪和松露薯条（frites）的鸡腿或牛肩肉，还有与店同名的茴香味馅饼，这一切让你不难体会到置身普罗旺斯的感觉，但这里提供的红酒与芝士（以及部分主菜）中越来越融入了欧洲其他国家的风味。

RESTAURANT BLAUW 印度尼西亚菜 €€€

(☎675 50 00; www.restaurantblauw.nl; Amstelveenseweg 158; 主菜€21.50~27.50, 印度尼西亚抓饭每人€26.50~31.50; ⏲周一至周五 18:00~22:30, 周六和周日17:00~22:30; 🚊2 Amstelveenseweg)《纽约时报》(*New York Times*)将Blauw评为"荷兰最佳印尼餐厅", 而大众也对此颇为首肯, 因为其现代的大餐室始终人头攒动(因此请及早预约)。餐馆的菜肴出类拔萃, 包括蘸有石栗酱的炸鱼(ikan pesmol)、裹有较为辛辣的椰子酱和黄姜叶的鸡肉(ayam singgand)以及令人馋涎欲滴的印尼甜点。

BLUE PEPPER 印度尼西亚菜 €€€

见344页地图(☎489 70 39; www.restaurantbluepepper.com; Nassaukade 366; 主菜€26, 印度尼西亚抓饭每人€75; ⏲18:00~22:00; ✎; 🚊7/10 Raamplein)主厨索尼娅·佩雷拉(Sonja Pereira)在其引人注目的蓝色餐室中为顾客提供精致的印度尼西亚菜肴。这里的印尼抓饭包括来自各群岛的特色菜肴, 例如香蕉叶蒸鱼、辛辣的红酱对虾、洒上酸橙汁和酱油的沙嗲羊肉(satay)以及配有芒果和菠萝的软嫩寄居蟹。

饮品和夜生活

★FRANKLIN 鸡尾酒吧

(www.barfranklin.nl; Amstelveenseweg 156; ⏲周二至周四 17:00至次日1:00, 周五和周六至凌晨3:00; 🚊2 Amstelveenseweg)这家错层的酒吧拥有彩色的玻璃窗, 其调制的鸡尾酒颇有创意, 包括Picnic at Vondel(加入柠檬汁的杜松子酒、夏季果汁以及霞多丽)、Smoke on the Water(梅斯卡尔酒、酸橙汁和蒲公英苦味剂)以及Porn Star Martini (加入香草的伏特加、百味果汁和起泡酒)。温暖的夜晚, 你还能见证其夏日露台上人满为患的场景——提早到达以便抢到座位。

★CRAFT & DRAFT 啤酒咖啡馆

见344页地图(www.craftanddraft.nl; Overtoom 417; ⏲酒吧周日至周四 14:00至午夜, 周五和周六至次日2:00, 商店每天14:00~22:00; 🚊1 Rhijnvis Feithstraat)喜欢精酿啤酒的人们会沉醉于应接不暇的选择, 这里随时提供不少于40种不同的啤酒。大黑板上会用粉笔写下每天供应的生啤或精酿啤酒, 例如比利时3 Floyds的Lips of Faith, 美国科罗拉多的Stupid Stout, Evil Twin的Yang, 英国Red Willow的Thoughtless, 瑞典锡格蒂纳(Swedish Sigtuna)的有机淡啤酒(Organic Ale)以及丹麦Mikkeller的Peter, Pale & Mary。

★LOT SIXTY ONE 咖啡

见344页地图(www.lotsixtyonecoffee.com; Kinkerstraat 112; ⏲周一至周五 8:00~17:00, 周六 9:00~17:00, 周日10:00~17:00; 🚊3/12 Bilderdijkstraat)🍃这是一家街巷内的咖啡馆, 望向楼下的开放式地窖, 可以观察(用闻的方式更好)咖啡烘焙的过程。这里的咖啡豆均采自独立运营的环保农场, 品种包括埃塞俄比亚的Tchembe、坦桑尼亚的Aranga、哥伦比亚的Gerado、哥斯达黎加的Don Mayo、危地马拉的Maravilla和卢旺达的Mahembe。这里所有的咖啡都是两倍分量的(除非你另行要求); 不妨坐在外面的长椅上观察往来Kinkerstraat的行人。

你也可以买几袋咖啡豆带走。

CAFÉ BÉDIER 棕色咖啡馆

见344页地图(☎662 44 15; Sophialaan 36; ⏲周一至周四 正午至次日1:00, 周五至次日3:00, 周六11:00至次日3:00, 周日至1:00; 🚊2 Amstelveenseweg)忙碌的一天结束后, 这家咖啡馆门前的露台时常摩肩接踵, 看上去就像是热闹非凡的街头派对一般。走进店内, 你会发现使用皮质软垫装饰的护墙板、同一款式的座椅和硬木地板, 在其传统的棕色咖啡馆内部装饰中增添了一丝21世纪的风情。此外, 这里还提供顶级的酒吧美食。

★BARBRÅ 酒吧

见344页地图(www.bar-bra.nl; Jan Pieter Heijestraat 137; ⏲周三和周四16:00至午夜, 周五和周六10:00至次日3:00, 周日至23:00; 🚊1 Jan Pieter Heijestraat)这里可能并非像店名所暗示的那样(brå在瑞典语和挪威语中意为"好"), 而是一个温馨的聚会场所, 它拥有独树一帜的回收家具和工业灯具, 让人仿佛

DE HALLEN

这座红砖建筑始建于1902年，原先是停放有轨电车的场所，弃之不用后于2014年被华丽地改建为带有天窗的**De Hallen**（见344页地图；www.dehallen-amsterdam.nl；Bellamyplein 51；🚇17 Ten Katestraat）。这座占地颇广的文化中心里囊括了一座美食广场、牛排餐厅、博物馆、时尚商店、精品店、自行车商店/维修店、一座电影院和一家酒店，并会定期举办活动，包括**周末主题集市**（例如有机农产品或荷兰设计等），不妨登录www.localgoodsmarkets.nl查看近期活动。此外，热闹的街头市场Ten Katemarkt就在外面，营业时间为每周一至周六。

Foodhallen（见344页地图；www.foodhallen.nl；Hannie Dankbaar Passage 3；菜肴 €5~15；⏲周日至周三 11:00~20:00，周四至周六 至21:00）这座无与伦比的国际性美食广场就坐落在De Hallen之中，拥有21个摊位，环绕着通风良好的开放式就餐区域。其中部分店铺是阿姆斯特丹备受欢迎的餐厅分店，例如**Butcher**（见203页）和**Wild Moa Pies**（见205页）。其他代表性的美食包括Viet View Vietnamese的街头美食、Jabugo Iberico Bar的火腿、Pink Flamingo的比萨、Bulls & Dogs的热狗、Rough Kitchen的肋排和De Ballenbar的炸肉丸。

Meat West（见344页地图；☎218 17 76；www.meatwest.nl；Hannie Dankbaar Passage 3；主菜€16.50~28；⏲18:00~22:00；👪）该餐馆拥有一面高至房顶的巨大落地玻璃墙，你可以坐在店内遥看De Hallen里的Foodhallen美食广场。这里是你享用干式熟成牛排的高档场所，分量从250克到700克可供选择。所有的菜肴都配有香草汁或蛋黄酱，而诸如覆盆子、白巧克力和咸味焦糖等风味美食还会作为令人惊艳的甜点一同出场。

本土特产商店（见344页地图；www.localgoodsstore.nl；Hannie Dankbaar Passage 39；⏲周二至周五和周日 正午至19:00，周六11:00~19:00）正如店名所暗示的那样，这家位于De Hallen的概念店销售的一切商品都出自荷兰设计师之手。值得一看的是Woody的滑板、I Made Gin的杜松子酒生产用具、Carhusa的钱包和手提包、Timbies的木质领结、Lucila Kenny手工染色的围巾和珠宝、Neef Louis古色古香的工业化家庭用具以及一排排货架上知名荷兰设计师创作的休闲男装与女装。

Darling（见344页地图；www.thedarlingamsterdam.nl；Hannie Dankbaar Passage 19；⏲周二至周日11:00~18:00）这家位于De Hallen的小型精品店内存放着标新立异的新式与复古女装、配饰（帽子、围巾、珠宝）和鞋子，店主纳迪娜·范德泽（Nadine van der Zee）还会为顾客量身修改，并回收和改造这些物件，让它们看起来更具原创性。

ReCycle（见344页地图；☎489 70 29；www.recyclefietsen.nl；Hannie Dankbaar Passage 27；⏲周一至周三和周五 9:00~18:00，周四至21:00，周六10:00~17:00）ReCycle坐落在De Hallen中一片看上去像仓库的空间内，销售二手和全新自行车，同时还提供自行车维修和翻新传统自行车的服务——因为每个阿姆斯特丹人都有自行车，而在你的自行车修理好之前，这里还可免费租借自行车。

Filmhallen（见344页地图；www.filmhallen.nl；Hannie Dankbaar Passage 12；门票成人/儿童€10/7.50起；⏲10:00至午夜）文艺片和新上映的主流电影都会在这家位于De Hallen的电影院内放映，语言为荷兰语和英语。不妨在打磨过的混凝土大厅内看看制作老电影的设备，以及销售爆米花和其他小吃的复古大篷车。

Ten Katemarkt（见344页地图；www.tenkatemarkt.nl；Ten Katestraat；⏲周一至周六9:00~17:00）这家熙熙攘攘的街头集市就位于De Hallen外，能在阿姆斯特丹更大、更出名的市场里找到的一切，都可以在这里买到：新鲜的鱼、水果和蔬菜，无与伦比的荷兰奶酪、意大利开胃小菜、坚果、香料、成品小吃（例如热气腾腾的薯条）、时装、纺织品、家庭用品和自行车锁，但区别在于这里的顾客主要还是当地居民。

置身于某人公寓中的派对一般。此外，这里还有古色古香的舒适沙发、扶手椅和围绕着吧台的高脚凳。酒吧门前还有一个小露台，但那里备受欢迎，经常只有站着的空间。

每晚这里都由不同的主厨掌勺，提供常变常新的菜肴。每月一次的功夫电影都会在周二放映，不妨登录其网站查询排片表。

CAFÉ SCHINKELHAVEN 棕色咖啡馆

（www.cafeschinkelhaven.nl；Amstelveenseweg 126；⊙周日至周四 11:00至次日1:00，周五和周六至次日3:00；📶；🚊2 Amstelveenseweg）这家咖啡馆坐落在冯德尔公园的西侧出口处，露台上的餐桌烛光摇曳，是你在Amstelveenseweg寻找晚餐之前难以抗拒的小憩之地。从你进店的那一刻起，极为友好的侍者就会让你觉得自己如同一位常客一般。

COLD PRESSED JUICERY 果汁吧

见344页地图（www.thecoldpressedjuicery.com；Willemsparkweg 8；⊙周一至周五 7:30～19:00，周六 9:00～18:00，周日10:00～18:00；🚊2 Cornelis Schuytstraat）🌿不妨在这里来一份富含营养、没有抗氧化剂、纯天然的低温压榨果汁，如“铁人”（Iron Man，用胡萝卜、姜黄和柠檬榨成），或是“容光焕发”（Glow，用菠萝、草莓、甜菜根和生姜榨成）。这里提供的冰沙则包括“苹果粉”（Apple Crumble，使用苹果、荞麦燕麦、甜胡椒和杏仁牛奶）以及“罪人”（Sinner，使用香蕉、焦糖、椰果、香菜、肉桂和腰果牛奶）。店内使用的食材都来自当地（只要当地有），其中大约99%都是有机的。

HET GROOT MELKHUIS 咖啡馆

见344页地图（☎612 96 74；www.grootmelkhuis.nl；Vondelpark 2；⊙10:00～18:00；📶👪；🚊1 Jan Pieter Heijestraat）这座瑞士农庄风格的大木屋坐落在冯德尔公园的森林边缘，看上去就像是童话故事里的建筑。供应餐饮的宽阔前院和游乐场地都是为家庭以及有童心的顾客准备的。

GOLLEM'S PROEFLOKAAL 啤酒咖啡馆

见344页地图（www.cafegollem.nl；Overtoom 160-162；⊙周一至周四 13:00至次日1:00，周五和周六正午至凌晨3:00，周日 至次日1:00；🚊1 le Constantijn Huygensstraat）不用离开荷兰，你就可以在这里体验比利时一日游的乐趣。不妨在满是古典啤酒标志，以及描绘饮酒僧侣的画作中，来一杯克里克樱桃啤酒（Kriek），或是特拉普麦芽酒（Trappist ale），并沉醉在诸如特拉普芝士火锅（Trappist cheese fondue）、炸肉饼(croquette)和弗兰德炖肉(Flemish stew)等菜肴的美味之中。这里总共有30种龙头直饮啤酒供你随时畅饮，还有250多种瓶装的酒水。

'T BLAUWE THEEHUIS 咖啡馆

见344页地图（www.blauwetheehuis.nl；Vondelpark 5；⊙9:00～22:00；📶；🚊2 Jacob Obreachstraat）当你接近这座古怪的建筑时，你可能会以为飞碟降落在了公园里，但这只是一家无与伦比的咖啡馆，周围环绕着绿色植物。夏日时分，这里的露台会人头攒动，似乎城里的每个人都在此享受咖啡和蛋糕，或是晚餐和鸡尾酒。

WELLING 棕色咖啡馆

见344页地图（www.cafewelling.nl；Jan Willem Brouwersstraat 32；⊙周一至周五 16:00至凌晨1:00，周六和周日15:00至次日1:00；🚊3/5/12/16/24 Museumplein）这家咖啡馆藏在音乐厅的后方，是一处不错的休憩之所，你可以在此品尝满是泡沫的冰镇啤酒（biertje），并与这里的知识分子和艺术家们高谈阔论。店里还有一只很是友好的猫，如果它跳上了你的膝头，你可别惊讶。这里经常会有现场音乐，比如爵士音乐家们在音乐厅的演出结束后会来此助阵。

GOLDEN BROWN BAR 酒吧

见344页地图（www.goldenbrownbar.nl；Jan Pieter Heijestraat 146；⊙周日至周四11:00至次日1:00，周五和周六至次日3:00；📶；🚊1 Jan Pieter Heijestraat）这家永远时尚的两层酒吧堪称Jan Pieter Heijestraat街上的标兵，吸引了不少懂行的年轻人来此畅饮，并一醉方休。冬季，酒吧棕色和奶油色的内部装饰，配上现代的木质家具和粉色的霓虹灯，让人在优雅的氛围中忘记了寒冷，特别是当你陷在仿天鹅绒沙发里的时候。

当地知识

冯德尔公园占地行动

当阿姆斯特丹成为了欧洲的魔力之都（magisch centrum）时，冯德尔公园及其周边地区就与文化革新发生了千丝万缕的联系。20世纪60年代和70年代，嬉皮士们蜂拥至阿姆斯特丹，然而由于投机商人空置的大楼奇货可居，整个城市面临住房危机，于是在公共场所占地定居的行动便开始广泛兴起，而荷兰当局也将该公园改成了一处临时的露天宿舍。如今，尽管睡袋早已不见，但当时的独立精神却在此永存。

Vondelbunker（见344页地图；www.vondelbunker.nl；Vondelpark 8a；开放时间不定；1 le Constantijn Huygensstraat）隐藏在公园1e Constantjin Huygensstraat桥（你可以搭乘有轨电车从上面径直路过，或是从其下方走过而完全没有发现它的存在）下。作为曾经的放射性物质掩蔽所，其历史可以追溯至1947年，而在1968年，这里成了阿姆斯特丹第一处青年中心，以及反主流文化中创意与行动的温床。如果那扇没有标记的黑色金属大门敞开，你或许有幸欣赏地下表演、电影或参加“激进主义沙龙”。

在冯德尔公园的边缘有几处早已合法化的占地区域，并已被改建为另类文化中心。

OT301（见344页地图；www.ot301.nl；Overtoom 301；1 Jan Pieter Heijestraat）原先的占地根据地OT301被涂鸦所覆盖，这里曾是荷兰电影学院（Netherlands Film Academy）的所在地，如今则会举办各类乐队和DJ的表演活动，可谓包容并蓄。这里有2家酒吧，以及氛围友好的素食餐厅**De Peper**（见344页地图；412 29 54；www.depeper.org；Overtoom 301；主菜€7~10；周二、周四、周五和周日19:00~20:30；；1 Jan Pieter Heijestraat），在迷人的非主流酒吧氛围中，你可以享用便宜的有机素食。不妨坐在公用餐桌边，与志趣相投的当地人闲聊几句。当日用餐需提前预约，请在15点至18点30分致电。

OCCII（671 77 78；www.occii.org；Amstelveenseweg 134；营业时间不定；；2 Amstel-veenseweg）OCCII原先也是占地时期的产物，至今保持着欣欣向荣的场景，常有地下乐队的表演，他们大多来自阿姆斯特丹。你可以在其中的**Eetcafé MKZ**（679 07 12；www.binnenpr.home.xs4all.nl/mkz.htm；1e Schinkelstraat 16；主菜€5起；周二至周五19:00起；；2 Amstelveenseweg）享用到严格素食的菜肴，这是一家共同经营、装修朴素的餐厅。你可以在14点30分至18点之间致电餐馆预约座位，并与其确定时常变化的素食套餐价格，但记得一定早点到达，不然食物被其他顾客吃完就没有了。

WILDSCHUT 咖啡馆

见344页地图（www.cafewildschut.nl；Roelof Hartplein 1；周一至周五9:00至次日1:00，周六和周日10:00至次日1:00；3/5/12/24 Roelof Hartplein）这里堪称旧南区中真正的聚会场所。天气暖和时，大量的顾客会来到露台上欣赏阿姆斯特丹学派景观；而当天气不好时，不妨沉浸在其装饰艺术风格的店内氛围之中。

TUNES BAR 鸡尾酒吧

见344页地图（www.conservatoriumhotel.com；Van Baerlestraat 27，Conservatorium Hotel；周一至周四 12:30至次日1:00，周五和周六至次日2:00，周日至午夜；2/3/5/12 Van Baerlestraat）为有着淡雅橘香的杜松子酒以及营养丰富的炸虾肉丸（bitterballen）痴狂？或是来一杯气泡葡萄酒和一盘牡蛎？这家酒吧就坐落在令人称道的阿姆斯特丹温室酒店（Conservatorium Hotel）内，你可以找一张椅子透过玻璃欣赏室外的风景。杜松子酒饮品是这里的特色，但总体而言酒吧的鸡尾酒品种还是颇为丰富的。

喜欢抽烟的顾客则可以在相邻的吸烟室里吞云吐雾。

☆ 娱乐

想要尝试不同的娱乐方式，包括绝好的现场音乐，不妨去冯德尔公园内占地行动（见本页方框）的遗迹看看。

★音乐厅 古典音乐

见344页地图（☎671 83 45；www.concertgebouw.nl；Concertgebouwplein 10；⏲售票处周一至周五 13:00~20:00，周六和周日 10:00~19:00；🚊3/5/12/16/24 Museumplein）伯纳德·海廷克（Bernard Haitink）是备受推崇的阿姆斯特丹皇家音乐厅管弦乐团（Royal Concertgebouw Orchestra）的前指挥，他曾评价这座始建于1888年、享誉世界的音乐厅有着近乎完美的音响效果，是乐团中最好的乐器。每年9月中旬至次年6月下旬，音乐厅每周三的12点30分都会举办半小时的免费音乐会，想听的游客请早点来此。对于其他表演，不妨试试Last Minute Ticket Shop（见151页），你可以在最后时刻买到半价票。

30岁及以下的游客可以在表演开始前45分钟，在售票处排队购买€15的门票，所有的门票都包含一杯可在音乐厅大厅中享用的免费饮品。

露天剧院 剧院

见344页地图（Open-Air Theatre；www.openluchttheater.nl；Vondelpark 5a；⏲5月至9月中旬；👪；🚊1 1e Constantijn Huygensstraat）每年夏天，冯德尔公园都会在其迷人的露天剧院举办免费的音乐会，这是一场与他人共享的美好体验，你可以期待在这里看到全球音乐、舞蹈、戏剧等演出。表演开始至多2小时前，你可以在网站上进行预约（每座€5）。

ORGELPARK 演出场地

见344页地图（☎515 81 11；www.orgelpark.nl；Gerard Brandtstraat 26；门票 €12.50~20；🚊1 Jan Pieter Heijestraat）这不是一座公园，而是管风琴音乐表演的知名舞台，它位于冯德尔公园边缘地带，一座迷人的重修教堂中，拥有4架大型的管风琴。每年这里都会举办逾100场演出，包括古典乐、爵士乐和即兴表演音乐会。

PLAN B 桌球房

见344页地图（www.planbovertoom.nl；Overtoom 209；⏲周一 16:00至次日1:00，周二至周四 14:00至次日1:00，周五至次日3:00，周六正午至次日3:00，周日 至1:00；🚊1 Jan Pieter Heijestraat）如果你打算在冯德尔公园进行的足球赛泡汤了，不妨转战此处，在这个氛围友好的聚会场所打桌球。店内拥有13张台球桌、2块飞镖靶和一个酒吧。此外，这里还会举办桌球大赛（初学者周一19点30分，高手周四19点30分），以及每周三晚上19点30分开始的问答之夜。

🛍购物

冯德尔公园中蜿蜒曲折的步道一定会或多或少地激发你逛街的欲望，因为其附近的街道满是户外和旅游相关店面。时髦的商店沿Cornelis Schuytstraat和Willemsparkweg分布；不妨登录www.cornelisschuytstraat.com查看新近开张的店铺。极为奢华的购物场所PC Hooftstraat就在附近，各种知名品牌入驻店内，如香奈儿（Chanel）、博柏利（Burberry）、雨果·波士（Hugo Boss）、卡地亚（Cartier）、古驰（Gucci）、阿玛尼（Armani）、爱马仕（Hermès）、汤美·费格（Tommy Hilfiger）和法国鳄鱼（Lacoste）。

★PIED À TERRE 书籍

见344页地图（☎627 44 55；www.piedaterre.nl；Overtoom 135-137；⏲周一 13:00~18:00，周二、周三和周五 10:00~18:00，周四至21:00，周六至17:00；🚊1 1e Constantijn Huygensstraat）这家欧洲最大的旅游书店有着长廊和带天窗的内部装饰，让人在学习之余感觉置身于文艺复兴的中心。如果想要旅游和户外活动有关的书籍，来这里应该错不了：精美的地球仪、多语言版本（特别是英语）的旅游指南，还有超过600,000张地图，无所不有。不妨点一杯咖啡，在咖啡馆的桌边畅想你的下一次旅行吧。

EDHA INTERIEUR 家庭用品

见344页地图（www.edha-interieur.nl；Willemsparkweg 5-9；⏲周二至周六 10:00~18:00；🚊2/3/5/12 Van Baerlestraat）在这3幢相互毗邻的19世纪建筑内，你可能不会购买沙发、厨房用具或卫浴套装，但Edha却是阿姆斯特丹市内了解荷兰前沿设计的最佳场所之一。更适合放在行李中带走（或者至少运走）的小物件包括纺织品、时髦灯具和厨房小器具。

博物馆纪念品

博物馆广场上的博物馆商店（Museum Shop at the Museumplein；见344页地图；Hobbemastraat；⌚商店 10:00~18:00，博物馆售票窗口8:30~18:00；🚊2/5 Hobbemastraat）这家博物馆商店由凡·高博物馆和国立博物馆共同经营，所以你可以在这里一次性买到两家博物馆的海报、卡片和其他艺术纪念品，还可免于博物馆门口的长队。虽然店内的品种不如馆内商店那么丰富，但这些纪念品足够有代表性，可以满足大部分游客的需求。

VAN AVEZAATH BEUNE 食品

见344页地图（www.vanavezaath-beune.nl；Johannes Verhulststraat 98；⌚周一至周五 8:00~18:00，周六 至17:00；🚊2 Cornelis Schuytstraat）柜台后的服务员系着正式的黑色围裙，为你打包圆柱巧克力（amsterdammertjes，其形状犹如城市人行道旁的护柱）——这是一份送人的好礼物，前提是你自己得忍住不吃。

VLVT 时装

见344页地图（www.vlvt.nl；Cornelis Schuytstraat 22；⌚周一正午至18:00，周二至周六 10:00~18:00，周日 正午至17:00；🚊2 Cornelis Schuytstraat）源自荷兰的女装活力四射，你可以在这家光线充足的时尚精品店内一窥全貌，涉及的荷兰设计师品牌包括ByDanie——明星转行成为著名设计师的丹尼·布莱斯（Danie Bles），阿姆斯特丹本土的Anna + Nina，以及例如伦敦男孩（Boy London）、罗拉·卡鲁兹（Lola Cruz）、Pinko和皮埃尔·巴尔曼（Pierre Balmain）等国际品牌，与之搭配的基本款（如T恤）和配件（墨镜、珠宝、围巾和手提包）为它们增色不少。

BEER TREE 饮品

见344页地图（www.thebeertree.nl；Jan Pieter Heije-straat 148；⌚周一至周五 正午至22:00，周六和周日11:00~22:00；🚊1 Jan Pieter Heijestraat）这家独具匠心的饮品店最初的店面就位于此处。该店拥有250多种来自25个不同国家的精酿啤酒，其中许多冰镇的啤酒都可以直接从冰箱中取用，使其成为天气炎热之时，让你带至冯德尔公园慢慢享用的绝好选择。此外，这里还有4种轮换的啤酒供你开闸品尝，你也可以用瓶子装好带走。

如今该店在德派普区（De Pijp，见208页）有了第二家分店。

BUISE 时装

见344页地图（www.buise.nl；Cornelis Schuytstraat 12；⌚周一 12:30~18:00，周二至周六 10:00~18:00；🚊2 Cornelis Schuytstraat）这家漂亮的精品店精选了完美无瑕的服饰，包括由伊莎贝尔·玛兰（Isabel Marant）剪裁，备受赞誉的夹克，Paul & Joe Sister的宽松直筒连衣裙和时尚的运动衫，以及Laurence Dolige的几何图案服饰。

GOOCHEM SPEELGOED 玩具

见344页地图（www.goochem.amsterdam；1e Constantijn Huygensstraat 80；⌚周一 13:00~18:00，周二至周六 9:30~18:00；🚊1 1e Constantijn Huygensstraat）一个真实大小的绒毛长颈鹿玩具（好吧，其实是小长颈鹿）被高高地展示在这家迷人玩具商店的一层楼面上，它在这里售卖已逾30年之久。店内的玩具按照孩子的年龄段摆放，除了可爱的毛绒玩具外，这里还有乐器、玩偶、游戏拼图和其他玩具。

JOHNNY AT THE SPOT 时装、家庭用品

见344页地图（www.johnnyatthespot.com；Jan Pieter Heijestraat 94；⌚周一 13:00~18:00，周二、周三和周六 11:00~18:00，周四和周五至19:00，周日13:00~17:00；🚊7/17 Jan Pieter Heijestraat）这家多用途的大型精品店坐落在热闹的Jan Pieter Heijestraat街上，在几处相互连接的大楼处，展示着颇为时尚的，来自世界各地的男女装、鞋子和雨衣。时尚的家庭用品从植物和肥皂，到碗、花瓶、陶器和家具等，可谓应有尽有。

BROEKMANS & VAN POPPEL 音乐

见344页地图（www.broekmans.com；Van Baerlestraat 92-94；⌚周一至周五 9:00~18:00，周六 至17:00；🚊2/3/5/12 Van Baerlestraat）该店就坐落在音乐厅附近（惊喜吧！），是阿姆斯

特丹购买古典乐和流行乐活页乐谱以及音乐书籍的最佳选择。不妨径直来到1楼，看看从中世纪(Middle Ages)到古典乐与当代音乐等无所不包的精选商品吧。

FRIDAY NEXT 家庭用品

见344页地图(612 32 92; www.fridaynext.com; Overtoom 31; 周二至周五 9:00~18:00，周六10:00~18:00，周日正午至17:00; ; 1 Constanijn Huygensstraat)这家新潮的家居用品店不仅摆满了时尚的家具和家庭用品，还定期举办展览和设计培训课程，其货架之间还开设了一家咖啡馆。

MANWOOD 鞋

见344页地图(www.manwood.nl; Willemsparkweg 173; 周一 13:00~18:00，周二至周六 10:00~18:00，周日 正午至17:00; 2 Cornelis Schuytstraat)荷兰鞋店Manwood销售各类男士和女士的时尚鞋子(靴子、系带靴、高跟鞋、芭蕾舞平底鞋、运动鞋和拖鞋)，包括其自己设计的款式。该店还备有其他荷兰设计师创作的鞋子、精选的国际品牌以及围巾、皮带、帽子和手提包等商品。

NIKKIE 时装

见344页地图(www.nikkie.com; Willemsparkweg 175; 周一 正午至18:00，周二至周六 10:00~18:00，周日 正午至17:30; 2 Cornelis Schuytstraat)阿姆斯特丹本土女演员和主持人妮基·普莱森(Nikkie Plessen)是荷兰电视荧屏上的常客，然而她现在却离开电视界，转而成为女装设计师，在城里开设了2家精品店(另一家位于附近奢侈品购物圣地的PC Hoofstraat)，并在荷兰全国各地拥有其他几家店面。充满都市风情的精选服装包括涂鸦设计的女士单衣、喇叭牛仔裤以及时尚的晚装。

ENNU 时装

见344页地图(www.ennu.nl; Cornelis Schuytstraat 15; 周一 13:00~18:00，周二至周五 10:00~18:00，周六至17:00，周日13:00~17:00; 2 Cornelis Schuytstraat)无论是男士还是女士都可以在这家烟灰色布景的商店中，找到前沿新潮的时装。这里提供的设计师品牌包括安·迪穆拉米斯特(Ann Demeulemeester)、瑞克·欧文斯(Rick Owens)、LGB和If Six Was Nine。

FRETONS 鞋

见344页地图(www.bretoniere.nl; Jacob Obrechtstraat 14; 周二至周五 10:30~18:00，周六至17:00; 2 Jacob Obrechtstraat)Fretons是鞋商Fred de la Bretonniere旗下偏休闲的品牌，其设计的产品包括时尚的运动鞋，它们舒适新潮，富有运动活力，并且非常独一无二。

BEVER 户外用品

见344页地图(www.bever.nl; Stadhouderskade 4; 周一 11:00~19:00，周二、周三、周五和周六 10:00~19:00，周四至21:00，周日 正午至18:00; 1/2/5 Leidseplein)Bever是荷兰领先的户外用品零售商之一，销售帐篷、背包以及男女装和鞋子等用品；其所属的Women's Outdoor World(见346页地图; 412 28 79; www.bever.nl; Overtoom 51-53; 周一和周三 11:00~19:00，周二、周五和周六 10:00~19:00，周四至21:00，周日正午至18:00; 1 1e Constantijn Huygensstraat)就在转角处。

运动和活动

FRIDAY NIGHT SKATE 直排轮滑冰

见344页地图(www.fridaynightskate.com; 周五20:30) 免费 每周五的晚上(除非下雨或下雪)，冯德尔公园都会成为大型滑冰活动的起点，2小时的活动将横穿阿姆斯特丹市，总长20公里。该活动向每一位具备滑冰技能(即知道如何刹车)的选手开放。请在20:00(冬天为20:15)之前抵达位于冯德尔公园亭阁旁边的集合地点，你也不妨上网查看滑冰和安全装备租赁商店的详情。

ZUIDERBAD 游泳

见344页地图(252 13 90; Hobbemastraat 26; 门票€3.60; 周一 7:00~18:00，周二至周五至22:00，周六 8:00~15:15，周日10:00~15:30; ; 2/5 Hobbemastraat)如果你想为孩子们找些娱乐场所，不妨考虑一下这座游泳池。这栋始于1912年的建筑就位于国立博物馆后方，重修后贴满了瓷砖，又恢复了原来个性鲜明的光彩，并且有着令孩子们兴奋的充气船。

德派普区

区域亮点

❶尽情体验欧洲最大的日间集市**艾伯特露天市场**（Albert Cuypmarkt；见203页），那里有新鲜农产品、奶酪、鱼、五颜六色的服装、装饰品和稀奇古怪的荷兰纪念品，所有人都免费进入。

❷徜徉在**萨珐蒂公园**（Sarphatipark；见202页），这是片城市绿洲，草坪、雕塑、池塘和喷泉遍布其间。

❸多逛几个热情友好的酒吧，去**Boca's酒吧**（见209页）喝酒。

❹在登上运河船只前往名牌街之前，去妙趣横生的**喜力体验馆**（Heineken Experience；见202页）体验一把。

❺深度体验德派普风行的早午餐，到专门的早午餐餐厅用餐，比如**Bakers & Roasters**（见206页）。

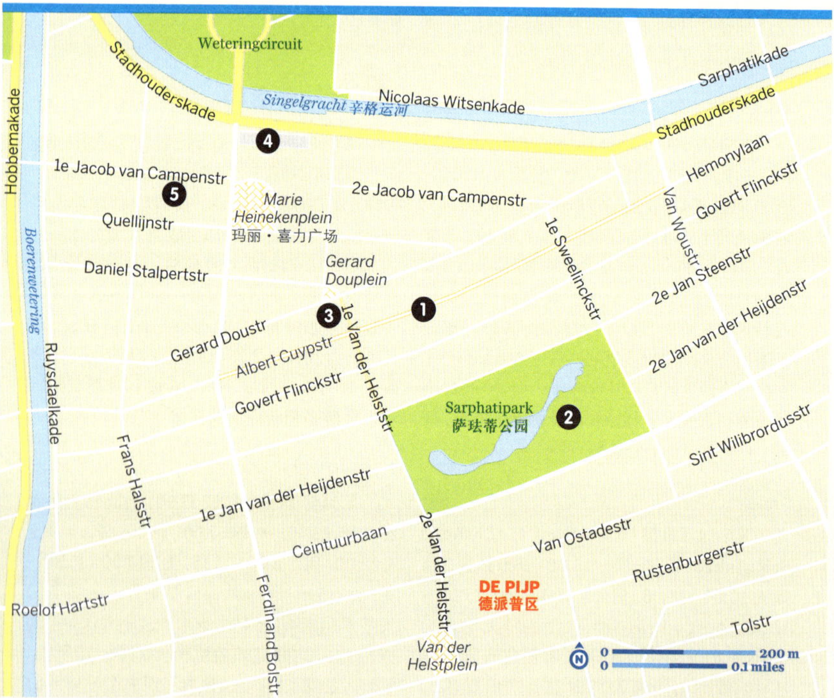

更多区域细节见348页地图

探索德派普区

德派普区看上去很像个小村子，部分原因是因为它是一个小岛，通过16座桥梁与城市的其他部分相连。它的名字是“管子”的意思，因为它有笔直、狭窄的街道，很像老的瓦管管道。

但更主要的原因是它的历史。建造于19世纪60年代的住宅区为当时刚到这片地区定居的工业革命工人们提供了廉价的住房。在20世纪60年代和70年代，很多工人离开此地去了牧场，而政府则为移民翻新了住宅区。今天，这里居住着社会各界人士，随着高级住宅化继续发展，这片艺术和美食兼具的街区保留了以社群为导向的波希米亚精神。

在去宁静的萨珐蒂公园散步之前，先去逛逛艾伯特露天市场的小摊。逛逛街上的精品和特产商店，从众多选择中挑选晚餐地点，然后再前往喜力体验馆。如果你是在下午晚些时候去的，体验的末尾能感受到它固有的欢乐时光（当然在乐趣横生的德派普地区永远都是快乐的）。

当地生活

➡ **酿酒生活** 喜力也许不会再在德派普地区酿酒了，但是附近有一个新的酿酒厂Brouwerij Troost（见209页）也很好。

➡ **鱼与生活** 当地人喜欢去艾伯特露天市场周围的德派普生鲱鱼摊（见211页）买鱼。

➡ **时尚生活** 艾伯特露天市场周围的街上有很多阿姆斯特丹最好的廉价服装店（见211页）。

➡ **红灯区生活** 德派普西边的边界处有一个小红灯区（这里没有城中心的红灯区经常会出现的男性聚会和醉醺醺的人群），就在Ruysdaelkade、Hobbemakade对面。

到达和离开

➡ **有轨电车** 16路和24路电车沿南北向行驶，从中央车站沿Ferdinand Bolstraat，一路经过德派普的主要景点。4路从Rembrandtplein出发，而3路则沿东西向行驶。12路穿过德派普到冯德尔公园（Vondelpark，注意不要使用旧的交通地图；25路已经停运）。

➡ **地铁** 南北线地铁一旦开放使用，将服务德派普地区。地铁站装饰了阿根廷艺术家Amalia Pica设计的彩色玻璃，让街区颜色渗透进建筑，在Ferdinand Bolstraat与艾伯特露天市场（Albert Cuypstraat）的街角和Ferdinand Bolstraat与Ceintuurbaan的街角都有地铁站。预计将于2017年正式投入使用。

独家贴士

这个极富创意的街区有很多新创公司和新店铺。还可以去逛逛这几条后街：Frans Halsstraat，1e Van der Helststraat，2e Van der Helststraat，Cornelis Troostplein和Ruysdaelkade。

最佳餐厅

➡ Fat Dog（见203页）
➡ Bakers & Roasters（见206页）
➡ Ciel Bleu（见209页）
➡ Volt（见205页）
➡ Restaurant Elmar（见205页）

详细介绍见203页。➡

最佳饮品

➡ Brouwerij Troost（见209页）
➡ Glouglou（见209页）
➡ Boca's（见209页）
➡ Café Binnen Buiten（见209页）
➡ Café Sarphaat（见209页）

详细介绍见209页。➡

最佳购物

➡ Albert Cuypmarkt（见203页）
➡ Hutspot（见211页）
➡ Beer Tree（见208页）
➡ Kolifleur（见211页）
➡ Tiller Galerie（见211页）

详细介绍见211页。➡

景点

除了艾伯特露天市场（Albert Cuypmarkt；见203页）和喜力体验馆，德派普区的景点不多。这里最有趣的是徜徉在街上，体验酒吧、咖啡馆和商店里弥漫的波希米亚风情。

萨珐蒂公园

公园

见348页地图（Ceintuurbaan；🚋16/24 Albert Cuypstraat）虽然冯德尔公园更大也更有名，但这个宁静的英式公园却同样让你感受到田园般的夏日闲适，而来这里的人却少很多。公园是以犹太医生、商人、城市创造者塞缪尔·萨珐蒂（1831~1866年）命名的，园内有很多池塘、微微起伏的草地和树林的边缘。

公园中间矗立着建于1886年的**萨珐蒂纪念碑**（Sarphati memorial；见348页地图；🚋16/24 Albert Cuypstraat），这是一个浮夸的寺庙，你会看到喷泉、兽嘴和萨珐蒂的半身像。

黎明住宅项目

建筑

见348页地图（DE DAGERAAD；Pieter Lodewijk Takstraat；🚋4 Amstelkade）1901年的住宅法案非常重要，它明文要求城市重新思考街区规划，并谴责了贫民窟，黎明住宅就是遵循这一法案为贫穷家庭建造的房屋，建造时间是1918年至1923年之间。表现主义阿姆斯特丹学派最原创的建筑师之一克莱默（Piet Kramer）和德克勒克（Michel de Klerk）共同为这一特殊的建筑群提供了策划案。

哥布林之家

建筑

见348页地图（HUIS MET DE KABOUTERS；Ceintuurbaan 251；🚋3 Van Woustraat）经过Ceintuurbaan 251号时请抬头看，这座1884年新哥特式宅邸拥有精心雕刻的木头山形墙，墙上是两个顽皮的哥布林雕塑，石灰绿色，戴着红帽子，穿着短裤；一个手里拿着红色的球，另一个正要伸手接球。这一建筑是建筑师AC Boerma设计的；雕塑蕴含着客户的姓氏Van Ballegooijen，翻译过来有“扔球”的意思。1984年开始它被列入全国保护纪念建筑。

当地传说每到闰年2月29号午夜，两个哥布林就会传递手里的球。

重要景点
喜力体验馆

全球知名的荷兰酿酒厂喜力将向你证明喜力体验馆不只是一个博物馆，更是一个多感官体验馆。喜力从1864年开始日益强大，“体验馆”就是为了纪念他们在荷兰的酿酒历史。

喜力体验馆建于过去位于德派普的旧址上，旧厂于1988年关闭。来喜力体验馆是一次欢乐的自助游，你有90分钟的时间了解喜力家族的历史，了解他们的品牌商标是如何发展的，还可以看到从水和啤酒花等原材料到装瓶的一整套酿酒制程。在这里你还可以看到喜力在全世界的广告，感受储藏在铜罐里麦芽浆的味道，参观马房，并制作你自己的音乐录像带。最大的亮点是“酿造你自己”（Brew You）——一段4D的多媒体展览，你可以体验“变成”啤酒的感觉，被摇晃、加热、掺水然后“装瓶”。真正的啤酒行家会激动地浑身颤栗，但这非常有趣。门票包括一段15分钟的游船，前往Rembrandtplein附近的喜力品牌商店（Heineken Brand Store；见154页）。

在线订票可以省€2，让你免去排队的烦恼。

不要错过

- 体验“酿造你自己”
- 学习倒出带荷兰式泡沫的啤酒

实用信息

- 见348页地图
- ☎523 92 22
- www.heinekenexperience.com
- Stadhouderskade 78
- 成人/儿童 €18/12.50
- 🕐7月和8月10:30~21:00，9月至次年6月 周一至周四至19:30，周五至周日至21:00
- 🚋16/24Stadhouderskade

就餐

最好饿着肚子过来：德派普的所有东西都很好吃。这里既融合了各国口味又有荷兰地道的美食，大量古老的棕色咖啡馆（小酒馆）供应丰富的午餐套餐，面包店在午餐时卖带馅的面包圈。建议从艾伯特露天市场、Ferdinand Bolstraat和Ceintuurbaan开启美食之旅。

★FAT DOG
热狗 €

（www.thefatdog.nl；Ruysdaelkade 251；菜 €4.50~12；⏲周一和周二17:00至午夜，周三至周日 正午起；🚊12 Cornelis Troostplein）Ron Gastrobar（见190页）的超级主厨Ron Blaauw把不起眼的热狗提升到了艺术的高度。在这家店你可以选择品尝“顽皮曼谷”（Naughty Bangkok，腌菜、红咖喱蛋黄酱和又干又脆的米饭）、“法兰西万岁”（Vive La France，炒蘑菇、鹅肝酱和松露蛋黄酱）、“纽约黑帮”（Gangs of New York，德国泡菜、培根和烟熏洋葱果酱）以及“维加·冈萨雷斯”（Vega Gonzalez，素香肠、玉米、鳄梨色拉酱、酸奶油和墨西哥辣椒蛋黄酱）。

FRITES UIT ZUYD
薯条 €

见348页地图（www.fritesuitzuyd.nl；Ceintuurbaan；菜 €3~5.50；⏲周日和周一 正午至22:00，周二至周四 至23:00，周五和周六 至午夜；🚊3 Ferdinand Bolstraat）外卖店Frites uit Zuyd有德派普至今为止最好吃的薯条，店内的墙壁和地板是黑白相间的棋盘瓷砖镶嵌而成，隔壁是井然有序的非自助式餐厅Friterie par Hasard（见207页）。脆且蓬松的薯条可搭配传统腌菜、芥末和酱来吃，比如加香烤肉酱、蛋黄酱或辣椒酱。店外门前的人行道上有木头长凳。

BUTCHER
汉堡 €

见348页地图（☎470 78 75；www.the-butcher.com；Albert Cuypstraat 129；汉堡 €6.50~12.50；⏲11:00至深夜；👪；🚊16/24 艾伯特露天广场）在这家店里，汉堡就在你眼前做出来（有玻

重要景点
艾伯特露天市场

想体验阿姆斯特丹最嘈杂、最能体现多元文化的地方？那就来艾伯特露天市场这个欧洲最庞大的每日街头市场（周日除外）。

艾伯特露天市场的名字来自风景画家艾伯特·盖依普（Albert Cuyp，1620~1691年），它是阿姆斯特丹最大最繁忙的市场，因其纷繁复杂而出名。各种散发着香味的摊位出售荷兰奶酪、鱼、甲壳纲动物、橄榄、油、药草和香料，还有成筐的新鲜水果蔬菜。需要一个周六晚上佩戴的闪亮首饰或智能手机的手机壳？一把自行车车锁、卷发器、一束送给爱人的花，或只是想装饰一下你的酒店房间？这里还有让你瞠目结舌的各种服饰（大多数都很时髦，有些很奇怪）。你想要什么艾伯特露天市场就能给你什么，而且似乎还比其他任何地方都便宜。

不要错过藏在摊位后的商店，那里出售五花八门的东西，从厨具到背包、行李箱、布匹、自行车锁、肥皂和洗发水，应有尽有。

一定要品尝奶酪（开口问就可以了！），有4年的高达奶酪和奶油状的农民奶酪（boerenkaas），让自己沉浸在新鲜的焦糖糖浆华夫饼里（stroopwafel）。

不要错过

- 各类奶酪
- 荷兰特色礼物（毛毛的木屐，有人要吗？）
- 边走边吃的焦糖糖浆华夫饼

实用信息

- 见348页地图
- www.albertcuypmarkt.nl
- 艾伯特露天市场，位于Ferdinand Bolstraat和Van Woustraat之间
- ⏲周一至周六9:00~17:00
- 🚊16/24 艾伯特露天市场

租船

Boaty（06 2714 9493；www.boaty.nl；Jozef Israëlskade；租船每3小时 €79起；4月至10月中 9:00至日落前30分钟；12 Scheldestraat）Boaty位于宁静的Amstelkanaal，是踏上拥挤闹市的运河之前探索水路的绝佳起点。出租费包括标有推荐路线的地图；你不需要驾船执照或是相关经验。可以在网上提前预订，也可以在当天打电话预订。根据天气状况，租船的运营期有长有短。

璃屏障相隔，以免油溅到你身上）。令人垂涎欲滴的选择包括"沉默的羔羊"（"Silence of the Lamb"有辣椒和芝麻酱）、"鳕鱼爸爸"（"Codfather"浇上啤酒的蓝鳕鱼和自制塔塔汁）、安格斯松露牛肉汉堡(Angus beef truffle burger)以及一种素食版汉堡。问问他们隐秘的鸡尾酒酒吧在哪儿。

UNITED PANCAKES

荷兰菜 €

见348页地图（www.united-pancakes.nl；1e Van der Helststraat 57；菜 €3.50~5.50；周一至周四10:00~18:00，周五至周日 至19:00；3 2e Van der Helststraat）在德派普，很多的成功都是因为坚持一种特色并将其发扬光大，United Pancakes的特色就是荷兰的主食煎饼。United Pancakes的煎饼是用有机食材做的，又甜（经典配方：苹果、果干、肉桂和自制苹果汁；美味莓果：黑莓、枸杞果、蔓越莓和斯佩尔特小麦汁）又美味（大力水手：菠菜、山羊奶酪、胡桃和梨汁）。

这里还出售一系列果汁、酱和各种口味的煎饼（包括斯佩尔特、无谷蛋白的荞麦、天然白粒小麦或杂粮）。

BREZEL & BRATWURST

德国菜 €

见348页地图（www.brezelenbratwurst.nl；Van der Helstplein 10；菜 €1~8.50；周三至周日16:00~22:00；3 2e Van der Helststraat）Brezel & Bratwurst是德派普众多物美价廉餐厅的代表，供应正宗的德国香肠（Bratwurst），可以放在面包上吃、做成咖喱肠，也可以搭配薯条、沙拉一起吃。如果想吃点口味清淡的，就点一道自制菜，带传统蘸料的斯佩尔特小麦汁或天然椒盐饼干（Brezel），比如用软奶酪、辣椒粉和生蔬菜做成的Bavarian Obatzda。

SIR HUMMUS

中东菜 €

见348页地图（sirhummus.nl；Van der Helstplein 2；菜€6~8.50；周二至周五 正午至19:00，周六和周日至17:00；；3 2e Van der Helststraat）Sir Hummus是由3个年轻的以色列人开的餐厅，他们非常喜欢鹰嘴豆泥（chickpea dio），于是先是开了一个类似伦敦街头的小摊，后来演变成这个以鹰嘴豆为特色的咖啡馆。奶油状、全天然、无防腐剂无添加剂的鹰嘴豆配上皮塔饼（pita）和沙拉一起享用；Sir Hummus还供应好吃的炸豆丸子（falafel）。你可以在店里吃，也可以带走，但是要早点来，因为卖得很快。

SLA

沙拉吧 €

见348页地图（www.ilovesla.com；Ceintuurbaan 149；沙拉 €6~11；11:00~21:00；；3 2e Van der Helststraat）阿姆斯特丹的潮人们都喜欢来这个超级时尚的沙拉吧，品尝这里的汤、果汁，特别是各类鱼，还可以自己做沙拉。所有肉类、禽类和奶制品、90%的蔬菜和酒都是有机的。旗舰店品牌过去几年来一直非常有人气，所以现在全阿姆斯特丹都开了分店。

SPANG MAKANDRA

苏里南菜，印尼菜 €

见348页地图（670 50 81；www.spangmakandra.nl；Gerard Doustraat 39；主菜 €6.50~10；周一至周六 11:00~22:00，周日 13:00~22:00；

在德派普骑自行车（ON YOUR BIKE IN DE PIJP）

Ajax Bike（见348页地图；06 1568 4831；www.ajaxbike.nl；Gerard Doustraat 153；出租自行车每4/24小时€6.50/8.50；周一至周六9:30~18:00；4 Stadhouderskade）出租城市自行车、儿童自行车、双人自行车和载货自行车，价格可以商量。这里还有3小时团队游，游览德派普、城市和周边（€20），联系这家公司以了解日期和可定制的出游选择。

16/24 Albert Cuypstraat）这家餐厅很舒适，但是只有26个座位，在学生、苏里南人和印尼人里人气很高，所以你需要提前预订。推荐菜包括鱼汤、辣酱沙茶菜，价格非常实惠。菜单是荷兰语，但热情的工作人员非常乐意帮你翻译。

所有食物都是按伊斯兰教律法制作；不供应酒。

GEFLIPT 汉堡 €

见348页地图（www.gefliptburgers.nl；Van Woustraat 15；菜 €8～9.50；周日至周四 11:00～21:30，周五和周六 至22:30；4 Stadhouderskade）这片美食林立的地区有很多好吃的汉堡店，竞争异常激烈，而Geflipt绝对是强有力的对手。这家店的内墙裸露，呈现出别致的工业风格，它的奶油蛋卷加酱做得很有创意（比如嘎斯贡牛肉、培根、金黄的切达干酪、红皮洋葱糖渍水果和煎蛋），每天都尽量用当地食材。其他美味还有阿姆斯特丹酿造的Brouwerij' t（艾河啤酒）。

TODAY' S 意大利菜 €

见348页地图（737 08 70；Saenredamstraat 26；菜 €3～9；周二至周六 13:00～20:00；；16/24 Albert Cuypstraat）这家熟食咖啡店整洁欢快，就像一个临时的意大利文化中心。颇有魅力的主厨Davide制作美味的意大利菜，如佛卡夏、意式宽面、松露和蘑菇意大利饺子，还有好吃得让人有罪恶感的提拉米苏。你可以买了带走吃，也可以在餐厅吃，或者在位于阁楼的餐厅里预订一顿私人晚餐。

TAART VAN M' N TANTE 面包，甜点 €

见348页地图（776 46 00；www.detaart.com；Ferdinand Bolstraat 10；菜 €4～7；10:00～18:00；；16/24 Stadhouderskade）它是阿姆斯特丹最受欢迎的蛋糕店之一，装修超级俗气的会客室诞生出苹果派（荷兰式、法式或"微醺"的苹果派）、山核桃派和好吃得让你想自己动手做的蛋糕。粉色的蛋糕装饰得就好像芭比娃娃一样——倒不如说是穿上蛋糕衣的芭比娃娃？

BOULANGERIE 1072 咖啡馆 €

见348页地图（www.boulangerie1072.nl；Ferdinand Bolstraat 151；菜 €1.50～11；8:00～18:00；；12 Cornelis Troostplein）迷人的Boulangerie 1072在门前的广场上摆着五颜六色的椅子（天气冷的时候有毯子搭在上面），店里有夹层座位。早餐有燕麦粥、豆子和香蕉素煎饼配加拿大鱼子酱；午餐则有三明治，比如甜菜根、山羊奶酪和Sir Hummus（见204页）的鹰嘴豆，烟熏三文鱼、红皮洋葱和鱼子酱，还有非常美味的苹果派。

WILD MOA PIES 派 €

见348页地图（Van Ostadestraat 147；菜 €3-4；周二至周六 10:00～18:30；；3 2e Van der Helststraat）Wild Moa Pies最有名的是正宗的新西兰式肉饼（含新西兰羔羊肉），还有创意素菜和禽类菜，比如泰式鸡肉、小扁豆和茄子、菠菜和羊乳酪、南瓜和红辣椒。

★VOLT 地中海菜 €€

见348页地图（471 55 44；www.restaurantvolt.nl；Ferdinand Bolstraat 178；主菜 €14～20，西班牙小吃 €4～14；16:00～22:00；12 Cornelis Troostplein）被五颜六色的灯泡装饰着的Volt是这片街区的珍宝，餐厅供应清淡的西班牙小吃类食物[橄榄油腌沙丁鱼（olives and marinated sardines），蒜泥蛋黄酱（aioli）和橄榄酱（tapenade）]，还有更实在的主菜：洋蓟意大利饺子和核桃芝麻菜（artichoke ravioli with walnuts and rocket）、塞了西班牙香肠的鱿鱼和米饭（squid stuffed with chorizo and rice）、比目鱼和马苏里拉奶酪意大利烩饭炸肉饼（plaice with mozzarella risotto croquette）。它的酒吧开到深夜，你还可以到街对面的姐妹店棕色咖啡馆**Gambrinus**（见348页地图；www.gambrinus.nl；Ferdinand Bolstraat 180；周日至周四 11:00至次日1:00，周五和周六 至次日3:00；；12 Cornelis Troostplein）坐坐。

★RESTAURANT ELMAR 新派荷兰菜 €€

见348页地图（664 66 29；www.restaurantelmar.nl；Van Woustraat 110；主菜午餐 €7.50～12.50，晚餐 €19.50～24.50；周二至周六 正午至15:00和18:00～22:00；4 Ceintuurbaan）这家小而迷人的土食者餐厅提供美味的菜肴，它使用荷兰的有机农产品（福列佛兰牛肉、德克

当地知识

德派普最佳早午餐前五名(DE PIJP'S TOP FIVE BRUNCH HOTSPOTS)

Bakers & Roasters(见348页地图; http://bakersandroasters.com; 1e Jacob van Campenstraat 54; 菜 €7.50~5.50; ⌚8:30~16:00; 🚊16/24 Stadhouderskade)老板来自巴西和新西兰,供应的早午餐量很足,包括香蕉坚果法式烤面包加自制香蕉橘子酱和香脆的培根、纳瓦霍蛋和手撕猪肉、鳄梨、芒果莎莎酱和墨西哥干辣椒奶油,还有烟熏三文鱼水煮蛋、土豆蛋糕和荷兰酸辣酱。再喝上一杯浓郁的血腥玛丽。还供应美味的馅饼、蛋糕和薄饼。

Scandinavian Embassy(见348页地图; http://scandinavianembassy.nl; Sarphatipark 34; 菜 €4.40~12; ⌚周一至周五8:00~18:00,周六和周日10:00~17:00; 🚊3 2e Van der Helststraat)燕麦粥加蓝莓、蜂蜜和椰子,还有山羊牛奶酸奶,撒盐的三文鱼加丹麦黑麦和绵羊奶酸奶,穆兹草莓,新鲜出炉的油酥点心,比如肉桂面包,各种美味让这个镶嵌着金色木隔板的餐厅成为开启一天的好地方。醇香的咖啡用的咖啡豆来自斯堪的纳维亚,使用微波烘烤(包括提神的冷酿咖啡加汤力水)。

CT Coffee & Coconuts(见348页地图; www.ctamsterdam.nl; Ceintuurbaan 282-284; 主菜 €6.50~21.50; ⌚周一至周五7:00~23:00,周六和周日8:00起; 📶; 🚊3 Ceintuurbaan)一家20世纪20年代艺术装饰风格的电影院竟然被改造成这样一个像大教堂般开阔的三层空间(顶层有一幅巨大的约翰·列侬肖像画)。早午餐的菜肴有椰子、杏仁和荞麦煎饼,法式奶油蛋卷加杏仁,涂了大量鳄梨的烤面包配dukkha(北非加了香料和坚果的混合物)和柠檬汁,酵母炒蛋加碎末乳酪。早午餐供应到13:00。

午餐和晚餐菜单既有虾肉玉米饼、印度豆豉汉堡,也有纸烤鳕鱼加烤芦笋和萝卜。无论什么时候来,你都可以品尝到自制的一种冷饮(黑莓鼠尾草、蜂蜜柠檬),有时候有散装茶、咖啡或其他更烈的饮品。

Omelegg(见348页地图; www.omelegg.com; Ferdinand Bolstraat 143; 菜 €6~10; ⌚周一至周五7:00~16:00,周六和周日8:00起; 📶; 🚊12 Cornelis Troostplein)这家煎蛋卷小店环境简约,混凝土地板擦得锃亮,家具是木头的,后墙还有一幅壁画,描绘了传统的荷兰磨坊。供应的菜肴每周都有变化,常规菜肴有"墨西哥流浪乐队"(Mariachi,辣的墨西哥辣椒、蘑菇和番茄干)、"维京渔夫"(Viking Fisherman,烟熏三文鱼、莳萝、鲜奶油和柠檬皮)和"辛辣的赫尔南德斯"(Chilli Hernandez,自制的墨西哥辣牛肉和奶酪)。

其他菜还包括培根和蛋,以及新榨橙汁。

Little Collins(见348页地图; ☎673 22 93; www.littlecollins.nl; 1e Sweelinckstraat 19; 西班牙小吃 €7.50~18,早午餐 €5~14; ⌚早午餐 周三至周日10:30~16:00,西班牙小吃 周四至周六,18:00~22:00; 🚊16/24 Albert Cuypstraat)这家时髦的餐厅在早午餐时候非常忙乱,供应的菜肴有Bengali烤蛋加酱鹰嘴豆和羊乳酪、烤焦糖香蕉加香蕉凝乳。晚上的西班牙小吃菜单也同样吸引人:刚刚剥了壳的新鲜龙虾,油封三文鱼和腌甜菜根,米纸卷韩式牛肉,还有烤斯蒂尔顿奶酪(Stilton)配梨和烤山核桃。

赛尔羊、荷兰北部的猪肉、波尔德鸡肉和当地的精磨面粉,还有当季的水果蔬菜)进行烹饪。原汁原味的美食包括填充了肝脏和鼠尾草的火腿卷鸡肉(ham-wrapped chicken stuffed with liver and sage)配马萨拉酒汁(marsala jus),还有苦巧克力摩丝加苹果和冰咖啡泡沫。餐厅还有一个令人心情愉悦的庭院花园。

含多道菜的正餐性价比很高。

SPAGHETTERIA 意大利菜 €€

见348页地图(www.spaghetteria-pastabar.nl; Van Woustraat 123; 意大利面 €9~14; ⌚17:00~22:15; 🚊4 Ceintuurbaan)这家时髦的

"意大利面面吧"是意大利人开的，供应新鲜制作的意大利面，每天有6种选择，可能有乳清干酪和核桃意大利水饺、辣的番茄酱意大利面炸鱿鱼(spaghetti with calamari in spicy tomato sauce)、香蒜酱和菠菜鱿鱼墨汁扁意粉(squid-ink linguine with pesto and spinach)、奶油羊奶奶酪酱火腿意大利饺子(ham tortellini in creamy goats-cheese sauce)。大大的长条桌(和酒)为餐厅平添了动感的气氛。餐厅在冯德尔公园附近还有一家分店。

FRITERIE PAR HASARD 荷兰菜 €€

见348页地图(www.cafeparhasard.nl; Ceintuurbaan 113; 主菜 €17.50, 3道主菜菜单 €27.50; ⌚周日至周四 正午至22:00, 周五和周六至22:30; 🚊3 Ferdinand Bolstraat)餐厅门口是红白格子雨篷，内部灯光昏暗，这里最有名的是炸薯条，配菜有羊肋排传统林堡炖菜(traditional Limburg stew)配苹果、接骨木和月桂叶酱；卤鸡和沙茶酱沙司及腌黄瓜；腰眼部牛排；还有啤酒鳕鱼。与之相邻的Frites unit Zuyd(见203页)可以外卖薯条。

SURYA 印度菜 €€

见348页地图(www.suryarestaurant.nl; Ceintuurbaan 147; 主菜 €12~20; ⌚周二至周日 17:00~23:00; 🚊3 2e Van der Helststraat)在这个多文化碰撞的城市里，遇见印度餐厅得看运气，这太令人惊讶了，于是高档餐厅Surya成为了次大陆美食爱好者的心头之好。主打菜包括马德拉斯咖喱(madras)、辣到嗓子眼里的咖喱肉(vindaloo)、泥炉炭火菜肴(tandoori tikka dishes)，以及丝滑的番茄印度奶酪咖喱加茅屋奶酪，茅屋奶酪每天都是新鲜制作的。主菜有烤肉块、米饭和沙拉。

DÈSA 印尼菜 €€

见348页地图(☎671 09 79; www.restaurantdesa.com; Ceintuurbaan 103; 主菜 €12.50~14.50, 印尼抓饭 €15.20~32; ⌚17:00~22:30; 🚊3 Ferdinand Bolstraat)Dèsa在印尼语里是"村庄"的意思(适用于这座城市，特别是这片地区)，这里非常有人气的是印尼抓饭("米饭桌")盛宴。菜肴有辣炸椰子(serundeng)、藏红花和椰子奶鸡肉(ayam besengek)、辣巴厘岛酱汁炖蛋辣(sambal goreng telor)，甜点有炸香蕉(pisang goreng)。

MAMOUCHE 摩洛哥菜 €€

见348页地图(☎670 07 36; www.restaurantmamouche.nl; Quellijnstraat 104; 主菜 €15.50~23.50; ⌚18:00~22:00; 🚊16/24 Stadhouderskade)Mamouche的餐厅不大但很高雅，斑驳的石灰墙刚刚粉刷过，天花板有平板梁，这里的菜肴是带有法国风味的非洲菜——菜式不断变化，有摩洛哥炖菜(tajine)、甜土豆泥和肉桂鸭腿，还有蒸粗麦粉菜，比如辣黑鲈和藏红花黄油。

MASTINO 比萨 €€

见348页地图(www.mastinopizza.com; 1e Van der Helststraat 78; 比萨 €10~15; ⌚10:00~22:00; ✎; 🚊3 2e Van der Helststraat)Mastino用经典面粉、斯佩尔特小麦或大豆制作比萨底，最受欢迎的组合有"帕尔玛"(Parma，火腿、芝麻菜、番茄和水牛马苏里拉奶酪)、"花的力量"(Flower Power，小胡瓜花、凤尾鱼和马苏里拉)，还有"素食主义者"(Veggie，素奶酪、朝鲜蓟、黑橄榄、樱桃番茄和罗勒)，你可以在砖墙裸露的餐厅内或外面的露台上就餐，也可以买了带走。

VAN HOECK 各国风味 €€

见348页地图(☎675 86 68; www.vanhoeck.nl; Frans Halsstraat 28; 主菜午餐 €6.50~12.50, 晚餐 €8.50~16; ⌚正午至22:00; 📶; 🚊16/24 Albert Cuypstraat)Van Hoeck在德派普最可爱的一条后街上，绿树成荫，有临街的餐桌、全玻璃的阳光暖房，餐厅内部也很好看。在这里停留，品尝午餐的三明治、沙拉、汤和自制苹果派，或者提前预订晚餐，例如焯水菠菜烤鲑鱼(seared salmon on wilted spinach)配柠檬和莳萝酱，还有鸭胸肉加比利时啤酒和樱桃酱。

BAZAR AMSTERDAM 中东菜 €€

见348页地图(☎675 05 44; http://bazaramsterdam.nl; Albert Cuypstraat 182; 主菜午餐 €5~12.50, 晚餐 €8.50~15.50; ⌚周日至周四10:00~23:30, 周五和周六 至次日1:00; ✎ 👪;

当地知识

在公园里野餐（PICNIC IN THE PARK）

白天，在萨珐蒂公园茂盛的草地上和当地人一起野餐。当地还有几个和**艾伯特露天市场**（见203页）一样可以购买野餐物料的地方。

't Kaasboertje（见348页地图；Gerard Doustraat 60；⊙周一 13:00~17:30，周二至周五 9:00~17:00，周六 9:00~16:00；🚊16/24 Stadhouderskade）这家很有吸引力的奶酪商店墙边摆了一圈圈很大的高达奶酪，玻璃展柜里的奶酪更多。这里可以买到脆面包和饼干，还有荷兰、比利时和德国的红酒、白酒和玫瑰葡萄酒。

Beer Tree（见348页地图；www.thebeertree.nl；1e Van der Helststraat 53；⊙正午至22:00；🚊16/24 Albert Cuypstraat）这个绝佳的店有来自超过25个国家的250多种精酿啤酒，比如比利时的修道院三倍啤酒（Abbey Tripel）、苏格兰的酿酒狗鬼马（BrewDog Dead Pony）麦酒、新西兰的马特斯（Monteith）啤酒和西班牙无麸质的Daura啤酒。很多啤酒放在冰箱里，随时等你饮用，此外还有4个龙头，可以将啤酒装瓶带走。

Tree（见198页）的第一家店开在冯德尔公园不远处。

Stach（见348页地图；☎754 26 72；www.stach-food.nl；Van Woustraat 154；⊙周一至周六 8:00~22:00，周日 9:00；🚊4 Lutmastraat）这家食品商店就像是阿拉丁收藏宝物的洞穴，囤积着新鲜农产品、果酱果脯、茶叶、咖啡、果汁和巧克力，这里的三明治在周围算得上最好吃（也是性价比最高）的，塞满了各种美味的配料。如果天气不适合野餐，店里还有夹层座位可以就餐（菜 €3~14.50）。这家店在阿姆斯特丹开始扩张，包括一家位于南运河圈的**分店**（见140页）。

Tjin's（见348页地图；1e Van der Helststraat 64；⊙周一至周六10:00~19:30；🚊3 2e Van der Helststraat）这家杂货店有大量来自世界各国的农产品，很多都是从北美、中美、南美、加勒比海、亚洲等地进口的罕见农产品，这里的特色是可以打包带走的苏里南和印尼热菜（羊肉咖喱、加多加多、印度豆豉和油酥点心）。

🚊16/24 Albert Cuypstraat）这家餐厅位于艾伯特露天市场中的一尊金色天使下，作为曾经的教堂，这一建筑有壮观的瓷砖壁画和1001盏阿拉伯灯，其摩洛哥菜与土耳其、黎巴嫩和伊朗菜相得益彰，就点啤酒和果仁蜜饼也不错。

FIRMA PEKELHAARING 意大利菜 €€

见348页地图（www.pekelhaaring.nl；Van Woustraat 127-129；主菜 €12.50~19.50；⊙10:00~22:00；📶👪；🚊3/4 Van Woustraat）富有艺术和工业感的Firma Pekelhaaring交际气氛很好，有公共长条桌，上面散放着杂志和棋类游戏，可以在吃甜点的时候玩，主打菜是新鲜的意大利风味。乐趣多多，不需要装腔作势。

EN AMSTERDAM 日本菜 €€

见348页地图（☎470 36 66；http://en-amsterdam.nl；Dusartstraat 53；主菜€15~27.50，寿司和刺身拼盘 €18.50~34.50；⊙周一至周六 17:00~22:30；🚊12 Cornelis Troostplein）这家优雅的餐厅坐落在本地区一个绿树成荫的住宅区角落，供应的日本美食同样精致：脆脆的莲藕加明虾、黑大蒜味噌鸡肉（miso chicken with black garlic）、日式饺子（gyoza）、寿司和刺身。这里还有上等的日式和牛肉牛排（€39.50）、30多种口味的清酒，以及含3道至5道菜的套餐（€36/58，含清酒 €64/103）。

DE WAAGHALS 素食 €€

见348页地图（☎679 96 09；www.waaghals.nl；Frans Halsstraat 29；主菜 €12~19.50；⊙17:00~21:30；🖉；🚊16/24 Stadhouderskade）这家人气很高的餐厅"Daredevil"的墙壁是白色的，颇有格调，它甚至让很多非素食者重新审视自己的饮食选择。每个月集中供应一个国家风味的菜肴——比如泰国或意大利——

还会轮换着提供别出心裁的时令有机菜肴。需提前预订（这家餐厅也接受在线预订）。

ZAGROS 库尔德菜 €€

见348页地图（☎670 04 61；www.zagrosrestaurant.nl；Albert Cuypstraat 50；主菜 €12.50～22.50；⏰周二至周六17:00～23:00；🖉；🚌16/24 Albert Cuypstraat）这里供应美味的库尔德菜，包括各种烤肉和炖菜（大部分是羊肉和鸡肉）、黄瓜、番茄或洋葱沙拉，前菜有鹰嘴豆和厚重的干奶酪。周末需提前预订。

★CIEL BLEU 法国菜 €€€

（☎450 67 87；www.okura.nl；Ferdinand Bolstraat 333, Hotel Okura Amsterdam；主菜 €60，7道菜套餐 €110，带一对红酒 €170；⏰周一至周六18:30～22:30，7月末到8月中 休业；🚌12 Cornelius Trootsplein）两个创意无限的米其林星级大厨在这家汇聚巅峰美食的餐厅里供应各种时令菜肴，所以春天你可以看到扇贝和龙虾配香草海盐和金汤力泡沫、帝王蟹盐柠檬、黄油白沙司冰激凌和鱼子酱，或是八角茴香羊脊肉（saddle of lamb with star anise）。与美食同样让同行无法比拟的是餐厅的位置，它位于23层，可以向北鸟瞰阿姆斯特丹。

如果你的预算不够，可以去紧邻的Twenty Third酒吧（见210页）。

饮品和夜生活

这片地区有旧的喜力酿酒厂，有各种喝酒的地方。特别是在Gerard Douplein附近，那儿聚满了热情好酒的当地人。

★BROUWERIJ TROOST 自酿酒吧

见348页地图（☎737 10 28；www.brouwerijtroost.nl；Cornelis Troostplein 21；⏰周一至周四16:00至次日1:00，周五 16:00至次日3:00，周六 14:00至次日3:00，周日 14:00至午夜；📶；🚌12 Cornelis Troostplein）🍃在这家杰出的酿酒厂，你可以观察啤酒在玻璃墙后面的铜缸里被酿造出来的过程。这里有十几种啤酒，包括适合夏天的金发女郎啤酒（blonde）、烟熏波特啤酒（smoked porter）、味道浓厚的三倍啤酒（tripel）和深红色的帝王麦啤（Imperial IPA）。这家酿酒厂还从啤酒里提取琴酒，并供应可口的酒吧食物，包括巨无霸汉堡。Troost非常有人气（周末的夜晚需要提前预约），已经在Westergasfabriek开分店了（见171页）。

GLOUGLOU 葡萄酒吧

见348页地图（www.glouglou.nl；2e Van der Helststraat 3；⏰周一至周五16:00至午夜，周六和周日15:00起；🚌3 2e Van der Helststraat）🍃这家红酒吧位于一间镶着彩色玻璃的简朴商店里，提供天然、全有机、无添加剂的红酒，开派对的人群常涌上街头。这里有40多种价格合理的法国红酒，按杯卖；也出售瓶装酒，可在酒吧里喝或外带。

BOCA'S 酒吧

见348页地图（www.bar-bocas.nl；Sarphatipark 4；⏰周一至周四10:00至次日1:00，周五和周六10:00至次日3:00，周日 11:00至次日1:00；📶；🚌3 2e Van der Helststraat）Boca（意大利语是"嘴"的意思）是喝酒的最佳去处。夹层座位可以俯瞰到处都有靠垫的酒吧内部，但是在夏天，最佳座位则是面朝萨珐蒂公园的阳台。简洁的酒单（按杯卖，有7种选择）和丰富的食物拼盘是绝配。

CAFÉ BINNEN BUITEN 棕色咖啡馆

见348页地图（www.cafebinnenbuiten.nl；Ruysdaelkade 115；⏰周日至周四11:00至次日1:00，周五和周六至3:00；🚌16/24 Ruysdaelkade）天刚刚亮 ，这家咖啡馆就挤满了客人。这当然是因为食物很可口，酒吧舒适、灯光明亮。但是真正吸引人们过来的原因其实很简单，这里靠近运河一边的露台位置在德派普是最好的，很适合在下午悠闲地度过田园般的时光。

CAFÉ SARPHAAT 棕色咖啡馆

见348页地图（☎675 15 65；Ceintuurbaan 157；⏰周日至周四9:00至次日1:00，周五和周六至次日3:00；🚌3/4 Van Woustraat）在萨珐蒂公园旁边找一张户外的桌子，点上冒着泡沫的啤酒，感觉也许就像当地人一样。这是附近气氛最惬意的地方之一，白天在这样一个可爱的老酒吧里喝上一杯杜松子酒，简直绝妙。周日下午一般都有免费的现场爵士音乐演出。

CAFÉ BERKHOUT 棕色咖啡馆

见348页地图（www.cafeberkhout.nl；Stadhouderskade 77；⏲周一至周四10:00至次日1:00，周五和周六 至次日3:00，周日 11:00至次日1:00；📶；🚊16/24 Stadhouderskade）这家棕色咖啡馆是深色木头装饰，内饰包括镜子和华丽的枝形吊灯，给人一种朴素的奢华感，参观完喜力体验馆就可以顺路来这里坐坐（咖啡馆就在喜力体验馆街对面）。食物也很可口，特别是汉堡。

BARÇA 设计师酒吧

见348页地图（www.barca.nl；Marie Heinekenplein 30-31；⏲周日至周四11:00至次日1:00，周五和周六至次日3:00；🚊16/24 Stadhouderskade）阿姆斯特丹的巴塞罗那主题酒吧是这片地区最具人气的酒吧餐厅之一，是玛丽·喜力广场（Marie Heinekenplein）跃动的代表。舒服地坐在金黑两色木头装饰的店内，或者在露台上舒展身体。

TWENTY THIRD BAR 鸡尾酒吧

（www.okura.nl；Ferdinand Bolstraat 333，Hotel Okura Amsterdam；⏲周日至周四18:00至次日1:00，周五和周六至次日2:00；🚊12 Cornelius Trootsplein）Twenty Third Bar可以尽享欣赏西面和南面的景色，酒吧小食有很多选择，来自 Ciel Bleu厨房（见209页；餐 €9~18；鱼子酱 €36~60 每10g），还有香槟鸡尾酒和龙头内的喜力啤酒。

CAFÉ DE GROENE VLINDER 棕色咖啡馆

见348页地图（www.cafe-de-groene-vlinder.nl；Albert Cuypstraat 130；⏲周日至周四10:00至次日1:00，周五和周六 至次日3:00；🚊16/24 Albert Cuypstraat）Green Butterfly在艾伯特露天市场里面，将时尚与舒适平衡得恰到好处，在木头装饰的店内点上一杯牛奶咖啡，或者在热闹的露台上点一杯啤酒（biertje），简直太完美了。

CHOCOLATE BAR 设计师酒吧

见348页地图（www.chocolate-bar.nl；1e Van der Helststraat 62a；⏲周日至周四9:00至次日1:00，周五和周六 至次日3:00；🚊16/24 Albert Cuypstraat）这里的特色不是巧克力，而是它酷酷的氛围，内部装修是20世纪六七十年代复古风格，还播放着欧洲流行音乐。灯光摇曳的酒吧让人在正午就仿佛到了夜晚。天冷的时候，你可以裹上羊毛毯靠在飘窗上。夜晚，这里又是另一番景象；DJ从周四到周日都会让你尽情摇摆。

PILSVOGEL 棕色咖啡馆

见348页地图（www.pilsvogel.nl；Gerard Douplein 14；⏲周日至周四 10:00至次日1:00，周五和周六 至次日3:00；🚊16/24 Albert Cuypstraat）这里的厨房既提供小分量的餐食也有正餐，但更好的是，这里有德派普最欢闹的角落，可以看到附近人潮熙来攘往的景象。

HET PAARDJE 酒吧

见348页地图（☎664 35 39；www.cafehetpaardje.nl；Gerard Douplein 1；⏲周一至周三10:00至午夜，周四 至次日1:00，周五和周六 至次日2:00，周日 11:00至午夜；🚊16/24 Albert Cuypstraat）Het Paardje店内装饰不怎么起眼（充其量就是一个翻修过的平凡棕色咖啡店），但是这里有德派普中心地区几个视野最好、最宽敞的露台。

KINGFISHER 小酒馆

见348页地图（www.kingfishercafe.nl；Ferdinand Bolstraat 24；⏲周一至周四10:00至次日1:00，周五和周六 至次日3:00，周日 正午至次日1:00；📶；🚊16/24 Stadhouderskade）Kingfisher的店员热情友好，有很多忠实的常客，最近还重新把墙壁粉刷成红白相间的颜色，它有德派普典型的惬意氛围。共用的长条桌每天都有人带着笔记本电脑去办公或午餐。到了折扣时段，小酒馆热闹非凡。

KATSU 咖啡大麻店

见348页地图（www.katsu.nl；1e Van der Helststraat 70；⏲周一至周四10:00至午夜，周五和周六10:00至次日1:00，周日 11:00至午夜；🚊16/24 Albert Cuypstraat）这家咖啡商店就像它所在的环境一样轻松愉快，这里适合各种年龄和喜好的人。如果一楼和阳台客满，就去二楼的休息厅。

☆ 娱乐

CC MUZIEKCAFÉ 现场音乐

见348页地图（www.cccafe.nl；Rustenburger

straat 384；⏲周日至周四20:00至次日1:00，周五和周六至次日3:00；📶；🚊12 Cornelis Troostplein）CC Muziekcafé是一家不大但气氛很好的夜店，在德派普是不错的选择。每周和每月都在夜晚播放主题音乐，包括雷鬼、灵魂乐还有摇滚乐。

RIALTO CINEMA

电影院

见348页地图（☎676 87 00；www.rialtofilm.nl；Ceintuurbaan 338；成人/儿童 €9/7.50起；🚊3 2e Van der Helststraat）这家老电影院靠近萨珐蒂公园，主要是首映电影，也展现世界范围内类别广泛的艺术电影作品（外国电影配荷兰语字幕）。影院共有3块银幕和一间咖啡馆。

购物

在你逛完艾伯特露天市场以后（见203页），就去周边的街道转转，那些地方人较少，点缀着精品店和艺术厅。记得在紧邻Ceintruurbaan的Van Woustraat找找各式风格的女装和鞋子。

★HUTSPOT

概念商店

见348页地图（www.hutspotamsterdam.com；Van Woustraat 4；⏲商店和咖啡馆 周一至周六10:00~19:00，周日 正午至18:00，酒吧 周一至周四17:00至次日1:00，周五和周六16:00至次日3:00，周日16:00至次日1:00；🚊4 Stadhouderskade）Hotchpotch根据荷兰菜得名，由4个年轻人创立，他们想让年轻的创业者有地方售卖自己的作品。所以，这家概念商店混合了荷兰设计风格的家具、装饰品、艺术品、家居和服装，另外里面还有一个酷酷的咖啡厅兼酒吧。

KOLIFLEUR

二手店

见348页地图（http://kolifleur.nl；Frans Halsstraat 35；⏲周二至周六11:00~19:00；🚊16/24 Albert Cuypstraat）时髦的Kolifleur出售荷兰设计师设计的服装、珠宝和包袋商品，既有次新品也有二手货，还有古董家具和家居用品。

TILLER GALERIE

艺术

见348页地图（www.tillergalerie.com；1e Jacob van Campenstraat 1；⏲周四和周五13:00~19:00，周六和周日 至17:00，周三需预约；🚊16/24 Stadhouderskade）这家小巧、友好的艺术画廊收藏了乔治·海德威尔（George Heidweiller）的作品（看看阿姆斯特丹超现实主义的摩天大楼）、彼得·多恩克斯路特（Peter Donkersloot）创作的动物画以及著名演员如马龙·白兰度（Marlon Brando）的肖像画，还有赫尔曼·布鲁德（Herman Brood）的版画。

> 当地知识
>
> **如何吃鲱鱼（HOW TO EAT A HERRING）**
>
> “荷兰鲜鲱鱼”（Hollandse Nieuwe）不是一种时尚潮流，而是指每年6月新鲜捕获的美味鲱鱼。荷兰人特别爱吃这种鲱鱼，阿姆斯特丹全城随处可见小商贩在贩卖这种咸鱼。尽管荷兰的传统是用嘴直接吃，但是在阿姆斯特丹却不一样。在这里，鲱鱼剁成一块一块然后用牙签吃，上面有剁碎的洋葱（uitje）和甜腌菜（sweet pickles）。鲱鱼卷（broodje haring）更方便拿，蓬松的白色鱼卷放在上面，不会让你的手指粘上鱼脂肪，就把它当成可以吃的纸巾。

BRICK LANE

时装

见348页地图（www.bricklane-amsterdam.nl；Gerard Doustraat 783；⏲周一 13:00~18:00，周二至周六10:30~18:00，周日12:30~17:30；🚊16/24 Albert Cuypstraat）这家店是伦敦风格的，每隔几周都会引进价格合理的个性设计，紧跟潮流。

RAAK

服装

见348页地图（www.raakamsterdam.nl；1e Van der Helststraat 46；⏲周一 正午至18:00，周二至周六10:00起；🚊16/24 Albert Cuypstraat）Raak的货架上摆满了荷兰和斯堪的纳维亚设计师设计的别具特色的休闲服装、包、珠宝和家居用品。

RECORD MANIA

音乐

见348页地图（www.recordmania.nl；Ferdinand Bolstraat 30；⏲周一至周六 正午至18:00；🚊6/24 Stadhouderskade）Record Mania是经典音乐的家乡，出售唱片（单曲唱片和密纹唱片）和CD，包括约翰尼·卡什（Johnny

当地知识

荷兰最大的气压计（THE NETHERLANDS' LARGEST BAROMETER）

地标性建筑**阿姆斯特丹大仓酒店**（Hotel Okura Amsterdam；见253页）从低海拔的阿姆斯特丹拔地而起，高75米，无论白天黑夜从很远处都可以看到它。每天晚上，房顶的一整圈就会用LED灯点亮，并根据第二天的气压改变颜色。蓝色的灯光代表预报明天是阳光明媚的晴天，绿色的灯光代表明天天气不好，白色（更像是一种浅粉色）代表第二天天气多变。

这些灯光还会在特别的情况下变换颜色，比如**阿姆斯特丹同性恋游行**（Gay Pride Parade；见24页）和新年前夕，灯光会变换成缤纷的彩虹色，当然到了国王节（King's Day），灯光会变成橘色。

Cash）、JJ.卡尔（JJ Kale）、埃里克·克莱普顿（Eric Clapton）、威豹乐队（Def Leppard）、甲壳虫（the Beatles）、Whalers等艺术家的珍贵录音。老海报、彩色玻璃窗、镶嵌在地板上的录音和CD，使这家店本身就是一个宝物。

VAN BEEK 艺术

见348页地图（www.vanbeekart.nl；Stadhouderskade 62-65；⏲周一 13:00～18:00，周二至周五9:00～18:00，周六 10:00～17:00；🚊16/24 Stadhouderskade）如果你被阿姆斯特丹满是大师名作的艺术馆、街头艺术和风景如画的运河景色激发了灵感，那么这家备受推崇的荷兰艺术品商店的德派普分店就是你挑选画板、画笔、油料、水彩、蜡笔和木炭笔等画具的地方。

STENELUX 礼品

见348页地图（☎662 14 90；1e Jacob van Campenstraat 2；⏲周四至周六 正午至17:00；🚊16/24 Stadhouderskade）Stenelux有缤纷的宝石、矿石、石头和化石。各种惊艳的收集品来自这个世界甚至宇宙，例如陨石。

NOOR 服装

见348页地图（☎670 29 16；http://nooramsterdam.nl；Albert Cuypstraat 145；⏲周一至周六 9:30～18:00；🚊16/24 Albert Cuypstraat）Noor的商品时尚且价格适中，来到这里你有可能就不想再去艾伯特露天市场其他的地方了。不要错过拥挤的打折货架。

DE EMAILLEKEIZER 家居用品

见348页地图（☎664 18 47；www.emaillekeizer.nl；1e Sweelinckstraat 15；⏲周一至周五10:30～18:00，周六 10:00起；🚊4 Stadhouderskade）这家五颜六色的商店有很多搪瓷物品，包括金属餐具。很多奇奇怪怪的纪念品上面都有代表荷兰的标志物，比如风格明显的"咖啡店"标志。

BLOND 礼品

见348页地图（www.blond-amsterdam.nl；Gerard Doustraat 69；⏲周一 正午至18:00，周二至周五10:00～18:00，周六 10:00～17:00；🚊16/24 Albert Cuypstraat）热情友好的金发女郎店主们为这里的盘子和碟子上釉，图案风格搞笑、可爱且鲜艳：吃午饭的女士们、海滩景色、蛋糕和巧克力。如果你的朋友喜欢有现代感和一定幽默感的通俗艺术，在这里买礼物就对了。

HET IS LIEFDE 礼品

见348页地图（www.hetisliefde.nl；Gerard Doustraat 65；⏲周三至周五11:00～18:00，周六至17:00；🚊16/24 Albert Cuypstraat）这家婚礼用品店会让你感觉到爱，这里有各种用于婚礼和一般节日的物品。有纪念品和短期使用的商品包括蛋糕顶上的装饰物，以及男女、男同和女同的一些搭配。

东部公园和阿姆斯特丹南区

这一区域的更多细节见347页地图

区域亮点

❶花一个下午用约德尔唱法歌唱，坐在圆顶帐篷里，并在**热带博物馆**（Tropenmuseum；见215页）浏览荷兰殖民时期的战利品。

❷去**眼镜蛇博物馆**（Cobra Museum；见217页）看一看卡尔·阿佩尔（Karel Appel）和朋友们巨幅、大胆、先锋派的画作。

❸在生机勃勃的**Dappermarkt**（见215页）兜售多件包装的袜子商贩间寻找土耳其薄饼摊。

❹骑车穿过**阿姆斯特丹森林公园**（Amsterdamse Bos；见216页），探访一家有机农场咖啡馆，品尝新鲜的山羊奶冰激凌。

❺在绝妙的**东部公园**（Oosterpark；见215页）搜寻政治纪念碑和野生鹦鹉。

独家贴士

阿姆斯特尔河（Amstel river）流经东部公园和阿姆斯特丹南区，这里绝对不会缺少河边的咖啡馆，让人想起由来已久的荷兰河畔情节。在曼妙的夏日傍晚，许多顾客会乘船前来，选一个露台位子，看着货运驳船、拖船或是赛艇队穿梭在河流中。

最佳就餐

- De Kas（见218页）
- Wilde Zwijnen（见218页）
- Roopram Roti（见218页）
- Eetcafe Ibis（见218页）

详细介绍见218页

最佳饮品

- De Ysbreeker（见218页）
- Distilleerderij 't Nieuwe Diep（见220页）
- Canvas（见218页）
- Butcher's Tears（见219页）
- De Biertuin（见219页）

详细介绍见218页。

最佳公园

- Amsterdamse Bos（见216页）
- Amstelpark（见217页）
- Oosterpark（见215页）
- Park Frankendael（见215页）

详细介绍见215页。

探索东部公园和阿姆斯特丹南区

东部公园是阿姆斯特丹文化最为多元的街区之一。不像德派普区，这里只有一小部分区域已中产阶级化，但也已慢慢发展起来。

最好的景点都不在游客的常规路线上。在北部边界附近的热带博物馆，你可以了解荷兰位于东印度群岛的殖民活动。在这之后东部公园本身就是很好的消遣之处，有广阔的绿地、巨大的池塘和一些纪念碑，公园周围有很多有意思的酒吧。

从博物馆沿着 1e Van Swindenstraat 向东走就是Dapperstraat市场，最终到达Javastraat就是摩洛哥和土耳其的飞地了。前往街区的西缘可以找到很酷的酒吧Canvas和De Ysbreeker。

阿姆斯特丹的范围远远不止于此。向南走的景点较为分散，但当你找到诸如狂野艺术、森林里茂密的绿色植物和山羊时一定会觉得不虚此行。景点都可以通过公共交通直达，一般需要30至60分钟。

当地生活

- **摩洛哥和土耳其人的乐趣** 在Javastraat（从1e Van Swindenstraat转入）老式的荷兰鱼店和工薪阶层常去的酒吧紧邻着摩洛哥和土耳其杂货店。
- **花园之家** 在佛兰肯代尔公园（Park Frankendael）的北面坐落着一个社区，整个社区都是一座座花园小洋房，房主们在晴朗的周日会在花园里享用红酒和野餐。
- **市场热** 若是你想像当地人一样购物，那非Dappermarkt莫属；若是你更爱有机食品，人们都会去佛兰肯代尔公园里每月一次的De Pure Markt。

到达和离开

- **有轨电车** 可搭乘9路有轨电车从市中心前往热带博物馆。10路和14路在其东西向路线上都会经过东部公园区。5路有轨电车从市中心向南行驶，终点站在眼镜蛇博物馆附近。
- **公交车** 170路和172路公共汽车从中央车站（Centraal Station）驶往阿姆斯特丹森林公园和眼镜蛇博物馆，但要注意你的GVB交通卡无法在这些特定线路使用（你需要使用区域日票）。
- **地铁** 地铁Wibautstraat站离东部公园地区西南角的摩登酒吧和酒店仅一步之遥，阿姆斯特丹球场（Amsterdam ArenA）和阿姆斯特丹RAI国际会展中心（Amsterdam RAI）都有各自的地铁站，到市中心都十分便捷。

景点

东部公园

东部公园 公园

见347页地图（Oosterpark；⏲黎明至黄昏；👪；🚇9 1e Van Swindenstraat）东部公园是1891年为在南非矿场寻获财宝的钻石交易商们提供住宿而建的，如今公园依然保有着优雅、闲适的感觉，尊贵的灰鹭翱翔在池边，野生鹦鹉们在树上叽叽喳喳。

公园南部有两座纪念碑：一座是为了纪念荷兰于1863年**废除奴隶制度**（见347页地图）；另一座，**De Schreeuw**（呐喊；见347页地图），用以纪念言论自由，更准确地说是纪念于2004年被谋杀的电影制作人提奥·凡·高的。另一座献给凡·高的（活的）纪念碑是**Spreeksteen**（见347页地图），2005年一堵岩石短墙的奠基标志了"演说者之角"的成立。

家庭游客会很喜欢公园北侧带有浅水池的游乐场。

DAPPERMARKT 市场

见347页地图（www.dappermarkt.nl；Dapperstraat，在Mauritskade和Wijttenbachstraat之间；⏲周一至周六9:00~17:00；🚇3/7 Dapperstraat）德派普区规模更大的Albert Cuypmarkt可能是街边集市之王，但Dappermarkt也可与之媲美。集市充分体现了东部公园地区移民人口的多样性，你会看到一批批不同人种的人（非洲人、土耳其人、荷兰人），不同食物（杏子、橄榄、鱼类）和从运动袜、闪亮的织物到向日葵等各式商品，都可以从街道两旁的摊位买到。

佛兰肯代尔公园 公园

见347页地图（Middenweg 72；🚇9 Hogeweg）这片可爱的绿地景观，曾经是奢华地产的一部分。公园内步道错落有致，鹳鹤振翅飞翔，还有装饰性的桥梁与一些遗留下来的大型建

重要景点
帝国广场（IMPERIAL FORUMS）

热带博物馆

完工于1926年的皇家热带研究所现今依然是热带卫生和农业领域的顶尖研究机构。迷人的热带博物馆拥有庞大的殖民时期手工艺品藏品，三层的展馆中间是一个巨大的中厅，展览运用了很多多媒体技术，富有洞察力和想象力。

你可以观赏老宝莱坞电影的片段，漫步于人工再现的非洲市场，或是坐在按现实生活原比例尺寸复制的圆顶帐篷（传统中亚感的小屋）里。展馆中前荷兰版图的藏品尤为丰富，华丽的印度尼西亚珠宝和巨型巴布亚独木战舟都在其中。"世界音乐"是馆中十分精彩的一个展览，你可以看到各种音乐和乐器如何传播至世界各地、如何混音，你还能在歌唱学校里学习约德尔唱法或学习像图瓦人一样呼麦（喉音唱法）。

博物馆非常适合孩子们参观。礼品店内有众多国际风味美食出售。如果想在各项活动后填饱肚子，馆内的自助餐厅提供来自印度尼西亚、印度和世界其他地方的特色菜肴。

不要错过

- "世界音乐"和歌唱学校
- 巴布亚独木战舟
- 圆顶帐篷
- Worldly咖啡馆
- 特别展览

实用信息

- Tropics Museum
- 见347页地图
- ☎0880 042 800
- www.tropenmuseum.nl
- Linnaeusstraat 2
- 成人/儿童 €12.50/8
- ⏲周二至周日10:00~17:00
- 🚇9/10/14 Alexanderplein

阿姆斯特丹森林公园游览路线

在**阿姆斯特丹森林公园**（见本页）的茂密树林和开阔空地间，你可以轻松地度过半天时光。

从公园入口旁的**游客中心**开始，管理员会告诉你公园各处都有哪些活动，你可以买一份地图（€2.50）以弄清自己的方位。**自行车租借亭**（www.amsterdamse-bosfietsverhuur.nl；租借 每2小时/天 €6/9.50；⏲10:00~18:00 冬季 周一和周二关门；🚍170, 172）也在入口旁。如果你想探索公园深处，自行车必不可少。同样在入口附近的还有**趣味林**（Fun Forest；www.funforest.nl；Bosbaanweg 3；成人/儿童 €24/20；⏲7月和8月 11:00~19:00，9月和10月 至18:00；👪；🚍170, 172），一个面向儿童开放的树顶攀爬公园，配有绳索、梯子和桥。

从这里往西2.5公里你将来到露天剧院（见219页），整个夏天都会有经典戏剧（荷兰语）上演。在Grote Speelweide附近你还可以租借独木舟、皮划艇（€6/小时）和脚踏船（€10/小时）。

大约往南0.75公里是公园里最吸引人的地方De Ridammerhoeve（www.geitenboerderij.nl；⏲周三至周一 10:00~17:00；🚍170, 172）**免费**，这是一个仍在运作的有机山羊牧场，孩子们可以给羊宝宝喂瓶装奶（€82瓶）。自助餐厅有售羊奶冰激凌和其他奶制品。

在公园参加各项活动后有不少用餐选择。在剧场不远处的Bosbaan（用于赛艇的长湖）北侧，**Boerderij Meerzicht**（www.boerderijmeerzicht.nl；Koenenkade 56；薄煎饼€6~11；⏲3月至10月 周二至周日 10:00~19:00，11月至次年2月 周五至周日 10:00~18:00；🚍170, 172）是一家由老式农舍改建的薄煎饼餐厅，很适合带孩子光临，旁边的游乐场可以让孩子们消耗多余的能量。回到公园入口，**De Bosbaan Cafe**（www.debosbaan.nl；Bosbaan 4；主菜€10~20；⏲10:00~21:00；🚍170, 172）是一个旅舍风格的咖啡馆，供应咖啡和食物，你可以坐在阳台上看看湖里的划桨者们。

筑。公园环绕着具有历史意义的佛兰肯代尔（Frankendael House）和一家开在温室里的餐厅，De Kas。

佛兰肯代尔

历史建筑，花园

见347页地图（www.huizefrankendael.nl；Middenweg 72；⏲花园 黎明至黄昏，住宅 周日 正午至17:00；🚍9 Hugo de Vrieslaan）**免费** 早在18世纪，在普兰塔格区南部有一片干涸的土地叫Watergraafsmeer，阿姆斯特丹的富人会在这里豪华的乡间度过夏日。那个时期最后幸存下来的就是佛兰肯代尔了，这栋路易十四风格的优雅宅邸，现今已将其花园对公众开放参观。

每周日正午至17:00宅邸免费开放，你可以独自探索也可以报名参加导览游（荷兰语；正午出发）。除此之外这里还常常举办艺术展览。**Merkelbach cafe**（见347页地图；☎665 08 80；Middenweg 72；主菜 €18~25；⏲周二至周六 8:30~11:00，周日和周一 至18:00）紧邻车马房，从其露台可以俯瞰各个花园。一定要去看一眼前院的喷泉以及巴库斯（Bacchus，酒神）和克瑞斯（Ceres，谷物女神）的雕像。

阿姆斯特丹南区

阿姆斯特丹森林公园

公园

（www.amsterdamsebos.nl；Bosbaanweg 5；⏲公园 24小时，游客中心 中午至17:00；👪；🚍170, 172）阿姆斯特丹森林公园是一大片由湖泊、丛林和步道纵横交错的草坪组成的地方。公园有各式各样的活动，非常适合孩子们。你可以租用脚踏车，探访山羊农场，在水道尝试皮划艇，在露天剧场看一场表演，在攀登公园登上树顶或是在咖啡馆和煎饼店打发时光。

在茂密的丛林里你会彻底忘记其实你身处在城市旁边（虽然，实际上你就在史基浦机场旁）。森林大约由1000公顷的绿色空间组成。当地人常来这里，但很少会感到拥挤。

在中央车站搭乘170路或172路公交车，车程约为40分钟。

眼镜蛇博物馆 博物馆

（www.cobra-museum.nl；Sandbergplein 1；成人/儿童 €9.50/6；⏲周二至周日 11:00~17:00；🚌170，172；🚊5 Binnehof）由来自哥本哈根、布鲁塞尔和阿姆斯特丹的艺术家在“二战”后建立，CoBrA运动期间所创作的半抽象作品因其“原始”、简单、儿童化的质感而闻名。 这座迷人的运河旁的博物馆收藏了许多色彩大胆、前卫的绘画、陶瓷和雕塑作品，其中很多来自该风格的创始者卡尔·阿佩尔，其他艺术家包括阿斯格·尤恩（Asger Jorn）、Anton Rooskens、Corneille和康斯坦特（Constant）。CoBrA运动只持续了3年（1948~1951年）。

这一艺术与其说是风格统一的整体，不如说是某种哲理更为贴切。受马克思主义启发，他们运用手边的材料来创造绘画、雕塑甚至诗歌。博物馆也会举办一些当代艺术家的临展。

公交车可以直达博物馆，有轨电车车站离博物馆约有1公里，跟随“CoBrA”的标示穿过商场就能到达。

阿姆斯特丹电车博物馆 博物馆

（Elektrische Museumtramlijn Amsterdam；☎673 75 38；www.museumtramlijn.org；Amstelveenseweg 264；往返 成人/儿童 €5/3；⏲4月中旬至10月 周日 11:00~17:00；👪；🚌170，172；🚊16 Haarlemmermeer Station）越过冯德尔公园西南侧的尽头，奥林匹克体育场正北，就是前Haarlemmermeer Station，即电车博物馆的所在地了。这些具有历史意义的电车源自欧洲各地，现在行驶在这里和阿姆斯特尔芬（Amstelveen）之间，是大小孩子户外活动的好选择，一趟往返旅程大约需1.25小时，环绕了阿姆斯特丹森林公园的大娱乐休闲区。

电车每小时发车2次到3次；详情见相关网页。

阿姆斯特尔公园 公园

（Amstel Park；Europaboulevard；⏲8:00至黄昏；👪；Ⓜ RAI，🚊4 RAI）阿姆斯特尔公园坐落在阿姆斯特丹RAI国际会展中心的南面。抚爱式动物园、迷你高尔夫、游乐场，这些让公园成为了孩子们的天堂。夏天会有迷你小火车环绕公园运行，其他包括玫瑰园、杜鹃花园，以及在Glazen Huis（玻璃房），Orangerie和Papillon Gallery的展览等也十分吸引人。

利克尔风车 风车

（RIEKERMOLEN；www.molens.nl；Ⓜ RAI，🚊4 RAI）这架建于1636年的风车就坐落于阿姆斯特尔公园南侧边界，阿姆斯特尔河的西岸。在其西南方向你会找到一尊伦勃朗的坐像，他正在河岸边画着风车的素描。

DE BIJLMER 街区

（Ⓜ Bijlmer ArenA）这里曾经是深受高犯罪率困扰的居民区，如今已成为闻名的拥有众多新颖建筑的娱乐和购物中心。跳上地铁来到由尼古拉斯·格雷姆肖（Nicholas Grimshaw）设计的**Bijlmer station**，这一于2007开放的地铁站十分引人注目。在街区的西侧你会看到阿姆斯特丹球场（见219页）、喜力音乐厅（Heineken Music Hall；见220页）和Ziggo Dome（见220页）。东面则是Amsterdamse Poort购物中心。

下火车，朝着Amsterdamse Poort购物中心的方向走，然后继续往东穿过许多玻璃幕墙的办公大楼，你就会看到许多连锁商店和极具异国风情的小商店。De Bijlmer是阿姆斯特丹苏里南人口最多的街区，同时也有不少西非和北非的移民。

阿姆斯特丹RAI国际会展中心 建筑

（www.rai.nl；Europaplein 22；Ⓜ RAI，🚊4 RAI）这座会展中心[顺带提一句，是雅克·塔蒂（Jacques Tati）1971年的电影《聪明笨伯古惑车》（*Trafic*）中的主要场景]是荷兰此类综合设施中最大型的。会展中心于1961年揭幕，其后每年都承办50余场车展、时装、跳马等各种奇特的展览，展馆也不断随之扩建。

RAI国际会展中心是自行车和汽车产业的象征，自行车和汽车贸易协会拥有本建筑群相当一部分所有权。

奥林匹克体育场 体育场

（☎305 44 00；www.olympischstadion.nl；

Olympisch Stadion 21；团队游 每人 €10；🚊16/24 Olympisch Stadion）这座宏伟的、实用主义的奥林匹克体育场是由传奇建筑师亨里克·彼图斯·伯拉吉（HP Berlage）的学生詹·威尔斯（Jan Wils）设计的。体育场是为1928年阿姆斯特丹夏季奥运会而建造，场内还建有一座高塔，奥运圣火在高塔熊熊燃烧直到大会闭幕，这是奥运会历史上的首次。你可以参加导览游，但须提前预订。

就餐

ROOPRAM ROTI 苏里南菜 €

见347页地图（1e Van Swindenstraat 4；主菜 €4~10；⏲周二至周日 14:00~21:00；🚊9 1e Van Swindenstraat）这家极简单的苏里南餐厅门前经常排起长队，但不要担心——队伍移动得很快。在吧台点单，至少来一份特制烤羊肉（含鸡蛋）和barra（小扁豆甜甜圈），且不要忘了特别给劲的辣椒酱。这可能是你能找到的最奇特的烤肉了。

打包带走或是在有6张餐桌的堂内用餐都非常美味。

WILDE ZWIJNEN 新派荷兰菜 €€

（☎463 30 43；www.wildezwijnen.com；Javaplein 23；主菜 €19~22，3至4道菜套餐 €30.50/36.50；⏲周一至周四 18:00~22:00 周五至周日 正午至16:00和18:00~22:00；📶；🚊14 Javaplein）🍃餐厅名是野猪的意思，如果来对季节，你还真能在菜单上找到野猪料理。这家使用木质桌椅、风格质朴的餐厅供应当地、当季的食物，烹调方式十分大胆。餐厅通常还提供素食主义菜品和巧克力酱（chocolate ganache）作为甜点。如果不想吃正餐，隔壁的eetbar供应各类的小食€7至€12。

餐厅距离东部公园约1公里；沿着1e Van Swindenstraat，转入Javastraat，直到Javaplein。

EETCAFE IBIS 埃塞俄比亚菜 €€

见347页地图（☎692 62 67；www.eetcafeibis.com；Weesperzidje 43；主菜 €12~15；⏲周二至周日 17:00~22:00；📝；🚊3 Wibautstraat/Ruyschstraat）非洲的艺术品和纺织品装点着Ibis小小的房间，可口到可以吮指[真是字面意思，用海绵一样柔软而有弹性的埃塞俄比亚英吉拉（injera）面包]的餐厅，蔬菜汤上用香叶围成花边，亦有售辣味羊肉、牛肉。餐厅有售非洲啤酒来搭配当地食物。

★DE KAS 各国风味 €€€

见347页地图（☎462 45 62；www.restaurantdekas.nl；Kamerlingh Onneslaan 3, Park Frankendael；午餐/晚餐菜单 €39/49.50；⏲周一至周五 正午至14:00 和18:30~22:00，周六 18:30~22:00；📝；🚊9 Hogeweg）🍃令全城的美食家趋之若鹜的餐厅，De Kas有着与其别致的玻璃温室场景相应的有机态度——试试在雷暴雨期间光临！餐厅使用的香料绝大部分都是自己种植、生产的，其不可思议的纯正香味加以创意的搭配令人赞叹不已。根据每天新鲜收获的食材，餐厅每日都有一份套餐菜单，需提前预订。

饮品和夜生活

★DE YSBREEKER 棕色咖啡馆

见347页地图（www.deysbreeker.nl；Weesperzijde 23；⏲周日至周四 8:00至次日1:00 周五和周六 至次日2:00；📶；🚊3 Wibautstraat/Ruyschstraat）坐在咖啡馆的阳台，看着阿姆斯特尔河边成排的船屋和来来往往的船只，真是极好的享受。室内，时髦的客人们或在豪华舒适的用餐区，或在大理石吧台举杯畅饮。当地的有机啤酒（比如Prael）和诸如羊肉丸的小食都很棒。

这栋建筑曾经是为工人们开设的旅馆，他们在阿姆斯特尔河上破冰，以便船只能够顺利通行（后部的玻璃窗户上描绘了当时的情景）。

CANVAS 酒吧

见347页地图（www.canvas7.nl；Wibautstraat 150；⏲周一至周四 7:00至次日1:00，周五 至次日4:00，周六 8:00至次日4:00，周日 至次日1:00；Ⓜ Wibautstraat）搭乘自动扶梯到沃克斯酒店（Volkshotel）顶楼，你就会找到这个集酒吧、夜总会于一身的餐厅了。年轻人因其无敌的风景和鸡尾酒聚集在这个非主流的酷炫空间。到了周末晚间，餐吧摇身变为劲歌热舞的夜总会。感觉太狂野？那悄悄爬上屋顶挑个浴缸泡个热水澡吧。

Wibautstraat地铁站就在咫尺之遥；出站时跟着"Gijsbrecht van Aemstelstraat"的标牌就能找到。

BUTCHER' S TEARS
自酿酒吧

（www.butchers-tears.com；Karperweg 45；⊙周三至周日 16:00~21:00；🚊16 Haarlemmermeerstation）Butcher' s Tears的啤酒在阿姆斯特丹拥有一群狂热的追随者。老主顾喜欢直奔源头——藏在工业化小巷内的具有艺术气息的酒吧间，然后点上杯惯点的啤酒。共有6种龙头里的自酿啤酒，还有更多口味的瓶装酒可供选择。试试Far Out（一种季节啤酒）和Misery King（一种三重发酵的琥珀啤酒）。

记得查询酒吧乐队演出、电影和其他娱乐活动的时间表。

DE BIERTUIN
啤酒花园

见347页地图（www.debiertuin.nl；Linnaeusstraat 29；⊙周日至周四 11:00至次日1:00，周五和周六 至次日3:00；📶；🚊9 1e Van Swindenstraat）店名翻译过来就是"啤酒花园"的意思，这确实概括了其主要特点。漂亮帅气的年轻人喜欢挑一个中意的露台（天冷时有取暖器），咬一口顶级的汉堡，畅饮其长长酒单上的佳酿（约有12种鲜啤和50余种瓶装的荷兰及比利时啤酒）。人们非常喜欢下了班来这儿喝一杯。

BAR BUKOWSKI
酒吧

见347页地图（☎370 16 85；www.barbukowski.nl；Oosterpark 10；⊙周一至周四 8:00至次日1:00，周五 至次日3:00，周六 9:00至次日3:00，周日 至次日1:00；🚊3/7 Beukenweg）酒吧以作家查尔斯·布可夫斯基（Charles Bukowski）这位常客命名，店内呈装饰艺术风格，非常适合安静地喝点东西或者静心写作揣摩。来一杯咖啡、喜力啤酒、香蕉奶昔或是茉莉花茶，很容易在这消磨一整天，饿了可以点一份法式长棍三明治或flammkuchen（阿尔萨斯薄底比萨）。若是想喝些烈一点的饮品，店主还有一家鸡尾酒吧就在隔壁（周四、周五、周六营业）。

SPARGO
酒吧

见347页地图（www.cafespargo.nl；Linnaeusstraat 37a；⊙10:00至次日1:00；🚊9 1e Van Swindenstraat）所以你刚逛完东部公园——走遍了所有纪念碑，找遍了在树上嬉闹的野生鹦鹉——现在你想找个地方喝一杯补充能量？Spargo的小阳台正在街对面引诱你呢。这里供应一些当地的荷兰佳酿，包括Brouwerij 't IJ酿酒厂（位于不远处的风车里的酿酒厂）。提示：咖啡馆的招牌看起来像"Spar90"。

☆ 娱乐

STUDIO K
电影院，现场音乐

（☎692 04 22；www.studio-k.nu；Timorplein 62；⊙周日至周四 11:00至次日1:00，周五和周六 11:00至次日1:00；📶；🚊14 Zeeburgerdijk）在东部公园区，这家由学生经营的Studio K拥有两家电影院、一个夜总会、一个乐队和戏剧使用的舞台、一家混合风味的餐厅（午餐供应三明治，还供应素食者菜品；晚餐为各国风味菜式）和一个大露台，是你体验嬉皮文化的一站式选择。你原本也许只是路过喝一杯咖啡，但结果很可能会待到晚上继续跳舞。

在商店旁边你还可以租借自行车。

阿姆斯特丹体育场
足球

（www.amsterdamarena.nl；Arena Blvd 1；📶；Ⓜ Bijlmer ArenA）阿姆斯特丹体育场是一座高科技的综合性体育场，拥有可关闭的顶棚，并可以容纳52,000名观众。这里是荷兰最知名的足球队——四次欧洲冠军杯得主——阿贾克斯（Ajax）的主场。足球比赛通常在8月至次年5月间的周六晚上和周日下午进行。体育场距离市中心东南约7公里，搭乘地铁前来十分方便。

球迷还可以参加时长1小时的体育场导览游（成人/儿童 €16/10；网上预订可享受折扣）。通常每天有8次导览游；时间表请见网站。

阿姆斯特丹木偶剧院
剧院

（Amsterdamse Bos Theatre；www.bostheater.nl；Bosbaanweg 5；⊙6月至9月初；🚌170，172）大型露天圆形剧场，上演荷兰语的莎士比亚（Shakespeare）、布莱希特（Brecht）和契诃夫（Chekhov）的戏剧作品。人们非常喜爱当飞机飞过头顶时，演员们在台上定格的情形。

ZIGGO DOME

演出场所

（www.ziggodome.nl; De Passage 100; ; Ⓜ Bijlmer ArenA）室内演出场所Ziggo Dome拥有17,000座，经常承办大牌巨星的演唱会，近期来开唱的包括碧昂斯（Beyoncé）、麦当娜（Madonna）和U2乐队。

喜力音乐厅

演出场所

（www.heineken-music-hall.nl; Arena Blvd 590; Ⓜ Bijlmer ArenA）这个中型演出场馆因其出众的音响效果和灯光效果而广受赞誉。摇滚和流行的大小明星都会选择在这里演出。

购物

DE PURE MARKT

市场

见347页地图（www.puremarkt.nl; Park Frankendael; ⊙3月至10月和12月 周日 11:00~18:00; 🚊9 Hogeweg）De Pure Markt于每月最后一个周日设立在佛兰肯代尔公园（靠近De Kas餐厅），集市上有售手工制作的香肠、摊主自家种植的葡萄等。可以留意集市西面的社区，一座座小屋被花园环绕其间。

DE WINKEL VAN NIJNTJE

玩具

（www.dewinkelvannijntje.nl; Scheldestraat 61; ⊙周一 13:00~18:00，周二至周五 11:00~18:00，周六 至17:00，周日 中午至17:00; ; 🚊12 Scheldestraat）荷兰插画家迪克·布鲁纳（Dick Bruna）笔下最著名的形象——米菲兔（Miffy，荷兰语为Nijntje），已被制成了玩具和儿童用品等周边商品。商品从铅笔、吹泡泡机到毛绒玩具、衣物甚至皇家代尔夫特（Royal Delftware）陶瓷餐具应有尽有。

> 当地知识
>
> **丛林中的酿酒坊**
>
> **Distilleerderij 't Nieuwe Diep**（www.nwediep.nl; Flevopark 13; ⊙4月至10月 周二至周日 15:00~20:00，11月至次年3月 至18:00; 🚊7/14 Soembawastraat）这个小小的酿酒坊位于树木茂密的Flevopark里的一个老泵站，它遵循荷兰古老的配方，使用有机原料蒸馏酿制了将近100批jenevers（荷兰语的琴酒）、苦艾酒、利口酒和果酒。它们非常美味，但最酷的部分是酿酒的场景——田园感、魔幻感十足，就像驻足在格林兄弟所著《糖果屋历险记》（*Hansel and Gretel*）里的小屋一般。
>
> 室外的露台就在果园旁的一个小湖边。从电车站往东步行10分钟就可以到达公园。只接受现金。

ERIC FARRELLY / ALAMY STOCK PHOTO ©

JEAN-PIERRE LESCOURET / GETTY IMAGES ©

1. 骑自行车（见29页）

入乡随俗，骑行环游这座城市吧。

2. 盛开的自行车

花瓣与踏板的能量在这辆被鲜花装饰的自行车上互相碰撞。

3. 自行车停放处

在阿姆斯特丹，自行车比汽车的数量还多。

4. 冯德尔公园（见184页）

骑自行车是探索这座人气公园的一种方式，阳光明媚的日子还有户外的派对氛围。

TRAVELCOLLECTION / ALAMY STOCK PHOTO ©

阿姆斯特丹周边一日游

哈勒姆 见224页

在这座活跃的城市中，巷道蜿蜒于17世纪的建筑间，距离阿姆斯特丹仅需15分钟。

莱顿 见227页

伦勃朗的出生地风景如画，运河如织，还有着世界上最古老和最负盛名的大学。

库肯霍夫花园 见228页

在春花烂漫的时节，去看看世界上面积最大、最迷人的植物园。

代尔夫特 见232页

代尔夫特的哥特和文艺复兴建筑能够与美丽的代尔夫特蓝瓷相媲美。

阿尔克马尔 见235页

阿尔克马尔的奶酪市场有数世纪的历史，也是传统奶酪商会最后的据点。

海牙 见236页

富丽堂皇的海牙有着精彩连连的博物馆以及精美的杰作，包括庄严的莫里茨皇家美术馆。

桑斯安斯 见237页

在这处令人愉悦的露天博物馆里，看风车叶片旋转以及磨坊工人劳作。

阿斯米尔鲜花拍卖市场 见238页

在喧闹芳香的鲜花仓库上方漫步，别错过拍卖的场面。

哈勒姆（Haarlem）

探索

当你从新艺术风格的哈勒姆中央火车站（Haarlem Centraal，国家形象的丰碑）出发散步，沿着Kruisweg和Kruisstraat来到老城的中心，途中会经过高档的精品店、美术馆和古董商店，这座城市的富庶和优雅很快就会一览无余。在Corrie Ten Boom House驻足，向荷兰最受敬仰的"二战"抵抗运动英雄致敬，然后前往热闹的大市场（Grote Markt）。弗兰斯·哈尔斯博物馆就在南边的几个街区外；在艺术圈里，哈勒姆曾经比阿姆斯特丹的地位还重要，这座精美绝伦的美术馆收藏了该国一些最精美的荷兰画作。

鉴于哈勒姆距离阿姆斯特丹如此之近，来去快捷方便，你可以很轻松地留在这里伴着夕阳微醺小酌，看场音乐演出，再享受阿姆斯特丹市区喧嚣的夜生活。

最佳……

➡ **景点** 弗兰斯·哈尔斯博物馆（见226页）

➡ **就餐** Brick（见227页）

➡ **饮品** Jopenkerk（见227页）

独家贴士

尽量安排在周六前来，届时哈勒姆的市场最为热闹。周一也有一个市场，不过届时弗兰斯·哈尔斯博物馆闭馆。

到达和离开

➡ **火车** 从阿姆斯特丹的中央火车站前往哈勒姆的中央火车站的班次很多（€4.10，15分钟，每小时最多8班）；从火车站往南步行800米就能到达大市场（Grote Markt）。晚间火车停驶期间，N30路夜间公共汽车往返于哈勒姆中央火车站和阿姆斯特丹的史基浦机场。

➡ **汽车** 从阿姆斯特丹西郊的环路出发，沿着N200前行（这条路会变成A200公路），到达哈勒姆。

行前参考

➡ **电话区号** ☎023

➡ **位置** 阿姆斯特丹以西20公里处

➡ **游客中心**（VVV；☎023-531 73 25；www.haarlemmarketing.nl；Grote Markt 2；⏰4月至9月 周一至周五 9:30~17:30，周六 9:30~17:00，周日 正午至16:00；10月至次年3月 周一 13:00~17:30，周二至周五 9:30~17:30，周六 10:00~17:00）

景点

市政厅 历史建筑

（Grote Markt 2）14世纪的华丽市政厅位于大市场（Grote Markt）西端，经历过多次扩建，包括一座宣判最高法院裁决的阳台。本景点只在9月第二个周末的景点公众开放日（Open Monuments Days）向公众开放。

圣巴福大教堂 教堂

（Grote Kerk Van St Bavo；www.bavo.nl；Oude Groenmarkt 22；成人/儿童 €2.50/免费；⏰周一至周六 10:00~17:00）哥特风格的圣巴福大教堂顶上的尖塔高50米，收藏有一些精美的文艺复兴艺术品，但最著名的景点还是其壮观

旅行建议

从阿姆斯特丹乘坐火车出发，所有的这些目的地都可以在1小时之内到达（有的还需要接驳电车或公共汽车）。如果你早早出门，有可能在一天里从容不迫地"完成"两个地方（例如阿尔克马尔和桑斯安斯）。

荷兰快速高效的铁路网络让交通变得小菜一碟。不必购买一张日票（dagkaart；€51.40），买张当日从阿姆斯特丹出发的往返车票（本章节所列的城镇车费为 €8.20~22.40，取决于距离远近），只要你能在当天完成旅行，就可以随意地多次上下车。

到处都有自行车道，但你不必带上你的自行车，因为租借处分布广泛，每天的借用费用为€7.50~12。

Haarlem 哈勒姆

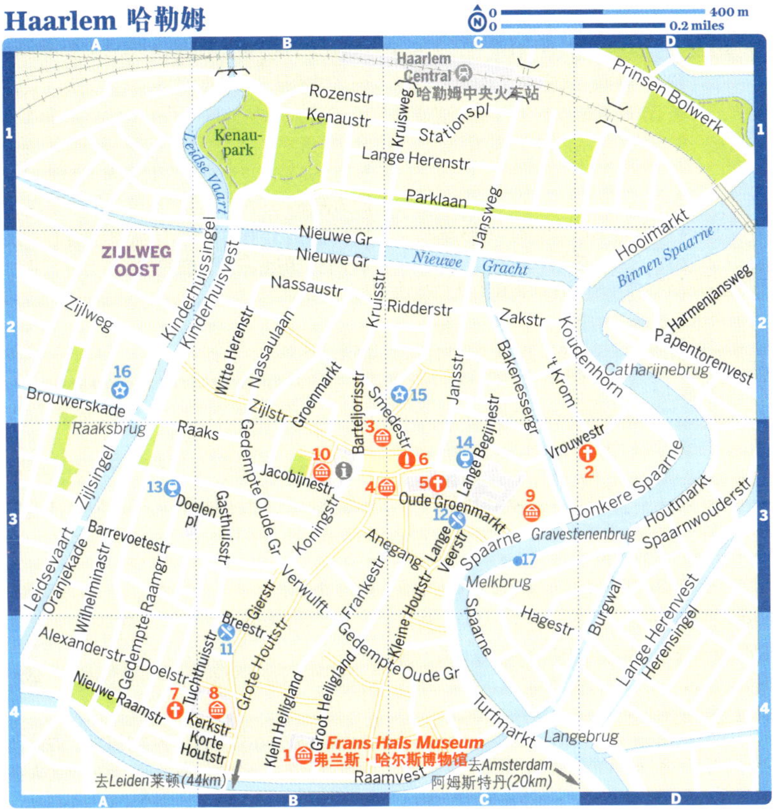

Haarlem 哈勒姆

重要景点

1 弗兰斯·哈尔斯博物馆........................ B4

景点

2 巴肯色教堂.. D3
3 彭柯丽之家.. B3
4 De Hallen.. B3
5 圣巴福大教堂....................................... C3
6 劳伦斯·科斯特像................................. C3
7 新教堂.. A4
8 Provenierhuis....................................... B4
9 泰勒博物馆.. C3
10 市政厅.. B3

就餐

11 Brick.. B4
De Haerlemsche Vlaamse ....（见4）
12 Restaurant Mr & Mrs......................... C3

饮品和夜生活

13 Jopenkerk... A3
14 Proeflokaal in den Uiver.................... C3

娱乐

15 Café Stiels... C2
16 Patronaat..A2

运动和活动

17 Haarlem Canal Tours.......................... C3

的穆勒管风琴，这座世界上最壮观的乐器竖立高度达到30米，由大约5000条音管组成。曾经的演奏者包括亨德尔和年仅10岁的莫扎特。免费的**管风琴演奏会**时长1小时，在7月和8月的周二20:15和周四16:00以及全年中每月最后一个周六的14:00举行。

劳伦斯·科斯特像（LAURENS COSTER STATUE）

雕塑

劳斯特·科斯特的雕像位于Grote Kerk北面的广场上。哈勒姆人相信科斯特应该和古腾堡一样，被称为活字印刷术的发明者。

DE HALLEN

美术馆

（www.dehallen.nl; Grote Markt 16; 成人/儿童 €7.50/免费; ⏲周二至周六 11:00~17:00, 周日正午至17:00）哈勒姆的现代和当代美术馆位于两座历史悠久的“馆厅”之内：17世纪荷兰文艺复兴风格的 **Vlees-hal** 以及新古典风格的 **Verweyhal**（鱼屋），前者曾是一座肉类市场，在17~19世纪是哈勒姆唯一准许贩售肉类的市场。各类展览每3个月会进行轮换，展品范围包括荷兰印象画派和眼镜蛇画派，以及前沿国际艺术家的创新录像、装置艺术和摄影作品。

PROVENIERSHUIS

历史建筑

（紧邻Grote Houtstraat; ⏲周一至周六 10:00~17:00）**免费** Proveniershuis位于大市场西南，紧邻Grote Houtstraat，是哈勒姆最漂亮的一座建筑。它最早是座救济院（hofje），并成为了St Joris Doelen（圣乔治公民卫队）的总部。

★弗兰斯·哈尔斯博物馆

美术馆

（Frans Hals Museum; www.franshalsmuseum.nl; Groot Heiligland 62; 成人/儿童 €12.50/免费; ⏲周二至周六 11:00~17:00, 周日 正午起）从大市场往南步行片刻，就能到达弗兰斯·哈尔斯博物馆，倘若你对荷兰大师们感兴趣，那就绝对不容错过。哈尔斯曾经在这座救济所度过他的晚年，其中的展品聚焦于17世纪的哈勒姆学派；镇馆之宝是8组公民卫队的群像，展示了哈尔斯对情绪和心理的准确掌握。留意其他著名画家的作品，例如小彼得·布吕赫尔（Pieter Brueghel the Younger）和雅各布·范·鲁伊斯达尔（Jacob van Ruysdael）。

在博物馆的其他瑰宝之中，还有着哈尔斯的老师，佛拉芒艺术家卡雷·范·曼德尔（Carel van Mander）的作品：精美的人体解剖绘图，占满了整堵墙面，墙上还有对圣经和神话的引用。

泰勒博物馆

博物馆

（Teylers Museum; www.teylersmuseum.nl; Spaarne 16; 成人/儿童 €12/2; ⏲周二至周六 10:00~17:00, 周日 11:00~17:00）泰勒博物馆是该国最早持续经营的博物馆，始建于1778年。陈列的发明都取得了巨大的成功，例如一台18世纪的静电机，融汇了疯狂科学家的想象力。涉猎广泛的展品还包括荷兰和法国画派的作品；天窗采光的椭圆屋（Ovale Zaal）华丽宏伟，在两层的玻璃展览柜里优雅地展示了自然历史标本。博物馆定期会举行临时展览。

巴肯色教堂

教堂

（Bakenesserkerk, Vrouwestraat 和 Bakenesserstraat 交叉路口）巴肯色教堂建于15世纪末期，由砂岩建筑而成，并由电灯点亮，给人留下深刻的印象。大教堂选用石材建造，但不能支撑沉重的尖塔，因此改成木塔。不对公众开放。

彭柯丽之家

历史建筑

（Corrie ten Boom House; www.corrietenboom.com; Barteljorisstraat 19; 门票捐款; ⏲4月至10月 10:00~15:00, 11月至次年3月 11:00~14:30）又被称作“隐藏之处”，彭柯丽之家的名字源自于“二战”期间躲避在这座屋子的女性族长。在她卧室里隔出了一个暗间，庇护了上百位犹太人和荷兰抗战者，直到他们被安全带走。1944年，彭柯丽一家遭人告发，被送至集中营，其中3人离开了人世。后来，彭柯丽环游世界，宣扬和平。英语的团队导览每90分钟进行一次。

新教堂

教堂

（Nieuwe Kerk; Nieuwe Kerksplein; ⏲周一至周六 10:00~17:00）**免费** 沿着迷人的Korte Houtstraat步行，走到17世纪的新教堂；华丽的塔楼由Lieven de Key建造，下面提供支撑的方形建筑由Jacob van Campen设计。

餐饮

DE HAERLEMSCHE VLAAMSE

快餐 €

（Spekstraat 3; 薯条 €2.30~4.40; ⏲周一至周五 9:00~18:30, 周六 11:00~17:30, 周日 正午至17:30）在这家当地的知名餐馆排队，品尝一份由新鲜土豆制成的香脆黄金薯条，还可以在12种调料里（包括3种蛋黄酱）选择一种口味。

西班牙军队围困哈勒姆

1572年，西班牙军队入侵哈勒姆，在7个月的围攻战之中，数千市民死于非命。虽然困难重重，人们的生活很快又步入正轨。这座城市在黄金时代迅速发展，吸引了欧洲各地的画家和艺术家。

★BRICK 新派欧洲菜 €€

（☎023-551 18 70；www.restaurantbrick.nl；Bree-straat 24-26；午市主菜 €7.50~10.50，晚餐 €15.50~21.50；⏲周二至周日 正午至22:00）你可以在底楼餐厅或二楼直接透过玻璃地板欣赏到大厨在开放式厨房烹饪富于灵感的菜肴，例如鸭肉榛仁意大利饺配黑松露和鹅肝酱。人行道上也摆着餐桌，但夏季的屋顶露台才是最佳就餐选择。

RESTAURANT MR & MRS 各国风味 €€

（☎023-531 59 35；www.restaurantmrandmrs.nl；Lange Veerstraat 4；小盘 €9~12，4/5/6道菜套餐 €36/44/52；⏲17:00~22:00）未曾料到，这家小馆的美食烹饪别具匠心，而且摆盘精美。可多人分享的热盘和冷盘小菜可能会包括鞑靼牛排配黑松露、小章鱼配芒果和墨西哥辣椒、鲭鱼配牛油果酱和鱼子酱、海鲜酱牛排配鹅肝和蘑菇以及法式焦糖布丁配威士忌蛋白酥。一定要提前预订。

★JOPENKERK 自酿酒吧

（www.jopenkerk.nl；Gedempte Voldersgracht 2；⏲自酿酒吧和咖啡馆 10:00至次日1:00，餐馆周二至周六 17:30至深夜）这家独立运营的自酿酒吧，位于一座建于1910年、装饰着彩绘玻璃窗的教堂内，是哈勒姆最具情调的小酌地。啤酒品种包括柑橘味的Hopen、果香型的Lente Bier或巧克力味的Koyt，在铿亮的铜制酒桶下，适合配上经典的荷兰酒吧美食炸肉丸（bitterballen）和奶酪。你也可以前往夹层，品尝由当地时令食材制作的佳肴和Jopenkerk的啤酒，也有酒菜搭配的套餐。

PROEFLOKAAL IN DEN UIVER 棕色咖啡馆

（www.indenuiver.nl；Riviervischmarkt 13；⏲周一至周三 16:00至次日1:00，周四至周六 至次日2:00，周日 至午夜）这家海洋主题的咖啡馆和许多情调小馆一样能够俯瞰大市场，店内到处都有着航海小摆设，还放着一艘帆船。经常会进行爵士音乐表演，可以上网查询演出日程。

☆ 娱乐

CAFÉ STIELS 现场音乐

（www.stiels.nl；Smedestraat 21；⏲周日至周三 20:00至次日2:00，周四 至次日3:00，周五和周六至凌晨4:00）每晚10点起，乐队会在后台表演爵士、节奏和蓝调乐，周末甚至会闹到凌晨4点。

PATRONAAT 现场音乐

（www.patronaat.nl；Zijlsingel 2；⏲时间各异）哈勒姆的顶级音乐和舞厅夜店充满了不同乐队高分贝的音乐。这处洞穴般的场馆通常晚上9点左右开始演出。

运动和活动

HAARLEM CANAL TOURS 运河游

（www.haarlemcanaltours.com；Spaarne 17的对面；团队游 每人 €13.50；⏲团队游 4月至9月 10:00~19:00）乘坐复古敞篷船游览，全程妙趣横生，时长1.25小时，大约每90分钟发一班船。

莱顿（Leiden）

探索

充满活力的莱顿是荷兰最佳城市之一。

当你从超级现代的中央车站（Centraal Station）向南步行，城市的传统魅力尽收眼底。步行5分钟，你就会来到历史悠久的河道，最著名的要数老莱茵河（Oude Rijn）和新莱茵河（Nieuwe Rijn）。它们在Hoogstraat交汇，构成了莱茵运河。

莱顿还以伦勃朗的出生地而闻名；荷兰最古老和杰出的高等学府也在这儿（爱因斯坦曾经担任教授职位），有超过2.3万名学生；1620年，正是在这里，美国的清教徒通过筹款租用了漏水的“五月花号”前往新大陆。

这座城市有大量博物馆，而且彼此之间

均可以步行前往，漫步于风景如画的街景之中，也是其一大吸引力。

最佳……

- **景点** 莱顿植物园（见230页）
- **就餐去处** In den Doofpot（见231页）
- **饮品去处** Café L' Esperance（见231页）

独家贴士

探索大学区域，包括欧洲最古老的植物园在内的历史景点与热闹的校园生活交织在一起。

到达和离开

- **火车** 列车从阿姆斯特丹的中央车站驶出（€8.80，35分钟，每小时6班）。
- **汽车** 从A10环路西南角进入A4前往。

行前参考

- **电话区号** 071
- **位置** 阿姆斯特丹西南45公里处
- **游客中心**（071-516 60 00；www.visitleiden.nl；Stationsweg 41；周一至周五 7:00~19:00，周六 10:00~16:00，周日 11:00~15:00）

景点

★国家古文明博物馆 博物馆

（Rijksmuseum van Oudheden；www.rmo.nl；Rapenburg 28；成人/儿童 €9.50/3；周二至周日 10:00~17:00）这座博物馆拥有世界级的文物收藏，藏品来自古希腊、古罗马和古埃及，其中最珍贵的展品要数精美的**Temple of Taffeh**，为了感谢荷兰在保护古埃及重要文物免受洪水破坏中提供的援助，埃及前总理安瓦尔·萨达特（Anwar Sadat）向荷兰赠送了这份礼物。

留心：埃及文物展览于2016年10月开放。

彼得教堂 教堂

（Pieterskerk；www.pieterskerk.com；Pieterskerkhof 1；门票 €2；11:00~18:00）彼得教堂顶上有座巨大的尖塔，经常需要修缮；不过这是件好事，毕竟教堂建于14世纪，感觉很容易会塌下来。

教堂地界充满莱顿的古韵，还有一座三角墙老屋，在变身商业建筑之前，这是一所**拉丁语学院**（Lokhorststraat 16），它的名声是因为伦勃朗从1616年至1620年在这里就读小学。穿过广场，可以找到**Gravensteen**（Pieterskerkhof 6），其历史可追溯到13世纪，曾经是一座监狱。面朝广场的走廊曾是法官观赏处决的地方。

莱顿美国清教徒前辈移民博物馆 博物馆

（Leiden American Pilgrim Museum；071-512 24 13；www.leidenamericanpilgrimmuseum.org/index.htm；Beschuitsteeg 9；门票 €5；周三至周六 13:00~17:00）莱顿美国清教徒前辈移

库肯霍夫花园

库肯霍夫花园（Keukenhof Gardens；www.keukenhof.nl；Lisse；成人/儿童 €16/8，停车 €6；3月中旬至5月中旬 8:00~19:30，18:00后不得入园）库肯霍夫是荷兰最著名的景点之一，它位于Lisse以西1公里处，是世界上最大的鳞茎植物园。数百万株五彩缤纷的郁金香、水仙和风信子在8周内吸引了近80万名游客的光临——这些鲜花的花期很短，只有8周。

专门的公共汽车（€9，每15分钟，30分钟）可以从库肯霍夫前往阿姆斯特丹的史基浦机场和莱顿的中央车站；也可以买包含门票和交通费用的组合套票（成人/儿童 €23.50/12.50）。网络购买预售火车票可以帮你避开排队的人群。

库肯霍夫城堡（Kasteel Keukenhof；0252-750 690；www.kasteelkeukenhof.nl；Keukenhof-Noord 1；成人/儿童 €12.50/5.50，只参观花园 €5/2；周一至周五 8:30~17:00，周六和周日 10:30~17:00）这座2012年完全修复的城堡就位于**库肯霍夫花园**（见本页）对面，1641年由指挥官Adriaan Muertenszoon Block建造。票价包括强制性的30分钟团队导览，参观奢华的室内。城堡占地80多公顷，有大片林地、草坪和花园。还有一处欢乐的小型动物园，孩子们可以进入笼圈，与豚鼠和兔子们嬉戏，旁边还有一座茶舍（10:00~17:00开放）。

Leiden 莱顿

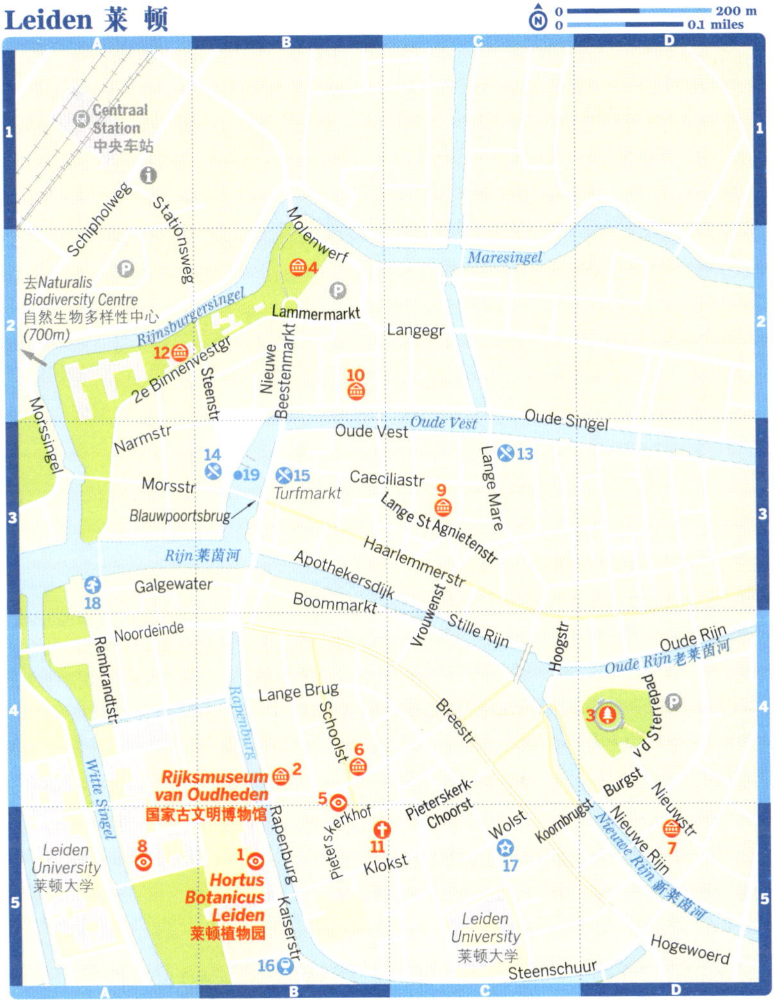

民博物馆精美地复原了一幢单间房屋，清教徒们在移民之前，曾经于1610年左右居住在此（见231页）。房屋本身始建于1375年（看看14世纪保留至今的地板瓷砖），但室内陈设则来自清教徒时期。馆长Jeremy Bangs写过大量关于清教徒的作品，对他们与莱顿的渊源颇有研究。

城堡 公园，纪念碑

（De Burcht；⊙日出至日落）**免费** 城堡建于11世纪，坐落在一座假山上，但随着城市的日趋扩张，已经失去了当初保护的功能。现在的城堡是一座公园，可以眺望由尖塔和屋顶组成的全城图景，底部还有一座咖啡馆。

莱顿大学 大学

（Leiden University；www.leiden.edu）荷兰最古老的大学是沉默者威廉（Willem the Silent）在1575年赠予莱顿的礼物，因为这里在1573年和1574年经受住了西班牙的两次围攻。校园包含了新旧的建筑，分散在全城各个区域。

民族学博物馆 博物馆

（Rijksmuseum Volkenkunde；www.volkenkun

Leiden 莱 顿

重要景点

1 莱顿植物园 B5
2 国家古文明博物馆 B4

景点

3 城堡........ D4
4 德·法尔克风车 B2
5 Gravensteen........ B4
6 拉丁语学院 B4
7 莱顿美国清教徒前辈移民博物馆........ D5
8 莱顿大学 A5
9 布尔哈夫博物馆........ C3
10 雷肯霍尔市立美术馆........ B2
11 彼得教堂 B5
12 民族学博物馆........ A2

就餐

13 Brasserie de Engelenbak C3
14 David's Burger B3
15 In den Doofpot B3

饮品和夜生活

16 Café L'Esperance B5

娱乐

17 Café de WW........ C5

运动和活动

18 Botenverhuur 't Galgewater A3
19 Rederij Rembrandt B3

de.nl; Steenstraat 1; 成人/儿童 €12/6; ⏲周二至周日 10:00~17:00）民族学博物馆展示了全世界各地文明的成就。文物超过20万件，内容涵盖中国、南美和非洲，很像阿姆斯特丹的热带博物馆。印度尼西亚的展品收藏丰富；留意观看甘美兰乐团的演出。

★莱顿植物园 花园

（www.hortusleiden.nl; Rapenburg 73; 成人/儿童 €7/3; ⏲4月至10月 每天10:00~18:00，11月至次年3月 周二至周日 至16:00）植被茂盛的莱顿植物园建于1590年，是欧洲最古老的植物园之一（意大利的帕多瓦有欧洲最古老的植物园，建于1545年），种植了荷兰最原始品种的郁金香。这里适合放松休闲，充满了热带色调，还有一座漂亮（但很闷热）的温室。

雷肯霍尔市立美术馆 博物馆

（Museum De Lakenhal; www.lakenhal.nl; Oude Singel 28-32）雷肯霍尔市立美术馆是莱顿最重要的博物馆，展示了土生土长于此的伦勃朗以及其他艺术家的作品；但2016年至2018年期间因为修缮和扩馆工程闭馆。上网或联系票务处获取最新信息。

德·法尔克风车 博物馆

（De Valk, The Falcon; ☎071-516 53 53; http://molenmuseumdevalk.nl; 2e Binnenvestgracht 1; 成人/儿童 €4/2; ⏲周二至周六 10:00~17:00，周日 13:00~17:00）作为莱顿地标的风车博物馆受到人们的呵护和爱戴，对它的修缮从来没停止过，因此许多人认为这是最棒的风车。只要风向条件合适，风车叶片“任何时候”都可以转动，而且现在依然可以碾磨谷物。

自然生物多样性中心 博物馆

（Naturalis Biodiversity Centre; www.naturalis.nl; Darwinweg 2; 成人/儿童 €12/9; ⏲10:00~17:00）来到这座运营资金充裕的大型博物馆，首先迎接你的是一头大象的标本，这里陈放了常见动物的尸体以及著名的百万年前的爪哇猿人头盖骨——由荷兰人类学家尤金·杜布瓦（Eugène Dubois）在1891年发现。博物馆位于市中心以西300米处。

布尔哈夫博物馆 博物馆

（Museum Boerhaave; www.museumboerhaave.nl; Lange St Agnietenstraat 10; 成人/儿童 €9.50/4.50; ⏲周二至周日 10:00~17:00）莱顿大学是早年荷兰医学研究的中心。这座博物馆展示着一些令人毛骨悚然的展品（浸泡在化学试剂中达5个世纪的器官，还带有手术工具和骨骸），你还可以在解剖剧场看一眼浮雕般僵硬的骷髅。

餐饮

DAVID'S BURGER 汉堡 €

（www.davidsburger.nl; Steenstraat 57; 主菜 €10~13.50; ⏲17:00~23:00）木制吧台上覆有牛皮，墙上挂着马蹄和农具，这里是David's，供应莱顿最佳的全有机汉堡包，例

莱顿与朝圣者的联系

1608年，一群加尔文主义的新教信徒脱离了英国教会，为了躲避迫害，他们从英格兰的诺丁汉郡踏上了跨越数十年和数千英里的旅程。他们首先在约翰·罗宾森（John Robinson）的带领下来到了阿姆斯特丹，与当地的荷兰新教信徒发生了宗教冲突。

在莱顿，他们发现了更为自由的气氛，这多亏当地的大学以及想法相近的加尔文主义者已经居住于此多时。他们还与其他躲避迫害的难民结成伙伴。然而，他们还是躲不过老冤家的迫害。1618年，英格兰国王詹姆斯一世宣称对生活在莱顿的加尔文主义者进行管辖。火上浇油的是，当地的荷兰人越来越不能容忍这股宗教分裂势力。

1620年，第一批英国人离开了德夫哈芬，也就是现在的鹿特丹；他们在那儿购买了"好速号"（Speedwell），意在驶往新世界。不幸的是，漏水的"好速号"辜负了它的美名：几次企图横渡大西洋的尝试都无功而返，因此他们路走偏锋，航行至英格兰的南安普顿。船只经修理后的一次起航再次失败了，之后教徒们搭乘更适合航海的"五月花号"（Mayflower），从达特茅斯出发，因而也就有了清教徒的这段历史。

这段传奇的旅程只是众多莱顿教徒们谱写的篇章之一。直到1630年，大多数人才设法抵达了美国的殖民地，建立了如今的新英格兰。大约1000人完成了这段旅程，包括一些因为特殊信仰而被认为是怪胎的荷兰人。

时至今日，清教徒在莱顿的踪迹已经很难寻觅。最好的探索去处是**莱顿美国清教徒前辈移民博物馆**（见228页）。

如"南美牧人"（gaucho，牛肉配烤胡椒、西葫芦和阿根廷香辣酱chimichurri）、辣味素食（spicy veggie，豆子和干辣椒酱配上牛油果沙拉和奶酪）、羊肉（lams，羊肉和红洋葱佐料）以及经典汉堡（牛肉配生菜、番茄和酸黄瓜），另外还有玉米棒。

BRASSERIE DE ENGELENBAK　新派荷兰菜 €€

（☎071-512 54 40；www.deengelenbak.nl；Lange Mare 38；午餐主菜 €8~19，晚餐主菜 €17~19，3道菜的晚餐套餐 €29；⊙11:00~22:00）在17世纪的八边形建筑Marekerk楼下，这家优雅的小馆提供的菜单随季节变换更迭，新鲜的食材比照着大陆对岸的方式烹调。许多菜肴都以当地的农产品为特色。室外餐桌可以欣赏来往的人群。相邻的小酒馆（café）供应小吃至午夜。

LOT EN DE WALVIS　各国风味 €€

（☎071-763 03 83；www.lotendewalvis.nl；Haven 1；主菜 €7~19；⊙9:00~22:00）Lot有一处阳光亲水平台，但受到莱顿市民欢迎的原因还是这里美味的食物，包括早餐（法式吐司配肉桂糖；发酵面团班尼迪克蛋）、午餐（泰式黄咖喱鱼肉汉堡；烟熏鲭鱼意大利面）和晚餐（辣羊肉串蘸酸奶；雪梨榛仁蛋糕）。必须提前预订。

★IN DEN DOOFPOT　新派欧洲菜 €€€

（☎071-512 24 34；www.indendoofpot.nl；Turfmarkt 9；主菜 €25，3/4道菜的午餐套餐 €39/45，4/5/6/8道菜的晚餐套餐 €55/65/70/80；⊙周一至周五 正午至15:00和17:00~22:00，周六17:00~22:00）考虑到主厨帕特里克·布鲁格曼（Patrick Brugman）的超高厨艺，In den Doofpot的价格就实在是太划算了。猪五花肉配烤鳗鱼、焗烤松露黄油龙虾和迷你香草沙拉、有机荷兰小牛排配马德拉酱、马铃薯和焦糖橙以及其他香气扑鼻的菜肴都汇聚着别致的艺术气息。葡萄酒收费为每道菜 €8。

CAFÉ L' ESPERANCE　棕色咖啡馆

（www.lesperance.nl；Kaiserstraat 1；⊙周一至周三 15:00至次日1:00，周四至周日 11:00至次日1:00）室外地台，排列着镶框照片的木镶板墙壁——这家怀旧的咖啡馆俯瞰着一处运河的河湾，夏季的餐桌会延伸到人行道上。

娱乐

CAFÉ DE WW

现场音乐

（www.deww.nl; Wolsteeg 6; ⌚周日至周三14:00至次日2:00，周四 至次日3:00，周五和周六至次日4:00）在周五和周六，现场摇滚乐会唱响这家猩红色装潢的奢华酒吧，舞台临时搭在巷弄里，观众会一路排到主街上。其他的晚上则会有DJ助兴。虽然重点在音乐，但啤酒的种类也很丰富。只收现金。

运动和活动

REDERIJ REMBRANDT

乘船游

（☎071-513 49 38; www.rederij-rembrandt.nl; Blauwpoortshaven 5; 成人/儿童 €10/6.50; ⌚5月至10月 11:00、13:30和14:45）1小时的休闲运河乘船游环绕老城中心，提供多种语言的纪录片导览（包括英语）。

BOTENVERHUUR 'T GALGEWATER

租船

（☎071-514 97 90; www.botenverhuurleiden.nl; Galgewater 44a; 皮划艇/赛艇/独木舟/小船每小时 €6/7/8/50起; ⌚5月中旬至8月中旬 周一至周四 正午至22:00，周五至周日 11:00~22:00; 4月中旬至5月中旬和8月中旬至10月初 周一至周四 正午至19:00，周五至周日 11:00~19:00）租一艘皮划艇、赛艇、独木舟或荷兰传统的电动小船（sloepen）来探索莱顿四通八达的运河。小船至少需要租2小时（不需要船只行驶驾照）。

住宿

HUYS VAN LEYDEN

精品酒店 €€

（☎071-260 07 00; www.huysvanleyden.nl; Oude Singel 212; 双 €134起; 📶）这处运河寓所建于1611年，历史韵味浓厚，陈设奢华，还有桑拿室、屋顶露台和Nespresso咖啡机；5个房间都融合了黄金时代与21世纪的风格，床单和天篷床令人眼前一亮。姐妹酒店**De Barones van Leyden**（☎071-260 07 00; www.debaronesvanleyden.nl; Oude Herengracht 22; 双 €146起; 📶）甚至更为富丽堂皇，令人惊叹。

代尔夫特（Delft）

探索

精致又迷人的代尔夫特也是其蓝白色瓷器的名字。游客喜欢来这儿狭窄的运河溜达，凝视精美的老建筑，并且了解黄金时代画家约翰内斯·维米尔（Johannes Vermeer，出生并生活于此）的生平，然后陷入沉思；所以早些出门就可以避开人潮。

结束参观皇家代尔夫特蓝瓷工厂之后，在游客中心领取一本徒步导览指南，然后就可以用自己的步调来探索这座城市的深厚底蕴。务必要预留出足够的时间在市场一带购物、品酒和就餐。

尽管代尔夫特距离阿姆斯特丹仅1个小时路程，极具性价比的酒店仍然吸引着一日游的游客，可以不用那么早就打道回府。

最佳……

- **景点** 代尔夫特维米尔中心（见233页）
- **就餐** Brasserie 't Crabbetje（见234页）
- **饮品** Locus Publicus（见235页）

独家贴士

这里不只是有代尔夫特蓝瓷和维米尔：多花一些时间，在街道里走走，这是荷兰最漂亮的城市之一，珍藏着丰富的哥特和文艺复兴风格建筑瑰宝。

到达和离开

- **火车** 列车往返于阿姆斯特丹的中央车站和代尔夫特之间，班次频繁（€12.70，1小时，每小时最多4班）。代尔夫特崭新闪亮的新火车站于2015年落成，位于市场以南700米处。
- **汽车** 走A13/E19，这条路线穿过海牙，前往鹿特丹。

行前参考

- **电话区号** ☎015
- **位置** 阿姆斯特丹西南55公里处
- **游客中心**（VVV; ☎015-215 40 51; www.delft.nl; Kerkstraat 3; ⌚4月至10月 周日和周一 10:00~16:00，周二至周六 10:00~17:00; 11月至次年3月 周一 正午至16:00，周二至周六 10:00~16:00，周日 11:00~15:00）

Delft 代尔夫特

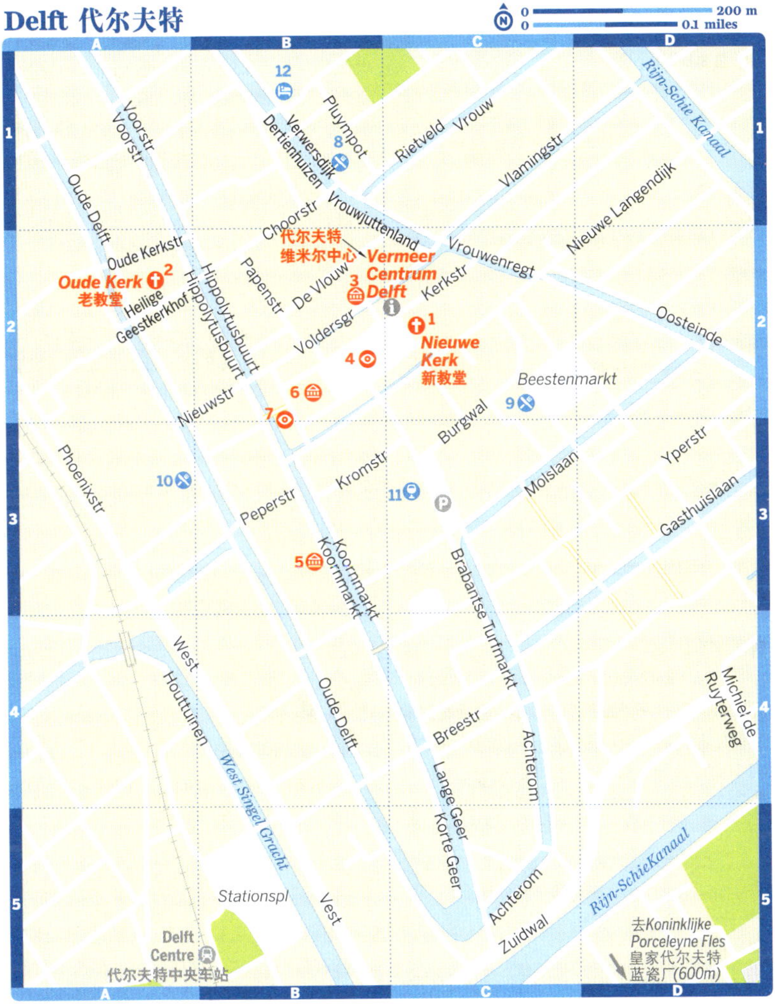

景点

★代尔夫特维米尔中心 博物馆

(Vermeer Centrum Delft; www.vermeerdelft.nl; Voldersgracht 21; 成人/儿童 €8/4; ⏲10:00~17:00)正因为维米尔出生于此，生活于此，亦工作于此，代尔夫特在诸多艺术史和早期绘画大师发烧友的心目中占据着“维米尔中心”的位置。你不仅可以看到维米尔实物大小的画作，还能参观其画室的复制间，这里展示了艺术家在其作品之中使用光线和色彩的技艺与手法。“维米尔的世界”展览深入探察了他的成长环境，还会有一些临时展览，介绍他的作品如何赋予其他艺术家灵感。

市场 广场

这座城市广场仅供行人通行，其精美的画廊、古董店、服装精品店以及各种稀奇古怪的特产商店令人愉悦。

市政厅在一座13世纪的塔楼周围，与众不同地结合了文艺复兴时期的建筑。在其后方，过磅房(Waag)建于1536年；其巨大的绿门安装于1644年。

Delft 代尔夫特

重要景点

1 新教堂........C2
2 老教堂........A2
3 代尔夫特维米尔中心........B2

景点

4 市场........B2
5 Museum Paul Tetar van Elven........B3
6 市政厅........B2
7 过磅房........B2

就餐

8 Brasserie't Crabbetje........B1
9 Spijshuis de Dis........C2
10 Stads-Koffyhuis........A3

饮品和夜生活

11 Locus Publicus........C3

住宿

12 Hotel de Plataan........B1

★老教堂 教堂

（Oude Kerk; http://oudeennieuwekerkdelft.nl; Heilige Geestkerkhof 25; 成人/儿童 含新教堂 €3.75/2.25; ⏲4月至10月 9:00~18:00, 11月至次年3月 11:00~16:00, 周日关闭）哥特风格的老教堂建于1246年，是一处荒诞离奇的景点：由于运河位置造成的土地沉降，其高为75米的塔楼倾斜了近2米，因此也获得了"扬倾斜"（Scheve Jan）的称号。维米尔就安葬于教堂中。

★新教堂 教堂

（Nieuwe Kerk; http://oudeennieuwekerkdelft.nl; Markt 80; 成人/儿童 含老教堂 €3.75/2.25, 新教堂塔楼再加 €3.75/2.25; ⏲4月至10月 周一至周六 9:00~18:00, 11月至次年1月 周一至周五 11:00~16:00, 周六 10:00~17:00, 2月和3月 周一至周六 10:00~17:00）代尔夫特新教堂于1381年开始建筑施工，直到1655年才完工。108.75米高的塔顶可以纵览漂亮的美景：爬上376级狭长的螺旋阶梯，晴朗的日子里视线最远可以望到鹿特丹和海牙。这里是奥兰治威廉（沉默者威廉）的安息之所，陵寝由Hendrick de Keyser设计。

MUSEUM PAUL TETAR VAN ELVEN 博物馆

（www.museumpaultetarvanelven.nl; Koornmarkt 67; 成人/儿童 €5/免费; ⏲周二至周日 13:00~17:00）这座冷门的博物馆过去是19世纪荷兰艺术家Paul Tetar van Elven的工作室和寓所，他曾经在1864~1894年居住并工作于此，死后还把这里馈赠给了代尔夫特。博物馆以他的作品为主，包括了他知名画作的复制品，以及古董家具、东方瓷器和代尔夫特蓝瓷的精美收藏。内部装潢保留了当初的特色，很容易就能联想到当初生活的模样。

★皇家代尔夫特蓝瓷厂 瓷器工厂

（Koninklijke Porceleyne Fles,Royal Delft; www.royaldelft.com; Rotterdamse-weg 196; 工厂团队游 成人/儿童 €12.50/6.25; ⏲3月中旬至10月 9:00~17:00, 11月至次年3月中旬 周一至周六 9:00~17:00, 周日 正午至17:00）瓷器爱好者会爱上市中心东南1公里的皇家代尔夫特。团队游票价包含语音导览，你将参观油画展示、公司博物馆以及工厂制作过程。你还可以在一家作坊（€26.50~32），制作专属于你的一片蓝瓷（瓷砖、瓷盘或瓷瓶）。当然对许多人而言，礼品店才是真正令他们为之倾倒的地方。

餐饮

STADS-KOFFYHUIS 咖啡馆 €

（http://stads-koffyhuis.nl; Oude Delft 133; 主菜 €8~16.50; ⏲周一至周五 9:00~20:00, 周六至18:00）一艘驳船停在门口，船上的露台是这家明快的咖啡馆最抢手的就餐区域。别错过这里获奖的面包卷，馅料包括陈年手工高达奶酪配苹果酱、芥末、鲜无花果和核桃；或是招牌的薄煎饼。从这里望向运河尽头的新教堂，可能是其最佳观景点。

★BRASSERIE 'T CRABBETJE 海鲜 €€

（☎015-213 8850; www.crabbetjedelft.nl; Verwers-dijk 14; 主菜 €11.50~34.50; ⏲周三至周日 17:30~22:00; 🛜）在这家时尚精致的餐厅，海鲜得到了美食家级别的照顾，包括韭香扇贝配小龙虾，鳐鱼鱼翅配榛仁屑和融化奶油（beurre noisette），三文鱼薄切片配烟熏鳗鱼丸以及烤龙虾配番茄和松露油。奢华的双人海鲜拼盘价格为€83。甜品也很精美。

SPIJSHUIS DE DIS 新派荷兰菜 €€

（☎015-213 17 82; www.spijshuisdedis.com;

Beestenmarkt 36; 汤 €6~7.50, 主菜 €17~24.50; ⏲周二至周日 17:00~21:30）在这家浪漫的美食港湾里，新鲜鱼肉和用面包碗盛放的汤才是主角，但肉食爱好者和素食主义者也能得到很好的照顾。创意十足的前菜包括烟熏腌渍的鲭鱼配山葵苹果片。不要错过用木屐奉上的荷兰布丁。

LOCUS PUBLICUS 棕色咖啡馆

（www.locuspublicus.nl; Brabantse Turfmarkt 67; ⏲周一至周四 11:00至次日1:00，周五和周六 11:00至次日2:00，周日 正午至次日1:00）温馨小巧的 Locus Publicus 充满着欢快的当地人，可以在多达175种啤酒中选择自己喜欢的畅饮一番。屋前露台还是打望路人的好去处。

住宿

HOTEL DE PLATAAN 精品酒店€€

（☎015-212 60 46; www.hoteldeplataan.nl; Doelenplein 10; 标单/双 €105/115起，主题双人房 €140起; 📶）这家家庭经营的宝地位于老城广场上，漂亮的运河畔。酒店虽小，但有优雅的标准间和华丽的主题客房，包括“伊甸园”（Garden of Eden），东方式样的“琥珀”（Amber）配备了土耳其按摩淋浴，或是沙漠岛屿风情的“罗望子”（Tamarinde）。注意：许多配套设施只是与房间做了部分隔断。费用包含早餐和带监控停车位。

阿尔克马尔（Alkmaar）

探索

4月至9月初的周五早晨，被运河包围的阿尔克马尔市中心挤满了游客，他们都想一睹这座城市著名的奶酪市场。那场面确实壮观，但即使来的不是时候，这座别具一格的小城也一样值得造访。

如果早上游玩奶酪广场，那你当然就会饥肠辘辘了。找个午餐地，或是在Magdalenenstraat的商店里制作自己的高达奶酪或农夫奶酪（boerenkaas）三明治。下午参观市立博物馆，然后前往国立啤酒博物馆。最后在博物馆内历史悠久的酒馆里喝上一杯。

最佳……

- **景点** 奶酪市场（见本页）
- **就餐** Cafe Restaurant De Buren（见237页）
- **饮品** De Boom（见237页）

独家贴士

虽然多数人都是冲着奶酪市场去的，但也不要错过精彩绝伦的市立博物馆，这里能够看见荷兰大师们的画作收藏。

到达和离开

- **火车** 班次定期从阿姆斯特丹的中央车站出发（€7.40，35分钟，每小时最多4班）。阿尔克马尔被运河围绕的市中心位于火车站东南1公里处。
- **汽车** 走阿姆斯特丹西面的A9，这条公路径直通往阿尔克马尔。

行前参考

- **电话区号** ☎072
- **位置** 阿姆斯特丹西北35公里处
- **游客中心** （VVV; ☎072-511 42 84; www.vvvalkmaar.nl; Waagplein 2; ⏲4月至9月 周一至周四和周六 10:00~16:00，周五 9:00~16:00; 10月 周一至周六 10:00~16:00; 11月至次年3月 周一 13:00~16:00，周二至周六 10:00~16:00）

景点

奶酪市场 市场

（Kaasmarkt, Cheese Market; Waagplein; ⏲4月至9月初 周五 10:00至正午）周五上午，一团团光亮的奶酪（kaas）被光鲜亮丽地堆放在主广场上。很快，搬运工带着颜色各异的帽子（表示着不同的奶酪行业协会）出现，商贩穿着白罩衣，插入一根中空的棍子，提取一小份奶酪，然后细闻香味，掰下一块来检查脂肪和水分含量。一旦交易达成，搬运工很快就会用木制雪橇把奶酪放在古老的奶酪磅秤上。虽然是为了演出效果，但对于这处古老景点来讲，充满了趣味和美感。

市立博物馆 博物馆

（Stedelijk Museum, http://stedelijkmuseu

海牙

荷兰第三大城市海牙（Den Haag）是一处庄严高贵的城市，到处都是大使馆、宅邸以及绿荫大道和公园，还有精致高档的餐饮业和一系列漂亮的博物馆，包括莫里茨皇家美术馆，以及奢华享受的咖啡馆文化。

官方称海牙为“伯爵的篱笆”（'s-Gravenhage），它是荷兰政府的所在地和皇家的居住地。在1806年之前，海牙曾是荷兰的首都。然而，在那一年，路易·波拿巴在阿姆斯特丹建立政府。八年之后，这位法国人被罢黜，政府虽然回到了海牙，但首都的头衔一直归于阿姆斯特丹。

20世纪，海牙成为了许多国际司法机构的所在地，包括联合国的国际法院。

频繁的火车班次往返于阿姆斯特丹中央车站和海牙中央车站（CS）以及海牙老火车站（HS），从CS往南步行1.5公里即可到达HS（€11.20，1小时，每小时6班）。从代尔夫特乘坐有轨电车也可以前往海牙，用时30分钟。

莫里茨皇家美术馆（Mauritshuis；www.mauritshuis.nl；Plein 29；成人/儿童 €14/免费，威廉五世美术馆组合套票 €17.50；⏲周一 13:00~18:00，周二、周三和周五至周日 10:00~18:00，周四 10:00~20:00）想要全面地浏览荷兰和弗莱芒的艺术精髓，那就来莫里茨皇家美术馆吧，这处艺术的瑰宝位于一座旧宫殿和新建的侧楼内。几乎每件作品都是杰作，其中就包括维米尔的《戴珍珠耳环的少女》（*Girl with a Pearl Earring*），伦勃朗的作品包括一幅悲伤的自画像，创作于他去世的1669年，还有《尼古拉斯·杜尔博士的解剖课》（*The Anatomy Lesson of Dr Nicolaes Tulp*）。向西南步行5分钟，就到了最近翻修的**威廉五世美术馆**（www.mauritshuis.nl；Buitenhof 35；成人/儿童 €5/2.50，莫里茨皇家美术馆组合套票 €17.50；⏲周二和周日 正午至17:00），这里收藏了150位大师的作品（斯蒂恩、鲁本斯和波特等人）。

国会大厦（Binnenhof）国会大厦的中央庭院（曾经用来行刑）被议会大楼包围着。恢宏的北楼建于17世纪，仍然是**荷兰国会**上议院的所在地；下议院以前位于19世纪的翼楼舞厅内，现在它与南侧的现代建筑相通。大楼的亮点是修复于13世纪的爵士厅（Ridderzaal）。

要想参观建筑，你需要通过旅游组织**ProDemos**（☎070-757 02 00；www.prodemos.nl；Hofweg 1；骑士厅45分钟团队游 €5，骑士厅和众议院90分钟团队游 €8.50，骑士厅和参议院75分钟团队游 €8.50，90分钟骑士厅、众议院和参议院团队游 €10；⏲办事处 周一至周六 10:00~17:00，团队游需要预约）参与团队游。

埃舍尔博物馆（Escher in Het Paleis Museum；www.escherinhetpaleis.nl；Lange Voorhout 74；成人/儿童 €9/6.50；⏲周二至周日 11:00~17:00）长梁宫（Lange Voorhout Palace）曾是艾玛皇后的冬日寝宫。现在这里陈列着荷兰平面设计师M.C.埃舍尔（MC Escher）的作品。固定的展览包含了笔记、信件、草图、照片和完全成熟的作品，涵盖埃舍尔的整个职业生涯，从早期的现实主义一直延续到后期的变幻场景。还有一些充满想象力的展示，包括通过虚拟现实技术重建的不可能建筑。

malkmaar.nl；Canadaplein 1；成人/儿童 €10/免费；⏲周二至周日 10:00~17:00）市立博物馆收藏了荷兰大师们的油画，包括真人大小的阿尔克马尔贵族肖像画，令人印象深刻，单此作品就已经值回票价。其他作品展示了城市黄金时代后的衰败；救济院修女接纳穷人的肃穆场面勾勒出商业式微而教会角色崛起的场景。现代的展览作品还包括查莉·托罗普（Charley Toorop）刻画阿尔克马尔奶酪市场的古怪油画；她笔下的奶酪搬运工荒诞离奇的特点至今还饱受争议。

过磅房

历史建筑

（Waaggebouw；Waagplein 2；⏲carillon 4月中旬至9月中旬 周四 18:30和19:30，周五 11:00和正午，周六 正午和13:00）14世纪兴建之时，这其实是一座小教堂，两个世纪以后被迫改为过磅房。漂亮的建筑现为游客中心和荷兰奶酪博物馆（Hollands Kaasmuseum）。

机械驱动的钟楼 carillon在比武骑士营造出的氛围中仿佛有了自己的生命。

荷兰奶酪博物馆

博物馆

（Hollands Kaasmuseum；Dutch Cheese Museum；www.kaasmuseum.nl；Waagplein 2；成人/儿童€3/1.50；4月至10月 周一至周六 10:00~16:00，11月至次年3月 至周六 16:00）荷兰奶酪博物馆位于过磅房内（见236页），其展示的奶酪制作工具、照片以及由16世纪女性画家创作的一系列奇妙的绘画展示了人们对这一工艺的敬意。

国家啤酒博物馆

博物馆

（Nationaal Biermuseum；www.biermuseum.nl；Houttil 1；成人/儿童 €4/2；6月至8月 周一至周六 10:30~16:30，9月至次年5月 周一至周六 13:00~16:00）国家啤酒博物馆位于别具情调的De Boom brewery内，收藏了丰富的啤酒制造设备和展示啤酒制造工艺的蜡像。荷兰20世纪50年代的啤酒广告录像会让你笑得岔气。游览结束后，还可以去博物馆内社交气氛浓郁的酒吧小酌。

大教堂

教堂

（Grote Kerk；www.grotekerkalkmaar.nl；Kerkplein；6月至8月 周二至周日 和 4月中旬至5月 周四至周六 11:00~17:00）免费 阿尔克马尔的大教堂以其管风琴而闻名。其中最著名的要数北侧走道的“燕子管风琴”（Swallow Organ，1511年）。教堂正厅里的主角是一台由Jaco van Campen建造于17世纪的管风琴。教堂开放的正午以及周三晚上会进行管风琴演奏，20世纪30年代恐怖片的发烧友定会为之一振（早期的欧洲吸血鬼电影里，管风琴配乐是必不可少的元素之一）。春光透过淡雅的彩绘玻璃窗射进来，内饰沉浸在迷人的春色里。

餐饮

从Waagplein的奶酪市场向西北方向走去，Magdalenenstraat两边有许多奶酪店和面包房。

DE VLAMINCK

薯条店 €

（www.devlaminck.nl；Voordam 2；薯条€2.50起；周五至周三 11:00~19:00，周四 至21:15）这家以柜台为店面的餐馆制作的薯条非常美味，蘸料选择多达17种，包括花生、印尼参巴辣酱（sambal oelek）、大蒜和番茄酱。买一份外带，去运河边的长椅上享用。

CAFE RESTAURANT DE BUREN

各国风味 €€

（www.restaurant-deburen.nl；Mient 37；主菜€15.50~26.50；周一至周六 10:00~22:00，周日 11:00~21:00）这是家复古的咖啡馆餐厅，户外座位沿着运河排开，并将古老的鱼市包围。菜单洋溢着各国风味，菜肴包括白葡萄酒烩鸡肉（coq au vin blanc）、牛排和薯条配白兰地胡椒酱、南瓜意大利饺、烟熏肋排配玉米棒以及提神的泰式咖喱。

★DE BOOM

棕色咖啡馆

（http://proeflokaaldeboom.nl；Houttil 1；周日和周一 14:00至午夜，周二和周三 13:00至午夜，周四至周六 13:00至次日2:00）这家酒馆咖啡馆位于国家啤酒博物馆（见237页）底楼，符合所在位置的气质。内部装潢保留了20世纪30年代的模样，你还有机会听见78rpm留声机沙哑的歌声。在外头停泊的运河老船上，你可以享用品种丰富的啤酒。周四晚上有现场爵士乐演出。

运动和活动

GRACHTENRONDVAART ALKMAAR

运河游

（www.rondvaartalkmaar.nl；Mient；成人/儿童 €6/4.50；4月至10月 11:00~17:00每小时1班）景色优美的运河游配备多语言解说，从过磅房附近的Mient出发，时长45分钟。

桑斯安斯（Zaanse Schans）

探索

人们花一小时来到这处依然有居民生活的村庄，并在这处桑河畔的露天风车美术馆里得上数小时。如果要看正在运转的风车，那就是这里了，不过在1000多台风车里，只有为数不多的几台经过修复。虽然村庄有浓烈的旅游区气息，但这里的风车完全原汁原味，叶

阿斯米尔鲜花拍卖市场

阿斯米尔鲜花拍卖市场（Bloemenveiling Aalsmeer; www.floraholland.com; Legmeerdijk 313; 成人/儿童 €6/3.50; ⌚周一至周三和周五 7:00~11:00，周四 至9:00）阿斯米尔拥有全世界最大的鲜花拍卖市场（bloemenveiling），巨大的鲜花业巨头FloraHolland是这里的经营者。如果要在鲜花拍卖时捕捉到最棒的场景，应该在9点前赶到观景台，你能够看到巨大的时钟显示出起拍价格。起拍铃声鸣响，交易完成后指针才会落下。

乘坐172路公共汽车从阿姆斯特丹中央车站出发，在Hoofdingang下车（45分钟，每小时4班，首班车4:59发车）。拍卖市场周一最繁忙，周四最安静。

在占地100万平方米的空间里，每天能够见证900万株花卉和200万株植物易手。你可以在热络的仓库上方沿着3公里长的电梯步道（可通行轮椅），一边嗅着花香，一边进行自助导览；全程能够看见满载鲜花的叉车和推车来回奔忙。按下沿途招牌上的按钮，你将听到语音解说，可以了解现场的情况。

导览路线还经过橱窗，你可以透过玻璃看见拍卖室以及准备进行拍卖交易的鲜花推车。现在越来越多的鲜花交易在网上进行了，所以趁着现在还有，赶紧去看看鲜花拍卖吧。

片流转出的是人们的热爱。

把时间花在6处正在运转的风车上吧。一处销售坛装的新鲜碾磨芥末，另外几处则出产食用油、面粉和锯木板。多数风车能够参观，当你爬上嘎吱作响的风车，能够愉悦地感受到它在北海的微风中晃动。

独家贴士

租一辆自行车从阿姆斯特丹前往桑斯安斯。只需要花上90分钟，风景秀丽的旅途将为你的假日增色不少。

到达和离开

➡ **火车** 在阿姆斯特丹的中央车站乘坐前往阿尔克马尔的火车，然后在Koog-Zaandijk（€3.10，15分钟，每小时最多4班）下车，沿着Julianabrug步行跨越桑河，抵达桑斯安斯。

➡ **汽车** 驱车抵达A10环路的西北侧，然后进入A8支路。在Zaandijk出口下车。

行前参考

➡ **电话区号** ☎075

➡ **位置** 阿姆斯特丹西北10公里处

景点

桑斯安斯风车 风车

（Zaanse Schans Windmills; www.dezaanseschans.nl; 园区免费，每座风车 成人/儿童 €4/2; ⌚风车 4月至11月 10:00~17:00，12月至次年3月 时间有所变动）桑斯安斯是一座有人居住的村庄，还是桑河畔的一处露天风车美术馆。这里游人如织，风车完全原汁原味，叶片流转出的是人们的热情与爱。你可以随心所欲地造访想要的风车，亲眼见证大叶片的转动。

桑斯博物馆（☎075-616 28 62; www.zaansmuseum.nl; Schansend 7; 成人/儿童 €9/5; ⌚4月至11月 10:00~17:00，12月至次年3月 时间有所变动）令人印象深刻，介绍了风能和水能的利用原理。

乘火车（€3.10，17分钟，每小时4班）从阿姆斯特丹的中央车站（阿尔克马尔方向）出发，在Koog Zaandijk下车，然后从这里一路沿着清晰的路牌步行1.5公里即可到达。

销售碾磨油画颜料的风车会让艺术家眼前一亮——你能看到文艺复兴时期杰作使用的颜料被碾磨成颗粒的过程。询问贮藏室有无碾磨颜料出售。

其他的建筑来自全国各地，企图重现17世纪的社区风貌。这里有一处Albert Heijn早市、奶酪制造商、木屐工厂（做木鞋就像在做钥匙一般，工厂里还有一座有趣的博物馆）。引人入胜的白镴匠铺通过锻造工艺，介绍模具里几十座小雕像背后的故事。

参观结束后，**乘船**（成人/儿童 €5/3; ⌚5月至9月 9:00~18:00）渡过桑河。随时发船。

住宿

阿姆斯特丹以其典型的迷人方式，在自然神奇的土地上拥有众多类型的酒店：灵感涌现的建筑师赋予了古老建筑以新的生命，从经过改建的学校和工业楼房到成排的运河房舍，无不如此。许多住宿地点还能远眺美丽的河道或庭院，但感受魅力的成本并不低廉……

季节与价格

房价会在夏季和一年中的任何周末达到顶峰，如果届时你想前去旅游，请提前预约。10月至次年4月（除圣诞节/新年和复活节外），这里的房价最低。

酒店

任何拥有超过20间客房的宾馆都会被认为是大型酒店，大多数房间本身就非常舒适。你会在每家酒店门前看到标“星”的牌匾，表明其根据比荷卢酒店分类（Benelux Hotel Classification）所获得的评级。星级分一至五等，根据酒店的特定设施，而非其质量来评定。这也就意味着，一家二星级的酒店可能比排名更高的酒店拥有更好的住宿条件，尽管其拥有的设施较少。

民宿和船屋

阿姆斯特丹的城中点缀着一些民宿，但大多数没有挂在外面的标牌，且只能经过预约后方可入住，让人有种私密的感觉。数个极为时尚的民宿则位于船屋上。

青年旅舍

在阿姆斯特丹，青年旅舍（Jeugdherbergen）颇受欢迎。荷兰的青年旅舍协会取名为Stayokay（意为“住这还行”；www.stayokay.com），隶属于国际青年旅舍联盟（Hostelling International; www.hihostels.com）。豪华型青年旅舍，又名“poshtels”，也正在城市的周围逐步兴起。

聚会与大麻吸食者酒店

一些经济型的酒店欢迎参加聚会的客人和大麻吸食者。总的来说，这些事情也是稀松平常。如果不确定酒店是否允许吸食大麻，不妨在预约时询问一番。许多酒店拥有禁止毒品的严格规定。

设施

几乎全部的酒店都提供Wi-Fi，但并非所有的地方都配备了空调和电梯。

经济型酒店

除了青年旅舍外，阿姆斯特丹鲜有价格便宜的经济型住宿场所。较好的选择是挑一家干净的酒店，最好家具是价格低廉但看着舒适的。房费通常包含早餐。

中档酒店

该类型的酒店中绝大多数注重舒适程度而不拘小节，且因酒店够小而可以为客人提供个性化的服务。客房中通常有卫生间、淋浴、电视机和电话，但许多2层楼以上的中档酒店都没有电梯，而其狭窄的楼梯也需要房客慢慢适应，特别是当你携带了行李。房费通常包括早餐。

高档酒店

这里一般都有电梯（扶梯）、迷你酒吧和客房服务。在最高档的酒店中，诸如空调和健身中心等设施是标准配备。房费中很少包括早餐。

行前须知

价格幅度

文中引述的房费是旺季时一间双人套房的价格（除非另有说明，否则不含早餐）。

€　少于€100

€€　介于€100~180

€€€　多于€180

预约

- 越早预订越好，特别是打算夏季或周末旅游时。
- 许多酒店提供网站预约享受折扣的优惠，特别是最后时刻预订。
- 阿姆斯特丹游客中心（I Amsterdam visitor centre）可以为你作最后时刻的预订，但要收取费用（大约€3）。

小费

通常无须支付小费，但大型酒店的门童经常收到€1或€2，客房清洁员也会因其出色的服务而收到几欧元的小费。

税费

房费中通常包含了按报价的5%收取的城市酒店税（city hotel tax），但在预订前请咨询一番。如果用信用卡支付，则部分酒店还会收取至多5%的额外费用。

网络资源

- **孤独星球**（Lonely Planet; www.lonelyplanet.com/amsterdam）提供目的地信息和酒店预订等。
- **I Amsterdam**（www.iamsterdam.com）阿姆斯特丹市的门户网站，提供大量观光、住宿和活动信息。

独家选择

Hoxton Amsterdam（见244页）绝好的嬉皮士风格酒店，价格适中。

Collector（见250页）位于旧南区标新立异的民宿，后院中圈养着小鸡。

Hotel Fita（见250页）家庭经营的迷人小酒店，距离博物馆广场仅一步之遥。

Sir Albert Hotel（见253页）由钻石工厂改造而来的光鲜时尚酒店。

ClinkNOORD（见241页）这家极具艺术性的前卫青年旅舍坐落在同样前卫和极具艺术性的阿姆斯特丹北区。

各价位最佳住宿

经济 €

Cocomama（见247页）这家拥有红色窗帘的精品青年旅舍坐落在一幢曾经的妓院中。

Generator Amsterdam（见245页）这家新建的时尚青年旅舍拥有可以远眺东部公园（Oosterpark）的酒吧。

Stayokay Amsterdam Stadsdoelen（见246页）这家热闹的背包客旅馆位于新市场区广场附近。

中档 €€

Hotel Brouwer（见242页）17世纪的运河住宅中有8间艺术氛围浓郁的客房。

Hotel V（见248页）这家昔日风靡一时的酒店面朝郁郁葱葱的Frederiksplein。

Conscious Hotel Vondelpark（见251页）该酒店在环保方面的创新甚至体现在压缩的硬纸板长凳上。

高档 €€€

Hotel Okura Amsterdam（见253页）坐拥他处少见的阿姆斯特丹美景，另有一家米其林三星餐馆。

Toren（见244页）将17世纪丰富的历史底蕴与感官享受完美结合。

College Hotel（见252页）由酒店学院的学生经营管理的精品酒店，颇受名流青睐。

最佳运河风景

Canal House（见245页）拥有无与伦比的运河美景，后花园中还放有沙发。

Seven Bridges（见248页）位于一条迷人的运河上，堪称阿姆斯特丹最精致的旅馆之一。

阿姆斯特丹最佳独家住宿

B&B Le Maroxidien（见246页）这家绝好的船屋民宿位于一艘20世纪20年代的货船上。

Xaviera Hollander's Happy House（见251页）著名作家、前老鸨所拥有的民宿。

最佳时尚精品酒店

Hotel Notting Hill（见249页）大厅中一面由古色古香的手提箱所组成的墙面是设计师维姆·霍普曼（Wim Hoopman）的手笔之一。

Hotel Not Hotel（见249页）设计学院的学生们将堪称装置艺术的客房组合起来，颇为夺人眼球。

Andaz Amsterdam（见245页）荷兰知名设计师马塞尔·万德斯（Marcel Wanders）创造的仙境。

最佳浪漫酒店

Houseboat Ms Luctor（见243页）在属于你的船屋上远离世俗，装有早餐的篮子会送到门口。

Seven One Seven（见249页）拥有9间宽敞、精美绝伦的客房，让你流连忘返。

住何处

街区	优点	缺点
中世纪中心和红灯区	热闹非凡；距离景点、夜生活和剧院很近，交通便捷	可能会很吵，游客较多，且颇为低俗；并不物有所值
新市场区、普兰塔格区和东岛区	新市场区就在活动现场的附近，但相比市中心拥有较为悠闲的氛围。普兰塔格区的酒店坐落在静谧的绿色植被中	新市场区的部分地段距离红灯区非常近，容易受喧闹人流的影响。普兰塔格区的住宿地点距离主要景点较远，需搭乘有轨电车或骑车到达
西运河圈	运河两侧树木林立；奇特的精品酒店和乔丹区的咖啡馆就在附近，距离阿姆斯特丹最热门的景点仅咫尺之遥	考虑到上述优势，这里的房间很早就会被预订一空，而且价格昂贵
南运河圈	拥有时尚的酒店，距离Utrechtsestraat的餐馆和Nieuwe Spiegelstraat的古董店也不远	可能非常吵闹、拥挤、价格昂贵而且游客众多——特别是在交通流量密集的莱兹广场（Leidseplein）和伦勃朗广场地区
乔丹区和西部地区	温馨的咖啡馆、古怪的商店和迷人的乡村风情	部分因为附近缺少知名景点，所以住宿地点较少
冯德尔公园和旧南区	绿树成荫的上流街道；步行可至博物馆广场；雅致的小屋；众多中档的住宿场所和时尚的酒店	旧南区没有太多的夜生活；冯德尔公园周边的房价可能一飞冲天
德派普区	该地区正在涌现越来越多的餐饮场所；就坐落在博物馆广场和南运河圈的附近	步行前往博物馆广场、冯德尔公园和莱兹广场较为便捷，但距离市中心较远；住宿场所较为有限
东部公园和阿姆斯特丹南区	因为地处偏远（其实搭乘有轨电车/地铁也不远），所以价格较低；环境安静，很多当地人居住于此	餐饮地点较少

中世纪中心和红灯区

★CLINKNOORD 青年旅舍 €

（☎214 97 30；www.clinkhostels.com；Badhuiskade 3；铺 €30~55，双 €100起；❄📶；⛴Buiksloterweg）Clink是一家在欧洲享有盛名的连锁青年旅舍，于2015年夏天在阿姆斯特丹开设了这家旅馆。虽然该旅馆坐落在阿姆斯特丹北区的客流较少之处，但是从中央车站搭乘轮渡仅需5分钟便可抵达（顺便说一句，轮渡免费，且全天候运营）。这里的铺房经过了修缮，散发着极简主义的风格，拥有4张至16张床位，并配备了套房设施。

部分客房仅供女性住宿，部分则是男女同住。早餐需€7，或者你也可以使用这里现代化的厨房自炊。这家艺术氛围浓郁的旅舍还有家酒吧，里面时常有DJ和其他表演助阵。

ST CHRISTOPHER'S AT THE WINSTON 青年旅舍、酒店 €

见322页地图（☎623 13 80；www.winston.nl；Warmoes-straat 129；铺 €40~45，单 €95，双 €124~144；📶；🚊4/9/16/24 Dam）这家酒店整天处于载歌载舞的状态，房间里充满了摇滚

乐，还有忙碌的夜店、酒吧、啤酒花园和楼下吸烟区。套房最多可容纳8人住宿，大多数的客房则散发着艺术气息：当地的艺术家们可以无拘无束地在此创作，从极为前卫（完全不锈钢）的作品到备受质疑、不修边幅的作品，不一而足。房费中包含了早餐（和耳塞）的费用。

FLYING PIG DOWNTOWN HOSTEL

青年旅舍 €

见322页地图（☎420 68 22；www.flyingpig.nl；Nieuw-endijk 100；铺 €36~50；@📶；🚋1/2/5/13/17 Centraal Station）不妨来到这家极为悠闲，拥有250张床位的大型青年旅舍，和上百位吸食大麻的年轻背包客们聚会。这里看上去有些蹩脚，但没人对此介意，特别是当热闹的大堂酒吧有足够的乐子可寻之时。大堂里有一张桌球台，偶尔还有DJ助兴。该旅舍还有一片室内的吸烟区，功能齐备的厨房和摆放着成排靠垫的地下室，人们戏称其为“欢乐坊”。房费中包含了一顿欧式早餐。

HOTEL BROUWER

酒店 €€

见322页地图（☎624 63 58；www.hotelbrouwer.nl；Singel 83；单 €78~98，双 €128~148，三 €160~180；@📶；🚋1/2/5/13/17 Nieuwezijds Kolk）对阿姆斯特丹来说，这家备受欢迎的酒店价格便宜，虽然只有8间客房，但其所在房屋的历史却可追溯至1652年。每个房间都以一位荷兰画家命名，装修简单，但全都坐拥运河风景。酒店的装潢融合了代尔夫特青花瓷和20世纪早期的装饰风格，并做了些许修缮。这里的工作人员也乐于提供建议。请提前预订。房费中包含丰盛的早餐。只收现金。

HOTEL RÉSIDENCE LE COIN

公寓 €€

见326页地图（☎524 68 00；www.lecoin.nl；Nieuwe Doelenstraat 5；单/家 €125/250，双 €145~160；📶；🚋4/9/14/16/24 Muntplein）这家光鲜亮丽的小旅馆为阿姆斯特丹大学（University of Amsterdam）所有，在其7幢历史悠久的大楼内拥有42间一流的小公寓，全部配备了时尚家具、木地板和小厨房，且所有楼层均可搭乘电梯。公寓坐落在活动的中心地带，就在颇受欢迎的大咖啡馆Café de Jaren的对面，步行5分钟便可来到迷人的新市场区。这里提供免费的Wi-Fi，网速不错。

HOTEL THE EXCHANGE

时尚酒店 €€

见322页地图（☎523 00 89；www.hoteltheexchange.com；Damrak 50；双 €100~225；@📶；🚋1/2/5/13/17 Centraal Station）该酒店拥有61间客房，全都装修得“像模像样”，有着引人注目的风格，均出自阿姆斯特丹时装设计学院（Amsterdam Fashion Institute）的学生之手。从纽扣装饰的高大墙面，到玛丽·安托瓦内特（Marie Antoinette）时期的床幔，可谓应有尽有。如果你喜欢朴素的装饰，这里并不适合你。这家酒店的客房包括无甚风景的小房间和宽敞的私人客房，但所有的房间都配备了套间浴室。

面朝Damrak的房间可能会很吵，但年轻时尚的顾客看上去并不在意。

HOTEL LUXER

酒店 €€

见322页地图（☎330 32 05；www.hotelluxer.nl；Warmoesstraat 11；房 €100~190；❄@📶；🚋4/9/16/24 Centraal Station）如果此处有令人惊喜的住宿场所的话，那么这家精致的小酒店堪称其中之一，可能是红灯区中心最划算的选择。这里的房间很小，但设施齐备（包括空调！）。而在晚上，早餐区域则变成了一个时尚的小酒吧。早餐需花费€8。

HOTEL HOKSBERGEN

酒店 €€

见326页地图（☎626 60 43；www.hotelhoksbergen.nl；Singel 301；双 €100~155；📶；🚋1/2/5 Spui）该酒店地理位置优越，坐拥无与伦比的运河风景，你一定抵挡不住这样的诱惑。此外，这里还提供免费的早餐自助餐，但请注意：这里的房间极小（配备干净但朴素的家具）。

HOTEL DE L' EUROPE

酒店 €€€

见326页地图（☎531 17 77；www.leurope.nl；Nieuwe Doelenstraat 2-8；房 €340起；❄@📶🏊；🚋4/9/14/16/24 Muntplein）海内肯家族（Heineken family）拥有的这家奢华酒店融合了经典元素（枝形玻璃吊灯，戴着高帽的门卫）和奇特的荷兰设计风格，111间客房颇为宽敞，配备了iPad、加热地板和白色的大理石浴缸，还能欣赏到运河风景。此外，这里还有免费的Wi-Fi。酒店还内设了吸烟室和Freddy' s Bar，其中则摆放着黄铜餐桌和皮革座椅，吸引了不少高端人士前来。

ART' OTEL AMSTERDAM
精品酒店 €€€

见322页地图(☎719 72 00; www.artotels.com; Prins Hendrikkade 33; 房 €289~389; ❄📶🏊; 🚊1/2/5/13/17 Centraal Station)这家时尚的酒店就坐落在中央车站对面，提供107间客房，墙上有着现代的装饰和艺术品原作。为了给这里增添创新的氛围，酒店的地下室中还开设了一家对外开放的画廊。大厅拥有一个壁炉和图书馆，华丽非凡。此外，这里还提供热气腾腾、较为不错的免费早餐。

FARALDA CRANE HOTEL
时尚酒店 €€€

(☎760 61 61; www.faralda.com; NDSM-plein 78; 房 €435~535; ❄📶; ⛴NDSM-werf)那个耸立在NDSM-Werf艺术区，呈鲜红、黄色和炮筒灰的工业吊车？这其实是一家酒店。3间梦幻般的套房分处不同高度——自由精神(Free Spirit)、秘密(Secret)和神秘(Mystique)拥有微微发光的织布饰品，独立的浴室、大胆的艺术品和令人炫目的风景。在吊车的顶部，你可以沉醉在位于室外的热水浴缸中，或者体验蹦极的感觉(系在蹦极弹力绳上)。

乔丹区和西部地区

CHRISTIAN YOUTH HOSTEL 'THE SHELTER JORDAAN'
青年旅舍 €

见338页地图(☎624 47 17; www.shelter.nl; Bloemstraat 179; 铺 €25~39; @📶; 🚊10/13/14/17 Marnixstraat)在这家小型的青年旅舍忍受"禁止一切"(喝酒、抽烟、聚会)的政策并不困难，因为这里堪称住宿宝地。男女分开的铺房安静而又整洁，此外还有一架钢琴，而其早餐，特别是蓬松的薄煎饼也很不错。一天中的其余时刻，这里的咖啡馆则会供应便宜的餐点。

INTERNATIONAL BUDGET HOSTEL
青年旅舍 €

见338页地图(☎624 27 84; www.internationalbudgethostel.com; Leidsegracht 76; 铺 €25~45; @📶; 🚊1/2/5 Prinsengracht/Leidsestraat)如果这里有些破旧怎么办？以下是该旅舍的卖点：坐落在运河河畔原先的仓库之中；靠近莱兹广场的夜生活；背包客来自世界各地；可以租借自行车；工作人员极其令人愉悦。每个铺房中有8张床位，周末须至少住上2晚。

★AMSTERDAM WIECHMANN HOTEL
酒店 €€

见338页地图(☎626 33 21; www.hotelwiechmann.nl; Prinsengracht 328; 单/双 €85/155起; @📶; 🚊7/10/17 Elandsgracht)这座家庭经营的酒店拥有精心打理的迷人房间，坐落在3幢运河住宅中，装饰得如同一家古董店一般，配备了乡村风情的被子和印花棉布，而其大厅中的小装饰品则已经有约75年的历史了。酒店的地理位置极为优越，就位于王子运河(Prinsengracht)上。房费中包含早餐。

★HOUSEBOAT MS LUCTOR
民宿 €€

见338页地图(☎06 2268 9506; www.boatbedand-breakfast.nl; Westerdok 103; 双 €130起; 📶; 🚌48 Barentszplein)🍃这家设施齐备的船屋镶嵌着桃花心木，其历史可以追溯至1913年，它停泊在安静的水道上，从中央车站步行只需10分钟(距离乔丹区5分钟路程)。每天早上，装有丰盛有机早餐的篮子都会送到你的门口。该民宿注重环保，由太阳能供电，有2辆自行车可供出租，还有一艘独木舟可以让你领略运河风光。至少须住2晚。

BACKSTAGE HOTEL
酒店 €€

见338页地图(☎624 40 44; www.backstagehotel.com; Leidsegracht 114; 单 不带卫生间 €65起，双 带/不带卫生间 €100/85起; @📶; 🚊1/2/5 Leidseplein)这家音乐主题的酒店非常有趣，深受聚集在Melkweg和Paradiso附近的艺术家的喜爱，从大厅酒吧中覆盖着各种签名的钢琴和台球桌便不难知晓。走廊上成排挂着现场演出的海报(许多都有签名)，房间都以黑白色调装饰成新复古主义风格，并配备了iPod插座以及鼓乐器顶灯。

深夜，乐队(和他们的乐迷们)会在气氛活跃的酒吧中尽情狂欢。

HOTEL VAN ONNA
酒店 €€

见338页地图(☎626 58 01; www.hotelvanonna.nl; Bloemgracht 102-108; 单 €55~75，双 €85~145; @📶; 🚊10 Bloemgracht)这栋始建于1644年的迷人运河住宅位于乔丹区一处美丽的地段，若干价格合理的简易客房就坐落其中。西教堂(Westerkerk)的钟声清晰可辨，有人觉得甚是迷人，有人则不以为然(在这种情况下，不妨挑选一间背面的客房）。房费中包括一顿欧式早餐。

两间阁楼客房的氛围最为浓郁，木质房梁有古老的年头，还能俯瞰鲜花运河（Bloemgracht，Flower Canal），尽管它们的环境也有可能有些吵闹。

MORGAN & MEES 精品酒店 €€€

见338页地图（☎233 49 30；www.morganandmees.com；2e Hugo de Grootstraat 2-6；房 €165～300；❄📶；🚋3 Hugo de Grootplein）这家时尚的小酒店位于乔丹区的边缘地带，舒适与前卫就是一切。9间崭新的客房拥有柔软的床铺、现代化的设施和平板大电视，此外酒店还有光鲜亮丽的Morgan & Mees酒吧和餐馆。随和的侍者会让你感到非常自在，而酒店另辟蹊径的地理位置也增添了这里的私密氛围。

西运河圈

★HOXTON AMSTERDAM 时尚酒店 €€

见332页地图（☎888 55 55；www.thehoxton.com；Herengracht 255；房 €120～200；❄📶；🚋13/14/17 Westermarkt）Hoxton是一家起源于欧洲的连锁酒店，以其适中的价格和高品质而著称。2015年，该酒店在西运河圈高调亮相，颇为时髦。111间客房分布在5幢运河住宅之中，房型从小到大，不一而足，而早餐小食、高速Wi-Fi、免费拨打国际电话和低廉的餐厅食物也为其增色不少。

酒店还会联络当地的艺术家和设计师参加活动，所以你还能在这儿见到不少富有创意的当地人。

FREDERIC RENTABIKE 公寓 €€

见332页地图（☎624 55 09；www.frederic.nl；Brouwersgracht 78；游艇 €145起；📶；🚌18/21/22 Brouwersstraat）Frederic会在王子运河、酿酒者运河（Brouwersgracht）与鲜花运河上提供装备齐全的漂亮游艇住宅，配备一切现代化的设备，让你享受一个漂浮在水面上的假期。此外，该公司在市中心也有各式住房与公寓（是的，还提供自行车）。

MAES B&B 民宿 €€

见332页地图（☎427 51 65；www.bedandbreakfastamsterdam.com；Herenstraat 26；房 €115～155；@📶；🚋1/2/5/13/17 Nieuwezijds Kolk）如果你想在西运河圈设计一套传统住房，最后的结果很可能就像是这个民宿：东方的地毯、木质的地板和裸露的砖墙。就这样一栋古老的建筑而言，这里其实已经非常宽敞了，而其厨房（全天开放可供顾客使用）则很是温馨欢乐（gezellig）。

HOTEL CLEMENS AMSTERDAM 酒店 €€

见332页地图（☎624 60 89；www.clemenshotel.nl；Raadhuisstraat 39；双 €135～185；❄@📶；🚋13/14/17 Westermarkt）该酒店位置优越，去哪里都很便捷，同时价格也颇为实惠。酒店拥有14间明亮的客房，全都配备了淋浴、免费的高速Wi-Fi和空调。如果你没有挑到带有私人阳台的房间（其他一些房间拥有窗座或壁炉），这里还有一个可以享用早餐（包含在房费中）的迷人露台。酒店没有扶梯/电梯，所以准备好走楼梯吧。

SUNHEAD OF 1617 旅馆 €€

见332页地图（☎626 18 09；www.sunhead.com；Herengracht 152；房 €140～170；@📶；🚋13/14/17 Westermarkt）风趣幽默的卡洛斯（Carlos）是这家旅馆的主人，2间鲜花主题的套房就坐落在阿姆斯特丹最为漂亮的运河支流沿岸。旅馆的内部陈设极好地平衡了时尚现代的设计与荷兰传统的韵味，每天下午5点，客人则可以一边品尝着免费的葡萄酒和餐点一边闲聊。

SEBASTIAN'S 精品酒店 €€

见332页地图（☎433 23 42；www.hotelsebastians.nl；Keizersgracht 15；双 €150～260；❄@📶；🚋13/14/17 Westermarkt）酒店位于与Toren酒店相同的一条迷人运河沿岸，相距不过几个街区，堪称Toren的姊妹店，但相较而言，该酒店成立时间较短，价格适中。这家精品酒店拥有令人惊艳的紫色和金色装饰、大花瓶和一家背光式酒吧，其时尚氛围丝毫不亚于Toren。

TOREN 精品酒店 €€€

见332页地图（☎622 63 52；www.thetoren.nl；Keizersgracht 164；双带花园/运河风景 €290/310起；❄@📶；🚋13/14/17 Westermarkt）该酒店以其宽敞的房间和个性化的服务而著称，其公共区域融合了17世纪的华丽（镀金镜子、壁炉和枝形吊灯）与感官体验，令人仿佛置身于巴黎妇女的化妆室之中。客房很是优雅，配备了现代化的设备，包括奈斯派索（Nespresso）咖啡机。此外，这里还出租历史悠久的游船（每小时€140起，至€345），让你体验私人运河巡游。

DYLAN

精品酒店 €€€

见334页地图（☎530 20 10; www.dylanamsterdam.com; Keizersgracht 384; 双/套 €350/500起; ❄@📶; 🚋1/2/5 Spui）这家精致的酒店位于皇帝运河（Keizersgracht）上一幢18世纪的运河住宅中，周围是精心修剪的庭院。酒店拥有40个独立装饰的客房和套房（部分占据了2层），其中摆放着不少定制的家具，诸如银叶和贝壳点缀的饮品柜。这里还有米其林星级餐厅Vinkeles，名为Muze的船上还设有主厨餐桌，使你可以在享受美食的同时，巡游运河。

ANDAZ AMSTERDAM

时尚酒店 €€€

见334页地图（☎523 12 34; www.amsterdam.prinsengracht.andaz.hyatt.com; Prinsengracht 587; 双€375~650; @📶; 🚋1/2/5 Prinsengracht）极有眼光的荷兰设计师马塞尔·万德斯将阿姆斯特丹原先的公共图书馆改建成了一个梦幻世界，里面装饰着非凡的金银餐具、鱼形壁画、代尔夫特地毯、挂在墙上的图书馆大开面书页和其他富有想象力的饰品。122间客房拥有日内瓦之声音响，还有iPod插座、特大号床铺以及赠送的小吃和无酒精饮料。你还可以免费使用自行车。

CANAL HOUSE

精品酒店 €€€

见332页地图（☎622 51 82; www.canalhouse.nl; Keizersgracht 148; 双 €255起; ❄📶; 🚋13/14/17 Westermarkt）在这些毗邻的17世纪运河住宅后方，你会意外地发现一座枝繁叶茂的大花园，其中摆放着不少沙发。走进酒店之中，23个房间按照好、较好、极好和绝好进行归类，其中包括紫色、灰色和棕色调的客房，它们拥有宽敞的空间和特大号床铺。此外，这里还有一家热闹的鸡尾酒吧，房费包含早餐。

东部公园和阿姆斯特丹南区

GENERATOR AMSTERDAM

青年旅舍 €

见347页地图（www.generatorhostels.com; Maurits-kade 57; 铺 €30~50; 🚋9/14 9/10/14 Alexanderplein）这家青年旅舍中的“新兵”以其精心的装饰不断地向高端青年旅舍市场迈进，旅舍位于东部公园旁已有百年历史的大学建筑中，拥有566张床铺，分布在168个标准双人房和四人房中，全都配备了套房卫生间。无论是可以远眺公园的咖啡馆露台，还是古老教室中开辟出来的酒吧，抑或是隐秘的地下室，客人都可以进行社交活动。

STUDENT HOTEL

酒店 €

见347页地图（☎214 99 99; www.thestudenthotel.com; Wibautstraat 129; 房 €70起; 📶; Ⓜ Wibautstraat）这家光鲜亮丽的全新酒店拥有超过300间客房，真的有一些学生和实习生住在此处，但任何年龄段的人都可以预订房间，在这里住上一晚。房间较小，看上去颇有学院氛围，但每间房都配备了套房卫生间、工作台、平板电视机和免费Wi-Fi。此外，这里的健身房、游戏室和酒吧餐厅也增添了酒店的实用性。

地铁站距离酒店咫尺之遥，你可以在10分钟之内抵达市区。

STAYOKAY AMSTERDAM ZEEBURG

青年旅舍 €

（☎551 31 90; www.stayokay.com; Timorplein 21; 铺 €22~42, 房 €89起; @📶; 🚋14 Zeeburgerdijk）与其姊妹店Stayokay Vondelpark和Stayokay Stadsdoelen相比，Zeeburg可能是其中最好的一家。508张床铺分布在3个楼面，大多数房间极为干净，都是4人间或6人间，全都配备了套房卫生间和明亮的橙色装饰。此外，这里还提供热气腾腾的早餐。床单是免费的，但浴巾则要花费€4.50，只有大厅中才有Wi-Fi。

旅舍隔壁就是Studio K，一家时尚的艺术中心，兼营电影院和咖啡馆。Dappermarkt和Javaplein拥有极好的餐厅，它们距离旅舍很近。你可以从水坝广场搭乘14路有轨电车抵达这里，只需15分钟。

VOLKSHOTEL

酒店 €€

见347页地图（☎261 21 00; www.volkshotel.nl; Wibautstraat 150; 房 €90~190; 📶; Ⓜ Wibautstraat）屋主接手这座原先的报社大楼后保持了传统的阿姆斯特丹风格，艺术社区也在此生根发芽，人们开始前来参观这里的工作室和即兴酒吧餐馆。如今，这里则成了极为时尚的酒店，拥有172间客房、屋顶热水浴缸和可以欣赏全景的休息室，堪称完美。木材、玻璃和水泥混搭的风格让房间有着一种未经雕琢的工业氛围，35岁以下的顾客对此欣然接受。

这里距离主要景点并不近，但酒店就位于地铁站旁，能很快就把你带到市中心。

新市场区、普兰塔格区和东岛区

HOTEL HORTUS 酒店€

见330页地图（☎625 99 96; www.hotelhortus.com; Plantage Parklaan 8; 单€63~70, 双€72~80, 家€144~160; 📶; 🚊9/14 Plantage Kerklaan）这家平凡但舒适的酒店面朝花园，拥有20间客房，考虑到它的地理位置，以及摆放着台球桌与数台电视机的大型公共区域，其价格堪称物超所值。这里只有2间带有淋浴的双人房，另外2间没有；所有房间都需共用卫生间，但每个房间都有保险箱和水槽。

STAYOKAY AMSTERDAM STADSDOELEN 青年旅舍€

见328页地图（☎624 68 32; www.stayokay.com; Kloveniersburgwal 97; 铺€29.50~45, 标双/双€85起; @📶; 🚊4/9/14/16/24 Muntplein）这家高效的青年旅舍总是挤满了背包客，共有11间铺房，有男女分开的，也有同住的（每种都有多达20张床位和免费的柜子），并不怎么私密，但其工作人员很是友好。这里还有一个较大的电视机房、台球桌和洗衣房，整栋楼都有免费Wi-Fi，并供应免费欧式早餐。租用浴巾需花费€4.50。

请注意：铺房里的插座较少，因此如果你能外出充电的话，请将你的手机充满电。

CHRISTIAN YOUTH HOSTEL 'THE SHELTER CITY' 青年旅舍€

见328页地图（☎625 32 30; www.shelterhostelamsterdam.com; Barndesteeg 21; 铺€19~37.50; @📶; Ⓜ Nieuwmarkt）这家青年旅舍面积较大，就坐落在红灯区的外围，如果你能忍受些许宗教狂热和这里禁毒禁酒的严格政策，那么其价格正合适。住在这里的好处有：空间宽敞、通风良好、男女分开、丰盛的免费早餐、安静的咖啡馆以及有乒乓球台的花园。租借浴巾/挂锁需花费€1/4。

另一家合作青年旅舍位于乔丹区（见243页）。

★B&B LE MAROXIDIEN 船屋、民宿€€

见328页地图（☎400 40 06; www.lemaroxidien.com; Prins Hendrikkade 534; 双不带卫生间€110~120; 📶; 🚌22/32/34/35/48 Prins Hendrikkade）🌿卡特林·杜奇（Kathrin Rduch）无与伦比的船屋（一艘20世纪20年代的货船）就停泊在距离中央车站很近的地方，拥有一个厢房以及3间具有异国风情的客舱：天蓝色的“摩洛哥房”（Morocco）、宽敞的“墨西哥房”（Mexico）以及空间较小的“印度房”（India），它们都共用2个卫生间和1个温馨的休息室。每天早晨，卡特林还会供应丰盛的有机早餐。这里至少需住2晚，欢迎6岁以上儿童，只收现金。

HOTEL ALLURE 酒店€€

见330页地图（☎627 27 14; www.hotel-allure.hotelsofamsterdam.net; Sarphatistraat 117; 单/双/标三€89/99/145起; 📶; 🚊7/10 Weesperplein）深红色的帘幕和地毯，以及鲜红色的正餐厅都为这家光鲜亮丽的现代化酒店增添了不少引人注目的气质。从酒店步行便可到达冬宫博物馆阿姆斯特丹分馆（Hermitage Amsterdam）和阿提斯皇家动物园（Artis Royal Zoo）。

HOTEL REMBRANDT 酒店€€

见330页地图（☎627 27 14; www.hotelrembrandt.nl; Plantage Middenlaan 17; 单/双/标三/四€120/135/195/210起; 📶; 🚊9/14 Plantage Kerklaan）该酒店因其一尘不染的现代化客房而备受好评，大多数房间拥有描绘伦勃朗本人的波普艺术品，而8号房则装饰着近乎真实大小的《夜巡》壁画。你可以在悬挂着枝形吊灯的镶木地板房间内享用早餐（€10），亚麻覆盖的墙面上还挂有17世纪的画作。注意：不要让住在这里的可爱小猫宾克（Bink）溜出大楼。

LLOYD HOTEL 精品酒店€€

见330页地图（☎561 36 07; www.lloydhotel.

机场住宿

如果你希望在机场附近住宿，不妨试试以下这些价格公道的酒店：

Citizen M（☎811 70 80；www.citizenmamsterdamairport.com；Plezierweg 2；房 €89~179；❄@📶）这座看上去像企业号星舰（Starship Enterprise）一样的酒店距离航站楼仅5分钟路程，房间舒适，并最大化地利用了空间，装配了宽大柔软的床铺、独立淋浴和卫生间。每个房间都有灯光控制（通过控制中心调节光线，如紫色、红色或白色）、百叶窗、平板电视（免费点播电影），并可调节音乐、温度和淋浴。酒店还有夜店风格的餐厅，销售寿司、清酒和自助式小吃。

Yotel（☎英国 020-7100 1100；www.yotel.com；Schiphol Airport Plaza；房每4小时 €49起；@📶）位于史基浦机场的这家日式胶囊酒店对那些急需睡眠的游客而言堪称福音，7平方米的迷人标准房对在此小憩的顾客按小时收费（至少4小时）。标准房和标准双人房都有铺位和可折叠桌，支付额外费用后还可提供标准床铺。这里的一切都非常时尚，并提供干净整洁的白色床单、免费Wi-Fi和咖啡。具体位置在2号休息室（Lounge 2），靠近D号候机走廊（Pier D）。

com；Oostelijke Handelskade 34；房 €95~348；@📶；🚊26 Rietlandpark）在1921年，这里是移民居住的酒店，许多当时的设备都保留至今，与现代荷兰设计相映成趣。如今，这家高档的精品酒店拥有从经济型客房（卫生间在走廊尽头）到高档客房（壁球场大小）的各式房间，全都独一无二（位于中央的浴缸、折叠式的盥洗室以及可以容纳8人的大床）。对于那些自以为见识广博的游客来说，这些都会让他们印象深刻。

MISC EATDRINKSLEEP 精品酒店 €€€

见328页地图（☎330 62 41；www.misceatdrinksleep.com；Kloveniersburgwal 20；单/双 €155/165起；❄📶；Ⓜ Nieuwmarkt）这家酒店距离新市场区广场仅几步之遥，其六大主题的客房包括"巴洛克式"（非常浪漫）和"仙境之地"（摩洛哥风情），而2间客房中有着奇特的"大黄蜂"吊扇。运河风景（Canal View）房的价格更高，但配备了空调；花园风景（Garden View）房也同样迷人（稍小，只有风扇）。房费包括早餐。

额外惊喜：客房里的所有小吃、非酒精饮品（在迷你酒柜中）以及咖啡（用你房内的奈斯派索咖啡机制作）都是免费的。

南运河圈

★COCOMAMA 青年旅舍 €

见340页地图（☎627 24 54；www.cocomama.nl；Westeinde 18；铺/双/标三 €38/109/146起；@📶；🚊4/25 Stadhouderskade）这是阿姆斯特丹第一家自称"精品青年旅舍"的住宿场所，部分主题客房内大肆宣扬其过去的淫乱历史（这里曾是一家高档妓院的所在地），其他的房间则较为正经，包括代尔夫特瓷器或风车主题的客房，而雅间（君王主题的"皇室"客房）提供插座和平板电视。

这里的设备质量远超其他青年旅舍的标准，包括套房卫生间、室内Wi-Fi、舒适的后花园、设施齐备的厨房、图书交换区和极其舒适的休息室，让你可以在此度过电影之夜。

CITY HOTEL 酒店 €

见340页地图（☎627 23 23；www.city-hotel.nl；Utrecht-sestraat 2；1~2人 €69，3~6人 €99~189，5~8人不带卫生间 €149~239；@📶；🚊4/9/14 Rembrandtplein）这个家庭经营的经济型酒店令人惊艳，它位于Old Bell小酒馆楼上，几乎就在伦勃朗广场上。可容纳2~6人就寝的客房拥有独立卫生间；较大的房间可睡5~8人，但须共用厕所，但所有房间的床单都整洁干净。酒店的阁楼可以欣赏到无与伦比的城市风景。

HANS BRINKER BUDGET HOTEL 青年旅舍 €

见340页地图（☎622 06 87；www.hansbrinker.com；Kerkstraat 136；铺 €22.50~25.50，双/标三 €73/93起；@📶；🚊1/2/5 Keizersgracht）旅舍的大厅较为混乱，朴素的房间则有一种公

共医院的氛围，但这里经常挤满了喧闹的背包客，他们成群结队地涌入明亮而气氛活跃的酒吧、动感十足的舞厅和价格实惠的餐厅。房间配有独立卫生间和柜子，公共区域内提供Wi-Fi。

SEVEN BRIDGES 精品酒店 €€

见340页地图（☎623 13 29；www.sevenbridgeshotel.nl；Reguliersgracht 31；双 €115~220；📶；🚊4 Keizersgracht）这里是阿姆斯特丹最精致的小型酒店之一，运河景致极佳。酒店精美而私密，拥有8间客房，装修得很有品位（所有房间都铺了奢华的东方地毯，摆着雅致的古董）。当你看到用精美瓷器盛放的早餐（€10）送到客房时，想要观光的冲动可能就会消散了。

HOTEL ASTERISK 精品酒店 €€

见340页地图（☎626 23 96；www.asteriskhotel.nl；Den Texstraat 16；单/双 €68/104起；@📶；🚊16/24 Wetering Circuit）这家坐落在市中心的酒店由家庭经营，拥有42个房间，虽然部分房间极小，但你会在舒适的床垫上睡得很香。天花板的装饰线条、水晶枝形吊灯和漂亮的早餐室营造出一种优雅的气质。

HOTEL PRINSENHOF 酒店 €€

见340页地图（☎623 17 72；www.hotelprinsenhof.com；Prinsengracht 810；双/标三 €100/130起；📶；🚊4 Prinsengracht）这家物有所值的酒店坐落在一幢18世纪的房舍中，拥有迷人的运河风景，早餐室中还有一些代尔夫特青花瓷。这里的侍者亲切和蔼，房间也很宽敞，而其最新的整修则使所有房间都有了套房卫生间。

HOTEL V 精品酒店 €€

见340页地图（☎662 32 33；www.hotelv.nl；Weteringschans 136；双 €101~260；📶；🚊4/7/10 Frederiksplein）这家复古的别致酒店面朝枝繁叶茂的Frederiksplein，步行便可来到Utrechtsestraat，考虑到其时尚品位和地理位置，简直物超所值。48个木炭色调的房间里艺术氛围浓郁，还有石质墙面的卫生间。不妨询问一下4人间的阁楼公寓房价格，此房型有单独的通道，并配备了一个小厨房。

HOTEL FREELAND 酒店 €€

见340页地图（☎622 75 11；www.hotelfreeland.com；Marnixstraat 386；单不带卫生间 €60起，单/双/标三 €70/110/130起；📶；🚊1/2/5/7/10 Leidseplein）这家酒店坐落在运河旁，拥有得天独厚的地理优势，15间主题客房（郁金香、玫瑰和向日葵，还有一些有着摩洛哥风情）非常干净。此外，这里还有美味的早餐，让其他位于莱兹广场的竞争对手难以匹敌。该酒店十分好客，对男同性恋很友好。

HOTEL AMSTELZICHT 酒店 €€

见340页地图（☎623 66 93；www.hotelamstelzicht.nl；Amstel 104；单/标三/套 €119/149/169起；📶；🚊4/9/14 Rembrandtplein）该酒店门前的景色就仿佛来自一幅17世纪的绘画，所以一定要挑一间面朝阿姆斯特尔河的房间，让你可以欣赏远方的有三角墙的房舍。从大厅里的青花瓷到高雅的客房，这里的一切都赏心悦目。

HOTEL ADOLESCE 酒店 €€

见340页地图（☎626 39 59；www.adolesce.nl；Nieuwe Keizersgracht 26；单/双不带卫生间 €80/110，单/双 €85/130；@📶；🚊Waterlooplein）这座家族式的小型酒店坐落在一幢古老的运河住宅内，其简易的客房在极富艺术性的版画装饰下显得熠熠生辉。你可以全天自助享用这里的咖啡、茶和点心，包括水果。不是所有房间都有Wi-Fi，所以记得预订时询问一番。

HOTEL KAP 酒店 €€

见340页地图（☎624 59 08；www.kaphotel.nl；Den Texstraat 5b；单/双/标三/四 €75/100/135/160起；📶；🚊16/24 Weteringcircuit）虽然这家简易的酒店没有电梯/扶梯，且房间朴素，但其价格适中，还在迷人的正餐厅或庭院中供应早餐，且店主对男同性恋也非常友好，这些足以弥补前述不足。此外，这里还出租自行车，Wi-Fi的价格为每天€5。酒店还提供一些价格便宜的单人房或标准双人房，但须共用卫生间。

AMISTAD HOTEL 精品酒店 €€

见340页地图（☎624 80 74；www.amistad.nl；Kerkstraat 42；单不带卫生间 €95起，单/双/标三 €125/135/145起；@📶；🚊1/2/5 Keizersgracht）

这家男同性恋酒店小巧美观，客房配备了菲利普·斯塔克（Philippe Starck）的椅子、音响系统和笔记本电脑。早餐室的墙面是红宝石色，摆放着公用餐桌，营业至13点后则变成一间忙碌的咖啡馆。

★SEVEN ONE SEVEN 豪华酒店 €€€

见340页地图（☎427 07 17；www.717hotel.nl；Prinsengracht 717；双 €500~650；❄📶；🚊1/2/5 Prinsengracht）这家令人难以置信的酒店拥有9个极其奢华的房间，全都配备了顶尖设施，而最奢侈的享受莫过于宽敞的空间。不妨走进令人惊艳的毕加索套房里：高大的房顶、加长的沙发，还有融合现代与古典的装饰品——你可能再也不想离开了。房费中包括早餐、下午茶、精选葡萄酒、啤酒和个性化服务。

BANKS MANSION 酒店 €€€

见340页地图（☎420 00 55；www.carlton.nl/banksmansion；Herengracht 519-525；双/套 €209/389起；❄@📶；🚊16/24 Keizersgracht）在这里，你得到的可不止一张舒适的床：你还可以去弗兰克·劳埃德·赖特（Frank Lloyd Wright）设计的大厅，这里的自助式的酒吧有令人赞不绝口的饮品。回到自己现代化的客房后，你会发现这里还配备了等离子电视、DVD播放器（提供免费电影）、巨大的淋浴房以及放在房内的杜松子酒、威士忌和法国白兰地。

HOTEL NOTTING HILL 时尚酒店 €€€

见340页地图（☎523 10 35；www.hotelnottinghill.nl；Westeinde 26；双 €214~499；❄📶；🚊4 Stadhouderskade）荷兰设计师维姆·霍普曼在其霍普曼室内装饰项目（Hoopman Interior Projects，简称HIP）中设计了这家令人瞠目的酒店。这里原先是一座办公楼，特色包括大厅的一面由古旧手提箱组成的墙面、奇特的雕塑和巨大的当代艺术品，而酒店的71间客房中则贴着图案丰富的墙纸，价格稍贵的房间还能欣赏到运河风景。该酒店位于德派普区和Utrechtsestraat之间的中心地带。

AMSTERDAM AMERICAN HOTEL 酒店 €€€

见340页地图（☎556 30 00；www.edenamsterdam-americanhotel.com；Leidsekade 97；双 €243起；❄📶；🚊1/2/5/7/10 Leidseplein）没有哪个住宿地点比这家位于莱兹广场上的地标性建筑更靠近活动的中心了，这家华丽酒店的屋顶有个小塔，步行便可抵达Museum Quarter。房内的家具时尚而又光鲜，客人还可以使用这里带桑拿房的健身中心。

冯德尔公园和旧南区

VAN GOGH HOSTEL & HOTEL 青年旅舍、酒店 €

见344页地图（☎262 92 00；www.hotelvangogh.nl；Van de Veldestraat 5；铺/双/标三/四 €28/119/149/179起；❄@📶；🚊2/3/5/12 Van Baerlestraat）毫不夸张地说，从该酒店出发，走14步便可来到凡·高博物馆，每间客房中还有一幅凡·高壁画。拥有200张床位的青年旅舍坐落在建筑的一侧，另一侧则是酒店，而其中的公共区域则可享用早餐（€5）。青年旅舍的铺房有6~8张床位，并配备了套房卫生间和平板电视。

酒店的高层房间还自带阳台（预订时可以挑一间）。

STAYOKAY AMSTERDAM VONDELPARK 青年旅舍 €

见344页地图（☎589 89 96；www.stayokay.com；Zandpad 5；铺 €31~48，标双 €75~152；📶；🚊1 1e Constantijn Huygensstraat）这家国际青年旅舍联盟旗下的旅馆距离冯德尔公园咫尺之遥，共有536张床位，每年吸引75，000余位顾客前来住宿——难怪大厅里看起来就像是个小型的联合国。这家是阿姆斯特丹Stayokay连锁旅舍中最好的一家，客房经过翻新，配备了安全柜和独立卫生间，空间也较为宽敞。不妨在舒适的酒吧咖啡馆中喝上一杯，或是打几局桌球。

★HOTEL NOT HOTEL 时尚酒店 €€

见344页地图（☎820 45 38；www.hotelnothotel.com；Piri Reisplein 34；双 €75~200，不带卫生间 €82~120；🚊7 Postjesweg）这家精品酒店的名字恰如其分：这里的房间很是宽敞，满是天马行空的装置艺术品。你可以睡在965路阿姆斯特丹有轨电车（Amsterdam Tram 965）里的超大号床铺上，躲在隐秘的书架之后，在西班牙别墅的私人室外露台上小憩，在特兰西瓦尼亚风情的木雕作品

（Transylvanian-inspired woodcarvings）所组成的"无忧区"（Crisis Free Zone）躲避每天的琐事，消除你的坏心情，或是攀上梯子来到温馨的小窝。

来自埃因霍温设计学院（Eindhoven's Design Academy）的学生设计了这些房间，而酒店则将其酒吧命名为"凯文·贝肯"（Kevin Bacon），以示对该演员的致敬，你可以在那里品尝到调制的刺激鸡尾酒。

★HOTEL DE HALLEN 时尚酒店 €€

见344页地图（☎515 04 53；www.hoteldehallen.com；Bellamyplein 47；双 €145起；❄📶；🚋17 Ten Kate-straat）原先停放有轨电车的场所弃之不用后，最近被改造成了De Hallen文化中心（见194页），这家令人惊艳的酒店就坐落于此，共有55间客房，全都配备了Coco-Mat的床垫、奈斯派索咖啡机和迷你吧。每个房间都空间宽敞，有着自己独具匠心的设计，而巨大的公共空间则包括顶级餐馆Remise47、休息区、酒吧以及有遮阳伞的全景露台。早餐需花费€20。

★COLLECTOR 民宿 €€

见344页地图（☎673 67 79；www.the-collector.nl；De Lairessestraat 46；单/双/标三 €80/95/115起；@📶；🚋5/16/24 Museumplein）这家一尘不染的民宿就在音乐厅附近，其中装饰着音乐风的展品，例如时钟、木底鞋和溜冰鞋，这些都是店主卡雷尔（Karel）的藏品。3个房间都可从阳台进入，并配备了一台电视机。卡雷尔还在厨房为客人储存了食材（鸡蛋则来自其花园中的母鸡），让他们在闲暇时可以自己烹饪早餐。

这里的厨房全天候开放，所以你还可以自己做晚餐。此外，卡雷尔还有2辆自行车可供顾客租借。

★HOTEL FITA 酒店 €€

见344页地图（☎679 09 76；www.fita.nl；Jan Luijkenstraat 37；单/双 €115/149起；📶；🚋2/3/5/12 Van Baerlestraat）这座家庭经营的酒店Fita位于紧邻博物馆广场和PC Hooftstraat的宁静街道上，拥有15个漂亮的房间，配备了设施齐全的卫生间。在这里的免费早餐很是丰盛，包括鸡蛋、煎饼、奶酪和面包。此外，酒店还有电梯/扶梯。年轻的店主活力四射，崭新的酒店离不开他的功劳（全新的家具、艺术品和新近画作），而这里的服务也极为细心。

这是该街区最物有所值的住宿场所之一，时常很快就预订一空。

CONSCIOUS HOTEL MUSEUM SQUARE 精品酒店 €€

见344页地图（☎671 95 96；www.conscioushotels.com；De Lairessestraat 7；双/家 €90/171起；@📶；🚋5/16/24 Museumplein）🍃该酒店充分展现了环保理念。走进其中，首先映入眼帘的便是大厅中生长着的植物墙，以及这里的有机早餐（额外收费€10），紧随而来的便是现代化的客房——100%纯天然材料制作的床铺、用回收的酸奶容器制作的桌子和省电的等离子电视机。该酒店的第二家分店位于冯德尔公园（见251页）的附近，第三家正在建设之中。

HOTEL AALDERS 酒店 €€

见344页地图（☎662 01 16；www.hotelaalders.nl；Jan Luijkenstraat 13-15；单/双/标三/家 €139/159/219/259起；@📶；🚋2/3/5/12 Van Baerlestraat）城里还有不少更为豪华的酒店，但这座家庭经营的酒店则让人感受到家的舒适，靠近博物馆的地理位置也为其增色不少。28间客房分布在2幢毗邻的高大建筑中，每间都有不同的大小和风格（部分房间配有镶木板和装饰玻璃窗）。清晨，不妨在装饰着枝形吊灯的早餐室中品尝自制的免费点心。此外，该酒店还出租自行车。

HOTEL DE FILOSOOF 精品酒店 €€

见344页地图（☎683 30 13；www.sandton.eu；Anna van den Vondelstraat 6；单/双/标三 €109/119/179起；📶；🚋1 Jan Pieter Heijestraat）这里的房间都以哲学家命名，你很容易在此明澈心灵。每个房间都会根据其名字，设计属于自己的主题，例如"梭罗房"（Thoreau）装饰着瓦尔登湖（Walden Pond）的壁画，采用大量红色调的"尼采房"（Nietzsche）代表了他的著作《朝霞》（*Morgenröte*，意为"黎明"）。此外，这里还有一个雅致的酒吧，而如果夏天来此，酒店宁静的英式花园还会给

住宿

你带来田园牧歌般的乐趣。

约翰·格林（John Green）的小说《命运的错》（*The Fault in Our Stars*）曾对该酒店有过描写，但2014年，在其备受欢迎的改编电影中，这里并未作为拍摄地点（电影中拍摄的酒店是位于莱兹广场的American Hotel）。

CONSCIOUS HOTEL VONDELPARK

精品酒店 €€

见344页地图（☎820 33 33；www.conscioushotels.com；Overtoom 519；双/标三 €90/121.50起；📶；🚊1 Rhijnvis Feithstraat）🍃这座酒店是欧洲首家通过官方环保认证的酒店，位于冯德尔公园的这家分店拥有81间客房，有实用而又时尚的环保设计，例如大厅中令人惊艳的植被墙、客房中的植物、利用回收材料制作的精巧家具（包括卫生间中用压缩的硬纸板制成的凳子），以及自助的有机早餐（€13.50）。

NEIGHBOUR'S MAGNOLIA

酒店 €€

见344页地图（☎676 93 21；www.magnoliahotelamsterdam.com；Willemsparkweg 205；单/双 €69/119起；📶；🚊2 Emmastraat）这里原先坐落着Zandbergen酒店，如今Neighbour's Magnolia则如同一盘塑料餐具中的纯银制品一般脱颖而出。酒店所处的位置很是安静，其侍者会全身心地为你服务；21间客房采用了淡粉色和绿色调，酒店后部的房间还自带阳台，可以俯瞰鲜花盛开的宁静后院（是的，这里还有一株木兰树）。

每个房间都有一个蓬松柔软的毛绒玩具（knuffel）陪伴你，绝对物超所值。

HOTEL PIET HEIN

精品酒店 €€

见344页地图（☎662 72 05；www.hotelpiethein.com；Vossiusstraat 52-53；单/双/标三 €84/103/148；📶；🚊2/5 Van Baerlestraat）这家一尘不染的酒店可以远眺冯德尔公园古老的精致凉亭，各式各样的现代化客房（包括舒适的单人"商务房"）令人称奇。此外，这里还有超凡的花园和氛围轻松的酒吧。

FLYNT B&B

民宿 €€

见344页地图（☎618 46 14；www.flyntbedandbreakfast.nl；1e Helmersstraat 34；双 €85~130；@📶；🚊1 1e Constantijn Huygensstraat）铺着大理石的宽敞卫生间会让你有种置身于现代精品酒店中的感觉，而友好的店主、温馨的早餐就餐区（全天候提供早餐美食）和欢迎携带宠物的政策则让人感受到这是一家冯德尔公园的纯粹民宿。每个房间都有自己的主题，如猫屋（Cat Room）、自行车房（Bike Room）和邮局（Post Office）等。

此外，这里还会根据要求在阿姆斯特丹其他区域安排公寓出租。

XAVIERA HOLLANDER'S HAPPY HOUSE

民宿 €€

（☎673 39 34；www.xavierahollander.com；Stadionweg 17；双 €120起；📶；🚊5/24 Gerrit van der Veenstraat）该民宿坐落在豪华的Beethovenstraat街区，其主人是原先的老鸨和《快乐妓女》（*The Happy Hooker*）的作者，她在家中欢迎客人们的到来（至少须住2晚）。2间客房需共用卫生间，其中装饰着色情图片，红心枕头还有诸如她新近出版的《意乱情迷性爱指南》（*Guide to Mind-Blowing Sex*）等书籍。此外，这里还有一个自带设施（卫生间、冰箱和露台）的花园小屋。

席尔瓦拉（Xaviera）仍旧是一个影视明星，如果你足够幸运，在下榻期间见到了她，你就会很快了解她的魅力所在。该民宿就坐落在博物馆广场以南约1公里处。

OWL HOTEL

酒店 €€

见344页地图（☎618 94 84；www.owl-hotel.nl；Roemer Visscherstraat 1；单/双 €91/120起；📶；🚊1 1e Constantijn Huygensstraat）一些游客特别喜欢这个拥有34间客房的酒店，他们从世界各地向这里寄送猫头鹰雕像，以增加其收藏。酒店的侍者热情友好，房间则明亮安静，而你还可以在光线充足的宁静房间中享用自助早餐（包含在房费中）并俯瞰迷人的花园。

POET HOTEL

酒店 €€

见344页地图（☎662 05 26；www.poethotelamsterdam.com；Jan Luijkenstraat 44；双 €100起；📶；🚊2/5 Hobbemastraat）这家酒店拥有64间客房，每个房间差不多都被一张大床所占据。蓝白搭配的色调略显朴实，但另一方面，其地理位置枝繁叶茂，距离博物馆只有几个街区之遥，鉴于此，其价格还是颇为实惠的。在此下榻的大多数是年轻人，热情洋溢的酒吧中摆满了老阿姆斯特丹的照片。

★HOTEL VONDEL 精品酒店 €€€

见344页地图（☎612 01 20；www.vondelhotels.com；Vondelstraat 26-30；双 €150~250；📶；🚋1 le Constantijn Huygensstraat）正像附近的公园那样，这家时尚的酒店也以荷兰著名诗人约斯特·凡·德·冯德尔的名字命名，客房宁静舒适（摆放着许多灰色的毛绒玩具），酒吧通向可以俯瞰花园的露台，还出租自行车并为客房供应鲜花。酒店的Joost餐馆散发着浓郁的艺术气息，供应高品质美食。早餐需花费€19。

CONSERVATORIUM HOTEL 时尚酒店 €€€

见344页地图（☎570 00 00；www.conservatoriumhotel.com；Van Baerlestraat 27；双 €460起；❄📶🏊；🚋2/5 Van Baerlestraat）这座新哥特式的恢宏建筑就位于皇家音乐厅（Royal Concertgebouw）的对面，原先是一家银行，而后则成了阿姆斯特丹音乐学院。最近一次改建将这里变成了令人赞叹的酒店，129间客房分布在8个楼面，高大的玻璃和钢筋将这座19世纪的砖墙建筑（特别是其光线充足的中庭凉廊）与1000平方米健身房和水疗中心连接在一起，堪称阿姆斯特丹最大的酒店。

不妨欣赏一下酒店的音乐史，包括一件由十几把悬挂着的小提琴所组成的灯具。

COLLEGE HOTEL 精品酒店 €€€

见344页地图（☎571 15 11；www.thecollegehotel.com；Roelof Hartstraat 1；双 €178起；❄📶；🚋3/5/12/24 Roelof Hartplein）这里原是一座19世纪的学校，如今该酒店则将其原来的教室改建成了40间客房，它们有高耸的天花板、富有品位的家具和点缀着彩色玻璃的窗户。殷勤好客的在校生在此工作、积攒经验，而从波姬·小丝（Brooke Shields）到流线胖小子（Fatboy Slim）等社会名流则很是享受这里时髦的高端产品。

该酒店就坐落在Museum Quarter和德派普区的景点和咖啡馆之间（距离两者均约1公里）。

PARK HOTEL 酒店 €€€

见344页地图（☎671 12 22；www.parkhotel.nl；Stadhouderskade 25；双 €169起；📶；🚋1/2/5/7/10 Leidseplein）这家独立酒店有着鲜明的时尚特点，包括可以根据心情调节的灯光、熏香和墙上乔治·海德韦勒（George Heidweiller）的城市风景画，令人惊艳。走下楼去，不妨拿一杯咖啡，蜷缩在“客厅”的一角，欣赏时常变动的现代艺术。酒店拥有设施齐备的健身房，距离冯德尔公园也仅咫尺之遥，所以没有理由不去运动一番。至少须住2晚。

一顿亚洲风情的早餐需要€18.50。在阿姆斯特丹少见的是，这里还提供酒店自带的底层停车场，但每24小时就需花费€65的价格还是令人颇为心痛的。

德派普区

BICYCLE HOTEL AMSTERDAM 酒店 €€

见348页地图（☎679 34 52；www.bicyclehotel.com；Van Ostadestraat 123；单/双/标三不带卫生间 €30/60/120起，双/标三/家 €100/150/170起；📶；🚋3 Ferdinand Bolstraat）🍃马基林（Marjolein）和克莱门斯（Clemens）运营的这家酒店氛围轻松友好，颇有环保意识，客房都很亲切舒适。此外，这里还出租自行车（每天€8），并供应令人叫绝的有机早餐（包含在房费中）。

BETWEEN ART & KITSCH B&B 民宿 €€

见348页地图（☎679 04 85；www.between-art-and-kitsch.com；Ruysdaelkade 75；单/双 €85/100起；📶；🚋16 Ruysdaelkade）蒙德里安曾在此居住——这是民宿艺术的一面，而其世俗的一面则体现在巴洛克式房间内的水晶枝形吊灯以及一尊笑脸迎客的黄铜佛像。装饰艺术风格的房间拥有精美的瓷砖，并能欣赏到国立博物馆的景致。店主夫妇埃博（Ebo）和艾琳（Irene）也极其友好。请注意，民宿位于3楼，且没有电梯/扶梯。

CAKE UNDER MY PILLOW 民宿 €€

见348页地图（☎751 09 36；www.cakeundermypillow.com；1e Jacob van Campenstraat 66；双带/不带卫生间 €160/110起；@📶；🚋16/24 Stadhouderskade）Taart van m'n Tante（见205页）面包房的店主也经营着这家民宿，它位于咖啡馆楼上（没有电梯/扶梯），舒适的客房里装饰着盘子。至少须住2晚。

住宿

★SIR ALBERT HOTEL 时尚酒店 €€€

见348页地图（☎305 30 20；www.siralberthotel.com；Albert Cuypstraat 2-6；双 €200起；❄@📶；🚊16/24 Ruysdaelstraat）令人炫目的酒店坐落在一幢19世纪的钻石工厂中，90间富有创意的客房和套房有着高耸的屋顶和宽大的窗户，配备了意利牌（illy）咖啡机，客人还能自选床单，而在铺着波斯地毯的书房里，有iPad供房客使用。富有活力的侍者不但真诚，而且非常专业。

酒店与艾伯特露天市场（Albert Cuypmarkt）位于同一条街道，但酒店所处的西头一派宁静，绿意盎然。

HOTEL OKURA AMSTERDAM 豪华酒店 €€€

（☎678 83 00；www.okura.nl；Ferdinand Bolstraat 333；双/套 €220/415起；❄@📶🏊）这家商务酒店有着阿姆斯特丹少见的设施，包括可以欣赏全城美景的位置（特别是价格较高的朝北客房）、酒店内的三家米其林星级餐厅——2家位于顶楼的Ciel Bleu（见209页），1家则是位于大厅层的日料餐厅Yamazato，以及一家可圈可点的健身房，其喷水游泳池长达18米，这一切使其远超其他竞争对手。早餐需€32.50。

该酒店因其社会责任感和为周边社区奉献的精神而备受当地人喜爱，而其屋顶则充当了荷兰最大的气压表（见212页）。

了解阿姆斯特丹

今日阿姆斯特丹......256

无论走到哪里，你都会领略到这座城市在建筑上的创意，以及众所周知的对于性和毒品的包容。

历史......260

这片低洼的泽地是如何变成今天的城市的？

荷兰绘画......269

世界上最具标志性的几位画家都是荷兰人，你可以在阿姆斯特丹的博物馆欣赏他们的大作。

阿姆斯特丹的建筑......276

数世纪以来，城市的旧面貌令人惊叹地保存完好，而阿姆斯特丹的当代建筑设计也是一流。

荷兰设计......284

创意巧思，实用独特——荷兰的内饰、家具、产品和时装设计都引领着全球风潮。

今日阿姆斯特丹

从售卖大麻的著名咖啡馆到红灯区，走在阿姆斯特丹的大街上，随处可见这种包容。这座城市里居住着来自180个不同国家的人，其中大多数都认同：这里的生活质量足以令其他国际大都市汗颜。令人惊艳的建筑和大型的城市建设项目不断涌现，改变着这座城市的面貌，将黄金时代的魅力与极为现代的美感融为一体。与此同时，奉行实用主义的时尚女王也出尽了风头。

推荐电影

《黑皮书》［*Zwartboek/Black Book*；保罗·范霍文（Paul Verhoeven）导演；2006年］这部内容丰富的故事片讲述了"二战"时期，荷兰抵抗组织不那么英雄主义的一面，而如今大红大紫的荷兰演员卡里斯·范·侯登则通过该片开启了国际影星的生涯。

《天堂套房》［*The Paradise Suite*；约斯特·范·金克尔（Joost van Ginkel）导演；2015年］这部影片讲述了一位被逼卖淫的保加利亚妇女、一位瑞典钢琴天才、一位塞尔维亚的战争罪犯以及其他麻烦重重的人物在阿姆斯特丹互相交织的故事。

《雏菊》（*Daisy*；刘伟强导演；2006年）这部电影取景于阿姆斯特丹及其郊外，讲述了国际刑警和黑帮成员同时爱上一位画家的情感纠葛，画面唯美，配乐动人。

推荐阅读

《安妮日记》［*The Diary of Anne Frank*，安妮·弗兰克（Anne Frank）；1952年］一部记录年轻女孩在阿姆斯特丹躲避纳粹，展现其所思所想与渴望的感人自述。已被翻译成60种语言。

文化包容

悠闲、进步、双语（有时三语）氛围、勤勉、懂得人情世故、国际化。阿姆斯特丹的当地人不但拥有这些品质，他们还对多元化与差异保持着举世闻名的容忍态度，可能这就是为什么阿姆斯特丹被公认为是轻松舒适的完美旅游胜地。

毫不夸张地说，这是一个开放的社会。走在任何一条街道上，你都会发现大量没有拉上帘子的窗户，即便是在最高档的社区，你都可以清楚地看到，居住于此的家庭和夫妇烹饪、用餐、看电视以及与孩子嬉戏的场景。

到了2015年，荷兰的经济开始逐步好转。然而，即便是经济不景气的前几年，哥伦比亚大学（Columbia University）公布的全球幸福报告（World Happiness Report）也显示，这里的居民仍是世界上幸福感最高的人。多亏了建立在选择自由、社会支持和其他因素上的高生活品质，荷兰在最近一期的研究中高居世界第七。

性与毒品

每当涉及吸食大麻和性交易问题时，阿姆斯特丹总是以其开明的态度而名扬世界。然而自2008年起，当这座城市开始施行计划，降低售卖大麻的咖啡馆与红灯区妓院的数量后，一些抗争接踵而至。当局宣称，有组织犯罪已经进入这些场所，因此必须予以关闭；而反对者则主张，当局只是不喜欢其纵容罪恶的名声而已。最终的结果是：许多红灯区内的地方被改造成了画廊、咖啡馆和其他更为健康的商店。可以肯定的是，该产业并不会在短时间内就从此消失，但其规模的缩小还是颇为明显的。

发展与创新

阿姆斯特丹自诞生之初就已有了创新的巧妙手法，看看有着400多年历史的运河圈便能略知一二。城市的设计师们开通了运河用以泄洪，并重新利用饱受涝灾的土地，以便让在黄金时代不断扩张的人口在此定居。这一理念时至今日依然如此。由于外来人口的不断增长（从2008年起，城市居民新增大约70,000人），阿姆斯特丹面临住房紧张的局面，而城市规划师则利用颇有远见的建筑，安置新来的居民。

大部分行动都在艾河沿岸开展，包括将工业区，例如东港口区和西港口区——即中央车站的两侧，以及河对岸的阿姆斯特丹北区迅速改造为现代化住宅区的项目。这些新建的时尚小区中不乏夺人眼球、设计新颖的住房、办公室和公共建筑，例如眼睛电影博物馆和阿姆斯特丹塔等。

还有艾瑟尔堡（IJburg），这是一片位于IJmeer湖上的地区，包含阿姆斯特丹市正在建造的10座人工岛。工程师们将一层又一层的沙土堆积起来，然后在隆起的“岛屿”上建造房舍。如今，6座小岛已有人居住，而最后4座岛屿的施工将在2017年启动。

此外，创新的触角还延伸至了地下。工程师们建造了全新的南北地铁线，将阿姆斯特丹北区和位于南阿姆斯特丹的世界贸易中心连接起来，隧道沿途还经过艾河与城市历史中心区域。你在城里所见的被开挖的路面正是该项目进行中的施工，整个工程会在2017年完工。

技术中心

2014年，企业家杂志公司将阿姆斯特丹称为值得关注的创业中心。相比其他热点城市，例如硅谷、北京和纽约，在这里经营企业所需的成本更低。阿姆斯特丹拥有大量英语流利的编程员和设计员，这里的环境也鼓励创新，在市中心方圆4英里范围内有大约200家初创企业。他们正在进行不少项目，例如运用3D打印机建造运河住宅和运河大桥，提高比特币技术并提供网络平台供居民之间交易剩余的绿色能源。

马克西玛王妃（Queen Máxima）

阿姆斯特丹人不像其他一些国家的公民那样，对他们的皇室家族抱有极大的兴趣。威廉-亚历山大国王（King Willem-Alexander，1967年出生）是位谦逊而低调的男士，但如果一定要当地人承认对某一位皇室成员着迷，那将会是他的妻子马克西玛王妃。2002年，这位时尚的金发阿根廷姑娘与国王喜结连理。她时常骑着自己的自行车奔波于皇室典礼之间，并始终穿着她的优雅服饰，而她引人注目的宽边帽则经常引发时尚的浪潮，无怪乎对她的认可度有80%左右。

每100个阿姆斯特丹人中

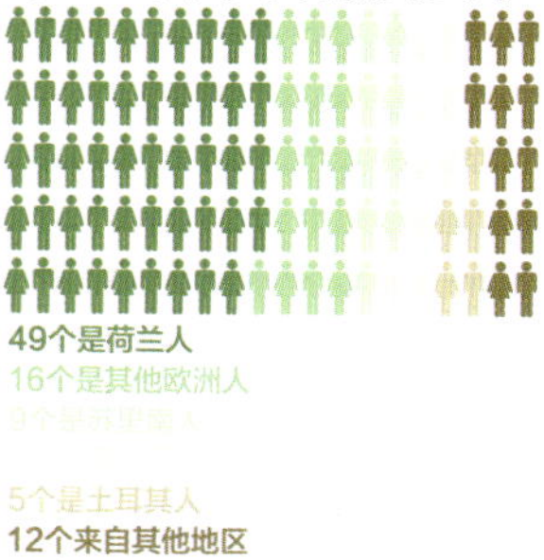

信仰体系

(占人口百分比)

每平方公里人口数

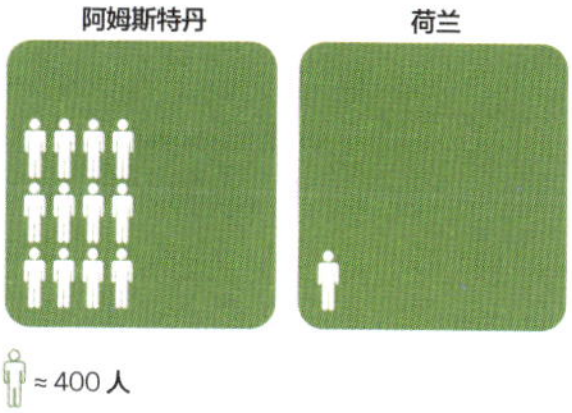

1

2

4

GEORGE TSAFOS / GETTY IMAGES ©

LONELY PLANET / GETTY IMAGES ©

1. **植物园 (见100页)**
超过4000种植物在不同的花园里生长着。

2. **波士之家 (见186页)**
游客可以在博物馆里“嗅闻”荷兰杜松子酒。

3. **冯德尔公园 (见184页)**
这座占地47公顷的公园是阿姆斯特丹最奇幻的地方之一。

4. **冬天的冯德尔公园(见184页)**
孩子们在这处亲子场所学习溜冰。

历史

阿姆斯特丹可能孕育了世界上最伟大的贸易帝国之一，但该区域曾是一片不毛之地，混杂着湖泊、沼泽和泥炭，其高度不超过海平面，海岸线的轮廓还会因秋季的暴雨和洪涝而不断变化。此处最古老的考古发现可以追溯至罗马时期（Roman times），那时的阿姆斯特丹艾河（IJ river）还沿着罗马帝国（Roman Empire）的北部边界流淌。海上贸易、平等主义的态度以及在工程领域方面的智慧都为这座城市如今的现代化铺平了道路。

伊始

强大的罗马人在公元1世纪征服了这片现在被称为荷兰的土地，但是他们却没有留下罗马式的圆形大剧场或恢宏的墓穴。与其一贯作风不相吻合的是，他们实际上没有留下任何定居的痕迹，更不要说宏大的举动了。虽然荷兰与海面齐平的多沼泽地形让重大的建设工程颇具挑战性，但是罗马人从前在其他地方素来以藐视挑战而著称。最后，他们仅仅占据了低地国家南部其他一些更为重要的土地，在那儿生活并展开统治。

在1200年左右，一个被称为Aemstelredamme（意为在“阿姆斯特丹河上建造的大坝”）的小渔村在如今的大坝（Dam）处出现，这也正是阿姆斯特丹这个名字的由来。

历史读物：非小说类

罗素·萧图（Russell Shorto）的《阿姆斯特丹：世界上最自由城市的历史》（*Amsterdam: A History of the World's Most Liberal City*）

西蒙·沙玛（Simon Schama）的《财富的窘境》（*The Embarrassment of Riches*）

黑特·马柯（Geert Mak）的《阿姆斯特丹：一座城市的简史》（*Amsterdam: The Brief Life of a City*）

早期贸易

在沼泽地上进行耕种困难重重，而毗邻的大海则让早期的当地居民转而以捕鱼为生。然而，真正繁荣的则是商业贸易。尽管强大的城邦将关注的重点聚焦在与佛兰德斯（Flanders）和北方的意大利进行陆上贸易，阿姆斯特丹却明智地将目光放到了海上贸易线路上。那么回报呢？他们开辟了北海和波罗的海，那里是如日中天的汉莎同盟（Hanseatic League）的后院，该同盟由一群日耳曼贸易城市所组成。

大事年表

1150~1300年

建造大坝，将阿姆斯特丹艾河控制在须德海（Zuiderzee）和哈勒姆之间；一个由捕捞鲱鱼的渔民所组成的小村落在阿姆斯特尔河（Amstel river）畔建立。

1275年

在允许当地居民免费在阿姆斯特尔河上通行之后，阿姆斯特丹由此建立，这座城市拥有了经过须德海，即现在的艾瑟尔湖（Ijsselmeer），直接入海的通道。

1380年

开始挖掘如今中世纪中心的运河，阿姆斯特丹由此繁荣，并获得了斯堪的纳维亚（Scandinavia）海上贸易的控制权，以及后来畅通无阻地进入波罗的海的权利。

阿姆斯特丹精明的冒险家们（vrijbuiters）无视汉莎同盟令人忌惮的名声，他们径直驶入波罗的海，满载着用来交换粮食和木材的布料和食盐。这不啻是一步妙棋。到了15世纪末，大量航行在波罗的海上的船只都会在阿姆斯特丹停靠。

到那时，来自低地国家（大约是现今的荷兰、比利时和卢森堡）的船员、商人、工匠和投机家们都在此处谋生。

与此同时，阿姆斯特丹并没有像其他欧洲国家那样，受到主流阶层的束缚。由于没有教会认可的封建传统，这里也就并不区分贵族与奴隶，更遑论任何税赋。于是，个人主义和资本主义的社会在此生根发芽。阿姆斯特丹的先进理念——自由、开放、进步以及充满机遇也就此诞生。

独立的共和国

新教改革（Protestant Reformation）不仅仅是宗教事宜，它还是"暴发户"（由商人与工匠组成的新兴阶层）与"传统贵族"（天主教会统治下，拥有土地的贵族阶级）之间的经典角力。

控制低地国家的新教教义是最为激进的道德流派，即加尔文主义（Calvinism）。它强调上帝的力量，视人类为有罪的化身，他们活着的使命是节制与努力工作。禁欲主义的加尔文教徒支持地方自行决策，蔑视天主教会自上而下的阶层划分。

加尔文主义是摆脱西班牙国王菲利普二世（Philip II），谋求独立的关键因素。广为人厌的菲利普国王是一名极度虔诚狂热的天主教徒，他在与奥地利经过一系列的讨价还价后，获得了对低地国家的控制。他极力引入西班牙宗教法庭（Spanish Inquisition）、强化政府中央集权以及征税的行为激怒了他的子民，并唤醒了他们的民族自豪感。

1579年，北方七省，包括强大的阿姆斯特丹宣布建立独立的共和国，并由奥兰治的威廉领导——他也是现今皇室家族的源头。威廉国王有一个著名的昵称：沉默者（the Silent），因为他聪明地拒绝加入宗教辩论。至今，他仍是荷兰无可争议的奠基人与国父。

黄金时代（1580~1700年）

1588年，海牙（Den Haag）是荷兰共和国的首都所在地，但阿姆斯特丹则迅速发展，成为荷兰最大、最有影响力的城市。

历史读物：小说类

- 黛博拉·莫盖茨（Deborah Moggach）的《狂热郁金香》（*Tulip Fever*）
- 爱德华·杜维斯·德克尔（Eduard Douwes Dekker）的《马克斯·哈弗拉尔》（*Max Havelaar*）
- 大卫·里斯（David Liss）的《咖啡商人》（*The Coffee Trader*）
- 西尔维·马东（Sylvie Matton）的《伦勃朗的妓女》（*Rembrandt's Whore*）

1626年，荷兰从德拉瓦族（Lenape）手中，以相当于$24的珠子，"购买"（一个对当时的北美人还十分陌生的概念）了曼哈顿岛（Manhattan）。

1452年

15世纪的第二场大火摧毁了这座城市，自此之后，法律规定阿姆斯特丹只能使用砖瓦作为建筑材料。

1519年

西班牙的查理五世（Charles V）登基成为神圣罗马帝国皇帝。签署的条约与王朝联姻使得阿姆斯特丹成了西班牙王国的一部分，而天主教也由此成为正统宗教。

1543年

查理五世联合了低地国家（Low Countries），其范围大致涵盖了如今的荷兰、比利时和卢森堡（Luxembourg），并将布鲁塞尔（Brussels）定为该地区的首府。

1578年

在一场不流血政变中，阿姆斯特丹沦陷。一年后，由7个省份组成的荷兰共和国（Dutch Republic）宣布建立，国王则是沉默者威廉（William the Silent）。

到1600年，荷兰的船只控制了英格兰、法国、西班牙和波罗的海国家之间的海上贸易，而且对北海捕鱼业和北极捕鲸业形成了事实上的垄断。犹太难民则向荷兰海员们传授了贸易线路，并由此孕育了富有传奇色彩的荷兰东印度公司（Dutch East India Company）与荷兰西印度公司（Dutch West India Company）。荷兰曾一度将那些强大国家的战舰远远地甩在身后，它们或是船速很慢，或是反应迟钝。因为没有宗教、种族背景或是政治团体占据主导地位，金钱成了这里最具统治力的东西。

随后的20年时间里，荷兰的贸易商人走向了全球，探索地球上的遥远角落。到17世纪中叶，荷兰拥有适合远航的商船数量是英法两国的总和。往来欧洲和亚洲之间的船只有一半属于荷兰，而异国风情的产品——咖啡、茶叶、香料、烟草、棉花、丝绸和瓷器则成为了商品。阿姆斯特丹拥有欧洲规模最大的造船工业，而整座城市也的确热闹非凡，充满了活力和创新。

阿姆斯特丹是荷兰（宪法规定）的官方首都，但中央政府和皇室家族的官邸——豪斯登堡宫（Huis ten Bosch）都位于海牙。所有的大使馆也都在海牙，尽管一些国家也会在阿姆斯特丹设立总领事馆。

1651年，英格兰通过了首部航海条例（Navigation Act），对荷兰的贸易形成了巨大的威胁，并由此导致了数场令人痛苦但毫无结果的海上战争。竞争对手们弄清了荷兰贸易的机密，重新组合并获得了航海线路。1664年，荷兰在与英国的争夺中，失去了新荷兰的殖民地，包括首府新阿姆斯特丹（即如今的纽约市），换来的则是南美洲的苏里南（Suriname，荷兰在那里的统治延续至了1954年）。20年后，法国的路易十四（Louis XIV of France）抓住机会入侵了低地国家，而这一繁荣时期，即众所周知的黄金时代也就此终结。虽然很难说这座城市走向衰败或毁灭，但其四面楚歌的经济需要超过1个世纪的时间才能重振往日风采。

财富减少（1700~1814年）

如果你无法打败他们，那就安抚他们：虽然荷兰共和国没有资源抗衡法国与后来的英格兰，但它有阿姆斯特丹的财富可以收买他们，以保证航海自由。

随着成本的增加，阿姆斯特丹一个从任何事情都有利可图的地方，变成了一个了无生机的社会，创造财富的手段只能靠收取利息。一同消失的还有勇敢的远洋航行，艺术、科学和技术方面的成就，以及政府和金融方面的创新。与此同时，诸如伦敦（London）和汉堡（Hamburg）等港口则成了有力的竞争对手。

贸易的衰退带来了贫穷，而极度的严寒也阻碍了交通运输，并导致了食物短缺。1740年与1763年的冬季尤为寒冷，不少当地居民都被冻死。

1600年代

黄金时代让阿姆斯特丹在文化的版图中牢牢地占据了一席之地。当伦勃朗在他的画室中创作时，规模宏大的运河圈也在建设之中，而整座城市的人口激增至200,000。

1602年

当荷兰东印度公司（Dutch East India Company）公开交易它们的公司股份时，全世界第一家证券交易所也便在阿姆斯特丹落户。

1618年

全世界第一份大幅一版面周报*Courante uyt Italien, Duytslandt, &c.*在阿姆斯特丹交付印刷。天主教被宣布违法，但允许私下进行的礼拜。

1664年

荷兰灰头土脸地丢掉了新荷兰（New Netherland，如今美国的东北部）的殖民地，包括新阿姆斯特丹（New Amsterdam，如今的纽约市），它们成了英国的属地。

由于阿姆斯特丹对美国独立战争（American War of Independence，1776年）的支持，英国开始封锁荷兰的海岸线，并随之占领了荷兰在全世界的贸易港口，迫使荷兰东、西印度两家公司关门。

法国也趁火打劫：1794年，法国革命军入侵低地国家。作为裙带关系的顺手之举，拿破仑任命他的兄弟路易·拿破仑为荷兰国王，于是荷兰共和国在1806年成了君主制国家。

1813年拿破仑战败后，阿姆斯特丹的全球贸易也只是处于缓慢的恢复之中，因为海上霸主的地位属于英国。

郁金香热趣史

当提及狂热投资时，1636年至1637年的荷兰郁金香热绝对能在历史上著名的经济繁荣与泡沫破裂中占据一席之地。

郁金香原先是产自中亚（Central Asia）的野花，并由土耳其人（Turk）首次栽种，他们用这种春季开花的美丽花朵装饰自己的院子。16世纪中叶，哈布斯堡王朝（Habsburg）驻伊斯坦布尔（Istanbul）大使将一些郁金香球茎带回了维也纳（Vienna），帝国的植物学家卡罗卢斯·克卢修斯（Carolus Clusius）在那里研究出了种植郁金香的方法。1590年，克卢修斯成为了欧洲最古老的植物园——莱顿植物园（Hortus Botanicus in Leiden）的主任，他在荷兰凉爽潮湿的环境与肥沃的三角洲泥土中培植并杂交了郁金香，获得了巨大成功。

更具异国风情的郁金香拥有褶边的花瓣和多彩的条纹，它们引起了富有商人的注意，后者将其放置在他们的客厅和走廊中，以便给客人留下深刻印象。逐渐获得财富与收益的事实激起了社会各界对异国郁金香的兴趣，而郁金香种植商则趁势崛起，迎合了这样的需求。

随之而来的便是疯狂的投机热潮，人们出高价购买精美的郁金香球茎，许多在开花前早已数次易手。丰厚的回报让投机商们不甘落后，争相出更高的价格购买球茎。拍卖通常在小酒馆内进行，因此经常充斥着酒精的力量，这毫无疑问助长了疯狂的氛围。

当然，这样的幸事不能持久。1637年2月，当数名哈勒姆的郁金香商人无法支付获得他们预期的价款时，市场上的泡沫破灭了。在数周的时间内，许多荷兰最富有的商人纷纷破产，而更多的平民则失去了一切。

然而，与众不同的郁金香仍然受到人们的喜爱，头脑冷静的种植商还完善了他们的种植工艺。至今，荷兰仍在郁金香的种植领域处于世界领先地位，并提供了绝大多数在欧洲和北美栽种的郁金香球茎。此外，他们还擅长种植诸如水仙花、风信子和番红花等花球。

那么，多彩的褶边郁金香近况又如何？它们仍在种植，只是没有那么流行了。因为出现在众多17世纪的画作中，它们被称为伦勃朗郁金香。

FRANCESCE IACOBELLI / GETTY IMAGES ©

Oudezijds Achterburgwal

1688年

奥兰治家族的威廉三世在奥地利、西班牙和勃兰登堡的协助下反叛法国。随后，威廉下令入侵英格兰。在那里，他和他的妻子被正式宣布为国王和王后。

1795年

法国军队占领了荷兰并建立了巴达维亚共和国（Batavian Republic），分裂的尼德兰联邦（United Provinces）成为了中央集权国家，首都则是阿姆斯特丹。

1806年

当拿破仑（Napoleon）任命他的兄弟路易·拿破仑（Louis Napoleon）作为国王后，荷兰共和国成了君主制国家。

杰西·伯顿(Jessie Burton)的《微图画家》(*The Miniaturist*,2014年)是一本历史小说,其故事背景发生在黄金时代,关注的则是彼得罗妮拉·奥尔特曼(Petronella Oortman),她拥有一个精致的玩偶之家,后者如今是国立博物馆的一大亮点。小说的主人公是一位神秘的艺术家,他帮助彼得罗妮拉将玩偶之家打造得与现实生活分毫不差,甚至可能掌握了开启她家族未来的钥匙……

新基础设施(1814~1918年)

19世纪上半叶,阿姆斯特丹是一个压抑阴郁的地方。它的海港早已被人忘却,艾河的沙洲也碍阻碍了现代船只的通行,鹿特丹则成了这个国家的重要港口。

然而,当该国的第一条铁路于1839年在阿姆斯特丹与哈勒姆之间建成时,情形开始有所改观。与东印度群岛(East Indies)开展的贸易是阿姆斯特丹经济的重要支柱,而一条随后延伸至莱茵河(Rhine)的运河,也帮助这座城市在欧洲如火如荼的工业革命(Industrial Revolution)中获益不少。

19世纪下半叶,阿姆斯特丹重新吸引着移民的到来,而其人口也实现了翻倍。投机商人们开始仓促地在运河圈的另一边建造新房——一些乏善可陈、质量不佳的出租公寓。

荷兰在"一战"中仍然保持中立,但其与东印度群岛的贸易却因为海上封锁而受阻。食物的短缺带来了暴乱,而将社会主义革命带到荷兰的企图则被保皇党军队所镇压。

景气与萧条(1918~1940年)

"一战"后,阿姆斯特丹仍然是荷兰的工业中心。荷兰造船公司(Dutch Shipbuilding Company)经营着世界第二大的码头,并且带动了大型钢铁以及柴油发动机工业。此外,该海港还经销在当地加工的热带农作物,如烟草和可可粉(阿姆斯特丹迄今为止仍是世界上最大的可可粉销售中心)。

20世纪20年代是荷兰的繁荣时期。1920年,皇家航空公司(KLM, Koninklijke Luchtvaart Maatschappij; Royal Aviation Company)开设了世界上第一条定期客运航班线路,从城市南部的一条跑道起飞,往返于阿姆斯特丹与伦敦之间;此外,该公司还从安东尼·福克(Anthony Fokker)位于艾河北岸的工厂中购买了许多飞机。那里有2家巨型酿酒厂,1家规模可观的制衣厂,甚至还有1家当地的汽车厂。1928年,阿姆斯特丹举办了奥林匹克运动会。

汉斯·布林克尔(Hans Brinker)是一个源自美国的虚构人物,据说他将手指插在了堤坝中,从而拯救了荷兰免受洪水的侵袭。他是19世纪一本儿童读物里的明星,但在荷兰却并不为人所知。

20世纪30年代,世界经济大萧条(Depression)也沉重地打击了阿姆斯特丹。社会主义人士、共产党人,以及人数虽少但善于鼓噪的荷兰法西斯政党间的矛盾日益加剧,而创造就业的项目并没有平息其紧张态势。阿姆斯特丹收留了25,000名从德国逃离的犹太难民,但很多人还是因为荷兰的中立政策在边境线上即被遣返。

1813~1814年

法国政权被推翻,奥兰治家族的威廉六世(William VI of Orange)登基成为荷兰国王,史称威廉一世(William I)。

1830年

在法国的帮助下,南方诸省宣布脱离并建立比利时王国(Kingdom of Belgium)。直到1839年,荷兰政府才正式承认该国家。

1865~1876年

在这段经济和社会剧烈变革的时期里,北海运河(North Sea Canal)开始挖掘,荷兰的铁路系统逐步扩张,并建立了社会主义的政府原则。

1889年

中央车站隆重地投入使用,一瞬间阿姆斯特丹便在铁轨的串联下,与欧洲的其他地方紧密相连。

第二次世界大战（1940~1945年）

荷兰仍然尝试在“二战”中保持中立，但德国于1940年5月入侵了这里。在近400年的时间里，阿姆斯特丹人第一次亲身经历了战争。很少有人愿意相信，事情会真的变糟：毕竟德国人曾经宣称，荷兰人是他们的“雅利安人兄弟”（Aryan brotherhood）。

1941年2月，码头工人举行了罢工，抗议对待犹太人的政策，史称“二月罢工”（February Strike）。然而，为时已晚。

荷兰抵抗运动（Dutch Resistance）由加尔文主义者与共产党人这两个

阿姆斯特丹的犹太人

在阿姆斯特丹商业与社会生活的演变历程中，犹太人所起的作用很难被夸大。第一次记录犹太人的文献可以追溯至12世纪，但真正将大量西班牙裔犹太人（来自西班牙、中东或北非的犹太后裔）难民带到荷兰的却是16世纪80年代西班牙和葡萄牙施行的驱逐令。

和欧洲大部分的地区相同，身处阿姆斯特丹的犹太人也被禁止从事诸多行业。垄断性的行业协会将大多数贸易的大门紧闭，但一些西班牙犹太人却成了钻石切割工匠，因为该行业尚未成立协会。其他犹太人则开始从事印刷和烟草加工，或者在一些未受限制的贸易领域工作，例如零售、金融、医药和制衣业。然而，大多数的犹太人还是只能靠苦力与不入流的贸易获取微薄的收入。他们所居住的新市场区后来则发展成了犹太人聚集区。

尽管如此，阿姆斯特丹的犹太人所获得的人权在欧洲的其他地方可谓闻所未闻。他们并未被限制在贫民区，甚至可以有限制地购买房产。尽管新教教会企图增加限制，但当地政府却不愿对如此富有生产力的社会阶层多加限制。

17世纪的阿姆斯特丹见证了更多犹太难民的到来。这一次，德裔犹太人（Ashkenazim，来自伊比利亚以外欧洲地区的犹太人）为躲避中东欧（Central and Eastern Europe）的大屠杀纷纷出逃，而阿姆斯特丹则成了欧洲最大的犹太人聚集中心——到拿破仑时代多达约10,000人。在法国占领期间，行业协会和所有针对犹太人的其余限制均被废除。因此，阿姆斯特丹的犹太社区在19世纪得到了极大的发展。

然而，所有的这一切都因为“二战”的爆发而终止。纳粹分子（Nazis）对阿姆斯特丹的犹太社区进行了近乎彻底的歼灭。战争开始前，大约有140,000犹太人生活在荷兰，而其中约90,000人在阿姆斯特丹定居（占城市人口总数的13%）。然而，只有大约1/16，即5500名左右阿姆斯特丹的犹太人在战争中活了下来，是西欧诸国中数量最低的。

如今，约41,000~45,000名犹太人在荷兰生活，其中近半数居住在阿姆斯特丹。

1914~1920年

“一战”时，荷兰仍保持中立，但食物危机消弱了整个国家，导致了工人罢工、社会动荡以及对荷兰共产党（Dutch Communist Party）与日俱增的支持。

1939年

荷兰政府建立了韦斯特博克（Westerbork），并将其作为收留犹太难民的收容所。

1940年

德国入侵荷兰。鹿特丹毁于德国空军（Luftwaffe）的炮火之下，但阿姆斯特丹在停止反抗前仅仅受到较小的破坏。

1944~1945年

同盟国（Allies）解放了荷兰南部，但其北部和西部则被切断了供给，数千荷兰人在痛苦的“饥饿冬天”（Hunger Winter）中丧生。

看起来不太可能的阵营结成同盟，当日渐绝望的德国人开始抓壮丁去德国干活后，该抵抗组织才变得声势浩大。

在战争临近结束时，阿姆斯特丹的情形已近乎悲惨。煤炭运输业已停止；许多年龄在17岁至50岁之间的成年男子不是躲了起来，便是被迫在德国工作；公共设施也已停止了服务，而德国人则开始掠夺任何能够延续其战争步伐的物资，数千条生命在极度严寒与饥饿中陨灭。1945年5月，在欧洲战场的尾声阶段，加拿大军队最终解放了阿姆斯特丹。

后战争时期的发展（1945~1962年）

通过美国马歇尔计划的援助，战后的阿姆斯特丹开始重新发展。

大量的公寓楼房在毗邻城市西部的地区拔地而起，以满足人们对住房的持续需求，尤其是那些人口增长的大家庭。与之类似，大规模的Bijlmermeer住房计划（如今则称为De Bijlmer）在城市的东南方启动，建造始于20世纪60年代，并在20世纪70年代完成。

荷兰皇室家族的官方网站（www.koninklijkhuis.nl）提供新闻，以及有关宫殿的小传和虚拟游览。1969年，约翰·列侬（John Lennon）和小野洋子（Yoko Ono）曾在阿姆斯特丹希尔顿酒店（Amsterdam Hilton）下榻一周，并邀请了全世界的媒体。然而，出人意料的是他们并未爆出其婚姻艳史的娱乐消息，而只是关于世界和平的陈词滥调。

文化革新（1962~1982年）

直到20世纪60年代的近一个世纪里，百家争鸣（verzuiling）始终被用来描述荷兰社会。在这样一个社会秩序中，每一个宗教和政治派别都有权做自己的事情，拥有自己的机构。每一派都代表了多元文化的一极，支撑着各方“求同存异”的普遍共识。然而到了20世纪60年代，旧派分支日渐衰微，多极文化开始分崩离析，但他们所播种下的哲学思想却并未消亡。

阿姆斯特丹成了欧洲的“魔力之都”：嬉皮士们在大坝上吸毒，在冯德尔公园中露营，并在诸如Melkweg（一个被弃用的挤奶场）等夜店中起舞。1972年，第一家售卖大麻的咖啡店在此开张；1976年，为腾出警力打击致瘾性毒品，大麻被合法化。随着房价的日益高企，占屋者们开始占据投机家们空置着的建筑。在这一过程中，他们也帮助一些知名的历史建筑免于被拆除的厄运。

自2010年起，占屋行动被认定为违法行为，而原先一些占屋行动的遗迹则成为合法的文化中心。

新的共识（1982~2000年）

文化革新开始的20年后，建立一个分权式政府成了社会舆论的新共识。以创建更宜居城市为目标的街区委员会就此设立，他们整合工作、学

1976年

荷兰的药品法区分了致瘾性和非致瘾性毒品，因此持有少量大麻已不再是犯罪行为。

1980年

贝娅特丽克丝女王在阿姆斯特丹举行的授权仪式被占地行动引发的烟雾弹和暴乱所打断，他们借此表达对缺少经济型住房的不满。

2001年

荷兰成为世界上第一个宣布同性婚姻合法化的国家，次年又有16个国家（以及越来越多的国家）紧随其后，宣布同性婚姻合法。

FRANCISCO GONCALVES / GETTY IMAGES ©

校和商场，将其控制在步行或骑车可至的范围内；降低交通拥堵，翻新而不是拆除建筑，派出友好的街区警察，采用非说教的实用方法对待毒品问题，并且承认同性婚姻的合法地位。

到20世纪90年代初期，那些曾经在20世纪60年代初占据着阿姆斯特丹市中心区域的家庭和小型工厂已被专业人才，以及小酒馆、售卖大麻的咖啡馆、餐厅和酒店等服务业机构所代替 。此外，阿姆斯特丹吸引国外大型企业的举动也成功地使一些高收入的外国人汇聚于此。

考验时期（2000年至今）

21世纪开始后的15年里，阿姆斯特丹经历了不少沉浮。在压抑了数年后，一场关于荷兰对待移民政策态度的辩论爆发，而这场声势浩大的辩论也迅速导致了移民法律的收紧。作为荷兰文化的核心价值，包容开始受到就其限度的质疑。右翼政客皮姆·佛图曾宣称荷兰已经“人满为患”，他于2002年被人暗杀。

佛图被杀后，随之而来的便是日益加剧的社会紧张局势，而离开荷兰的人数也创下了50年来的新高，尽管其中大多数是因经济或家庭原因离境。这里的对立氛围日趋尖锐，就如同大锅中将要煮沸的水一般。

最终，在2004年的秋天，噩梦成为了现实——因其反穆斯林观点而著称的电影制片人提奥·凡·高在阿姆斯特丹的一条街道上被人谋杀。作为回应，荷兰的执政党派发生了巨大的右倾。2006年，政府通过了一项颇具争议性的移民法律，要求移民在其获得居留证前，必须具备一定的荷兰语和文化知识，除非他们来自签署有互惠协议或已与荷兰订立条约的国家。这也就意味着，该政策主要针对的是非西方国家的移民。的确，在该法律颁行后，来自这些国家的移民数量有了显著地减少，但最近又有反弹的趋势，因为许多来自中东（Middle East）的难民为逃离冲突而源源不断地来到这里。总体而言，2008年后移居荷兰的人口数量呈上升趋势，这主要归功于来自东欧（Eastern Europe）的移民。

2008年，荷兰政府又一次在国内外掀起了争议的浪潮，他们制订了计划，意图减少售卖大麻的咖啡馆与合法妓院的数量。2013年，妓女的法定年龄由18岁提高至21岁，而2014年起正式实施的规定要求关停在学校附近经营的大麻咖啡馆。每当涉及此类政策时，阿姆斯特丹当局的态度便与中央政府背道而驰，特别是有关大麻咖啡馆的法规，阿姆斯特丹更是不愿执行。尽管如此，不少售卖大麻的咖啡馆在过去的数年中关门歇业，其中大

议会领导人基尔特·威尔德斯被人戏称为“自玛丽莲·梦露后最出名的纯种白人”（most famous bleached blond since Marilyn Monroe），他是荷兰颇具争议性的政客，时常造成社会矛盾，曾将《可兰经》（*Koran*）比作《我的奋斗》（*Mein Kampf*），号召将移民驱逐出境，并要求宗教仪式只能用荷兰语进行。

2002年

移民与种族融合方面的强硬派政客皮姆·佛图（Pim Fortuyn）遇刺身亡。在国家大选遭遇重大失利后，荷兰执政党开始右倾。

2004年

激进的伊斯兰社会批评家，激进主义电影制片人提奥·凡·高（Theo Van Gogh）遭到谋杀，引发了对荷兰多元文化社会界限的激烈讨论。

2006年

荷兰政府通过法律，要求除非移民来自已经订立条约的国家，否则必须掌握流利的荷兰语和文化知识以获得居住证。

2008年

阿姆斯特丹宣布1012计划（Project 1012），其目的在于清除红灯区（Red Light District），关闭被认为是有组织犯罪集团所控制的妓院和售卖大麻的咖啡店。

约有1/5位于红灯区。

2012年，因全球金融危机而实施的紧缩政策造成了预算危机并导致荷兰政府的倒台。紧随而来的大选则见证了马克·吕特首相（Prime Minister Mark Rutte）蝉联名义政府首脑的过程，他组建了新的联合政府，联合了他所属的自由派荷兰自民党（VVD party）与中间偏左的劳动党（Labour Party）。后者是阿姆斯特丹市长范德莱恩（Eberhard van der Laan）领导的政党，他自2010年起便开始担任党魁。

可能最近最大的头条新闻莫过于在位33年后，贝娅特丽克丝女王终于退位了。她在王宫（Royal Palace）传位给其长子威廉-亚历山大，后者于2013年4月30日正式成为国王。加冕仪式在新教堂（Nieuwe Kerk）举行，他也成为自1890年起第一位执掌荷兰王权的男性。

威廉-亚历山大国王和他的妻子马克西玛王妃（Queen Máxima）育有3个女儿：凯瑟琳娜-艾玛利娅公主（Princess Catharina-Amalia，奥兰治家族的公主）、艾丽西娅公主（Princess Alexia）和艾莉安娜公主（Princess Ariane）。

历史爱好者的旅游景点

➡ **阿姆斯特丹博物馆**（Amsterdam Museum；见73页）揭开这座城市历史的面纱。

➡ **城市档案馆**（Stadsarchief；见136页）带你探索阿姆斯特丹丰富的档案资料。

➡ **安妮之家**（Anne Frank Huis；见119页）参观弗兰克一家躲藏的附属建筑，翻阅安妮笔下令人心酸的日记。

➡ **抵抗博物馆**（Verzetsmuseum；见103页）了解荷兰抵抗组织在“二战”中的成就。

➡ **西印度屋**（West-Indisch Huis；见122页）打量这栋17世纪的建筑，荷兰西印度公司的长官在此授权建立新阿姆斯特丹（即今天的纽约市）。

2009年

荷兰议会领导人基尔特·威尔德斯（Geert Wilders）因“引发种族仇恨和歧视”而在阿姆斯特丹法院遭到起诉。2011年，针对他的所有指控均被认定为不成立。

2010年

荷兰政府官员因未能在“二战”中保护犹太人免于大屠杀而正式向犹太人道歉。

2013年

经过了长达33年的统治，贝娅特丽克丝女王退位，其长子威廉-亚历山大（Willem-Alexander）成为了荷兰近123年来的第一位国王。

2015年

大量性工作者和她们的支持者走上街头，抗议政府关闭大约1/5红灯区妓院的行为。

荷兰绘画

他们并不是毫无来由地就被称为荷兰大师(Dutch Masters)的。这些具有代表性的艺术巨匠包括伦勃朗、弗兰斯·哈尔斯和约翰内斯·维米尔等人,他们是世界上最受推崇和知名的画家。当然,文森特·凡·高是不能不提的,他有一个爱他的兄弟提奥·凡·高在提奥的支持下忍受着精神的煎熬进行创作。此外,20世纪的艺术家还包括风格主义(De Stijl)的推崇者皮特·蒙德里安和版画天才M.C. 埃舍尔(MC Escher)。想要理解这些荷兰艺术家作品的精髓,你需要回顾一下历史。

15世纪和16世纪

佛兰德斯画派(Flemish School)

在16世纪晚期前,当比利时还是低地国家的一部分时,艺术主要产生于佛兰德斯的根特(Ghent)、布鲁日(Bruges)和安特卫普。佛兰德斯学派的绘画作品主要关注圣经和受教会推崇的寓言题材、宫廷和(相对较少的)贵族,毕竟是后者花钱请了他们来此创作。

在此期间,最为出名的画家之一包括扬·范·艾克(Jan van Eyck,1385~1441年),他是佛兰德斯画派的创始人,也是最早将油彩运用于精细版画的艺术家之一;罗希尔·范德魏登(Rogier van der Weyden,1400~1464年),他的宗教肖像画展现了其人物的性格;以及希罗尼穆斯·博斯(Hieronymus Bosch,又称Jeroen,1450~1516年),他的画作中充满了宗教主题中有关死亡的寓言。老彼得·布吕赫尔(Pieter Brueghel the Elder,1525~1569年)则在其讽喻的作品中融入了佛兰德斯的风景和农民生活。

荷兰黄金时代的女性画家很少,朱迪斯·莱斯特(Judith Leyster,1609~1660年)是当时唯一在艺术界留有纪录的一位。她曾与弗兰斯·哈尔斯互有来往,而后者的影响则能从她流畅的肖像画中找到。莱斯特在哈勒姆拥有自己的画室,但她结婚后便从艺术界销声匿迹了。国立博物馆收藏有她的部分作品。

荷兰画派(Dutch School)

在低地国家的北部,画家们开始发展他们自己的画风。尽管当时的艺术家们并没有获得与佛兰德斯画派同僚们同样的认可,但被后世称为荷兰画派的他们以创作现实主义作品胜于寓言作品而著称。就在阿姆斯特丹西边的哈勒姆是这场运动的中心所在,诞生了诸如扬·莫斯塔特(Jan Mostaert,1475~1555年)、卢卡斯·范·莱顿(Lucas van Leyden,1494~1533年)和扬·范·斯科雷尔(Jan van Scorel,1495~1562年)等艺术家。乌特勒支(Utrecht)的画家则以使用明暗对照法(光与影的强烈对比)而著称,这是一种与意大利大师卡拉瓦乔(Caravaggio)有关的绘画技法。

17世纪(黄金时代)

当西班牙人被赶出低地国家后,艺术市场的特点悄然改变。再没有购买艺术品的教堂,更不用说宫廷了,所以艺术成了商业,而艺术家们则关心如何在这自由的市场中幸存下来——这一切是多么的荷兰化。取代教堂与宫廷的则是由商人、工匠和店主组成的新兴资产阶级，他们不介意花钱装饰他们的房屋与工作场所。关键是：它们必须是买家感兴趣的画作。

画家们开始自食其力成为了企业家，在看上去像工厂一般的画室中，炮制平庸的作品、仿制品和真正的艺术杰作。大量绘制的作品在市场上与家具和鸡一同出售。不久之后，最富有的家庭从上到下都挂满了画作，外国的游客甚至评论说，就连面包房和肉铺的墙上都好像有一两幅画。当时，大多数的画家都擅长主流画派中的某一种。

伦勃朗·凡·莱因（Rembrandt van Rijn）

伦勃朗的杰作

《夜巡》（1642年；国立博物馆）

《指控耶稣的彼得》（*Peter Denies Christ*；1660年；国立博物馆）

《自画像》（1628年；国立博物馆）

17世纪最伟大的艺术家伦勃朗·凡·莱茵（1606~1669年）是莱顿一位磨坊主的儿子，但他20岁出头的时候便成为了造诣颇深的画家。

1631年，他前往阿姆斯特丹，成为富有的艺术品商人亨德里克·凡·乌伊伦伯格（Hendrick van Uylenburgh）的画室管理员。肖像画是这里的摇钱树，伦勃朗和他的员工（或者说“学生”）绘制了大量的肖像画，包括群像画《杜尔博士的解剖学课》（*The Anatomy Lesson of Dr Tulp*）。1634年，他迎娶了凡·乌伊伦伯格的侄女萨斯基亚（Saskia），后者经常充当伦勃朗的绘画模特。

后来，伦勃朗与他的老板发生了分歧，但他妻子的资金帮助伦勃朗购买了凡·乌伊伦伯格画室隔壁的豪华房舍，也就是现在的伦勃朗博物馆（Museum het Rembrandthuis）。在那里，伦勃朗建立了自己的画室，而其员工则在位于乔丹区（Jordaan）的仓库中工作。这几年的时光是欢乐的：他的画作取得了成功，他的画室成了荷兰最大的工作室，尽管他粗暴的秉性和公开的不可知论调使他从未融入精英阶层。

伦勃朗成了阿姆斯特丹最大的艺术品收藏家之一。他不仅在绘画方面有着娴熟的技巧，更以在拍卖会上叫卖自画像而出名。他经常以自己为主题素描并上色，还要求他的员工也这么做，而周围犹太社区的居民也为其创作引人注目的圣经场景提供了完美的素材。

弗兰斯·哈尔斯的杰作

《快乐的酒徒》（1628~1630年；国立博物馆）

《新婚夫妻》（*Wedding Portrait*；1622年；国立博物馆）

《瘦削的连队》（*Meagre Company*；1637年，国立博物馆）

《夜巡》

1642年，在产下儿子提图斯（Titus）的一年后，萨斯基亚便香消玉殒，而伦勃朗的事业也每况愈下。尽管伦勃朗的恢宏巨制群像画《夜巡》（1642年）博得了艺术评论家们的赞誉（这也是如今国立博物馆的镇馆之宝），但其描绘的部分权贵人士并不买账。每位人物都支付了100荷兰盾，其中部分因被置于背景之中而颇为不满。作为回应，伦勃朗告诉他们自己毫不在意这些负面看法。一时间，他接到的订单数量越来越少。

伦勃朗开始与他儿子的家庭女教师产生恋情，但数年之后，伦勃朗又把她赶了出去，因为他与新的女仆亨德里克耶·施托费尔斯（Hendrickje Stoffels）擦出了爱情的火花，后者为伦勃朗诞下一个名为科妮莉亚（Cornelia）的女儿。公众并没有对伦勃朗的生活方式及其高筑的债台表示丝毫的仁慈。1656年，伦勃朗破产，他的房子和丰富的艺术收藏品都被出售，而他本人也搬到了位于乔丹区的Rozengracht。

蚀刻版画

虽然伦勃朗已不再是富人们的宠儿，但他仍旧坚持创作油画、素描和蚀刻版画——他在伦勃朗博物馆中展示的那些蚀刻版画是迄今为止最为精美的。他也接受过零星的委托，包括为市政厅而绘制的不朽作品《克劳狄斯·西维里斯的阴谋》（*Conspiracy of Claudius Civilis*, 1661年），尽管当局并不喜欢这幅画作并将它移除了。1662年，伦勃朗为布商协会完成了《市政官》（*Staalmeesters, The Syndics*），并保证画作中的每个人都清晰可见，但这也是他人生中最后一幅群像画。

后期作品

伦勃朗的后期作品表明，他并没有失去一丝一毫的才气。由于不再受到客户要求的约束，他开始享受自由创作的全新感受。其作品开始变得更为不拘传统，并展现出一种对他笔下人物题材更为强烈的感同身受，比如《犹太新娘》（*The Jewish Bride*, 1667年）。许多关于他儿子提图斯、女仆亨德里克耶的肖像画以及他更为阴郁的自画像都是艺术史上最激动人心的作品。

1663年至1666年的瘟疫导致了1/7的阿姆斯特丹人死亡，其中就包括亨德里克耶。1668年，提图斯新婚燕尔便撒手人寰，年仅27岁；心碎的伦勃朗也于一年后去世。

弗兰斯·哈尔斯

弗兰斯·哈尔斯（1582~1666年）是这一时期的另一位伟大画家，他出生在安特卫普，但居住在哈勒姆。他将自己画家生涯的绝大部分时间都献给了肖像画，偶尔使用明暗对比法涉猎其他题材。他捕捉笔下人物表情的能力堪比伦勃朗，但他并不会过多地展现他们的性格。两位艺术巨匠运用了相同的技法，采用富有表现力、未经润饰的笔触，而他们的风格也都从职业生涯早期的色彩鲜明，到晚期的庄重严肃。19世纪的印象派画家（Impressionists）也对哈尔斯的作品推崇备至。事实上，如今收藏在国立博物馆中的《快乐的酒徒》（1628~1630年）使用的就是粗线条的笔触，看上去就像是印象派的作品一般。

群像画

哈尔斯还擅长创作美丽的群像画，其画面中的人物大多以较为自然的姿势加以描绘，而不似同时期二流画家们绘制的僵硬群像画——不过他未像伦勃朗那样，开创性地将人物的脸部融入整体布局之中。一个很好的例子便是合称为《哈勒姆救济院的男执事和女执事们》（*The Regents & the Regentesses of the Old Men's Almshouse*, 1664年）的作品，如今这对画作收藏于哈勒姆的弗兰斯·哈尔斯博物馆中。哈尔斯对该博物馆非常熟悉，因为他曾居住在此处的救济院内。

维米尔

17世纪的3位艺术巨匠中的最后一位是代尔夫特的约翰内斯·维米尔（又称扬·维米尔，1632~1675年）。终其一生，他仅仅创作了35幅精雕细琢的画作，随后便在穷困之中去世，留下10个孩子。维米尔的妻子给了他的面包师2幅作品，作为对超过600荷兰盾债务的抵偿。然而，维米尔对世俗画的掌握达到了其他画家难以企及的高度。他的作品包括其职业生涯早年的历史与圣经场景作品，藏于海牙莫里茨皇家美术馆（Mauritshuis in

维米尔的杰作

《厨房女仆》（大约1660年；国立博物馆）

《读信的蓝衣女子》（大约1663年；国立博物馆）

《戴珍珠耳环的少女》（大约1665年；莫里茨皇家美术馆）

维米尔的作品以其宁静的光线穿过高大的窗户而闻名，而其抚慰精神的效果更是在深蓝、深红、暖黄和极为平衡的构图中得以彰显，陈列于国立博物馆的《倒牛奶的女仆》（又称《厨房女仆》）和《读信的蓝衣女子》都是很好的例子。

扬·斯特恩也是一位酒馆老板，他对家庭琐事的描绘使荷兰语中多了一个短语："扬·斯特恩式的家庭生活"。

Den Haag）的著名作品《代尔夫特的风景》（*View of Delft*, 1661年），以及一些不知名女性的温柔肖像画，例如极为漂亮的《戴珍珠耳环的少女》（*Girl with a Pearl Earring*, 大约1665年），该作品也挂在莫里茨皇家美术馆中。

想要了解维米尔所采用的远景透视法，不妨研习一下收藏于国立博物馆中的《情书》（*The Love Letter*, 1670年）。

同样收藏于国立博物馆中的《小街》（*The Little Street*, 1658年）则是维米尔唯一的街景画。

其他黄金时代的画家

凡·高博物馆的五大名作

- 《向日葵》（1889年）
- 《乌鸦群飞的麦田》（1890年）
- 《戴毡帽的自画像》（*Self Portrait with Felt Hat*; 1886~1887年）
- 《春日杯中杏花开》（*Almond Blossom*; 1890年）
- 《卧室》（1888年）

17世纪中叶前后，对氛围的关注和对光线的细微把握开始让位于巴洛克式的富丽堂皇。雅各布·凡·雷斯达尔（Jacob van Ruysdael, 1628~1682年）创作了引人注目的天空，阿尔伯特·库普（Albert Cuyp, 1620~1691年）描绘了意大利式的风景画，而凡·雷斯达尔的学生梅因德尔特·霍贝玛（Meindert Hobbema, 1638~1709年）则倾心于少一些英雄主义色彩，多一些欢愉场面的作品，充满了田园牧歌式的美丽细节（请注意，霍贝玛、库普和凡·雷斯达尔在旧南区和德派普区都有以他们命名的主干道，而这里的许多小街也都是以其他荷兰艺术家命名的）。

扬·斯特恩（1626~1679年）的世俗画展现了巴洛克风格近乎轻浮的一面。一个很好的例子便是收藏于国立博物馆，描绘狂欢盛宴的《快乐的家庭》（1668年）：该作品表现了大人们围坐在餐桌边享受美好时光，全然无视面前的孩子们自斟自饮的场面。

18世纪

1672年，随着法国入侵低地国家，荷兰绘画的黄金时代落幕了，就像它开始时一样突然。荷兰经济崩溃，绘画作品市场也随之一落千丈。坚守阵地的画家们则将精力集中在复制过去成功经验的"安全"作品上。到了18世纪，他们开始模仿法国风格，迎合一切法国的时尚需求。

其结果是好的，但没有开创性。康纳里斯·特罗斯特（Cornelis Troost, 1696~1750年）是当时最出色的题材画家之一，有时人们因其讽刺性作品以及他对普通人的精细肖像画而将其与英国艺术家威廉·霍加斯（William Hogarth, 1697~1764年）相提并论。特罗斯特也将家庭盛宴的场面引入了他的蜡笔画中。

杰拉德·德·莱雷西（Gerard de Lairesse, 1641~1711年）和雅各布·德·威特（Jacob de Wit, 1695~1754年）专注于装饰建筑的墙面与屋顶——收藏在圣经博物馆（Bijbels Museum）中的德·威特的错视画（trompe l' œil，看起来极为真实的错觉绘画）装饰非常值得一看。

19世纪

凡·高在其10年的艺术家生涯中创作的艺术品数量令人瞠目，其中864件绘画和大约1200幅素描和版画流传了下来。

18世纪晚期和19世纪的大部分时间里并没有产生什么引人注目的作品，除了戎金（Johan Barthold Jongkind, 1819~1891年）的风景画和海景画以及乔治·亨德里克·布雷特内（George Hendrik Breitner, 1857~1923年）所创作的阿姆斯特丹美轮美奂的写实风景画。他们的作品启发了法国印象派画家（French Impressionists），其中许多人到访过阿姆斯特丹。

戎金和布雷特内重构了17世纪的现实主义画风，并影响了19世纪最后数十年的海牙画派（Hague School）。诸如亨德里克·梅斯达格（Hendrik Mesdag, 1831~1915年）、约瑟夫·以色列（Jozef Israels, 1824~1911年）和马里斯（Maris）三兄弟——雅各布（Jacob）、马泰斯（Matthijs）和威廉（Willem）等画家创作了风景画、海景画和世俗画，包括梅斯达格令人印象深刻的画作《梅斯达格全景画》（*Panorama Mesdag*, 1881年；坐落在海牙），这是一幅360度的圆柱形巨幅作品，描绘了从一座沙丘上欣赏滨海小镇席凡宁根（Scheveningen）的场景。

VAN GOGH

文森特·凡·高

毫无疑问，19世纪荷兰最杰出的画家莫过于文森特·凡·高（1853~1890年），其扭动的构图和艳丽的色彩自成一派，并挑战着既有的画派分类（是后印象派还是表现主义的先驱？）。

虽然荷兰的艺术大师们以其阴郁黑暗的画风而著称，但凡·高创造了一种煎熬的身份认同感，并将其作为一种艺术形式，一种独特的病态风格。即便在今天，他也堪称艺术家苦苦挣扎的典型缩影：极度贫苦、缺乏公众的赞誉、对主顾的依赖（就凡·高而言则是他忠实的兄弟提奥）、不稳定的精神状态、不合时宜的自杀身亡，当然还有艺术家自残画面中最典型的代表之一：割下自己的耳朵。

想要了解文森特·凡·高的内心世界、与其兄弟提奥非同一般的友谊和艺术联系，不妨阅读《文森特·凡·高：书信全集》（*Vincent van Gogh: the Letters*）。该书包含了凡·高与兄弟和其他密友之间往来的所有902封书信。

艺术家的传奇

文森特·凡·高可能是贫穷的——他一生中只卖出过一幅画作，但他并不老。虽然在他的自画像中，他显得颇为老迈（部分原因是其贫困），但人们很容易忘记，他年仅37岁就去世了。然而，他短暂的人生却持续影响着艺术领域，直至今天。

1853年，这位荷兰画家出生在曾德特（Zundert）。后来，他和身为艺术品商人的弟弟提奥，一起居住在法国。由于凡·高收入微薄，因此便靠提奥的经济支持度日。在巴黎，他结识了不少富有创意的艺术家，包括埃德加·德加（Edgar Degas）、卡米耶·毕沙罗（Camille Pissarro）、亨利·德·图卢兹-罗特列克（Henri de Toulouse-Lautrec）和保罗·高更（Paul Gauguin）。

1888年，凡·高南迁至普罗旺斯的阿尔勒。强烈的光线和明亮的色彩令人陶醉，他以极大的热忱绘制了向日葵、鸢尾花和其他鲜明的事物。他将作品寄给身在巴黎的提奥去出售，并想象着在普罗旺斯建立艺术家们的聚居区，然而只有高更响应了他的邀请。他们有着不同的艺术风格（高更相信绘画源于想象，而凡·高则创作其所见之物），以及不同的艺术气质，在苦艾酒的作用下，导致了一场激烈的争论，并最终促使凡·高割下了自己的耳朵并将其交给了一个认识的妓女，也导致他随后被收留在阿尔勒的精神病院。

即便是凡·高的遗言，其中也回荡着备受折磨的忧郁之美，这也是他最好的作品所要表达的。在他向自己胸口开枪的2天后，在提奥的陪伴下，他用法语喃喃道：悲伤将会永存（la tristesse durera toujours）。

1889年5月，凡·高自愿住进了位于普罗旺斯圣雷米的精神病院。他在那里度过了1年零8天的禁闭时光，在此期间他创作颇丰，包括诸如《鸢尾花》和《星空》（*Starry Night*）等杰作。与此同时，提奥还给他寄去了一份对其作品有着正面积极评价的法国报纸。在随后的一个月里，凡·高的朋友尤金·博赫（Eugène Boch）的妹妹安娜·博赫（Anna Boch）以400法郎（现在€100不到）的价格，购买了他的作品：《红色葡萄园》（*The Red Vines*, 或称*The Red Vineyard*; 1888年）。如今，这幅作品收藏于莫斯科

2013年，由凡·高创作的一幅迷人的阿尔勒风景画在一个挪威人家中被发现。实业家克里斯蒂安·尼科莱·米斯塔(Christian Nicolai Mustad)于1908年买下了这幅名为《蒙马儒的日落》(*Sunset at Montmajour*)的绘画作为收藏，但在有人告诉他这是一幅赝品不久之后，他便将其束之高阁了。

阿尔罕布拉宫(Alhambra)是一座位于西班牙格拉纳达(Granada)的14世纪摩尔式宫殿，M.C.埃舍尔参观这座宫殿后，他的作品便受到了极大的影响，宫殿墙面和屋顶上雕刻的重复而又互相连接的几何图案为埃舍尔自己的设计提供了灵感的源泉。

的普希金博物馆。

备受煎熬的天才画家留给世人的遗产

1890年5月16日，凡·高搬到了巴黎近郊的瓦兹河畔欧韦，以便住得离提奥近一些。然而同年7月27日，他开枪自杀，可能是为了避免给他弟弟进一步增加经济负担，后者的妻子刚刚产下一个男婴，也取名文森特，同时提奥还得扶养他们体弱多病的母亲。2天后，凡·高在提奥的陪伴下去世。随后，提奥也濒临崩溃住进了精神病院。在凡·高去世后仅6个月，提奥也随他而去，年仅33岁。

不到10年后，凡·高的才华便开始得到广泛的认同。到20世纪50年代初期，他已经成了家喻户晓的人物。1990年，他的画作《加歇医生的肖像》(*A Portrait of Doctor Gachet*)在佳士得拍卖行(Christie's)创下了单幅作品的交易纪录，共拍得8250万美元。算上通货膨胀的因素，这幅作品至今仍旧是公开拍卖的艺术品中拍卖价格最高的画作之一。

20世纪

风格主义

风格主义(The Style)也被称为新造型主义，是一场荷兰的设计运动，旨在通过将艺术表现形式带回其本质而使所有艺术达到和谐统一的效果。提倡风格主义的是一本同名的杂志，于1917年由提奥·凡·杜斯伯格(Theo van Doesburg，1883~1931年)首次出版发行。凡·杜斯伯格的作品与皮特·蒙德里安相似，但他省却了黑色的粗线条，随后还将其长方形倾斜45度，如此背离原作的方式足以让蒙德里安与其断交。

20世纪20年代至30年代，风格主义还吸引了雕塑家、诗人、建筑师和设计师等。其中一位是凡·高博物馆和其他几座建筑的设计师格里特·里特维尔德(Gerrit Rietveld，1888~1964年)，但最令他扬名国际的还是其设计的家具，例如红蓝椅(Red Blue Chair，1918年)，以及他一系列颇不舒适的之字形座椅，从侧面看其座位和靠背呈之字形。

M.C.埃舍尔

毛里茨·科内利斯·埃舍尔(Maurits Cornelis Escher，1898~1972年)

蒙德里安

蒙德里安(Mondrian，原写作Mondriaan，1872~1944年)是风格主义的重要推崇者，他最初曾以海牙画派的传统技法作画。在其初涉立体主义后，蒙德里安开始用粗线条的长方形进行创作，并且只用三原色(黄、蓝和红)与三种中性色(白、灰和黑)保持平衡。他将这种风格称为新造型主义，并视之为以纯粹形态和色彩所表达的真实现实。他的作品《红黑蓝黄灰的构成》(*Composition in Red, Black, Blue, Yellow & Grey*，1920年)便是一个极好的例子，该画作现收藏于市立博物馆中。

蒙德里安的后期作品显得更为朴实(或者说"纯粹")，直到1940年他移居纽约后又重新变得有活力。世界上收录蒙德里安作品最多的地方当属其家乡海牙的城市博物馆(Gemeentemuseum; Municipal Museum)。

是20世纪最卓越的图形艺术家之一。他的素描、平板画和木版画大胆展现了不可能的图形，时至今日仍令数学家们为之着迷：自给自足的循环瀑布、起点与终点连接的无止境楼梯、一双绘出彼此的手。你可以在海牙埃舍尔博物馆（Escher in het Paleis in Den Haag）欣赏到他的作品。

眼镜蛇画派（CoBrA）

“二战”之后，艺术家们开始反对传统艺术手法，并将他们的怒火转化为抽象表现主义。在阿姆斯特丹，卡尔·阿佩尔（Karel Appel，1921~2006年）和康斯坦特·纽文华（Constant Nieuwenhuys，1920~2005年）继承了保罗·克利（Paul Klee ）和胡安·米罗（Joan Miró）开创的绘画风格，采用明亮的色彩和纯粹的儿童艺术，在帆布上创作生动的作品。1945年，他们在法国结识了丹麦的阿斯葛·琼（Asger Jorn，1914~1973年）和比利时的科内利斯·凡·贝韦洛（Cornelis van Beverloo，1922~2010年），并与其他几位艺术家和作家一起，成立了一个名为眼镜蛇的团体（其字母分别代表了哥本哈根、布鲁塞尔和阿姆斯特丹），这被誉为最后一次伟大的先锋派运动。

1949年，他们的首次重要展览在市立博物馆举行，但激起了暴风骤雨般的抗议（有评论称“我孩子也能画成那样”）。然而，眼镜蛇画派的艺术家们还是在各自的国家里产生了极为深远的影响。即便是在1951年他们解散之后，位于阿姆斯特尔芬（Amstelveen）的眼镜蛇博物馆（Cobra Museum）中还展示着不少他们的优秀作品，包括色彩斑斓的陶器。

阿姆斯特丹的建筑

人们很难不被阿姆斯特丹保护完好的美丽震撼：几个世纪前在古老油画中描绘的运河美景，至今仍然没有改变。阿姆斯特丹躲过了战争的摧毁，而且一直勤于思考如何保护它的精髓免遭糟糕的开发商的荼毒。事实上，这座古老且极富魅力的城市有7000多座历史纪念碑，这里的拱桥比威尼斯还多，人均拥有树木的数量比巴黎还多。

建立在自由之上的城市

上图：老教堂（见70页）

和很多首都城市不同，阿姆斯特丹没有多少宏伟的建筑值得吹嘘。这里几乎没有空间建造一座卢浮宫或是一座西敏寺，当然那样做也不符合加尔文主义的简朴。但是你很难再找到一座城市如阿姆斯特丹这般有着丰富的民居建筑，它的魅力在于低调的优雅而非富贵繁华。

阿姆斯特丹的美丽是建立在自由之上的——贸易、宗教和审美的自由。阿姆斯特丹的很多山形墙大楼和仓库都是黄金时代的商人建造的，城市官员很少插手其中。所以决定这座城市面貌的是先进的市民，这有点像早期的城市实验。

当代荷兰建筑是这个国家出口到世界上最成功的商品之一，像雷姆·库哈斯（Rem Koolhaas）和拉尔斯·斯伯伊布里克（Lars Spuybroek）这样的名字出现在从北京到西雅图各地的城市蓝图上。回到荷兰，他们的对手众多，阿姆斯特丹和鹿特丹的建筑师为在建筑圣殿里争得一席之位展开了激烈的竞争。

著名历史建筑

- 老教堂（Oude Kerk；红灯区）
- 新教堂（Nieuwe Kerk；中世纪中心）
- 王宫（Royal Palace；中世纪中心）
- 阿姆斯特丹美国酒店（南运河圈）
- 国立博物馆（旧南区）

中世纪

1200年左右，阿姆斯特丹还是阿姆斯特尔河（Amstel river）上一个泥泞的小贸易点。软软的沼泽地不能支撑砖头，所以最早的房屋是木头建造的，常常有黏土和茅草顶（有点像至今仍然耸立在阿姆斯特丹北部的建筑），但是就连这些最简单的房子也会沉入潮湿的地面。

1421年和1452年的两场大火毁掉了城市中心大部分的房屋，于是法律规定木头不能用作主要的建筑材料。有很多黏土可以制作砖头，但是和石头一样太重了。

工程师把泥炭土打入桩，从而解决了这一难题。木材让位于更重的砖头，而茅草顶则被更坚实的瓦片取代。最后大多数建筑结构都采用了砖头和砂岩。

荷兰文艺复兴

随着意大利文艺复兴向北渗透，荷兰建筑师发展出了一种特别注重装饰的风格，融合了古典、传统和他们自己标志性的低调幽默。他们把叫作壁柱的圆柱插进外墙，用阶梯山形墙代替了突出的旧山形墙。雕塑、柱子和小的方尖碑形物突然在运河圈遍地开花。红砖和水平的带状白色也出现在各处。

这一时期最有名的天才无疑是亨德里克·德·凯泽（Hendrick de Keyser，1565~1621年），他是阿姆斯特丹的雕塑家。他和运河圈的规划者Hendrick Staets以及阿姆斯特丹的砖匠科内利斯·丹克特(Cornelis Danckerts)共同建造了几件阿姆斯特丹最出色的作品，包括壮观的运河建筑，比如巴托洛蒂宅邸（Bartolotti House）。德·凯泽还设计了几座阿姆斯特丹的教堂。他的作品南教堂（Zuiderkerk，见98页）、北教堂（Noorderkerk，见158页）和西教堂（Westerkerk，见121页），展现了当时华丽的尖塔和布局风格，绚丽的细节让墙壁和屋顶线条栩栩如生。

蒙特班塔（Montelbaanstoren）是阿姆斯特丹标志性建筑和伦勃朗最喜欢的建筑，它始建于1516年，当时是防御性的塔楼。其八角塔楼是1606年由设计大师亨德里克·德·凯泽设计的，用来放置一口大钟，这口钟直到今天依然在使用。

荷兰古典主义

在17世纪的黄金时代，诸如雅各布·范·坎彭（Jacob van Campen）、菲利普·文布恩斯（Philips Vingboons）和贾斯特斯·文布恩斯（Justus Vingboons）两兄弟下定决心坚守希腊和罗马的古典设计风格，放弃了德·凯泽很多花哨的装饰。

荷兰建筑师深受意大利建筑师的影响，把外墙建造得像寺庙，把壁柱建造得像圆柱。所有设计都藏着心机。带装饰卷的脖子山形墙成了时尚，

王宫(见68页)

顶部常常是寺庙一样的屋顶。花环出现在窗口下方,而容易碎裂的红砖则用深色涂料加固。

文布恩斯兄弟设计了圣经博物馆(Bijbels Museum,见121页)和Keizersgracht 319的典型作品。不要错过贾斯特斯·文布恩斯的特里普房(Trippenhuis,见98页):其简朴多年来几乎未曾改变。特里普房是1660年到1664年间为富有的特里普兄弟建造的,特里普兄弟发家于金属、大炮和弹药。这栋建筑最震撼的特点位于屋顶——房子的烟囱很像迫击炮。

荷兰古典主义最令人印象深刻的作品是雅各布·范·坎彭(Jacob van Campen)的市政厅(现在是皇宫)。它是欧洲最大的市政厅,有一层珍贵的Bentham砂岩外壳,而内部则从罗马宫殿获得灵感,采用了大理石装饰。

18世纪的"路易风格"

法国文化热潮对建筑师兼设计师丹尼尔·马罗特(Daniel Marot)来说简直是天赐之物,他是一位胡格诺派的难民,是他把法国式的内外风格结合引进到了阿姆斯特丹。起居室装着白色的天花板,沐浴在从框格窗透进的光线里。随着优雅的吊钟山形墙成为必需,很多建筑师接下来都选择了另一个重大设计:水平飞檐。

路易十四风格的庄严外墙和雕塑一直持续到约1750年。随后很快被路易十五和路易十六的风格所取代,路易十五是洛可可式的岩石、卷状物、波浪,而路易十六的设计则是卷土重来的壁柱和圆柱。路易风格后期的代表菲里克斯·曼里提斯大楼(Felix Meritis,见129页)就属于这一类型,它有巨大的科林斯式半圆柱。

19世纪新风格

拿破仑时代过后,荷兰经济衰退,商人们合上了自己的钱包,优秀建筑

阿姆斯特丹学派建筑的例子

的出现接近停顿。人们认为新古典主义是安全又有销路的，所以它大行其道，一直到更为繁盛的19世纪60年代，那时设计者发现自己可以再次自由地重新探索过去了。

19世纪末所有的一切都跟新哥特式有关，这可以回溯到伟大的哥特式大教堂和新文艺复兴。就是在这个时期，天主教徒重新获得公开朝拜自己宗教的自由，于是他们疯狂地建造新哥特式教堂。

这一时期的杰出建筑师代表是皮埃尔·库贝（Pierre Cuypers），他因为设计了几座新哥特式的教堂而闻名。库贝还设计了阿姆斯特丹两个标志性的建筑：中央车站（见72页）和国立博物馆（Rijksmuseum，见178页），它们都展示了哥特风格的形式和荷兰文艺复兴风格的砖墙。另一个同样混搭风格的是CH Peter设计的中央邮局，现在是麦格纳广场（Magna Plaza，见93页）。

山形墙（GABLES）

山形墙是阿姆斯特丹伟大的建筑瑰宝之一——齐屋顶高的外墙为运河畔的高雅房屋增色不少。山形墙把屋顶从公众的视线里隔离开，可以更好地识别房屋，1795年法国人占领了城市，法式建筑流传进来，山形墙更多变成了时尚装饰品。

山形墙主要有四种：简单的突出山形墙，有对角线轮廓和半圆窗口或百叶窗，从16世纪80年代到18世纪初主要用于库房；阶梯式山形墙，荷兰文艺复兴建筑师所青睐的后哥特式建筑；颈形山形墙又称瓶子山形墙，17世纪40年代引入，使用至今；以及钟形山形墙，出现于17世纪60年，在18世纪变得流行。

吊装设施和前倾的房屋

很多运河房屋都故意前倾。考虑到阶梯比较狭窄，房主需要简单的方法搬动大的物品和家具到楼上。解决方法是：在山形墙里装入吊装设施，从窗口外面把东西吊上来。倾斜度可以保证在装货同时不会撞到房屋正面。有些房子甚至还有大的吊车轮子，位于阁楼的绳和钩从吊车梁穿过。前倾还让房子看上去更大了，这样就更方便欣赏外墙和山形墙——可以说是一个幸运的偶然。

大约在20世纪和21世纪之交，新哥特风格突然过时了，新艺术则以它弯曲的，如同植物一般的形状席卷了欧洲。这一时代留下来的壮丽遗产包括阿姆斯特丹美国酒店（Amsterdam American Hotel，见146页）和狂野的突斯琴基电影院（Pathé Tuschinskitheater，见152页）。

阿姆斯特丹学院派创造了城市规划的新理念，1928年阿姆斯特丹奥运会进一步推广了这种理念。低收入人群的住宅区充斥着砖头建造的雕塑，有弯曲的墙角、奇特的窗口和火箭形状的塔楼，令守旧派爱恨交加。

贝拉赫和阿姆斯特丹学派

现代荷兰建筑之父是亨德里克·佩特吕斯·贝拉赫（Hendrik Petrus Berlage，1856~1934年）。他批评华丽的新风格，认为他们依赖过去的经验，而不讲究简洁和对材料的合理使用。

贝拉赫认为住宅区应该是一个整体概念，而非一个一个的房屋集合在一起。虽然不怎么受老一辈的欢迎，但是贝拉赫影响了被称为阿姆斯特丹学派的一批人，包括其中的代表者迈克·德克勒克（Michel de Klerk）、皮耶特·克莱默（Piet Kramer）和凡德梅（Jonan van der Mey）。

阿姆斯特丹的大师们设计了“Plan South”建筑，这个颇具野心的项目是由贝拉赫策划的。那是一个成果显著的时期：旧证券交易所（Beurs van Berlage，见71页）充分展现了大师的创意，内部支柱暴露出来，砖饰虽然引人注目但十分简洁。

凡德梅出色的作品航运大楼（Scheepvaarthuis；见98页）是阿姆斯特丹学派的第一个建筑。它用街头布局重现了一艘轮船的船头。德克勒克的船博物馆（Het Schip；见160页）和克莱默的黎明建筑（De Dageraad）就像是荷兰装饰风格的童话城堡。诡异的细节令人着迷，但是“形式大于功能”的理念意味着这些地方永远不适合居住。

必看运河建筑

- 巴托洛蒂宅邸（西运河圈）
- 恩特雷波特多克（Entrepotdok；普兰塔格区）
- 三条运河上的房屋（Huis aan de Drie Grachten；中世纪中心）
- 六人像头房（Huis met de Hoofden，西运河圈）

功能主义

随着阿姆斯特丹学院派的兴旺，新一代开始对抗这一潮流的不切实际和高成本。1927年，在德国包豪斯学派（Bauhaus school）、美国弗兰克·劳埃德·赖特（Frank Lloyd Wright）和法国的勒·柯布西耶（Le Corbusier）的影响下，他们组成了一个叫作“de 8”的团体。

本·默克尔巴赫（Ben·Merkelbach）和赫里特·里特费尔德（Gerrit Rietveld）等建筑师认为形式应该遵循功能的需求，提倡使用钢、玻璃和混凝土。但是美学控制委员会（Committee of Aesthetics Control）却不同意，这就是为什么在运河圈看不到太多功能主义建筑的原因。

“二战”之后，整个郊区（例如横贯阿姆斯特丹东南部占地广阔的Bijlmermeer）都是按照功能主义的风格设计的。但是在20世纪60年代末，人们开始抵触这种没有人情味的大规模项目。

上图：NEMO（见102页）
左图：麦格纳广场（见93页）

鲸鱼（见104页），由De Architekten Cle建筑事务所设计

著名现代建筑

NEMO（东岛）

眼睛电影学院（阿姆斯特丹北区）

艾河音乐厅（东岛）

白鲸（东岛）

阿姆斯特丹中央图书馆（Centrale Bibliotheek Amsterdam；东岛）

里特费尔德为阿姆斯特丹留下了凡·高博物馆（见181页），那里精简而开放的空间让艺术家的作品熠熠生辉。

现代

东码头（Oosterdokseiland）就位于中央车站以东的艾河畔，这里标志性的建筑包括阿姆斯特丹中央图书馆（Centrale Bibliotheek Amsterdam；见102页），众多商店、餐厅、办公室、公寓和音乐厅集中于此（见102页）。

从中央车站往东南方向望去，是显眼的NEMO科技馆（见102页），它用铜材质建造，外观是绿色的，像轮船的船头。这座科学博物馆由伦佐·皮亚诺（Renzo Piano）设计。艾河音乐厅（Muziekgebouw aan' t IJ；见102页）的立方玻璃外壳就在北边不远处的艾河畔。在普兰塔格区（Plantage）区，不能错过的是庞大的Entrepotdok（见101页）。这个硬壳船运仓库位于以前的装货码头上，占地达半公里长，现在被改造成为令人向往的公寓、工作室和商业空间。

向东走，东岛区（Eastern Islands）和东部港区（Eastern Docklands）

眼睛电影学院（见87页），由Delugan Meissi Associated Architects建筑事务所设计

都是废弃的工业建筑，在20世纪80年代和90年代初它们重获新生。Borneo、Java和KNSM等岛上有很多创新住宅项目和新潮的改造建筑。港区上的建筑很有特点，例如被称为鲸鱼（the Whale，见104页）的住宅和商业综合体。

再往东是生机勃勃的艾瑟尔堡区（IJburg），位于城市中心10公里左右一连串人工岛上。预计到2025年，将有45,000多名居民在岛上定居。婀娜多姿的恩内于斯·海尔马大桥（Enneüs Heerma Brug ）将这些人工岛和内陆相连。此桥也被当地人称为桃莉·巴顿桥（Dolly Parton）。

往中央车站西北走，还是艾河畔，你会来到西码头（Westerdokseiland），这是一个被重新规划过的港口。在西部港区，最令人惊叹的景点是REM岛（见164页），一个22米高的海盗广播塔被改造成了餐厅酒吧。

从阿姆斯特丹北区跨过艾河，位于Overhoek开发区的前工业园区正涌现出大量住宅区和办公楼建筑，眼睛电影学院（EYE Film Institute；见87页）和阿姆斯特丹塔（A' DAM Tower；见87页）是其中最引人注目的。

更多让人兴奋的项目将持续在阿姆斯特丹遍地开花——走着瞧吧。

极富影响力的Concrete建筑事务所总部位于阿姆斯特丹，它在全世界都有设计项目，比如伦敦的香料市场（Spice Market）、斯图加特的梅赛德斯·奔驰博物馆（Mercedes-Benz Museum）、首尔的现代金融大楼和新泽西的港湾广场（Harborside Plaza）摩天大楼群。Concrete在阿姆斯特丹设计了REM岛、凡·高博物馆（Van Gogh Museum）的中央大厅以及很多其他作品。

Droog（见113页）

荷兰设计

当代荷兰设计因其运用于日常家具和家居用品的极简、富有创意的风格而闻名，而复古的新式样和半开玩笑的幽默感则是其活力的源泉。在过去的二十年左右，最初的创新者开始成为行业的中流砥柱，他们形成的风潮使荷兰站在了设计业的最前沿。荷兰的时尚也早已超出本国疆界，其主要特点是活泼又富于想象力的设计，但也不失实用性。

运动的发端

现今的荷兰设计运动可以追溯至几位设计师在大约同一时间开始的创作。他们使用不同的材料和工具进行设计，并开始受到国内外人士的尊重。

创立于1993年的Droog（见113页）为设计运动提供了核心平台。这一设计集团与设计师团体通力合作，帮助他们创作作品，销往世界各地。该集团还与合作伙伴一起完成销售，并利用人脉关系促进与大品牌的合作。

标志性的Droog设计充满了超现实主义的智慧，例如用80多个电灯泡聚集成鱼卵般的枝形吊灯，或者一把中心错位的不规则雨伞，这灵感肯定来自于荷兰经常狂风大作的天气。

设计先锋

当代设计先锋人物之一的马赛尔·旺德斯（Marcel Wanders）凭借其代表作Knotted Chair（多节的椅子），成为首位赢得国际性赞誉的设计师。这件代表作于1996年由Droog设计师团队出品。椅子采用打结的芳香聚酰胺碳纤维线和树脂制作，旺德斯的风干技巧意味着这个椅子的形状完全由重力决定。这件作品现在是纽约现代艺术博物馆（Museum of Modern Art）的永久藏品。2001年，旺德斯成立了Moooi（见172页）——这个名字是文字游戏，将荷兰语中的“美丽”一词多加了一个字母o，象征额外的美丽与独特。Moooi现在已经是一个世界领先的设计品牌，同时展示其他创新派设计师如马丁·巴斯（Maarten Baas；最著名的是其使用烧焦的木材创作的烟熏系列家具）和Studio Job（比利时设计师Job Smeets和荷兰设计师Nynke Tynagel的新哥特式装饰艺术工作室）的作品。

其他先锋派设计师有Droog集团的设计师尤尔根·贝（Jurgen Bey），他有着很深的建筑学渊源，主要从事室内和公共空间设计；使用新型打印技术制造瓷碟和瓷砖的赫拉·简格瑞斯（Hella Jongerius）；用回收木材进行创作的Piet Hein Eek；制作色彩鲜艳的纺织品和厨房用具的Scholten & Baijings（两人的全名为Stefan Scholten和Carole Baijings）；Hans van Bentum，他创作的巨型旋转吊灯非常壮观，可以在乔丹区的咖啡馆Proust（见168页）中看到； Ineke Hans，他使用回收塑料制作了著名的Ahrend 380轻质座椅和与其配套的一张桌子。

理查德·霍顿（Richard Hutten）是一位家具、产品和室内设计师，自成立之时他就加入了Droog。霍顿因其“无迹象设计”（no sign of design）的诙谐、实用主义家具而出名，他的作品一直在全世界范围内展出，还被包括阿姆斯特丹市立博物馆（Stedelijk Museum）在内的许多博物馆永久收藏。

新人辈出

旺德斯、贝、霍顿等人引领的势头激励了一群新兴的年轻设计师。以他们为代表的第二代设计师关注的不仅仅是理念和功用，同时也重视美感。他们的作品常常以传统设计风格为原点，关注复古元素与回收材料、色彩与形态的融合，从而打造出完全独一无二的作品。知名的第二代设计师包括维克·萨默斯（Wicki Somers），她的旋转木马大衣架（Merry-go-round Coat Rack）和船型浴缸（Bathboat）都是获奖作品；玛洛·霍德曼（Marloes Hoedeman），她操刀设计了荷兰零售潮牌Scotch & Soda的内装，最近她还凭借其爱情故事（Love Stories）女士内衣系列初探时装设计业。

荷兰设计的网络资源

Fashion NL（www.fashionnl.com）博客、活动、商店及设计师。

Dutch Design Daily（www.dutchdesigndaily.com）每天一个引人深思的新想法是其亮点。

Dutch Profiles（www.utchprofiles.com）本地的设计偶像通过短视频解说其设计理念。

最佳荷兰设计商店

Droog（新市场区）

Moooi（乔丹区）

Frozen Fountain（西运河圈）

Hutspot（德派普区）

Mobilia（南运河圈）

Raw Materials（乔丹区）

Edha（旧南区）

Friday Next（冯德尔公园）

Pols Potten（西岛区）

BeBoB（西运河圈）

WonderWood（市中心）

Andaz Amsterdam的内部装潢（见245页）

荷兰设计的未来

值得关注的荷兰设计师包括雷克斯·波特（Lex Pott），Pepe Heykoop和Mae Engelgeer。雷克斯·波特的工作室在NDSM-werf艺术区的老船厂内，使用的原材料包括木头、石头和金属等；Pepe Heykoop用回收物品进行创作，例如他的“皮肤系列”（Skin Collection）就是将皮革边角料套在经过改造的二手物件上做成；Mae Engelgeer把不同颜色和质地的线束纳入毛巾、小地毯和其他纺织品中，她的工作室位于东岛区。

这些无所畏惧的设计师们还促使新的设计商店数量激增，店内满是老牌和新兴艺术家们充满新意的作品。这一趋势反过来继续推进整个设计行业的发展。在这些商店，你不只可以欣赏艺术设计、汲取灵感甚至买点商品装饰自己的家（尽管这些需求都能被满足），更重要的是这些对外开放的艺廊通常都自带咖啡馆，你可以置身于各种设计商品中（你坐着的那张椅子通常都是供出售的），翻阅各种设计杂志。

最佳荷兰时装精品店

- SPRMRKT（乔丹区）
- 新生代设计师联合（Young Designers United）（南运河圈）
- By AMFI（中世纪中心）
- VLVT（旧南区）
- Nikkie（旧南区）
- Tenue de Nîmes（西运河圈）
- Van Ravenstein（西运河圈）
- Centre Neuf（南运河圈）

设计与时装

正当荷兰的家具、产品和室内设计师们大行其道的时候，一代前沿时装设计师也同时走上了舞台。

在今天的当代荷兰设计圈，资历较深的是Cora Kemperman（见153页），这是由Cora Kemperman和Gloria Kok（他们之前曾在Mac & Maggie共事）共同创立的品牌，主打价格亲民的服装——主要是亚麻、纯棉、羊毛制作的纯色、轻薄、分层的单衣和连衣裙。

Marlies Dekkers（见130页）创立的女士内衣品牌Undressed（裸

露）被誉为女性内衣的新态度；她的衍生系列包括Undressed Men（裸露男士系列）、Undressed Secrets（裸露的秘密，复古女士内衣系列）、Sundressed（海滩装和太阳镜）和Nightdressed（晚装）。

鞋履和配饰设计师Hester van Eeghen（见132页）创造了吸引眼球的皮鞋和手袋，它们色彩明艳，还有皮毛、麂皮绒、几何图样和印花元素。

由Anja Klappe领头的Agna K（www.agnak.com）不断与不同的年轻设计师合作，打造其精心剪裁的经典女装系列。Eline Starink于2011年在阿姆斯特丹成立了自己的品牌Amatør（www.amatorcollection.com），专门为野心勃勃的年轻女商人设计服装。她的短外套、套装和连衣裙不落俗套、酷感十足，既融合了时髦的颜色与材质，又总是非常实用，连骑自行车时都能穿。

阿姆斯特丹时装店Viktor & Rolf由Viktor Horsting和Rolf Snoeren共同创立，在全球都享有巨大的成功。他们的时装系列从高级定制时装到高级成衣都有，其时装系列如今横跨男式和女式服装、鞋子、包含眼镜在内的配饰和香水。与其他品牌（如时装零售巨头H&M）的合作进一步增加了其吸引力。

具有全球影响力的荷兰零售品牌有：堪称阿姆斯特丹成功典范的潮牌Scotch & Soda（见131页），此品牌售卖自家设计的男士、女士及儿童时装，价格也可以承受得起，此外还有Amsterdams Blauw denim（靛蓝牛仔）系列和一个复古家具系列。阿姆斯特丹品牌Denham the Jeanmaker Man's Store（见130页）也因其牛仔装在市场上占据了一席之地，不仅在本地，甚至远至日本都很有名。

其他值得留意的设计师包括Daisy Kroon，她设计色彩明艳、极简剪裁的女装；Jivika Biervliet在其概念化的可穿戴男装领域不断探寻和颠覆设计的疆界。冉冉升起的知名设计师Danie Bles也正在持续获得更多认可，她的波希米亚系列ByDanie稍带复古气息，是专为女性设计的服装和饰品。新兴设计师Anna + Nina专门设计时尚珠宝。

设计师酒店

如今，荷兰的设计风潮已经超越家具和时装，成为了一种生活方式。这一趋势在近些年新开的几家酒店中就能看出来，品牌中都暗藏设计。

就以Droog这一锐意进取的集团企业为例。它将自身理念延伸至Hôtel Droog，该建筑群内设有Droog商店，还有一家美术馆和咖啡厅，顶楼是一间客房(实际上是一间公寓，因为配备齐全，有厨房和独立卧室)。

另一家充满灵感的酒店也是设计与时尚领域相融合的产物，那就是独立酒店Hotel The Exchange (见242页)，它的前身是阿姆斯特丹证券交易所。酒店设计由奥托·南(Otto Nan)及苏珊娜·奥克斯纳(Suzanne Oxenaar)合作，他们还曾一起操刀设计阿姆斯特丹的Lloyd Hotel (见246页)。Hotel The Exchange有61间客房，在阿姆斯特丹时装设计学院（Amsterdam Fashion Institute）的年轻设计师打理下，装饰得像"模特"一般，其细节包括墙壁上的纽扣或绣箍，整体理念也令人瞠目结舌，例如巨大的针织套头衫或伦勃朗式的衣领。

马赛尔·旺德斯（Marcel Wanders）将自己的设计天赋用在凯悦酒店集团（Hyatt）旗下华丽的Andaz Amsterdam (见245页)，这里曾是阿姆斯特丹的公共图书馆。埃因霍芬设计学院（Eindhoven's Design Academy）的学生发挥想象，天马行空地设计了Hotel Not Hotel (见249页)的客房。

荷兰设计活动

阿姆斯特丹时装周（Fashion Week Amsterdam）：一年两次的当季新品T台秀。

生活和设计博览会（vt wonen&design beurs）：拥有超过300个展位的室内设计展，于每年10月初举行，历时6天。

Elle Festival：每年10月底举行，时间超过一周。展示新生代荷兰设计师的家具和产品。

生存指南

交通指南..........290

到达阿姆斯特丹........290

史基浦国际机场........290

中央车站..............292

公共汽车站............292

小汽车................292

当地交通..............292

有轨电车..............292

地铁和公共汽车........292

自行车................293

船....................293

出租车和拼车..........293

小汽车和摩托车........293

团队游................294

出行指南..........296

签证..................296

保险..................297

货币..................297

优惠卡................297

电源..................298

使领馆................298

海关条例..............298

信息中心..............298

营业时间..............298

公共假期..............299

邮局..................299

电话..................299

手机..................299

上网..................300

时间..................300

卫生间................300

紧急事件..............300

医疗服务..............300

法律事宜..............300

残障旅行者............301

同性恋旅行者..........301

女性旅行者............301

语言..............302

术语表................308

幕后..................309

索引..................310

交通指南

到达阿姆斯特丹

绝大多数游客都是坐飞机到达史基浦国际机场（Schiphol International Airport），或坐火车到中央车站（Centraal Station）。

史基浦国际机场是欧洲最繁忙的机场之一，大量航线将这里与世界各地相连，其中包括很多廉价欧洲航空公司的航班。这里也是荷兰皇家航空公司（KLM）客机的枢纽。

国内和国际火车均可抵达中央车站，它与若干欧洲城市建立了良好的交通。每天6:00~19:00之间差不多每小时有一班高速列车Thalys（又称大力士列车）从巴黎开出（直达需3.25小时，经停布鲁塞尔共3.75小时）。Eurostar (www.eurostar.com) 从伦敦发车（约5小时）；火车会在布鲁塞尔停靠，你可以换乘Thalys列车继续上路。伦敦到阿姆斯特丹的直达路线定于2016年末投入使用，那样可以将旅途时间缩减到4个小时。德国ICE城际特快列车往返于阿姆斯特丹和科隆（Cologne，2.75小时），每天6班；许多火车继续开往法兰克福（4小时）。若您需要查询更多关于国际列车（包括ICE）的信息，请参见**NS International**（www.nsinternational.nl）。

机场和航空公司

中国南方航空公司（http://www.csair.com）有从北京、上海、广州和成都往返阿姆斯特丹的直飞航班。**中国东方航空公司**（http://www.ceair.com/）有从上海往返阿姆斯特丹的直飞航班。**厦门航空公司**（http://www.xiamenair.com）有从厦门往返阿姆斯特丹的直飞航班。荷兰皇家航空公司（https://www.klm.com/home/cn/cn）有从北京、上海和成都往返阿姆斯特丹的直飞航班。也可选择其他国际航空公司的航班经沿途欧洲或亚洲城市中转，如俄罗斯航空、泰国航空、芬兰航空、瑞士航空、法国航空等。

实时查询国际机票可登录**天巡**（www.tianxun.com）、**去哪儿**（www.qunar.com）或携程（www.ctrip.com）。

史基浦国际机场（Schiphol International Airport）

史基浦国际机场（Schiphol International Airport，AMS；www.schiphol.nl）位于市中心西

气候变化和旅游

每种交通工具都是依赖碳基燃料并释放出二氧化碳——人为因素是导致天气变化的主要元凶。现代旅游主要依靠的交通工具——飞机，每人每公里所使用的燃料远远低于汽车且能旅行更远的距离。飞机所产生的气体和颗粒的高度也减少了其对温度变化的影响。大家可以通过很多网站提供的碳排放计算功能来计算自己的旅程所产生的碳排放量，对于有进一步想法的人，他们可以在全球范围内的气候友好项目中出一份力来抵消自己的温室气体排放量。孤独星球也会为自己的员工和书作者来抵消碳排放里程。

南方向18公里处，机场内有自动柜员机、货币兑换、游客中心、小汽车租赁、火车票售票柜台、行李寄存、餐厅和免费Wi-Fi。从史基浦国际机场去市区很方便。

火车 每天24小时都有火车开往阿姆斯特丹的中央车站（单程€5.10，17分钟）。从6:00到次日0:30之间，每隔10分钟左右就有一班火车；凌晨时分每小时一班。铁路站台就在航站楼内，乘自动扶梯下楼便是。

摆渡车 由Connexxion（www.schipholhotelshuttle.nl；单程/来回 €17/27）运营的厢式摆渡车每隔30分钟有一班，每天6:00~21:00之间从机场开往几家酒店。在4号到达口寻找Connexxion的服务台即可。

从阿姆斯特丹出发的火车之旅

NS（Nederlandse Spoorwegen；www.ns.nl）亦称荷兰铁路，运营全国的铁路服务系统。从中央车站发出的火车班次频繁，每小时有好几班开往国内各个地点，例如哈勒姆（Haarlem）、莱顿（Leiden）和代尔夫特（Delft），因此一天内的旅行十分方便。

购买国内外火车票的主要服务中心位于中央车站西侧。行李寄存锁柜位于东侧。

国内车票

- 火车票可以在NS服务台售票窗口或是售票机上购买。售票窗口最方便，不过通常都要排队。
- 你可以使用现金、借记卡或信用卡付款。Visa和万事达信用卡是被接受的，但会额外收取€0.50的手续费，而且必须带有芯片密码（chip-and-PIN）刷卡技术（很多美国的银行卡都不带该项功能）。
- 购买一次性车票需加付€1手续费（当地人通常使用记名的可充值塑料芯片卡，这样就不用额外付费了）。
- 旅行者可以在NS售票窗口或GVB公共交通办事处购买不记名的可充值卡。除非你经常坐火车旅行，否则该卡也不太有用。卡费是€7.50 (不可退款)，最低余额为€10。
- 如果你想要在售票机上用现金付款，需知机器只收硬币(不收纸币)。售票机有英文操作界面。
- 一等座与二等座在舒适度上几乎没有差别，除非当火车很拥挤时，一等座车厢内的座位通常更多。
- 国内火车大体上分为两种：Intercity（城际火车；速度更快、停站较少）和Sprinter（市郊电动车组；速度较慢，每一站都停）。
- 上下车都要使用车票/卡。在闸机口或自立式柱子的读卡器上刷车票/卡。上车时会听到一次“嘟”声，下车时则是两声。

国际车票

- **国际荷兰铁路**（NS International；www.nsinternational.nl）有独立的售票窗口。购票队伍可能会很长。
- 一进门会有一位工作人员给你一张号码牌。等叫到你的号码再去窗口买票。
- 除非你的信用卡带有芯片密码技术，否则你都得用现金在现场买票。现场购票还需要€3.50~7.50的预订费用。
- 你也可以在网上买票(接受信用卡)，然后在家或者通过车站内的售票亭打印车票。网上购票无须预订费。
- 高峰时段务必提前预订车票。

公共汽车 乘坐197路公共汽车（单程€5，25分钟）是前往博物馆广场（Museumplein）、莱兹广场（Leidseplein）或冯德尔公园（Vondelpark）等地点附近最快的方法。197路的发车地点在到达大厅门外。在司机那里买票。

出租车 坐出租车去市中心需20~30分钟（高峰时期时间更长），车费在€47左右。出租车站就在到达大厅门外。

中央车站（Centraal Station）

中央车站位于市中心，从这里衔接后续的交通十分便利。车站内有自动柜员机、货币兑换、游客中心、餐厅、商店和行李寄存（€10/天），还有国内和国际火车售票处。从车站步行一小段或者坐一段有轨电车就能抵达大部分住所。

有轨电车 阿姆斯特丹共有15条有轨电车，其中10条都在中央车站停靠，随后从这里开往城市的其他地方。若要乘坐4、9、16、24和26路有轨电车，从车站的大门出去以后一直向左（东面）走；留心寻找"A"字样。若乘坐1、2、5、13和17路有轨电车，一直往右（西面）走，寻找"B"字样。

出租车 出租车排在中央车站朝西的正门附近。按里程计价。前往市中心、运河圈或者乔丹区（Jordaan）地点的车费应在€10~15之间。

公共汽车站

公共汽车开往市中心南面的Duivendrecht车站（Stationsplein 3，Duivendrecht），从这里坐地铁去中央车站很方便（乘坐地铁54号线约需20分钟）。

小汽车

如果你开车过来，最好先把车停在城市边缘的某个停车换乘点。象征性地付点停车费（大约€8/24小时），还能拿到免费的公交车车票。更多信息请参见www.bereikbaar.amsterdam.nl。

当地交通

阿姆斯特丹的中心地区相对紧凑，因此步行或者骑自行车是最好的游览方式。

GVB（www.gvb.nl；Stationsplein 10；⌚周一至周五 7:00~21:00，周六和周日 8:00~21:00；🚊1/2/4/5/9/14/16/24 Centraal Station）运营的公共交通系统涵盖有轨电车、公共汽车、地铁和渡轮。旅行者们会发现有轨电车是最实用的选择。

Journey Planner（www.9292.nl）超棒，可以计算路线、费用和旅途时间。不管你要去市里哪个地方，都能提供门到门的方案。

有轨电车

城里的大多数公共交通都是有轨电车。这些电车快速、班次频繁，而且无所不在，运营时间从每天6:00至次日0:30。

如果你坐的有轨电车上有售票员，从后门上车；你可以在上车时买一张一次性的OV-chipkaart（www.ov-chipkaart.nl；1小时 €2.90）车票或者一日票（€7.50）。如果你坐的有轨电车没有售票员（5路，有时候24路也没有），直接在司机那里买票。

上下车时，在粉色机器处扫卡来"登记"和"登出"。

大部分有轨电车的始发站都在中央车站，随后从这里开往各个街区。

你可以在GVB交通公司咨询处（www.gvb.nl；Stationsplein 10；⌚周一至周五 7:00~21:00，周六和周日 8:00~21:00；🚊1/2/4/5/9/14/16/24 Centraal Station）领取车票、通票和地图，它就在中央车站的电车轨道对面，与VVV I 阿姆斯特丹游客中心（Amsterdam Visitor Centre）相连。

常见的有轨电车路线

乔丹区和西运河圈	1、2、5、13 路有轨电车
南运河圈	1、2、5 路有轨电车到莱兹广场；4、9 路到伦勃朗广场
冯德尔公园和旧南区	1、2、5 路有轨电车
德派普区	16、24 路有轨电车
新市场区和普兰塔格区	9 路有轨电车

地铁和公共汽车

阿姆斯特丹的公共汽车和地铁主要供边远地区使用。车费和有轨电车的票价一样。

其他交通方式停运以后，还可以选择夜间巴士（Nachtbussen，从凌晨1:00到

6:00之间每小时一班)。一张车票的价格是€4.50。

请注意,Connexxion公共汽车(从中央车站发车,去往南阿姆斯特丹的景点很方便)和197路机场大巴不属于GVB运输系统,车费贵一些(€5左右)。

自行车

绝大多数阿姆斯特丹人在城里都是骑自行车(fietsen)四处来去。在这里,骑自行车是件大事,我们为此项爱好专门写了一整章(见29页)。

出租车和拼车

坐出租车很贵,加上阿姆斯特丹迷宫般的街道,它们的速度也不是很快。

不要站在路边喊出租车,而应该去中央车站、莱兹广场和城里其他繁忙的地点,在那里的出租车站台找车。不一定要坐车队里的第一辆车。

另一个办法是用电话预约出租车。**Taxicentrale Amsterdam**(TCA; ☎777 77 77; www.tcataxi.nl)是最值得信赖的公司。

车费按里程计价。起步费是€2.95,之后每公里的价格为€2.17。打车从莱兹广场到水坝的价格大约是€12,从中央车站到乔丹区则在€10~15之间。

拼车公司**Uber**(www.uber.com)在阿姆斯特丹也很受欢迎。UberX公司在全市范围内合法运营、服务费低廉。

小汽车和摩托车

我们强烈不建议你在阿姆斯特丹开车。如果你执意要开,那就往下读吧。

船

运河巴士

运河巴士(Canal Bus; ☎217 05 00; www.canal.nl; 日票 成人/儿童 €23/11.50; ⌚10:00~18:00; 📶; 🚊1/2/5 Leidseplein)在市内和大型博物馆附近拥有16个码头,提供独有的随时上下船服务。

渡轮

开往阿姆斯特丹北区的免费渡轮从中央车站后面的码头发船。去Buiksloterweg是最短的一条路线(5分钟),全天24小时运营;去眼睛电影博物馆(EYE Film Institute)和Tolhuistuin可以搭这班船。另外一艘船开往NDSM-werf艺术区(15 分钟),运营时间从7:00至午夜(周末从9:00起)。还有一艘船开往IJplein(从6:30至午夜)。所有渡轮上都允许携带自行车。

旅行通票

- 旅行通票非常便利,相比每次乘车单独购票可以省下一大笔钱。
- GVB交通公司提供1天至7天不限次数搭乘的通票(€7.50/12/16.50/21/26/29.50/32),在有轨电车、部分公共汽车和所有地铁上都可使用。
- 在GVB办事处、**VVV I阿姆斯特丹游客中心**(见322页地图; www.iamsterdam.com; Stationsplein 10; ⌚9:00-18:00; 🚊4/9/16/24 Centraal Station)和有轨电车售票员(只有1日或2日通票)处均可购买通票。
- **阿姆斯特丹城市卡**(www.iamsterdam.com; 每24/48/72小时 €49/59/69)的卡费内包含一张GVB旅行通票。
- 另一个覆盖区域广泛的选择是阿姆斯特丹和地区日票(Amsterdam & Region Day Ticket; €13.50),不仅可以搭乘有轨电车/地铁系统,还能在夜间巴士、机场大巴、Connexxion公共汽车和前往哈勒姆(Haarlem)、梅登(Muiden)和桑斯安斯(Zaanse Schans)等城镇的地区性EBS公共汽车上使用。该通票可在GVB办事处和各大游客中心购买。
- 虽然可能会让你糊涂,但是还有另外一个选择:阿姆斯特丹旅行通票(Amsterdam Travel Ticket; 每1/2/3天 €15/20/25)。基本上,这是一张不限搭乘次数的GVB通票,附加一张从机场出发的火车票。在机场(NS售票窗口)或者GVB办事处都可购买。

停车

周一至周六每天9:00至午夜，以及周日正午到午夜可以在市区使用自助停车系统（Pay-and-display）。

市中心和运河圈每小时/天的停车费大约是€5/30，乔丹区、旧南区和周边地区则大约为每小时/天€4/25。离市中心越远停车费越便宜。

室内停车场包括水坝大道（Damrak）、莱兹广场附近、博物馆广场地下和市立歌剧院（Stopera）这几处，不过通常都会停满，收费也比路边泊车更贵。

最好的办法是把车停在城市边缘某个停车换乘点。更多细节详见www.bereikbaar.amsterdam.nl。

交通规则

靠马路右侧驾驶。

机动车上的每一位乘客都必须系上安全带。

如果车上有空间，未满12周岁的儿童必须坐在后排。

留神自行车。如果你想要右转，请注意直行的自行车享有优先通行权。

有轨电车一直享有优先通行权。

在环形交叉路口，接近车辆拥有优先通行权，除非有指示其他情况的交通标志。

驾驶时血液酒精含量的上限是0.05%。

汽车协会

ANWB（www.anwb.nl）是荷兰汽车协会。其他国家汽车协会[如AAA(美国汽车协会)、CAA（加拿大汽车协会）等]的会员可以在这里获取协助、免费地图、折扣和其他服务。

租车

荷兰境内的租车条件：

能够出示你本国的有效驾照。

至少年满23周岁(有的公司强制收取一小笔年龄税——€10左右——不满25周岁的司机需要支付)。

拥有一张大银行的信用卡。

租车代理

请注意，大多数汽车都没有自动变速器。如果你需要该项功能，提出要求并做好付一大笔额外费用的准备。

阿姆斯特丹有所有的大型跨国租车公司；很多公司在冯德尔公园附近的Overtoom上设有办事处。每天的起步价在€45左右，不过价格波动频繁，因此多打电话问问。在史基浦国际机场租车会有附加费。租车代理公司有：

Avis（www.avis.nl）

Enterprise（www.enterprise.nl）

Europcar（www.europcar.com）

Hertz（www.hertz.nl）

Sixt（www.sixt.com）

团队游

想要参加骑行团队游，参见29页。建筑团队游参见101页。最受喜爱的团队游包括以下这些：

性交易信息中心红灯区团队游（Prostitution Information Centre Red Light District Tour；见322页地图；www.pic-amsterdam.com；Enge Kerksteeg 3；团队游 €15；⏲全年周六 17:00，加上6月至8月 周三 18:30；🚊4/9/16/24 Dam）非营利性的**性交易信息中心**（Prostitution Information Centre，PIC；☎420 73 28；⏲周三至周五 10:00~17:00，周六 至19:00）提供令人着迷的红灯区一小时团队游。在此期间导游会讲解这个生意如何进行的种种细节，还会带你走进某个红灯区的房间里。团队游的利润归属于信息中心；无须预约。

Sandeman's新阿姆斯特丹团队游（见326页地图；www.newamsterdamtours.com；鼓励捐赠；⏲10:00，11:15 和 14:15；🚊4/9/16/24 Dam）精力充沛的年轻导游按小费制度工作，他们带领你在三个小时内游览中世纪中心地区的顶级景点和红灯区（还会去乔丹区逛一圈）。无论天气如何，集合地点都在水坝上的国家纪念碑（Nationaal Monument）。该团队游奉行先到者先接受服务原则；为确保有位置，你可以提前预约。

饥饿的小鸟街边美食团队游（Hungry Birds Street Food Tours；☎06 1898 6268；www.hungrybirds.nl；每人 €69；⏲周一至周六 11:00）导游不会带你去那些走烂了的景点，而会让你品尝荷兰及民族特色菜。该团队游时长4个多小时，将参观德派普区（De Pijp）、Utrechtse-straat街、伦勃朗广场和水闸（Spui）地区的10个景点，既有家庭经营的小餐馆，也有街头小贩。价格包含所有餐食。小鸟团队游也提供自行车骑行团队游。提前预约；会合地点在预约后告知。

啤酒与故事（Brews and Tales；见322页地图；☎06 2889 7599；www.brewsandtales.com；每人 €79；⏲周三、周五和周六 16:00；🚊4/9/16/24 Centraal Station）这个有趣的团队游带

你一路游览市中心和乔丹区的景色，4个多小时的行程中包括5家酒吧，你能在当地啤酒的泡沫和多肉食的酒吧小吃中聆听这座城市的故事。价格包含所有餐食和饮料。出发地点位于中央车站边上的VVV I阿姆斯特丹游客中心（Amsterdam Visitor Centre）。

Randy Roy's Redlight Tours红灯区团队游（见322页地图；☎06 4185 3288；www.randyroysredlighttours.com；团队游 €15；⏲周日至周四 20:00，周五和周六 20:00和22:00，12月至次年2月不营业；🚊1/2/5/13/17 Centraal Station）在Randy Roy精彩纷呈的1.5小时团队游中，有趣的导游会告诉你有关这座城市性生活和名流秘密的许多内情和风流轶事。游览的终点位于一家当地酒吧，你将得到一杯免费饮料。不论晴雨，集合地点都在中央车站对面的Victoria Hotel酒店门前（Damrak 1-5）。我们建议提前预约。

毒品团队游（Drugs Tour；见322页地图；www.drugstour.nl；乐捐；⏲周五 18:00；🚊4/9/16/24 Dam）1.5小时的游览令人大开眼界，你将亲身体验神话与现实中的阿姆斯特丹的毒品文化。该团队游包含精美的商店、一个“用户房间”（但是团队游不会进去），还能参观街边售卖的假毒品。团队游的出发地点在老教堂（Oude Kerk）边上。提前预约。另外，可以安排私人团队游（每四人€40），有多种讲解语言可供选择。

Mee in Mokum（见326页地图；www.gildeamsterdam.nl；Kalverstraat 92；团队游 €7.50；⏲周二至周日 11:00和14:00；🚊1/2/5 Spui）Mee in Mokum组织的徒步旅行定价低，由退休人员组成的志愿者导游带队，他们常常会说些自己以前的故事。不同的导游会给你不同的经历，有时惊喜、有时遗憾。团队游从阿姆斯特丹博物馆内的咖啡馆出发。至少提前一天预约。

出行指南

签证

申请者最早可提前90天递交签证申请。中国公民赴荷兰的个人短期签证申请的受理周期为48小时。每位申请者都需支付签证费（代荷兰驻华大使馆收取）及签证服务费180元。短期国家申根签证费60欧元，445元人民币，有效期90天。过境签证费60欧元，445元人民币，有效期5天。荷属加勒比区域签证费30欧元，255元人民币，有效期30天。自2015年10月12日起，所有申请者在申请申根签证时都必须提供申请者的生物识别信息（十指指纹及数码照片）。

荷兰签证受理中心（https://cn.tlscontact.com/cnBJS2nl/login.php）在北京、上海、广州、成都、深圳、杭州设有签证受理分中心。在赴签证受理中心提交材料之前，需在受理中心网站上注册、填写个人情况并进行在线预约。

根据与荷兰驻华大使馆的协议，只有短期签证（申根签证）的申请者须在荷兰签证受理中心提交申请材料。荷兰签证受理中心流程不是必需的，申请者也可以直接到荷兰驻华大使馆提交申请，但必须通过荷兰签证受理中心官网注册后，致电客服中心预约时间。

荷兰驻华大使馆（☎86-10-8532 0200；传真86-10-8532 0300；ambassaden.peking@gov.se；北京市朝阳区亮马河南路4号；邮编100600；周一至周五9:00~12:00，13:30~16:00）

荷兰驻上海总领事馆（☎86-21-2208 7288；传真86-21-2208 7300；sha@minbuza.nl；上海市长宁区红宝石路500号东银中心B塔10楼；邮编201103；⏲周一至周五 9:00~12:00，14:00~16:00）

荷兰驻广州总领事馆（☎86-20-3813 2200；传真86-20-38132299；gnz-visa@minbuza.nl；广州市天河路208号粤海天河城大厦34楼；邮编510620；⏲周一至周五9:00~12:00，14:00~16:30）

荷兰驻重庆总领事馆（☎86-23-6399 7000；传真86-23-6399 7049；CHO-AZ@minbuza.nl；重庆市渝中区民权路28号英利国际金融中心54楼；邮编510620；⏲周一至周日8:30~12:30，13:00~17:00）

荷兰驻香港和澳门特别行政区总领事馆（☎852-2599 9200；香港湾仔港湾道23鹰君中心24层2402B室）

PRIOPASS

Priopass（www.priopass.com）是一个值得关注的票券新平台。很多酒店都开始向顾客提供这种通票。不管是纸质票还是在手机上的电子票都可以让你快捷地参观很多景点。它不是打折卡：你还是要付博物馆门票和游览的正常票价。但是许多游客都喜欢它，因为它可以插队，没有使用时间限制（所以你不必有时间压力，比如赶在一天里参观几个博物馆，想着值回票价），而且你只需要为实际产生的服务付费（例如它不和交通卡、运河巡游等项目绑定）。票本身免费，你可以把它和信用卡绑定，一边游玩一边从信用卡里扣钱。

保险

可选择美亚、大众（史带）、华泰、太阳联合保险、太平洋保险等保险公司。

货币

荷兰使用欧元（€）。主要是面值为€5、€10、€20、€50、€100、€200和€500的纸币和面值为€0.05、€0.10、€0.20、€0.50、€1和€2的硬币（面值小于€1的称为分）。

登录www.xe.com可查询最新汇率。

自动柜员机

大多数银行外、机场和中央车站都有自动柜员机。大部分自动柜员机都接受Visa信用卡、万事达信用卡（Master Card）或欧洲信用卡（Eurocard），也接受通过Cirrus和Plus网络的现金卡。出发前向你的银行咨询服务费。

自动柜员机不难找，但是周末经常要排队取款或者就是机器里面没钱了。

现金

银联卡普及。换汇方便。

银联卡2006年7月在荷兰开通了业务。荷兰境内凡贴有标识的商户均可使用银联卡，包括游客常去的钻石加工厂直销店、各大奢侈品牌门店、阿姆斯特丹国际机场免税店、各大奢侈品牌门店、Roermond折扣村各品牌折扣店、阿姆斯特丹DE BIJENKORF百货、郁金香公园和2~5星级酒店等商户。少数商户可能没有张贴“银联”标识，持卡人可主动出示银联卡，询问收银员是否可以使用。

境外使用银联卡或通过银联网络消费或取款无货币转换费用，所发生的当地货币交易金额，将按市场汇率直接转换成人民币金额。

货币兑换

除银联卡外，换汇还可以使用GWK通济隆（GWK Travelex；☎0900 05 66；www.gwk.com.cn），它在阿姆斯特丹全城有几个分店：

➡ **GWK通济隆中央车站**（GWK Travelex Centraal Station, Stationsplein；⌚周一至周六 8:00~20:00，周日 10:00~17:00；🚊4/9/16/24中央车站）

➡ **GWK通济隆莱兹广场**（GWK Travelex Leidseplein；Leidseplein 31a；⌚周一至周六 10:15~17:15；🚊1/2/5/7/10 Leidseplein）

➡ **GWK通济隆史基浦机场**（GWK Travelex Schiphol Airport；⌚6:00~22:00）

小费

在阿姆斯特丹不需要付小费，因为餐厅、酒店、酒吧等场所的账单里包括服务费。不过多给一点钱总是好的，某些场合也很平常。

酒店门童	€1~2
餐厅	一顿咖啡小吃付5%~10%，一顿正餐则付10%左右
出租车	5%~10%

优惠卡

许多不同职业的旅行者在一些地方出示证件没准能享受优惠，比如艺术家、记者、博物馆管理员和教师。

一般情况下，学生参观博物馆可以优惠几欧元；记得带护照。

年龄超过65岁的老人可以在乘坐公共交通工具、参观博物馆、看音乐会等场合享受优惠，如果他们的伴侣年龄达到60岁则可一起享受优惠。你

实用信息

荷兰报纸 《电报》（*De Telegraaf*）是荷兰发行量最大的报纸；而阿姆斯特丹的报纸《誓言报》（*Het Parool*）则聚焦本地新闻。

英语报纸 报摊上很容易买到《国际先驱论坛报》（*International Herald Tribune*）和《卫报》（*the Guardian*），或《经济学人》（*the Economist*）和《时代周刊》（*Time*）等周刊。

荷兰上市报纸 *Uitkrant*和*NL20*在全城都可免费获得。

吸烟 阿姆斯特丹所有酒吧和餐厅里都禁烟，但可以在户外露台上吸烟。

可能长得比较年轻，所以记得带护照。

阿姆斯特丹卡（I Amsterdam Card，每24/48/72小时€49/59/69）可以参观30多家博物馆（不包括国立博物馆），参加一次运河巡游，在商店、娱乐场所和餐厅享受打折优惠，卡内还包括一张GVB交通卡。它对于想要迅速游览城市的旅行者十分有用。这种卡在VVV I阿姆斯特丹游客中心和一些酒店有售。

博物馆卡（Museumkaart，成人/儿童 €55/27.50，首次注册多加€5）一年内到荷兰各地400多家博物馆可以免费或享受折扣。你可以在博物馆售票厅或Uitburo售票店购买。

电源

阿姆斯特丹插座为欧标，请准备插头转换器。

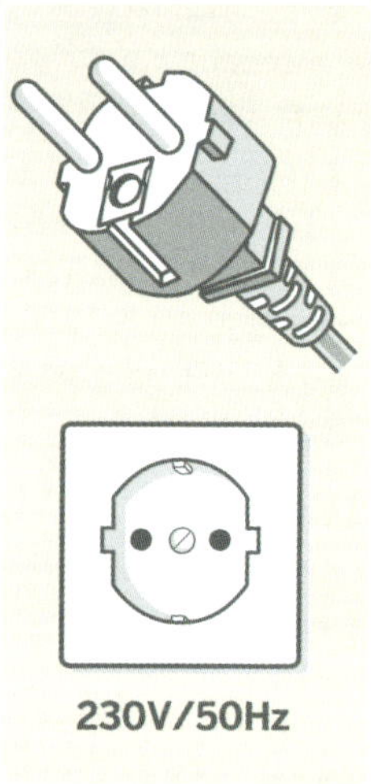

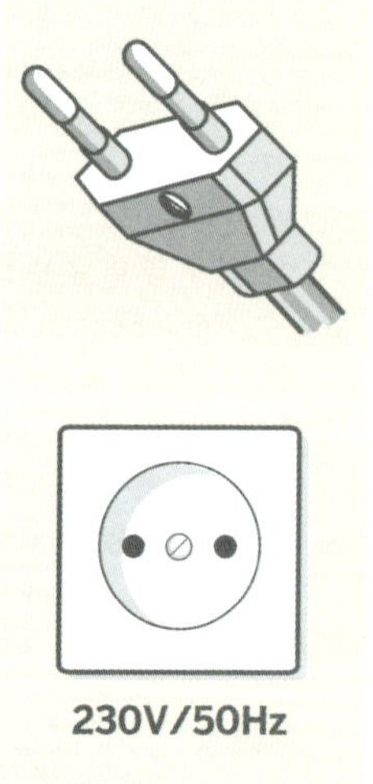

使领馆

中国驻荷兰大使馆［Willem Lodewijklaan 10, 2517 JT, The Hague, The Netherlands; ☎31（0）70-3065091, 31（0）65 1335779; http://nl. china-embassy. org/chn/; chinaconsular @gmail. com; ⏲周一至周五 9:00~12:00, 14:30~17:00］

海关条例

非欧盟国家的访客需遵守以下规定：

酒精 1升烈酒、红酒或啤酒。

咖啡 500克咖啡或200克咖啡提取物或咖啡精华。

香水 50毫升香水和250毫升淡香水。

茶叶 100克茶叶或40克茶叶提取物或茶叶精华。

香烟 200支香烟，或250克烟叶（粗烟丝或烟斗烟），或100支小雪茄，或50支雪茄。

信息中心

荷兰旅游局阿姆斯特丹游客中心（VVV I Amsterdam Visitor Centre；见322页地图；www. iamsterdam.com；Stationsplein 10；⏲9:00~18:00；🚊4/9/16/24中央车站）这家游客中心在中央车站外面，几乎可提供所有你需要的帮助：这里出售阿姆斯特丹打折卡，各类剧院和博物馆的门票，一本不错的城市地图（€2.50）；自行车地图；公共交通卡（GVB交通办公室与其相连）；还有到史基浦机场的火车票。你还可以在这里预订酒店房间（收取佣金）。你可能要排长队，所以进来时记得取号。VVV是荷兰旅游局的名字，也是这家游客中心的联合经营者之一。

荷兰旅游局阿姆斯特丹史基浦游客中心（VVV I Amsterdam Visitor Centre Schipho；⏲7:00~22:00）位于史基浦国际机场2号到达大厅，可以预订酒店，提供地图和打折卡。

营业时间

淡季和旺季的营业时间不同。我们下面列出了旅游旺季（大致是5月至9月）的营业时间。一般淡季的时候营业时间会缩短。

银行 周一至周五 9:00~16:00，有些周六的早上也营业。

咖啡馆、酒吧和咖啡店 正午开始营业（具体时间各有不同）；大部分店每周日到周四次日1:00关门，每周五和周六营业到次日3:00。

夜店 晚上10点左右开门（具体时间不同）；周五和周六次日4:00或5:00关门（工作日关门时间早几个小时）。

一般上班时间 周一至周五 8:30~17:00。

博物馆 每天10:00~17:00，有些周一关门。

餐厅 午餐11:00~14:30，晚餐18:00~22:00。

商店（大） 周一至周六 9:00或10:00~18:00，周日正午至18:00。

商店（小） 周二至周五 10:00或正午至18:00，周六和周日10:00~17:00，周一如果开门的话则从正午或13:00~17:00或18:00。很多商店周四会关得晚一点（到21:00）。

超市 8:00~20:00，不过城市中心有些超市要开到21:00或22:00才关门。

公共假期

很多餐厅和行业夏天会歇业两到六周，一般是从7月到8月初。

银行、学校、办公室和大部分商店在如下的日子休息：

Nieuwjaarsdag 元旦，1月1日

Goede Vrijdag 耶稣受难日，2016年3月25日，2017年4月14日

Eerste & Tweede Paasdag 复活节和复活节次日，2016年3月27日/28日，2017年4月16日/17日

Koningsdag 国王节，4月27日

Bevrijdingsdag 解放日，5月5日。官方每5年庆祝一次；下一次在2020年

Hemelvaartsdag 耶稣升天日，2016年5月5日，2017年5月25日

Eerste & Tweede Pinksterdag 圣灵降灵节和随后的周一，2016年5月15日/16日，2017年6月4日/5日

Eerste & Tweede Kerstdag 圣诞节和节礼日，12月25日/26日

邮局

荷兰的国家邮局已经私有化了，名字历经数次更迭。目前的运营商是荷兰邮局(PostNL，www.postnl.nl)。它关闭了大部分的城市邮局，所以如果你想寄信或者寄包裹，必须去提供邮政服务的商店，可能是超市、香烟店或其他商店。你可以在网站上（有英文）找离你近的服务点。值得注意的是，如果你想寄包裹到国外，那些第三方商店的工作人员可能爱莫能助。

电话

从阿姆斯特丹打电话回中国座机，拨打“86”+“区号”（去掉首位0）+“电话号码”。从阿姆斯特丹打电话给中国手机号码，拨打“86”+“手机号码”。

荷兰的电话号码共10位，包括3位城市区号和7位当地号。手机号码也有10位；开头是06，接着是8位号码。如果你从海外打过来，就去掉开头的0。

荷兰国家区号 ☎31

阿姆斯特丹城市区号 ☎020

免费拨打电话 ☎0800

手机号码 ☎06

付费查询拨打电话 ☎0900 费用不同，但是一般是每分钟€0.35~1.30。

从国外向阿姆斯特丹打电话 拨打 ☎00+31+20+7位地方号码（省去城市区号里最开头的0）。

从荷兰其他地方向阿姆斯特丹打电话拨打☎020+7位地方号码（保留城市区号最开头的0）。

在阿姆斯特丹打市内电话 直接拨打7位地方号码。

在阿姆斯特丹打国内电话 拨打☎06+8位地方号码。

手机

中国移动、中国联通和中国电信都开通了在荷兰的手机漫游服务。

中国移动用户在荷兰拨打中国内地电话为2.99元/分钟，漫游地接听为2.99元/分钟，拨打漫游地为0.99元/分钟，拨打其他国家和地区3元/分钟，发短信回中国内地0.39元/条，发短信至其他国家和地区1.29元/条，收短信免费，数据流量3元3MB，KPN B.V.支持4G漫游，Tele2、VODAFONE 和T-Mobile不支持4G漫游。

中国联通用户在荷兰拨打中国内地电话为2.86元/分钟，拨打漫游地电话为 0.96元/分钟，接听漫游地电话免费，发短信回中国内地0.56元/条，发短信至其他国家和地区1.46元/条，数据流量5元/3MB每天，Vodafone、T-Mobile、KPN支持3G，orange、Telfort不支持3G。

中国电信用户在荷兰拨打中国内地电话为2.99元/分钟，拨打和接听漫游地为0.99元/分钟，拨打其他国家和地区3元/分钟，发短信回中国内地0.39元/条，发短信至其他国家和地区1.29元/条，收短信免费，数据流量3元3MB，Wi-Fi 1元/分钟，MIFI128元/天。

上网

➡ 各种规格的酒店旅馆一般都有免费Wi-Fi；很多地方还有电脑供客人使用。

➡ 大部分酒吧、咖啡馆和咖啡大麻店都有免费无线网络，你可能需要询问密码。

➡ 公共图书馆（Openbare Bibliotheek）的商店（每半小时€1）一般会收少量费用才能让你使用他们的无线网络或电脑终端。

➡ 可以登录www.wifi-amsterdam.nl查询阿姆斯特丹全城免费的无线热点。

➡ 我们列出了有无线网络（w）的地方并标注了提供网络终端给客人使用的酒店旅馆（i）。

时间

阿姆斯特丹位于欧洲中央时区（柏林、巴黎同属该时区），也就是格林威治标准时间/世界调节时间（GMT/UTC）加一小时。阿姆斯特丹12点时，伦敦是上午11点，纽约是早上6点，圣弗朗西斯科是凌晨3点而悉尼则是晚上9点。进入夏令时，时钟在3月最后一个周日向前拨一小时，而在10月最后一个周日向后拨回一个小时。

谈到时间的时候，需注意荷兰人说到“半”指的是那个时刻之前的半小时。如果你说“half eight”（英语通常指8点半），但是荷兰会认为这指的是7点半。

卫生间

荷兰的街道上没有很多公共卫生间，不过在红灯区等地方有供男士免费使用的自立式公共便池，气味浓烈。很多人会跑进咖啡馆或商店解决问题。标准收费为每次€0.50。

现在有一个应用程序能帮你找到最近的卫生间。阿姆斯特丹大学的学生设计了可以根据当前位置定位卫生间的Hoge Nood（www.hogenood.nu）。

紧急事件

报警、火警和急救电话：☎112

医疗服务

建议购买旅行保险；如果是小病就去找当地的医师（drogist）或药房（apotheek）开药。

如果问题严重，就要去医院（ziekenhuis）的临时诊室。

推介

联系中央医生服务（Centrale Doktersdienst；☎900 15 15；www.doktersdienst.nl；⏲24小时）咨询医生、牙医或药房推介信息。

急救室

有很多医院都有24小时急救设施。

Onze Lieve Vrouwe Gasthuis（☎599 91 11；www.olvg.nl；Oosterpark 9；⏲24小时；🚊3/14 Beukenweg）这家医院在东部公园（Oosterpark），靠近热带博物馆（Tropenmuseum）。它是离城中心最近的公立医院。

VU Medisch Centrum（☎444 44 44；www.vumc.com；De Boelelaan 1117；⏲24小时；🚊16/24 VU Medisch Centrum）自由大学（Vrije Universiteit）的医院。

药店

超市买不到感冒药和抗酸剂；买任何比牙膏猛的药都得去药店。

BENU Apotheek Dam（☎624 43 31；www.dam.benuapotheek.nl；Damstraat 2；⏲周一至周五 8:30～17:30，周六 10:00～17:00，周日 12:00～17:00；🚊4/9/16/24/25 Dam）这家药店就在水坝广场（Dam）不远处。

法律事宜

阿姆斯特丹的警察很好说话，且乐于助人，但如果你明显干了坏事，情况就不一样了，比如在他们鼻子底下乱扔垃圾或抽大麻。

警察可以扣留违法者最多6小时进行问讯（如果无法证实你的身份则可以多扣留6小时，如果认为违法情节严重则可以扣留24小时）。你无权打电话，但是他们会通知你所属国家的使领馆。荷兰实行无罪推定原则。

身份证明

法律要求14周岁以上的人都需随身携带身份证件。外国人需要携带护照或相关信息复印件；只携带驾照是不够的。

毒品

严格说来大麻是非法的。但是你最多可以携带5克软性毒品（比如印度大麻）。携带大量则会被判刑。

在确认合法性之前，不要在咖啡大麻店以外的地方吸食。

硬性毒品则被认为是重罪。

不要在大街上购买任何毒品。

性交易

在荷兰，性交易是合法的。这一行业受法律保护，从业者也要交税。这种开放政策有很大部分是因为想要削弱性交易行业里面皮条客和黑社会的力量。

在阿姆斯特丹的红灯区，你没什么可怕的，因为那里有警备，比较安全，但是后巷就不好说了。

残障旅行者

- 行动不便的旅行者会发现阿姆斯特丹的设施都能满足他们的需求。
- 大部分办公室和博物馆都有供残疾人士使用的电梯、坡道和卫生间。
- 很多廉价和中端酒店供残疾人使用的设施有限，因为它们所在的建筑很旧，楼梯陡峭且没有电梯。
- 阿姆斯特丹的很多鹅卵石街道对轮椅来说太颠簸了。
- 餐厅一般都在一楼，不过有时需要上几级台阶。
- 大部分巴士都可以使用轮椅，地铁站情况也是如此。有轨电车也越来越方便了，因为安装了新设备。1、5、13、17和26路有很多供轮椅使用者使用的可升降站台。GVB网站上列举了所有能够通行轮椅的站台信息。
- Accessible Travel Netherlands出版了一本可下载的指南（www.accessibletravelnl.com/blogs/new-city-guide-for-Amsterdam），介绍了阿姆斯特丹为行动不便者提供服务的餐厅、景点、交通和路线。
- 你还有其他问题？请到Accessible Amsterdam （www.toegankelijkamsterdam.nl）查询通行指南。

同性恋旅行者

荷兰是第一个法律承认同性婚姻的国家（2001年）；这也就不难解释为什么阿姆斯特丹的同性恋社群是全世界最大的了。

这一社群集会的5个集中地点是：Warmoesstraat街、善德街（Zeedijk）、伦勃朗广场（Rembrandtplein）、莱兹广场（Leidseplein）和Reguliersdwarsstraat。更多详情见49页。

有名的节日包括7月举办的摇滚音乐节奶昔节（Milkshake Festival，www.milkshakefestival.nl），在7月末或8月初举办的阿姆斯特丹同性恋游行（Amsterdam Gay Pride；见24页）和在8月第三个周末举办的心之节（Hartjesdagen Zeedijk；www.stichting-hartjesdagen.nl）。

资源：

- **Gay Amsterdam**（www.gayamsterdam.com）酒店、商店和夜店信息，还提供地图。
- **Pink Point**（见332页地图；☎428 10 70；www.facebook.com/pinkpointamsterdam；Westermarkt；⏲10:30~18:00；🚊13/14/17 Westermarkt）在Westerkerk后面，这里既提供信息也出售纪念品。在这里可以买到同性恋出版物，打听关于派对、活动和社交团体的信息。
- **Reguliers**（www.reguliers.net）关于Reguliersdwars-straat社交圈的信息，包括当下夜店的营业时间。
- **男女同性恋信息中心**（Gay & Lesbian Information and News Centerwww.gaylinc.nl）酒店、餐厅、夜生活和城里“性趣盎然”的活动信息。

女性旅行者

说到安全，阿姆斯特丹和欧洲其他主要城市一样有保障。街上滋事的很少，红灯区也一样，但最好和朋友同行以减少不怀好意的关注。

语 言

荷兰语在全球有大约2000万使用者。作为日耳曼语系的一员，荷兰语与英语有着相似之处。

荷兰语的发音相当简单。元音分为长元音和短元音，这会影响单词的意思，例如man（男人）和maan（月亮）。另外注意aw的发音如同“law”，eu 如同“nurse”的“u”，ew如同“see”的“ee”（唇形更圆），oh如同“note”的o，öy如同“her year”的“er y”（不翘舌），uh 如同“ago”。

辅音的发音也很方便。注意kh是个喉音，与苏格兰语loch的“ch”相似，r是颤音，zh发音为“pleasure”的“s”。所以，如果你能够把它们当成英语一样，读着我们彩色的发音指南，那你就能完全明白了。重音节用斜体字标出。

在相关处还收录了敬语和非正式场合的荷兰语表达，分别用“pol”和“inf”标出。

基本用语

你好。 *Dag./Hallo.* dakh/ha·*loh*

再见。 *Dag.* dakh

是。/ 不是。 *Ja./Nee.* yaa/ney

想知道更多？

如果想要深入了解更多的语言信息和常用短语，请查阅Lonely Planet的*Italian Phrasebook*。你可以在shop.lonelyplanet.com找到这本书，也可通过苹果应用程序商店（Apple App Store）购买Lonely Planet的iPhone短语手册。

请。

Alstublieft. (pol) al·stew·*bleeft*

Alsjeblieft. (inf) a·shuh·*bleeft*

谢谢你。

Dank u/je. (pol/inf) dangk ew/yuh

不用谢。 *Graag gedaan.* khraakh khuh·*daan*

抱歉。 *Excuseer mij.* eks·kew·*zeyr* mey

你好吗？

Hoe gaat het met u/jou? (pol/inf) hoo khaat huht met ew/yaw

很好。你呢？

Goed. khoot

En met u/jou? (pol/inf) en met ew/yaw

你叫什名字？

Hoe heet u/je? (pol/inf) hoo heyt ew/yuh

我的名字叫……

Ik heet … ik heyt …

你讲英语吗？

Spreekt u Engels? spreykt ew *eng*·uhls

我不明白。

Ik begrijp het niet. ik buh·*khreyp* huht neet

住宿

你有 *Heeft u een …?* heyft ew uhn …

一间……吗？

单人房	*éénpersoons-kamer*	eyn·puhr·sohns·kaa·muhr
双人房	*tweepersoons-kamer met een dubbel bed*	twey·puhr·sohns·kaa·muhr met uhn du·buhl bet

标间

tweepersoons-kamer met lits jumeaux — twey·puhr·sohns·kaa·muhr met lee zhew·moh

每……	*Hoeveel kost*	hoo·veyl kost
多少钱？	*het per …?*	huht puhr …
晚	*nacht*	nakht
人	*persoon*	puhr·sohn

包含早餐吗？

Is het ontbijt inbegrepen? — is huht ont·beyt in·buh·khrey·puhn

浴室	*badkamer*	bat·kaa·muhr
民宿	*gasten-kamer*	khas·tuhn·kaa·muhr
露营地	*camping*	kem·ping
客栈	*pension*	pen·syon
酒店	*hotel*	hoh·tel
窗户	*raam*	raam

青年旅舍

jeugdherberg — yeukht·her·berkh

方向

……在哪儿？ *Waar is …?* — waar is …

有多远？

Hoe ver is het? — hoo ver is huht

地址在哪儿？

Wat is het adres? — wat is huht a·dres

请你能不能写下来？

Kunt u dat alstublieft opschrijven? — kunt ew dat al·stew·bleeft op·skhrey·vuhn

请你能不能（在地图上）指给我看？

Kunt u het mij tonen (op de kaart)? — kunt ew huht mey toh·nuhn (op duh kaart)

在街角

op de hoek — op duh hook

在交通灯

bij de verkeers-lichten — bey duh vuhr·keyrs·likh·tuhn

在后面	*achter*	akh·tuhr
在前面	*voor*	vohr
在左边	*links*	lingks
在附近	*dicht bij*	dikht bey
在隔壁	*naast*	naast
在对面	*tegenover*	tey·khuhn·oh·vuhr
就在前面	*rechtdoor*	rekh·dohr
在右边	*rechts*	rekhs

餐饮

你会推荐什么？

Wat kan u aanbevelen? — wat kan ew aan·buh·vey·luhn

这道菜里有什么？

Wat zit er in dat gerecht? — wat zit uhr in dat khuh·rekht

请给我看看菜单。

Ik wil graag een menu. — ik wil khraakh uhn me·new

美味！	*Heerlijk/Lekker!*	heyr·luhk/le·kuhr
干杯！	*Proost!*	prohst

请给我账单。

Mag ik de rekening alstublieft? — makh ik duh rey·kuh·ning al·stew·bleeft

我想要	*Ik wil graag*	ik wil khraakh
预订一个	*een tafel*	uhn taa·fuhl
……餐位	*voor … reserveren.*	vohr … rey·ser·vey·ruhn
（两）人	*(twee)*	(twey)

	personen	puhr·soh·nuhn
(8)点钟	(acht) uur	(akht) ewr
我不吃……	Ik eet geen …	ik eyt kheyn …
鸡蛋	eieren	ey·yuh·ruhn
鱼肉	vis	vis
(红)肉	(rood) vlees	(roht) vleys
坚果	noten	noh·tuhn

关键词

酒吧	bar	bar
瓶子	fles	fles
早餐	ontbijt	ont·beyt
咖啡馆	café	ka·fey
冷的	koud	kawt
晚餐	avondmaal	aa·vont·maal
酒水单	drankkaart	drang·kaart
叉子	vork	vork
玻璃杯	glas	khlas
杂货店	kruidenier	kröy·duh·neer
热的	heet	heyt
刀具	mes	mes
午餐	middagmaal	mi·dakh·maal
市场	markt	markt
菜单	menu	me·new
盘子	bord	bort
酒馆	kroeg	krookh
餐馆	restaurant	res·toh·rant
辣的	pikant	pee·kant
勺子	lepel	ley·puhl
素食	vegetarisch	vey·khey·taa·ris
含/不含	met/zonder	met/zon·duhr

肉和鱼

牛肉	rundvlees	runt·vleys
鸡肉	kip	kip
鸭肉	eend	eynt
鱼肉	vis	vis
鲱鱼	haring	haa·ring
羊肉	lamsvlees	lams·vleys
龙虾	kreeft	kreyft
肉类	vlees	vleys
蚌肉	mosselen	mo·suh·luhn
牡蛎	oester	oos·tuhr
猪肉	varkensvlees	var·kuhns·vleys
大虾	steurgarnaal	steur·khar·naal
三文鱼	zalm	zalm
扇贝	kammosselen	ka·mo·suh·luhn
小虾	garnalen	khar·naa·luhn
鱿鱼	inktvis	ingkt·vis
鲑鱼	forel	fo·rel
金枪鱼	tonijn	toh·neyn
火鸡	kalkoen	kal·koon
小牛肉	kalfsvlees	kalfs·vleys

水果和蔬菜

苹果	appel	a·puhl
香蕉	banaan	ba·naan
豆类	bonen	boh·nuhm
浆果	bessen	be·suhn
卷心菜	kool	kohl
辣椒	paprika	pa·pree·ka
胡萝卜	wortel	wor·tuhl
花菜	bloemkool	bloom·kohl
黄瓜	komkommer	kom·ko·muhr
水果	fruit	fröyt
葡萄	druiven	dröy·vuhn
柠檬	citroen	see·troon
小扁豆	linzen	lin·zuhn

蘑菇	*paddestoelen*	*pa*·duh·stoo·luhn
坚果	*noten*	*noh*·tuhn
洋葱	*uien*	*öy*·yuhn
橙子	*sinaasappel*	see·*naas*·a·puhl
桃子	*perzik*	*per*·zik
豌豆	*erwtjes*	*erw*·chus
菠萝	*ananas*	a·na·nas
李子	*pruimen*	*pröy*·muhn
马铃薯	*aardappels*	*aart*·a·puhls
菠菜	*spinazie*	spee·*naa*·zee
番茄	*tomaten*	toh·*maa*·tuhn
蔬菜	*groenten*	*khroon*·tuhn

其他

面包	*brood*	broht
黄油	*boter*	*boh*·tuhr
奶酪	*kaas*	kaas
鸡蛋	*eieren*	*ey*·yuh·ruhn
蜂蜜	*honing*	*hoh*·ning
冰块	*ijs*	eys
果酱	*jam*	zhem
面条	*noedels*	*noo*·duhls
食用油	*olie*	*oh*·lee
糕点	*gebak*	khuh·*bak*
胡椒	*peper*	*pey*·puhr
米饭	*rijst*	reyst
盐	*zout*	zawt
汤	*soep*	soop
酱油	*sojasaus*	*soh*·ya·saws
糖	*suiker*	*söy*·kuhr
醋	*azijn*	a·*zeyn*

饮料

啤酒	*bier*	beer
咖啡	*koffie*	*ko*·fee
果汁	*sap*	sap
牛奶	*melk*	melk
红酒	*rode wijn*	*roh*·duh weyn
软饮料	*frisdrank*	*fris*·drangk
茶	*thee*	tey
水	*water*	*waa*·tuhr
白葡萄酒	*witte wijn*	*wi*·tuh weyn

紧急情况

救命! *Help!* help

不要管我!

Laat me met rust! laat muh met rust

叫医生!

Bel een dokter! bel uhn *dok*·tuhr

叫警察!

Bel de politie! bel duh poh·*leet*·see

出事了。

Er is een ongeluk gebeurd. uhr is uhn *on*·khuh·luk khuh·*beurt*

我迷路了。

Ik ben verdwaald. ik ben vuhr·*dwaalt*

我生病了。

Ik ben ziek. ik ben zeek

这里疼。

Hier doet het pijn. heer doot huht peyn

厕所在哪里?

Waar zijn de toiletten? waar zeyn duh twa·*le*·tuhn

我对(抗生素)过敏。

Ik ben allergisch voor (antibiotica). ik ben a·*ler*·khees vohr (an·tee·bee·*yoh*·tee·ka)

购物和服务

我想要买……

Ik wil graag … kopen. ik wil khraakh … *koh*·puhn

我就看看。

Ik kijk alleen maar. ik keyk a·*leyn* maar

我能看一下吗?

Kan ik het even zien? kan ik huht *ey*·vuhn zeen

你有没有其他的?

Heeft u nog andere? heyft ew nokh *an*·duh·ruh

这个多少钱?

Hoeveel kost het? hoo·*veyl* kost huht

太贵了。

Dat is te duur. dat is tuh dewr

你能便宜点吗?

Kunt u wat van de prijs afdoen? kunt ew wat van duh preys *af*·doon

账单有错误。

Er zit een fout in de rekening. uhr zit uhn fawt in duh *rey*·kuh·ning

自动柜员机

pin-automaat *pin*·aw·toh·maat

外币兑换

wisselkantoor *wi*·suhl·kan·tohr

邮局

postkantoor *post*·kan·tohr

购物中心

winkel-centrum *wing*·kuhl·sen·trum

游客中心 *VVV* vey·vey·*vey*

时间和日期

现在几点钟?

Hoe laat is het? hoo laat is huht

(10)点钟。

Het is (tien) uur. huht is (teen) ewr

(10)点半。

Half (elf). half (elf)(lit: half eleven)

上午	*'s ochtends*	*sokh*·tuhns
下午	*'s middags*	*smi*·dakhs
傍晚	*'s avonds*	*saa*·vonts
昨天	*gisteren*	*khis*·tuh·ruhn
今天	*vandaag*	van·*daakh*
明天	*morgen*	*mor*·khuhn
星期一	*maandag*	*maan*·dakh
星期二	*dinsdag*	*dins*·dakh
星期三	*woensdag*	*woons*·dakh
星期四	*donderdag*	*don*·duhr·dakh
星期五	*vrijdag*	*vrey*·dakh
星期六	*zaterdag*	*zaa*·tuhr·dakh
星期日	*zondag*	*zon*·dakh
1月	*januari*	*ya*·new·waa·ree
2月	*februari*	*fey*·brew·waa·ree
3月	*maart*	maart
4月	*april*	a·*pril*
5月	*mei*	mey
6月	*juni*	*yew*·nee
7月	*juli*	*yew*·lee
8月	*augustus*	aw·*khus*·tus
9月	*september*	sep·*tem*·buhr
10月	*oktober*	ok·*toh*·buhr
11月	*november*	noh·*vem*·buhr
12月	*december*	dey·*sem*·buhr

交通

公共交通

是乘坐……

Is dit de … naar is dit duh … naar

前往(左边的银行)吗?

(de linker-oever)? (duh *ling*·kuhr·oo·vuhr)

渡船 *veerboot* *veyr*·boht

地铁 *metro* mey·troh

有轨电车 *tram* trem

站台 *perron* pe·ron

时刻表 *dienst-regeling* deenst·rey·khuh·ling

……辆（公共汽车）是什么时候？

Hoe laat gaat de … (bus)? hoo laat khaat duh … (bus)

首班 *eerste* eyr·stuh

末班 *laatste* laat·stuh

下一 *volgende* vol·khun·duh

请给我一张前往……的车票。

Een kaartje naar … graag. uhn kaar·chuh naar … khraakh

几点钟发车？

Hoe laat vertrekt het? hoo laat vuhr·trekt huht

这辆车停靠在……吗？

Stopt het in …? stopt huht in …

下一站是哪里？

Welk is de volgende halte? welk is duh vol·khuhn·duh hal·tuh

我要在……下车。

Ik wil graag in … uitstappen. ik wil khraak in … öyt·sta·puhn

这辆出租车可以坐吗？

Is deze taxi vrij? is dey·zuh tak·see vrey

请带我去……

Breng me alstublieft naar … breng muh al·stew·bleeft naar …

骑自行车

我需要……

Ik wil graag … ik wil khraakh …

修一下我的自行车

Mijn fiets laten herstellen meyn feets laa·tuhn her·ste·luhn

租一辆自行车 *een fiets huren* uhn feets hew·ruhn

我要租个

Ik wil graag een … huren. ik wil khraakh uhn … hew·ruhn

篮子

mandje man·chuh

儿童座椅

kinderzitje kin·duhr·zi·chuh

头盔 *helm* helm

你能够停放自行车吗？

Heeft u parking voor fietsen? heyft ew par·king vohr feet·suhn

我们能够骑车去那里吗？

Kunnen we er met de fiets heen? ku·nuhn wuh uhr met duh feets heyn

我爆胎了。

Ik heb een lekke band. ik hep uhn le·kuh bant

自行车道 *fietspad* feets·pat

打气泵 *fietspomp* feets·pomp

自行车修理工

fietsenmaker feet·suhn·maa·kuhr

自行车摊 *fietsenrek* feet·suhn·rek

术语表

bibliotheek 图书馆

bier 啤酒

biertje 杯装啤酒

bitterballen 炸肉丸

broodje （有馅料的）面包卷

bruin café 棕色咖啡馆；传统荷兰酒馆

café 酒馆，酒吧；又称为*kroeg*

coffeeshop（荷兰语还拼作*koffieshop*）授权销售大麻的咖啡馆

CS 中央车站

drop 咸味或甜味的甘草糖

dwarsstraat 连接两条（过去的）运河的街道

eetcafé 供应餐食的咖啡馆

fiets 自行车

frites 薯条；又叫作*patat*

gezellig 欢乐友好的

gezelligheid 欢乐友好

gracht 运河

Grachtengordel 运河圈

GVB Gemeentevervoerbedrijf；阿姆斯特丹市交通局

GWK Grenswisselkantoor；官方货币兑换

hof 庭院

hofje 救济所，或围绕小庭院或花园的一连串建筑物，例如贝居安会院

jenever 荷兰的杜松子酒；又拼作*genever*

kaas 奶酪

kade 码头

kerk 教堂

koffiehuis 咖啡馆（与*coffeeshop*不一样）

koninklijk 皇家的

kroketten 炸丸子

markt 镇广场，市场

NS *Nederlandse Spoorwegen*；荷兰铁路公司

OV-chipkaart 荷兰公共交通的车票

pannenkoeken 薄煎饼

paleis 宫殿

plein 广场

proeflokaal 品酒窖

Randstad 字面意思为“边缘城市”；包括阿姆斯特丹、乌得勒支、鹿特丹和海牙的城市群

stamppot 马铃薯拌蔬菜（如泡菜或甘蓝），配上培根片和烟熏香肠

stedelijk 市立

steeg 巷弄

straat 街道

stroopwafel 糖浆华夫饼

toren 塔

VVV 游客中心

waag 过磅房

De Wallen 红灯区

zaal 大厅

幕后

说出你的想法

我们很重视旅行者的反馈——你的评价将鼓励我们前行，把书做得更好。我们同样热爱旅行的团队会认真阅读你的来信，无论表扬还是批评都很欢迎。虽然很难一一回复，但我们保证将你的反馈信息及时交到相关作者手中，使下一版更完美。我们也会在下一版特别鸣谢来信读者。

请把你的想法发送到**china@lonelyplanet.com.au**，谢谢！

请注意：我们可能会将你的意见编辑、复制并整合到Lonely Planet的系列产品中，例如旅行指南、网站和数字产品。如果不希望书中出现自己的意见或不希望提及你的名字，请提前告知。请访问lonelyplanet.com/privacy了解我们的隐私政策。

声明

封面图片：王子运河上的十七世纪房屋和船屋，阿姆斯特丹。

Frans Lemmens/Getty. Amsterdam Transport Network Map © GVB Amsterdam. Map designed by Carto Studio, Amsterdam.

本书部分地图由中国地图出版社提供，其他为原书地图，审图号GS（2016）2550号。

关于本书

这是Lonely Planet《阿姆斯特丹》的第10版。本书的作者为凯瑟琳·勒·内维兹和卡拉·齐默尔曼。

本书为中文第1版，由以下人员制作完成：

项目负责 关媛媛
内容统筹 谭川遥
翻译统筹 肖斌斌 王玫珺
翻　　译 陈薇薇 黄祎杰 王云潇 陈 侃
内容策划 吴 非 王玫珺（本土化内容）
视觉设计 李小棠 佟雪莹
协调调度 丁立松 高 原
责任编辑 马 珊 孙经纬
特约编辑 周 喻
地图编辑 马 珊
制　　图 田 越
流　　程 孙经纬
终　　审 朱 萌
排　　版 北京锋尚制版有限公司

感谢罗霄山对本书的帮助。

索 引

A

accommodation 住宿 15, 239~253

language 语言 302~308

A' DAM Tower 阿姆斯特丹塔 13, 87

air travel 乘飞机旅行 290

Albert Cuypmarkt 艾伯特露天市场 33, 203

Alkmaar 阿尔克马尔 235~237

Allard Pierson Museum 阿拉德皮尔逊博物馆 74

ambulance 救护车 300

Amstelkerk 阿姆斯特尔教堂 139

Amstelpark 阿姆斯特尔公园 217

Amstelsluizen 阿姆斯特尔水闸 139

Amsterdam Cheese Museum 阿姆斯特丹奶酪博物馆 158

Amsterdam Dance Event 阿姆斯特丹舞蹈节 24

Amsterdam Gay Pride 阿姆斯特丹同性恋游行 24

Amsterdam Light Festival 阿姆斯特丹灯光节 25

Amsterdam Museum 阿姆斯特丹博物馆 41, 73

Amsterdam-Noord 阿姆斯特丹北区 87

Amsterdam Pipe Museum 阿姆斯特丹烟枪博物馆 135

Amsterdam RAI 阿姆斯特丹 RAI 国际会展中心 217

Amsterdam Tulip Museum 阿姆斯特丹郁金香博物馆 159

Amsterdamse Bos 阿姆斯特丹森林公园 216

B

Bakenesserkerk (Haarlem) 巴肯色教堂 (哈勒姆) 226

bathrooms 浴室 300

beaches 海滩 27

beer 啤酒 51~52, 55

Begijnhof 贝居安会院 33, 69, **69**

Beurs van Berlage 旧证券交易所 71

Bijbels Museum 圣经博物馆 121

Binnenhof (Den Haag) 国会大厦 (海牙) 236

Blauw Jan 154

Blauwbrug 蓝桥 138

Bloemenmarkt 鲜花市场 61, 135, **3**, **10**

Bloemenveiling Aalsmeer 阿斯米尔鲜花拍卖市场 238

Bloemgracht 159

C

canals 运河带 34~38, 117, 122, 137, **38**, **34**

Cannabis College 大麻学院 75

coffee 咖啡 52, 55

Concertgebouw 音乐厅 185

Corrie ten Boom House (Haarlem) 彭柯丽之家 (哈勒姆) 226

D

De Appel 41, 98

De Bijlmer 217

De Burcht (Leiden) 城堡 (莱顿) 229

De Dageraad 202

De Duif 鸽舍教堂 139

De Gooyer Windmill 德古依尔风车 101, **20**

De Hallen 13, 194

De Hallen (Haarlem) De Hallen (哈勒姆) 226

De Pijp 德派普区 65, 200~212, **200**, **350~351**

De Ridammerhoeve 216

De Rode Hoed 红帽剧场 122

De Valk (Leiden) 德·法尔克风车 (莱顿) 230

Delft 代尔夫特 232~235, **233**

E

Eastern Islands 东岛区 64~65, 95~116, **95**, **308~309**

Entrepotdok 101

Erotic Museum 情色博物馆 76

Escher in Het Paleis Museum (Den Haag) 埃舍尔博物馆 (海牙) 236

etiquette 礼仪 17, 53, 79

Eurostar 欧洲之星 13, 290

events 活动 23~25

EYE Film Institute 眼睛电影博物馆 33, 87

F

Frank, Anne 安妮·弗兰克 119~120

000 景点页码
000 地图页码
000 图片页码

Frankendael House 佛兰肯代尔 216
Frans Hals Museum (Haarlem) 弗兰斯·哈尔斯博物馆(哈勒姆) 226
free attractions 免费景点 33
Fun Forest 趣味森林 216

G
gardens 花园 21
Gassan Diamonds 迦山钻石厂 33, 99
Geelvinck Hinlopen Huis 希尔芬克·欣洛彭住宅博物馆 137
Golden Bend 黄金弯 135
Grachtenfestival 运河音乐节 24, 37
Grote Kerk (Alkmaar) 大教堂(阿尔克马尔) 237
Grote Kerk van St Bavo (Haarlem) 圣巴福大教堂(哈勒姆) 224~225
Guan Yin Shrine 观音庙 75

H
Haarlem 哈勒姆 **225**, 224~227
Haarlemmerbuurt 130
Haarlemmerpoort 158
Hals, Frans 弗兰斯·哈尔斯 178, 271
Hash, Marijuana & Hemp Museum 大麻博物馆 75~76
Heineken Experience 喜力体验馆 202
Herengracht 绅士运河 122
Hermitage Amsterdam 冬宫博物馆阿姆斯特丹分馆 41, 138
Het Grachtenhuis 运河船屋博物馆 121
Homomonument 同性恋纪念碑 121
Hortus Botanicus 植物园 **240**, 100, **258**
Hortus Botanicus Leiden (Leiden) 莱顿植物园(莱顿) 230
Houseboat Museum 船屋博物馆 159

I
IJburg 艾瑟尔堡区 105
internet access 上网 300
itineraries 旅行线路 18~19

J
Jan Pieter Heijestraat Jan Pieter Heijestraat 街 13, 192
jazz music 爵士乐 56, 57
Jewish heritage 犹太遗产 119~120, 265
Johnny Jordaanplein 约翰尼·乔丹广场 160
Joods Historisch Museum 犹太历史博物馆 27, 41, 99
Jordaan 乔丹区 **156**, **162**, **338~339**, **340~342**, **8**, 65, 156~175

K
Kaasmarkt (Alkmaar) 奶酪市场(阿尔克马尔) 235
Kadijksplein Kadijksplein 广场 101
Kalverstraat 卡尔弗尔街 73
Kattenkabinet 猫博物馆 41, 136
Keizersgracht 皇帝运河 35, **34**
Keukenhof Gardens (Keukenhof) 库肯霍夫花园(库肯霍夫) 228
King's Day 国王节 10, 23, **11**
Kleine Trippenhuis 小特里普房 113
KochxBos 41, 158

L
Laurens Coster Statue (Haarlem) 劳伦斯·科斯特像(哈勒姆) 226
legal matters 法律事务 300~301
Leiden 莱顿 227~232, **229**
Leiden American Pilgrim Museum (Leiden) 莱顿美国清教徒前辈移民博物馆(莱顿) 228

M
Madame Tussauds Amsterdam 阿姆斯特丹杜莎夫人蜡像馆 41, 71
magazines 杂志 297
Magere Brug 瘦桥 138
marijuana 大麻 52~54, 256, 300, **54**
Markt (Delft) 市场(代尔夫特) 233
Mauritshuis (Den Haag) 莫里茨皇家美术馆(海牙) 236
Max Euwe Centrum 马克斯·尤伟中心 135
medical services 医药服务 300
Medieval Centre 中世纪中心 64, 66~94, **66**, **324~325**, **328~329**
Multatuli Museum 穆尔塔图里博物馆 122
Museum Boerhaave (Leiden) 布尔哈夫博物馆(莱顿) 230
Museum De Lakenhal (Leiden) 雷肯霍尔市立美术馆(莱顿) 230
Museum Het Schip 船博物馆 160
Museum Ons' Lieve Heer op Solder 阁楼教堂博物馆 41, 77
Museum Paul Tetar van Elven (Delft) Paul Tetar van Elven 博物馆(代尔夫特) 234
Museum Van Loon 范龙博物馆 41, 136
Museum Willet-Holthuysen 威力霍图森博物馆 41, 137
Museumplein 博物馆广场 185
Muziekgebouw aan 't IJ 艾河音乐厅 102

N
NAP Visitors Centre NAP 游客中心 102
Nationaal Biermuseum (Alkmaar) 国家啤酒博物馆(阿尔克马尔) 237
Nationaal Monument 国家纪念碑 71

Naturalis Biodiversity Centre（Leiden）自然生物多样性中心（莱顿）230
NDSM-werf NDSM-Werf 艺术区 87
Negen Straatjes 九街 131
Nieuwe Kerk 新教堂 74
Nieuwe Kerk（Delft）新教堂（代尔夫特）234
Nieuwe Kerk（Haarlem）新教堂（哈勒姆）226
Nieuwmarkt 新市场区 64~65，**95**，95~116，**330~331**
Noorderkerk 北教堂 158
Noordermarkt 北市场 175

O
OCCII 196
Old South 旧南区 65，176~199，**176**，**346~347**
Olympic Stadium 奥林匹克体育场 217
Oosterpark 东部公园 65，213~220，215，**213**，**349**
Oostindisch Huis 东印度屋 98

P
Pampus 帕姆皮斯岛 106
Papagaai 鹦鹉教堂 73
Park Frankendael 佛兰肯代尔公园 215
Pianola Museum 自动钢琴博物馆 41，158
Pieterskerk（Leiden）彼得教堂（莱顿）228
Pintohuis 品托屋图书馆 99
Plantage 普兰塔格区 64~65，95~116，**95**，**332~333**
postal services 邮政 299
Prinsengracht 王子运河 128
prostitution 性交易 75，76，79，88，256
Prostitution Information Centre 性交易信息中心 75

R
Red Light District 红灯区 64，66~94，**66**，**80**，**324~325**，**328~329**
Red Light Secrets Museum of Prostitution 红灯区秘密性交易博物馆 13，76
Reguliersgracht 修士运河 137，150
Rembrandt 伦勃朗 97，178~179，270
Rembrandtpark 伦勃朗公园 185
Rembrandtplein 伦勃朗广场 138
Riekermolen 利克尔风车 217
Rijksmuseum 国立博物馆 9，41，178~180，**180**，**8**
Rijksmuseum Gardens 国立博物馆花园 33
Rijksmuseum van Oudheden（Leiden）国家古文明博物馆（莱顿）228
Rijksmuseum Volkenkunde（Leiden）民族学博物馆（莱顿）229~230

S
Sarphatipark 萨珐蒂公园 202
Scheepvaarthuis 航运大楼 98
Schreierstoren 泪水塔 72
sea level 海平面 102
Sexmuseum Amsterdam 阿姆斯特丹性博物馆 41，71
South Amsterdam 阿姆斯特丹南区 65，213~220，**213**，**349**
Southern Canal Ring 南运河圈 65，133~155，**133**，**141**，**342~343**
Stadsarchief 城市档案馆 33，136
Stedelijk Museum 市立博物馆 41，183
Stedelijk Museum（Alkmaar）市立博物馆（阿尔克马尔）235~236

T
Tassenmuseum Hendrikje 手包和钱包博物馆 41，137
taxes 税收 17
taxis 出租车 293~294
telephone services 电话服务 299
Teylers Museum（Haarlem）泰勒博物馆（哈勒姆）226
Torture Museum 酷刑博物馆 41，73
Town Hall（Haarlem）市政厅（哈勒姆）224
Trompettersteeg Trompettersteeg 小巷 75
Tropenmuseum 热带博物馆 27，41，215
tulips 郁金香 263

U
Uitburo & Last Minute Ticket Shop 151
University Library 大学图书馆 74~75

V
Van Brienenhofje 123
Van Gogh Museum 凡·高博物馆 7，27，41，181~182，**7**，**181**
Van Gogh，Vincent 文森特·凡·高 181~182，273~274
Vermeer Centrum Delft（Delft）代尔夫特维米尔中心（代尔夫特）233
Vermeer，Johannes 约翰内斯·维米尔 178，271~272
Verzetsmuseum 抵抗博物馆 27，41，103
Vondelkerk 冯德尔教堂 186
Vondelpark 冯德尔公园 65，176~199，**176**，**187**，**340~347**

W
WerfMuseum 't Kromhout 克罗姆特码头博物馆 101
Wertheimpark 韦特海姆公园 100
West Amsterdam 乔丹区和西区西区 65，156~175，**156**，**337**
Westergasfabriek 西部气厂 172

000 景点页码
000 地图页码
000 图片页码

Westerkerk 西教堂 121
Westerkerk Bell Tower 西教堂钟塔 121
Westermarkt 西市场 175
Western Canal Ring 西运河圈 65, 117~132, **117**, **124**, **334**, **336**

Y
Yellow Backie 黄色后座 33

Z
Zaans Museum (Zaanse Schans) 桑斯博物馆(桑斯安斯) 238
Zaanse Schans 桑斯安斯 237~238
Zaanse Schans Windmills (Zaanse Schans) 桑斯安斯风车(桑斯安斯) 238
Zeedijk 善德街 75
Zuiderkerk 南教堂 98

就餐

A
Adam 190
Alchemist Garden 46, 189
Anna 82
Arti Choc 46, 188

B
Bakers & Roasters 47, 206
Balthazar's Keuken 46, 163
Banketbakkerij Van der Linde 47, 78
Bar Huf 139
Bazar Amsterdam 207
Bistro Bij Ons 46, 125
Blauw aan de Wal 46, 82
Blue Pepper 193
Boca's 160
Bocconi Sani 167
Boerderij Meerzicht 216
Bojo 144

C
Café Bern 107
Café Kadijk 107
Café L'Esperance (Leiden) 231
Café Noorderlicht 87
Cafe Restaurant De Buren(阿尔克马尔) 237

D
David's Burger(Leiden) David's Burger(莱顿) 230~231
De Bakkerswinkel 80~81, 166, 189
De Belhamel 125
De Blauwe Hollander 142~143
De Bosbaan Cafe 216
De Haerlemsche Vlaamse (Haarlem) 226
De Italiaan 191
De Kas 46, 218
De Laatste Kruimel 46, 77

E
Éénvistwéévis 47, 108
Eetcafe Ibis 218
Eetcafé MKZ 196
Ellis Gourmet Burger 161
En Amsterdam 208
Everything on a Stick 143

F
Fat Dog 46, 203
Festina Lente 163
Firma Pekelhaaring 208
Fondue & Fondue 192
Foodhallen 194
Frenzi 106
Friterie par Hasard 207
Frites uit Zuyd 47, 203

G
Gare de l'Est 108~109
Gartine 46, 76
Gebr Hartering 46, 108
Gebr Niemeijer 78
Geflipt 205
George Bistro Bistro 191
Greetje 46, 109

H
Haesje Claes 79
Hemelse Modder 46, 106
Herengracht Restaurant & Bar 144~145
Hofje van Wijs 82
Holy Ravioli 188
Hostaria 165
Hotel de Goudfazant 47, 81

I
IJsboutique 188~189
IJsmolen 47, 107
In de Buurt 142
In den Doofpot (Leiden) 231
Instock 109

J
Japanese Pancake World 165
Jordino 163

K
Kam Yin 81
Koevoet 166
Koffiehuis van den Volksbond 108
Koh-I-Noor 126
Kompaszaal 109

L
La Cacerola 46, 140
La Falote 46, 190
La Oliva 165
Lalibela 191
Lanskroon 46, 78
Lastage 107
Latei 107
Lavinia Good Food 47, 140
Lunchroom Wilhelmina 189

M
Mamouche 207
Mantoe 164
Maoz 47, 78~79
Marius 46, 167
Mastino 207
Meat West 194
Mech Make & Take 188
Moeders 165
Moes 46, 105
Monte Pelmo 47, 161~163

N
Nam Kee 82, 107
NAP 105
Narbonne 190
Nyonya 107

O
Omelegg 206

P
Pancake Bakery 125
Pancakes! 123~125
Pannenkoekenhuis Upstairs 78
Pantry 46, 142
Pastini 144
Pastis 192
Patisserie Holtkamp 46, 143

R
Raïnaraï 167
Razmataz 165
REM Eiland 47, 164
Renzo's 189
Restaurant Blauw 46, 193
Restaurant Bloem 46, 105
Restaurant De Knijp 192

S
Saffraan 189
Sama Sebo 192
Scala della Pasta 189
Scandinavian Embassy 47, 206
Sea Palace 109
Seafood Bar 79, 191
Semhar 164~165
Singel 404 123
Sir Hummus 204
'Skek 81
SLA 47, 204
Soup en Zo 140
Spaghetteria 206~207
Spang Makandra 46, 204~205
Spanjer en van Twist 126
Spijshuis de Dis (Delft) Spijshuis de Dis (代尔夫特) 234~235
Stacey's Pennywell 143~144
Stach 140, 208

T
't Kaasboertje 208
Taart van m'n Tante 205
Taste of Culture 144
Tempo Doeloe 46, 144
Thais Snackbar Bird 81
TisFris 104~105
Tjin's 208
Toasty 189

U
United Pancakes 204

V
Van den Berg's Broodjesbar 77~78
Van Dobben 46, 139
Van Harte 126
Van Hoeck 207
Van Kerkwijk 79
Van Stapele 46, 78
Van 't Spit 190~200
Van Vlaanderen 145
Villa Zeezicht 78

W
Wilde Zwijnen 46, 218
Wild Moa Pies 205
Wil Graanstra Friteshuis 47, 127
Winkel 160
Worst Wijncafe 47, 166

Y
Yam Yam 47, 164

Z
Zagros 209
Zouthaven 108
Zus & Zus 191

饮品和夜生活

A
A Bar 148
Abraxas 55, 83
Air 145
Amstelhoeck 110
Amsterdam Roest 55, 111

B
Back to Black 146
Bar Bukowski 219
Bar Moustache 145
BarBrå 193~195
Barça 210
Barney's 128
Beer Tree 208
Beurs van Berlage Café 旧证券交易所咖啡馆 84
Biercafé Gollem 83
Bluebird 110
Boca's 209
Brasserie Harkema 89
Brix Food 'n' Drinx 129

C
Café Americain 146
Café Bédier 193
Café Belgique 55, 82
Café Berkhout 210
Café Binnen Buiten 209
Café Brecht 147
Cafe Cuba 110
Café Dante 84~85
Café de Barderij 55, 86
Café de Doelen 110
Café de Dokter 55, 82
Cafe de Engelbewaarder 110
Café de Groene Vlinder 210
Café de Jaren 83
Café de Jordaan 170
Café de Koe 169
Café de Laurierboom 170

D
Dampkring 55, 83
De Admiraal 127
De Bekeerde Suster 110
De Biertuin 219
De Boom (Alkmaar) De Boom (阿尔克马尔) 237
De Buurvrouw 89
De Doffer 127
De Drie Fleschjes 83
De Groene Olifant 111
De Kat in de Wijngaert 167

E
Eagle 89
Eijlders 55, 145
Escape 147, **54**

F
Finch 168
Franklin 55, 193

G
Getto 55, 86~88,
Glouglou 55, 209
Goa 110
Golden Brown Bar 195
Gollem's Proeflokaal 195
Grand Cafe-Restaurant 1e Klas 83~84
Green Place 110~111
Greenhouse 55, 86, 128
Grey Area 128, **54**

H
Hannekes Boom 112
Het Groot Melkhuis 195
Het Paardje 210
Hoppe 55, 82, **7**
HPS 112

I
Il Tramezzino 128
In de Olofspoort 85~86
In de Wildeman 82
In 't Aepjen 55
In 't Aepjen 85

J
Jay's Juices 128

000 景点页码
000 地图页码
000 图片页码

Jimmy Woo 150
Jopenkerk (Haarlem) Jopenkerk (哈勒姆) 227

K
Kanis & Meiland 112
Kapitein Zeppo's 86
Katsu 210
KHL 112
Kingfisher 210
Koffiehuis De Hoek 55, 128~129

L
La Tertulia 55, 170
Lellebel 149
Lion Noir 55, 147
Locus Publicus (Delft) Locus Publicus (代尔夫特) 235
Lokaal 't Loosje 110
Lot Sixty One 55, 193
Luxembourg 83

M
Mezrab 112
Molly Malone's 88
Montmartre 55, 149
Mulligans 33, 148

N
NeL 148
NJOY 148

O
Oosterling 148
Oporto 84

P
Pata Negra 55, 146
Pâtisserie Pompadour 128
Pilsener Club 83
Pilsvogel 210
Pllek 55, 87
Prik 85

Q
Quartier Putain 88
Queen's Head 88

S
Saarein 170
Scandinavian Embassy 55
Screaming Beans 55, 127
Siberië 129
SkyLounge 55, 111
Spargo 219
Spirit 170

T
't Arendsnest 127
't Blauwe Theehuis 195
't Mandje 55, 86
O't Smalle 55, 167, **50**
Taboo Bar 149
Tara 84
The Otherside 149
Tonton Club 86

U
Up 148

V
Van Dyck Bar 147
Vesper Bar 169
Vivelavie 55, 149
Vyne 55, 128

W
Warehouse Amsterdam 89
Waterkant 168
Web 85
Welling 195
Westergasterras 170
Whiskey Café L&B 148

☆ 娱乐

A
Amsterdam ArenA 阿姆斯特丹球场 214
Amsterdams Marionetten Theater 阿姆斯特丹木偶剧院 57, 113
Amsterdamse Bos Theatre 阿姆斯特丹木偶剧院 219

B
Bethaniënklooster 113
Bimhuis 33, 57, 112
Bitterzoet 89
Boom Chicago 57, 171
Bourbon Street Jazz & Blues Club 波本街爵士和蓝调俱乐部 151

C
Café de WW (Leiden) Café de WW (莱顿) 232
Café Stiels (Haarlem) Café Stiels (哈勒姆) 227
Casa Rosso 89
Cave 57, 151
CC Muziekcafé 57, 210~211
Cinecenter 151
Concertgebouw 音乐厅 33, 57, 197

D
De Brakke Grond 90
De Heeren van Aemstel 151
De Kleine Komedie 152
De Nieuwe Anita 57, 171
De Uitkijk 152

E
EYE Film Institute 眼睛电影博物馆 33, 57

F
Felix Meritis 57, 129
Filmhallen 194
Frascati 89~90

H
Heineken Music Hall 喜力音乐厅 220
Het Ketelhuis 171

J
Jazz Café Alto 57, 151

K
Koninklijk Theater Carré 卡雷皇家剧院 151
Kriterion 57, 113

M
Maloe Melo 171
Melkweg 57, 150
Movies 171
Mulligans 33

N
North Sea Jazz Club 北海爵士俱乐部 33, 57, 171

O
Openluchttheater 露天剧院 33, 57, 197
Orgelpark 管风琴演奏厅 57, 197

P
Pacific Parc 171
Paradiso 57, 150
Pathé Tuschinskitheater 57, 152
Patronaat (Haarlem)

Patronaat (哈勒姆) 227
Plan B 197

R
Rialto Cinema 211

S
Stadsschouwburg 城市剧院 57, 150
Studio K 219
Sugar Factory 糖果工厂 151

W
Westergasfabriek 西部气厂 57

Z
Ziggo Dome 220

购物

3-D Hologrammen/Printed in Space 92

A
A Space Oddity 173
Albert Cuypmarkt 艾伯特露天市场 61, 203
American Book Center 美国图书中心 61, 90
Amsterdam Watch Company 阿姆斯特丹钟表公司 131
Andries de Jong BV 91
Antiekcentrum Amsterdam 阿姆斯特丹古玩中心 61, 172
Antiques Market 古玩市场 115
Antonia by Yvette 132
Architectura & Natura 131
Arnold Cornelis 174
Athenaeum 雅典娜神庙 92

B
Back Beat Records 172
Beadies 132
BeBoB Design 131
Beer Tree 61, 198
Bever 199
Bloemenmarkt 鲜花市场 61, 135, **3**, **10**
Blond 212
Boekie Woekie 130
Boerenmarkt 农贸市场 115
Book Exchange 115
Brick Lane 砖巷 211

C
Callas 43 175
Carl Denig 154
Cats & Things 174
Cellarrich 175
Centre Neuf 152
Chills & Thrills 92
Chocolátl 175
Cityboek 153

D
Darling 130, 194
Datema Amsterdam 115
De Bierkoning 91
De Bijenkorf 90
De Emaillekeizer 212
De Kaaskamer 61, 129~130
Denham the Jeanmaker women's store 130

E
Edha Interieur 197
Eduard Kramer 153
Eichholtz Delicatessen 155
Ennu 199
Episode 131
Exota 132

F
Female & Partners 91
Filmantiquariaat Cine Qua Non 114
Frank's Smokehouse 115
Fretons 199
Friday Next 199
Frozen Fountain 61, 129

G
Galleria d'Arte Rinascimento 61, 173
Gamekeeper 130
Gastronomie Nostalgie 61, 91
Gone with the Wind 154
Goochem Speelgoed 198

H
Hans Appenzeller 92
Hart's Wijnhandel 61, 154
Head Shop 115
Heineken Brand Store 喜力品牌商店 154~155
Hema 90
Henxs 114

I
IJ Hallen IJ Hallen 跳蚤市场 61, 87
I Love Vintage 129
Imps & Elfs 116
Innerspace 92

J
Jacob Hooy & Co 115
Jaski 153
Jefferson Hotel 175
Joe's Vliegerwinkel 114
Johnny at the Spot 198
Juggle 114

K
Kaashuis Tromp 173
Kalvertoren Shopping Centre Kalvertoren 购物中心 93
Kitsch Kitchen 174
Knuffels 114
Kokopelli 93
Kolifleur 211

L
Lab 13 174
Laundry Industry 92
Laura Dols 132
LENA 174
Lieve Hemel 153
Lindengracht Market 61, 175
Local Goods Store 本土特产商店 61, 194
Loods 6 115
Look Out 154

M
Mark Raven Grafiek 61, 91
Marks & Spencer 93
Marlies Dekkers 130
McCarthy's 94
Mechanisch Speelgoed 174
Mendo 61, 132
Mobilia 61, 152
Moooi Gallery 61, 172
Mr B 93
Museum Shop at the Museumplein 博物馆广场的博物馆商店 61, 198

000 景点页码
000 地图页码
000 图片页码

N
Nana 93
Nikkie 199
Noor 212
Noordermarkt 北市场 175
Nou Moe Stripwinkel 174
Nukuhiva 132

O
Oudemanhuis Book Market Oudemanhuis 书市 61，90

P
Papabubble 61，173
PGC Hajenius 61，90
Pied à Terre 61，197
Pols Potten 116
Postzegelmarkt 邮票市场 93~94
Puccini Bomboni 114

R
Raak 211
Raw Materials 173
Record Mania 211~212
ReCycle 194
Red Light Records 93
Reflex Modern Art Gallery 153
RoB 93
Rock Archive 173
Rush Hour Records 91~92

S
Scotch & Soda 131
Shirt Shop 154
Skateboards Amsterdam 阿姆斯特丹滑板 152
SPRMRKT 61，173
Stadsboekwinkel 154
Stenelux 212
Sunday Market 周日市场 172

T
't Klompenhuisje 115
't Zonnetje 174
Ten Katemarkt 194
Tenue de Nîmes 61，129，173
Tibetwinkel 92
Tiller Galerie 211
Tinkerbell 153

U
Uke Boutique 174

V
Van Avezaath Beune 198
Van Beek 212
Van Ravenstein 132
Vlieger 153
VLVT 61，198
Vrolijk 91
Vroom & Dreesmann 92

W
Walls Gallery 墙画廊 153
Waterlooplein Flea Market 滑铁卢广场跳蚤市场 61，113~114
Webers 115
Westermarkt 西市场 61，175
WonderWood 94

Y
Young Designers United 61，152

Z
Zipper 131

运动和活动

Botenverhuur 't Galgewater（Leiden）232
Friday Night Skate 199
GlowGolf 116
Haarlem Canal Tours（Haarlem）哈勒姆运河团队游（哈勒姆）227
Rederij Rembrandt（Leiden）伦勃朗航运公司（莱顿）232

住宿

A
Amistad Hotel 248~249
Amsterdam American Hotel 阿姆斯特丹美国酒店 146，249
Amsterdam Wiechmann Hotel 243
Andaz Amsterdam 245
art'otel amsterdam 243

B
BackStage Hotel 243
Banks Mansion 249
B&B Le Maroxidien 246
Between Art & Kitsch B&B 252
Bicycle Hotel Amsterdam 252

C
Cake Under My Pillow 252
Canal House 245
Christian Youth Hostel 'The Shelter City' 246
Christian Youth Hostel 'The Shelter Jordaan' 243

D
Dylan 245

F
Faralda Crane Hotel 87，243
Flying Pig Downtown Hostel 242
Flynt B&B 251
Frederic Rentabike 244

G
Generator Amsterdam 13，245

H
Hotel de Plataan（Delft）Hotel de Plataan（代尔夫特）235
Hotel Fita 250
Hotel Freeland 248
Hotel Hoksbergen 242
Hotel Hortus 246
Hotel Kap 248
Hotel Luxer 242
Hotel Not Hotel 249
Hotel Notting Hill 249
Hotel V 248
Hotel van Onna 243
Hotel Vondel 252
Houseboat Ms Luctor 243
Hoxton Amsterdam 13，244
Huys van Leyden（Leiden）Huys van Leyden（莱顿）232

I
International Budget Hostel 243

L
Lloyd Hotel 246

M
Maes B&B 244
Misc EatDrinkSleep 247
Morgan & Mees 244

N
Neighbour' s Magnolia 251

O
Owl Hotel 251

P
Park Hotel 252
Poet Hotel 251~252

S
Sebastian' s 244
Seven Bridges 248
Seven One Seven 249
Sir Albert Hotel 253
Stayokay Amsterdam Stadsdoelen 246
Stayokay Amsterdam Vondelpark 249
Sunhead of 1617 244

T
Toren 244~245

V
Van Gogh Hostel & Hotel 249
Volkshotel 245~246

X
Xaviera Hollander' s Happy House 251

阿姆斯特丹地图

景点

海滩
鸟类保护区
佛教场所
城堡
基督教场所
孔庙
印度教场所
伊斯兰教场所
耆那教场所
犹太教场所
纪念碑
博物馆/美术馆
历史遗址
温泉
神道教场所
锡克教场所
道教场所
酒庄/葡萄园
动物园
其他景点

活动、课程和团队游

人体冲浪
潜水
划艇
课程/团队游
滑雪
浮潜
冲浪
游泳/游泳池
徒步
帆板
其他活动

住宿

住宿场所
露营地

就餐

餐馆

饮品

酒吧
咖啡馆

娱乐

娱乐场所

购物

购物场所

实用信息

银行
使领馆
医院/医疗机构
网吧
警察局
邮局
电话
公厕
旅游信息
其他信息

地理

海滩
棚屋/栖身所
灯塔
瞭望台
山峰/火山
绿洲
公园
关隘
野餐区
瀑布

人口

首都、首府
一级行政中心
城市/大型城镇
镇/村

交通

机场
捷运站
过境处
公共汽车
缆车/索道
自行车路线
轮渡
地铁
单轨铁路
停车场
加油站
铁路/火车站
出租车
有轨电车
地铁
地铁
地铁
地铁
其他交通方式

注：并非所有图例都在此显示

路线

收费公路
高速公路
一级公路
二级公路
三级公路
小路
未封闭道路
在建道路
购物中心/商业街
台阶
隧道
步行天桥
步行游览路
步行游览支路
小路

境界

国界
一级政区界
未定国界
地区界
海洋公园
悬崖
墙

水文

河流、小溪
间歇河
运河
水域
干/盐/间歇湖
冰川

地区特征

机场/跑道
海滩/沙漠
基督教墓地
其他墓地
冰川
泥滩
公园/森林
景点(建筑物)
运动场
沼泽/红树林

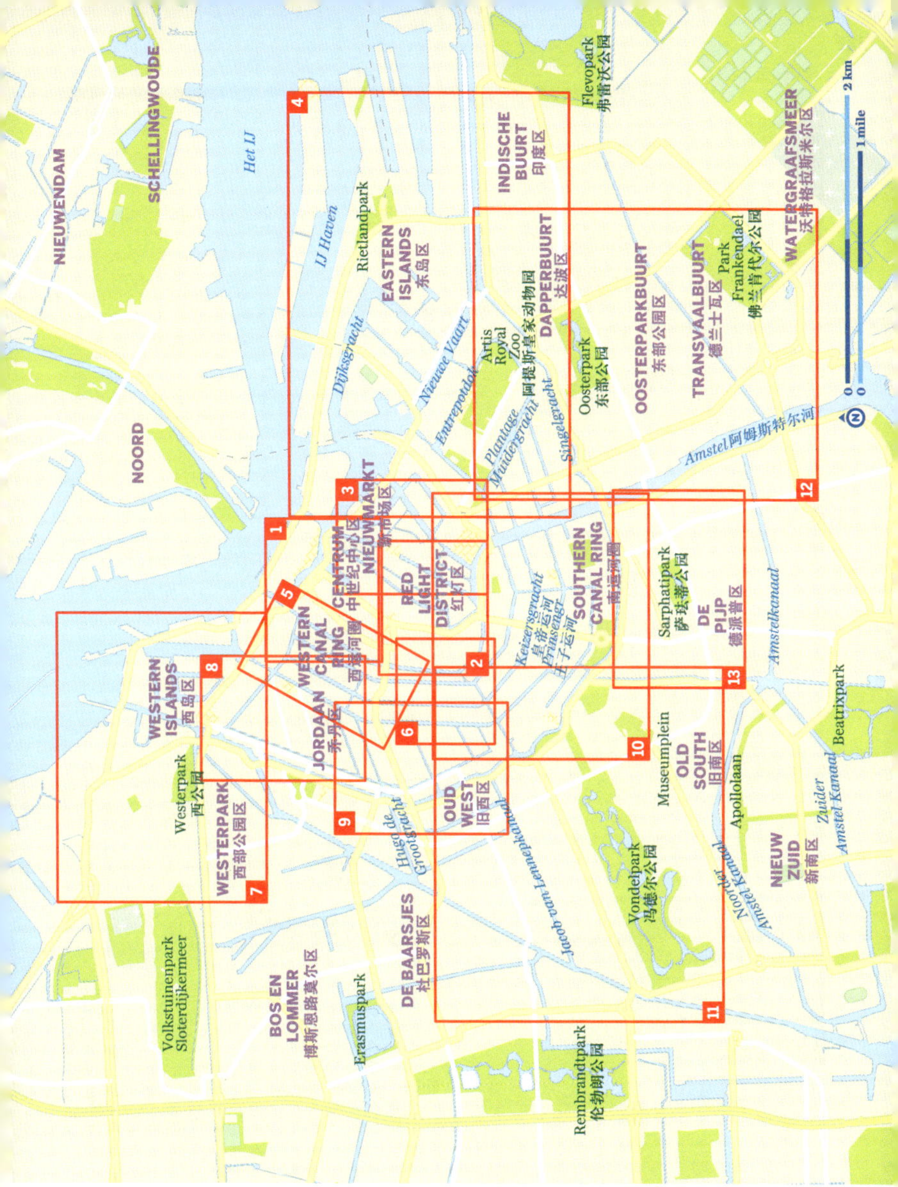

地图索引

1 中世纪中心和红灯区北部（见322页）

2 中世纪中心和红灯区南区（见326页）

3 新市场区（见328页）

4 普兰塔格区和东岛区（见330页）

5 西运河圈北部（见332页）

6 西运河圈南部（见334页）

7 西区（见335页）

8 乔丹区北部（见336页）

9 乔丹区南部（见338页）

10 南运河圈（见340页）

11 冯德尔公园和旧南区（见344页）

12 东部公园和阿姆斯特丹南区（见347页）

13 德派普区（见348页）

地图索引见324页

A
B
C
D
1
2
3
4
5
6
7
见335页 地图
见332页 地图
见336页 地图
见326页 地图
Haarlemmer Houttuinen
Haarlemmerstr
Buiten Brouwersstr
Herenmarkt
Binnen Visserstr
Droogbak
Brouwersgracht 酿酒者运河
Keizersgr
Panaalst
Gouwenaarsst
Herengr
Herengracht 绅士运河
Roommolenstr
Langestr
Singel
Singel 辛格运河
Smakst
Engelsest
Stromkt
Nieuwendijk
Koggestr
Spuistr
Korsjespoortst
Teerketelst
Nieuwezijdsarmst
Korte Kolkst
St Jacobsstr
Oude Nieuwstr
Nieuwezijds Voorburgwal
Nieuwezijds Kolk
Kolkst
Oude Brugst
Lijnbaansst
D van Hasseltsst
Mandenmakersst
Suikerbakkersst
Bergstr
Nieuwe Nieuwstr
St Geertruidenst
Onze Lieve Vrouwest
Mosterdpotst
St Nicolaasstr
Beurspassage
Torensluis
't Hoț
Torenst
Molst
Gravenstr
Zoutst
Damrak
Beursplein
Papenbrugst
Nieuwe Kerk 新教堂
Eggertstr
Damrakst
Valkenst
Mozes en Aäronstr
CENTRUM 中世纪中心区
11
15
28
63
62
84
85
43
61
82
50
31
87
5
75
65
66
24
67
76
42
54
38
37
70
44
40
33
36
53
88
26
2
20
64
69

200 m
0.1 miles
去NDSM-werf
艺术区(2km)
去EYE Film Institute
眼睛电影博物馆
(400m)
Het IJ
Piet Heinkade
Centraal
Station
中央车站
Open Havenfront
Centraal
Station
(west side)
中央车站
(西侧)
Stationsplein
车站广场
Centraal
Station
中央车站地铁站
Centraal
Station 中央车站
(east side)(东侧)
Prins Hendrikkade
Martelaarsgr
I Amsterdam
Visitor Centre
I Amsterdam 游客信息中心
Canal
Bus Stop
Hasselaerssst
Haringpakkerssst
Damrak 水坝大道
Prins Hendrikkade
Nieuwbrug
Oosterdok
Karnemelkst
St Olofspoort
Oudezijds Kolk
Damrak
Wijngaardsstr
Oudezijds Armst
Oudezijds Voorburgwal
Oudebrugst
Heintje Hoeksst
Warmoesstr
Lange Niezel
Spookst
Geldersekade
Geldersekade
Beursstr
Museum Ons' Lieve
Heer op Solder
阁楼教堂
博物馆
Enge Kerkst
Korte Niezel
Zeedijk
Oude
Kerk 旧教堂
Stormst
Geldersest
Waalsilandsgracht
Oudezijds
Achterburgwal
Waalst
Oude Waal
Binnen Bantammerstr
NIEUWMARKT
新市场区
St Annendwarsstr
Trompetterst
Oude Kennisst
Dollebegijnenst
St Annenstr
Molenst
Nieuwe Ridderstr
见328页
地图

中世纪中心和红灯区北部 见322页地图

重要景点 （见68页）

1 阁楼教堂博物馆……F6
2 新教堂……B7
3 旧教堂……E7

景点 （见71页）

4 Belle像……E7
5 旧证券交易所……D6
6 中央车站……F2
7 水坝大道……E4
8 情色博物馆……F7
9 观音庙……F7
10 MILK……E7
11 最窄房屋……C3
12 老教堂塔楼……E7
13 性交易信息中心……E6
14 红灯区秘密性交易博物馆……F7
15 路德会圆形教堂……C3
16 泪水塔……H5
17 阿姆斯特丹性博物馆……E5
18 圣尼古拉斯教堂……G5
19 Trompettersteeg……E7
20 W139……D7
21 Warmoesstraat……E6
22 善德街……G5

就餐 （见76页）

23 Anna……E7
24 Banketbakkerij Van der Linde……C6
25 De Bakkerswinkel……E6
26 De Bakkerswinkel……D7
27 Dwaze Zaken……F4
28 Gebr Niemeijer……D3
29 Hofje van Wijs……G6
30 Kam Yin……F5
31 Maoz……D5
32 Nam Kee……G7
33 Rob Wigboldus Vishandel……C7
34 'Skek……F5
35 Thais Snackbar Bird……G6
36 Van den Berg's Broodjesbar……C7
37 Villa Zeezicht……A7

饮品和夜生活 （见82页）

38 Beurs van Berlage Café……D6
39 Brouwerij De Prael……F5
40 Café Belgique……C7
41 Café de Barderij……G5
42 Café van Zuylen……A6
43 Cuckoo's Nest……D5
44 De Drie Fleschjes……B7
45 Durty Nelly's……E7
46 Eagle……E6
47 Getto……E6
48 Grand Cafe-Restaurant 1e Klas……G3
49 In de Olofspoort……F5
50 In de Wildeman……D5
51 In 't Aepjen……F5
52 Molly Malone's……G5
53 Oporto……C7
54 Prik……A6
55 Proeflokaal de Ooievaar……F5
56 Quartier Putain……F6
57 Queen's Head……G5
58 'T Mandje……G6
59 TonTon Club……E7
60 Warehouse Amsterdam……E6
61 Web……D5
Winston Kingdom……（见88）

娱乐 （见89页）

62 Bitterzoet……C4

购物 （见90页）

63 Chills & Thrills……D3
64 Condomerie Het Gulden Vlies……D7
65 Female & Partners……A6
66 Hema……C6
67 Innerspace……A6
68 Kokopelli……F5
69 Magna Plaza……A7
70 Mark Raven Grafiek……B7
McCarthy's……（见25）
71 Mr B……E6
72 Nana……E6
73 Red Light Records……E6
74 RoB……E6
75 Rush Hour Records……B6

运动和活动

76 Black Bikes……B6
77 Brews and Tales……G3
78 Drugs Tour……E7
79 MacBike……G3
Prostitution Information Centre Red Light District Tour.（见13）
80 Randy Roy's Redlight Tours……F4
81 Wetlands Safari……F1
82 Yellow Bike……C5

住宿 （见241页）

83 art'otel amsterdam……E3
84 Flying Pig Downtown Hostel……D4
85 Hotel Brouwer……B5
86 Hotel Luxer……F5
87 Hotel The Exchange……D6
88 St Christopher's at the Winston……D7

中世纪中心和红灯区南部 见326页地图

◎ 重要景点 （见68页）

1 阿姆斯特丹博物馆……B4
2 贝居安会院……B5
3 王宫……C1

◎ 景点 （见71页）

4 阿拉德皮尔逊博物馆……D5
5 贝居安会礼拜堂……B5
6 大麻学院……F2
7 公民卫队画廊……B4
8 水坝广场……C1
9 英国教堂……B5
10 大麻博物馆……F2
11 Heiligeweg……C6
12 大麻画廊……F2
13 木屋……B5
14 卡尔弗尔街……C3
15 阿姆斯特丹杜莎夫人蜡像馆……C2
16 国家纪念碑……D1
17 Nes……D3
18 老人宅门……E5
19 鹦鹉教堂……C3
20 惩教所之门……C6
21 Rokin……C3
22 水闸广场……B5
23 酷刑博物馆……B7
24 大学图书馆……B6

就餐 （见76页）

25 Blauw aan de Wal……G2
26 Broodje Bert……A4
27 De Laatste Kruimel……D5
28 D'Vijff Vlieghen……A5
29 Gartine……C5
30 Haesje Claes……A4
31 Lanskroon……A5
32 Lucius……A3
33 Pannenkoekenhuis Upstairs……D5
34 Seafood Bar……B5
35 Tomaz……B5
36 Van Kerkwijk……D3
37 Van Stapele……A5
38 Vleminckx……C6

饮品和夜生活 （见82页）

39 Abraxas……B2
40 Biercafé Gollem……A4
Brasserie Harkema……（见62）
41 Bubbles & Wines Champagne Bar……D2
42 Café Dante……A5
43 Café de Dokter……B5
44 Café de Jaren……E6
45 Café Het Schuim……B2
46 Kapitein Zeppo's……D4
47 Café the Minds……A3
48 Coffeeshop Rusland……F4
49 Dampkring……B6
50 De Buurvrouw……E3
51 De Zwart……A5
52 Dutch Flowers……A5
53 Greenhouse……E3
54 Hoppe……A5
55 Luxembourg……A6
56 Pilsener Club……B5
57 Tara……D4
58 Tweede Kamer……A5
59 Wynand Fockink……E2

娱乐 （见89页）

60 Casa Rosso……F2
61 De Brakke Grond……D3
62 Frascati……D4

购物 （见90页）

63 3-D Hologrammen/Printed in Space.D5
64 American Book Center……B5
65 Andries de Jong BV……D7
66 Athenaeum……A5
67 By AMFI……B5
68 By Popular Demand……B1
69 Concrete……A3
70 De Bierkoning……B2
71 De Bijenkorf……D1
72 Gastronomie Nolstalgie……B4
73 Hans Appenzeller……D5
74 Kalvertoren Shopping Centre……C7
75 Laundry Industry……B3
76 Magic Mushroom Gallery……A4
77 Marks & Spencer……D7
78 Oudemanhuis Book Market……E5
79 PGC Hajenius……C5
80 Postzegelmarkt……B3
81 Tibetwinkel……B2
82 Vrolijk……B2
83 Vroom & Dreesmann……C7
84 WonderWood……E4

运动和活动

85 Damstraat Rent-a-Bike……E2
86 Mee in Mokum……C4
87 Sandeman's New Amsterdam Tours . D1

住宿 （见241页）

88 Hotel de L'Europe……D6
89 Hotel Hoksbergen……A3
90 Hotel Résidence Le Coin……E6

地图索引见325页

中世纪中心和红灯区南部

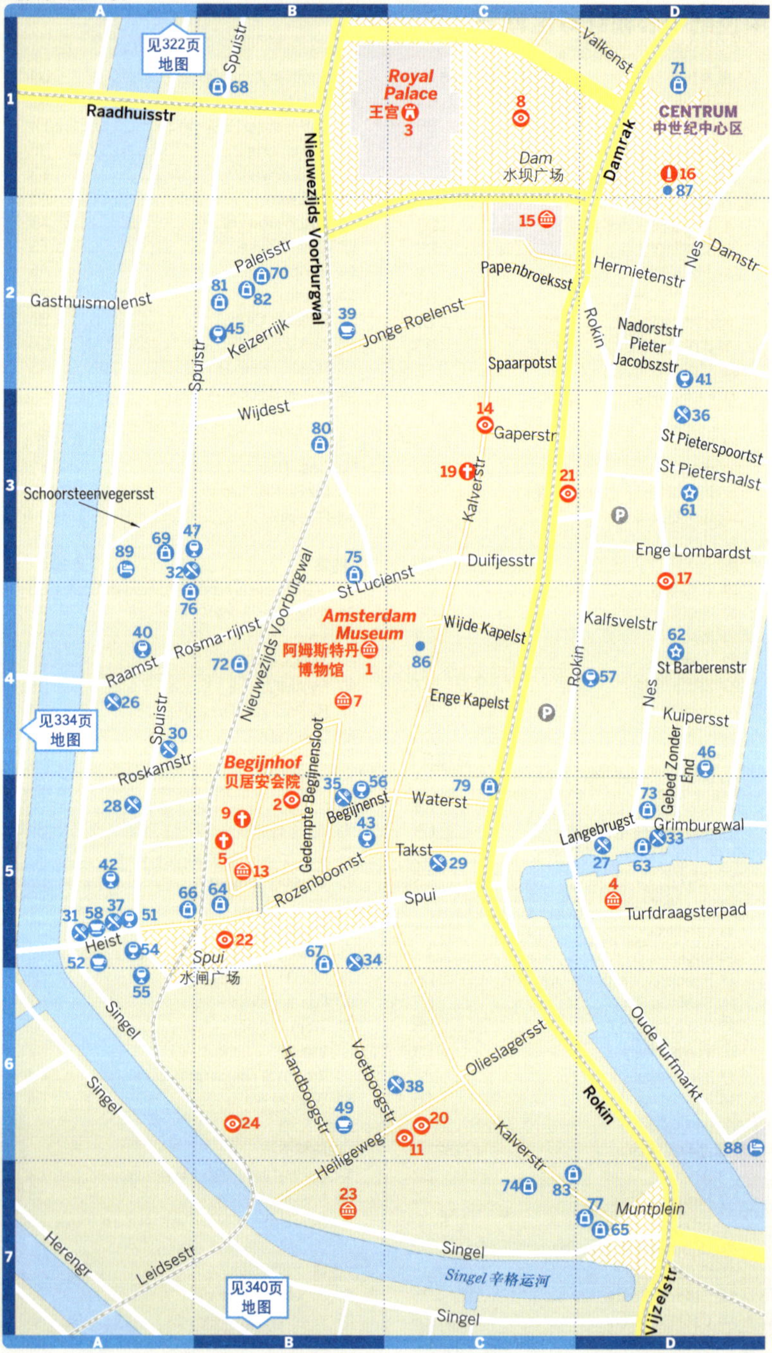

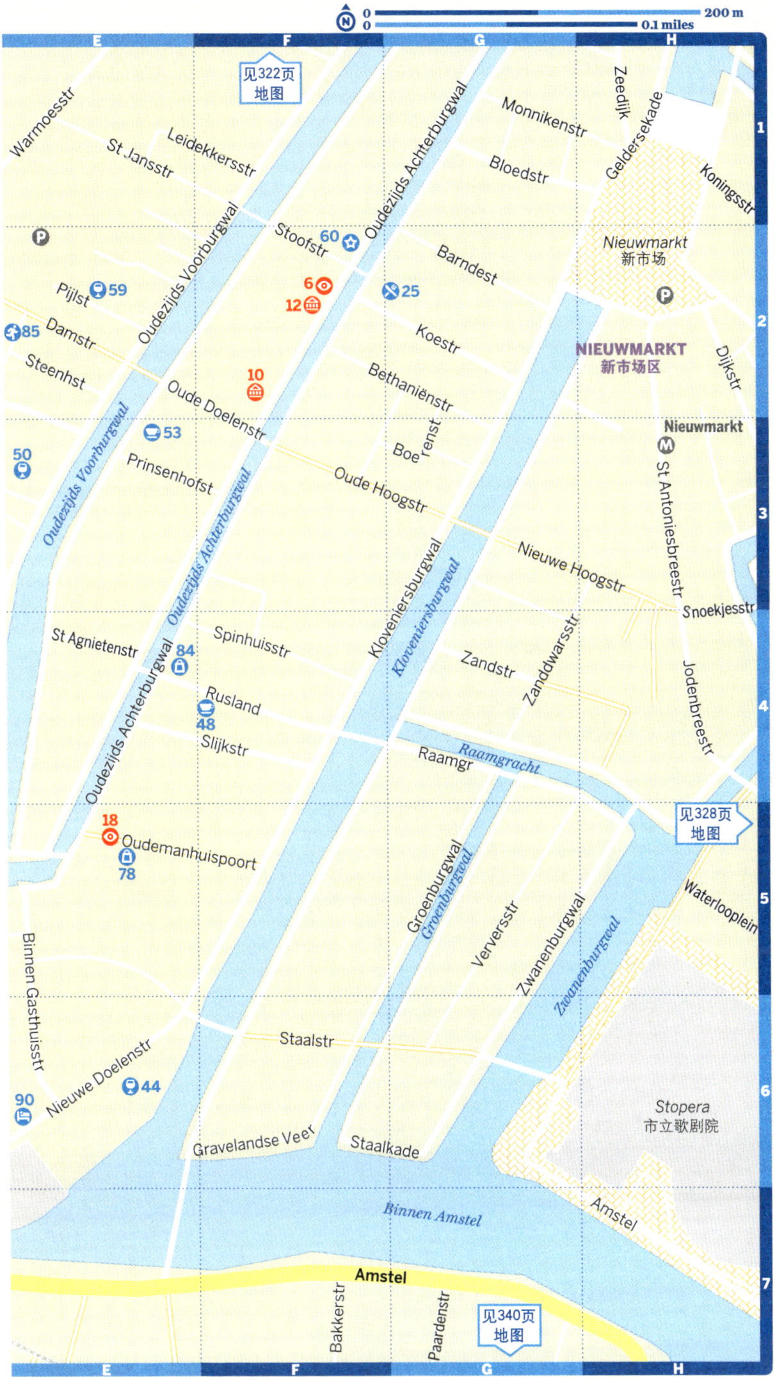
0 200 m
0 0.1 miles
E
F
G
H
1
2
3
4
5
6
7
见322页地图
见328页地图
见340页地图
Warmoesstr
St Jansstr
Leidekkersstr
Oudezijds Achterburgwal
Monnikenstr
Zeedijk
Geldersekade
Bloedstr
Koningsstr
Stoofstr
Barndest
Nieuwmarkt
新市场
60
6
12
25
Pijlst
59
85
Damstr
Oudezijds Voorburgwal
Koestr
NIEUWMARKT
新市场区
Dijkstr
Steenhst
10
Oude Doelenstr
Bethaniënstr
53
Boerenst
Nieuwmarkt
50
Prinsenhofst
Oude Hoogstr
St Antoniesbreestr
Nieuwe Hoogstr
Kloveniersburgwal
Snoekjesstr
St Agnietenstr
Spinhuisstr
84
Zandstr
Zanddwarsstr
Jodenbreestr
Rusland
48
Slijkstr
Raamgr
Raamgracht
18
Oudemanhuispoort
78
Waterlooplein
Groenburgwal
Verversstr
Zwanenburgwal
Binnen Gasthuisstr
Staalstr
Nieuwe Doelenstr
44
90
Stopera
市立歌剧院
Gravelandse Veer
Staalkade
Binnen Amstel
Amstel
Bakkerstr
Paardenstr

新市场区

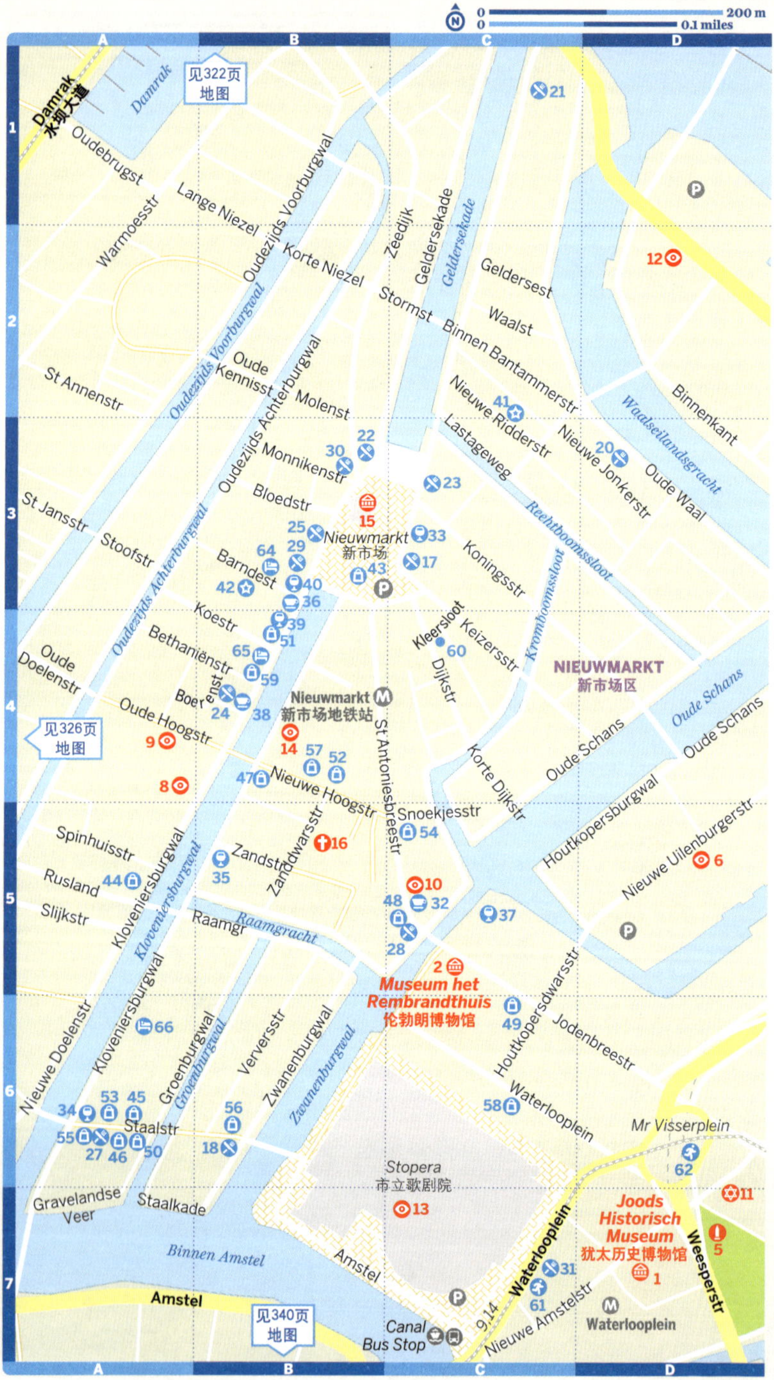
0 200 m
0 0.1 miles
A
B
C
D
1
2
3
4
5
6
7
见322页
地图
见326页
地图
见340页
地图
Damrak
水坝大道
Damrak
Oudebrugst
Lange Niezel
Warmoesstr
Oudezijds Voorburgwal
Korte Niezel
Zeedijk
Geldersekade
Geldersekade
Geldersest
Stormst
Waalst
Binnen Bantammerstr
Binnenkant
Waalseilandsgracht
St Annenstr
Oudezijds Voorburgwal
Oude Kennisst
Oudezijds Achterburgwal
Molenst
Nieuwe Ridderstr
Lastageweg
Nieuwe Jonkerstr
Oude Waal
Monnikenstr
Bloedstr
St Jansstr
Stoofstr
Nieuwmarkt
新市场
Koningsstr
Reechtboomssloot
Barndest
Koestr
Oudezijds Achterburgwal
Bethaniënstr
Kleersloot
Keizersstr
Kromboomssloot
Dijkstr
NIEUWMARKT
新市场区
Oude Doelenstr
Boerenst
Nieuwmarkt
新市场地铁站
Oude Hoogstr
St Antoniesbreestr
Oude Schans
Oude Schans
Oude Schans
Korte Dijkstr
Nieuwe Hoogstr
Snoekjesstr
Houtkopersburgwal
Nieuwe Uilenburgerstr
Spinhuissr
Zanddwarsstr
Zandstr
Rusland
Kloveniersburgwal
Kloveniersburgwal
Slijkstr
Raamgr
Raamgracht
Museum het
Rembrandthuis
伦勃朗博物馆
Houtkopersdwarsstr
Jodenbreestr
Nieuwe Doelenstr
Kloveniersburgwal
Groenburgwal
Groenburgwal
Verversstr
Zwanenburgwal
Zwanenburgwal
Waterlooplein
Staalstr
Mr Visserplein
Stopera
市立歌剧院
Gravelandse
Veer
Staalkade
Joods
Historisch
Museum
犹太历史博物馆
Binnen Amstel
Amstel
Waterlooplein
Weesperstr
Amstel
Canal
Bus Stop
9,14
Nieuwe Amstelstr
Waterlooplein

重要景点 （见97页）

1 犹太历史博物馆................D7
2 伦勃朗博物馆....................C5

景点 （见98页）

3 阿姆斯特丹中央图书馆.......E1
4 De Appel...........................E2
5 码头工人像 D7
6 迦山钻石厂 D5
克雷恩·特里普房....（见59）
7 Montelbaanstoren............E3
NAP游客中心 ....（见13）
8 东印度屋 A4
9 Oude Hoogstraat 22.........A4
10 品托屋图书馆......................C5
11 葡萄牙-以色列会堂...........D7
12 航运大楼 D2
13 市立歌剧院 C7
14 特里普房 B4
15 过磅房 B3
16 南教堂 B5

就餐 （见104页）

17 Café Bern C3
18 Frenzi................................B6
19 Gebr Hartering..................E4
20 Hemelse Modder..............D3
21 Lastage............................. C1
22 Latei..................................B3
Moes....................... （见4）
23 Nam Kee...........................C3
24 Nyonya B4
25 Poco Loco.........................B3
26 Sea Palace.........................E1
27 Sterk Staaltje....................A6
28 TisFris...............................C5
29 Toko Joyce.........................B3
30 Tokoman B3
31 Tokoman C7

饮品和夜生活 （见109页）

Amstelhoeck..........（见13）
32 Bluebird.............................C5
33 Cafe Cuba C3
34 Café de Doelen A6
35 Cafe de Engelbewaarder..B5
36 De Bekeerde Suster B3
37 De Sluyswacht C5
38 Goa B4
39 Green Place.......................B4
40 Lokaal 't Loosje B3

娱乐 （见112页）

41 Amsterdams Marionetten
Theater.............................C2
42 Bethaniënklooster............B3
Muziektheater ....（见13）

购物 （见113页）

古玩市场...............（见43）
43 农贸市场 B3
44 Book Exchange A5
45 Droog.................................A6
46 Filmantiquariaat Cine Qua
Non A6
47 Head Shop B4
48 Henxs C5
49 Het Fort van Sjakoo C6
50 Het Hanze Huis
Amsterdam.......................A6
51 Jacob Hooy & Co B4
52 Joe's Vliegerwinkel...........B4
53 Juggle................................A6
54 Knuffels C5
55 Marbles Vintage................A6
56 Puccini Bomboni B6
57 't Klompenhuisje...............B4
58 Waterlooplein Flea
Market C6
59 Webers B4

运动和活动 （见116页）

60 Architectuur Tours C4
61 MacBike C7
62 TunFun.............................. D6

住宿 （见246页）

63 B&B Le Maroxidien...........E2
64 Christian Youth Hostel
'The Shelter City'..............B3
65 Misc EatDrinkSleep..........B4
66 Stayokay Amsterdam
Stadsdoelen......................A6

普兰塔格区和东部港区

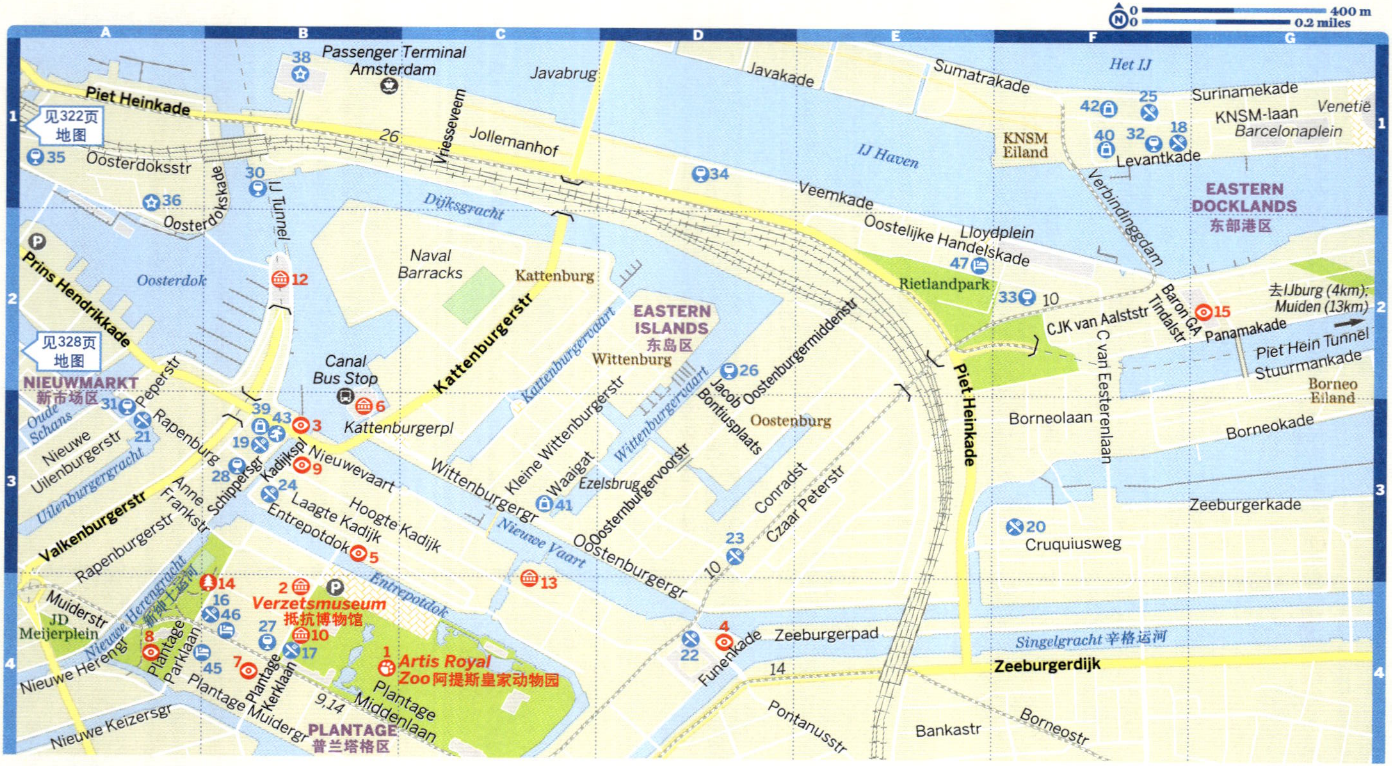

0 400 m
0 0.2 miles
Passenger Terminal Amsterdam
Javabrug
Javakade
Sumatrakade
Het IJ
Surinamekade
KNSM-laan
Venetië
Barcelonaplein
Piet Heinkade
见322页地图
Oosterdoksstr
Oosterdokskade
IJ Tunnel
Vriesseveem
Jollemanhof
IJ Haven
KNSM Eiland
Levantkade
Verbindingdam
EASTERN DOCKLANDS
东部港区
Dijksgracht
Veemkade
Oostelijke Handelskade
Lloydplein
Rietlandpark
Oosterdok
Prins Hendrikkade
Naval Barracks
Kattenburg
EASTERN ISLANDS
东岛区
Wittenburg
Kattenburgervaart
Wittenburgervaart
Kattenburgerstr
Canal Bus Stop
Kattenburgerpl
见328页地图
NIEUWMARKT
新市场区
Oude Schans
Peperstr
Rapenburg
Nieuwe Uilenburgerstr
Uilenburgergracht
Valkenburgerstr
Anne Frankstr
Schippersgr
Kadijkspl
Nieuwevaart
Laagte Kadijk
Hoogte Kadijk
Entrepotdok
Wittenburgergr
Kleine Wittenburgerstr
Waaigat
Ezelsbrug
Oostenburgervoorstr
Nieuwe Vaart
Oostenburgergr
Jacob Bontiusplaats
Oostenburgermiddenstr
Oostenburg
Conradst
Czaar Peterstr
CJK van Aalststr
Tindalstr
Baron GA
Panamakade
去IJburg (4km); Muiden (13km)
Piet Hein Tunnel
Stuurmankade
Borneo Eiland
Borneolaan
C van Eesterenlaan
Borneokade
Zeeburgerkade
Cruquiusweg
Piet Heinkade
Rapenburgerstr
Muiderstr
JD Meijerplein
Nieuwe Herengracht
新绅士运河
Nieuwe Herengr
Plantage Parklaan
Plantage Kerklaan
Plantage Muidergr
Plantage Middenlaan
Nieuwe Keizersgr
Verzetsmuseum
抵抗博物馆
Artis Royal Zoo 阿提斯皇家动物园
PLANTAGE
普兰塔格区
Entrepotdok
Funenkade
Zeeburgerpad
Singelgracht 辛格运河
Zeeburgerdijk
Pontanusstr
Bankastr
Borneostr

重要景点 （见103页）

1 阿提斯皇家动物园 B4
2 抵抗博物馆 B4

景点 （见100页）

3 阿姆斯特丹建筑中心 B3
4 德古依尔风车 D4
5 Entrepotdok B3
6 荷兰国家海事博物馆 B3
7 荷兰剧院 B4
8 植物园 A4
9 Kadijksplein B3
10 微生物博物馆 B4
11 Muiderport C5
艾河音乐厅 （见100）
12 NEMO B2
13 克罗姆特码头博物馆 C4
14 韦特海姆公园 B4
15 鲸鱼集合住宅 G2

就餐 （见107页）

Café Kadijk （见24）
16 Café Smith en Voogt B4
17 De Plantage B4
18 De Wereldbol F1
19 Éénvistwéévis B3
20 Gare de l'Est F3
21 Greetje A3
22 IJsmolen D4
23 Instock D3
24 Koffiehuis van den Volksbond B3
25 Kompaszaal F1
Zouthaven （见38）

饮品和夜生活 （见111页）

26 Amsterdam Roest D2
Brouwerij 't IJ （见4）
27 Café Koosje B4
Café Orloff （见9）
28 Café Scharrebier B3
29 De Groene Olifant C5
30 Hannekes Boom B1
31 HPS A3
32 Kanis & Meiland F1
33 KHL F2
34 Mezrab D1
35 SkyLounge A1

娱乐 （见112页）

Bimhuis （见38）
36 Conservatorium van Amsterdam A1
37 Kriterion B5
38 Muziekgebouw aan 't IJ B1

购物 （见115页）

39 Datema Amsterdam B3
40 De Ode F1
41 Frank's Smokehouse C3
Imps & Elfs （见42）
42 Loods 6 F1
Pols Potten （见42）

运动和活动 （见116页）

43 GlowGolf B3

住宿 （见246页）

44 Hotel Allure B5
45 Hotel Hortus B4
46 Hotel Rembrandt B4
47 Lloyd Hotel E2

0 100 m
0 0.05 miles
A
B
C
D
1
2
3
4
5
6
7
HAARLEMMERBUURT
Haarlemmer Houttuinen
Droogbak
见322页 地图
Open Havenfront
Korte Prinsengr
Vinkenstr
Haarlemmerstr
Herenmarkt
Panaalst
STAATSLIEDEN - FREDERIK HENDRIKBUURT
斯塔特莱顿–弗雷德里克亨德里克区
Brouwersgr
Brouwersgracht 酿酒者运河
Gouwenaarsst
Nieuwendijk
Engelsest
Stromkt
Roommolenstr
Noordermarkt
Prinsengr
Keizersgr
Herengr
Singel
Koggestr
Spuistr
Greenland Warehouses
格陵兰仓库
见335页 地图
Korsjespoortst
Korte Kolkst
Oude Nieuwstr
Langestr
Prinsengracht 王子运河
Keizersgracht 皇帝运河
Herengracht 绅士运河
Singel 辛格运河
Prinsenstr
Herenstr
Blauwburgwal
Lijnbaansst
Nieuwezijds Voorburgwal
Tuinstr
Egelantiersstr
Bergstr
见326页 地图
见336页 地图
Torensluis
Torenst Molst
JORDAAN
乔丹区
Leliegr
Oude Leliestr
Magna Plaza
Royal Palace
王宫
Nieuwe Leliestr
Anne Frank Huis
安妮之家
Bartolotti House
巴托洛蒂宅邸
Dam
水坝广场
Pink Point
Raadhuisstr
Bloemgracht
Canal Bus Stop
Westermarkt
Paleisstr
Keizerrijk
Gasthuismolenst
Bloemstr
Rozengr
13,14,17
Hartenstr
Reestr
Treeftst
见338页 地图
见334页 地图
1
2
3
4
5
6
7
8
9
10
11
12
13
14
15
16
17
18
19
20
21
22
23
24
25
26
27
28
29
30
31
32
33
34
35
36
37
38
39
40
41
42
43
44
45
46
47
48
49
50
51
52
53
54
55

西运河圈北部

重要景点 （见119页）

1 安妮之家......A6

景点 （见121页）

2 红帽剧场......B4
3 同性恋纪念碑......B6
4 六人像头房......B4
5 穆尔塔图里博物馆......C3
6 猫船......C2
7 塔楼闸桥......C5
8 Van Brienenhofje......A3
9 西教堂......A6
10 西教堂钟楼......B6
11 西印度屋......B2

就餐 （见123页）

12 Bistro Bij Ons......B7
13 De Belhamel......C2
14 Koh-I-Noor......B7
15 Letting......B4
16 Pancake Bakery......A4
17 Petit Gâteau......B1
18 Spanjer en van Twist......A5
19 Stout......C1
20 Stroopwafel Heaven......B6
21 Stubbe's Haring......C2
22 Van Harte......C7
23 Vinnies Deli......C1
24 Wil Graanstra Friteshuis......B6

饮品和夜生活 （见126页）

25 Barney's......B1
26 Café de Vergulde Gaper......A4
27 Café Tabac......A2
28 Dulac......B1
29 Greenhouse......B1
30 Grey Area......C5
31 Il Tramezzino......B1
32 Jay's Juices......C1
33 Screaming Beans......C7
34 Siberië......C2
35 't Arendsnest......C4

购物 （见129页）

36 Amsterdam Watch Company......B7
37 Antonia by Yvette......C7
38 Architectura & Natura......B5
39 BeBoB Design......B4
40 Brilmuseum......C7
41 Exota......C7
42 Gamekeeper......C7
43 Hester van Eeghen......C7
44 I Love Vintage......A4
45 Nukuhiva......C1
46 Tenue de Nîmes......B1

运动和活动 （见132页）

47 Reypenaer Cheese Tasting......C5

住宿 （见244页）

48 Canal House......B5
49 Frederic Rentabike......B2
50 Hotel Clemens Amsterdam......B6
51 Hoxton Amsterdam......D7
52 Maes B&B......B4
53 Sebastian's......B2
54 Sunhead of 1617......C5
55 Toren......B5

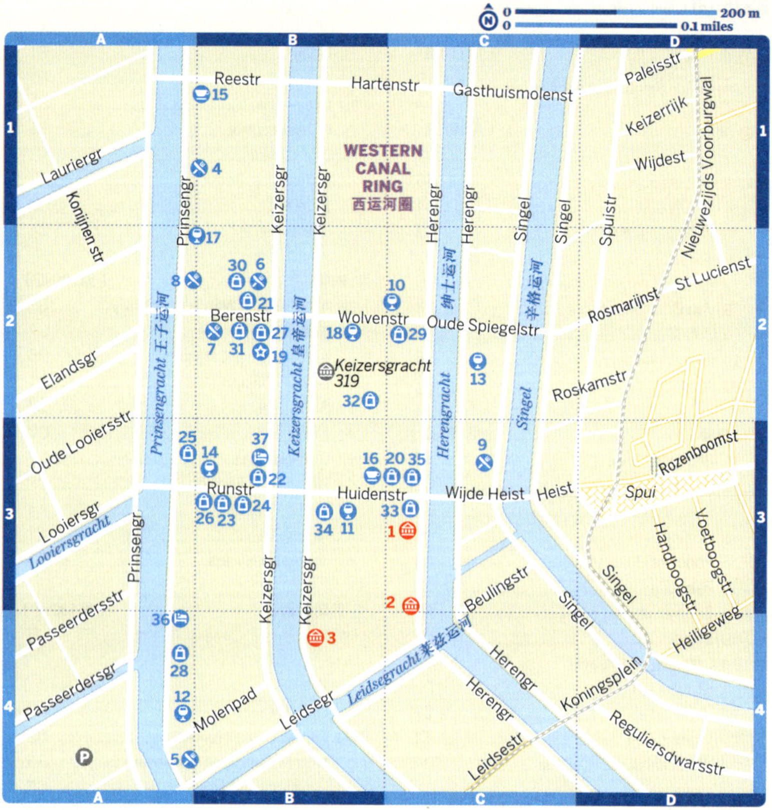

景点 （见121页）

1 圣经博物馆.................C3
2 运河船屋博物馆..........C3
3 马赛屋.........................B4

就餐 （见123页）

4 Café Restaurant van Puffelen..................... B1
5 Casa Perú...................A4
6 De Struisvogel............B2
7 Lunchcafé Nielsen.....B2
8 Pancakes!..................A2
9 Singel 404..................C3

饮品和夜生活 （见126页）

10 Brix Food 'n' Drinx C2
11 Café de Pels B3
12 Café Het Molenpad....A4
13 De Admiraal C2
14 De Doffer B3
15 Koffiehuis De Hoek.... B1
16 Pâtisserie PompadourB3
17 Vyne............................B2
18 Wolvenstraat 23.........B2

娱乐 （见129页）

19 Felix Meritis................B2

购物 （见132页）

20 Beadies C3
21 Boekie Woekie B2
22 Darling........................B3
23 De Kaaskamer B3
24 De Witte Tanden Winkel.........................B3
25 Denham the Jeanmaker Men's Store................A3
26 Denham the Jeanmaker Women's Store B3
27 Episode.......................B2
28 Frozen Fountain A4
29 Laura Dols..................C2
30 Marlies Dekkers.........B2
31 Mendo B2
32 九街..............................B2
33 Scotch & Soda............C3
34 Van Ravenstein B3
35 Zipper..........................C3

住宿 （见244页）

36 Andaz Amsterdam A4
37 Dylan B3

西区

景点 （见160页）

1 三鲱鱼桥 D3
2 船博物馆 B2
3 西部气厂 B3
4 西岛区 D2
5 西公园 C3
6 Zandhoek E3

就餐 （见166页）

7 Bocconi Sani C2
8 De Bakkerswinkel B3
9 Marius D2
10 Raïnaraï A3
11 Restaurant PS D3
12 Worst Wijncafe D2

饮品和夜生活 （见170页）

13 Brouwerij Troost Westergas B3
14 Westergasterras A3

娱乐 （见171页）

15 Het Ketelhuis B3
16 North Sea Jazz Club B3
17 Pacific Parc B3

购物 （见171页）

18 Sunday Market B3

运动和活动

19 Canal Motorboats E2

住宿 （见243页）

20 Houseboat Ms Luctor E3

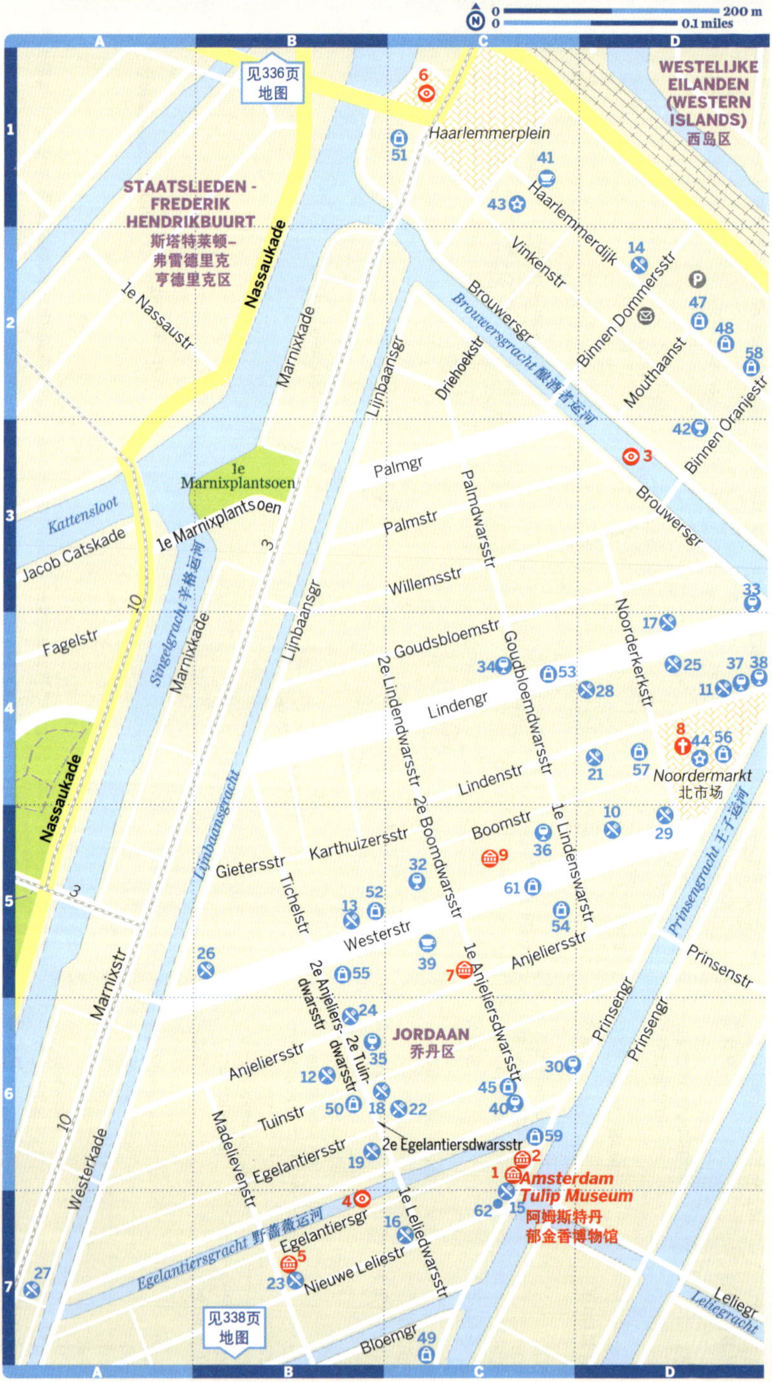

0 200 m
0 0.1 miles
见336页地图
WESTELIJKE EILANDEN (WESTERN ISLANDS)
西岛区
STAATSLIEDEN - FREDERIK HENDRIKBUURT
斯塔特莱顿–弗雷德里克亨德里克区
Haarlemmerplein
Haarlemmerdijk
Vinkenstr
Binnen Dommersstr
Brouwersgr
Brouwersgracht 酿酒者运河
Driehoekstr
Mouthaanst
Binnen Oranjestr
Nassaukade
1e Nassaustr
Marnixkade
Lijnbaansgr
1e Marnixplantsoen
Kattensloot
Jacob Catskade
Palmgr
Palmstr
Palmdwarsstr
Willemsstr
Singelgracht 辛格运河
Fagelstr
Goudsbloemstr
Goudbloemdwarsstr
2e Lindendwarsstr
Lindengr
Noorderkerkstr
Lindenstr
Noordermarkt
北市场
Lijnbaansgracht
Karthuizersstr
Boomstr
2e Boomdwarsstr
1e Lindenswarstr
Gietersstr
Tichelstr
Westerstr
Anjeliersstr
1e Anjeliersdwarsstr
2e Anjeliers-dwarsstr
2e Tuin-dwarsstr
Prinsengracht 王子运河
Prinsenstr
Prinsengr
Marnixstr
JORDAAN
乔丹区
Tuinstr
Madelievenstr
2e Egelantiersdwarsstr
Egelantiersstr
Egelantiersgracht 野蔷薇运河
Egelantiersgr
Westerkade
1e Leliedwarsstr
Nieuwe Leliestr
Amsterdam Tulip Museum
阿姆斯特丹郁金香博物馆
Leliegr
Leliegracht
Bloemgr
见338页地图

重要景点 （见159页）

1 阿姆斯特丹郁金香博物馆..C6

景点 （见158页）

2 阿姆斯特丹奶酪博物 C6
3 酿酒者运河 D3
4 Egelantiersgracht B7
5 Electric Ladyland............. B7
6 哈勒姆大门 C1
7 KochxBos......................... C5
8 北教堂.............................. D4
9 自动钢琴博物馆................ C5

就餐 （见160页）

10 Boca's............................. D5
11 Bordewijk D4
12 Burger's Patio B6
13 Cinema Paradiso B5
14 De Pizza Bakkers............. D2
15 De Prins........................... C7
16 De Reiger......................... C7
17 Duende............................ D4
18 Hostaria........................... B6
19 Japanese Pancake World . B6
20 Jordino E3
21 Koevoet D4
22 La Oliva........................... C6
23 Mantoe B7
24 Monte Pelmo.................... B6
25 Piqniq D4
26 Restaurant Fraîche B5
27 Semhar............................. A7
28 Toscanini D4
29 Winkel.............................. D5

饮品和夜生活 （见167页）

30 Café P 96.......................... C6
31 Café Papeneiland E4
32 Café 't Monumentje.......... C5
33 Café Thijssen D3
34 De Kat in de Wijngaert...... C4
35 De Tuin............................. B6
De Twee Zwaantjes..（见2）
36 diVino Wijnbar.................. C5
37 Finch................................ D4
38 Proust.............................. D4
39 Spirit................................ C5
40 't Smalle C6
41 Two For Joy C1
42 Vesper Bar D3

娱乐 （见171页）

43 Movies C1
44 Nooderkerkconcerten...... D4

购物 （见171页）

45 Back Beat Records........... C6
46 Callas 43 ....E3
47 Cellarrich......................... D2
48 Discostars D2
49 Galleria d'Arte Rinascimento.................. C7
50 Het Oud-Hollandsch Snoepwinkeltje B6
51 Lab 13 ....C1
52 LENA................................ B5
53 Lindengracht Market........ C4
54 Mechanisch Speelgoed.... C5
55 Moooi Gallery................... B5
56 Noordermarkt.................. D4
57 Nou Moe Stripwinkel........ D4
58 Papabubble...................... D2
59 Rock Archive C6
60 't Zonnetje E3
61 Westermarkt.................... C5

运动和活动

62 Those Dam Boat Guys C7

乔丹区南部

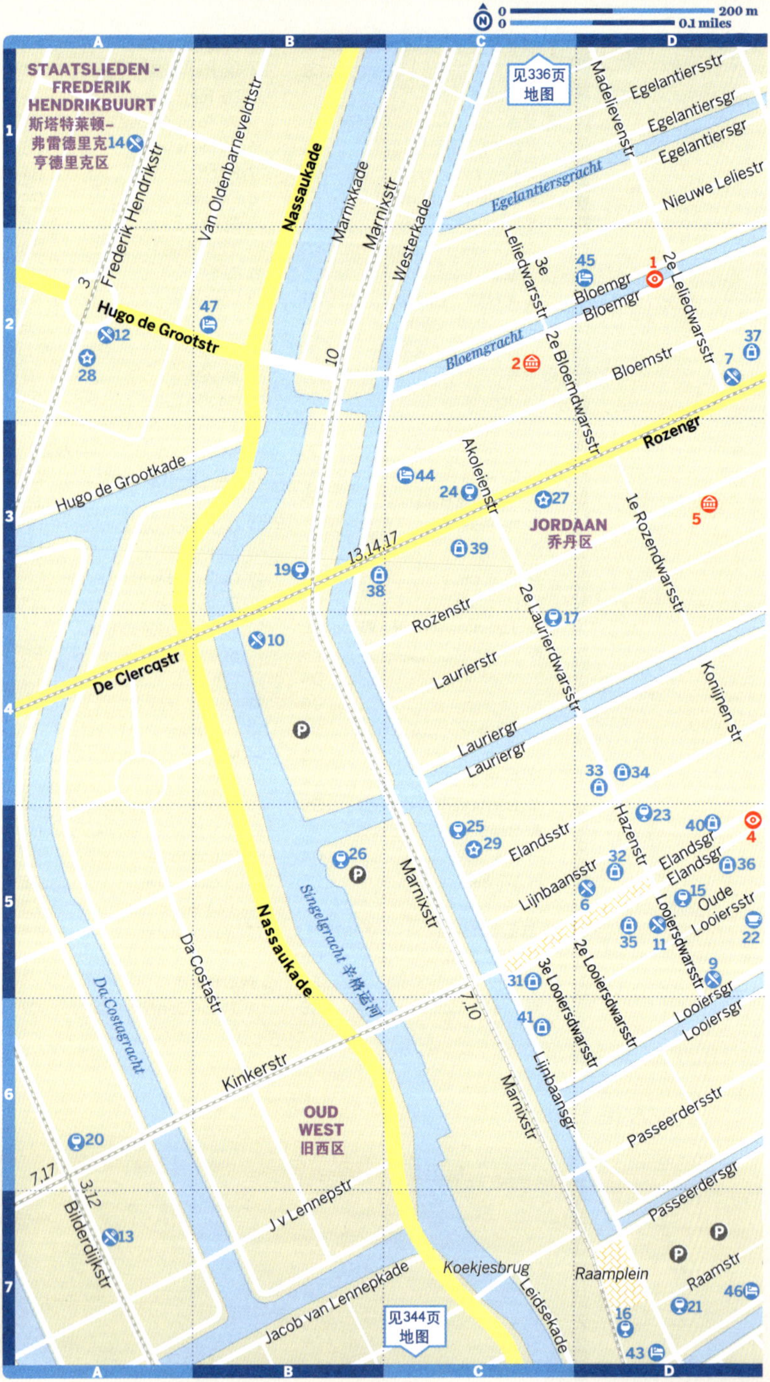
0 200 m
0 0.1 miles
A
B
C
D
1
2
3
4
5
6
7
STAATSLIEDEN - FREDERIK HENDRIKBUURT
斯塔特莱顿–弗雷德里克亨德里克区
见336页地图
JORDAAN
乔丹区
OUD WEST
旧西区
见344页地图
Egelantiersstr
Egelantiersgr
Egelantiersgracht
Nieuwe Leliestr
Madelievenstr
Frederik Hendrikstr
Van Oldenbarneveldtstr
Nassaukade
Marnixkade
Marnixstr
Westerkade
3e Leliedwarsstr
Bloemgr
Bloemgracht
2e Leliedwarsstr
2e Bloemdwarsstr
Bloemstr
Hugo de Grootstr
Hugo de Grootkade
Rozengr
Akoleienstr
1e Rozendwarsstr
De Clercqstr
Rozenstr
Lauriersstr
2e Laurierdwarsstr
Lauriergr
Konijnen str
Elandsstr
Hazenstr
Elandsgr
Lijnbaansstr
Oude Looiersstr
Looiersdwarsstr
3e Looiersdwarsstr
2e Looiersdwarsstr
Looiersgr
Singelgracht 辛格运河
Da Costastr
Da Costagracht
Kinkerstr
Lijnbaansgr
Passeerdersstr
Passeerdersgr
J v Lennepstr
Jacob van Lennepkade
Koekjesbrug
Leidsekade
Raamplein
Raamstr
Bilderdijkstr
3
10
13,14,17
7,10
7,17
3,12
1
2
4
5
6
7
9
10
11
12
13
14
15
16
17
19
20
21
22
23
24
25
26
27
28
29
31
32
33
34
35
36
37
38
39
40
41
43
44
45
46
47

景点 （见158页）

1 鲜花运河 D2
2 De Drie Hendricken C2
3 船屋博物馆 E5
4 约翰尼·乔丹广场 D5
5 阿姆斯特丹市立博物馆分馆 D3

就餐 （见160页）

6 Balthazar's Keuken D5
Brasserie Blazer （见31）
7 Broodje Mokum D2
8 Ellis Gourmet Burger E7
9 Festina Lente D5
10 Moeders B4
11 Pazzi D5
12 Razmataz A2
13 Riaz A7
14 Yam Yam A1

饮品和夜生活 （见167页）

15 Café de Jordaan D5
16 Café de Koe D7
17 Café de Laurierboom C4
18 Café Pieper E7
19 Cafe Soundgarden B3
20 De Trut A6
21 De Zotte D7
22 La Tertulia D5
23 Saarein D5
24 Struik C3
25 Tripel C5
26 Waterkant B5

娱乐 （见171页）

27 Boom Chicago C3
28 De Nieuwe Anita A2
29 Maloe Melo C5

购物 （见171页）

30 A Space Oddity E3
31 Antiekcentrum Amsterdam C5
32 Arnold Cornelis D5
33 Cats & Things D4
34 Chocolátl D4
35 Jefferson Hotel D5
36 Kaashuis Tromp D5
37 Kitsch Kitchen D2
38 Raw Materials B3
39 SPRMRKT C3
40 Tenue de Nîmes D5
41 Uke Boutique C6

住宿 （见243页）

42 Amsterdam Wiechmann Hotel E5
43 BackStage Hotel D7
44 Christian Youth Hostel 'The Shelter Jordaan' C3
45 Hotel van Onna D2
46 International Budget Hostel D7
47 Morgan & Mees B2

地图索引见339页

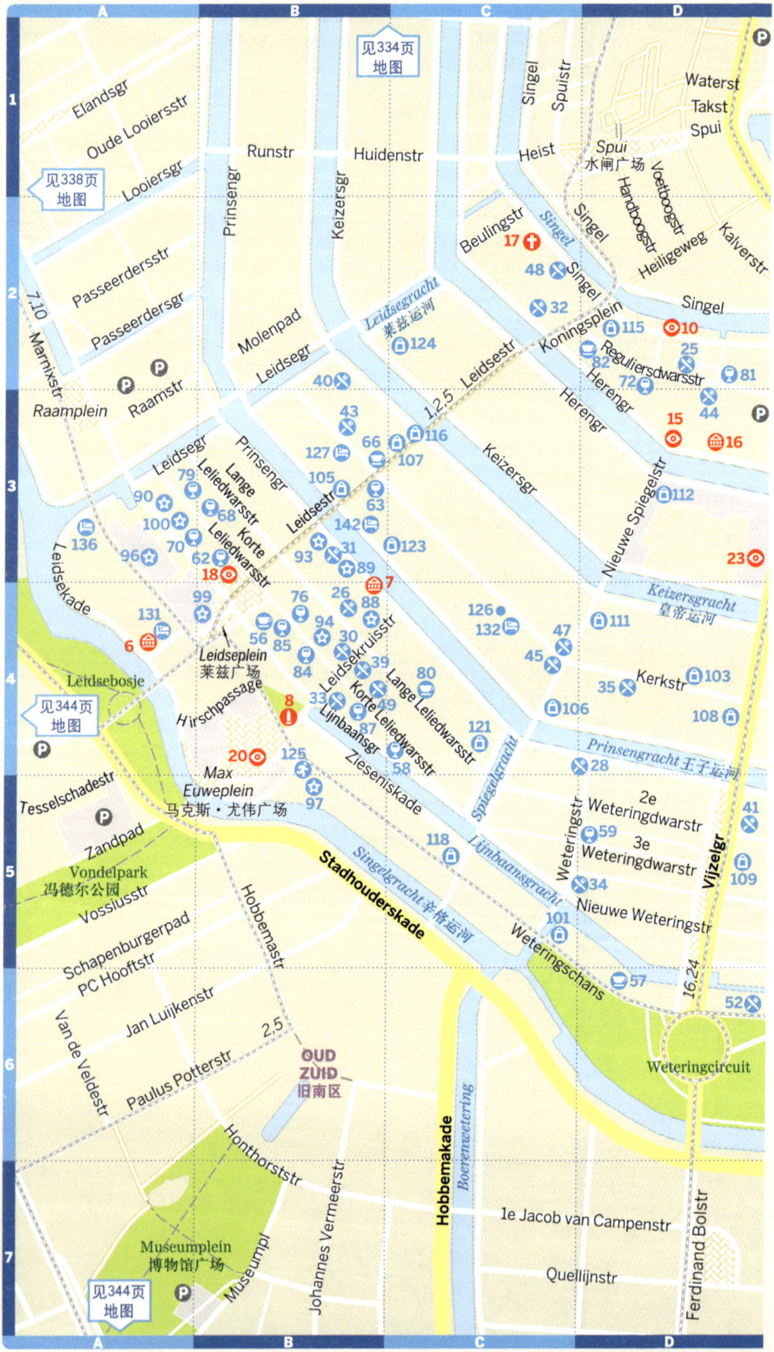
见334页 地图
见338页 地图
见344页 地图
见344页 地图
Elandsgr
Oude Looiersstr
Looiersgr
Runstr
Huidenstr
Prinsengr
Keizersgr
Singel
Spuistr
Heist
Spui 水闸广场
Waterst
Takst
Spui
Handboogstr
Voetboogstr
Kalverstr
Heiligeweg
Beulingstr
Passeerdersstr
Passeerdersgr
Marnixstr
Molenpad
Leidsegr
Leidsegracht 莱兹运河
Koningsplein
Reguliersdwarsstr
Herengr
Leidsestr
Raamplein
Raamstr
Lange Leidedwarsstr
Korte Leidedwarsstr
Leidsekade
Leidseplein 莱兹广场
Leidsebosje
Hirschpassage
Max Euweplein 马克斯·尤伟广场
Leidsekruisstr
Lange Leliedwarsstr
Korte Leliedwarsstr
Lijnbaansgr
Zieseniskade
Nieuwe Spiegelstr
Keizersgracht 皇帝运河
Kerkstr
Prinsengracht 王子运河
Spiegelgracht
Weteringstr
2e Weteringdwarstr
3e Weteringdwarstr
Nieuwe Weteringstr
Vijzelgr
Tesselschadestr
Zandpad
Vondelpark 冯德尔公园
Vossiusstr
Stadhouderskade
Singelgracht 辛格运河
Lijnbaansgracht
Weteringschans
Hobbemastr
Schapenburgerpad
PC Hooftstr
Jan Luijkenstr
Van de Veldestr
Paulus Potterstr
OUD ZUID 旧南区
Weteringcircuit
Honthorststr
Hobbemakade
Boerenwetering
1e Jacob van Campenstr
Quellijnstr
Ferdinand Bolstr
Johannes Vermeerstr
Museumpl
Museumplein 博物馆广场
1,2,5
7,10
2,5
16,24

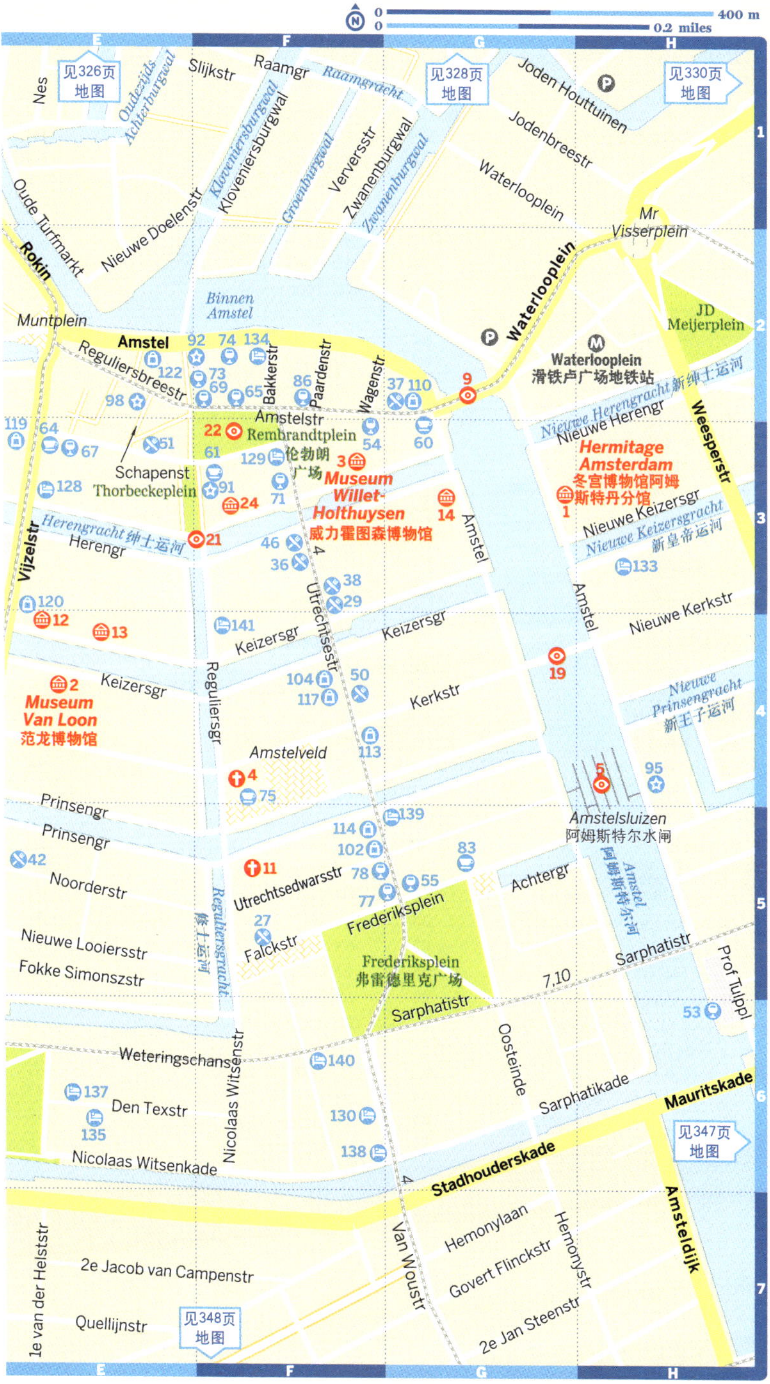
0
400 m
0
0.2 miles
见326页地图
见328页地图
见330页地图
见347页地图
见348页地图
Nes
Oudezijds Achterburgwal
Slijkstr
Raamgr
Raamgracht
Joden Houttuinen
Jodenbreestr
Waterlooplein
Kloveniersburgwal
Groenburgwal
Verversstr
Zwanenburgwal
Oude Turfmarkt
Rokin
Nieuwe Doelenstr
Mr Visserplein
Binnen Amstel
Muntplein
Amstel
Reguliersbreestr
Bakkerstr
Paardenstr
Wagenstr
Amstelstr
Rembrandtplein
伦勃朗广场
Waterlooplein
JD Meijerplein
Waterlooplein
滑铁卢广场地铁站
Nieuwe Herengracht 新绅士运河
Nieuwe Herengr
Weesperstr
Hermitage Amsterdam
冬宫博物馆阿姆斯特丹分馆
Museum Willet-Holthuysen
威力霍图森博物馆
Schapenst
Thorbeckeplein
Herengracht 绅士运河
Herengr
Vijzelstr
Nieuwe Keizersgr
Nieuwe Keizersgracht 新皇帝运河
Utrechtsestr
Amstel
Keizersgr
Nieuwe Kerkstr
Reguliersgr
Kerkstr
Museum Van Loon
范龙博物馆
Nieuwe Prinsengracht 新王子运河
Amstelveld
Prinsengr
Amstelsluizen
阿姆斯特尔水闸
Noorderstr
Utrechtsedwarsstr
Achtergr
Amstel 阿姆斯特尔河
Frederiksplein
Reguliersgracht 修士运河
Falckstr
Nieuwe Looiersstr
Fokke Simonszstr
Frederiksplein
弗雷德里克广场
Sarphatistr
Prof Tulppl
Weteringschans
Oosteinde
Sarphatikade
Mauritskade
Den Texstr
Nicolaas Witsenstr
Nicolaas Witsenkade
Stadhouderskade
Amsteldijk
Hemonylaan
Hemonystr
Govert Flinckstr
Van Woustr
1e van der Helststr
2e Jacob van Campenstr
Quellijnstr
2e Jan Steenstr

南运河圈 见340页地图

重要景点 （见136页）

1 冬宫博物馆阿姆斯特丹分馆 G3
2 范龙博物馆 E4
3 威力霍图森博物馆 F3

景点 （见135页）

4 阿姆斯特尔教堂 F4
5 阿姆斯特尔水闸 H4
6 阿姆斯特丹美国酒店 A4
7 阿姆斯特丹烟枪博物馆 B4
8 Blauw Jan B4
9 蓝桥 G2
10 鲜花市场 D2
11 鸽舍教堂 F5
12 FOAM E4
13 希尔芬克·欣洛彭住宅博物馆 E4
14 Gijsbert Dommer Huis G3
15 黄金弯 D3
16 猫博物馆 D3
17 粉笔丘教堂 C2
18 莱兹广场 B3
19 瘦桥 G4
20 马克斯·尤伟中心 B4
21 修士运河 F3
22 伦勃朗广场 F3
23 城市档案馆 D3
24 手包和钱包博物馆 F3

就餐 （见139页）

25 Bar Huf D2
26 Bojo B4
27 Bouchon du Centre F5
28 Buffet van Odette D4
29 Café van Leeuwen F3
30 De Blauwe Hollander B4
31 Everything on a Stick B3
32 Herengracht Restaurant & Bar C2
33 In de Buurt B4
34 La Cacerola D5
35 Lavinia Good Food D4
36 Lite/Dark F3
37 Lo Stivale d'Oro G2
38 Loekie F3
39 Pantry B4
40 Pastini B2
41 Patisserie Holtkamp D5
Piet de Leeuw .... （见41）
42 Restaurant Fyra E5
43 Ron Gastrobar Oriental B3
44 Rose's Cantina D3
45 Soup en Zo C4
46 Stacey's Pennywell F3
47 Stach C4
48 SupperClub C2
49 Taste of Culture B4
50 Tempo Doeloe F4
51 Van Dobben E3
52 Van Vlaanderen D6

饮品和夜生活 （见145页）

53 A Bar H6
54 Air F3
Back to Black .... （见34）
55 Bar Moustache G5
56 Bulldog B4
Café Americain .... （见6）
57 Café Brecht D6
58 Café de Spuyt C4
59 Café de Wetering D5
60 Café Langereis G3
61 Café Schiller F3
62 Chicago Social Club B3
63 Church B3
64 Coffeeshop Free E3
65 De Kroon F2
66 Dolphins Coffeeshop B3
67 Door 74 .... E3
68 Eijlders B3
69 Escape F2
70 Jimmy Woo A3
71 Lellebel F3
72 Lion Noir D2
73 Montmartre F2
74 Mulligans F2

75 NeL F4
76 NJOY B4
77 Oosterling G5
78 Pata Negra F5
Stanislavski .... （见99）
79 Suzy Wong A3
80 Sweet Cup C4
81 Taboo Bar D2
82 The Otherside D2
83 Two For Joy G5
84 Up B4
85 Van Dyck Bar B4
86 Vivelavie F2
87 Whiskey Café L&B B4

娱乐 （见150页）

88 Bourbon Street Jazz & Blues Club B4
89 Cave B3
90 Cinecenter A3
91 De Heeren van Aemstel F3
92 De Kleine Komedie F2
93 De Uitkijk B3
94 Jazz Café Alto B4
95 Koninklijk Theater Carré H4
96 Melkweg A3
97 Paradiso B5
98 Pathé Tuschinskitheater E2
99 Stadsschouwburg B4
100 Sugar Factory A3
Uitburo & Last Minute Ticket Shop（见99）

购物 （见152页）

101 Carl Denig C5
102 Centre Neuf F5
103 Cityboek D4
104 Concerto F4
105 Cora Kemperman B3
106 Eduard Kramer C4
107 Eichholtz Delicatessen C3
108 Gone with the Wind D4
109 Hart's Wijnhandel D5
110 Heineken Brand Store G2
International Theatre & Film Books .... （见99）
111 Jaski D4
112 Lieve Hemel D3
113 Look Out F4
114 MaisonNL F5
115 Marañon Hangmatten D2
116 Mark Raven Amsterdam Art C3
117 Mobilia F4
118 Reflex Modern Art Gallery C5
119 Shirt Shop E3
120 Skateboards Amsterdam E3
Stadsboekwinkel .... （见23）
121 Tinkerbell C4
122 Vlieger E2
123 Walls Gallery C3
124 Young Designers United C2

运动和活动

125 MacBike B4
126 Mike's Bike Tours C4

住宿 （见247页）

127 Amistad Hotel B3
128 Banks Mansion E3
129 City Hotel F3
130 Cocomama F6
131 Eden Amsterdam American Hotel A4
132 Hans Brinker Budget Hotel C4
133 Hotel Adolesce H3
134 Hotel Amstelzicht F2
135 Hotel Asterisk E6
136 Hotel Freeland A3
137 Hotel Kap E6
138 Hotel Notting Hill F6
139 Hotel Prinsenhof G5
140 Hotel V F6
141 Seven Bridges F4
142 Seven One Seven B3

地图索引见346页

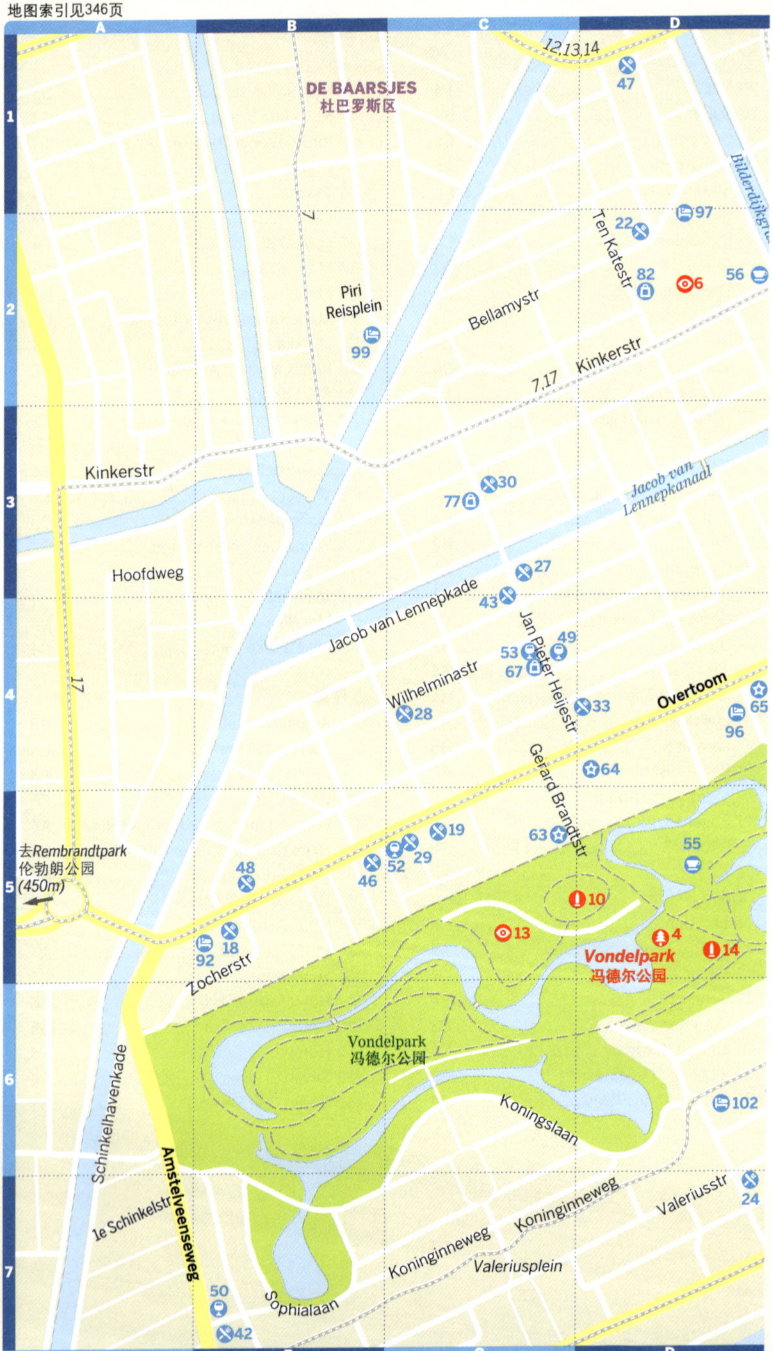
A
B
C
D
1
2
3
4
5
6
7
DE BAARSJES
杜巴罗斯区
12,13,14
47
Bilderdijkgr
97
22
Ten Katestr
82
6
56
Piri
Reisplein
99
Bellamystr
Kinkerstr
7,17
7
Kinkerstr
30
77
Jacob van
Lennepkanaal
Hoofdweg
27
43
Jacob van Lennepkade
Jan Pieter Heijestr
49
53
67
Wilhelminastr
28
33
Overtoom
65
96
17
64
Gerard Brandtstr
63
19
55
去Rembrandtpark
伦勃朗公园
(450m)
48
52
29
46
10
13
4
14
92
18
Vondelpark
冯德尔公园
Zocherstr
Vondelpark
冯德尔公园
Schinkelhavenkade
Koningslaan
102
Amstelveenseweg
1e Schinkelstr
Koninginneweg
Valeriusstr
24
Koninginneweg
Valeriusplein
50
Sophialaan
42

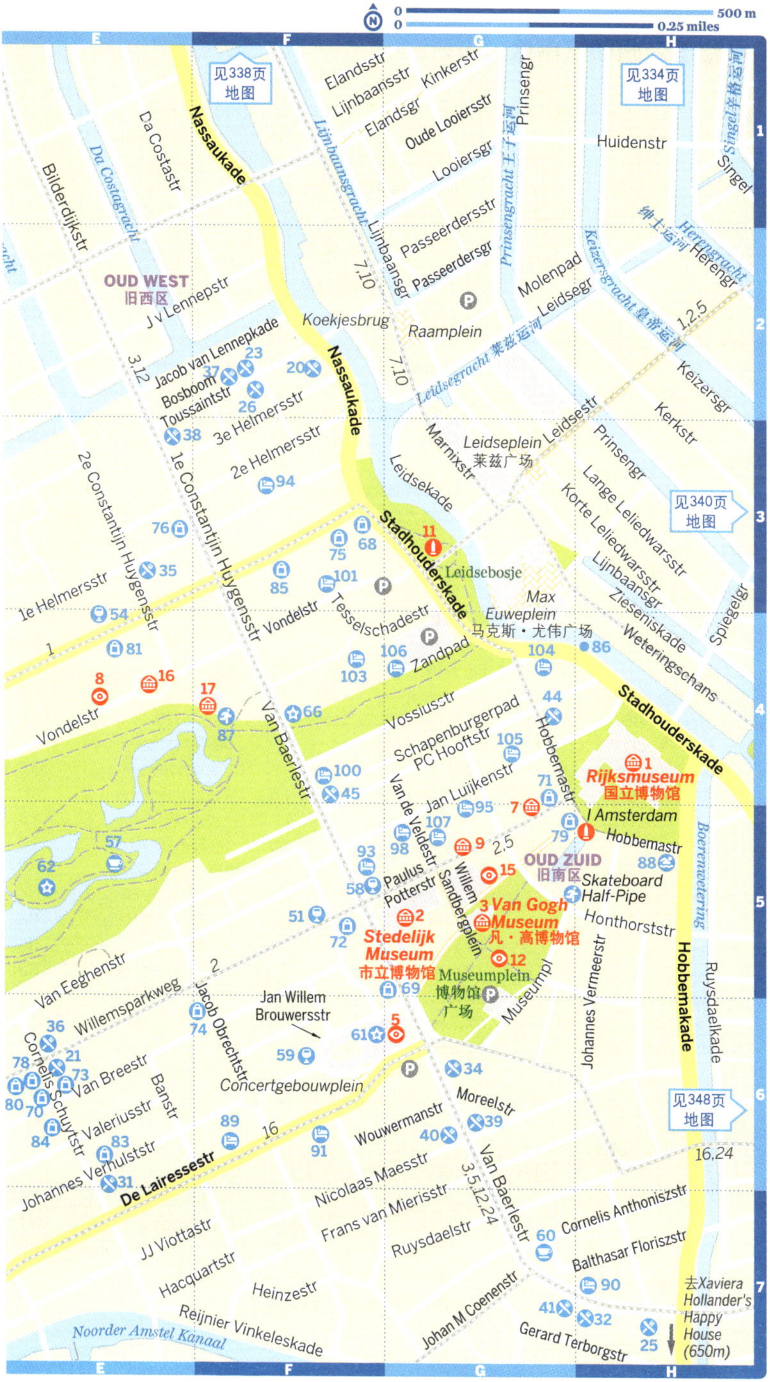
0 500 m
0 0.25 miles
E
F
G
H
1
2
3
4
5
6
7
见338页地图
见334页地图
见340页地图
见348页地图
Elandsstr
Lijnbaansstr
Kinkerstr
Elandsgr
Oude Looiersstr
Prinsengr
Looiersgr
Huidenstr
Singel
Singel运河
Nassaukade
Da Costastr
Da Costagracht
Bilderdijkstr
Lijnbaansgracht
Lijnbaansgr
Passeerdersstr
Passeerdersgr
Prinsengracht 王子运河
Herengracht
绅士运河
Herengr
Keizersgracht 皇帝运河
Molenpad
Leidsegr
Leidsegracht 莱兹运河
1,2,5
Keizersgr
Kerkstr
7,10
OUD WEST
旧西区
J v Lennepstr
Koekjesbrug
Raamplein
Jacob van Lennepkade
Bosboom Toussaintstr
3e Helmersstr
2e Helmersstr
3,12
Marnixstr
Leidseplein 莱兹广场
Leidsestr
Prinsengr
Lange Leliedwarsstr
Korte Leliedwarsstr
Lijnbaansgr
Leidsekade
2e Constantijn Huygensstr
1e Constantijn Huygensstr
Stadhouderskade
Leidsebosje
Max Euweplein
马克斯・尤伟广场
Zieseniskade
Weteringschans
Spiegelgr
1e Helmersstr
Vondelstr
Tesselschadestr
Zandpad
1
Vossiusstr
Schapenburgerpad
PC Hooftstr
Hobbemastr
Van Baerlestr
Jan Luijkenstr
Van de Veldestr
Rijksmuseum
国立博物馆
I Amsterdam
Hobbemastr
Paulus Potterstr
Willem Sandbergplein
OUD ZUID
旧南区
Skateboard Half-Pipe
Honthorststr
Boerenwetering
3 Van Gogh Museum
凡・高博物馆
Stedelijk Museum
市立博物馆
Museumplein
博物馆广场
Museumpl
Johannes Vermeerstr
Hobbemakade
Ruysdaelkade
Van Eeghenstr
Willemsparkweg
Jacob Obrechtstr
Jan Willem Brouwersstr
Concertgebouwplein
Cornelis Schuytstr
Van Breestr
Banstr
Valeriusstr
Johannes Verhulststr
De Lairessestr
16
Moreelstr
Wouwermanstr
Nicolaas Maesstr
Frans van Mierisstr
Ruysdaelstr
3,5,12,24
Van Baerlestr
16,24
Cornelis Anthoniszstr
Balthasar Floriszstr
JJ Viottastr
Hacquartstr
Heinzestr
Reijnier Vinkeleskade
Noorder Amstel Kanaal
Johan M Coenenstr
Gerard Terborgstr
去Xaviera Hollander's Happy House (650m)
2
2,5
1 2 3 5 7 8 9 11 12 15 16 17
20 21 23 25 26 31 32 34 35 36 37 38 39 40 41 44 45 51 54 57 58 59 60 61 62 66 68 69 70 71 72 73 74 75 76 78 79 80 81 83 84 85 86 87 88 89 90 91 93 94 95 98 100 101 103 104 105 106 107

冯德尔公园和旧南区 见344页地图

重要景点 （见178页）
1 国立博物馆 H4
2 市立博物馆 G5
3 凡·高博物馆 G5
4 冯德尔公园 D5

景点 （见185页）
5 音乐厅 G6
6 De Hallen D2
7 钻石博物馆 G5
8 荷兰骑术学校 E4
9 波士之家 G5
10 约斯特·凡·德·冯德尔雕像 D5
11 小伐木工 G3
12 博物馆广场 G5
13 玫瑰花园 C5
14 《鱼》 D5
15 凡·高博物馆图书馆 G5
16 冯德尔教堂 E4
17 冯德尔公园亭阁 F4

就餐 （见186页）
18 Adam B5
19 Alchemist Garden C5
20 Blue Pepper F2
21 Brasserie De Joffers E6
22 Breakfast Club D2
23 Café Toussaint F2
24 Carter D7
25 De Bakkerswinkel H7
26 De Italiaan F2
De Peper （见64）
27 Deegrollers C3
28 Dikke Graaf C4
29 Fondue & Fondue C5
Foodhallen （见6）
30 Holy Ravioli C3
31 IJsboutique E6
32 La Falote H7
33 Lalibela D4
34 l'Entrecôte et les Dames G6
35 Lunchroom Wilhelmina E3
Meat West （见6）
36 Mech Make & Take E6
37 Narbonne F2
38 Pastis E3
39 Renzo's G6
40 Restaurant De Knijp G6
41 Restaurant Elements G7
42 Ron Gastrobar B7
43 Saffraan C4
44 Sama Sebo G4
45 Seafood Bar F4
46 Toasty B5
47 Van 't Spit D1
48 Zus & Zus B5

饮品和夜生活 （见193页）
49 BarBrå C4
50 Café Bédier B7
51 Cold Pressed Juicery F5
52 Craft & Draft C5
53 Golden Brown Bar C4
54 Gollem's Proeflokaal E4
55 Het Groot Melkhuis D5
56 Lot Sixty One D2
57 't Blauwe Theehuis E5
58 Tunes Bar F5
59 Welling F6
60 Wildschut G7

娱乐 （见196页）
61 Concertgebouw F6
Filmhallen （见6）
62 露天剧院 E5
63 Orgelpark C5
64 OT301 D4
65 Plan B D4
66 Vondelbunker F4

购物 （见197页）
67 Beer Tree C4
68 Bever F3
69 Broekmans & Van Poppel G5
70 Buise E6
71 Coster Diamonds G4
Darling （见6）
72 Edha Interieur F5
73 Ennu E6
74 Fretons F6
75 Friday Next F3
76 Goochem Speelgoed E3
77 Johnny at the Spot C3
Local Goods Store （见6）
78 Manwood E6
79 博物馆广场上的博物馆商店 G5
80 Nikkie E6
81 Pied à Terre E4
ReCycle （见6）
82 Ten Katemarkt D2
83 Van Avezaath Beune E6
84 VLVT E6
85 Women's Outdoor World F3

运动和活动 （见199页）
86 Blue Boat Company H4
87 Friday Night Skate F4
88 Zuiderbad H5

住宿 （见249页）
89 Collector F6
90 College Hotel H7
91 Conscious Hotel Museum Square F6
92 Conscious Hotel Vondelpark B5
93 Conservatorium Hotel F5
94 Flynt B&B F3
95 Hotel Aalders G5
96 Hotel de Filosoof D4
97 Hotel De Hallen D2
98 Hotel Fita G5
99 Hotel Not Hotel B2
100 Hotel Piet Hein F4
101 Hotel Vondel F3
102 Neighbour's Magnolia D6
103 Owl Hotel F4
104 Park Hotel G4
105 Poet Hotel G4
106 Stayokay Amsterdam Vondelpark G4
107 Van Gogh Hostel & Hotel G5

重要景点 （见215页）

1 热带博物馆 C2

景点 （见215页）

2 Dappermarkt C2
3 提奥·凡·高纪念碑 C2
4 佛兰肯代尔 D4
5 东部公园 C2
6 佛兰肯代尔公园 D4
7 奴隶纪念碑 B2
8 Spreeksteen C2

就餐 （见218页）

9 De Kas D4
10 Eetcafe Ibis A3
Merkelbach .... （见4）
11 Roopram Roti C2

饮品和夜生活 （见218页）

12 Bar Bukowski B3
Canvas .... （见19）
13 De Biertuin C2
14 De Ysbreeker A3
15 Spargo C2

购物 （见220页）

16 De Pure Markt D4

住宿 （见245页）

17 Generator Amsterdam B2
18 Student Hotel B4
19 Volkshotel A4

德派普区

0 200 m
0 0.1 miles
Amstel
阿姆斯特尔河
Amsteldijk
见347页地图
Hemonystr
Hemonylaan
Govert Flinckstr
2e Jan Steenstr
2e Jan van der Heijdenstr
Van Woustr
Sint Willibrordusstr
Tolstr
Stadhouderskade
Singelgracht 辛格运河
Nic Berchemstr
Sarphatipark
Sarphatipark
萨珐蒂公园
1e Sweelinckstr
见340页地图
DE PIJP
德派普区
Albert Cuypstr
Albert Cuypmarkt
艾伯特露天市场
Van Ostadestr
Rustenburgerstr
2e Van der Helststr
Van der Helstplein
Nicolaas Witsenkade
2e Jacob van Campenstr
Quellijnstr
1e Van der Helststr
Heineken Experience
喜力体验馆
Marie Heinekenplein
玛丽·喜力广场
Gerard Douplein
1e Jan Steenstr
1e Jan van der Heijdenstr
Ceintuurbaan
Ferdinand Bolstr
Daniel Stalpertstr
Saenredamstr
Gerard Doustr
Frans Halsstr
1e Jacob van Campenstr
Ruysdaelkade
Boerenwetering
Hobbemakade
见344页地图

重要景点 （见202页）
1 艾伯特露天市场 D2
2 喜力体验馆 B1

景点 （见202页）
3 黎明住宅项目 E5
4 哥布林之家 G2
5 萨珐蒂纪念碑 D3
6 萨珐蒂公园 D3

就餐 （见203页）
7 Bakers & Roasters B1
8 Bazar Amsterdam D2
9 Boulangerie 1072 C5
10 Brezel & Bratwurst D5
11 Butcher C2
12 CT Coffee & Coconuts C4
13 De Waaghals B1
14 Dèsa C4
15 En Amsterdam B5
16 Firma Pekelhaaring F3
17 Friterie par Hasard C4
18 Frites uit Zuyd C4
19 Geflipt E1
20 Little Collins E2
21 Mamouche B2
22 Mastino C3
23 Omelegg C4
24 Restaurant Elmar F3
25 Scandinavian Embassy C3
26 Sir Hummus D4
27 SLA C4
28 Spaghetteria F3
29 Spang Makandra B2
30 Surya C4
31 Taart van m'n Tante B1
32 Today's B2
33 United Pancakes C3
34 Van Hoeck B1
35 Volt B5
36 Wild Moa Pies D4
37 Zagros B3

饮品和夜生活 （见209页）
38 Barça C2
39 Boca's C3
40 Brouwerij Troost B5
41 Café Berkhout B1
42 Café Binnen Buiten A3
43 Café de Groene Vlinder C2
44 Café Sarphaat E3
45 Chocolate Bar C3
46 Gambrinus B5
47 Glouglou D4
48 Het Paardje C2
49 Katsu C3
50 Kingfisher B2
51 Pilsvogel C2

娱乐 （见210页）
52 CC Muziekcafé C5
53 Rialto Cinema C4

购物 （见211页）
54 Beer Tree C3
55 Blond B2
56 Brick Lane C2
57 De Emaillekeizer E2
58 Het is Liefde B2
59 Hutspot E1
60 Kolifleur B1
61 Noor C2
62 Raak C2
63 Record Mania B2
64 Stach F4
65 Stenelux A1
66 't Kaasboertje B2
67 Tiller Galerie A1
68 Tjin's C3
69 Van Beek B1

运动和活动 （见204页）
70 Ajax Bike D1

住宿 （见252页）
71 Between Art & Kitsch B&B A2
72 Bicycle Hotel Amsterdam C4
73 Cake Under My Pillow B1
74 Sir Albert Hotel A3

我们的故事

一辆破旧的老汽车，一点点钱，一份冒险的感觉——1972年，当托尼（Tony Wheeler）和莫琳（Maureen Wheeler）夫妇踏上那趟决定他们人生的旅程时，这就是全部的行头。他们穿越欧亚大陆，历时数月到达澳大利亚。旅途结束时，风尘仆仆的两人灵机一闪，在厨房的餐桌上制作完成了他们的第一本旅行指南——《便宜走亚洲》（*Across Asia on the Cheap*）。仅仅一周时间，销量就达到了1500本。Lonely Planet 从此诞生。

现在，Lonely Planet 在富兰克林、伦敦、墨尔本、奥克兰、德里和北京都设有公司，有超过 600 名员工及作者。在中国，Lonely Planet 被称为“孤独星球”。我们恪守托尼的信条：“一本好的旅行指南应该做好三件事：有用、有意义和有趣。”

我们的作者

凯瑟琳·勒·内维兹（Catherine Le Nevez）

新市场区、普兰塔格区和东岛区、南运河圈、冯德尔公园和旧南区、德派普区、阿姆斯特丹周边一日游 自从有了4岁那年的第一次欧洲公路游（包括阿姆斯特丹），凯瑟琳的旅游癖就开始发作了，从此她就回到了这座欢乐友好的城市，顺便完成了创意艺术写作的博士学位、专业写作硕士学位以及编辑出版学学士后学位。作为多年的自由撰稿人，凯瑟琳几十年来已经为孤独星球写了许多指南和稿件，目的地涵盖阿姆斯特丹、荷兰和欧洲内外各个目的地。凯瑟琳还为这本指南撰写了“饮品和夜生活”以及“购物”章节。

凯瑟琳·勒·内维兹
https://auth.lonelyplanet.com/profi les/catherine_le_nevez

卡拉·齐默尔曼（Karla Zimmerman）

中世纪中心和红灯区、西运河圈、乔丹区和西区、东部公园和阿姆斯特丹南区 在阿姆斯特丹旅行期间，卡拉欣赏艺术，骑车畅游，大口品尝薯条，再像当地人一样灌下杜松子酒。自从1989年，她就一直光临阿姆斯特丹，用大麻蛋糕交换别人的松饼，这让她开心得很。她永远不会对城里随波飘荡的船屋、叮铃叮铃的自行车以及倾斜到不可思议的运河房屋感到厌倦。卡拉为书籍、杂志和线上市场撰写旅游方面的内容。她还撰写或参与了多本孤独星球指南，包括美国、加拿大、加勒比海和欧洲。在这本指南里，卡拉还撰写了“欢迎来阿姆斯特丹”“阿姆斯特丹Top 10”“新线报”“行前参考”“初次到访”“旅游线路”“如果你喜欢”“每月热门”“带孩子旅行”“骑自行车旅行”“和当地人吃喝”“就餐”“娱乐”“运河”“博物馆和美术馆”“今日阿姆斯特丹”“历史”“荷兰绘画”“阿姆斯特丹的建筑”“荷兰设计”和“生存指南”等章节。你可以关注她的Twitter和Instagram账号（@karlazimmerman），了解更多内容。

卡拉·齐默尔曼
https://auth.lonelyplanet.com/profi les/karlazimmerman

记事本

阿姆斯特丹

中文第一版

书名原文：*Amsterdam*（10th edition，May 2016）

本中文版由中国地图出版社出版

图书在版编目 (CIP) 数据

阿姆斯特丹 / 澳大利亚 LonelyPlanet 公司编 ; 陈薇薇等译 . -- 北京 : 中国地图出版社 , 2016.11

书名原文 : Amsterdam

ISBN 978-7-5031-9564-8

Ⅰ . ①阿… Ⅱ . ①澳… ②陈… Ⅲ . ①旅游指南 – 阿姆斯特丹 Ⅳ . ① K956.39

中国版本图书馆 CIP 数据核字 (2016) 第 280866 号

出版发行 中国地图出版社
社　　址 北京市白纸坊西街 3 号
邮政编码 100054
网　　址 www.sinomaps.com
印　　刷 北京华联印刷有限公司
经　　销 新华书店
成品规格 197mm × 128mm
印　　张 11.5
字　　数 599 千字
版　　次 2016 年 11 月第 1 版
印　　次 2016 年 11 月北京第 1 次印刷
定　　价 79.00 元
书　　号 ISBN 978-7-5031-9564-8
审 图 号 GS（2016）2550 号
图　　字 01-2016-5424

如有印装质量问题，请与我社发行部（010-83543956）联系